Pobal na Gaeltachta
A scéal agus a dhán

Pobal na Gaeltachta
A scéal agus a dhán

An tOllamh Gearóid Ó Tuathaigh
An Dr Liam Lillis Ó Laoire
An Dr Seán Ua Súilleabháin
a chuir in eagar

Raidió na Gaeltachta

i gcomhar le

Cló Iar-Chonnachta
Indreabhán
Conamara

An Chéad Chló 2000
© Na hÚdair/Cló Iar-Chonnachta Teo. 2000

ISBN 1 902420 24 1

Grianghraf Clúdaigh: Dúchas, An tSeirbhís Oidhreachta

Dearadh Clúdaigh: Johan Hofsteenge

Dearadh: Foireann CIC

Léarscáileanna le caoinchead Údarás na Gaeltachta

Faigheann Cló Iar-Chonnachta cabhair airgid ón g**Comhairle Ealaíon**

Gach ceart ar cosaint. Ní ceadmhach aon chuid den fhoilseachán seo a atáirgeadh, a chur i gcomhad athfhála, ná a tharchur ar aon bhealach ná slí, bíodh sin leictreonach, meicniúil, bunaithe ar fhótachóipeáil, ar thaifeadadh nó eile, gan cead a fháil roimh ré ón bhfoilsitheoir.

Clóchur: Cló Iar-Chonnachta, Indreabhán, Conamara
  Fón: 091-593307 **Facs:** 091-593362 **r-phost:** cic@iol.ie
Priontáil: Clódóirí Lurgan, Indreabhán, Conamara
  Fón: 091-593251/593157

Clár

Réamhrá		7
Údair na Léachtaí		9
Aiste Ghinearálta		
An Stát agus an Ghaeltacht	Pádraig Ó Coimín	15

Cúige Uladh
Léarscáil		36
Fánaid	Seán Ó Dorraidhin	37
Ros Goill	Leslie Lucas	49
Na Croisbhealaí	Seán Ó Connacháin	59
Gort an Choirce agus Toraigh	Liam Lillis Ó Laoire	75
Cnoc Fola	Dónall P. Ó Baoill	99
Gaoth Dobhair	Noel Ó Gallchóir	113
Ceann Dubhrann	Lorcán Ó Searcaigh	133
Loch an Iúir	Pádraig Mac Gairbheith	149
Íochtar Tíre na Rosann	Pádraig Ua Cnáimhsí	161
Baile na Finne	Colm Mac Aodháin	179
Gleann Fhinne	Máire Uí Cheallaigh	195
Ard an Rátha	Breandán Mac Suibhne	209
Gleann Cholm Cille	Éanna Mac Cuinneagáin	223
Cill Charthaigh	Micheál Ó Domhnaill	243
Leabharliosta I		259

Cúige Chonnacht agus Cúige Laighean
Léarscáileanna		264
Bearna agus na Forbacha	Nollaig Ó Gadhra	265
Maigh Cuilinn	Pádraic Breathnach	289
An Spidéal	Máire Ní Neachtain	305
Cois Fharraige	Lochlainn Ó Tuairisg	321
Árainn	Pádraig Ó Tuairisg	339
An Cheathrú Rua	Maedhbh M. Nic Dhonnchadha	357

Ceantar na nOileán	Máire Uí Ráinne	383
Ros Muc	Proinsias Mac Aonghusa	396
Carna	Seosamh Mac an Rí	409
Dúiche Sheoigheach	Áine Bhreathnach	427
Tuar Mhic Éadaigh	Tomás Ó hÉanacháin	444
Acaill	Tomás Mac Seáin	457
Iorras agus Tír Amhlaidh	Nollaig Ó Muraíle	470
Ráth Cairn	Cathal S. Seoighe	485
Leabharliosta II		500

Cúige Mumhan
Léarscáileanna		506
An Leitriúch	Breandán Ó Brosnacháin	507
Cill Maolcéadair agus Cill Chuáin	Pádraig Ó hÉalaí	521
Baile an Fheirtéaraigh agus Márthain	Mícheál Ó Mainín	537
Dún Chaoin	Breandán Feiritéar	551
Fionntrá agus Cill Dromann	Breandán Ó Cíobháin	565
An Daingean	Pádraig Ó Fiannachta	577
Lios Póil	Roibeard Ó Cathasaigh	597
Uíbh Ráthach	Micheál Ua Duinnín	611
An Rinn	Áine Uí Fhoghlú	624
An Seana-Phobal	Eibhlín de Paor	637
Baile Mhuirne, Cill na Martra agus Cluain Droichead	Seán Ua Súilleabháin	653
Cúil Aodha	Dónal Ó hÉalaithe	677
Uíbh Laoghaire	Donnchadh Ó Luasaigh	695
Cléire	Éamon Lankford	713
Leabharliosta III		726

Aiste Scoir
An Ghaeltacht: súil siar agus súil romhainn	Gearóid Ó Tuathaigh	732

Réamhrá

Tá na haistí sa leabhar seo bunaithe ar léachtaí a craoladh in earrach na bliana 2000 mar chuid de cheiliúradh na mílaoise nua ar Raidió na Gaeltachta. Ceadaíodh iomlánú ar théacs na léachtaí agus fónótaí do na húdair ar theastaigh sin uathu. Chomh maith leis sin, cinneadh ar leabharliosta roghnach a chur i dtoll a chéile do gach ceann de na trí phríomhréigiún atá faoi chaibidil.

Seán Ua Súilleabháin a chuir eagar ar aistí na Mumhan agus a d'ullmhaigh an liosta foinsí don chúige sin; Liam Lillis Ó Laoire a dhein amhlaidh do na hUltaigh, agus fágadh cuid Chonnacht-Laighean ag Gearóid Ó Tuathaigh, a raibh cúraimí eile cóirithe air freisin.

Is mian leis na heagarthóirí buíochas a ghabháil le lucht ceannais Raidió na Gaeltachta, as an gcabhair agus as an gcomhairle a tugadh go fial dóibh ó thús deireadh na hoibre: don Iar-Cheannaire, Pól Ó Gallchóir, don Leas-Cheannaire agus Eagarthóir na Sraithe, Tomás Mac Con Iomaire, d'Edel Ní Chuirreáin agus do Jeaic Ó Muircheartaigh. Chuir Máire G. Ní Fhlatharta i gCasla comaoin nach beag orainn, freisin.

Gabhaimid buíochas, chomh maith, le Deirdre Ní Thuathail, le Róisín Ní Mhianáin, le Máirín Uí Nia agus leis an bhfoireann uilig i gCló Iar-Chonnachta, as a ngairmiúlacht agus as cuimse cuirtéise agus foighne a thaispeáint dúinn i gcónaí.

Mar fhocal scoir, gabhaimid buíochas ó chroí le húdair na n-aistí seo. Go bhfága Dia an tsláinte acu.

G. Ó T.
S. Ua S.
L.L. Ó L.
Meitheamh 2000

Údair na Léachtaí

Pádraig Ó Coimín: rugadh i nGaillimh, fuair oideachas ollscoile sa gheilleagar agus sa tsocheolaíocht i nGaillimh, in Oxford agus in Cornell; Ceann Roinne san Ionad Taighde don Eacnamaíocht Tuaithe, le Teagasc.

Cúige Uladh

Seán Ó Dorraidhin: rugadh ar an mBaile Láir i nGaeltacht Fhánada. Cháiligh sé ina mhúinteoir bunscoile, agus chaith seal ina phríomhoide ar Scoil Náisiúnta Bhaile Mhicheáil i bhFánaid agus níos déanaí ina phríomhoide ar Scoil Mhuire ar an Chaiseal i bhFánaid. É gníomhach i gcúrsaí pobail, tá suim mhór aige sa pholaitíocht agus i gcúrsaí spóirt, go háirithe in imeachtaí Chumann Lúthchleas Gael.

Leslie Lucas (Dr): tógadh é i Ramhar Ros in Uachtar Ros Goill. Céimeanna BA agus Ph.D. aige, an dochtúireacht saothraithe ag tráchtas ar Ghaeilge Ros Goill. Suim aige sa stair áitiúil, agus cuid mhór taighde déanta aige agus cúpla leabhar foilsithe aige ar stair Pharóiste Ros Goill.

Seán Ó Connacháin: rugadh i mBaile Chonaill, gar don Fhál Charrach. Scolaíocht go háitiúil, i gColáiste Éanna, i gColáiste Phádraig, Droim Conrach agus i gColáiste na hOllscoile, Baile Átha Cliath. Ag teagasc i Scoil na Ceathrú Ceannaine ar na Croisbhealaí. Tá suim mhór aige sa stair, go háirithe an stair áitiúil agus tá cónaí air i mBaile Chonaill.

Lillis Ó Laoire (Dr): rugadh ar an Bhun Bheag, Gaoth Dobhair agus tógadh i nGort an Choirce é. Céimeanna BA, MA agus Ph.D. aige, an dochtúireacht saothraithe ar thráchtas a scrúdaigh amhránaíocht Thoraigh. Amhránaí sean-nóis é a bhfuil go leor duaiseanna buaite aige, Corn Uí Riada san áireamh. É ina léachtóir le Gaeilge in Ollscoil Luimnigh ó 1986 i leith.

Dónall P. Ó Baoill (Ollamh): as Mín an Chladaigh i bparóiste Ghaoth Dobhair. Cáilíochtaí aige ó Ollscoil na hÉireann agus ó Ollscoil Mhichigan. Tar éis blianta a chaitheamh ag obair in Institiúid Teangeolaíochta Éireann, tá sé anois ina Ollamh le Gaeilge agus ina Cheann ar Roinn an Léinn Cheiltigh in Ollscoil na Banríona, Béal Feirste. Mórán i gcló aige ar ghnéithe éagsúla den teangeolaíocht agus de stair, de litríocht agus de bhéaloideas na hÉireann.

Noel Ó Gallchóir: rugadh i nGaoth Dobhair, mar a bhfuil sé ag teagaisc staire agus Gaeilge sa Phobalscoil ó 1988 i leith. É ina phríomhoide ar an Phobalscoil ó 1998. A athair, Johnnie Sheáin, a chothaigh a shuim sa stair áitiúil. Cuid mhór alt foilsithe aige ar ghnéithe éagsúla de shaíocht Ghaeltacht Thír Chonaill. Cónaí air i nGort an Choirce.

Lorcán Ó Searcaigh: as Rinn na Feirste ó dhúchas. Suim mhór aige i seanchas agus i mbéaloideas na háite. Eagarthóir *Lá de na Laethaibh* (1983), cnuasach béaloidis. Sagart Paróiste sna Cealla Beaga, Tír Chonaill ó 1990 i leith.

Pádraig Mac Gairbheith: as Loch an Iúir ó dhúchas. Scolaíocht go háitiúil. Blianta fada caite aige ag obair sa Státsheirbhís i mBaile Átha Cliath. Ó chuaigh sé amach ar pinsean i 1994 bíonn sé ag scríobh d'irisí éagsúla i mBéarla agus i nGaeilge.

Pádraig Ua Cnáimhsí: rugadh é ag Cnoiceadh Mór i gceantar Ailt an Chorráin. Scolaíocht go háitiúil, i gColáiste Éanna agus i gColáiste Phádraig, Droim Conrach, áit ar cháiligh sé ina mhúinteoir. An chuid is mó dá shaol caite aige ina mhúinteoir i Scoil Athphoirt in Árainn Mhór. Suim mhór aige sa stair, sa bhéaloideas, sa Ghaeilge agus sa cheol. Roinnt leabhar agus alt foilsithe aige.

Colm Mac Aodháin: scolaíocht i mBéal an Átha Móir sa Ghaeltacht Láir, i gColáiste Éanna, i Leitir Ceanainn, i gColáiste Mhuire i mBaile Átha Cliath agus i gColáiste na Tríonóide. Aturnae féinfhostaithe é agus cónaí air i mBaile Átha Cliath.

Máire Uí Cheallaigh: rugadh agus tógadh í sna Cruacha, áit a bhfuair sí bunscolaíocht agus áit ar chaith sí blianta fada ina dhiaidh sin ina múinteoir bunscoile í féin. Mórán duaiseanna buaite aici ar aistí staire agus litríochta. Cónaí uirthi i mBaile na Finne le 45 bliain.

Breandán Mac Suibhne: staraí a bhfuil taighde mhór déanta aige ar ghnéithe éagsúla de stair na hÉireann san 18ú agus sa 19ú haois. Céimeanna aige ó ollscoileanna in Éirinn agus sna Stáit Aontaithe. Tréimhsí caite aige ag léachtóireacht i gColáiste na hOllscoile, Baile Átha Cliath agus in Ollscoil Notre Dame. Roinnt alt faoi stair na hÉireann i gcló aige.

Éanna Mac Cuinneagáin: rugadh ar an Charraig i nGleann Cholm Cille. Cháiligh sé mar mhúinteoir bunscoile agus chaith seal ina phríomhoide ar Scoil Theilinn. Tar éis chónascadh na scoile sin le scoil na Carraige, chaith sé bunús fiche bliain sa pharóiste, go dtí gur ceapadh é ina phríomhoide ar Scoil Naomh Gabriel i mBaile Átha Cliath. Ó d'éirigh sé as an mhúinteoireacht tá siopa leabhar aige—Cathach Books—i mBaile Átha Cliath, atá á riaradh aige in éineacht lena mhac agus lena iníon.

Micheál Ó Domhnaill: rugadh ar an Bhógach i bparóiste Chill Charthaigh. D'oibrigh sé mar mhúinteoir scoile, mar chonraitheoir talmhaíochta i dtionscal an bhréidín, i bpróiseáil éisc agus in oifig poist Chill Charthaigh. Ceannaire pobail. Chaith sé seal ar Chomhairle Chontae Dhún na nGall agus ina Chathaoirleach ar Chomhairle Pobail Chill Charthaigh. Filíocht agus dráma scríofa aige.

Cúige Chonnacht agus Cúige Laighean

Nollaig Ó Gadhra: Luimníoch atá ina chónaí sna Forbacha ó 1969 i leith; céimí de chuid Ollscoil na hÉireann, Corcaigh; tréimhsí caite aige in Harvard agus in Ollscoil Salzburg; craoltóir, iriseoir agus léachtóir in Institiúid Teicneolaíochta na Gaillimhe-Maigh Eo; mórán leabhar agus alt foilsithe aige.

Pádraic Breathnach: rugadh i gCoill Bruachláin, Maigh Cuilinn; céimeanna ó Ollscoil na hÉireann, Gaillimh; léachtóir le Gaeilge é i gColáiste Mhuire gan Smál, Luimneach; scríbhneoir aitheanta—gearrscéalaí agus úrscéalaí.

Máire Ní Neachtain: as Baile an tSagairt sa Spidéal í; céimí de chuid Ollscoil na hÉireann, Gaillimh agus Coláiste na Tríonóide; Léachtóir le Gaeilge í i gColáiste Mhuire gan Smál, Ollscoil Luimnigh.

Lochlainn Ó Tuairisg: rugadh agus tógadh ar an Lochán Beag; céimeanna BA, agus M.Phil. ó Ollscoil na hÉireann, Gaillimh; ag teagasc in Ollscoil na hÉireann, Gaillimh agus in Institiúid Teicneolaíochta na Gaillimhe-Maigh Eo.

Pádraig Ó Tuairisg: rugadh sa Lochán Beag i gCois Fharraige; céimeanna aige ó Choláiste Phádraig, Maigh Nuad, agus ó Ollscoil na hÉireann, Gaillimh; sagart pobail in Árainn 1984-88; ag obair anois le Dúchas mar bhainisteoir ar Ionad Cuairteoirí Dhún Aonghasa; pósta le Carmel, mac acu, Liam.

Maedhbh M. Nic Dhonnchadha: tógadh sa Cheathrú Rua; céim BA ó Ollscoil na hÉireann, Gaillimh, agus Comhaltacht Taighde; í anois ag gabháil d'ardchéim sa Ghaeilge.

Máire Uí Ráinne: as Baile Thír an Fhia í; í ina príomhoide i Scoil Rónáin na Trá Báine ó 1988 i leith; baint lárnach aici le coistí agus le himeachtaí forbartha ina ceantar dúchais féin, Ceantar na nOileán; í gníomhach in Eagraíocht na Scoileanna Gaeltachta.

Proinsias Mac Aonghusa: tógadh ar an nGort Mór i Ros Muc; craoltóir, iriseoir, léachtóir agus scríbhneoir; 15 leabhar dá chuid foilsithe; go leor gradam faighte aige, m.sh, Ionadaí na Náisiún Aontaithe san Afraic Lár-Theas 1974-75; Cathaoirleach Bhord na Gaeilge 1990-93; Uachtarán Chonradh na Gaeilge 1989-94.

Seosamh Mac an Rí: i nGaillimh a rugadh é, agus ar an Aird Thoir a tógadh é; múinteoir scoile ó 1952 i leith, chaith sé seal ag múineadh i gContae Chill Mhantáin, i gCill Chiaráin agus i nDún Laoghaire; siúlach agus scéalach, is é a 'thalamh beag dúchais' thiar an áit is ansa leis ar fad.

Áine Breathnach: múinteoir i nGairmscoil Chorr na Móna; eagraí pobail ó 1971 i leith—ag an leibhéal áitiúil, náisiúnta agus idirnáisiúnta.

Tomás Ó hÉanacháin: rugadh agus tógadh é ar an Tamhnach, Tuar Mhic Éadaigh; ina mhúinteoir scoile ó 1941 i leith; baint mhór aige ar feadh a shaoil le cumainn agus le heagrais a bhain le forbairt agus le neartú a phobail féin.

Tomás Mac Sheáin: rugadh in Acaill; cháiligh ina mhúinteoir i 1959, agus chaith seal ag múineadh i scoil Dhumha Thuama, scoil Dhumha Éige agus (mar phríomhoide) i scoil Ghob an Chorraigh; suim mhór aige sa drámaíocht, agus i ngach uile ghné de chultúr agus de chúrsaí forbartha a phobail féin.

Nollaig Ó Muraíle: as Cnoc Mhuire i gContae Mhaigh Eo dó; céimeanna BA, agus MA agus Ph.D. aige ó Ollscoil na hÉireann, Maigh Nuad; chaith scór bliain ag obair mar Oifigeach Logainmneacha leis an tSuirbhéireacht Ordanáis; ina léachtóir i Roinn na Ceiltise, Ollscoil na Banríona, Béal Feirste ó 1993 i leith; go leor saothar acadúil—idir leabhair agus ailt—foilsithe aige.

Cathal S. Seoighe: rugadh i Ráth Cairn; cónaí air i nDoire Longáin, Co. na Mí; ag obair go lán-aimseartha le hÓgras; eagraí pobail; comhalta tofa ar Bhord Údarás na Gaeltachta ó 1999 i leith.

Cúige Mumhan

Breandán Ó Brosnacháin: múinteoir iar-bhunscoile i Scoil na mBráithre i dTrá Lí; é ar Bhórd Chomhlucht Bhréanainn agus ar Choiste Forbartha an Leitriúigh.

Pádraig Ó Héalaí (Dr): léachtóir le Nua-Ghaeilge in Ollscoil na hÉireann, Gaillimh, go bhfuil suim fé leith aige sa bhéaloideas.

Mícheál Ó Mainín (Canónach): Sagart Paróiste Shráid an Mhuilinn i gCo. Chorcaí (Deoiseas Chiarraí); údar aistí stairiúla; lámh nách beag aige i mBinse Pósta na hEaglaise Caitlicí.

Breandán Feiritéar: iarchraoltóir raidió; Iarcheannasaí Raidió na Gaeltachta; léiritheoir neamhspléach scannán go bhfuil scannáin chumasacha déanta aige.

Breandán Ó Cíobháin (Dr): eolaí ar logainmneacha; údar na sraithe *Toponomia Hiberniae* ar logainmneacha Dhún Ciaráin.

Pádraig Ó Fiannachta (Monsignor): sagart paróiste an Daingin, Iar-Ollamh le Sean-Ghaeilge agus Iar-Ollamh le Nua-Gaeilge i gColáiste Phádraig, Maigh Nuad.

Roibeard Ó Cathasaigh: léachtóir le Gaeilge i gColáiste Mhuire Gan Smál, Ollscoil Luimnigh.

Mícheál Ua Duinnín: iarmháistir scoile; saolaíodh ar an Sliabh Riabhach, Baile Mhuirne; de shliocht máistrí agus filí; tháinig go hUíbh Ráthach ag múineadh i scoil an Lóthair sna daichidí, agus tá ann ó shin.

Áine Uí Fhoghlú (Nic Mhurchú roim pósadh dhi): file; iarchraoltóir le Raidió na Gaeltachta; múinteoir iar-bhunscoile; a gnó aistriúcháin féin aici (Béarla–Gaeilge, Gaeilge–Béarla) gurb ainm do *Lingó*; leabhar dá cuid filíochta foilsithe, *Aistear Aonair* (Coiscéim, 1999).

Eibhlín de Paor. Áisitheoir Ealaíon ag Údarás na Gaeltachta; céim mháistreachta bainte amach aici ar Bhéaloideas an tSeana-Phobail i gColáiste Phádraig, Maigh Nuad; ceoltóir; dhein láithriú ar shraith den chlár ceoil *Geantraí* ar TnaG (TG4 anois).

Seán Ua Súilleabháin (Dr) : léachtóir *Toyota* le Nua-Ghaeilge, i gColáiste na hOllscoile, Corcaigh.

Dónal Ó hÉalaithe: feirmeoir gur dúchas do dea-Ghaelainn agus cruinneas i gcúrsaí seanchais; údar *The Healy Story* (1995) agus aistí ar stair agus ar chultúr Mhúscraí.

Donnchadh Ó Luasaigh: múinteoir iar-bhunscoile i gColáiste Ghobnatan, Baile Mhuirne; údar aistí, agus roinnt foilseachán don Chomhlucht Oideachais.

Éamon Lankford (Dr) : múinteoir iar-bhunscoile; bunaitheoir agus stiúrthóir chartlann agus inead taispeántais Chléire; údar *Cape Clear Island: its People and Landscape* (1999); stiúrthóir Choiste Logainmneacha Chorcaí.

Gearóid Ó Tuathaigh: Comh-Ollamh le Stair in Ollscoil na hÉireann, Gaillimh; Cathaoirleach ar Údarás na Gaeltachta 1996-1999.

An Stát agus an Ghaeltacht
Pádraig Ó Coimín

D'fhéadfaí a rá go raibh an Ghaeilge agus a pobal ag cúlú agus ag cúngú ó choncas na hÉireann sa 16ú haois, nuair a chaill sí a taoisigh, a stádas agus a seilbh ar phríomhréimsí an ghradaim agus na cumhachta in Éirinn. Uaidh sin amach, ar feadh cúpla céad bliain, chinntigh dímheas aicmí ceannais na tíre agus díothú an Ghorta agus na himirce ar Ghaeil go raibh bunphobal na Gaeilge (is é sin, 'an Ghaeltacht') cúlaithe siar go himeall an Atlantaigh, cuid mhaith, faoin am ar thosaigh an athbheochan náisiúnta ag deireadh an 19ú haois. I measc ghlúin na réabhlóide, a raibh sé mar thoradh ar a mbeart gur tháinig Stát Éireannach ar an bhfód i 1922, bhí ceannairí polaitiúla a chreid in aisling Chonradh na Gaeilge, is é sin, go gcaithfeadh athbheochan na Gaeilge a bheith ina cuid dhílis de thionscnamh na saoirse in Éirinn.

D'aithin an stát nua Éireannach ó thús go raibh páirt lárnach ag an nGaeltacht in athréimniú na Gaeilge. Bunaíodh an Stát ar an tuiscint go neartódh an flaitheas polaitiúil ár n-ionannas cultúrtha ar leith, agus go mbeadh an Ghaeilge ina cloch bhunaidh agus pobal ar leith á thógáil a bheadh Gaelach i ndáiríre.[1] Measadh go raibh na pobail Ghaeltachta riachtanach do chaomhnú fhiúntas na Gaeilge mar theanga bheo mar gurbh iontu amháin a bhí an teanga fós á húsáid mar theanga theaghlaigh agus phobail. Foinsí inspioráide agus líofachta a bhí sna ceantair Ghaeltachta d'fhoghlaimeoirí na teanga, agus chomh maith leis sin, chuir siad cainteoirí cumasacha Gaeilge ar fáil chun na poist a measadh a bheith riachtanach d'iarracht an athréimnithe a líonadh. Thar aon rud eile, ar ndóigh, tuigeadh go raibh sé riachtanach do mheanma na hiarrachta náisiúnta athréimnithe an Ghaeilge a chaomhnú sa Ghaeltacht; ní bheadh ciall ar bith le ligean don teanga dul i léig sna ceantair inar labhraíodh í agus í a chur chun cinn sna limistéir inar mheath sí.

Bhí trí chuid i straitéis an stáit nuabhunaithe agus is orthu sin go bunúsach atá polasaí teanga an lae inniu bunaithe go fóill.[2] Cuid amháin den straitéis an Ghaeilge a chaomhnú mar theanga labhartha sna ceantair ina raibh sí fós ina teanga phobail. Lasmuigh den

Ghaeltacht cuireadh an bhéim ar athbheochan na teanga agus chun sin a bhaint amach chuaigh an Stát i muinín an chórais oideachais chun líon na gcainteoirí Gaeilge a mhéadú. Ba é an tríú cuid den straitéis an bonneagar riachtanach tacaíochta a chur ar fáil do na toisí caomhnaithe agus athréimnithe araon—a fhógairt gur theanga oifigiúil de chuid an Stáit úir í an Ghaeilge agus a éileamh go mbeadh íoschumas sa teanga ag seirbhísigh phoiblí.

I gcás na Gaeltachta ba é an chéad tionscnamh mór ag Rialtas an tSaorstáit Coimisiún a bhunú i 1925 chun na fadhbanna a iniúchadh. I litir chuig cathaoirleach an Choimisiúin, Risteárd Ó Maolchatha, dúirt an tUachtarán Liam T. Mac Cosgair: *'the scattered range of districts in which Irish is the main language . . . are known to coincide more or less with areas of rural Ireland which present an economic problem of the greatest difficulty and complexity.'* Faighimid léargas luath anseo ar dhearcadh an Stáit ar 'Fhadhb na Gaeltachta', sainmhíniú atá dírithe den chuid is mó ar théarmaí eacnamaíocha seachas ar cheist na teanga. Fuarthas an tuiscint seo ar an nGaeltacht mar cheist eacnamaíoch mar oidhreacht ó Bhord na gCeantar Cúng (BCC feasta san aiste seo), áisíneacht nach bhféadfaí a bheith ag súil leis go mbeadh mórán spéise aici i gcaomhnú na Gaeilge, ach a mhalairt, b'fhéidir. Neartaigh beartais an Bhoird seo tionchar an Bhéarla sa Ghaeltacht.

Rinne Coimisiún na Gaeltachta athrá ar thuiscint an Rialtais d'fhadhb na Gaeltachta. Thug sé faoi deara go raibh na ceantair Ghaeltachta i gcroílár tíreolaíochta na gCeantar Cúng, agus measadh gurbh í an fhadhb eacnamaíoch róbhrú ón daonra ar sholáthar teoranta de thalamh mhaith chomh maith le drochmhodhanna feirmeoireachta. I gcomórtas leis an aird a tugadh ar thalamh agus ar thalmhaíocht, níor spéis leis an gCoimisiún na hearnálacha eile seachas an iascaireacht agus tionscail theaghlaigh.

Cé go raibh an straitéis fhorbartha eacnamaíochta a bhí i gceist don Ghaeltacht ag Coimisiún 1925 bunaithe ar obair an BCC ní raibh aon áisíneacht ar nós an BCC ann chun dul i mbun gnímh. Rinne an Stát úr cinneadh go luath i 1923 an BCC, a bunaíodh faoin *Purchase of Land (Ireland) Act* i 1891, a dhíscaoileadh. Aithníodh go coitianta gur fheabhsaigh an Bord úd coinníollacha maireachtála na ndaoine sna ceantair chúnga, agus creideadh go raibh rath ar a chuid iarrachtaí mar go raibh cumhachtaí leathana aige feidhmiú de réir a thola féin. Dúirt céadrúnaí an Bhoird, W.L. Micks, maidir leis an bpointe seo (1925):

> I venture to say that the moral to be derived from a consideration of the Board's work is that the future . . . bodies charged with the development of the resources of the country should be given, within the limits of funds placed at their disposal by the Oireachtas, a wide and unfettered discretion, free from the objectives or modifications of clever administrative or financial officials . . .[3]

In ainneoin na comhairle críonna seo, nó b'fhéidir le heagla roimh a himpleachtaí, cuireadh freagracht maidir le gníomhaíochtaí an BCC ar Choimisiún na Talún agus ar an Roinn Tailte.

Bhí léargas an Choimisiúin ar an nGaeltacht dírithe ar an bhforbairt eacnamaíoch, ar roinnt na talún, agus ar fhorbairt na hiascaireachta agus na talmhaíochta, ach mar sin féin bhí trí thoradh ar a chuid oibre ó thaobh na teanga de. Rinne sé sainmhíniú ar na ceantair inar labhraíodh an Ghaeilge, le hidirdhealú idir Gaeltacht agus Breac-Ghaeltacht. Rinne sé fiosrúcháin speisialta a léirigh nach raibh ach 10% de na seirbhísigh phoiblí ábalta a ngnó a dhéanamh trí Ghaeilge. Mhaígh meamram ón Roinn Oideachais i 1924 go raibh teagascóirí agus cigirí talmhaíochta agus iascaireachta, chomh maith le hoifigigh Choimisiún na Talún, ina measc siúd ba mhó a chuir an Béarla chun cinn.[4] Rinne Coimisiún na Gaeltachta moltaí chun an scéal seo a leigheas. Mhol sé chomh maith bealaí chun múineadh na Gaeilge i scoileanna na Gaeltachta a fheabhsú.

Ar an iomlán, áfach, measadh go bhféadfaí an Ghaeilge a chaomhnú sa Ghaeltacht trí eacnamaíocht dhúchasach na gceantar Gaeilge a fheabhsú agus a ndaonra a bhuanú.[5]

Bhí fealsúnacht ghinearálta bhunaitheoirí an riaracháin nua le feiceáil sa pholasaí a cuireadh le chéile don Ghaeltacht. Tá dhá thréith le tabhairt faoi deara. Ar lámh amháin rinneadh idéalú ar shaol traidisiúnta na Gaeltachta, agus ceapadh go raibh sé gan athrú.[6] Ar an lámh eile bhí coincheap thar a bheith lárnaithe ann de chumhacht fheidhmeach an Stáit, agus cuireadh an mhórchuid d'fheidhmeanna an rialtais faoi stiúir dhíreach Aire—ina measc, feidhmeanna a bhí neamhspleách go maith roimhe sin.

Lár na 1920idí go lár na 1950idí
D'fhoilsigh Coimisiún na Gaeltachta a thuairisc i 1926, agus ar feadh 30 bliain ina dhiaidh sin bhí gníomhaíocht an Stáit sa Ghaeltacht gafa le hatheagar ar an talamh, le hiascaireacht, agus le tionscail tuaithe ar nós fíodóireacht, cniotáil, bréagáin agus bróidnéireacht ar línéadach. Dúirt tuairisc bhliantúil Choimisiún na Talún do 1928-1929: 'Is ábhar buartha i gcónaí do Choimisiún na Talún riachtanais ar leith na Gaeltachta'.[7] Ní haon iontas é go bhfreastalófaí ar na riachtanais sin trí thalamh a fháil laistigh den Ghaeltacht a bheadh oiriúnach le haghaidh míntírithe agus athlonnaithe. I 1926 mar shampla, thionscain an Coimisiún bearta chun 23,000 acra a fháil i gceantar an Mháma agus cuireadh scéim faoisimh ar bun chun bóithre, sconsaí agus foirgintí a thógáil. Thóg an Coimisiún bóthar cúig mhíle idir Casla agus Uachtar Ard chun an ceantar seo a nascadh le bailte fearainn chúnga dheisceart Chonamara. Bhí na bearta seo coimhdeach do ghnáthimeachtaí an Choimisiúin maidir le talamh a cheannach agus a dháileadh ar cheannaitheoirí ar thionóntaí iad.

Ba é bunú na gcóilíneachtaí Gaeltachta i nGalltacht an Oirthir an tionscnamh ba shuntasaí de chuid pholasaí talún na Gaeltachta. D'athlonnaigh 122 teaghlach Gaeltachta ar 2,929 acra i gContae na Mí idir 1935 agus 1940. Mhol Coimisiún na Gaeltachta an scéim chóilíneachta tar éis díospóireachta leitheadaí maidir leis na deiseanna agus na contúirtí a bhain le pobail Ghaeilge a fhréamhú sa Ghalltacht. Tá scéal na scéime seo inste go maith cheana féin[8] agus ní dhéanfaidh muid moill leis anseo, seachas athfhriotal a dhéanamh ar dhá thagairt a léiríonn an chodarsnacht idir an léargas cúng eacnamaíoch agus na toisí leathana teangeolaíocha a bhain le polasaí an athlonnaithe talún. Agus athbhreithniú á dhéanamh ar scéim na cóilíneachta i 1952 thuairisc Coimisiún na Talún:

> Is í an Ghaeilge gnáth-theanga fhormhór na gcóilínithe agus a dteaghlach agus tugann mórán scoláirí agus díograiseoirí teanga cuairt ar Ghaeltachtaí

bláfara Ráth Cairn agus Bhaile Ghib... D'éirigh thar barr le scéim an chóilínithe a bhuíochas sin go háirithe le misneach agus dúthracht na n-imirceoirí féin, ach níor leor é sin féin gan pleanáil chúramach agus cúnamh ábhartha agus comhairleach.[9]

Timpeall deich mbliana ina dhiaidh sin bhí tuairisc dheireanach an Choimisiúin um Athbheochan na Gaeilge an-chriticiúil faoin scéim chóilíneachta mar gheall ar an bhfaillí a rinneadh sa phleanáil a bhí riachtanach chun tacú le pobal Gaeilge:

> I dtaobh na gcóilíneachtaí de bhunadh na Gaeltachta a aistríodh go dtí an Ghalltacht, ní raibh fáth ar bith ann nach mairfidís ina n-aonaid Ghaeilgeoirí dá ndéanfaí cúram ceart den réamhphleanáil ba ghá, agus dá bhfeidhmeofaí na scéimeanna ar scála sách leathan. Ach fágadh na teaghlaigh Ghaeltachta ag brath ar Bhéarlóirí i seirbhísí poiblí, i ngnóthaí eaglasta agus i seirbhísí sóisialacha. Dá ainneoin sin, tá cuid mhaith clann sa cheantar ag cleachtadh na Gaeilge go fóill . . .[10]

Tháinig deireadh leis an scéim chóilíneachta ar aon nós mar go raibh sé deacair talamh oiriúnach a fháil i mblocanna móra. Leanadh ar aghaidh mar sin féin le teaghlaigh aonaracha as an nGaeltacht a athlonnú in oirthear na tíre.

Is fiú tionscnamh talmhaíochta eile a lua sa chomhthéacs seo—Scéim na dTithe Gloine. Go luath sna 1950idí, tógadh 100 teach gloine ar ghabháltais roghnaithe i dTír Chonaill, agus 95 eile i gConamara Theas. Cuireadh scéimeanna speisialta iascaireachta ar bun agus leasaíodh iad sna 1950idí chun go mbeadh iascairí Gaeltachta ábalta báid a cheannach ar théarmaí fabhracha ceannacháin. Chuir Acht Tithíochta don Ghaeltacht 1959 deontaisí ar fáil chun tithe a thógáil agus a athnuachan. I gcúrsaí oideachais, cuireadh cuóta d'áiteanna ar fáil sna coláistí ullmhúcháin do scoláirí as an bhFíor-Ghaeltacht, agus tugadh liúntas breise do mhúinteoirí i scoileanna áirithe san Fhíor-Ghaeltacht.

Faoi thús na 1950idí, áfach, bhí amhras ag teacht ar dhaoine faoi éifeachtacht na bpolasaithe poiblí a bhí i bhfeidhm le tríocha bliain.[11] Bhí an scóip don lonnaíocht talún ag meath. Lean an imirce shéasúrach agus bhuan ar aghaidh ag leibhéil nach bhféadfaí glacadh leo. Ní dhearnadh sainmhíniú sásúil riamh ar limistéir na Gaeltachta agus bhí líon na gcainteoirí Gaeilge laghdaithe tuilleadh ó 1926. Measadh gurbh fhearr acmhainní teoranta an stáit a dhíriú ar na ceantair sin a bhí ina bpobail Ghaeilge dáiríre. In ainneoin na béime ar an bhforbairt eacnamaíoch, agus mar a léirigh an Coimisiún um Athbheochan na Gaeilge níos déanaí,[12] ní raibh ag éirí chomh maith le hiarrachtaí an rialtais dúchais an iascaireacht a fhorbairt is a d'éirigh le BCC a dhéanamh le linn an Chéad Chogaidh Mhóir. Ar an gcaoi chéanna, cé go raibh clár foraoiseachta an Stáit dírithe cuid mhaith ar chontaetha an iarthair, ba bheag plandáil a rinneadh sa Ghaeltacht.

Tógadh trí chéim i bhfianaise an scéil seo. I 1956 rinneadh sainmhíniú níos cruinne ar limistéar na Gaeltachta chun go mbeadh sé ag freagairt níos cruinne do na limistéir a aithníodh mar Fhíor-Ghaeltachtaí i 1926. Daonra 87,000 a bhí sa limistéar níos teoranta seo i gcomparáid le 146,800 i nGaeltacht 1926. Mar dhara céim, bunaíodh Roinn na Gaeltachta an bhliain chéanna. Ba é bunú Ghaeltarra Éireann an tríú céim, bord stáit a chuaigh i mbun na dtionscal a bhí ann a riaradh agus a bhí le forbairt a dhéanamh ar aon scéimeanna tionsclaíocha eile a d'fhéadfadh fostaíocht a sholáthar sa Ghaeltacht. Bhí sé de chúram ar Ghaeltarra chomh maith cabhrú le caomhnú agus leathnú úsáid na Gaeilge sa Ghaeltacht ach is cosúil go raibh an aidhm seo le baint amach trí fhostaíocht a chruthú sna ceantair Ghaeilge seachas trí aon ghníomhaíocht ar leith a thionscnamh chun an teanga a chur chun cinn.

Lár na 1950idí go lár na 1970idí

Cuireadh Gaeltarra Éireann ar bun i gcomhthéacs athdhírithe bhunúsaigh ar pholasaithe náisiúnta ó dheireadh na 1950idí i leith. Tréigeadh teagasc an fhéinchothaithe eacnamaíoch ar son caipiteal agus fiontraíocht a allmhairiú. Cuireadh an fhorbairt réigiúnach, a bhí curtha i leataobh ar fad, nach mór, ó scoradh an BCC, ar ais ar an gclár oibre. Ba iad na coincheapa seo, brath ar infheistíocht ón iasacht agus ar thionsclú réigiúnach, ba bhunchlocha d'Acht na gCeantar Tearcfhorbartha i 1951. Ní miste a thabhairt faoi deara gur mheas an tAire nach ndéanfadh na moltaí mórán ar son na Gaeltachta, agus go ndúirt sé:

Ní dóigh liom go gcabhróidh an Bille leis an leathdosaen paróiste nó mar sin atá san Fhíor-Ghaeltacht . . . ní mheallfadh aon chabhair airgid a d'fhéadfaimis a thabhairt grúpa príobháideach tionsclaíoch chun na Gaeltachta.[13]

Is mar gheall ar an dearcadh sin a cuireadh Gaeltarra Éireann ar bun. Samhlaítear na 1950idí déanacha le meath deiridh na smaointe a bhí ag ceannairí polaitiúla na chéad ghlúine, nuair a measadh go raibh féidearthachtaí ollmhóra ann go bhféadfaí forbairt eacnamaíoch agus shóisialta a bhaint amach trí ghníomhaíocht Stáit.[14] Ó dheireadh na gcaogaidí tháinig leathnú cinnte ar idirbheartaíocht an Stáit ach bhí an riarachán poiblí lárnaithe i gcónaí. Tháinig dúbailt ar líon na státseirbhíseach 'neamhthionsclaíoch' idir 1957 agus 1981. Bhí pleanáil agus cláir oibre go mór san fhaisean, agus cruthaíodh an tuairim go bhféadfaí stiúradh cúrsaí poiblí a fheabhsú go mór trí ghlacadh le prionsabail réasúnacha bhainisteoireachta. Bhí raidhse staidéar, athbhreithnithe agus pleananna ann, go leor díobh ag iniúchadh pholasaithe an Stáit, institiúidí éagsúla agus an chórais fheidhmiúcháin. Thug cuid de na tuairiscí aghaidh ar pholasaí teanga agus ar an bhforbairt réigiúnach eacnamaíoch agus bhí impleachtaí díreacha nó indíreacha acu do ról an Stáit sa Ghaeltacht. Baineann dhá cheann acu go díreach lena bhfuil á phlé anseo.

Bhí léargas i bhfad níos leithne ag tuairisc an Choimisiúin um Athbheochan na Gaeilge i 1963 ar 'fhadhb na Gaeltachta' ná mar a bhí ag tuairisc Choimisiún na Gaeltachta i 1925-1926. Luaigh sé na fórsaí leitheadacha sóisialta agus eacnamaíochta a d'imir a dtionchar ar an nGaeltacht mar phobal Gaeilge, agus dhírigh a aird go háirithe ar an ngalldú a bhí ag tarlú de bharr leathnú ar an 'oifigiúlachas poiblí' agus ar sheirbhísí gairmiúla. Ba bheag é dóchas an Choimisiúin as an gcur chuige coinbhinsiúnach maidir le dáileadh talún agus forbairt na talmhaíochta. D'áitigh sé: (i) go n-éireofaí as stochthógáil rainse ar son chórais dhlúth-tháirgthe (m. sh. glasraí, sicíní, beachaireacht); (ii) béim sa bhreis a chur ar acmhainní nádúrtha a fhorbairt agus ar tháirgí breisluacha (m. sh. foraoiseacht, turasóireacht, feirmeoireacht shliogéisc); agus (iii) tionscail éadroma a fhorbairt a mbeadh ardluach acu agus costais ísle iompair. Maidir le socruithe institiúideacha, d'aithin an Coimisiún na cosúlachtaí a bhí idir obair an BCC agus obair fhorbairt na Gaeltachta ach dhiúltaigh sé don smaoineamh gur cheart go mbeadh bord ar leith ann don Ghaeltacht. Bhí an dearcadh diúltach seo ann mar go raibh réimse d'áisíneachtaí poiblí ag freastal anois ar an nGaeltacht nach raibh ann le linn ré an BCC. Is aisteach an rud é nár thug an dearcadh simplí seo aon aird ar bhreithiúnas eile an Choimisiúin go raibh leathnú na hoifigiúlachta poiblí ar cheann de na fachtóirí a bhí ag lagú na Gaeilge sa Ghaeltacht.

I ndeireadh báire mhol an Coimisiún go mbunófaí Ciste Gaeltachta ar leith agus go leathnófaí cumhachtaí Ghaeltarra chun tabhairt i gceart faoi fhorbairt eacnamaíoch sa Ghaeltacht mar a rinne an BCC. Ar bhealach, bhíothas ag filleadh ar an múnla a tréigeadh daichead bliain roimhe sin. Cé gur tharraing an Coimisiún aird ar na hathruithe sa chomhthéacs eacnamaíoch agus sóisialta a chuaigh i bhfeidhm ar úsáid teanga sa Ghaeltacht, is aisteach nár cloíodh le loighic na hanailíse seo, ach gur bhraith na moltaí beagnach go hiomlán ar bheartais chun an eacnamaíocht a fhorbairt. Leagadh síos treo an pholasaí don chéad ghlúin eile nuair a ghlac an Rialtas le bunús thuairisc an Choimisiúin i bPáipéar Bán i 1965.[15]

Bhí tionchar chomh maith ag cáipéis eile de chuid na 1960idí, an tuairisc ar *Infheistíocht san Oideachas*, ar an scéal. Bhain sí leis an nGaeltacht go hindíreach mar gheall ar a himpleachtaí ginearálta don chóras oideachais, agus go háirithe do ról na scoileanna i mbuanú na Gaeilge. Ní miste a mheabhrú anseo go raibh an córas oideachais ina chuid lárnach den chomhthéacs institiúideach a bhí mar bhonn le polasaí na Gaeilge, a raibh an polasaí don Ghaeltacht bunaithe air. Ba é an toradh a bhí ar *Infheistíocht san Oideachas* ó thaobh polasaí de, agus ar an mbunsmaointeoireacht a bhí laistiar de ó thús, go raibh deiseanna oideachais curtha ar fáil go forleathan, gur leathnaíodh réimse an churaclaim, agus gur éirigh leis an gcóras dul in oiriúint níos fearr do riachtanais na heacnamaíochta nua-aimseartha teicneolaíochta. Fiche bliain níos déanaí léirigh taighde gur mhó an claonadh a bhí ann an Ghaeilge a sheachaint mar ábhar scrúdaithe sna scoileanna cuimsitheacha/pobail agus sna coláistí teicneolaíocha ná sna hinstitiúidí 'traidisiúnta' den chóras oideachais.[16]

De réir mar a mhéadaigh na deiseanna fostaíochta agus an iontráil go dtí an t-ardoideachas cuireadh deireadh leis an nGaeilge mar ábhar riachtanach do scrúdú na hArdteiste agus le haghaidh iontrála sa Státseirbhís. Is féidir gur lagaigh na cinnidh seo stádas na Gaeilge i measc mhuintir na Gaeltachta chomh maith.[17]

Bhí athruithe móra ag teacht ar struchtúr na fostaíochta agus na ngairmeacha faoi thús na 1970idí. Leis an gclaonadh ó fhostaíocht Stáit chuig poist sna hearnálacha tráchtála agus airgeadais, ba dheacair go minic an inniúlacht a baineadh amach sa Ghaeilge ar scoil a chur in úsáid tar éis na scoile. Tugaimis faoi deara chomh maith, mar a thug Garvin,[18] gur ghéaraigh géarchéim an Tuaiscirt an mearbhall idé-eolaíoch agus gur cuireadh iachall ar pholaiteoirí athmhachnamh a dhéanamh ar na seasaimh pholaitiúla a bhí mar oidhreacht acu. Ar aon chuma, ghlac an Stát Éireannach le dearcadh *laissez-faire* de réir a chéile maidir le húsáid teanga, ag dul i dtreo an dátheangachais dhoiléir. Bhí sé le tuiscint, go díreach nó go hindíreach, gur bhraith rogha na teanga ar chlaonta agus ar dhúthracht an duine aonair, seachas é a bheith ina thoradh ar an dóigh ar cuireadh eagar ar na deiseanna chun cumas agus úsáid a fheabhsú trí ghníomhaíocht an Stáit.

Maidir leis an nGaeltacht féin, mheas taighde sna luath 1970idí[19] gur timpeall 30% den phobal sa Ghaeltacht oifigiúil a d'úsáid an Ghaeilge go leitheadach ina saol teaghlaigh agus poiblí. Ag ceann eile na meá, bhí tuairim 25% de na pobail ag úsáid an Bhéarla mar phríomhtheanga, agus an 40% go 50% eile dátheangach ina n-iompar.

Tugadh dúshlán do mheon cloíte an Stáit, áfach. Léiríonn Ó Tuathaigh[20] gur spreag beopholaitíocht na hóige agus an agóidíocht ar son cearta sibhialta ar fud an domhain ag deireadh na 1960idí Gluaiseacht Chearta Sibhialta na Gaeltachta. Lena feachtas ionsaitheach chuir an Ghluaiseacht ina luí ar an Stát gur cheart an tseirbhís raidió a bhí geallta le fada don Ghaeltacht a bhunú. Chruthaigh gluaiseacht eile, a raibh bonn níos leithne faoi, na comharchumainn phobail a thug faoi réimse d'fhorbairtí eacnamaíochta, sóisialta agus d'fheabhsuithe sa bhonneagar áitiúil, i bpáirtíocht le háisíneachtaí Gaeltachta an Stáit. Timpeall an ama seo chomh maith a tosaíodh ar údarás gaeltachta a éileamh a mbeadh cur chuige níos cuimsithí aige i leith fhorbairt na Gaeltachta agus a thabharfadh féinrialtas áirithe do mhuintir na Gaeltachta.

Lár na 1970idí go lár na 1990idí
Tharla an t-éileamh áitiúil ar fhéinrialtas don Ghaeltacht ag an am céanna le héilimh eile dá leithéid ó fhoinsí eile. Mhol Comhairle na Gaeilge i 1971, mar shampla, go mbunófaí Coistí do Cheantair Ghaeltachta a rachadh i mbun cuid d'fheidhmeanna na n-údarás áitiúil.[21] Níor mheas an Chomhairle go mbeadh údarás amháin don Ghaeltacht praiticiúil. I 1975 mhol an Coiste um Thaighde ar Dhearcadh Teanga go mbunófaí údarás láidir rialtais áitiúil don Ghaeltacht mar dhóigh chun meath na teanga a mhaolú.[22] Faoi dheireadh, sa bhliain 1979 rinneadh achtú ar reachtaíocht chun Údarás na Gaeltachta a bhunú le seachtar ionadaithe tofa agus seisear ainmnithe ag Aire na Gaeltachta. Bhí sé i gceist gur bhaill neamhpholaitiúla a thoghfaí ach faoin am a raibh 34 iarrthóir ainmnithe ba léir nach raibh sa toghchán ach páirc imeartha eile don dá phríomhpháirtí don iomaíocht pholaitiúil eatarthu.[23] Tá sé níos suntasaí fós nárbh é an tÚdarás áirithe a bunaíodh, leis na cumhachtaí agus na feidhmeanna a tugadh dó, an áisínteacht a theastaigh uathu siúd a mhol go mbunófaí é. Ba bheag difear a bhí idir é agus Gaeltarra Éireann, dar le go leor. De réir Acht nua 1999, tá ballraíocht an Údaráis leasaithe, den 20 ball a bheas ar an mBord feasta beidh 17 tofa go díreach ag na pobail Ghaeltachta, le soláthar ar leith déanta d'ionadaíocht ó na ceantair bheaga Ghaeltachta.

Tá an-tionchar ag ballraíocht na hÉireann sa gComhphobal Eorpach ó na 1970idí i leith ar idirghníomhaíocht an Stáit leis an nGaeltacht. Mar go rabhthas ag súil leis go nglacfadh an Bhruiséil freagracht as cuid mhór d'fhorbairt na hÉireann a mhaoiniú, bhí taiticí an Stáit dírithe ar an sruth airgid chun na tíre seo a uasmhéadú. Leathnaíodh amach na Ceantair faoi Mhíbhuntáiste ionas go bhfuil os cionn 70% den Stát á chlúdach acu ar mhaithe le leas a bhaint as scéimeanna talmhaíochta. Bhí pé idirdhealú a rinneadh idir na ceantair seo, bunaithe ar thuairim 'míbhuntáiste níos mó' agus 'míbhuntáiste níos lú', ag brath ar ghnéithe fisiciúla agus ar acmhainní nádúrtha. Bhain coincheapa maidir le 'cosaint' agus 'caomhnú' leis an gcomhshaol agus leis an tírdhreach fisiciúil amháin. Laghdaíodh tábhacht na Gaeltachta mar aonad tíreolaíochta teanga agus cultúir.

Ach ní raibh stádas lag na Gaeltachta san intinn oifigiúil níos soiléire riamh roimhe is a bhí sé sna socruithe pleanála agus institiúide a rinneadh chun leas a bhaint as Cistí Struchtúrtha an Aontais Eorpaigh (AE feasta) ag deireadh na 1980idí. Thug na Cistí tosaíocht do 'forbairt agus oiriúint struchtúrtha na gceantar tearcfhorbartha a chur chun cinn' ('Sprioc 1' na gCistí). Tugadh ráta tosaíochta d'Éirinn, don phoblacht uile, agus rinneadh réigiún amháin den tír ar mhaithe le maoiniú an AE dár mbeartas a chinntiú. Bhí amhras ar an mBruiséil faoin riarachán lárnaithe anseo, áfach, agus cuireadh béim ar chomhpháirtíocht idir an Coimisiún, na ballstáit agus 'údaráis inniúla' ag an leibhéal áitiúil agus réigiúnach. Ach ní raibh aon struchtúir ann ag an leibhéal réigiúnach chun éifeacht a thabhairt don chomhpháirtíocht a shamhlaigh an Coimisiún. Bhí na hEagraíochtaí Forbartha Réigiúnda a bunaíodh i 1969, dá laige iad, curtha ar ceal i 1980. Mar sin, cumadh seacht réigiún nua ('foréigiúin') le teorainneacha tíreolaíochta nach raibh mórán bainte acu leis an ngréasán riaracháin a bhí ann cheana. Eagraíodh Grúpa Oibre (de sheirbhísigh phoiblí) agus Grúpa Comhairleach (grúpaí sainspéise áitiúla den chuid is mó) chun pleananna réigiúnacha a ullmhú. Sa deireadh d'ullmhaigh na húdaráis áitiúla gur bhain sé leo pleananna a bhí bunaithe ar na réigiúin agus bhí an Roinn Airgeadais i bhfeighil an phlean náisiúnta ina iomláine.

Is cosúil nach raibh sé i gceist riamh ag an Rialtas a bheith dáiríre faoin réigiúnachas, in ainneoin na ngníomhaíochtaí seo go léir a hullmhaíodh do Chistí Struchtúrtha 1989-1993. Ba ar éigean a aithníodh an Ghaeltacht mar réigiún ar leith ar chor ar bith, ná Údarás agus Roinn na Gaeltachta mar áisíneachtaí réigiúnacha. Ní raibh aon aird ar na Gaeltachtaí sna foréigiúin a leagadh amach. Is i gcomhthéacs pholasaí tionsclaíochta amháin a rinneadh tagairt don Údarás sa Phlean Forbartha Náisiúnta, agus ba ghonta an tagairt í.

Bhí feabhas áirithe le feiceáil sna cúrsaí seo sna cláir don dara tréimhse de na Cistí Struchtúrtha (1994-1999). Bhí fochlár ar leith sa chlár náisiúnta don fhorbairt thionsclaíoch chun tacú le tionscail sa Ghaeltacht. Tá sé saoithúil, áfach, nach bhfuil ach tionscnamh amháin sa chlár náisiúnta seo don fhorbairt áitiúil a phléann ceantar ar leith, an plean don *Temple Bar Cultural Quarter* i gcroílár Bhaile Átha Cliath. Ní miste a lua chomh maith gur beag an tagairt a rinneadh ag an ardleibhéal polaitiúil don Ghaeltacht sa díospóireacht i rith 1999 maidir le stádas Sprioc 1 a choinneáil in iarthar na hÉireann, ná do scaradh phobail Ghaeltachta Chiarraí, Chorcaí, Phort Láirge agus na Mí ó na ceantair Ghaeltachta eile sa chinneadh a rinneadh i ndeireadh báire.

Agus sin ráite, thug ár mballraíocht san AE fíorbhuntáistí don Ghaeltacht, go háirithe trí chomh-mhaoiniú a dhéanamh ar réimse leathan tograí; tugann a lán díobh tacaíocht d'fhorbairt phobail, teanga agus chultúir chomh maith le hoiliúint fostaíochta. Chuidigh an bhallraíocht san AE chomh maith le naisc a cheangal idir an Ghaeltacht agus pobail mhionlaigh teanga in áiteanna eile san Eoraip.

Achoimre ar a bhfuil bainte amach

Conas is féidir achoimre a dhéanamh ar an taifead ar 40 bliain de thaithí an Stáit dúchais ag plé le 'fadhb na Gaeltachta'?

Ní mór a rá ar dtús gur choinnigh an Stát nua an múnla forbartha a bhí ag an BCC in ainneoin gur scoireadh an Bord sin i 1923. Cibé suáilcí a bhain leis seo maidir le leas ábhartha mhuintir na Gaeltachta, bhí sé dall ar na ceangail atá idir próiseas teangeolaíochta agus an fhorbairt eacnamaíoch i sochaí atá á nuachóiriú. D'éirigh laige an léargais seo níos soiléire de réir mar a chuaigh maorlathas an Stáit i bhfeidhm níos mó agus níos mó ar shaol na Gaeltachta, agus de réir mar a laghdaíodh ar iargúltacht fhisiciúil agus chultúrtha na Gaeltachta. Lean áisíneachtaí an Stáit leis an bpróiseas galldaithe a bhí ag an sean BCC ar go leor bealaí.

Sa dara háit, bhain táimhe dhochreidte le freagra an Stáit don ghalldú a bhí le haithint go soiléir ag Coimisiún 1925, agus arís ag Coimisiún 1963, a d'eascair as tionchar na hoifigiúlachta rábaí. Níl aon téarmaí tagartha ag áisíneachtaí seirbhísí poiblí, na húdaráis áitiúla ina measc, maidir leis an bpolasaí atá fógraithe ag an Stát le haghaidh chaomhnú teanga, ná níl aon smachtbhannaí—dearfacha ná diúltacha—ann maidir lena ngníomhaíochtaí. Bhí sé ar a gcumas fiú an fhreagracht is lú maidir leis an teanga a dhiúltú chomh luath is a bunaíodh Roinn na Gaeltachta, Gaeltarra agus an tÚdarás. Soláthraíonn áisíneachtaí poiblí a gcuid seirbhísí poiblí de réir a dtéarmaí féin, bunaithe ar fhreastal ar chliaint a labhraíonn Béarla, gan aird ar pholasaithe an Stáit i leith na Gaeilge. Tá ciorcal lochtach cruthaithe. Treisíonn úsáid an Bhéarla san earnáil phoiblí dearcadh mhórán daoine sa Ghaeltacht nach bhfuil aon tairbhe sa Ghaeilge, nach bhfuil úsáid di i gcúrsaí cumhachtaí agus stádais. Tuigtear do phobal na Gaeilge go n-oibríonn innealra an Stáit níos éifeachtaí agus níos tapúla trí mheán an Bhéarla.[24] Nuair a úsáideann Gaeilgeoirí an Béarla chun an míbhuntáiste a sheachaint tugann sé sin dlisteanacht don mhaorlathas gan seirbhísí a sholáthar trí Ghaeilge, cé go léiríonn oifigigh aonaracha níos mó tuisceana ar uairibh.

Sa tríú háit, bhí polasaí an Stáit sa Ghaeltacht dírithe ar dheontais a íoc le daoine aonaracha (m.sh. sa tithíocht), gan aird ar na himpleachtaí a bhí ann d'inmharthanacht na bpobal Gaeilge. Ba bheag aird a bhí ar fhorbairt phobail go dtí le déanaí agus is suarach an t-aitheantas a thugann an phleanáil fhisiciúil do chaomhnú na teanga.

Sa deireadh, tá an Stát ag tarraingt siar ó chinnireacht a thabhairt agus tá a ról corparáideach i réimse leathan de chúrsaí teanga laghdaithe aige.[25] Tá seasamh níos sáimhe nó níos frithghníomhaí aige anois seachas a bheith ag spreagadh agus ag treorú. De réir mar a lagaigh an bhéim ar athbheochan nó ar athréimniú chuaigh an polasaí iomlán i dtreo an dátheangachais mhíshoiléir. D'fhéadfaí an polasaí a léirmhíniú mar sin mar cheist a bhain le tionscnaimh agus roghanna pearsanta, a mbeadh an Stát ábalta freagairt dóibh, ar an mbonn go mbeadh go leor éilimh ann don 'tseirbhís', agus ar an mbonn sin amháin. Dhearbhaigh Páipéar Bán ar an tseirbhís phoiblí (1985) ceart an tsaoránaigh ar theastaigh uaidh gnó a dhéanamh le heagraíochtaí Stáit trí Ghaeilge, ach cuireadh an bhéim ar an seirbhíseach poiblí a spreagadh chun líofacht a bhaint amach sa teanga, seachas aon atheagrú nó athrú a dhéanamh ar chultúr na seirbhíse poiblí trí chéile. Lena chur in aon fhocal amháin, is annamh a dhéantar ráiteas poiblí faoin treo straitéiseach atá ag an bpolasaí teanga; ní léir anois cén aidhm fhadtéarmach atá ag polasaí an Stáit.[26]

Ach is féidir a rá gur éirigh le polasaí an Stáit nithe áirithe a bhaint amach sa Ghaeltacht. Tá cobhsaíocht bainte amach sa daonra cé go bhfuil ag éirí níos fearr le ceantair seachas a chéile (Tábla 1). Tá an pictiúr iomlán curtha as a riocht chomh maith ag leathnú eisceachtúil chathair na Gaillimhe. Idir 1981 agus 1997 tháinig méadú beagnach faoi dhó ar an bhfostaíocht a bunaíodh le cabhair deontais—go timpeall 7,850. Tá timpeall 23% d'fhórsa oibre na Gaeltachta san fhigiúr seo. Bhain fostaíocht pháirtaimseartha agus shéasúrach buaic de 4,110 amach i 1997. Sa bhliain chéanna tharla suas le 60% den fhás iomlán i bpoist mar gheall ar leathnú sa bhonn tionsclaíoch a bhí ann cheana agus ba sna tionscail leictreonacha, innealtóireachta agus acmhainní nádúrtha agus sna hearnálacha nua-aimseartha seirbhíse is mó a tharla an fás. Ní mór dhá agus a chur leis seo, áfach. I ráiteas an Chathaoirligh i dTuairisc Bhliantúil Údarás na Gaeltachta 1996 tugtar faoi deara go bhfuil a lán de thionscail na Gaeltachta sna hearnálacha is ísle teicneolaíocht agus go bhféadfaí poist a chailleadh iontu dá bharr sin. Chomh maith leis sin, tá cuid mhaith de na tionscail lonnaithe i gceantair ina bhfuil an Ghaeilge lag nó gan úsáid ach ar éigean.[27]

Tábla 1: Daonra na gCeantar Gaeltachta

Contae	1961	1971	1981	1991	1999
Corcaigh	3,487	3,269	3,442	3,578	3,591
Dún na nGall	26,357	23,158	25,704	24,504	24,072
Gaillimh	22,769	21,204	26,444	32,578	35,983
Ciarraí	8,736	7,729	8,253	8,116	8,145
Maigh Eo	16,275	13,447	13,320	11,868	11,494
An Mhí	907	895	948	1,256	1,407
Port Láirge	792	866	1,391	1,368	1,347
Iomlán	79,323	70,568	79,502	83,286	86,039

Tá béim curtha as an nua ar acmhainní nádúrtha a fhorbairt—feirmeoireacht éisc, próiseáil éisc agus turasóireacht. Ach aithnítear nach mbeidh na gníomhaíochtaí seo faoi stiúir feasta ag mionsealbhóirí ná fiú ag comharchumainn áitiúla ach acu siúd a bhfuil smacht acu ar an gcaipiteal agus ar an saineolas chun brabach níos mó a bhaint astu.

Tá feabhas soiléir le feiceáil ar thithíocht agus ar choinníollacha maireachtála sa Ghaeltacht. Tá an bonneagar feabhsaithe chomh maith ach is iomaí laige atá i gcóras na mbóithre agus an iompair i gcónaí. Tá bonneagar na teileachumarsáide le feabhsú agus le forbairt freisin. Tá dlúthpháirtíocht agus coinsiasacht úr faoina gcomhchinniúint á spreagadh ag an raidió agus an teilifís státurraithe agus ag na meáin chló i measc phobail na Gaeltachta.

Níl ag éirí le haidhm bhunúsach an Stáit áfach: an Ghaeilge a bhuanú mar theanga phobail. Baineadh seasmhacht áirithe amach go dtí na 1960idí déanacha, go háirithe má chuirtear san áireamh go raibh sainmhíniú míréadúil déanta ar an nGaeltacht i 1926.[28] Léiríonn na blianta ó shin i leith go bhfuil creimeadh leanúnach ag teacht fiú ar chroílár na Gaeltachta. Léiríonn Tábla 2, a tógadh as Daonáireamh 1966, nach raibh ach 43% d'áitritheoirí na Gaeltachta os cionn trí bliana d'aois ag labhairt na Gaeilge go laethúil cé gur thuairisc 76% go raibh Gaeilge acu. Níor cláraíodh ach 34% díobh siúd idir trí agus cúig bliana d'aois mar chainteoirí laethúla Gaeilge ach bhí an codán ag 62% dóibh siúd idir deich mbliana agus ceithre bliana déag. Tá difríochtaí den chineál céanna le feiceáil maidir le hinniúlacht ar Ghaeilge a labhairt idir na haoisghrúpaí. Léiríonn na figiúirí seo go mbaineann foghlaim agus úsáid na Gaeilge níos mó agus níos mó leis an scoil seachas leis an mbaile d'fhormhór na leanaí sa Ghaeltacht.

Tábla 2: Inniúlacht ar Labhairt na Gaeilge agus Úsáid Laethúil na Gaeilge sna Ceantair Ghaeltachta 1996

Ceantar Gaeltachta	Inniúlacht ar Labhairt na Gaeilge			Úsáid Laethúil na Gaeilge		
	3-4 Bliana	10-14 Bliana	Gach Aois	3-4 Bliana	10-14 Bliana	Gach Aois
Corcaigh	65.9	94.8	83.7	40.0	69.4	40.6
Dún na nGall	62.1	86,9	78.1	45.7	62.3	48.5
Cathair na Gaillimhe	14.0	71,1	56.7	7.8	36.9	15.4
Contae na Gaillimhe	60.7	89.9	82.2	43.7	70.3	54.1
Ciarraí	61.0	94.4	82.8	35.3	72.3	43.6
Maigh Eo	34.0	83,5	69.7	16.9	52.7	27.4
An Mhí	34.0	73.4	59.5	22.6	57.1	31.4
Port Láirge	71.0	98.0	86.5	51.5	91.1	53.5
Gach Ceantar	50.9	86.6	76.3	34.4	62.4	42.6

An féidir creimeadh leanúnach na Gaeilge mar theanga phobail a stopadh? An bhfuil an t-athrú teanga dosheachanta? Braitheann na patrúin úsáide teanga ar dhaoine i ndeireadh báire, ar a dtoil, ar na roghanna a dhéanann siad, agus ar na luacha ar a mbunaítear na roghanna. Ach má éiríonn éilíteanna lasmuigh den Ghaeltacht as úsáid na Gaeilge, agus más léir nach bhfuil an Stát róthógtha le ceist na teanga, ní fiú a bheith ag súil go leanfaidh daoine atá ina gcónaí i gceantair atá faoi mhíbhuntáiste eacnamaíoch ar aghaidh le hobair bhuanú na Gaeilge mar theanga labhartha.[29] Ní féidir, dá bhrí sin, gníomhaíochtaí an Stáit sa Ghaeltacht a scaradh ó pholasaí teanga a chur i bhfeidhm don tír go hiomlán.

Is athrá é seo ar argóint a rinneadh os cionn deich mbliana ó shin, go bhfuil gá le tionscnamh cuimsitheach Stáit chun polasaí dearfa dátheangach a thionscnamh.[30] Le blianta beaga anuas is cosúil go bhfuil polasaí le fócas measctha de ghníomhaíochtaí ar nós 'ealaín, cultúr agus oidhreacht' tagtha ar an bhfód in áit na Gaeilge mar chlár oibre polasaí ag an Stát i réimse na féiniúlachta.

Chomh maith le cinnireacht ón Stát a chur in iúl trí thionscnaimh úra chun polasaí dátheangach Stáit a fhorbairt, tá gá le tacaíocht a thabhairt do stádas na Gaeilge sa Bhunreacht le reachtaíocht ar leith a thaobhódh le cearta teanga lucht úsáidte na Gaeilge. Is léir, mar a deir Ó Tuathaigh (1996), nach bhfuil cothromaíocht measa bainte amach do chainteoirí Gaeilge ina bplé le húdaráis phoiblí mar go bhfuiltear ag brath an iomarca ar threoirlínte, ar dhea-thoil agus ar thionscnaimh agus ar chead roghnachais daoine aonair sa chóras Stáit. Tá sé i gceist Bille Teanga a thabhairt isteach faoina mbeidh ar áisíneachtaí Stáit seirbhís chuimsitheach a sholáthar trí mheán na Gaeilge. Mura ndéanfar sin titfidh an t-éileamh faoi bhun na leibhéal a mbeadh foráil shásúil indéanta dóibh, agus éireofar as soláthar na seirbhísí seo ar fad.

D'fhéadfaí cumhachtaí agus acmhainní breise a chur ar fáil d'Údarás na Gaeltachta mar dhóigh chun a chinntiú go mbeadh forbairt eacnamaíoch agus shóisialta na Gaeltachta ag teacht le chéile le haidhmeanna theangeolaíocha. Ní bheadh sé réadúil a bheith ag súil go dtabharfaí smacht iomlán don Údarás ar fheidhmeanna ar nós pleanála fisiciúla sa Ghaeltacht ach d'fhéadfaí ceart crosta a thabhairt dó ar aon chinneadh de chuid na n-údarás áitiúil nó lárnach a dhéanfadh dochar do chaomhnú na Gaeilge sa Ghaeltacht. Sa chomhthéacs seo bheadh measúnú ar thionchar teanga chomh tráthúil le measúnú ar thionchar imshaoil i gcomhthéacsanna eile, agus beartais á meas. Ar ndóigh is í an cheist anseo: an mbeadh muintir na Gaeltachta sásta glacadh le polasaithe sriantacha ar mhaithe le buanú na teanga? Mar mhalairt air sin, d'fhéadfadh an tÚdarás feidhmiú mar ghníomhaire feidhmeach do réimse áisíneachtaí Stáit sa Ghaeltacht. I 1996 cheadaigh an tAire don Údarás a ról a leathnú i bhforbairt na turasóireachta cultúrtha agus d'fhéadfaí tuilleadh leathnaithe a dhéanamh ar an leagan amach seo.

Thrácht muid cheana ar an bhforbairt phobalbhunaithe agus ar an bhforbairt shóisialta a leathnú faoi scáth an Údaráis agus le maoiniú ón AE. Is dócha go laghdófar an maoiniú seo ach tá sé tábhachtach go leanfaí ar aghaidh leis na cláir seo faoi mhaoiniú náisiúnta. B'fhéidir go mbeadh scóip ann, áfach, chun gníomhaíochtaí níos straitéisí a phleanáil chomh maith le hairgead a dháileadh ar dhaoine aonaracha i bhfoirm deontas. D'fhéadfadh cláracha, chomh maith le bheith ag tacú le forbairt eacnamaíochta pobalbhunaithe, (i) pobail na Gaeltachta a chur ar an eolas faoin athrú teanga; (ii) a léiriú conas a bheadh pobail áitiúla ábalta cur i gcoinne an phróisis ghalldaithe; agus (iii) cabhrú le pobail gníomhaíochtaí teanga a fhorbairt ina gcuid oibre; (iv) comhfhios agus tuiscint an phobail faoina gcearta teanga a ardú.

Tá gá le beartas cuimsitheach, agus sin go pras. Ní tráth moille ná faillí é.

Nótaí

1 Ó Tuathaigh, Gearóid, 'Ráth Cairn: an cúlra', in Ó Conghaile, M.(eag.), *Gaeltacht Rath Cairn: Léachtaí Comórtha* (1986), lch 17.

2 Ó Riagáin, Pádraig, *Language Maintenance and Language shift as strategies of Social Reproduction: Irish in the Corca Dhuibhne Gaeltacht 1926-86* (B.Á.C., 1992) lch 3.

3 Micks, W.L., *The History of the Congested Districts Board* (B.Á.C., 1925), lch 214.

4 Lee, J.J., *Ireland 1912-1985: Politics and Society* (Cambridge, 1989), lch 133.

5 Ó Riagáin, 1992, op.cit., lch 4.

6 Ó Tuathaigh, G., *The Development of the Gaeltacht as a bilingual entity* (B.Á.C., 1990), passim.

7 Tuarascáil Bhliantúil Choimisiún na Talún. 1928-1929, lch 7.

8 Ó Conghaile, Micheál (eag.), *Gaeltacht Ráth Cairn: Léachtaí Comórtha* (Conamara 1986).

9 Tuairisc Bhliantúil Choimisiún na Talún 1951-52, lch 32.

10 An Coimisiún um Athbheochan na Gaeilge. *An Tuarascáil Deiridh*, 1963, lgh 217-219.

11 Ó Riagáin, P. 1992, op.cit. lch 4.

12 An Coimisiún um Athbheochan na Gaeilge, *An Tuarascáil Deiridh*, 1963, lch 208.

13 An tAire Tionscail agus Tráchtála (S. Lemass, TD) Díospóireachtaí Dála, Dáil Éireann, 1951, Cols. 891-892.

14 Garvin, Tom, 'Change and the Political System', in Frank Litton (eag.), *Unequal Achievement: The Irish Experience 1957-1982* (I.P.A., B.Á.C., 1982), lch 37.

15 Ó Riagáin, Pádraig, 1992, op.cit., lch 5.

16 An Coiste Comhairleach Pleanála, *Irish and the Education System: An Analysis of the Examination Results*, Bord na Gaeilge (B.Á.C., 1986), lch vi.

17 Ó Tuathaigh, G., 1990, op.cit., lch 13.

18 Garvin, T.,1982, op.cit., lch 38.

19 Committee on Irish Language Attitudes Research (CILAR) Report, (Oifig an tSoláthair, B.Á.C. 1975).

[20] Ó Tuathaigh, G.,1990, op. cit., lch 8.

[21] Comhairle na Gaeilge, *Towards a Language Policy* (Oifig an tSoláthair, B.Á.C., 1971).

[22] CILAR, 1975. op.cit.

[23] Coakley, John, 'Self-government for Gaelic Ireland: the development of state language policy', in *Europa Ethnica*, 37 (3), lgh 114-123.

[24] *An Ghaeilge agus an Dlí* (Fasach. B.Á.C., 1986).

[25] An Coiste Comhairleach Pleanála, *The Irish Language in a Changing Society: Shaping the Future*, Bord na Gaeilge (B.Á.C., 1988).

[26] Ó Riagáin, Pádraig, *Language Policy and Social Reproduction: Ireland 1893-1993* (Oxford, 1997), lch 5.

[27] Hindley, Reg, 'Defining the Gaeltacht: Dilemmas in Irish Language Planning', in C.H. Williams (eag.), *Linguistic Minorities, Society and Territory* (Clevedon, 1991), lch 83.

[28] Ó Riagáin, Pádraig., 1997, op.cit., lch 77.

[29] An Coiste Comhairleach Pleanála, 1988, op. cit., lch 102.

[30] ibid.

Cúige Uladh

Gaeltacht Thír Chonaill

Fánaid
Seán Ó Dorraidhin

Leithinis í Fánaid atá suite i dtuaisceart Dhún na nGall, idir an Mhaoil Rua agus Loch Súilí. Luíonn Gaeltacht Fhánada ar chósta thuaidh na leithinse seo, ar bhruach an Atlantaigh, ag síneadh ón Dumhaigh Mhór ar bhruach na Maoile Rua san iarthar, go dtí an Dumhaigh Bhig ar bhruach Loch Súilí san oirthear; sin stráice caol talaimh timpeall 6 mhíle ar leithead agus cúpla míle ar fad. Níl ach thart fá aon trian den pharóiste sa Ghaeltacht.

Maidir le stair an cheantair, is cinnte go raibh daoine lonnaithe i bhFánaid chomh fada ar ais le Ré na Cloiche agus Ré an Chré-umha. Tá fianaise na réanna seo le feiceáil i mBaile Thiarnáin, i mBaile Choirce agus ar an Droim Fhada. Tá cromleac ag Gort na bhFearn in aice leis an Cheathrú Chaol, agus tá iarsmaí de dhúnta cloch ag an Chaiseal, ar chnoc Chaiseal Mór, ag Ceann an Locha agus in áiteacha eile.

Tháinig an Chríostaíocht go Fánaid go luath. Is é Cluain Dábhaodóg ainm eaglasta na paróiste. Thig an t-ainm seo ó Naomh Dábhaodóg a bhunaigh mainistir bheag ag Ros na Cille sa séú céad, i ngar don áit ina bhfuil an séipéal Protastúnach ag Ros na Cille san am i láthair. Níl mórán ar eolas againn fán naomh seo, ach deirtear gur dhíbir sé na cuacha agus na luchóga móra as Fánaid! Cé acu atá an scéal sin fíor nó nach bhfuil, tá Lá Fhéile Dábhaodóige ar an dara lá fichead d'Iúil agus déantar Turas Dhábhaodóige ar Aoine an Chéasta chuig Tobar Dhábhaodóige ar an Dumhaigh Mhór.

Níl mórán ar eolas fán Chríostaíocht i bhFánaid sna Meán-Aoiseanna. Deirtear go raibh séipéal i mBaile Thiarnáin san ochtú céad déag ach má bhí, níl lorg ná rian de fágtha anois. Tógadh séipéal Naomh Columba i gCnoc an Aifrinn timpeall na bliana 1795 agus teach pobail ceann tuí ag Fán an Bhualtaigh timpeall na bliana 1840. Le linn na bPéindlíthe, bhí roinnt mhaith Carraigeacha Aifrinn sa cheantar, mar a bhí, ag Lag na hAltóra i nGort na Trá, ar an Chúl Bheag, ag Fán an Bhualtaigh, ar an Rinn Bhuí agus in áiteacha eile. Maidir le reiligeacha de, tá iarsmaí de sheanreiligeacha ar an Bhaile Úr, ar an Dumhaigh Mhór agus Fál Aonaosa.

Is i Reilig Chnoc an Aifrinn a chuirtí daoine ón cheantar Gaeltachta seo go dtí an bhliain 1945, nuair a fosclaíodh an reilig i bhFán an Bhualtaigh. Tógadh Séipéal Phádraig i mBaile an Chnoic i 1932. Déantar turais eile chuig Tobar Phádraig i mBaile Láir agus Tobar Phádraig ar an Bhaile Úr chomh maith le Tobar Cholmcille i nDroim na Creige.

Bhí cáil mhór ar roinnt ríthe as Fánaid fosta. De réir Annála Ríochta Éireann bhí Loingseach as Fánaid ina Ard-Rí ó 696 go AD 703. Bhí Conall Ceann Mhaighir (mac do Fhearghus as Fánaid) ina Ard-Rí ó 705 go 710 agus Flaithbheartach (mac de Loingseach) ina Ard-Rí ó 728 go 734. Deirtear go raibh an triúr seo síolraithe ó Chonall Gulban a thug a ainm do Thír Chonaill. Go luath sna meánaoiseanna bhí Clann Uí Bhreasláin i réim i bhFánaid agus a gceanncheathrú acu i ndún ar an Chaiseal Mhór (cnoc in iarthar Fhánada). Bhí siadsan i gceannas go dtáinig Clann tSuibhne as iarthar Alban go luath sa cheathrú céad déag, chuir siadsan an ruaig ar Chlann Uí Bhreasláin agus mhair siad i réim i bhFánaid go tús an seachtú céad déag, nuair a ghlac Coróin Shasana seilbh ar a gcuid talta. Bhí dhá chaisleán ag Clann tSuibhne, ceann acu, 'Carraig na Féile,' ar oileán beag ag Magh Ros sa Mhaoil Rua, a tógadh in 1532 agus caisleán eile ag Ráth Maoláin. Bhí an deichiú taoiseach, Ruairí Mac Suibhne, pósta le Máire Ní Mháille, bean as iarthar Mhaigh Eo. Ba í seo an Máire a thug na manaigh Chairmilíteacha ó Chliara ar chósta Mhaigh Eo go Ráth Maoláin nó gur bhunaigh siad mainistir ansin.[1] Chuaigh Clann tSuibhne i léig go luath sa seachtú haois i ndiaidh Phlandáil Uladh. Tugadh cuid den talamh ab fhearr i bhFánaid, thart fán Ghloinsigh, agus fá Phort an tSalainn, do phlandóirí as Albain.

San ochtú haois déag, bhí Fánaid ina chuid d'Eastát an Tiarna Liatroma agus triúr as Fánaid a rinne luíochán roimhe agus a mharbh é, i gCoill Chreatlaigh, ar an bhealach mhór idir Carraig Airt agus Baile na nGallóglach ar an dara lá den Aibreán 1878. Ba iad an triúr sin, Niall Ó Siadhail as an Dumhaigh Mhór, Micheál Ó hOireachtaigh as Tulach Chonaill agus Micheál Mac Giolla Bhuí as Baile Uí Fhuaruisce. Tógadh leacht chuimhneacháin in onóir an triúir seo ag Ceann Droma sa bhliain 1960.

Sa bhliain 1798 tháinig Feachtas Bompart ón Fhrainc a chuidiú leis na hÉireannaigh Aontaithe. Troideadh cath fíochmhar farraige idir na

Francaigh agus cabhlach Shasana aniar as Gleann Cholmcille go raibh siad amach ó chósta Fhánada. Briseadh ar na Francaigh agus tugadh na príosúnaigh suas Loch Súilí go Bun Cranncha, an áit ar gabhadh Wolfe Tone, a bhí ar bord na loinge *La Hoche*. Bhain cabhlach Shasana a lán úsáide as Loch Súilí, go háirithe i rith an chéad Chogadh Mhóir agus choinnigh na Sasanaigh seilbh ar Loch Súilí go dtí 1932, mar chuid de Chonradh na bliana 1921.

I rith na mblianta cailleadh a lán bád agus longa i Loch Súilí. Is dóiche gurbh iad an dá cheann ba mhó le rá ná briseadh long de chuid na Sasana *H.M.S. Saldahna*, i mí na Samhna 1811 nuair a bhuail sí carraig i Loch Súilí. Báitheadh 350 duine ar fad. Go luath ina dhiaidh sin, tosaíodh ar thógáil an tí solais ar Cheann Fhánada. Shoilsigh sé don chéad uair ar Oíche Fhéile Pádraig 1817. Corradh agus céad bliain i ndiaidh bhriseadh an *Saldahna* briseadh long eile, an *Laurentic*, ag béal Loch Súilí i mí Eanáir 1917. Tá clog mór na loinge seo ar crochadh anois sa séipéal Protastúnach ag Port an tSalainn.

Maidir le slite beatha na ndaoine, ariamh anall, ba í an fheirmeoireacht an phríomhshlí bheatha. Cé go bhfuil an talamh carraigeach, éadomhain, agus na feirmeacha beag, bhí na daoine ábalta a oiread bidh a tháirgeadh agus a chothaigh a dteaghlaigh féin. Chuir siad preátaí, coirce, eorna, seagal agus glasraí. Bhí go leor bainne, ime agus uibheacha dá gcuid féin acu. Choinnigh siad cúpla bó, b'fhéidir cúpla muc, gamhain nó dhó, cúpla bullán agus roinnt caorach. Siocair go raibh an Ghaeltacht cois farraige chruinnigh siad a lán bidh ón fharraige—éisc, faochóga, bairnigh, duileasc agus slabhac. Mar leasú feirme d'úsáideadh siad aoileach feirme, nó leathach (feamnach) ón fharraige. Níodh siad a gcuid éadaigh féin a shníomh agus a chniotáil. Tá athrú mór tagtha ar an scéal anois, go háirithe le cúig bliana fichead anuas. Is beag nár stad an treabhadh agus an churaíocht ar fad. Fástar corrghiota preátaí anseo agus ansiúd; níl ach corrdhuine ag blí bó anois agus ní choinnítear cearca, géacha nó lachain níos mó. Tógtar roinnt stoc tirim agus tá méadú tagtha ar líon na gcaorach. Tá an talamh á thréigean ag an aos óg agus is deacair a bheith dóchasach go mairfidh an fheirmeoireacht i gceantracha scoite dálta Ghaeltacht Fhánada, a bhfuil na feirmeacha beag iontu.

Le trácht ar an iascaireacht arís bhí, i gcónaí, tradisiún iascaireachta ar chósta Fhánada. In 1835 bhí 50 bád ag obair amach as Loch Súilí; ó Teach an tSolais go dtí an Mhaoil Rua bhí thart fá 30 bád agus thart fá leathchéad curach.² Iascaireacht scadán is mó a bhí ar siúl ag na bádaí seo agus thart fá leathchéad curach ag iascaireacht amach as Baile Uí Fhuaruisce. Bhíodh idir cúig agus 10 n-eangach á n-iompar ag na báid seo. Díoltaí na scadáin ar scilling go trí scillinge an céad. Ach d'imigh iascaireacht na scadán i léig ag deireadh an naoú haois déag, cé go ndeirtear go raibh cúpla curach ag iascaireacht bradán amach ó Bhaile Uí Fhuaruisce ag tús an chéid seo. Níos moille sa chéad tháinig na bádaí seoil nó na *sailing skiffs*, mar a bheirtí orthu. Roimh an Chéad Chogadh bhí thart fá dhá *skiff* déag ag iascaireacht ó Phort na Long agus Slad na bhFaochóg.

Tógadh na *skiffs* seo i mBun an Phobail. Chosnódh bád 28 troigh le seolta agus maidí rámha thart fá £20. Bheadh foireann 4 fear ar na báid seo agus thart fá 250 slat d'eangacha. Díoltaí na bradáin leis an *Irish Fishery Company* ar phraghsanna ó 8d go 12d an punt agus dhéantaí iad a onnmhuiriú go Margadh Bhillingsate i Londain.

I 1927 tharla tubaiste mhór nuair a bhuail stoirm mhillteanach an cabhlach iascaireachta ar oíche an 21ú Meitheamh. Loisceadh bád amháin agus cailleadh a raibh ar an fhoireann, Proinnsias Ó hEarcáin, Séamus Mac Suibhne, Aodh Ó Siadhail agus Pádraig Ó Fichealtaigh. Chuir an tubaiste seo beaguchtach ar na hiascairí eile agus ba bheag nár stad an iascaireacht ar fad ar feadh 30 bliain. Ag deireadh na gcaogaidí thosaigh iascaireacht na mbradán arís agus ins na hochtóidí bhí seacht nó ocht mbád (*half-deckers*) ag iascaireacht bradán amach as Slad na bhFaochóg. Ach d'éirigh na bradáin gann sna nóchaidí, tháinig ísliú sna praghsanna agus tháinig laghdú ar líon na mbád. Faoi láthair níl ach trí bhád ag iascaireacht as Slad na bhFaochóg, bád amháin ag iascaireacht bradán agus gliomach agus na bádaí eile ag iascaireacht crúbóg agus éisc gheala. Ach tá iascaireacht de chineál eile ar siúl anois, feirmeoireacht éisc. Tosaíodh ar an chineál seo feirme i 1979 nuair a bhunaigh Comhlacht Iascaireachta Fhánada feirm éisc ar an Mhaoil Rua ag Ceann Droma. Bric '*rainbow*' a bhí á dtáirgeadh a chéad uair ach charbh fhada gur thosaigh siad ar fheirmeoireacht bradán. Tháinig fás mór faoin tionscal seo agus roinnt blianta ó shin ghlac an Comhlacht Ioruach *Norsk* seilbh ar an Chomhlacht. I 1995 athraíodh an t-ainm go *Hydro Seafood Fanad Ltd.* Faoi láthair tá 135 duine fostaithe go lánaimseartha agus 36 go páirtaimseartha. Íoctar £1.2 milliún san bhliain i dtuarastail leis na hoibrithe seo agus is tacaíocht an-tábhachtach é seo don eacnamaíocht áitúil. Táirgeann an Comhlacht timpeall 2200 tonna de bhradáin fhásta (aibí) go bliantúil chomh maith le 4.5 milliún de bhradáin óga agus thart fá 10 milliún uibheacha bradán (*ova*). Chomh maith le Ceann Droma tá ionaid acu ag cúig shuíomh eile—ar an Mhaoil Rua, ar Loch Súilí, ar Loch Altán in aice leis an Fhál Charrach agus ar Loch Dearg in aice le Paiteagó.

Fosclaíodh ionad úr próiseála ar an Rinn Mhór a chosain £1.5m i mí Lúnasa 1999. Tá pleananna forbartha ag an chomhlacht ach braitheann sé seo go hiomlán ar cheadúnais breise a fháil ón Rialtas. Má fhaightear na ceadúnais seo tá pleananna ann chun an táirgeadh a mhéadú ó 2,000 Tonna go 3,000 Tonna sa bhliain. Ciallóidh seo, de réir urlabhraí ón Chomhlacht, go mbeidh siad ábalta thart fá 30 jab úr a chruthú san ionad úr próiseála seo. Le 10 mbliana anuas tá forbairt mhór tagtha ar ghné úr den iascaireacht, sin tionscal na sliogiasc ar an Mhaoil Rua. Tá leath dosaen grúpaí ag táirgeadh sligeán dubh agus grúpa eile ag táirgeadh muiríní. Tá pleananna ag grúpa eile le *abalone* a fhás ann. Mar sin de tá athrú mór ar an iascaireacht ó am an churaigh bhig.

Bhí tionscal ceilpe i bhFánaid sa naoú céad déag agus ag tús an chéid seo. Dhóití an fheamnach leis an cheilp a dhéanamh agus dhéantaí í a onnmhuiriú go hAlbain. Ba ghnách le roinnt mhaith daoine na slata mara a thriomú ach tháinig deireadh le sin fosta.

Ag tús an chéid bhí tionscal mór cloch eibhir sa cheantar. Ón bhliain 1900 ar aghaidh bhí coiréil eibhir ar an Dumhach Mhór, ar an Chaiseal, ar an Tonn Bhán agus ar an Rinn Bhuí. Comhlacht Majerrson ó Leicester i Sasana a bhí i gceannas na hoibre. Tháinig roinnt saor cloch anall ó Leicester, daoine mar Ben agus Jack Derry agus Jim Wood. Mhúin siadsan an cheird do na fir áitiúla agus, nuair a bhí an tionscal seo ag gabháil go láidir, bhí thart fá 100 fear ag obair ann. Tógadh dhá bhóthar iarainn ghairide ón Tonn Bhán agus ón Rinn Bhuí go dtí an chéidh ag Carraig an Lín agus, níos moille, ag Port na Long.

Teach solais Fhánada

Eoin McGurvey 2000

Onnmhairíodh na sets eibhir seo ó Bhaile Fhuaruisce go Sasana, go Preston, go Londain agus go Learpholl. Stad an tionscal seo sna tríochaidí cé go dtearnadh cúpla iarracht eile nár mhair i bhfad.

I 1975 bunaíodh tionscal úr eile i bhFánaid. Sasanach darbh ainm Sean McGovern a bhunaigh monarcha i mBaile Thiarnáin ag déanamh fuinneoga agus doirse PVC faoi cheadúnas ón Chomhlacht Gearmánach *Dynamite Nobel*. D'éirigh go maith leis ar feadh roinnt blianta agus bhí 37 duine fostaithe ann ag am amháin. Ach, de réir a chéile, tháinig na deacrachtaí, coimhlint ghéar ó chomhlachtaí eile agus deacrachtaí margaíochta. Dúnadh an mhonarcha i 1997 ach fógraíodh ar na mallaibh go bhfuil comhlacht ón Tuaisceart lena hathfhoscailt go luath amach anseo.

Maidir le tionscal na turasóireachta de níl sé chomh forbartha i bhFánaid agus atá in áiteanna eile ar fud na contae. Cé go bhfuil cuid de na radharcanna agus na tránna anseo is fearr sa tír, tá géarghá le forbairt mhór sa tionscal seo. Tá an tírdhreach bunúsach againn, an fharraige, na lochanna, na cnoic, na tránna agus na radharcanna, ach caithfidh lucht an airgid an fhorbairt a dhéanamh. Tá gá le tuilleadh óstán. Níl ach dhá óstán bheaga sa cheantar, *Atlantic House* agus an *Fanad Lodge,* agus is fíorbheagán teach a chuireann 'Bia agus Leaba' ar fáil. Thiocfaí forbairt a dhéanamh ar thurasóireacht na hiascaireachta (ar farraige agus ar loch), ar dhreapadóireacht agus siúlóidí cnoc, ar spórt uisce, agus ar an turasóireacht oidhreachta. Tá deis iontach anseo do dhuine éigin a mbeadh cloigeann maith gnó air, nó tá Fánaid ag fanacht le forbairt.

Maidir le slite beatha na ndaoine anois, cinnte tá an dífhostaíocht ann i measc an phobail mheán-aosta agus níos sine ach níl an scéal chomh holc i measc an aosa óig. Chomh maith leis an fheirmeoireacht agus tionscal na hiascaireachta tá postanna ag cuid mhaith díobh i monarchana, i siopaí agus in oifigí i Leitir Ceanainn. Tá roinnt eile ag obair le conraitheoirí tógála sa cheantar agus taobh amuigh de fosta. Cinnte, oibríonn cuid díobh i mBaile Átha Cliath ach tá laghdú mór tagtha ar an imirce thar lear. Is comhartha maith é seo.

Tá athrú mór tagtha ar an saol sóisialta le leathchéad bliain. Roimh an leictreachas agus roimh laethanta na teilifíse chaitheadh na daoine an t-am ag airneál, ag imirt chártaí, ag céilithe sna tithe nó i sciobóil mhóra. B'iomaí oíche mhaith a caitheadh fosta i halla na paróiste i bhFán an Bhualtaigh. Druideadh an halla seo thart fá 25 bliain ó shin ach tá athchóiriú á dhéanamh air anois agus ní fada go n-athfhoscloídh sé mar ionad siamsa, drámaíochta, turasóireachta agus mar ionad d'áiseanna eile. Mar a dúirt mé tháinig an leictreachas sna caogaidí, tháinig an teilifís, tháinig na *lounge bars* agus ansin tháinig na *discos*. Anois téann an t-aos óg chuig *discos* i mBaile na nGallóglach agus i Leitir Ceanainn.

Tógadh Lár-Ionad Pobail ar Thráigh an Locha go luath sna seachtóidí agus chruthaigh sé ina áis mhaith don cheantar. Baineann an Club Óige an-úsáid as mar ionad spóirt; bíonn corrdhamhsa ann; bíonn *bingo* seachtainiúil ann, agus is ansin a bhíonn a ceannceathrú ag Féile Fhánada gach samhradh. Tá béim mhór ar chúrsaí spóirt sa cheantar. Chomh maith le Club na n-Óg tá club láidir sacair againn; Fánaid Aontaithe a bunaíodh i 1970. Bhain siad léig Dhún na nGall 5 huaire, Corn Idirmheánach na hÉireann 2 uair agus craobh shinsir Léig Uladh 9 séasúr as 11. Bhain siad Corn an F.A.I. faoi 17 i 1979 fosta.

Bhí club Peile Gaelaí san áit sna fichidí agus go luath sna tríochaidí. An Chraobh Rua ab ainm dó ach chuaigh sé i léig thart fá 1933. I 1982 cuireadh tús leis an pheil ghaelach arís nuair a bunaíodh Club Ghaeil Fhánada. Bhain an Club Craobh Shóisear Dhún na nGall i 1985 agus 1998. Faoi láthair imríonn siad i Roinn 3 de léig na contae.

Chomh maith leis na clubanna seo tá eagraíochtaí tábhachtacha eile sa cheantar mar atá Coiste Forbartha Fhánada a ba chúis le tógáil an Lár-Ionaid Pobail; Coiste Chúram na Seandaoine a bhí taobh thiar de thógáil Ionad Lae na Seandaoine ar Thráigh an Locha agus atá faoi láthair ag tógáil tithe do sheandaoine ar an láthair chéanna. Tá Cumann Naomh Uinsionn de Pól agus Coiste Pobal ar Aire gníomhach sa cheantar fosta chomh maith le craobh de Bhantracht na Tuaithe.

I dtaca le cúrsaí cultúir, ceoil agus teanga, tá club céilí gníomhach sa cheantar agus tá Banna Ceoil Fhánada againn a bhain Craobh na hÉireann cúig huaire. Glacann Club Ghaeil Fhánada páirt i gcomórtas Scór, comórtas tallainne Chumann Lúthchleas Gael, ag leibhéal na Sóisear agus na Sinsear. I 1953 bhain Scoil an Chaisil corn comórtais na fíor-Ghaeltachta i bhFéile Drámaíochta na Scol i mBaile Átha Cliath. Tá féith an cheoil go láidir sa cheantar go háirithe i measc an aosa óig, a bhuíochas sin don tsárobair a dhéantar leo i Scoil an Chaisil.

Maidir leis an Ghaeltacht i bhFánaid tá pobal na Gaeltachta lonnaithe den mhórchuid taobh istigh den dá Thoghroinn Cheantair, Fánaid Thuaidh agus Fánaid Thiar. I dtaca le daonra na Gaeltachta tá titim mhór tagtha le céad bliain anuas. De réir fhigiúirí an daonáirimh do 1901 bhí 3,018 duine ina gcónaí sa dá Thoghroinn seo, i 1936 bhí 2,233 duine iontu, i 1991 bhí 1,229 duine agus i 1996 bhí 1,163 daoine anseo. De réir fhigiúirí an daonáirimh ó 1991, bhí 822 duine ina gcónaí i nGaeltacht Fhánada agus Gaeilgeoirí a bhí i 647 díobh seo nó 78.7% den phobal. Taispeánann figiúirí na ndaonáireamh éagsúla gur tharla titim mhillteanach sa daonra. Caidé ba chúis leis? Easpa fostaíochta, is dóiche, a chuir tús le himirce throm, an chúis a ba mhó. Bhí an imirce ann i gcónaí, ar ndóigh, ó am an Ghorta ar aghaidh, ach is sna daichidí agus sna caogaidí den chéad seo a ba troime í. D'imigh a lán den mhuintir óg go Sasana, Albain agus Meiriceá ar lorg oibre. Bhí pócaí móra de mhuintir Fhánada i Londain, i nGlaschú, in Corby, i Nua Eabhrac agus in Philadelphia. Rud eile a chuidigh leis an titim sa daonra, an laghdú mór a tháinig ar líon na bpáistí sa teaghlach. Níl ach beirt nó triúr i dteaghlach anois, áit a raibh naonúr nó deichniúr san am a chuaigh thart.

Suas go 1972 bhí trí Scoil Náisiúnta sa Ghaeltacht seo, i mBaile Mhícheáil, ar an Bhaile Láir agus ar an Chaiseal. Cónascadh iad i 1972 agus fágann sin muid anois le bunscoil amháin—Scoil an Chaisil—scoil 4 múinteoirí, a bhfuil 105 dalta ar na rollaí inti. Tá an líon seo chóir a bheith seasmhach ó 1972.

I dtaca le staid na Gaeilge faoi láthair is baol go bhfuil sí ag dul i laige. De réir na bhfigiúirí deireanacha ó Roinn na Gaeltachta i.e. don bhliain 1996/97, bhí 69 teaghlach le páistí scoile ina gcónaí i nGaeltacht Fhánada. Díobh seo rinne 32 teaghlach iarratas ar Dheontas Labhairt na Gaeilge; thuill cúig theaghlach acu sin an deontas iomlán, thuill 26 teaghlach deontas laghdaithe agus diúltaíodh an deontas do theaghlach amháin. Is léir, ó na figiúirí seo, gur tháinig laige mhór i staid na Gaeilge le leathchéad bliain anuas nuair a bhí beagnach gach teaghlach ag fáil an deontais seo.

Níl cáil ró-mhór ar Ghaeltacht Fhánada i dtaca le scríbhneoirí. Is dóiche gurbh é an scríbhneoir a ba mhó le rá an Canónach Pádraig Mac Giolla Chearra. Rugadh Pádraig ar an Dumhaigh Mhór in 1888. I ndiaidh Scoil an Chaisil chuaigh sé go Coláiste Adhamhnáin i Leitir Ceanainn agus ina dhiaidh sin go Coláiste Mhá Nuad áit ar oirníodh ina shagart é i 1914. Chaith sé seal blianta ina shéiplíneach in arm Shasana sa Fhrainc agus sa Bheilg i rith an Chéad Chogaidh Mhóir. Tugann sé léargas dúinn ar chruatan an ama sin ina chuid scríbhneoireachta. Ceapadh é mar Ollamh le Diagracht i gColáiste All Hallows i mBaile Átha Cliath nuair a tháinig sé ar ais go hÉirinn. I 1930 ceapadh é mar ollamh i gColáiste Adhamhnáin. I 1944 rinneadh sagart paróiste de ar Ghort an Choirce agus tógadh Teach Pobail Chríost Rí ansin lena linn. Fuair sé bás i 1956. Scríobh an Canónach roinnt mhaith leabhar agus altanna in irisí éagsúla. I measc na bpríomhshaothar a tháinig óna pheann, bhí *Stair na hÉireann* i 1924, *Díon-Chruthú an Chreidimh* (*Apologetics*) i 1936, *Foras Feasa ar Theagasc na hEaglaise* i 1937, *Scéal na hÉireann* i 1938, *Ceachta as Leabhar na Cruinne* i 1940 agus *Stair na hEaglaise* i 1949.

Scríbhneoir eile ón pharóiste seo ab ea Seán Clinton O'Boyce ó cheantar Phort an tSalainn. Mhúin sé i Scoil Thamhnaigh ag deireadh an 19ú haois agus ag tús an chéid seo. I dtuairiscí Chumann Buan-Chosanta na Gaeilge don bhliain 1892 bhí sé i measc ceathrair luaite as Tír Chonaill a raibh Teastas sa Ghaeilge acu. Chaith sé seal mar thimire do Chonradh na Gaeilge. Filíocht is mó a scríobh sé i mBéarla agus i nGaeilge. I measc na ndánta nó na n-amhrán a scríobh sé bhí 'Sean-Dún na nGall' (1902) agus 'Tír Chonaill Abú'. Fear eile a scríobh dánta i nGaeilge agus i mBéarla ab ea Éamonn Ó Ceallacháin as an Bhaile Úr. Faoi ghnéithe agus eachtraí áitiúla, agus an t-athrú saoil a chonaic sé a ba mhó a scríobh Éamonn. I measc na ndánta a scríobh sé bhí *The Water Supply* inar nocht sé a smaointe fán athrú mór a chuir teacht an uisce reatha ar an saol i bhFánaid; '*Forty-five years ago*' dán greannmhar fán athrú saoil san áit ó bhí seisean ina ógánach, agus dán Gaeilge 'Cnoc na Muirne'.

Sin é mo scéal, a dhaoine uaisle, fá Ghaeltacht Fhánada. Go raibh míle maith agaibh as éisteacht liom.

Tagairtí

1. Walsh, Paul, *Leabhar Chlainne Suibhne*, B.Á.C., 1920.
2. Lancey, Lieutenant W. 'Statistical Report on Parish of Clondavaddog' foilsithe in *Ordnance Survey Memoirs*, Aibreán 1835.

Monarcha Próiseála Éisc *Hydro Seafood Ltd*, An Rinn Mhór, Fánaid
Eoin McGarvey 2000

Caisleán na dTuath

Bord Fáilte 1984

Ros Goill
Leslie Lucas

I dTuaisceart Thír Chonaill, idir an Mhaoil Rua agus Cuan na gCaorach atá Ros Goill. Thart fá trí mhíle cearnach agus tríocha a réimse agus tá baile fearainn is caoga ann. Tuairim ar dhá mhíle duine an daonra atá ann.

Bheirtear 'an tUachtar' ar dheisceart na paróiste agus 'an tÍochtar' ar an tuaisceart. Tá Gaeilge ag cuid mhór de mhuintir an Íochtair agus tá sí ag meath. Tá léar de na daoine nach labhrann í go minic, go háirid an t-aos óg. An chuid is mó acusan is fearr leofa Béarla a labhairt. Tá Carraig Airt i lár na paróiste agus níl a dhath Gaeilge sa tsráidbhaile sin. Níl mórán Gaeilge fágtha ar an taobh ó dheas de Charraig Airt, sin san Uachtar. Níl a fhios ag aon duine cá huair a tháinig na chéad daoine go Ros Goill ach is cosúil gur ar an chósta a bhí siad ina gcónaí. Bhíodh siad ag ithe bia farraige agus chaitheadh siad na sligeáin ar shiúl. Tá siad ina luí in áiteacha sa pharóiste go seadh, *kitchen middens* a bheirtear orthu i mBéarla.

Paróiste Mhíobhaigh an t-ainm eaglasta a bheirtear ar Ros Goill agus tá trácht ar Theampall 'Midwaith' san *Ecclesiastical Taxation of Ireland* ag tús an ceathrú haois déag. Is dóiche go raibh sé ann i bhfad roimhe sin mar tá ballógaí seanteampaill ann a tógadh san aonú haois déag. Deir traidisiún áitiúil gurbh é Naomh Colmcille a thóg an teampall seo, ach níl sé ag dul siar chomh fada sin. Tá na ballóga seo thíos ag taobh Bhá na Maoile Rua cóngarach de bhaile fearainn Mhíobhaigh agus ba ón bhaile fearainn sin a fuair an pharóiste a hainm. Thiocfadh dó go raibh teampall eile nó b'fhéidir mainistir san áit chéanna sular tógadh an ceann seo. Tá carraigeacha tuairim ar leathmhíle ó na ballóga a bhfuil ciorcail agus croiseanna orthu. Deir na seandálaithe go mbaineann na marcanna seo leis an tréimhse réamhchríostaí. Dar ndóigh, cé go síleann muintir na paróiste gur de shliocht na nGael a dtromlach, is dóiche, dálta chuid mhór de mhuintir na hÉireann, go bhfuil fuil réamh-Ghaelach measctha fríofa. Tá tagairt amháin do Ros Goill in *Annála Ríochta Éireann*, is é sin, gur marbhadh Nuadha Mac Eirc, taoiseach Ros Goill i gcath Almhain sa bhliain 718. Níl tuairisc ar bith ann go dtáinig na Normannaigh de chomhair Ros Goill.

Nuair a fuair Gofraidh Ó Dónaill bás sa bhliain 1258 tháinig a dheartháir as Albain, mar ar tógadh é, agus rinneadh taoiseach ar Thír Chonaill de. Ba i Ros Goill a tháinig sé i dtír agus bhí gallóglaigh de Chlann tSuibhne leis. Rinne siadsan a gcónaí thart fá Bhaile na nGallóglach a chéad uair agus tháinig Fánaid, Ros Goill agus na Tuatha faoina smacht. Bhí duine cáiliúil den mhuintir sin ar tugadh Maolmuire an Bhata Bhuí mar ainm air. Throid seisean i gCogadh na Naoi mBlian. An chéad uair bhí sé ar thaobh Uí Dhónaill ach cha raibh sé iontaofa. Thiontaigh sé in éadan Uí Dhónaill agus chuaigh sé i leith na Sasanach. Rinneadh ridire de leis an Iarla Essex agus fuair sé an 'bata buí' dá thairbhe sin. Chuaigh sé in éadan na Sasanach ar ais agus chuir sé scéala chuig Ó Dónaill. Tógadh é agus cuireadh ar bord báid é lena thabhairt go Baile Átha Cliath lena chrochadh ach léim sé amach as an bhád agus shnámh sé go tír mór agus fuair ar shiúl. Bhí sé ag Cath Chionn tSáile agus ina dhiaidh sin theith sé chun na Rosann. Sa bhliain 1606 d'umhlaigh sé do na Sasanaigh agus fuair sé pardún. Chuidigh sé leis na Sasanaigh in éadan Chathair Uí Dhochartaigh. Deirtear gur fear an-gharbh a bhí ann agus tá scéal ann gur chroch sé seachtar fear as Ros Goill lá amháin cionn is go raibh siad mall ag teacht lena chuid coirce a bhaint. I gCaisleán na dTuath a bhí Maolmuire ina chónaí ach baineadh an talamh de in am na Plandála agus tugadh an mhórchuid de do thiarnaí talaimh Sasanacha ina dhiaidh sin.

Tugadh an chuid is mó den pharóiste do Sir Ralph Bingley agus dhíol seisean é le Sir John Vaughan a bhí ina fhear ceannais ar Dhoire. Phós iníon Vaughan Sir Frederick Hamilton agus is cosúil go bhfuair na Hamiltons talamh i Ros Goill ar an dóigh seo. Bhí mac ag Hamilton a raibh Gustavus air, agus rinneadh Tiarna na Bóinne de sa bhliain 1717. Fuair sé bás sa bhliain 1723. Bhí a mhac marbh roimhe agus ba é a ó a fuair an teideal. Dhíol seisean a chuid talaimh le Nathaniel Clements, nó is cosúil go raibh sé i bhfiacha fríd chearrbhachas.

Mac Giolla Bhríde an sloinneadh is coitianta sa pharóiste agus deirtear gur as Cloich Chionnaola a tháinig siadsan. Tá léar Gallchóirigh sa pharóiste fosta agus tá na sloinneadhnacha Ó Buí, Mac Pháidín, Mac

Giolla Chomhaill, Ó Siail agus Ó Dochartaigh coitianta sa pharóiste chomh maith. Deir siad go dtáinig muintir Bhuí as Corcaigh agus tháinig muintir Dhochartaigh as Inis Eoghain. Deir Woulfe ina leabhar *Irish Names and Surnames* gurbh iad Clann Mhic Giolla Chomhaill a bhí sa pharóiste seo ó thús. Tháinig daoine anseo as Albain agus as Sasain am na Plandála agus tá cuid dá sloinneadhnacha anseo go fóill, mar shampla, Wilson, Graham, Speer agus mar sin de.

An séipéal a bhfuil a bhallóga le feiceáil i nDroim ba le mainistir na bProinsiasach i gCill Mhic Néanáin é. Tógadh é sa chúigiú haois déag. I nDroim fosta tá cuid de bhalla amháin de chuid chaisleán Dhutton ina sheasamh go fóill. Bhí Dutton ar dhuine de na Plandóirí agus chuir sé suas teach mór ansin. Dódh é sin agus trí tithe déag eile de chuid na bPlandóirí le linn an chogaidh sa bhliain 1641.

Bhí daonáireamh ann sa bhliain 1659 agus dá réir sin cha raibh ach 192 ina gcónaí sa pharóiste agus iad scaipthe fríd seacht mbaile fearainn is fiche. I gcuid de na bailte cha raibh ach ceathrar, cúigear nó seisear ina gcónaí. Is iontach nach raibh an daonra níos mó ná sin ach deirtear nach raibh an daonáireamh iomlán agus nach cuntas cruinn atá ann ar an daonra san am sin.

Sa bhliain 1677 fuair an Dr John Leslie paitinn le dhá aonach a choinneáil i Machaire Loiscthe (sin Rosa Pinne) agus margadh Dé Céadaoine. Chuir Tiarna na Bóinne suas teach i Rosa Pinne thart fán bhliain 1694. Sa bhliain 1743 cheannaigh Nathaniel Clements, ar thrácht mé air roimhe seo, athair an chéad Tiarna Liatroma, a thalamhsan. Thart fán bhliain 1785 bhí neart gaoithe móire ann agus shéid sí an gaineamh nó gur shloig sé Caisleán Thiarna na Bóinne agus corradh le duisín tithe beaga eile, agus b'éigean do na daoine imeacht amach astu.

Bhí an Sagart Doiminic Ó Dónaill ina shagart paróiste anseo tuairim is 1735 ach thiontaigh sé ina Phrotastúnach agus glacadh isteach in Eaglais na hÉireann é sa bhliain 1739. Rinneadh cúráideach de i bParóiste Mhíobhaigh agus phós sé Susan Conyngham, níon an reachtaire. Bhí sé ina chúráideach i dTulach Beaglaoich ina dhiaidh sin, agus tháinig sé ar ais go Míobhach mar reachtaire fá dheireadh. Fuair sé bás sa bhliain 1793 agus é 93 bliana d'aois. Tá clú agus cáil ar an amhrán a rinneadh fá dtaobh de agus is iomaí sin leagan de ann. Seo an chéad cheathrú de:

Crá ort, a Dhoiminic Uí Dhónaill,
Nach mairg ariamh a chonaic thú,
Bhí tú 'do shagart Dé Domhnaigh
agus maidin Dé Luain 'do mhinistir.

De réir an scéil a chuirtear leis an amhrán go minic, deirtear gur ar mhaithe le Susan a phósadh a thiontaigh sé, agus gur bhog sé í sa chliabhán agus gur dhúirt sé go mb'fhéidir go bpósfadh sé í lá inteacht. Ach cha raibh sé ach cúig bliana déag níos sine ná ise agus cha dtiocfadh leis a bheith ina shagart ag cúig bliana déag d'aois nuair a bhí sise sa chliabhán. Mar sin, mheasfainn nach fíor an scéal sin a chuirtear leis an amhrán, gur ar mhaithe leis na mná a d'fhág Doiminic Ó Dónaill an Creideamh Caitliceach le dhul in Eaglais na hÉireann. Bhí fear ag gabháil thart ag an am sin ar tugadh an Bráthair Mór air. An oíche a bhfuair Doiminic Ó Dónaill bás bhí seisean ag stopadh i dteach sa pharóiste. Nuair a d'éirigh bean an tí ar maidin bhí an Bráthair Mór ina shuí roimpi. 'Tá tú i do shuí go luath inniu,' ar sise. 'Chan iontas ar bith mé a bheith i mo shuí,' ar seisean, 'nó mhothaigh mé cling chloigeann Dhoiminic Uí Dhónaill ar leac na crón, agus má amharcann tú amach tchífidh tú fear ar bheathach bhán ag gabháil thar an tráigh fhliuch le fios a chur ar an mhinistir go bhfuil Doiminic Ó Dónaill marbh.'

Rinneadh droichead úr trasna an Leacaigh tuairim ar an bhliain 1756. Thóg Rialtas na Breataine an túr ar an Mheall Mhór sa bhliain 1804. Thóg an Sagart Ó hEigeartaigh teach pobail in Iomlach sa bhliain 1807; tuí a bhí air an chéad uair, cuireadh sclátaí air níos moille ach cha raibh sé rómhaith. I Mí na Nollag sa bhliain 1825 fuair Aindreas Ó Siail bás agus é 106 bliain d'aois. Chaith sé an chuid is mó dá shaol ag iascaireacht ó na carraigeacha.

Tháinig Seán Ó Donnabháin go Carraig Airt sa bhliain 1835. Fuair sé lóistín, mar a deir sé, *'in the best house which that great town can boast of, a thatched house, a story and a half high'*. De réir a chuntais féin, char chodlaigh sé go maith mar bhí pána briste san fhuinneog agus bhí feochán fuar ag séideadh isteach agus bhí a cheann tinn nuair a d'éirigh sé ar maidin lá arna mhárach. Chuir an Tiarna Liatroma suas léar tithe i gCarraig Airt ina dhiaidh sin, agus, cé acu a bhí baint ag míshócúlacht Uí Dhonnabháin dó sin nó nach raibh, ní thig liom a rá.

Bá na Maoile Rua

Eoin McGarvey, 2000

Deir Lieutenant Lancey a bhí sa tSuirbhéireacht Ordanáis go raibh na daoine i Ros Goill dóighiúil, láidir agus go mbíodh siad ag teacht i dtír ar thoradh an talaimh agus na farraige. Dúirt sé fosta go raibh siad ina gcónaí i dtithe cloch agus drochthuí, ceangailte le súgáin orthu, ab éigean a chóiriú achan bhliain, agus nach raibh na tiarnaí talaimh ag tabhairt a dhath cuidithe dóibh. Deir sé nach raibh aol ar mhórán acu, go raibh dhá sheomra bheaga iontu agus go raibh teaghlaigh mhóra iontu. Bhí na daoine aclaí, rud beag falsa agus gur ól siad léar, idir fhir agus mhná, dar leis; go raibh eallach agus muca agus cearca acu, go mbíodh cuid de na daoine sna Dúnaibh agus ar an Dumhaigh ag cleachtadh iascaireachta agus go marbhadh siad troisc, langaí, scait, turbairdí agus feadógaí. Deir sé go raibh cuid mhór portach ar an deisceart ach nach raibh mórán ar an tuaisceart. Bhí dhá aonach déag ar an Ghleann achan bhliain agus naonúr i gCarraig Airt, ach tháinig deireadh leo sin ó thosaigh na marglanna sna seascaidí. Bhí sé mhuileann coirce sa pharóiste.

Ar an naoú lá de Mhí na Nollag sa bhliain 1848 báitheadh ocht n-iascaire a bhí amuigh i gcurachaí nuair a d'éirigh stoirm mhór gaoithe go tobann. As na Dúnaibh ceathrar acu agus as an Ard Bhán an ceathrar eile.

Is iad na tiarnaí talaimh a bhí ann sa bhliain 1834: an Tiarna Liatroma, an Caiftín Babington, Andrew Armstrong, James Watt, William Stewart agus fear eile a raibh Hamilton air. An Tiarna Liatroma an duine ba tábhachtaí acu. Ba é an dara Iarla a bhí i réim ansin é agus tiarna talaimh maith a bhí ann. Rinne sé a dhícheall le feabhas a chur ar a chuid talaimh. Fear ionraic a bhí ann fosta. Tairgeadh tiarnas Sasanach dó dá vótálfadh sé i leith an Acht Aontais ach dhiúltaigh sé agus vótáil sé ina éadan. Ach fuair sé bás sa bhliain 1854 agus fuair a mhac William Sydney seilbh ar a chuid talaimh.

Cha raibh William Sydney cosúil lena athair ar dhóigh ar bith. Ceart go leor, rinne sé rudaí le feabhas a chur ar a chuid talaimh ach bhí sé an-cheanndána agus iontach gairid sa ghráinnín agus cha ligfeadh sé do dhuine ar bith dá chuid tionóntaí a dhath a dhéanamh gan a cheadsan. Chuir sé cuid mhór dá chuid tionóntaí amach. Dá gcuirfeadh duine ar bith feabhas ar a theach chuirfeadh sé suas an cíos orthu. Chuir sé deireadh leis an chóras *rundale* ar a dhúiche. Bhí na tithe le chéile i ngrúpaí roimhe sin agus píosaí talaimh thall agus abhus ag na daoine ach scaipeadh ó chéile ansin iad agus tugadh a gcuid talaimh féin in áit amháin do gach duine. Ach mhair an seanchóras ar dhúichí eile agus tá áiteacha i Ros Goill atá mar sin go seadh.

Sa deireadh rinne scaifte daoine as Fánaid suas a n-intinn go gcuirfeadh siad deireadh leis an Iarla. Ar an dara lá d'Aibreán 1878 tháinig triúr acu trasna Bhá na Maoile Rua. Rinne beirt acu luíochán agus bhí an fear eile giota beag ar shiúl. Nuair a tháinig an tIarla a fhad leis an áit a raibh siad ag fanacht leis scaoil siad leis. Mharbh siad an tiománaí ach cha dtearn siad ach an Tiarna Liatroma a lot. Léim sé den charr, tháinig na fir amach as cúl an chlaí agus thoisigh eatarthu. Seanduine a bhí san iarla, aon bhliain déag is trí fichid, ach bhí sé aclaí, láidir. Rug sé greim ar fhéasóg duine amháin acu ach tháinig an fear eile taobh thiar air, bhuail é le buta a ghunna nó gur scoilt an cloigeann aige. Thit an tIarla ar an bhealach mhór agus theith na fir i mbád trasna Bhá na Maoile Rua go Fánaid arís. Chuaigh an fear eile ar ais cosán eile. Tógadh eisean agus fuair sé bás i bpríosún le fiabhras. Fuair lucht Chaisleán Bhaile Átha Cliath amach ó bhrathadóirí cérbh iad an bheirt eile ach cé bith fáth a bhí leis char thóg siad iad.

Cha raibh an tríú hIarla pósta agus bhí a dheartháireacha uilig marbh roimhe. Ar an ábhar sin ba é mac a dheartháre, Robert Bermingham Clements a fuair an teideal. Bhí seisean ina thiarna talaimh an-mhaith. Rinne sé a sheacht ndícheall ar son leas a chuid tionóntaí. Lig sé do léar de na tionóntaí a cuireadh amach roimhe sin a theacht ar ais. D'ardaigh sé páighe na bhfear a bhí ag obair aige. Rinne sé bealaí móra agus draentaí. Chuir sé seirbhís galbháid ar bun ó Ghlaschú go Ramharos agus Baile na nGallóglach agus bhí sé ag brath Óstán Rosa Pinne a thógáil nuair a fuair sé bás. Tógadh an t-óstán de thairbhe ghníomhú na n-iontaobhaithe i ndiaidh a bháis. Cuireadh i gCarraig Airt é agus bhí tórramh millteanach mór ann agus bhí na daoine ag cois an bhealaigh mhóir ag caoineadh agus ag mairgnigh.

Thoisigh an Sagart Seán Ó Dochartaigh ar theach pobail úr a thógáil in Iomlach sa bhliain 1868 ach b'éigean dó stad mar nach raibh go leor airgid aige. Sa bhliain 1882 tháinig an Sagart Proinsias Ó Gallchóir chun

Traein ar dhroichead an Chraoslaigh
Bailiúchán Lawrence, An Leabharlann Náisiúnta (1880-1914)

na paróiste agus chríochnaigh seisean an teach pobail agus coisreacadh é sa bhliain 1886. Tógadh an teach pobail ar an Mhachaire Bheag sa bhliain 1955 nuair a bhí an Sagart Mícheál Mac Maoláin anseo. Rinneadh céidh sna Dúnaibh sa bhliain 1880. Deirtear go dtug an Tiarna Liatroma cúig chéad punt don togra agus gur íoc an Rialtas an chuid eile den chostas.

Tá clú agus cáil ar an bhád an *Wasp* a briseadh ar na carraigeacha i dToraigh sa bhliain 1884, agus í ar a bealach, má b'fhíor, leis an chíos a thógáil ó phobal an oileáin. Tháinig ceithre chorp a cailleadh ón bhád sin i dtír i Ros Goill agus cuireadh i reilig Charraig Airt iad.

B'as Carraig Airt Mícheál Ó Laoghóg, athair an Chairdinéil. Rugadh an Cairdinéal i gCill 'ac nÉanáin i dteach mhuintir a mháthara agus tógadh é cuid den am i gCarraig Airt agus cuid den am i gCill 'ac nÉanáin. Rinneadh Easpag ar Ráth Bhoth de sa bhliain 1879, Ardeaspag Ard Mhacha de sa bhliain 1888 agus Cairdinéal sa bhliain 1893.

Chaith Ardeaspag eile, Liam Mag Aoidh, cuid dá óige i gCarraig Airt mar a raibh a athair ina mhinistir. Rinneadh Easpag ar Peterborough i Sasain de sa bhliain 1868 agus Ardeaspag York de sa bhliain 1891.

Bhí seanteampall de chuid Eaglais na hÉireann i gCarraig Airt. Is dóiche gur thart fán bhliain 1675 a tógadh é. Coisreacadh an ceann úr sa bhliain 1896. Tógadh an seanteampall Preispitéireach tuairim ar an bhliain 1845 agus an ceann úr sa bhliain 1894.

Feirmeoireacht agus iascaireacht na tionscail ba mhó a bhí sa pharóiste ag deireadh an naoú haois déag. Bhí iascaireacht mhór ann ag an am sin, agus go háirithe scadáin. Ba ghnách le bádaí a theacht as Albain le hiascaireacht a dhéanamh anseo. Chuidigh Bord na gCeantar Cúng go mór leis an iascaireacht sa cheantar agus bhí an-mheas ag iascairí an cheantair ar Alexander T. Duthie, fear d'oifigigh an Bhoird, a thug cuidiú ar leith dóibh. Ar an drochuair, tháinig meath uirthi ina dhiaidh sin. Iascaireacht bradán agus gliomach is mó atá ann san am i láthair.

Is dóiche gur thoisigh an imirce thréan as an pharóiste sa naoú haois déag. D'imigh léar daoine go Meiriceá, go hAlbain agus go Sasain. Sa bhliain 1841 bhí cúig mhíle naoi gcéad tríocha seacht duine sa pharóiste. D'ísligh sin go dtí ceithre mhíle dhá chéad ochtó cúig sa bhliain 1901. Cha dtáinig aon mhéadú ar an daonra ó shin go dearfa, agus is beag dóchas atá ann go dtiocfaidh athrach ar bith ar an scéal. Thart fá dhá mhíle atá sa pharóiste inniu.

Bunaíodh foireann shóisear peile sna Dúnaibh sa bhliain 1945 agus foireann shinsear sa bhliain 1948. Bhí an fhoireann seo agus foireann eile as an Chraoslach agus as Dún Fionnachaidh le chéile i rith cúpla bliain ina dhiaidh sin agus thug siad 'Sheephaven Harps' orthu féin. Scar siad ansin, agus rinne siad comhcheangal le 'Mulroy Gaels'. Athraíodh a n-ainm go 'Cumann Ruairí Mhic Asmainn' sa bhliain 1971.

Bhí fíodóireacht sa pharóiste sna tithe i bhfad ó shin ach chuaigh sí i léig go dtí gur thoisigh clann 'ic Chnuit ar fhíodóireacht a dhéanamh sna Dúnaibh sa bhliain 1952.

D'fhoscail Éamonn de Valera an Coláiste Gaeilge ar an Mhuirleog sa bhliain 1952 agus bíonn daoine ag teacht go Ros Goill go fóill a fhoghlaim Gaeilge, go háirid as Tuaisceart Éireann, ainneoin mar a dúirt mé, go bhfuil cuid mhór den aos óg tugtha den Bhéarla.

Tarann léar daoine chun na paróiste ar a gcuid laethaibh saoire agus stopann siad in óstáin nó ag daoine a níos leabaidh is bricfeasta. Tá léar strainséirí ag cur suas tithe saoire agus tarann siad ansin ó am go ham. Dar liom, má leanann rudaí mar atá siad go mbeidh an pharóiste ar snámh le strainséirí agus muintir na háite ag imeacht aisti.

Na Croisbhealaí
Seán Ó Connacháin

Dá mbeifeá i do sheasamh ar bharr na Mucaise agus tú ag amharc uait ó thuaidh i dtreo na farraige, bheadh ceantar Chloich Chionnaola spréite amach romhat ó do chosa go dtí an tráigh; tráigh ghalánta ghainimh a shíneas ó Chéidh Bhaile an Easa, thiar ag Béal an Bharra, go hOirthear Dhumhaigh ag an cheann thoir. Tá sé tuairim is ar sheacht míle ó Mhucais go tráigh. Cé go dtugtar paróiste Chloich Chionnaola air, níl ann i ndáiríre ach an ceann thoir de sheanpharóiste Chloich Chionnaola. Tá an pharóiste seo tuairim ar chúig mhíle ar leithead ó Dhoire Fhrighil ar an taobh thoir go dtí Abhainn Thulach Beaglaoich, an teorainn idir Béal an Átha agus Cill Ulta ar an taobh thiar. Síneann ceantar Chloich Chionnaola siar leis go Machaire Uí Robhartaigh, go Doire Chonaire agus go Mín na Craoibhe, dar ndóigh, ach rinne an Eaglais Chaitliceach dhá pharóiste de sa bhliain 1982, agus cé go bhfuil an ceantar roinnte ina dhá pharóiste ó thaobh gnoithe eaglasta de, feidhmíonn sé mar aonad amháin, ar an uile bhealach eile. Mar sin, is ar an chuid thoir den cheantar, ceantar na gCroisbhealaí, paróiste an Fháil Charraigh, a bheas mise ag díriú i mo chuid cainte.

Cloich Chionnaola
Ritheann na cnoic soir, siar, agus ag a mbun, tá stráice leathan talaimh nach bhfuil ann, den chuid is mó, ach portach agus caorán. Níl mórán cónaí sa chuid seo den cheantar, ach tá innilt ann do chaoirigh sléibhe agus coinníonn an mhóin a shábháiltear ann teas le cuid mhór teaghlach sa gheimhreadh. Tá tuairim an tríú cuid den cheantar faoi na cnoic agus na portaigh seo. Tá dhá phríomhabhainn ann, abhainn Thulach Beaglaoich ar an taobh thiar agus abhainn Ráithe thoir, a shníos a mbealach ó chnoc go farraige. Nuair a fhágas siad an portach agus na cnoic ina ndiaidh, athraíonn dath an talaimh go tobann ó dhonn go glas, nuair a thig siad a fhad leis an talamh feirmeoireachta. Seo an áit a bhfuil cónaí ar bhunús na ndaoine. Tá na tithe breactha ar thaobh an bhealaigh mhóir thart fríd an cheantar. Tá áiteacha a bhfuil siad níos

dlúithe ná áiteacha eile mar atá, ar an Dún Mhór, ar an tSeanbhaile, ar an Cheathrú Cheanainn, i mBaile an Easa agus i nDroim na Tine, ach san am chéanna cha dtabharfá sráidbhailte orthu. Níl ach an sráidbhaile amháin ann, an Fál Carrach, nó, mar a thug muintir na háite i gcónaí air, na Croisbhealaí. Athraíodh an seanainm *Na Croisbhealaí* go dtí *An Fál Carrach* nuair a tháinig an tseirbhís phoist go dtí an baile. Bhí barraíocht bailte eile agus na Croisbhealaí orthu fríd an tír agus b'fhusa agus ba chinnte an t-ainm an Fál Carrach.

Is seanainm Gaelach an t-ainm fál choirthe, ainm a chiallaíos marc nó claí san áit a bhfuil teorainn idir ceantair nó bailte fearainn ag teacht le chéile. Is cosúil gur ó seo a fuair an baile a ainm. Tá sé san ainm 'Eas Carrach' fosta, ar abhainn Thulach Beaglaoich. Thíos faoi, tá an baile, áit a bhfuil teorainn Chill Ulta agus Bhéal an Átha.

Seo, mar sin, an ceantar ar a bhfuil muid ag caint anois. Tá cónaí sa cheantar seo le ceithre mhíle bliain ar a laghad, ach amharcfaidh muid ar scéal dhá theaghlach go háirithe, ceann Gaelach agus ceann Gallda, a dteachaigh a scéal i bhfeidhm go mór ar Chloich Chionnaola, le barúil a fháil faoin dóigh ar fhás an pobal ón bhliain 1200 go dtí an lá inniu.

Tháinig deireadh le réim Chlann Chanainn, mar thaoisigh i dTír Chonaill thart fán bhliain 1250, nuair a maraíodh a dtaoiseach, Niall. Tháinig na Baíollaigh chun tosaigh mar thaoisigh in iar-thuaisceart na contae, agus i gCloich Chionnaola fosta.

Na Baíollaigh

Deir na sean-annála linn gur shíolraigh na Baíollaigh, na Dálaigh agus na Dochartaigh ó Chionnaola, fear den Chineál Lughaidh. Is cosúil gur mhair Cionnaola é féin thart fán bhliain 780. Ceithre ghlúin anuas ó Chionnaola a bhí Baoghal, an chéad duine de Chlann Uí Bhaoill. Thiocfadh leis go bhfuil an fhírinne sa scéal seo, nó is iontach go bhfuil an baile *Dún Cionnaola*, i ndeisceart na contae, díreach san áit ar tháinig na Baíollaigh chun cumhachta ar dtús. Is i nDún Cionnaola ba ghnách leo a gcuid taoiseach a insealbhú. Spréigh a gcumhacht ó sin anuas go hiarthar na contae agus go Cloich Chionnaola, cuid de limistéar na dTrí Tuatha, a bhí faoina gcumhacht fosta. Bhí caisleán acu ag béal abhainn Thulach Beaglaoich, roimh 1530, áit a dtugann siad an Bádhún air go dtí

Sráidbhaile an Fháil Charraigh

Eoin McGarvey 2000

an lá inniu. Tá fothracha an dúin ansin ag an Bhádhún go fóill. Trasna uaidh ar bharr Chill Ulta tá giota talaimh a raibh Baile an Bhaíollaigh mar ainm air.

Rinneadh taoiseach na clainne de Thoirealach Ó Baoill sa bhliain 1485, i ndiaidh Néill Bhuí. Bhí saol fada mar thaoiseach ag Toirealach, agus tá sé chóir a bheith cinnte gur sa cheantar seo a bhí sé ina chónaí. Ach, ba le linn a réime a rinneadh slad millteanach ar chuid óigfhear na mBaíollach. Ba é an rud ba mheasa fán scéal, gurbh iad féin a rinne an slad. Bhí sé de ghnás ins an am, agus leabhra, bhí sé coitianta fríd theaghlaigh uaisle na tíre uilig, ní hamháin i dTír Chonaill, sula bhfaigheadh an taoiseach bás ar chor ar bith, go mbeadh coimhlint mhór sa teaghlach nó go socrófaí cé a thiocfadh i gceannas i ndiaidh a bháis. Mar sin a tharla do chlann Thoirealaigh Uí Bhaoill. Bhí triúr mac aige, Conchúr Óg, Donnchadh agus Niall Rua. I dtús báire, d'ionsaigh siad clann mhac Néill Bhuí, a gcuid col ceathracha. Idir 1502 agus 1509 mharbh siad an triúr acu, Ruairí, Dónall Bacach agus Éamonn Buí. Nuair a bhí na col ceathracha as an chosán acu, d'fhág sin an scéal idir an triúr acu féin. Tógadh Donnchadh as an scéal sa bhliain 1517, nuair a séideadh eisean amach chun na farraige agus é amuigh ag iascaireacht lá, idir Toraigh agus tír mór. Cha dtángthas air riamh. D'fhág sin Conchúr Óg a bhí ina chónaí i Luacharos, agus Niall Rua i gCloich Chionnaola. Ní raibh an marfach thart go fóill. Sa bhliain 1540, rinne Niall Rua ionsaí siar ar dhún Chonchúir Óig i Luacharos, agus chuaigh sé i bhfolach i séipéal Naomh Seanchán a bhí gar don dún. Ar maidin nuair a tháinig Conchúr Óg amach as a dhún, d'ionsaigh Niall Rua agus a chuid fear é, agus ba é deireadh an scéil gur fágadh an bheirt dhearthár marbh ar bhruach an locha.

Bhí taoisigh óga na mBaíollach marbh agus bhí a ré thart, féadaim a rá. Mheath a gcumhacht ina dhiaidh sin, cé gur fhan a sliocht sa cheantar. Bhuail Clann tSuibhne cath orthu ag Baile Salach, nó Ceann Salach, i gCloich Chionnaola, sa bhliain 1554, agus ba iad Clann tSuibhne taoisigh na dTrí Tuatha ina dhiaidh sin, go dtáinig Plandáil Uladh i 1609. Níl a fhios anois cá raibh an Baile Salach seo ar troideadh an cath ann.

Plandáil 1609-1850

D'athraigh Plandáil Uladh saol na ndaoine i gCloich Chionnaola go hiomlán. Chuir sé deireadh leis an tseanchóras Gaelach agus le Dlíthe na mBreithún. Baineadh an talamh maith de na Gaeil agus chonaic siad strainséirí ag teacht isteach ag glacadh seilbhe air. Brúdh iad féin amach go dtí na himill. Bhí teanga, nósanna agus creideamh coimhthíoch leis na daoine seo, córas dlí úr, modhanna feirmeoireachta úra, tithe cloiche, agus saighdiúirí ar a gcúl mar thaca leo.

Bronnadh Baile an Easa, Baile Chonaill, Droim na Tine, Gort an Choirce, an Ardaidh Mhór, an Ardaidh Bheag, Machaire Uí Robhartaigh agus Inis Bó Finne, míle acra ar fad, ar an Chaiftín airm, Henry Hart sa bhliain 1611 ar chíos £8 sa bhliain. Leis seo fuair sé iascaireacht farraige agus intíre saor, agus cead *The Manor of Balliness* agus trí chéad acra, a leagan amach dó féin. Tugadh seo dó mar bhuíochas ar an obair mhór a rinne sé i gceannas ar chomplacht de chuid Arm na Sasana i gCarraig Fhearghais. Chuidigh sé fosta Dochartaigh Inis Eoghain a chur faoi smacht nuair a bhí sé lonnaithe i gCaisleán na Cúile Móire taobh amuigh de Dhoire. Cheannaigh na hAlfartaigh (Olphert) an talamh seo uaidh sa bhliain 1633, ar £300. Bhí an teaghlach seo le tionchar mór a bheith acu ar shaol Chloich Chionnaola go ceann dhá chéad go leith bliain ina dhiaidh sin.

B'as an Ísiltír ó cheart iad. Protastúnaigh a bhí iontu, agus b'éigean dóibh teitheadh óna dtír féin de bharr na Caitlicigh sa tír sin a bheith ag déanamh géarleanúna orthu san am. Chuaigh siad go Londain, as sin go Doire le Plandáil Uladh, agus as sin go Cloich Chionnaola. Chuir siad fúthu i mBaile an Easa ar dtús, de réir chuma, gur thóg siad teach i mBaile Chonaill, áit a raibh cónaí orthu ó 1680 go dtí 1920. Bhí coinníollacha áirithe leagtha amach do na daoine seo a fuair talamh sa Phlandáil. Duine ar bith nach gcloífeadh leis na coinníollacha seo bheadh contúirt ann go gcaillfeadh sé an talamh arís. Ba é an príomhchoinníoll go raibh orthu teach maith cloch a thógáil a bheadh inchosanta. Chomh maith leis sin bhí sé d'fhiacha orthu an oiread seo d'fhir armtha a bheith fá réir acu dá mbeadh feidhm leo. Cha raibh cead acu Gaeilge a labhairt, nó Gaeil a fhostú ar a gcuid talaimh. Bhí rud amháin eile a raibh siad go mór ina éadan, agus ba é sin an dóigh a bhí ag na Gaeil an talamh a threabhadh le beithígh. Ba é an gnás a bhí ann an tseisreach a cheangal de ruball an chapaill. Shíl na Sasanaigh go raibh seo iontach barbartha agus ghearr siad fíneáil deich scillinge ar dhuine ar bith a bhfuarthas greim air ag gabháil de. Bhí seo iontach míshásta ag na daoine siocair go raibh cuid mhaith de na píosaí talaimh ba ghnách leo a oibriú chomh beag sin agus chomh lán de chreagacha, nach dtiocfaí beithíoch agus seisreach mhór fhada ina dhiaidh a thabhairt thart iontu. Chruinnigh na Plandóirí cuid mhór airgid sna chéad bhlianta leis an riail seo agus luigh an fhíneáil chomh trom sin ar na Gaeil gurbh éigean dóibh an nós a athrú taobh istigh de leathchéad bliain. Is dóiche nár chuir na beithígh ina éadan ach oiread!

Nuair a ghlacas arm seilbh ar thír úr ar bith, is é an chéad rud a ní siad, chóir a bheith, suirbhé cruinn den cheantar a dhéanamh, agus léarscáil a tharraingt. Thógadh siad droichid agus dhéanadh siad bóithre fríd an áit, sa dóigh go mbeadh siad ábalta a gcuid saighdiúirí a bhogadh thart go gasta le trioblóid ar bith a bheadh ann a cheansú. Thoisigh an chéad suirbhé de Chloich Chionnaola i 1608 agus rinneadh léar eile acu le himeacht na mblianta. Bheir siad seo an chéad eolas fíriciúil ar an cheantar, rud a chuidíos go mór linn agus muid ag iarraidh seanstair na háite a chur i gcionn a chéile. Is féidir, mar shampla, a fheiceáil cén leagan a bhí ar ainmneacha na mbailte fearainn in 1608, agus caidé na logainmneacha atá ar shiúl as úsáid ar fad ón am sin. Is sampla maith de seo ainm Bhaile an Easa. Tugadh dhá ainm air sa tsuirbhé, Baile an Easa agus Machaire na Coille. Tá an t-ainm Machaire na Coille ar shiúl as úsáid ar fad anois. Tá samplaí go leor ann dá leithéid sin.

Trádálaithe iontacha a bhí sna Sasanaigh ag an am, agus tháinig an nós leo anseo. As a chéile, thoisigh bailte a fhás le freastal ar riachtanais na bPlandóirí. Ba é Doire príomhbhaile an réigiúin ar fad, ach d'fhás Ráth Mealtain, Ráth Bhoth agus go leor bailte eile, Dún Fionnachaidh agus na Croisbhealaí ina measc, thart ar na heastáit fríd an chontae. Tháinig siopaí agus an saol eacnamaíochta a théid leo go Cloich Chionnaola den chéad uair.

Na Blianta 1650-1850

Diomaite de na suirbhéithe seo a luaigh mé, tá dhá chéad bliain ann idir 1650-1850, agus fíorbheagán eolais againn ar a raibh ag tarlú don phobal lena linn. Is cinnte le linn an ama sin gur mhéadaigh saibhreas na dteaghlach a tháinig isteach ón taobh amuigh. Ach tá sé chomh cinnte céanna go raibh pobal dúchais Chloich Chionnaola beo bocht i rith an ama seo. Bhí an daonra ag méadú go láidir sna blianta i ndiaidh 1750. Bhí siad ag brath ar an phréáta, ach ba mhinic a d'fhág drochaimsir barr éadrom ar na preátaí céanna. Bhíodh ocras i gCloich Chionnaola an bhliain a dtarlaíodh sin. Ní raibh barr ar bith eile acu leis an drochuair a chur tharstu. Tharla an t-ocras i bhfad níos minice ná mar a shíltear, agus luaitear na blianta 1774, 1816 agus idir 1830-32 mar dhrochbhlianta, gan trácht ar chor ar bith ar bhlianta an Ghorta Mhóir agus ina dhiaidh. Leis an chóras feirmeoireachta a bhí acu, char shábháil siad bliain ar bith, ach an méid a choinneodh ag gabháil iad go dtí an chéad fhómhar eile. Ní raibh dóigh ar bith le rud beag breise a chur i dtaisce, a chuirfeadh ar a gcumas saol níos fearr a bhaint amach dóibh féin.

Ina leabhar, *The Last Conquest*, thug John Mitchel cuntas ar a bhfaca sé féin i dTír Chonaill i samhradh na bliana 1845, agus cuimhnigh gurbh í seo an bhliain roimh thús an Ghorta. Seo cuid dár dhúirt sé:

> A cluster of ragged-looking, windowless hovels, whose inhabitants seem to have gathered themselves from the wastes, and huddled together to keep some heat and life in them; a few patches of oats and potatoes surrounding the huts, and looking such a miserable provision for human beings against hunger in the midst of these great brown moors; hardly a slated building to be seen, save one or two constabulary and revenue police stations, and a court house.

Bhí an scéal céanna le hinse ag cuairteoirí eile, ag J.H. Tuke, mar shampla, ball de chuid Chumann na gCarad, nó na *Quakers* a tháinig a dhéanamh suirbhé, agus Denis Holland, iriseoir a thaistil fríd an áit. Tá sé le feiceáil níos soiléire arís ó na pictiúirí atá sa *Glass Collection*, go díreach an dóigh a bhí ar na daoine i gCloich Chionnaola sa naoú céad déag. Tithe beaga ceann tuí le hurláir chréafóige, gan troscán ar bith ach stól nó beirt, an teaghlach uilig ina luí san oíche ar an urlár fhuar, beo ar phreátaí, ar bhainne agus ar bhláthach agus arán mine coirce. Aisteach go leor, ba bheag úsáid a bhaineadh siad as an rathúnas bidh a bhí ag a dtaobh san fharraige, diomaite den bhia trá. Is cosúil nach raibh an cleachtadh ann. Ní raibh na bádaí nó an trealamh acu fána choinne. Ba ghnách oiread áirithe lín a chur i gCloich Chionnaola san am, barr a raibh airgead maith le fáil air, ach ó 1830 ar aghaidh tháinig meath ar an tionscal sin.

An Gorta Mór 1845-1848

Sa mhullach air seo uilig a tháinig an Gorta Mór, 1845-48, agus beidh daoine eile ag cur síos air seo. D'fhág an Gorta a lorg go domhain ar na daoine. Sna tríocha bliain ina dhiaidh, bhí spiorad na ndaoine íseal, agus cé nach raibh siad ag fáil bháis den ocras, bhí go leor blianta a raibh gorta ag bagairt ar na daoine, nuair a mhilleadh an aimsir an barr. Bhí geimhreadh na bliana 1879-80 ar cheann de na blianta ba mheasa acu.[1]

I ndiaidh an Ghorta, tháinig borradh mór ar an imirce shéasúrach go hAlbain agus ar an imirce bhuan go Sasain agus go Meiriceá. Chuaigh ar a laghad díol sé shoitheach daoine as Cloich Chionnaola agus Gaoth Dobhair amach go Sydney agus Melbourne na hAstráile sna blianta idir 1859 agus 1870, faoin scéim a dtug siad *The Donegal Relief Fund* air.

Díshealbhú agus Cogadh an Talaimh

Ba é seo an cúlra a bhí ag ceann de na himeachtaí móra eile i stair an phobail sa tréimhse sin, Cogadh an Talaimh agus na nDíshealbhuithe, achrann a lean ar aghaidh ó 1845 go dtí 1895. Sa bhliain 1879, mar a dúirt mé, bhí drochaimsir ann agus phill galar na bpreátaí athuair. Ní bhfuair na daoine an barr, ná an mhóin ach oiread leis. Mheath an saol eacnamaíochta fríd Éirinn, Albain agus Shasain uilig. Ní thiocfaí ba a dhíol, nó cha raibh aon luach orthu. Thit an tóin as margadh an lín ar fad in Oirthear Chúige Uladh, agus chuaigh na cailíní a cuireadh as obair dá dhíobháil sin, a dh'obair do na feirmeoirí ar an Lagán. D'fhág sin nach raibh obair ar bith le fáil ar an Lagán ag aos óg Chloich Chionnaola an bhliain sin, agus an t-airgead de dhíobháil go holc orthu. Ní raibh obair ar bith le fáil in Albain an bhliain sin ach oiread. B'éigean do chuid mhór a chuaigh anonn iasacht a fháil lena mbealach a dhíol chun an bhaile. Cha raibh margadh ar bith ann do mhuca, do cheilp, nó d'iasc. Bhí na daoine i gcruachás, agus bhí ocras, tinneas agus fiabhras leitheadach.

Bhí cuid mhór de na Tiarnaí Talaimh ag ardú na gcíosanna idir 1870 agus 1880. D'éirigh míshuaimhneas nuair a dhiúltaigh an Tiarna Hill i nGaoth Dobhair agus an tAlfartach laghdú ar bith a thabhairt ar chíosanna. I mí na Bealtaine 1881 chuir Olphert sé theaghlach amach as a gcuid tithe i gCloich Chionnaola. I Meitheamh na bliana sin dódh cuid de bhóithigh an Alfartaigh i mBaile Chonaill féin. Tugadh suas le céad saighdiúir agus péas isteach ina dhiaidh sin, a choinneáil na síochána. Bhí siadsan lonnaithe i gcuid de na sciobóil fá Bhaile Chonaill, agus glacadh seilbh ar thithe eile thart fríd an cheantar fosta le hiad a chur iontu, sa dóigh go mbeadh an pharóiste uilig faoina súile acu. In 1882, milleadh an barr arís le stoirm mhór i mí Mheán Fómhair. Chomh maith leis an ocras, bhí fadhb eile ann. Ó tharla gan teacht isteach ar bith ag daoine, níor díoladh cuid mhór de na cíosanna. Bhí na riaráistí ag éirí mór agus gan mórán dóchais ag na daoine go dtiocfaí iad a ghlanadh. In 1883 bhí drochfhómhar eile ann. Bhí na daoine beo bocht anois i ndáiríre. In 1884, cuireadh an barr le síol a ceannaíodh ar airgead a chruinnigh an Chléir agus daoine eile ón taobh amuigh. In 1884 chuir an Tiarna Talaimh Olphert i mBaile Chonaill daoine amach as a gcuid tithe i nGlaise Chú siocair nár íoc siad an cíos le cúpla bliain roimhe sin, agus ghearr na saighdiúirí an coirce glas a bhí ag fás sna páirceanna acu, agus thug siad leo é.

In 1886-1887, thug na Tiarnaí eile thart laghdú maith sa chíos do na daoine, ach dhiúltaigh Hill agus Olphert sin a dhéanamh. Tosaíodh ar an *Plan of Campaign* in Árainn Mhór agus gan mhoill spréigh sé go Gaoth Dobhair, faoi eagrú an tSagairt Mhic Pháidín. I ndiaidh achrann mór, ghéill Hill agus thug laghdú maith sa chíos do thionóntaí Ghaoth Dobhair ag deireadh 1887. Ach fiú ansin féin, cha dtabharfadh an tAlfartach laghdú ar bith.

In 1888 bhí drochshéasúr ann arís, agus spréigh an *Plan of Campaign* aniar go Cloich Chionnaola. Má spréigh féin, cha raibh sagart na paróiste, an tArd-Deocánach, Séamas Mac Pháidín, a bhí i nGleann

Átha, is é sin, ar an Chaiseal in aice le Gort an Choirce, ina leith. Bhí eagla air go mbeadh doirteadh fola ann dá bharr, agus rinne sé a dhícheall réiteach a dhéanamh leis an Alfartach, go síochánta. Cha raibh maith dó a bheith leis. Ainneoin gur eisigh an Pápa ráiteas ag cáineadh an *Phlan*, lean an Sagart Mac Pháidín as Gaoth Dobhair, an tAthair Stephens ar an Fhál Charrach, agus fear as an Cheathrú Cheanainn darbh ainm Mac Suibhne, ar aghaidh ag gríosú na ndaoine. Labhair Mac Suibhne amach in éadan shagart Ghort an Choirce agus mhol sé do na daoine gan cíos a dhíol leis an Tiarna Talaimh. Iarradh ar na daoine baghcat a dhéanamh ar rud ar bith a bhain leis an Tiarna Talaimh. Bhíthear anuas go mór ar dhuine ar bith nár lean a gcomhairle. D'fhéach na péas leis an tSagart Mac Pháidín a ghabháil i nGaoth Dobhair, agus b'ansin a marbhadh Inspector Martin. Cuireadh an sagart agus cuid mhaith eile chun an phríosúin dá thairbhe sin. Tugadh iarraidh an tAthair Stephens a ghabháil ina theach féin ar an Fhál Charrach ach d'ealaigh sé uathu.

In Aibreán 1889, bhí cuid mhór díshealbhuithe i gCloich Cheannfhaola, ar an Ardaidh Mhór, i mBaile an Easa, i nDroim na Tine, agus fosta ar an Cheathrú Cheanainn. Cuireadh amach teaghlaigh i nGlaise Chú fosta. Fán am a raibh sé réidh, bhí níos mó tionóntaí curtha as seilbh ag an Alfartach, ná mar a bhí ag Tiarna Talaimh ar bith eile sa tír. Bhí troid mhór ag cuid de na tithe sular tugadh suas iad. Dhruid na daoine iad féin istigh sna tithe agus throid siad le bataí, le spáid, le huisce galach, le clocha agus le rud ar bith eile a bhí acu. Cé gurb iomaí áit ar tharla scliúchais agus achrann san am, tá dhá áit go háirithe a luaitear sa tseanchas i gcónaí, Dún an Dálaigh i mBedlam agus tigh mhic Fhionnghaile i nDroim na Tine. Ar an dá láthair sin, d'éirigh leo cúl a choinneáil ar na saighdiúirí i rith an lae. Sa deireadh, nuair a bhí na saighdiúirí ag réiteach le scaoileadh isteach sna tithe le harm tine, mhol an sagart dóibh sin a bhí istigh iad féin a thabhairt suas, sula ngortófaí duine inteacht go holc. Rinne siad sin. Gabhadh a raibh ann. Gearradh tréimhse príosúntachta i bPríosún Dhoire orthu as a gcuid agóidíochta.

Nuair a cuireadh na daoine amach as na tithe, chuaigh cuid acu a chónaí le comharsana nó le daoine muinteartha a ghlac isteach iad. Cuid eile acu, nach raibh áit ar bith le dhul acu, b'éigean dóibh bothóga a thógáil dóibh féin, áit ar bith a dtiocfadh leo coirnéal a fháil. Bhí cuid de na *huts* seo, mar a tugadh orthu, ar an Cheathrú Canainn, gráinnín eile i gCill Ulta, i mBaile na Bó agus in áiteacha eile thart fríd an cheantar. Bhí drochdhóigh ar na daoine sna *huts* seo. Má bhí eallach ar bith acu chuireadh siad isteach sna páirceanna iad san oíche le greim a ithe. Bhíodh fir an Tiarna Talaimh á gcoimhéad sa lá. Tharraing an gnoithe seo uilig aire an domhain ar Chloich Chionnaola, agus bhí lucht páipéir ar an láthair ó chuid mhór de pháipéir liobrálacha na Sasana, agus bhí na scéalta sna páipéir ag tabhairt droch-chlú ar fad do na Tiarnaí.

In 1879 thoisigh na Tiarnaí Talaimh á n-eagrú fein in éadan an *Phlan of Campaign*. D'eisigh siad paimfléid idir 1879 agus 1881 ag tabhairt an taobh s'acusan den scéal. In 1880 bhuail siad leis an Phríomh-Rúnaí i mBaile Átha Cliath go rúnda, ag iarraidh tacaíocht mhíleata air, rud a fuair siad. I mí na Nollag 1880 chuir siad *The Property Defence Association* ar bun lena gcuid aidhmeanna féin a chur chun tosaigh. Fuair an tAlfartach airgead ó thiarnaí talaimh eile fríd Chúige Uladh le cuidiú leis an fód a sheasamh in éadan an *Plan of Campaign*, agus sin cuid den chúis nach dtiocfaí réiteach a dhéanamh leis. Cha dtiocfadh leis géilleadh agus airgead glactha aige ón dream eile. Chomh maith leis sin, bhí sé féin ag éirí sean go maith agus d'fhág sé cuid mhaith den chaibidil a rinneadh leis na tionóntaí faoi chúram a ghiolla. Hewson a bhí mar ghiolla aige agus b'eisean a rinne an chuid is mó den phlé leis na daoine. Ní ghéillfeadh seisean orlach, ba chuma cén cás a cuireadh ina láthair. Rinne an tEaspag Ó Dónaill agus sagart na paróiste i nGleann Átha, mar a dúirt mé, a ndícheall a theacht ar réiteach i ndiaidh tuilleadh díshealbhuithe in 1890, bliain a raibh drochshéasúr eile ann. Thairg siad £2,250 don Alfartach, le riaráistí £3,000 a ghlanadh, ach diúltaíodh é.

Tháinig scoilt pholaitíochta i bPáirtí Parlaiminte na hÉireann fán am seo, rud a ghearr cibé airgead a bhí ag teacht isteach uathu chuig tionóntaí Chloich Chionnaola, mar chuidiú ag na daoine a díshealbhaíodh. D'fhág sin nach raibh rogha ar bith ag na daoine ach an socrú ab fhearr a thiocadh leo a dhéanamh leis an Tiarna Talaimh, agus féacháil fáil ar ais ina gcuid tithe. I gcuid mhór cásanna bhí na tithe leagtha go talamh.

Teach na nAlfartach (Olpherts)

Eoin McGarvey 2000

Mar bharr ar an donas, i gcúpla cás i nDroim na Tine, bhí na tithe dóite fosta agus tionónta úr istigh ar an fheirm. Chaith cuid de na daoine a fhad le sé bliana sna *huts*. Ar an ábhar sin, má bhí tréimhse riamh i stair Chloich Chionnaola a d'fhág blas searbh i gcuimhne na ndaoine, ba í sin tréimhse seo na ndíshealbhuithe agus an achrainn a lean dóibh. Nuair a d'imigh an duine deireanach de na hAlfartaigh as Baile Chonaill thart fá 1920, agus nuair a cheannaigh Rialtas na hÉireann an teach i 1926, chuir sin deireadh le ré iomráiteach i scéal na paróiste.

Mar sin féin, tháinig maith as an méid a d'fhulaing pobal Chloich Chionnaola. Leis an méid drochphoiblíochta a tharraing na díshealbhuithe seo ar Thiarnaí Talaimh agus ar an Rialtas i Westminster, thosaigh siad a chur iasachtaí ar fáil do dhaoine lena gcuid talaimh a cheannach. Dealán solais sa dorchadas a bhí sna hiasachtaí seo. Thug siad ábhar misnigh do dhaoine go raibh bealach acu lena n-áit sa tsaol a bhisiú. Ghlac go leor leis an deis go fonnmhar.

An Fál Carrach

D'fhás baile an Fháil Charraigh, a chéaduair, le freastal ar riachtanais an tí mhóir i mBaile Chonaill, agus ar na daoine uilig a tharraing sin chun na háite. Tháinig táilliúirí, gréasaithe, gaibhne, siopadóirí, beairic péas, na *coastguards*, dochtúirí, agus go leor eile isteach chun an cheantair. Bhí earraí mar siúcra, tae, ola, iarann, ólachán, pór agus earraí feirme de dhíobháil. Tógadh Teach an Phobail in 1872 agus Scoil na Ceathrú Ceanainne in 1874. Bhí Céidh Bhaile an Easa gnoitheach go maith le bádaí ag teacht isteach le hearbhal agus leis na hearraí siopa ar thrácht mé orthu agus tuilleadh. Bhí siad ag imeacht le mianach luaidhe agus airgid, as na *mines* ar an Cheathrúin, agus le hiarann a bhíthear a thógáil fán phortach, i Mín Doire agus i gCaiseal na gCorr. Bhí Oifig Poist agus Teileagraf ar an bhaile ag Tammy Brown, roimh thús an chéid, chomh maith le teach ósta, teach cúirte, agus íoclann. Baile atá san Fhál Charrach a raibh gluaiseacht mhór daoine fríd i gcónaí, daoine ag teacht agus ag imeacht; daoine a d'fhan i bhfad, ach níos minice, daoine a thug seal sa cheantar, agus a d'imigh arís chomh luath agus a bhí a ngnoithe déanta acu. Tá sé mar sin go dtí an lá inniu. Cuid mhór de na sloinnte a bhí fán bhaile suas go dtí 1925, d'imigh siad nuair a d'imigh na Tiarnaí Talaimh. Níl ach ocht dteaghlach ina gcónaí ar an bhaile anois a ndéarfá gur de sheanbhunadh na gCroisbhealaí iad. Fágann sin gur amuigh sna bailte fearainn máguaird atá croí an phobail, agus gur ionad siopadóireachta agus comhluadair atá sa bhaile féin.

1920-1980
Le Rialtas úr na hÉireann tháinig athrú ar mheon na ndaoine ar fud na tíre. Ba leo an talamh agus na tithe anois. Rinne siad iarrachtaí iad féin a chur chun tosaigh sa tsaol. D'imigh cuid mhór acu ar an choigrích, go Meiriceá, go hAlbain agus go dtí na tolláin i Sasain. Chuireadh siad seo oiread airgid chun an bhaile agus a thiocfadh leo, agus de réir a chéile le deontais tithe agus feirme, córas an dóil agus an phinsin, thoisigh Cloich Chionnaola á tharraingt féin le chéile. Bunaíodh *Co-op* an Fháil Charraigh sna fichidí, cheannaigh muintir na háite scaranna ann, agus d'fhoscail siad siopa mór i lár an bhaile. Bhunaigh dream d'fhearaibh na háite Cumann Forbartha Chloich Chionnaola i 1951, agus thóg siad Halla Naomh Fionáin sa bhliain 1952, halla breá mór a bhí ina láthair shóisialta ag an phobal, le damhsaí, coirmeacha ceoil, comórtais dornálaíochta, agus an seó iontach a bhíodh á reáchtáil sa pháirc ag a thaobh achan bhliain. Rinne an cóiste sin obair mhór a thug an pobal le chéile.

Bhí scoil dara leibhéal bhreá do chailíní i gClochar Loreto, ceann de na Coláistí Ullmhúcháin, sin Coláiste Bhríde, i mBaile Chonaill, ó 1928, go dtí 1961. Bunaíodh Clochar Mhuire gan Smál faoi chúram mhná rialta na bProinsiasach ina dhiaidh sin. Fosclaíodh Coláiste na Croise Naofa do bhuachaillí, i 1961, arís i mBaile Chonaill, i seanáras na nAlfartach. Astu seo, le cuidiú scoláireachtaí, fuair aos óg na háite seans nach bhfuair a muintir rompu, fáil ar aghaidh sa tsaol. Tá sagairt, dochtúirí, múinteoirí, banaltraí, dlíodóirí agus mar sin de, a tógadh i gCloich Chionnaola ag cleachtadh a gceirde in áiteacha scaipthe ar fud an domhain.

Cloich Chionnaola sa lá atá inniu ann
Caidé fá Chloich Cheannfhaola inniu? Tá muid chomh nua-aimseartha anois le háit ar bith. Tá tithe breátha, siopaí, carranna, agus fearaistí uilig

na nua-aoise againn. Tá muid ag imeacht ar fud an domhain ar laetha saoire, agus an domhan ag teacht anseo a dh'amharc orainne. Ach ar bhealaí eile, tá rudaí nár athraigh mórán. Tá an t-aos óg go fóill ag imeacht amach as an áit a chuartú oibre. Tá cuid mhór cainte fán Tíogar Cheilteach, ach má tá féin, níl cuma go bhfuil ár gcuid ionadaithe poiblí ábalta mórán tairbhe a tharraingt as do Chloich Chionnaola. Ar an drochuair, níl mórán fostaíochta i gCloich Chionnaola.

Tá muid chomh hiargúlta agus a bhí riamh, mar char tógadh bealach mór fiúntach thart ar an chontae go fóill. Tá an ceangal leis an tseansaol ag imeacht de réir a chéile. Féadaim a rá go bhfuil deireadh le gnás na gcuartanna agus le hairneál, le seanscéalta agus le sean-nósanna. Cibé mar atá sé leis an ghlúin seo, is beag aird atá ag an ghlúin atá ag teacht aníos ar na rudaí seo. Tá siadsan tógtha leis an bhosca atá sa choirnéal, agus is ó Shasana, ó Mheiriceá agus as an Astráil atá an cultúr ag teacht isteach anois.

Tá rása iontach gasta tugtha agam fríd chuid de stair Chloich Chionnaola, go háirid mar a chuaigh scéal na mBaíollach agus na nAlfartach i bhfeidhm ar an pharóiste, agus ar ndóigh, tá céad rud nach raibh faill agam a lua ar chor ar bith. Níl a fhios agam cé a scríobhfas scéal Chloich Chioinnaola, amach anseo ag deireadh na chéad Mhílaoise eile?

Nótaí

1 Tá tuilleadh seanchais faoi Bhaíollaigh Chloich Chionnaola le fáil sa chuntas ar Ghort an Choirce agus ar Thoraigh.
2 Gheofar roinnt scéalta áitiúla fán Ghorta sa chuntas ar Ghort an Choirce agus ar Thoraigh.

Foinsí

Index of Names to the Donegal Annual, Mac Intyre DCL, Leifear.
'O'Clery's Book of Genealogies,' *Analecta Hibernica*, 1951, lch 18.
Campbell, *Death in Templecrone*.
Cumann na gCarad (The Society of Friends) *Transactions of the Central Relief Committee of the Society of Friends*, 1852., B.Á.C., 1997.
Goodbody, Rob, *A Suitable Channel*, Bré, 1995.
Harkin, William, *Scenery and Antiquities of Northwest Donegal, Londonderry*, 1893.
Hennessy, William Maunsell, eag. *Annála Uladh Annals of Ulster*, B.Á.C., 1887.
Holland, Denis, *The Landlords in Donegal*, Béal Feirste, 1858.
Lucas, Leslie, *Mevagh down the years: a history of Carrigart, Downings, Glen and the surrounding districts*, Port Lách, 1972.
Lyons, F.S.L. *Ireland Since the Famine*, London, Fontana, 1973.
Maguire, Edward *History of the Diocese of Raphoe*, 2 Iml, Béal Feirste, Corcaigh, Port Láirge, 1920.
McFadden, James. *The Past and Present of the Agrarian Struggle in Gweedore*, Doire, 1889.
McGill, Lochlann, *In Conall's Footsteps*, An Daingean, 1992.
Murphy, D. *Derry, Donegal and Modern Ulster*, 1790-1921, Doire, 1981.
O' Donovan, John (eag.), *Annála Ríoghachta Éireann; Annals of the Kingdom of Ireland by the Four Masters from the earliest period to the year 1616*, 7 Iml., B.Á.C., 1851, New York, 1966.
O' Donovan, John (eag.), Flanagan, Michael, *Letters containing information relative to the Antiquities of the County of Donegal, collected during the Progess of the Ordnance Survey, 1835*, B.Á.C., 1927.
Ó Gallchobhair, Proinsias, *History of Landlordism in Donegal*, Béal Átha Seanaidh, 1962.

Gort an Choirce agus Toraigh
Liam Lillis Ó Laoire

Is é is mian liom a dhéanamh san aiste ghairid seo, cur síos a thabhairt ar chuid de scéal dhá cheantar a bhaineas, ar dhóigh, leis an pharóiste chéanna, ach ar dhóigh eile, a bhfuil a scéal féin acu le hinse, is é sin, pobal Ghort an Choirce agus pobal Thoraí. Ina dhiaidh sin, mar a dúirt an tAthair Ó Colm, 'ní thig tús a chur ar scéal na tíre gan scéal Thoraí a thabhairt isteach ann', agus is mar sin a bheas mo scéalsa.[1] Baineann siad araon le seanpharóiste Thulach Beaglaoich Thoir, nó Cloich Chionnaola mar a thugtar air fosta, seanainm a bhfuil fáil air sa dara haois déag. Sa bhliain 1836 a roinneadh í féin agus paróiste Ghaoth Dobhair. Dar ndóigh, roinneadh paróiste Chloich Chionnaola ina dhá cuid arís sa bhliain 1982, rud a fhágas gur ar an cheann thiar den cheantar sin, ó abhainn Thulach Beaglaoich siar go Glaise Chú, agus ó mhaolchnoic Mhín na Craoibhe go cladaí Mhachaire Uí Robhartaigh agus Mhín Lárach, a bheas mise ag trácht anseo. Beag agus mar atá an ceantar, tá stair sheanchais fhada ar a chúl, rud a fhágas leathuair a chloig gann go leor leis an scéal uilig a aithris. Ní thig, mar sin, tochailt go domhain isteach in aon scéal ar leith, agus is cinnte go ndéanfar leithcheal ar chuid acu. Leagfaidh mé béim sa chaint ar go leor de sheanchas an phobail féin, in áit a bheith ag díriú ar fhigiúirí agus ar fhíricí an t-am ar fad. Shocair mé féin agus ag Seán Ó Connacháin, an t-údar atá ag scríobh faoi pharóiste Naomh Fionáin, go bpléifimis cuid de na scéalta ar bhonn na dtéamaí atá leo, in áit na scéalta féin a roinnt go tuatach ina dhá gcuid. Mar sin, agamsa atá cuid na miotaseolaíochta den scéal, rud atá fóirsteanach, ó tharla go bhfuil Toraigh faoi mo chúram fosta. Ríomhtar scéal na plandála agus na dtiarnaí i gcuntas Sheáin, agus is beag a bheas le rá agamsa fá dtaobh de.

Tá an chosúlacht air go raibh cónaí sa cheantar seo suas le ceithre mhíle bliain ó shin, ag dul siar go ré na nua-chlochaoise, i bhfianaise na seaniarsmaí atá le fáil thall agus abhus ann.[2] Théid an t-ainm féin siar i bhfad fosta. 'Cloich Cheannfhaola na nGeileach' a thug Seaán Mór Ó Dubhagáin ar an áit sa cheathrú haois déag, agus é ag tagairt don dóigh a bhí ar an áit roimh theacht na Normannach. Is dóiche nach ag cur síos go meafarach ar na tonnaí geala atá ag innilt ar na cladaí go fóill, ó Mhín Lárach go hOirthear Dhumhaigh a bhí sé, ach is deas liom mar shamhail í.[3] Faoi na Baíollaigh bhéaldearga a bhí cuid talta Chloich Chionnaola an t-am sin, agus bhí siad ann ar fad sa bhliain 1284, áit a ndeirtear linn gur mharbh muintir Mhaolgaoithe Dubhghall mac Maghnusa Uí Bhaoighill.[4] B'fhéidir gurbh iad a d'fhág a n-ainm ar Oileán Uí Bhaoill i Machaire Uí Robhartaigh, áit a bhfuil lorg seanchaisil go fóill, an áit a dteachaigh fear acu siar go Connachta fada ó shin agus thit sé i ngrá le cailín de Mháilleach thiar ansin.[5] D'fhuadaigh sé leis chun an bhaile í i ngan fhios agus pósadh iad. Ach bhí muintir na girsí míshásta den rud a rinne sé, agus chuir siad fear aniar á gcuartú. D'éirigh leis á bhfáil sa deireadh agus d'fhan sé acu tamall fada, agus é breá mór leo, má b'fhíor dó féin. Phill sé go Connachta ansin agus an scéala leis. Sular imigh sé rinne sé margadh le fear as an áit, agus thug duais dó, ar chuntar go lasfadh sé tine sa chuan ar a leithéid seo d'oíche. Ghléas na Máilligh orthu ansin agus sheol siad aniar lena gcabhlach ag brath an cailín a thabhairt leo chun an bhaile. Ach in áit tine a lasadh ag an chuan, mar a bhí socraithe, las an fear seo an tine ar charraig ar an taobh thiar den áit a bhfuil an chéidh anois. Thug na loingis iarraidh a theacht i dtír ar an taobh ó thuaidh den charraig, áit fhíorchontúirteach. Rinneadh smionagar den chabhlach agus báitheadh a raibh ar bord. As an eachtra sin a baisteadh Carraig Charn na Máilleach (nó na Máinleach, mar a deirtear) ar an chloch agus deirtear gur lean troid agus easaontas go leor í idir na Máilligh agus na Baíollaigh ina dhiaidh sin. Ar feadh m'eolais, níl cuntas stairiúil ar bith againn ar an eachtra seo, ach tháinig sé anuas sa tseanchas mar sin féin.[6] Tá an cuntas seo, agus seanchas eile a bheas agam anseo, le fáil i seanchas Néill Uí Dhubhthaigh i Roinn Bhéaloideas Éireann in Ollscoil na hÉireann i mBaile Átha Cliath. Tá mé faoi chomaoin ag an Ollamh Séamas Ó Catháin as cead a thabhairt domh leas a bhaint as ar an ócáid seo.

Tharraing an charraig chéanna achrann a ba lú ná sin ó shin, nuair a bhí díospóireacht ag gabháil ar aghaidh i dtigh Hiúdaí Shéamais Bhriain Ó hOireachtaigh, tá trí scór bliain ó shin. Argáil a bhí ar siúl ag John Rua Mac Eachmharcaigh agus ag Joe Den Mhuiris Ó Colla, go ndéana Dia a mhaith orthu uilig. Mhaígh John gur chuala sé Johnny Dhonnchaidh Eoin

(Dixon) a rá, dá mbeadh bolla san fharraige a gcuimleodh faoileog a heiteog uirthi gach lá ar feadh fiche bliain, go n-aithneofaí an miotal á chaitheamh. Arsa Joe leis mar fhreagra, 'Maise,' arsa seisean, 'tá faoileoga go leor ina suí ar Charn na Máilleach achan lá, agus níl sé ag éirí beag a dhath.' Cha dtearn John ach éirí agus a dhul go híochtar an tí, nó gur bhuail sé a sheanbhuille in éadan an bhalla, ag leagan an aoil de le tréan feirge. D'ionsaigh sé Joe ansin agus thug buille dó a d'fhág ina shuí thuas ag doras an tseomra é. D'éirigh Joe agus chuaigh John á bhualadh athuair, ach má chuaigh, shleamhnaigh na cruitheacha a bhí ar a bhróga ar an urlár leacacha a bhí sa teach. Thit sé ar shlat a dhroma agus d'éirigh an luaith ina néal thart fá dtaobh de. 'Hó,' arsa seisean ag éirí dó, 'tá leacacha an tí móir sleamhain!'[7]

Dar ndóigh, tá scéal Chionnaola Bhaile an Easa i mbéal na ndaoine ar fad, scéal, go dearfa, a cheanglaíos Toraigh agus tír mór go dlúth lena chéile. D'inis fear de Dhúgánaigh Thoraí an scéal do Sheán Ó Donnabháin in 1834, agus é ag gabháil thart ag déanamh staidéir ar ainmneacha áite, á gcruinniú agus ag iarraidh a stair a dhéanamh amach. Sháraigh sé ar an Donnabhánach Toraigh a bhaint amach an t-am sin, de thairbhe na droch-aimsire a bhí ann, rud, is cosúil, a d'fhág an Seán Ó Dúgáin seo amuigh ar an tír le 'port', agus a d'fhág neart ama aige le bheith ag scéalaíocht don Donnabhánach.[8] Ar scor ar bith, bhí baint ag an bhó mhíorúilteach sin, an Ghlas Ghaibhleanna, leis an scéal. Shanntaigh Balar na Súile Nimhe bó Chionnaola agus thug sé leis go Poirtín Glais i dToraigh í 'ar lorg a rubaill' más fíor an t-amhrán.[9] Bhain Cionnaola díoltas amach nuair a chuaigh sé go Toraigh in éideadh mná agus a chuaigh sé a shuirí lena iníon, Eithne. Bhí sise ina príosúnach faoi ghlas sa Dún ar an cheann thoir den oileán ag a hathair. Bhí tairngreacht ann go muirbhfeadh a ó féin Balar agus cha raibh sé ag gabháil sa tseans ar dhóigh ar bith. Cá bith mar bhí, d'éirigh le Cionnaola a dhul isteach a fhad le hEithne, agus i gceann na haimsire rugadh triúr mac di. Chuaigh a n-athair mór a bháthadh na dtachrán, ach scaoil an dealg a bhí ag ceangal an éadaigh a raibh siad ann agus thit duine acu amach i ngan fhios, san áit a bhfuil Port Deilg go fóill air, agus sábháladh é. Cha dtearn Balar cónaí nó go bhfuair sé greim ar Chionnaola agus gur scoith sé an ceann de ar carraig. Tá lorg na fola le feiceáil go fóill ar an chreag gheal sin, a d'ardaigh Wybrant Olphert suas ar ghallán cloiche sa bhliain 1774 agus atá le feiceáil i dtólamh, cóngarach do pháirc peile CLG i mBaile Chonaill.[10]

Áit thábhachtach a bhí i dToraigh sa tseanam, agus, nuair a tháinig an Chríostaíocht a chéad uair, ba mhaith leis na fir mhaithe uilig gur ar a gcrann a thitfeadh cúram chraobhscaoileadh an chreidimh ar an oileán, rud a d'fhág Cnoc na Naomh ó shin ar an áit ar réitigh siad an cheist. Beaglaoich, Fionán agus Colmcille a bhí sa choimhlint an lá sin, cé go bhfuil daoine a deir go raibh Naomh Dúiche ann fosta. Ag caitheamh croisín a chuaigh siad go bhfeicfeadh siad cé acu a n-éireodh leis a mhaide a chur a fhad leis an oileán. Ba le Colmcille a bhí an lá, agus chuaigh an bheirt eile go dtí na háiteacha ar thit a gcuid bataí sa cheann thoir den pharóiste, Tulach Beaglaoich agus Teampall Fionáin, an áit a bhfuil an chros mhór a d'iarr Fionán mar achainí ar Cholmcille, ina seasamh arís le seal de bhlianta. Dar ndóigh, nítear turas beannaithe ag Eas Fionáin ar Lá Fhéile Muire san Fhómhar, go dtí an lá inniu, agus ba é Tulach Beaglaoich an t-aon reilig a bhí ag na daoine ar feadh i bhfad, agus dá dhíobháil sin, bhíodh ar an mhuintir siar a gcuid corp a iompar aniar thar na cnoic lena n-adhlacadh.[11] Tá cloch bulláin a dtugtar Cloch na bhFaithní uirthi ar an tSruthán, an áit a mbíonn uisce ina luí sna lagracha i gcónaí. Tá leigheas faithní ann agus baint aige le Beaglaoich fosta. Níl an oiread sin seanchais ar fáil sa cheantar fá Bheaglaoich céanna, ach luann an Dr Mac an Ghoill tuairim shuimiúil Dhónaill Mhic Giolla Easbaig, go mb'fhéidir go raibh baint ag an ainm le Lugh. Dar ndóigh, dá mbeadh dath ar bith ar an scéal sin, cheanglódh sé scéalta na págántachta agus na Críostaíochta le chéile go néata.[12]

Ba é Colmcille, mar sin, a thug an Chríostaíocht go Toraigh de réir an tseanchais, agus tá cuid mhór scéalta iontacha ann fánar éirigh dó ar an oileán. Fear de chlainn Uí Dhúgáin a thug cead dó a theacht i dtír, agus dhíbir sé an cú nimhe agus na deamhain eile a bhí ar an oileán, cé go dtug na Mic Ó gCorra a sháith dó. Bhí oiread de chlú air agus go dtáinig mórsheisear de chlann rí na hIndia a dh'amharc air, seisear deartháireacha agus deirfiúr. Tháinig siad i dtír báite agus ghuigh Colmcille go dúthrachtach agus d'athbheoigh sé iad. Bhaist sé iad, thug na sacraimintí eile dóibh agus fuair siad bás athuair.

Toraigh – Baile Thiar

Donnchadh Ó Baoill 1995, le caoinchead Údarás na Gaeltachta

Cuireadh in aon uaigh amháin iad, ach bhí corp na deirféara ar bharr an talaimh gach maidin. Thug siad uaigh dá cuid féin di ansin agus sin an ulaidh a mbíonn na fir is sine de na Dúgánaigh i dToraigh ag baint na húire beannaithe inti go dtí an lá inniu.

Tháinig na plandálacha agus na tiarnaí gallda[13] sa seachtú haois déag, agus i ndeireadh an t-ochtú haois déag, gluaiseacht na nÉireannach Aontaithe. Bhí siad gníomhach go leor san iar-thuaisceart ach ní raibh éirí amach ar bith ann.[14] Tharla cath farraige idir na Francaigh agus na Sasanaigh amach ón chósta ar an 17ú Deireadh Fómhair 1798, agus briseadh ar na Francaigh.[15] Deirtear gur chuir mac an tSionstanaigh ar an Chaiseal saibhreas an teaghlaigh i bhfolach an lá sin, le heagla agus go mbainfí den teaghlach é dá dtiocfadh na Francaigh i dtír. Is cosúil, ar chuntar go raibh sé rud beag simplí ann féin, go dtearn sé dearmad ina dhiaidh sin cár chuir sé é. Chan fhuarthas ó shin é.[16]

Bhí saol iontach cruaidh ag bunús an phobail i rith an ama sin anuas go dtí bliain an drochshaoil, mar a tugadh ar an Ghorta, agus leoga, go ceann fada go leor ina dhiaidh, iad ag iarraidh a bheith beo ar an bheagán, ón lámh go dtí an béal.[17] Go dearfa, is cosúil nach eisceacht ar bith a bhí sa drochshaol sna laetha sin. Cha raibh mórán siopaí sa cheantar agus b'ar shaothar a gceithre chnámh féin a bhíodh daoine ag teacht i dtír. Preátaí, eorna, coirce agus líon na barraí ba leitheadaí.[18] Roinn chuibhrinn, nó *rundale* an dóigh a bhí acu leis an talamh a riar san am sin, agus cé go síltí gur córas amscaí, anásta é le cur i bhfeidhm ar an talamh, deir scoláire amháin faoi gur dóigh mhaith a bhí ann le réiteach a fháil ar cheisteanna casta timpeallachta agus sóisialta, córas a bhain oiread leasa agus ab fhéidir as acmhainní a bhí teoranta agus an daonra ag méadú.[19] De réir a chéile d'athraigh na tiarnaí an nós sin, agus thug siad a gcuid gabháltas féin d'achan duine, ach tá iarsmaí den roinn chuibhrinn le fáil i dToraigh go fóill agus go dearfa, i Mín na Craoibhe.[20] Bhain na daoine a seal as an tsaol chomh maith agus a thiocfadh leo, agus bhí a ndearcadh féin acu i leith an tsaoil, rud atá le feiceáil go maith i gceann d'amhráin mhóra na tréimhse sin, 'Amhrán na Bó Crúbaí'. Bhí lámh ag file de chlainn Uí Cholm, a bhí ina chónaí ar an Cheathrúin, i ndéanamh an amhráin seo agus chuir Dálaigh Rinn na

Feirste a gcuid féin leis ina dhiaidh sin.[21] Tá dúil mhór ag daoine ann go fóill agus é a rá i gcónaí.[22] Dar ndóigh, bhí Toraigh agus an t-eallach sa nuaíocht arís ar na mallaibh, nuair a chuathas a chuartú tairbh den phór chéanna do bhó Éamoinn Uí Dhuibhir agus go bhfuarthas céile a diongbhála di i gCo. Longphoirt. Bhí ábhar maith amhráin sa méid sin, shílfeá, ach ní heol domh go dtearnadh ceathrú ar bith fán ócáid.

Ba san ochtú haois déag a tháinig an preáta chun tosaigh mar ghnáthbhia san áit, agus siúd agus go raibh sé furasta a thógáil, agus nach raibh giollacht mhór de dhíobháil air, thosaigh daoine á fhás go leitheadach. Dar le Kevin Whelan gurb é an preáta agus nach iad na plandálacha a d'fhág an pobal chomh mór sin sna ceantair seo.[23] Fágadh go leor leor ina mhuinín ar fad agus gan acu ach é mar dhíon ar an ocras.

Ba í an bhoichtíneacht i dtrátha an ama sin a chuir dlús leis an imirce shéasúrach go dtí an Lagán agus go hAlbain, sa chruth agus go bhféadfaí airgead tirim inteacht a shaothrú, a thógfadh maide as uisce dóibh.[24] Ainneoin an chruatain, b'fhearr a tháinig an pobal as an Ghorta ná mar a tháinig cuid mhór pobal eile. Bhí bunús na dtiarnaí ina gcónaí ar na heastáit, agus bhí siad gníomhach ag soláthar bidh le linn na géarchéime.[25] Mar sin féin, d'fhulaing daoine go mór lena linn, agus cé gur sábháladh an ceantar ar an chuid ba mheasa den tubaiste, ní raibh am bog ar bith ann ag na bochta. Bhí an t-ádh ar Chloich Cheannfhaola san am, mar go raibh mianach luaidhe ar an Cheathrúin Uachtarach idir 1828 agus 1832, agus arís sna 1860aidí, ach b'éigean é seo a dhruidim siocair deacrachtaí le tuilte agus fliuchlaigh.[26]

Insíonn Niall Ó Dubhthaigh (1874-1961) dúinn gur baineadh triall as go leor seifteanna le bia a sholáthar le linn an Ghorta Mhóir.[27] B'éigean dóibh siúd a raibh eallach acu a gcur isteach san oíche, nó bhlífí iad faoi choim an dorchadais. Deir siad go rabhthas ag goid na gcaorach de na cnoic mar an gcéanna agus gur baisteadh leasainm, Dónall na Molt, ar fhear amháin a bhíodh iontach tugtha don obair seo. Bhí cuid de na daoine a bhí ina suí go te agus nach raibh anás de chineál ar bith orthu, ach bhí tuilleadh ann nach raibh a dhath acu, agus ar luigh an t-ampla go trom orthu. Deir Niall go rabhthar ag ithe cuirdíní agus bia trá agus ag marbhadh caorach agus eallaigh go tiubh. Rinneadh athbheochan ar shean-nós na foladóireachta san am sin fosta. Phioctaí ceann óg eallaigh, agus bhaintí fuil as ceann dá chuid cuislí. Mheasctaí é sin le beagán mine coirce, bhruití é agus d'ití ansin é. Bhí fir ann a bhí eolach ar an cheird seo, ach deir Niall linn gur thoisigh daoine nach raibh eolach ar na gnoithe á dhéanamh, agus gur minic a mharbh siad na hainmhithe. Cleas eile a bhí acu cnámha na n-ainmhithe a bhruith fá dhó, agus an sú sin a thabhairt le hithe do dhaoine a raibh ocras orthu. Cois cladaigh bhí bia acu a dtugadh siad tátán air, meascán de mhin seagail agus eorna, bruite ar shú éisc úir.[28]

Bhí bean de Chlainn Mhic Aodha i bhFána Bhuí a raibh measarthacht airgid aici, rud a d'fhág nach raibh ocras ar bith uirthi féin san am. Mar sin féin, rinne sí truaigh de na creátúir bhochta thart uirthi a bhí ar an ghannchuid agus rinne sí amach go gcuideodh sí leo dá dtiocfadh léi. Bhíthear ag tabhairt amach mine ar an Fhál Charrach san am, agus soir léi go bhfaigheadh sí cuid den mhin, go dtugadh sí chun an bhaile ionsair a cuid comharsan í. Chuaigh sí isteach chun an stóir agus bonáid uirthi gur cheannaigh cloch mhine, rud a bhí ag dul di. Ach cha raibh sí i dteideal a fháil ach an méid sin. D'fhág sí an mhin sin i dteach aitheantais agus phill an dara huair. Bhain sí di an bhonáid, chuir éadach geal a bhí léi thart ar a ceann, á cur féin as aithne. Fuair sí an dara cloch leis an chleas sin agus phill an tríú huair. An iarraidh seo char chaith sí ceannbheart ar bith agus chuaigh aici arís. D'iompair sí na trí clocha mine sin ar a droim go Fána Bhuí, ag gabháil trasna na gcnoc agus ag gearradh na n-aicearracha, le heagla go bhfeicfeadh na tiarnaí nó a gcuid báillí í agus go mbainfeadh siad di iad. Roinn sí an mhin sin go fial ar a cuid comharsan.

De réir chuntas Néill cha dtáinig an t-anás ceart nó gur éirigh pláigh fhiabhrais. Bhuail sé sin an dream a bhí lag leis an ocras a chéad uair, ach go dearfa, char spáráil sé iad siúd a bhí ina neart ach oiread. B'éigean go leor de na daoine a raibh fiabhras orthu a chur amach a chois na gclaíocha agus scáth beag a thógáil os a gcionn a dtugtaí seol foscaidh air. Bhí ceann acu seo ar an Ardaidh Mhór. Bheireadh na comharsana brachán chuig na heasláin le cuidiú leo, ach bhíodh eagla orthu go dtógfadh siad féin an fiabhras. Mar sin de, chuireadh siad coire an bhracháin a fhad leis na daoine ar bharr sluaiste, sa chruth is nach mbeadh acu le a ghabháil á gcomhair. B'éigean dóibh na mairbh a thabhairt amach agus a gcur fosta.

Bhí cónracha speisialta acu a raibh sabhán ina n-íochtar leis na mairbh a chur iontu. Nuair a bheirtí an corp chun na reilige, tharraingítí an sabhán, d'osclaíodh tóin na cónrach agus ligtí an corp síos isteach san uaigh. Cónracha miasóige a bheirtí orthu seo.

Ní raibh an Gorta thart i gceart nó gur thoisigh achrann fán talamh le linn na dTiarnaí na caoirigh brocacha agus na sréadannaí Albanacha a thabhairt isteach, rud a d'fhág drochainm orthu ó shin, ainneoin a gcuid dea-oibreacha le linn an Drochshaoil.

Ba é an tArd-Deocánach Séamus Mac Pháidín a bhí ina shagart ann sna laetha sin, ó 1853 go 1868, nuair a rinneadh sagart paróiste de, agus as sin go dtí 1909, bliain a bháis: 56 bliain seirbhíse.[29] Is cosúil go dtearn sé obair mhór i rith a shaoil i gCloich Chionnaola, agus go raibh meas mór ag an phobal air. Charbh ionann é agus fear a chomhainm, i nGaoth Dobhair, chuir sé in éadan Chonradh na Talún, rud a spreag drochmheas air i measc na ndaoine ina dhiaidh sin. Deir Niall gur thóg sé deich scoil in áiteacha nach raibh scoltacha ar bith roimhe sin.[30] Chóirigh sé teach pobail Ghort an Choirce agus thóg sé teach scoile i dToraigh fosta. Nuair a díbríodh muintir Ghleann Bheithe in 1861, thug sé cuidiú maith do na daoine. Ba de pharóiste Chloich Chionnaola Gleann Bheithe an t-am sin. Is cosúil gur de thairbhe an tsaothair sin uilig a tugadh an 'Sagart Mór' air.[31] Ainneoin sin, ní bhíodh sé i gcónaí ar na hóí leis na daoine. Tá scéal ann fá fhear a chuir moill air lá agus é ag gabháil isteach go Toraigh. Bhí siad ag fanacht i mBaile an Easa leis an fhear seo den fhoireann a theacht as na Croisbhealaí agus cha raibh tásc ná tuairisc air. Sa deireadh seo ag teacht é, agus bhí oiread corraí ar an tsagart agus gur chaith sé amach as an bhád é. Tháinig corraí ar an fhear a díbríodh é féin ansin agus arsa seisean, 'Bhail, tá sibh ag imeacht anois, agus ceo go dtigidh oraibh,' ar seisean, 'agus nár fheice sibh Toraigh go maidin amárach.' Bhí tráthnóna galánta ann ag fágáil na céadh dóibh, agus char chuir an sagart mórán suime ina chuid cainte. Ach tháinig an ceo orthu ag tóin thoir Inis Big agus char léir dóibh a dhath. Tháinig laige ar an tsagart dá thairbhe seo. Bhí siad dhá lá ar an fharraige agus ba thoir i bPort na Bláiche a tháinig siad i dtír. Chaith an Sagart 'ac Pháidín seal fada i mBaile Átha Cliath le tinneas ina dhiaidh sin agus deir Niall go raibh deoir ar an inchinn aige as sin go lá a bháis.[32]

Bhí iomrá riamh ar mhuintir Thoraí go raibh siad achomair sa teanga. Bhíodh siad amuigh go minic san am sin lena ngnoithe chomh maith leis an lá inniu, agus tarraingt mhór acu ar Theach Ruairí ar an Bhealtaine, go háirid i ndiaidh 1903 nuair a thosaigh an traein a stopadh ag stáisiún Chaiseal na gCorr. Tráthnóna amháin, bhí fear de chlainn Mhic Ruairí Thoraí ag siúl aníos an Bhealtaine agus cruitheacha úra ina lámh leis. Bhí scaifte buachaillí de chuid an bhaile ina suí ar thaobh an droichid agus arsa duine acu: 'Níl gabha ar bith i dToraigh agaibh?' a deir sé. 'Níl,' a d'fhreagair Mac Ruairí. 'Agus caidé'n dóigh a gcuireann sibh suas na cruitheacha? Creidim gur le fóide móna a thiomáineann sibh iad!' 'Ó maise sea,' a deir Mac Ruairí, 'ach bíonn na tairní ar maos ó oíche againn, agus fágann sin níos fusa agus níos boige iad le cur suas!'[33]

Bá mhór a chuaigh Bord na gCeantar Cúng (1891-1923) chun sochair don cheantar. Bhí iascaireacht mhór scadán ag gabháil ar aghaidh amach ó chósta Thír Chonaill san am, agus ba é an scadán *matje*, cineál a bhí maith fá choinne é a shailleadh, a bhíthear a mharú, agus bhí saothrú maith orthu. Dar ndóigh, ní hiad iascairí na gcladaí seo amháin a bhí ag teacht i dtír ar na scadáin. Bhí suas le 200 bád ag teacht as gach cearn a thógáil na scadán seo agus cúpla bliain roimh an chéad chogadh, thoisigh siad a theacht leis na longa gaile, na *steam drifters*. Deir William Micks:

> The bitter disappointment of the Donegal fishermen at having to compete with steam vessels is not too difficult to realise. After some years of prosperous fishing in their sailing boats they found after repeated trials that it was useless for sailing boats to continue to fish. At night the lights of the British steam drifters looked like a twinkling town at sea, while in the morning the price of crans of Irish coast herrings went exclusively to British fishermen. The Irish fishermen could only grin and bear it. I suppose it is to their credit that they did bear it.[34]

Anseo ag Stáisiún Chaiseal na gCorr
d'aimsigh mé m'oileán rúin....
Stáisiún Traenach Chaiseal na gCorr

Eoin McGarvey 2000

Chaithfeadh sé gur sna blianta seo a rinne Éamonn Dooley Mac Ruairí an t-amhrán 'Chuaigh Seán Ó Mianáin 'na nDúinibh' agus an ceann eile atá go mór i mbéal an phobail go fóill, 'Amhrán na Scadán':

> Nach deas an rud na slanntracha
> Bheith ag soilsiú ar ár mbróig
> 'S gurbh fhusa dúinn á bplúchadh
> Go minic ná iad a dhíol
> Ach caithfimid a dhul an caineál leo
> Más maith nó olc an t-am
> San áit a mbeidh lúcháir ar an cheannaí romhainn
> 'S buidéal dubh den lionn.³⁵

Bhí a gcuid bádaí seoil féin ag iascairí Thoraí, cuid acu a thóg siad féin, agus cuid a cheannaigh siad. Ar an bhád is cáiliúla acu sin bhí *Bád an Chairnéalaigh*, an bád a thug an Cairdinéal Seán Ó Dónaill go Toraigh, ócáid a bhfuil go leor seanchais fá dtaobh de ar an oileán go fóill.³⁶

Cheannaigh an Bord féin cúig dhriftéir d'iascairí Dhún na nGall ina dhiaidh sin agus bhí siad ag obair go dtí an bhliain roimh an chogadh, nuair a glacadh seilbh orthu agus cuireadh ag scuabadh na mianach, agus a choimhéad an chósta iad. Ba iad na hainmneacha a bhí ar na bádaí seo, *Carrigart, Finross, Gweedore, Calistoga* agus *Inishirrer.*

I dtrátha an ama chéanna ar thosaigh an Bord ar a chuid oibreacha, bhí fás faoi Ghluaiseacht Chonradh na Gaeilge. I ndiaidh 1893, thoisigh daoine a theacht go tréan a fhoghlaim Gaeilge sna ceantair sin a raibh sí beo i gcónaí iontu. De thoradh na gníomhaíochta sin, bhí ceolchoirm mhór acu i dtigh na scoile i dToraigh ar an 15 Meán Fómhair 1899, agus cuireadh rang Gaeilge ar bun ann fosta. Ní nach ionadh, bhí lámh ag Séamus Mac an Bhaird sna gnoithe.³⁷ Ina thuairisc ar cheantar Chloich Chionnaola don Chonradh i 1902, dúirt Tomás Bán Ó Concheanainn, cé go raibh 'spiorad deas i measc na ndaoine óga' . . . nach raibh 'focal den Ghaeilge dá theagasc in aon scoil sa pharóiste seo cothrom na haimsire seo. . .'. Ceapadh Séamus Mac a' Bhaird as Toraigh mar thimire agus thosaigh sé i mí Dheireadh Fómhair na bliana sin, ach d'éirigh sé as arís ag deireadh na bliana dar gcionn. Tháinig Aodh Ó Dubhthaigh, Hughie an Bhéiceara, mar a thugtaí go háitiúil air, ina áit sa bhliain 1904.[38] Fear é Aodh a raibh clú air as a dheise labhartha i nGaeilge agus i mBéarla, agus bhí a chroí istigh in obair na Gaeilge.[39] Cuireadh Coláiste Uladh ar bun sa teach atá ag Antain Ó Fearraigh ar an Ardaidh Bheag anois ar an 28ú Lúnasa, 1906.[40] Nocht Uachtarán na hÉireann, Máire Mhic Róibín, leac ag comóradh na hócáide i 1995. Fhobair go rachadh an choláiste go Gaoth Dobhair, mar go rabhthas ag cur tuairisce ar theach thiar, ach fuarthas teach na hArdadh Bige níos soghluaiste. Dáil Uladh a bhunaigh an Choláiste, agus bhí Úna Ní Fhaircheallaigh, Úna na Gaeilge, mar a bheirtí uirthi, as Contae an Chabháin ina hArd-Ollamh ann, agus is i gCill Ulta a bhíodh sí ag stopadh, sa teach ina bhfuil Mylie Phaidí Hiúdaí Mac Pháidín ina chónaí anois.[41] Thug Tomás Ó Canainn as an Chaiseal giota talaimh don Dáil agus thóg siad foirgneamh úr ar an láthair sin sa bhliain 1910. Deich mbliana ina dhiaidh sin, in aimsir na nDúchrónach, dódh go talamh í. Chuir siad tine leis an áit agus d'imigh siad suas bealach na Bealtaine, ach chruinnigh cuid de bhuachaillí na háite agus cha raibh moill orthu na bladhairí a chur as. Phill na *Tans* níba mhoille san oíche agus las siad an tine athuair. Bhí beirt bhuachaillí a bhíodh i mbun an tsiopa istigh agus iad ina gcodladh agus cha raibh ann ach nár dódh iadsan ina mbeatha. Bhí an t-ádh orthu gur mhúscail an toit agus an callán iad agus léim siad amach ar an fhuinneog chúil. Atógadh an Choláiste sa bhliain 1923, agus bhí sí á húsáid go dtí 1968, nuair a d'fhoscail Éamonn de Valera an 'Choláiste Úr', mar a bheirtear uirthi. Is ansin a bhíos na ranganna anois. Bhíodh suas le dhá chéad agus corradh de 'Lucht na Gaeilge', mar a bheirtear orthu, ag teacht sna seachtóidí ach tá tinreamh na coláiste i bhfad níos lú anois, rud, dar liom, nach bhfuil ag cuidiú leis an Ghaeilge sa taobh thoir de pharóiste Ghort an Choirce. Is tuar dóchais é go bhfuil Seosamh Ó Gallchóir ó Choláiste Cholmcille toghte ar choiste na coláiste anois, agus b'fhéidir go dtiocfadh feabhas ar an tinreamh dá thairbhe seo. Dar ndóigh tá coláiste Ghael-Linn i Machaire Uí Robhartaigh ag gabháil go láidir ón bhliain 1974 agus líon mór mac léinn ag freastal ar na cúrsaí inti gach uile shamhradh.

Gortahork Church Yard, Church & School.

Seanteach pobail Ghort an Choirce

Le caoinchead Sheáin Uí Chonnacháin

Is iomaí duine mór le rá a thug cuairt ar an Choláiste in imeacht na mblianta, agus, cé go bhfuil sé san fhaisean i measc daoine áirithe bheith ag magadh faoi Chonradh na Gaeilge anois, tá sé le rá go bhfacthas bean an Alfartaigh ag damhsa i measc mhuintir na háite ag céilí sa Choláiste. Chuir Lady Kennedy crainn ar imeall an tsuímh fosta.[42] Chaith an Piarsach féin trí lá ann i 1906 agus bhí Ruairí Mac Easmainn ann chomh maith, agus is cosúil go dtug sé cuidiú fial airgid leis an fhoirgneamh a thógáil i 1910. Deir Séamus Ó Searcaigh linn go mbíodh am breá ag na mic léinn a thigeadh a fhoghlaim Gaeilge san áit, ag taisteal thart go bhfeicfeadh siad na radharcanna breátha, ach thar rud ar bith eile, gurbh é oileán Thoraí ba mhó a mhealladh iad, agus go dtéadh siad isteach go minic. Deir sé gur 'Caiftín Dubh a bhíodh ag iascaireacht fá Thoraigh a thug an chéad-dream mac léighinn isteach agus amach. Séamus Mac a' Bhaird a shocraigh an chuairt. Cé gur choimhthigheach dreach agus cosamhlacht an chaiftín le n-a chuid fáinní mór ar crochadh as a chuid cluas, ní ghlacfadh sé pingin ná bonn ar son a shaothair. Bhí Pádraig Mac Piarais i measc na ndaoine a bhí ar bord leis.'

Dar ndóigh, ba seo fear de na hiascairí seo ar thrácht mé roimhe seo air, fear a bhfuil caint air i dToraigh go fóill. An Caiftín Nova a bheirtear air istigh. Iascaire as Fleetwood a bhí ann, a bhfuil sé curtha ina leith go raibh sé ag goid an éisc ó mhuintir Thoraí san am. Rinne Éamonn Dooley Mac Ruairí, file 'Amhrán na Scadán', amhrán eile fán fhear seo:

'Chaptaein Nova, nach tú an fear sásta
'S nach geal do gháire ar an Ghaineamh Mór?
Bhí sé ag gáirí is ag súgradh leofa
Nó go dtug sé an t-iasc leis idir bheag is mhór.[43]

Ba mhaith an mhaise do Nova é bheith fial fán phasáid mar sin! I dtaca le cuairteoirí eile ar an Choláiste bhí Brian Ó Nualláin nó Myles na gCopaleen, fear de mhórscríbhneoirí Éireann, ag freastal ar an choláiste sna fichidí. Is cosúil go dtug sé fá deara dhá rud ar leith. Gealgháireacht agus breáthacht chuid girseach na háite, agus an bhoichtíneacht a bhí ag leanstan do chuid de na daoine i gcónaí. Tráchtann sé ar sheanbhean bhocht dheileoir, Máire Cholm[44] Ní

Ghallchóir, nach raibh uirthi ach leathchos agus a bhí ag imeacht achan áit agus gan de ghléas iompair aici ach an leathchos chéanna. Is cosúil gur ghoill cás na mná seo go mór air féin agus ar a dheartháir Ciarán. Tífeadh siad í á caitheamh féin isteach ar thaobh an chlaí le scíste a ghlacadh ón mhasla a chuirfeadh an siúl uirthi.[45] Is cosúil gur scéalaí maith a bhí inti agus go raibh bua eile aici; is é sin, go raibh sí thar a bheith maith ag mallachtaigh. Go dearfa, is minic a théadh daoine a mhagadh uirthi, a dh'aon turas lena cuid mallacht a chluinstin. Maireann cuimhne ar chuid acu go fóill. Dúirt sí le fear amháin a chuir corraí uirthi, 'Fuil d'athara go dtite ort!'[46] Deir Niall Ó Dubhthaigh go mbíodh sí ag scéalaíocht do pháistí na háite. Scéalta fá dhroch-leasmháithreacha a bhíodh aici, agus d'insíodh sí dóibh gurb é sin an dóigh ar chaill sí a cos. Cheannaigh Eibhlín Ní Dhubhthaigh, Lena an Bhéiceara, carr mónadh di aon am amháin agus fuair sí fear lena fhágáil thuas ag an teach. Tháinig sí isteach gan mhoill ina dhiaidh sin a thabhairt buíochais do Lena, agus arsa sise,

> Go dtuga an tAthair Síoraí a luach duit, agus go raibh an mhóin sin insa tsíoraíocht romhat le teas agus téadh a choinneáil leat ar feadh shaol na saol.

Mar a dúirt Niall, thiocfaí an dá bhrí a bhaint as an bhuíochas a thug sí d'Eibhlín![47] Bhíodh muintir Chinnéide i gCaiseal na gCorr ina gcionn iontach maith di fosta.

Luaim Máire Ní Ghallchóir anseo, bean na leathchoise, nach raibh de chosaint aici in éadan chruatan an tsaoil ach a deise labhartha, mar go measaim go seasann sí, ar bhealach, do scéal go leor sa phobal a bhfuil dearmad chóir déanta orthu. Is maith an mhaise dúinn cuimhniú ar a leithéidí, i bhfianaise na n-athruithe ollmhóra a tháinig ar shaol an cheantair, ó dheireadh na bhfichidí go dtí ár linn féin. Ar dhóigh, b'fhéidir go bhfuil samhail sin Mháire Cholm inchomórtais leis an dóigh a bhí ar an Ghaeilge féin le fada, gan an chos mhaide féin aici le taca a bhaint aisti, ach í ag brath ar cibé grá Dé a bhí le fáil aici.

Ainneoin nach bhfuil an drochmheas céanna ar an Ghaeilge anois, níl a cumas coisíochta inmhaíte uirthi go fóill. Go dearfa, is doiligh meastóireacht a dhéanamh ar an bhail atá uirthi san am i láthair. Tá neart Gaeilge á labhairt sa pharóiste go dtí an lá inniu,[48] ainneoin go bhfuil an Béarla ag brú isteach le corradh agus leathchéad bliain.[49] Cé go bhfuil daoine ann a déarfadh go gcluin siad na 'smeachannaí deireanacha',[50] tá na bunscoltacha uilig i gceantar Ghort an Choirce agus i dToraigh ag teagasc trí mheán na Gaeilge ar fad, agus obair mhór á dhéanamh ag múinteoirí, ar bheagán acmhainní go minic. Bíonn ar na múinteoirí seo déileáil leis na ceisteanna go léir eile a bhíos ag múinteoirí eile ar fud na tíre agus iad ag iarraidh an Ghaeilge a thabhairt do pháistí nach bhfuil sí sa bhaile ag cuid acu. Bíonn na hAifrinn i nGort an Choirce agus i dToraigh i nGaeilge fosta, comhartha, sílim, go bhfuil sí folláin go maith mar theanga sna pobail i dtólamh. Ach cha dtig a dhul i mbannaí ar an méid sin leis féin. Caithfear tógáil air sin, má tá ionad na Gaeilge sa phobal le neartú. Tá laigí sa chóras oideachais ó thaobh na Gaeilge fosta, an príomhcheann, nach bhfuil rogha ar bith ag an phobal oideachas iarbhunscoile Gaeilge a fháil, mura dté siad go Gaoth Dobhair. Ar an láimh eile, tá oideachas dara leibhéal ar fáil ar an oileán do phobal Thoraí, faoi stiúir ábalta Mhary Clare Ní Mhathúna, scéal a spreagas dóchas, nuair a chuimhnímid nach bhfuil sé fiche bliain go fóill ó bhí Toraigh i gcontúirt a bánaithe go brách. Ar feadh m'eolais féin, char fiafraíodh riamh den phobal cén teanga a ba mhaith leo bheith in uachtar i gcúrsaí oideachais dara leibhéal na paróiste. B'fhéidir gurb ionann an tost atá ann ar an cheist seo go síleann an pobal an teanga a bheith folláin go leor, sin nó go dtoilíonn siad gurb é an Béarla atá siad a dh'iarraidh. Más mar sin atá, sin é a gceart. Ach má tá siad ann a mhaíos go tarcaisneach fán Ghaeilge, 'Cha dtabharann sí thar na Croisbhealaí thú,' tá soiscéal eile ann a deir, 'Chan ualach ar bith í le hiompar.' Muid féin a chaithfeas a shocrú cé acu a ba mhaith linn a iompar nó a caitheamh uainn.[51] Cha bhíonn maith a dhul a chartú an tobair nuair a bheas sé tachtaí tirim. Sa lá inniu, nuair atá an chuma ar an scéal go bhfuil an tír uilig ar díol, tá contúirt ann níos mó ná riamh go gcaillfimid smacht ar ár gcinniúint féin, díobháil nach dtuigimid na fórsaí atá ag oibriú thart orainn. B'fhéidir mar sin, gur mithid dúinn pilleadh ar na foinsí,[52] agus ár machnamh a dhéanamh fána bhfuil i ndán don Ghaeilge agus don phobal i gCloich Cheannfhaola sa mhílaois atá amach romhainn. Dúirt Brian Anson i 1982,

... a healthy community culture is not only to do with language and the retention of various traditions, but also to do with a capacity to reduce alienation within the community itself. This capacity is particularly critical as the community goes through necessary—and often dramatic change.[53]

Tá an t-athrú thart fá dtaobh dínn ar achan taobh, agus caithfimid féin déileáil leis, má táimid leis an choimhthíos a mhaolú agus spiorad an phobail a neartú, mar oidhreacht do na glúnta a thiocfas chun tsaoil sa mhíle bliain atá le theacht.

Nótaí

1 Ó Colm, Eoghan, *Toraigh na dTonn*, Indreabhán, 1995 [1971], lch 10.

2 Lacey, Brian, et al., *Archaeological Survey of Donegal: A Description of the field antiquities from the Mesolithic Period to the 17th century AD*, Donegal County Council, Leifear, 1983. Féach na hiontrálacha seo a leanas, áit a bhfuil cuntas ar na sean-iarsmaí atá le fáil ar tír mór: 46, 131, 167, 193, 205, 727, 745, 762, 1230, 1406, 1474, 1515, 1643, 1749, 1757, 1808, 1810, 1824, 1909; agus ar iontrálacha 1433, 1604, 1620, mar a ndéantar cur síos ar iarsmaí Thoraí.

3 Carney, James, *Topographical Poems by Seaán Mór Ó Dubhagáin and Giolla na Naomh Ó hUidhrín* (B.Á.C., 1943), lch 17.

4 O' Donovan, John, *Annála Ríoghachta Éireann; Annals of the kingdom of Ireland by the Four Masters from the earliest period to the year 1616*, 7 Iml., B.Á.C., 1851, New York, 1966.

5 Lacey: 1983: 124, iontráil 745.

6 Roinn Bhéaloideas Éireann (RBÉ), 863, 455-60. Bailitheoir: Seán Ó hEochaidh. Niall Ó Dubhthaigh a d'aithris.

7 Seanchas Éamoinn Ghráinne Mhic Ruairí, An Seanbhaile agus Toraigh, a bhí i láthair.

8 O' Donovan, John, *Letters containing Information relative to the Antiquities of the County of Donegal, collected during the progress of the Ordnance Survey 1835*, O' Flanagan, Michael (eag.), (B.Á.C., 1927).

9 'Máire' *Rann na Feirste* (B.Á.C., 1942), lch 55.

10 Tá go leor insintí le fáil ar leagan na háite den scéal seo, e.g. O' Donovan, John, *Letters of the Ordinance Survey*, Ó Searcaigh, Séamus, *Cloich Cheann Fhaolaidh* (B.Á.C., 1911); Laoide, Seosamh, *Cruach Chonaill* (B.Á.C., 1913); Mac Gabhann, Micí, *Rotha Mór an tSaoil* (Indreabhán, 1995) [1959]; Ó Colm, Eoghan, *Toraigh na dTonn* (Indreabhán, 1995) [1971]; Fox, Robin, *The Tory Islanders, A People of the Celtic Fringe* (Cambridge, 1995) [1978]. Féach fosta, Ó hÓgáin, Dáithí, *Myth, Legend & Romance: An Encyclopedia of the Irish Folk Tradition I*, (London, 1990), lgh 43-45; 273-274.

11 Cathal Ó Searcaigh, *Tulach Beaglaoich, Inné agus Inniu* (Fál Carrach, 1993).

12 McGill, Lochlann, 'Of Myths and Men', *Bliainiris Dhún na nGall*, 43, 1996, lgh 211-217. Mac Giolla Easbaig, Dónall, '*Placenames and Early Settlement in*

County Donegal', *Donegal: History and Society*, Nolan, William, Ronayne, Liam, Dunlevy, Mairéad (eag.) (B.Á.C., 1995), lgh 149-182.

13 Ar an ábhar gur bhain an chuid seo den scéal leis an Fhál Charrach agus le Gort an Choirce araon, d'fhág mé ag Seán Ó Connacháin é leis an scéal a aithris. Tá cuntas ansin air agus fosta i gcur síos Dhónaill Uí Bhaoill, ar cheantar Chnoc Fola.

14 Mac Suibhne Breandán, 'Up not out: why did northwest Ulster not rise in 1798?' in *Bliainiris Dhún na nGall*, 50, 1998, lgh 15-29.

15 O' Donnell, Ruán, *1798 Diary*, *The Irish Times* (B.Á.C., 1998).

16 RBÉ, 863, 422-6. Niall Ó Dubhthaigh a d'aithris, Seán Ó hEochaidh a scríobh. Féach fosta Mac Gabhann, Micí, *Rotha Mór an tSaoil* (Indreabhán, 1995) [1971].

17 Mac Cnáimhsí, Breandán, 'Northwest Donegal after the Great Famine,' in *Bliainiris Dhún na nGall*, 9, 2, 1970, lgh 178-202.

18 McParlan, James, *Statistical Survey of the County of Donegal, with Observations on the Means of Improvement* (B.Á.C., 1802).

19 Whelan, Kevin, 'The Modern Landscape: From Plantation to Present', in *Atlas of the Irish Rural Landscape*, Aalen, FHA, Whelan, Kevin & Stout, Matthew (eag.), Corcaigh 1997, lgh 67-103.

20 Fox, Robin, *Tory Islanders*, (Cambridge, 1978), agus Evans, E. Estyn, *The Personality of Ireland: Habitiat, Heritage and History* (B.Á.C., 1992), lch 101.

21 Ó Muirgheasa, Énrí, *Dhá Chéad de Cheoltaibh Uladh* (B.Á.C., 1934), lgh 392-393.

22 *Skara Brae*, Gael-Linn, CEFCD 031, 1998 [1971].

23 Whelan, 'The Modern Landscape'.

24 Féach O' Dowd, Anne, 'Seasonal Migration to the Lagan and Scotland, in eag. Nolan, William, Ronayne, Liam & Dunlevy, Mairéad, *Donegal, History and Society*, B.Á.C., 1995, 625-648; fosta leis an údar chéanna, *Spalpeens and Tattyhokers, History and Folklore of the Irish Migratory Agricultural Workers* (An Charraig Dhubh, 1991).

25 Cannon Séamus 'The Famine in Dunfanaghy', *Bliainiris Dhún na nGall 45*, 1993, 69-75. Féach fosta Ó Gráda, Cormac, *An Drochshaol: Béaloideas agus Amhráin*, B.Á.C., áit a ndeir sé (lch13), 'Níor thit daonra Theampall Cróin agus Thullach Uí Bheaglaoich . . . puinn idir 1841 agus 1851 ó 18,891 go dtí 18,574.' Clúdaíonn an figiúr seo éagsúlacht mhór ó bhaile go baile. Bhí bailte ann inár éirigh an daonra i rith an drochshaoil agus bailte eile ar thit

sé go tubaisteach, rud, go dearfa, a admhaíonn Ó Gráda féin. Léiríonn scéalta Néill go raibh anás agus anró go leor sa cheantar, ainneoin nach dtáinig titim mhillteanach ar bith ar an daonra. Féach an t-aguisín leis an alt seo, áit a bhfaighfear figiúirí do bhunús bhailte an cheantair, sa dá dhaonáireamh sin.

[26] Mac Gearailt, Rónán agus Ó Cinnéide, Micheál, *Forbairt Acmhainní Dúchasacha Chloich Cheannfhaola* (Gaillimh, 1988), lch 8.

[27] RBÉ, 1074, 22-75. Niall Ó Dubhthaigh a d'aithris agus Seán Ó hEochaidh a scríobh. Féach fosta, Póirtéir, Cathal, *Glórtha ón Ghorta* (B.Á.C., 1996).

[28] Póirtéir, *Glórtha ón Ghorta*, 1996: 36.

[29] Maguire, E. *A History of the Diocese of Raphoe, Part 1 Ecclesiastical, Second Volume*, Béal Feirste, Corcaigh, Port Láirge, 1920. 'The Parish of Raymunterdoney, Tullaghobegley East and Tory Island,' lgh 272-309.

[30] RBÉ, 863.

[31] Mac Giolla Easpaig, Séamus, 'An Sagart Mór', in *Coláiste Uladh: Leabhar Cuimhne Iubhaile Leith-Chéad Blian*, 1956, lgh 66-70.

[32] RBÉ, 863, 82-90. Seán Ó hEochaidh a bhailigh. Niall Ó Dubhthaigh a d'aithris.

[33] RBÉ, 818, 69. Seán Ó hEochaidh a bhailigh. Niall Ó Dubhthaigh a d'aithris.

[34] Micks, W.L., *History of the Congested Districts Board* (B.Á.C., 1925), lch 61.

[35] Mac Ruairí Éamonn agus Pádraigín, *Toraigh Ó Thuaidh*, Caiséad Amhrán, CIC 023, 1989.

[36] Fox, *Tory Islanders*, lch 135.

[37] Breathnach, Diarmaid agus Ní Mhurchú, Máire, *Beathaisnéis a Trí*, 1992. Féach fosta, Ó Colm, Eoghan, *Toraigh na dTonn* (Indreabhán, 1995) [1971].

[38] Ó Súilleabháin, Donncha, *Athbheochan na Gaeilge*, B.Á.C., lgh 55-68.

[39] Breathnach, Diarmaid & Ní Mhurchú, Máire, *Beathaisnéis a hAon* (B.Á.C., 1986).

[40] Bhain mé bunús an eolais ar Choláiste Uladh as an leabhar *Coláiste Uladh: Leabhar Cuimhne Iúbhaile Leath-chéad blian*, 1906-1956, Séamus Ó Néill, agus Béarnárd Ó Dubhthaigh (eag.), Coiste na Coláiste a d'fhoilsigh. Buíochas do Nollaig Mac Congáil as cóip a chur ar fáil dom. Féach fosta Ó Súilleabháin, *Athbheochan*, lgh 124-128.

[41] Mac Giolla Phádraig, Brian, 'Úna Ní Fhaircheallaigh' in *Coláiste Uladh, Iubhaile*, 1956, lgh 25-29. Breathnach & Ní Mhurchú, *Beathaisnéis* 1, 1986.

[42] Ó Searcaigh, Séamus, *Coláiste Uladh: Leabhar Cuimhne*, lgh 12,14.

[43] Ó Colm, Eoghan, *Toraigh na dTonn* (Indreabhán, 1995) [1971], lch 101.

44 Bríd Mhicí Thomáis Nic Gabhanna, An Caiseal, a dúirt liom gur Máire Cholm a bheirtí uirthi. Bhí rann ann a déarfadh daoine áirithe le Máire a chur a mhallachtaigh; 'Máire Cholm Doxy, with a leg like a coxy'.

45 Ó Nualláin, Ciarán, Óige an Deartbár, i. Myles na gCopaleen, Cathair na Mart, 1973, 88-90. Tá cuntas sa leabhar seo fosta ar lá seilge a bhí acu amuigh fá Ghleann Bheatha, áit ar mharbh siad carria.

46 Seanchas Bheil Phaidí Mhóir, bean Mhic Ruairí, An Seanbhaile.

47 RBÉ, 818, 186-188. Niall Ó Dubhthaigh a d'aithris, Seán Ó hEochaidh a scríobh.

48 Féach an anailís a rinne Donnchadh Ó hÉallaithe ar fhigiúirí dhaonáirimh 1996 in *Cuisle*, Feabhra,1999 10-13. Ina anailís, d'fhág Ó hÉallaithe daoine faoi naoi mbliana déag as an áireamh, ar an ábhar go mbíonn go leor den aoisghrúpa seo ar an scoil agus go mbaineann siad úsáid laethúil as an Ghaeilge ar an dóigh sin. Clúdaíonn an leathpharóiste dhá thoghcheantar go garbh i.e. Gort An Choirce agus Dún Lúiche. In anailís Uí Éalaithe bíonn an Ghaeilge in úsáid laethúil ag 84.7% (933 as 1101 duine) agus 82.3% (376 as 457 duine). Is cúis imní é gur 40.9% (608 as 1488 duine) a úsáideas an teanga go laethúil i dtoghcheantar na gCroisbhealaí. Dar ndóigh, is ábhar dóchais é go bhfuil sé i gceist ag an aire Éamon Ó Cuív pleanáil teanga a chur i bhfeidhm sna ceantair Ghaeltachta, san áit a dtitfidh freagracht na teanga ar mhuintir an phobail féin. Próiseas a bheas i gceist anseo a chuirfeas ar chumas na bpobal staid na teanga ina measc a neartú, más mian leo (ceisteanna Dála, 3/61999, a craoladh ar *Adhmhaidin* Raidió na Gaeltachta 4/6/1999).

49 Wagner, H. *Linguistic Atlas and Survey of Irish Dialects* (B.Á.C., 1981) [1958].

50 Ó Searcaigh, Cathal, *Suibhne* (B.Á.C., 1987), lch 143. Féach Hindley, Reg, *The Death of the Irish Language; A Qualified Obituary.*: (London & New York, 1990), lgh 65-79, agus Ó Gliasáin, Mícheál, *Language Shift Among Schoolchildrean in Gaeltacht Areas 1974-1984* (B.Á.C., 1990).

51 Mac Gearailt, Rónán, & Ó Cinnéide, Mícheál, *Forbairt Acmhainní Dúchasacha Chloich Cheannfhaola* (Gaillimh, 1988), lch 116.

52 Ó Searcaigh, Cathal, *Suibhne*, lch 142.

53 Anson, Brian, *North West Donegal Gaeltacht: A social and Environmental Study*, 1982, lch 53.

Aguisín: Daonra na mbailte i gceantar Ghort an Choirce de réir dhaonáireamh 1841 agus 1851 (Daonáireamh na hÉireann, 1851).

Baile	Daonra 1841	Daonra 1851
Altán	003 (ban)	003 (fear)
An Ardaidh Mhór	143	115
An Ardaidh Bheag	472	406
An Bhealtaine Íocht.	212	191
Sliabh na Bealtaine	072	060
An Bhealtaine Uacht.	126	169
Calthaeim	074	043
Caiseal	187	145
Caiseal na gCorr	217	164
Doire Chonaire	177	256
Fána Bhuí	258	210
Glaise Chú	054	147
Gort an Choirce	133	105
Caoldroim Íocht.	138	147
Cill Ulta	271	304
Machaire Rabhartaigh	232	251
Sl. Mhachaire Rabhartaigh	085	033
Mín Lárach	201	115
Mín na gCopóg	027	023
Prochlaisc	019	011
An Sruthán Riach	126	143
Inis Bó Finne	121	122
Oileán Dúiche	009	016
Toraigh	399	402

Radharc ar Chnoc Fola

Eoin McGarvey 2000

Cnoc Fola
Dónall P. Ó Baoill

Le tús a chur le mo chuid cainte is ceart domh, i dtús báire, cur síos éigin a dhéanamh ar an cheantar go díreach a mbeidh mé caint faoi. Dá mbainfeá liomóg bheag amach as léarscáil na hÉireann sa choirnéal thiar thuaidh d'Éirinn, seans maith go mbeadh an ceantar atá faoi chaibidil agam sa chaint seo i do mhéara leat. Cé nach bhfuil ann go hoifigiúil ach sé bhaile fearainn, tá amuigh agus istigh le cúig bhaile dhéag faoi ainm ag muintir na háite féin. Baineann an ceantar seo leis an chuid thoir thuaidh de pharóiste Ghaoth Dobhair, ach go deimhin féin, is beag nach paróiste ann féin é ó tharla Teach Pobail díreach ina lár.

Thiar i dtús an seachtú haois déag a tháinig daoine a chónaí san áit i dtús báire. Níl cuntas ar bith ar a dteacht ach, ó áit go chéile, go maireann ainm áite nó a leithéid sin mar chruthúnas gur mhair daoine ann. Nuair a rinneadh na chéad suirbhéanna ar an áit i dtús an seachtú céad déag (e.g. *Suirbhé Chúige Uladh 1608*, *The Civil Survey 1654* agus *Census 1659*), fuarthas amach go raibh beagán daoine ina gcónaí sa dá bhaile ar dtugtar an Ghlaisigh agus an Charraig orthu, an dá bhaile is faide ó dheas sa cheantar. Tá an t-ainm céanna go fóill orthu. Tá cúis mhaith gur chuir na daoine fúthu sna bailte sin, is é sin go bhfuil an chuid atá in aice na farraige díobh clúdaithe le gaineamh, rud a fhágas talamh tirim faoi do chois. Ó imeall an ghainimh go bun na gcnoc, cha raibh le fáil agus le feiceáil ach caorán agus portach bog gan bealach ná cosán fríd.

Is ar lorg bhealaí agus áiteacha cónaithe an buailteachais a lean na chéad áitreabhóirí a tháinig go dtí an ceantar iargúlta seo sa seachtú céad déag. In aice leis na sruthán agus le haibhneacha beaga nó ar bhruach na farraige a chuir na daoine fúthu i dtús báire. Oilithreacht shéasúrach a bhí sa bhuailteachas. Ach nuair a tháinig an cruas orthu níos deireanaí ná sin, le linn na gcogaíocha sa seachtú haois déag, theith siad agus a mbagáistí beaga leo agus rinne cónaí sna bothóga agus sna scáthláin a bhí mar sheol foscaidh acu le linn an bhuailteachais. Amharc an dá ainm a bhaineas le ceann thoir an cheantair seo, Pollán na nDamh agus Gleann na Búirthí, a bhfuil a mbunús le rianú siar go ré an bhuailteachais. Is annamh inniu a chluinfeá an focal 'damh'. Bhí muintir na Glaisí ag buailteachas ar Shliabh an Toir atá na déaga de mhílte uathu ar cheann thiar theas pharóiste Ghaoth Dobhair. Bhí buailteachas na nOileán á chleachtadh fosta agus is dá thairbhe sin a chuaigh daoine a chónaí ar chuid de na hoileáin, cuirim i gcás ar Oileán Dúiche in aice le hInis Bó Finne agus ar Inis Oirthir amach ó Bhun an Inbhir agus ón Ghlaisigh.

Is beag strainséir a chuir suim ar bith sa cheantar go ceann i bhfad mar nach raibh bealach fríd nó go leor daoine ina gcónaí ann le cíos nó cáin a ghearradh orthu. Bhí am an Ghorta ann, féadaim a rá, sular leag na tiarnaí talaimh a súil ar an áit agus, de thairbhe a raibh de mhaicín á leanstan sin, tá cuid mhaith féin eolais againn ar shaol agus ar dhóigheanna na ndaoine ón am sin ar aghaidh. Níl d'eolas againn ar an am roimhe sin ach an ghannchuid; píosaí beaga fánacha a scríobh corrthaistealaí síos ar a chuairt, ainmneacha chinn urraidh na dtithe a bhí ina seasamh nuair a rinneadh suirbhé nó daonáireamh ag amanna éagsúla ó lár an seachtú haois déag ar aghaidh, agus ar deireadh a bhfuil de sheanchas i measc na ndaoine agus an sruth gaoil atá siad ábalta a ríomh siar go teacht a muintire.

Taobh amuigh den suirbhé a luaigh mé tamall ó shin chan fhaca mé tagairt ar bith don phobal seo go dtí go dtáinig Pococke, Easpag Protastúnach, ar cuairt fríd an áit sa bhliain 1752 agus gur fhág sé cuntas gairid ina dhiaidh fán méid a d'éirigh dó. Is léir ón méid a deir sé cén bealach a bhí leis, drochbhealach mar a dúirt sé féin, agus na caiple ag gabháil in abar air. Is léir fosta ón chuntas a bheir sé gur anoir taobh Chnoc na Naomh a tháinig sé agus siar leis, mar atá an bealach ina rith faoi láthair, amach Clochar na Láimhe agus Mullaigh an Tí Big, agus siar leis arís go dtí an áit a bhfuil Teach Pobail Chnoc Fola tógtha san am i láthair. Tamall beag ina dhiaidh sin agus é ar an chladach thiar, mar a thug sé féin air, shuigh sé síos ar bhruach abhanna agus chaith sé a phroinn. Chruinnigh na daoine thart air agus rann sé beagán bídh leo. Dúirt siad paidir agus scríobh seisean síos í i litriú an Bhéarla chomh maith agus a tháinig leis. Seo an rud a chuala sé agus a chuir sé i mbréagriocht an Bhéarla:

Rath na gcúig n-arán agus an dá iasc
A roinn Dia ar na cúig mhíle
Rath ón Rí a rinne an roinn
Ar ár gcuid is ar ár gcomhroinn.[1]

Cábáin cheann tuí agus dhá dhoras orthu a bhí sna tithe a bhfuair sé a shúil orthu. Ainmníonn sé cúpla áit ach is doiligh a bheith cinnte de chuid acu, más fianaise an rud a scríobh seisean i mBéarla ar an fhuaimniú a bhí leo. Scríobh sé an phaidir maith go leor agus is ábhar spéise dúinne, mar sin, na hainmneacha a scríobh sé. Seo cúpla ceann acu. Dúirt sé go raibh clachán beag ar bhruach na farraige thíos agus an *lignio* mar ainm ar an abhainn a bhí ag gabháil i bhfarraige ann. Tá an Línidh mar ainm go fóill ar an abhainn sin a théid i bhfarraige i mBruach an Iarainn i Mín an Chladaigh. Is é an rud is iontaí a scríobh sé nó ainm an chnoic ar a dtugtar Cnoc Fola inniu, *Culsolich*. Cha léir domh brí an litrithe sin.

Rinne ministrí Protastúnacha suirbhé eile gan mhoill i ndiaidh chuairt Phococke, tuairim na bliana 1762.[2] Ar mhaithe le díol an 'Chirt Eaglaise' (an t-ainm a bheirtí go háitiúil ar na deachmhaithe) a rinne siad amhlaidh mar go mbíodh ar na Caitlicigh 10% de thoradh na bliana a thabhairt don eaglais ghallda. Bhí ainmneacha gach ceann urraidh tí, i ngach teach, ar gach baile sa chontae sa leabhar seo. Char shásaigh seo na Caitlicigh agus is minic a tharla caismirtí agus troid dá thairbhe. Is sa chéad leath den naoú céad déag is mó a cuireadh dlús leis na caismirtí sin agus bhí péas gnoitheach agus tá cuntais fágtha dá réir. Chuirtí ainmhithe go háirithe isteach ar oileáin in aice láimhe agus go háiteacha uaigneacha sna sléibhte lena sábháil ar fhuadach lucht dlí.

Nuair a dhlúthaigh na daoine sa chéad leath den 19ú céad, thosaigh tiarnaí agus lucht airgid a chur suime san áit. Shílfeá gur d'aon turas a tháinig siad uilig a ghlacadh seilbhe ar an áit ach amháin, b'fhéidir, an tAlfartach a bhí ina chónaí i mBaile Chonaill, taobh na farraige den Fhál Charrach. Ba leis-sean Glaise Chú, an baile is faide soir sa cheantar seo agus atá sínte le bun Chnoc na Naomh. Ba le George Hill an Charraig, an baile is faide siar sa cheantar seo. Go deimhin féin tá cúpla Carraig ann. Bhí muintir an Alfartaigh san áit ó thús an 17ú céad. In 1838 a tháinig Hill. Cheannaigh John Obins Woodhouse, dlíodóir, Mín an Chladaigh, Oileán Dúiche agus Áltán in 1844. Ba faoin Reverend Alexander Brown Nixon a bhí an Ghlaisigh, Bun an Inbhir agus Bun an Leaca ón bhliain 1844 amach. Bhí an áit ag fear fiáin ar fad roimhe sin, Mr Copeland. Giúistís a bhí san fhear seo agus bhí sé ina chónaí i Heathfield in aice Dhún Fionnachaidh. Tugadh iarraidh an fear seo a dhúnmharú Domhnach amháin sa bhliain 1858 agus é ar a bhealach ó theach na Circe ach tháinig sé slán. Reverend Charles Stewart agus ina dhiaidh sin a bhean Anne a raibh Cnoc Fola agus baile Mhín na Loch acu. Díreach roimh am an Ghorta a tháinig na tiarnaí sin uilig ach Wybrants Olphert. An tAlfartach a thugtaí airsean agus ba é a mhac Tomás a tháinig ina áit.

Bhí costas ar na Tiarnaí seo ag ceannach na mbailte agus bhuail siad ina gceann go mbainfeadh siad a luach as na tionóntaí. Rinne siad iarracht deireadh a chur le córas an *rundale* nó roinnt chuibhreann, mar a bheireadh na daoine air, ach thit an tóin as sin orthu. Bhí na daoine righin agus b'fhearr leo an talamh a fhágáil tromach tramach fríd a chéile. Ba iad lucht na gCeantar Cúng a réitigh an cheist seo ag deireadh an naoú céad déag.

Ach tharraing na tiarnaí cúpla ábhar eile maicín agus troda orthu féin, agus ba orthu sin a bhí an chaint uilig anuas fiú go dtí ár linn féin, d'fhág siad an oiread sin mairg ar na daoine. Ba é an rud a ba mheasa acu sin suas le trí cheathrú de gach baile a bhaint uathu, go háirithe talamh sléibhe agus an bhuailteachais, agus na caoirigh brocacha as Albain a chur orthu. Bhí seo ag teacht lena raibh ag gabháil ar aghaidh in Albain ag an am agus ghannaigh sé go mór an méid ainmhithe a bhí na daoine ábalta ar a choinneáil. Tógadh claíocha sna bailte uilig sa dóigh nach mbeadh éiginnteacht ar bith cá raibh talamh an tiarna agus chuirtí cáin ar ainmhí ar bith a théadh trasna chlaí na teorann. Na daoine féin a thóg na claíocha agus fuair siad díolaíocht as. An dara rud a rinne na tiarnaí gur chuir siad cáin ar dhéanamh na ceilpe, an tslí bheatha is mó a bhí ag déanamh airgid do na daoine. Seo figiúirí as baile beag amháin do na bliantaí 1851-1857.

Bliain	Meáchan i dtonnaí	Luach an tonna
1851	120	£4:00
1852	172	£4:50
1853	186	£3:50
1854	165	£4:50
1855	148	£3:75
1856	180	£4:00
1857	152	£6:00

Is ceart cuimhniú air gur trí scillinge nó cúig pingine déag in airgead an lae inniu a bhí ar 8 gclocha preátaí sa bhliain 1858 agus gur 10d nó ceithre pingine inniu an pháighe lae a bhíodh ag fear oibre.

Cuireadh cáin dá réir ar dhéanamh aoil; pingin an bairille. Ansin thosaigh na tiarnaí a dhéanamh *cut*annaí as an phortach agus a chur lánúineacha óga a chónaí orthu. Idir £5 agus £10 a bhí ar *chut* lena cheannacht agus 5/- nó cúig pingine is fiche in airgead an lae inniu a bhí mar chíos ar acra den talamh seo sa bhliain. Is iomaí racán garbh a tharraing na *cut*annaí seo. Gearradh na ruible den eallach ar an Ghlaisigh. Troid fá chead féaraigh ar dhumhchanna an ghainimh a ba chiontsiocair leis seo. Nuair nár fhéad daoine an cíos a dhíol ar na *cut*anna bochta seo caitheadh amach as a gcuid tithe iad le linn Chogadh na Talún daichead bliain ina dhiaidh sin. Bealach a bhí sna *cut*annaí le tuilleadh cíosa a thógáil don tiarna. Nuair a chuir Hanson 78 acra talaimh *cut*annaí a bhí ar cíos aige faoi choirce, cha raibh air ach dhá chruach. Dúirt fear na háite leis go raibh drochbharr air. 'Bhail,' a dúirt sé, 'Cha raibh an méid sin féin ariamh cheana féin air'. Chuir sé preátaí ansin ann ach d'ith na curadóirí na scoilteáin air. Bhí an talamh lán balscóidí. Scriosadh Hanson agus d'éalaigh sé sa deireadh i gcarr cocháin.

Bhí trí lá dualgais ar gach tionónta ag obair ag an tiarna. Thart ar theach an tiarna a nítí an obair—obair feirmeoireachta agus ag sábháil mónadh agus á tabhairt chun an bhaile. Nuair a cuireadh deireadh leis na laetha dualgais chaithfí tríocha pingin a thabhairt don tiarna, rud ab ionann agus páighe na dtrí lá. Cuireadh an t-airgead seo ar an chíos. Roimhe sin ba le craicne coinín agus le cearca a dhíoltaí an tiarna. Tomhas na gCearc a tugadh air ach thit an gnás sin i léig fosta. Ghoill an cháin a cuireadh ar na daoine fá mharú na gcaorach brocach go mór orthu. Scaipeadh na caoirigh agus fuarthas cuid acu ag innilt ar thaobh Chnoc Fola. Thug na báillí i láthair na dtiarnaí iad agus as sin a tháinig an cháin.

Bhí cás mór dlí ann sa bhliain 1858 agus sa House of Commons a rinneadh é a éisteacht. Thug na tiarnaí ar fad fianaise agus cuid de mhuintir na háite. In éadan na dtiarnaí a tugadh an cás ach bhain siad. Ach má bhain féin thosaigh an meath a theacht ar a gcumhacht ina dhiaidh sin agus roimh dheireadh an chéid bhí deireadh ar fad leis, féadaim a rá. Fianaise thábhachtach stairiúil a tugadh sa bhliain 1858 agus foilsíodh í faoin teideal '*Report from the select committee on destitution in Gweedore and Cloughaneely*'. Gheobhaidh tú pearsa na dtiarnaí ann agus a ndearcadh, saol agus stair shóisialta na ndaoine, an cineál Béarla a bhí ag muintir na háite, traidisiúin a bhíthear a chleachtadh agus mar sin de. Dúirt Eoghan Ó Baoill, fear gnoithe as an Fhál Charrach, go raibh aithne aige ar fhear a bhíodh ina chodladh ag an bhollóig lena choinneáil te—gan aon toint éadaigh air.

Tá cuntas an-iomlán againn ar Chogadh na Talún sa cheantar seo de thairbhe ar scríobh an tAthair Séamas Mac Pháidín ina leabhar *The Past and the Present of the Agrarian Struggle in Gweedore* (1884). Eisean an ceannfort a bhí orthu, a throid chomh cruaidh agus chomh dána ar shon na ndaoine. Is é a thóg an bealach atá anois ag gabháil thart soir agus faoi Chnoc Fola, rud a cheangail suas na bailte ar dhá thaobh an chnoic. Scéal gránna cuid mhaith dá bhfuil ina leabhar; fá chur daoine as seilbh, fá dhruid agus fá dhódh titheach, fá ghearradh coirce nach raibh ach i ndiaidh a theacht i ndéis le díol as riaráistí cíosa, fá ansmacht tiarnaí talaimh agus fá aineolas ghnáthmhuintir na háite díobháil oideachais agus léinn. Fear cleasach cliste a bhí sa tsagart seo. Bhí sé eolach ar an dlí agus is minic a bhuail sé bob ar na húdaráis. Ba é an cleas ab fhearr a d'imir sé gur léigh sé litir ón Phápa, a d'ordaigh do shagairt gan a bheith ag troid i gCogadh na Talún, i Laidin, ó thús go deireadh ag an Aifreann. Ar ndóighe char thuig na daoine focal ar bith agus chomhlíon seisean a dhualgas.

Ba doiligh léann a fháil. Tógadh dhá scoil atá ina seasamh go fóill, agus a bíos anois in úsáid mar choláistí samhraidh i Mín an Chladaigh agus i mBun an Inbhir sa bhliain 1848, ceann ar gach taobh den chnoc. Suas le £50 ach sa bheag a chosain sé gach ceann acu a thógáil. Tithe ceann tuí a bhí iontu agus gan ach seomra mór amháin agus múinteoir amháin iontu. I mBéarla ar fad a bhíodh an teagasc agus is beag a bhíthear a fhoghlaim cheal nach raibh an teanga sin ag na páistí. Bhain clann na mbáillithe agus lucht an Bhéarla seirbhís mhaith as an scolaíocht. Bhíodh céad lá freastail de dhíth le scrúdú a dhéanamh le fáil ar aghaidh go dtí an chéad rang eile. Is beag a mbíodh sin acu, rud a d'fhág nach dteachaigh 90% de na páistí thar rang a dó go dtí go dtáinig biseach ar an mhúinteoireacht agus ar cháilíochtaí múinteoirí ag deireadh an naoú céad déag. Monatóirí uilig a bhíodh ag teagasc go dtí sin agus mhair an t-ainm ó shin. Daoine iad seo a bhí cliste agus a fuair teagasc ina scoil féin go raibh siad suas le seacht nó ocht déag de bhlianta. Gheobhadh siad a scoil féin ansin. Cha raibh traenáil oifigiúil ar bith orthu. Lá dá dtáinig an cigire go Scoil Mhín an Chladaigh siar i ndeireadh an fhómhair, fuair sé an monatóir Padaí Mac Aodha ina chodladh ag an tine. Mhúscail sé suas é agus chuir ceist air cá raibh na páistí. Dúirt sé nach raibh siad ar an scoil le seachtain mar go raibh siad ag toghadh phreátaí. Sa bhliain 1869 thosaigh an scoil seo a thitim agus b'éigean ceithre thaca coirneáil a chur uirthi agus tá siad sin le feiceáil go fóill. D'fhoscail sí arís in 1871, an bhliain a tháinig stoirm an tsamhraidh ar bhádaí Thoraí, agus nuair a báitheadh mórán. Tháinig corp Phaidí Uí Oireachtaigh i dtír i Mín an Chladaigh agus rinneadh é a fhaire i dTeach na Scoile. Bhí lucht póitín istigh agus hobair nach ligfeadh siad isteach an corp. Shíl siad gur na péas a bhí chucu. Is iomaí dóigh le hoideachas a chur ar dhaoine! Is iomaí duine clúiteach fosta a thug cuairt ar an scoil seo, ina measc Pádraig Mac Piarais agus Erskine Childers. Tháinig biseach mór ar rudaí sa 20ú céad. Thoisigh daoine a fháil scoláireachtaí. Bunaíodh meánscoil úr sa pharóiste. Tá meánscolaíocht le fáil ag gach uile dhuine anois agus tá a thoradh sin le feiceáil le deich mbliana fichead anuas agus a bhfuil de dhaoine cáilithe le fáil ar gach baile.

Féile Chnoc Fola, Teach Mhuiris, Bun na Leaca 1999   Donnchadh Ó Baoill 1999

Bhunaigh an tAthair Seán Mac Eiteagáin Coláiste Cholm Cille, coláiste samhraidh i Mín an Chladaigh sa bhliain 1953. Bhí sé díreach i ndiaidh a theacht ina shéiplíneach go Cnoc Fola an fómhar roimhe sin. Gníomh tábhachtach a bhí ansin agus tá rath ar an Choláiste ó shin. Chuir sí spreagadh úr sna daoine agus thug airgead isteach sa chuid thoir den cheantar. Ba sa tseanscoil a tógadh in 1848 agus a druideadh i 1952 a bhíodh, agus atá sí, agus an fuílleach ansin sa scoil úr. Lean céilithe agus damhsaí di agus cúrsaí ceoil agus amhránaíochta chomh maith céanna. Tá Coláiste eile anois i mBun an Inbhir sa scoil eile a tógadh in 1848, Coláiste an Phiarsaigh, agus í ag gabháil ó neart go neart.

Ba é tógáil Theach Pobail Chnoc Fola sa bhliain 1932 a tharraing muintir an cheantair seo le chéile. Go dtí sin, soir go Gort an Choirce a théadh na daoine ar an taobh thoir den chnoc agus is ann atá cuid mhaith dá muintir curtha. Go Doirí Beaga a théadh an chuid eile den phobal agus is i Machaire Gathlán atá cuid mhaith dá muintir sin adhlactha. Char fosclaíodh reilig i gCnoc Fola go dtí an bhliain 1958. Is é an tAthair Mac Eiteagáin a thóg í seo fosta agus is ina lár atá sé féin curtha. Bhí streachailt mhór le tógáil Theach an Phobail mar nach raibh faoi agus thart air ach carraigeacha móra agus portach fliuch cadránta. Ach is é croí an cheantair anois é. Tá Ionad Pobail tógtha lena thaobh agus bíonn seanteach an tsagairt ina íoclann ag na dochtúirí.

Ceantar láidir Gaeltachta an áit seo agus de réir an daonáireamh is deireanaí is cainteoirí dúchais Gaeilge suas le 90% den phobal agus í in úsáid go fada agus go fairsing. Bunaíodh Féile Chnoc Fola sa bhliain 1985, féile thraidisiúnta, agus tá sí faoi lántseoil ó shin. Maireann sé trí lá is corradh anois agus an rud nach mbíonn ann chan fhiú a bheith ag caint air, ó bhaint mónadh, lomadh caorach, déanamh réidh bídh, ag díol cnuasach trá, ag bualadh choirce, ag déanamh gaibhneoireachta, ag taispeáint ceardaíochta, ag rith rásaí, ag imirt peile, ag tarraingt téide, léachtóireacht agus turais stairiúla agus mar sin de.

Is iomaí duine iomráiteach a tháinig as an cheantar ach nach bhfuil am agamsa bheith ag cur síos anseo orthu. Luaifidh mé duine amháin, fear gaoil liom, an té is mó a dteachaigh a gháir ar fud an domhain agus isteach i stair na tíre. Ba é sin Pádraig Ó Dónaill, Paidí Mhicheáil Airt, a tógadh i mbarr bhaile Mhín an Chladaigh i lár an naoú céad déag. Mar

Pat O'Donnell a chuir muintir na hÉireann agus shaol an Bhéarla aithne air, nó is i Londain a cuireadh ar a thriail é agus is é an t-ainm sin atá luaite leis sna hamhráin a cumadh fá dtaobh dó i ndiaidh a chrochta. Fear ard, dúchatach, sé troithe ar airde, gan léann ná oideachas a bhí ann a chaith sealanna móra i Meiriceá ó bhí sé ina bhuachaill óg. Sa bhliain 1838 a rugadh é agus bhí sé cúig bliana is daichead nuair a crochadh i Londain é díreach roimh an Nollaig sa bhliain 1883. Bhí an mí-ádh air go dtáinig é féin agus James Carey a bheith ar an long chéanna a bhí ar a bealach go dtí an Afraic Theas i samhradh na bliana 1883. Faoi ainm bréige a bhí James Carey gur aithin duine éigin é nuair a stad an long san Afraic Theas. Bhí Carey páirteach i marú Pháirc an Fhionnuisce 1882 nuair a maraíodh Cavendish agus Burke taobh amuigh den áit a bhfuil Áras an Uachtaráin anois. Sceith Carey ar a chomrádaithe, agus fuair sé a anáil leis. Shocraigh na Sasanaigh é a chur do dtí an Afraic Theas. Bhí an Dálach ar an long chéanna. Bhíodh gunna nó piostal ar iompar leis an Dálach ó bhí sé i Meiriceá. Bhí an bheirt an-mhór le chéile ar an bhád gur chuala an Dálach cé a bhí aige. Shíl sé é a sheachaint ach ba doiligh sin agus an bád cúng. Thoisigh argáil eatarthu agus ba é deireadh an scéil gur scaoil an Dálach é lena bheatha féin a chosaint. Bhí gunna ag Carey fosta. Bhí cás mór dlí ann agus daoine iomráiteacha ag cosaint an Dálaigh agus tacaíocht airgid acu as Meiriceá. Chuaigh an cás ina n-éadan agus tá an fhianaise uilig le fáil. Dá mbeadh an triail áit ar bith ach san áit a raibh sí i Londain, seans go rachadh an Dálach saor. Crochadh é ar 17 Nollaig 1883 agus cuireadh i bPríosún Newgate é. Bhí tórramh cróchnáide, cónair gan corp, go Machaire Gathlán air. Tógadh leacht dó i Reilig Ghlas Naíon. Cumadh amhráin fá dtaobh dó. Tógadh leacht eile dó i mBaile Bhraighní gar do na Doirí Beaga. Bhí sé seal ina chónaí ar an bhaile sin lena dhearthair Dónall.

Bhí cúigear as baile Mhín an Chladaigh ag troid sa chéad chogadh domhanda agus maraíodh triúr acu, triúr den tsloinneadh chéanna—triúr de Chlainn Uí Dhúchon. Ba deartháireacha beirt acu. Ba mhór an méid é as baile beag amháin nach raibh ach corradh le dhá chéad duine ann.

Scoil Mhín an Chladaigh

Eoin McGarvey 2000

Bhí muintir an cheantair seo beo ar shaothrú na mónadh le leithchéad bliain anuas ó fosclaíodh na portaigh suas le linn an Dara Cogadh Domhanda. Chuir airgead an stáisiúin a bhí i Mín na Cuinge ar a gcosa iad. Tá an stáisiún druidte anois, tá an talamh gan chur, tá beagán iascaireachta ann. Tá na daoine beo ar bhealaí eile; tá oideachas orthu, tá tithe breátha acu, agus tá na mílte caora acu. Stadadh de bhleaghan an eallaigh; is gairid nach raibh scór duine ar na bailte a bhlífeadh bó. Níl feidhm air!

Mairfidh an Ghaeilge anseo fhad is mhairfidh sí i nDún na nGall. Char cuireadh dúshraith cheart faoina húsáid i láthair an Bhéarla go fóill ach tiocfaidh sin. Muid féin a chaithfeas sin a dhéanamh gan a bheith ag fanacht i gcónaí le slánaitheoir.

Cuirfidh mé deireadh leis an chaint seo le píosa cumadóireachta ó fhile éigin i bhfad romhamsa. Aithris é ar dhán agus ar amhrán chlúiteach eile. Luaitear cuid mhaith de na bailte ann.

D'éirigh mé lá breá samhraidh
Mo thriall ag goil chun Aifrinn
Grian an tsamhraidh ag lasadh
Is ceol binn na n-éan.

Bhí fuililiú ar an Charraig
Madadh rua ar an Ghlaisigh
Bean Dubh i mBun an Leaca
Is í ag cíoradh a cinn.

I Faoi Chnoc atá an choill dá gearradh
Triall go Mín an Chladaigh
Is a Sheáin Bhig bheadaí
Ar chaill tú do sciamh? [3]

Nótaí

1. Cha dtig a bheith cinnte ar fad den traslitriú seo. Seo an leagan a bhí ag Pococke:

   Raghnakoude nrahan, agles da jesk ring Dieu erna Koub Mille; *diring Dieu rockown re dering ren en ring ar argoud, agus er argoron.*

   Ó m'eolas ar an urnaí seo tá barúil agam go bhfuil lúb ar lár éigin inti go háirithe san áit a bhfuil líne faoin dá fhocal agam.

2. Bhíodh cóip den leabhar seo i Leabharlann an Chontae nuair a bhíodh sí i Leifear. Níl tásc ná tuairisc uirthi anois ó bhog an Leabharlann go Leitir Ceanainn. Is leabhar luachmhar é agus tá súil agam go dtiocfar air arís cé bith áit a bhfuil sé ina luí.

3. Scríobh mé síos an méid seo sa bhliain 1974 ó bhéalaithris Aodha Uí Dhúchon as Mín an Chladaigh. Bhí sé ocht mbliana is ceithre fichid an uair sin. Bhí an t-aer céanna aige leis atá leis an amhrán 'Seán Ó Duibhir an Ghleanna'.

Foinsí

[Gan ainm údair], (1858) *Report of the Select Committee on Destitution in Gweedore and Cloughaneely*. Arna chlóbhualadh an 12 Iúil 1858.

Mac Cnáimhsí, Breandán, 'North-West Donegal after the Great Famine', *Donegal Annual*, c. 1960.

McFadden, Seamus, *The Past and Present of the Agrarian Struggle in Gweedore*, 1884.

McVeagh, John (eag.), *Richard Pococke's Irish Tours*, 1995.

Tuke, James H., *Irish Distress and its Remedies. The Land Question, A Visit to Donegal and Connaught in the Spring of 1880* (B.Á.C. agus London, 1880).

Stáisiún Raidió na Gaeltachta, Doirí Beaga

Eoin McGarvey 2000

Gaoth Dobhair
Noel Ó Gallchóir

Ceantar fíorálainn suite idir na Rosa agus Cloich Chionnaola, idir sliabh is cladach, i gcoirnéal thiar thuaidh Thír Chonaill atá i nGaeltacht Ghaoth Dobhair. Anseo tá áilleacht mara agus tíre. Ó dheas, an Eargail, 'Rí na gCnoc' ina seasamh go bródúil 'ina stua os cionn caor is call' os cionn na codach eile—Taobh an Leithid agus Cró na Leacht ar thaobh amháin agus Sléibhte Dhoire Bheatha ar an taobh eile; Cró Nimhe agus Loch Dhún Lúiche 'go ciúin sa ghleann 'na luí'. Ó thuaidh, radharcanna aoibhne ó Chnoc Fola; na portaigh, glas le féar is donn le móin; tránna fairsinge ciúine agus céanna beaga seascair ag amharc amach ar na hoileáin, Gabhla, Inis Meáin, Inis Oirthir agus Inis Sionnaigh atá mar a bheadh slabhra ag cosaint na mórthíre ar stoirmeacha agus ar shíon an Atlantaigh.

Gaoth Dobhair

Tá cuid mhór de stair Ghaoth Dobhair i bhfolach faoi thagairtí do Thoraigh. Go dtí 1650, dearcadh ar an dúiche ar fad ó Dhoire na nGriall anoir—Cloich Chionnaola, Gaoth Dobhair, Toraigh agus na hoileáin ó Ghabhla soir—mar Thalta Thoraí. Creidim gur sin an fáth a bhfuil seanchas Bhalar na Súile Nimhe ag baint le háiteacha éagsúla ó Thoraigh go Cró Nimhe, agus is é seanchas Bhalair an mhearchuimhne is faide siar i nduibheagán na staire dár mhair in intinn na ndaoine. Go dtí 1836, ba pharóiste amháin, paróiste Thulach Beaglaoich, a bhí i nGaoth Dobhair agus i gCloich Chionnaola. Sa bhliain sin, roinneadh an pharóiste agus tugadh Tulach Beaglaoich Thiar ar Ghaoth Dobhair. Ba ina dhiaidh sin a tugadh Gaoth Dobhair mar ainm coitianta ar an pharóiste ina bhfuil ocht mbaile fearainn déag is fiche le cois ceithre oileán; 68 míle cearnach nó 44,000 acra de thalamh, suite i mBarúntacht Chill Mhic Néanáin agus in aontas *Poor Law* Dhún Fionnachaidh.

An tAinm

Ní raibh *Gaoth Dobhair* ann mar ainm dúiche nó paróiste ar dtús, ach mar ainm ar an ghaoth/abhainn ónar baisteadh an ceantar, an cainéal nó an t-inbhear farraige idir an pharóiste agus na Rosa, ar a dtugtar *an Ghaoth* go dtí an lá inniu, agus an abhainn, Abhainn Chroithlí, a shileas anuas ó Loch an Iúir. Focal Sean-Ghaeilge ar uisce atá in *dobhar* agus bhí eolas fada fairsing sna meánaoiseanna ar an ainm *Dobhar* mar abhainn thábhachtach a bhí mar chrích idir Tír Luighdeach agus Tír Bháineach, Abhainn Chroithlí an lae inniu. Go dtí tús an 19ú céad, is don rian uisce seo a thagair an t-ainm:

The river of Giodore (*Civil Survey 1654*)
Guydore R. (Léarscáil Taylor & Skinner 1778)
Guidowre (*Statistical Survey of The County of Donegal 1802*)

Ach ina dhiaidh sin, le bunú pharóiste Eaglasta Thulach Beaglaoich Thiar (1836) agus teacht Lord George Hill (1838) a thóg an *Gweedore Hotel*, a thug *The Gweedore Estate* ar a chuid talta agus a d'fhoilsigh leabhar bolscaireachta *Facts from Gweedore* (1845), glacadh le Gaoth Dobhair mar ainm ar an pharóiste cé gur i 1901 a fheicimid an chéad aitheantas dlíthiúil á thabhairt do *Gweedore* mar Cheantar Íoclainne agus Ceantar Cláraitheora in *The Townland Index of Ireland*.

An chéad chónaí

Is cosúil gur beag cónaí a bhí sa pharóiste roimh an 17ú céad. Na chéad daoine a tháinig, chónaigh siad ar na hoileáin nó cois cladaigh sna 'cloigíní', dornán beag tithe déanta i gcuideachta agus ar fhoscadh a chéile. Tá an t-ainm 'cloigín' coitianta go fóill ar áiteacha cois cladaigh i Machaire Gathlán, an Luinnigh agus an Charraig. Cuireann an t-eolas sa '*Survey of the County of Donegal*' (1608), ina dtugtar ainm na gceathrúnacha talaimh a bhí i nGaoth Dobhair, leis an fhianaise gurbh iad sin na príomhbhailte cónaithe a bhí sa pharóiste, chomh maith le Dobhar Íochtarach agus Uachtarach, an Bun Beag, Gabhla agus Inis Sionnaigh. Ceantar lom, bocht, iargúlta a bhí sa dúiche, an portach ó na cnoic go dtí an cladach, agus mar sin, ní chuireann sé iontas orainn nach luaitear ach ocht dteallach in iarthar Thulach Beaglaoich sna *Hearth Money Rolls* (1665), amach as tríocha a sé don pharóiste ar fad.

Cé an Bhun Bhig
Bailiúchán Lawrence, An Leabharlann Náisiúnta (1880-1914)

Plandáil Uladh

Ba í an Phlandáil Ultach (1609) a chuir cor i gcinnúint na paróiste. Thug na teaghlaigh Ghaelacha a díbríodh as a gcuid talta méithe fán Lagán agus na ceantair máguaird a n-aghaidh ar thalamh bocht caoráin Iarthar Thír Chonaill. Nuair a shroich cuid acu Gaoth Dobhair, ní fhéadfadh siad a dhul níos faide siar. Ba i dtrátha an ama seo fosta a thosaigh Sasanaigh agus Albanaigh a chur fúthu anseo nuair a roinneadh an *'unchartered territory'* seo ina barúntachtaí. De réir *Civil Survey 1654*, bhí Duttons, Sandfords, McCullogh agus a macasamhail i seilbh ar an Charraig, ar an Luinnigh, i nDobhar agus i nDún Lúiche. Is anseo a fheicimid síol an aighnis ar tháinig borradh air sa 19ú céad i gCogadh na Talún.

Na chéad tiarnaí

Go dtí tús an 19ú céad, ní raibh daonra mór sa pharóiste agus is cosúil go raibh cumann maith idir na daoine agus úinéirí an talaimh. De réir cuntais amháin:

> Before 1838, there were no resident landlords in Gweedore and apparently no land agents. There were a great many absentee proprietors, some of them claiming only a single townland with a nominal rent of a few pounds.[1]

Bhí cuid mhaith den pharóiste i seilbh Captain Charles Frederick Stewart a raibh cónaí air i dTeach Chorrán Binne. Ní raibh sé cruaidh ar a chuid tionóntaí:

> Is cosúil gur duine breá a bhí ins an fhear seo mar nár ghnáth leis mórán tiaradh a chur orthu de thairbhe cíosa. 'Sé an dóigh a ndíoladh siad é ná uimhir áirithe de chraicne coiníní a chur chuige, agus lena chois sin, cuidiú a thabhairt dó lena chuid mónadh a tharraing 'na bhaile gach bliain.[2]

Athrú Saoil

Gidh gur dhúirt Patrick McKye, máistir scoile de chuid an cheantair, in achainí a rinne sé in 1837 go raibh muintir na háite *'in the most needy, hungry and naked condition of any people'* agus gur dhúirt Lord George Hill sna *Facts* go raibh fíordhrochdhóigh ar na daoine nuair a tháinig seisean, níl amhras ar bith ach gur chun olcais a chuaigh saol na ndaoine de réir mar a chuaigh na blianta thart.

Siocair go dtáinig ardú mór ar dhaonra na paróiste sna blianta roimh an Ghorta Mhór (áirítear go raibh thar 4,000 duine i nGaoth Dobhair in 1837), bhí an talamh á fhoroinnt de shíor agus ag éirí níos gainne de réir imeacht ama. Rinne an córas roinnte talaimh a bhí á oibriú san am an córas *rundale,* rudaí níos measa. Bhíodh na teaghlaigh ina gcónaí i gclacháin, a gcuid talaimh scaipthe ar fud na dúiche agus talamh coiteann acu ar na cnoic don bhuailteachas agus cois farraige sa dumhaigh. Ní raibh sna gabháltais ach spleotáin bheaga gan chuma gan eagar agus de réir mar a bhí siad ag éirí níos lú, bhí na daoine ag éirí níos boichte. Nuair a bhíodh drochfhómhair ann, d'éiríodh rudaí níos measa.

Lord George Hill

Ba ag an am seo fosta, i dtríochaidí agus i ndaichidí an naoú céad déag, a tháinig athrú iomlán beagnach ar úinéireacht an talaimh sa pharóiste. Ba é Lord George Hill (1801–1879) a cheannaigh níos mó ná leath den pharóiste. Mheas sé gurbh é an córas *rundale* máthair an oilc sa pharóiste agus a ba chúis le bochtanas na ndaoine. Thug sé orthu a gcuid tithe a leagan, iad a atógáil ar a gcostas féin ar na *cut*anna úra a leagadh amach dóibh agus claíocha a thógáil thart orthu. D'ardaigh sé an cíos ó £499 10 0 go £1,692. Shuigh sé 10,000 acra de thalamh féaraigh na gcnoc le feirmeoirí caorach ó Albain in 1854 agus fágadh na daoine gan féarach samhraidh dá gcuid eallaigh agus caorach. Gidh go nglactar leis nár fhulaing muintir Ghaoth Dobhair oiread le daoine eile in am an Ghorta Mhóir, bhí an t-anás tagtha anois i lár na gcaogaidí.

Cogadh na gCaorach

Bhí sé ina chogadh dearg sa pharóiste ar feadh cúpla bliain nuair a thosaigh muintir na háite a mharbhadh caoirigh brocacha agus a bhagairt ar a gcuid sréadaithe. Tugadh na céadta póilín chun na paróiste. Tá go leor tuairiscí againn d'achrann na mblianta sin, beairicí á ndódh go talamh agus cinn úra á dtógáil, goid agus marbhadh caorach, bagairtí agus fógraí báis. Gidh gur cuireadh an tóir ar na caoirigh brocacha agus a gcuid sréadaithe, gearradh £2,800 de chíos caorach agus póilíní ar bhunadh an cheantair.

Stáisiún Ghaoth Dobhair

Bailiúchán Lawrence. An Leabharlann Náisiúnta (1880-1914)

Is sna heachtraí agus san éagóir seo a fheicimid bunús na hachainí a shínigh dosaen sagart de chuid an cheantair ar an 18ú Eanáir 1858 ag cur síos ar dhrochstaid na ndaoine, agus an *Select Committee* a chuir Teach na dTeachtaí i Westminister ar bun le scrúdú a dhéanamh ar an *'destitution'* i nGaoth Dobhair agus i gCloich Chionnaola. Chaith siad 15 lá ag éisteacht le 30 finné agus foilsíodh tuarascáil 478 leathanach, cáipéis luachmhar shóisialta ar stair an cheantair. Tugadh an chluas bhodhar do na daoine agus measadh nach raibh *'destitution'* sa dúiche. Ba ón am seo ar aghaidh a thosaigh an imirce. Thug suas le 1,500 ón cheantar a n-aghaidh ar an Astráil idir 1859 agus 1861. Níos moille, mhéadaigh an imirce shéasúrach chun an Lagáin agus go hAlbain, agus go mion minic, imeacht gan pilleadh.

Cogadh na Talún
Shíothlaigh aighneas an talaimh ar feadh traidhfil blianta sa pharóiste. Ach ba níos measa a d'éirigh cás na dtionóntaí i ndiaidh bhás George Hill in 1879 agus le teacht a mhic, Captain Arthur Hill, agus a ghníomhaire, Colonel Dopping, in 1887. Nuair a cuireadh ceist i dTeach na dTeachtaí i Westminster i Lúnasa 1886 fá líon na ndíshealbhuithe ar eastát Hill, cuireadh in iúl gur cuireadh 67 as seilbh an mhí sin. Faoi thionchar Mhícheáil Mhic Daibhéid, Pharnell agus Chonradh na Talún (1879), ba é an tAthair Séamas Mac Pháidín, a bhí ina shagart paróiste ar Ghaoth Dobhar ó 1876 go 1901, a threoraigh na daoine le linn Chogadh na Talún. Cuireadh an 'Plan of Campaign' i bhfeidhm ar fud na paróiste. Chaith an tAthair 'ac Pháidín sé mhí i bpríosún Dhoire in 1888. Ba é marú an Mháirtínigh (District Inspector William Martin) taobh amuigh de Theach Pobail Dhoirí Beaga ar an Domhnach an 3ú Feabhra 1889 buaicphointe Chogadh na Talún i nGaoth Dobhair. Maraíodh é nuair a rinne sé iarracht an Sagart 'ac Pháidín a ghabháil i ndiaidh am Aifrinn. Cuireadh cuigear is fiche de phobal an Aifrinn (an sagart ina measc) ar a dtriail i bPort Laoise ar an 17ú Deireadh Fómhair 1889. Gearradh 30 bliain príosúntachta ina iomláine orthu agus ligeadh an Sagart 'ac Pháidín saor. Saoradh an t-ochtar a bhí go fóill sa phríosún nuair a tháinig na Liobrálaithe i gceannas in 1892. Cé nár cuireadh an Sagart 'ac Pháidín chun an phríosúin, cuireadh pionós eile air. Chosc an tEaspag Pádraig Ó Domhnaill air baint a bheith

aige le cúrsaí talún go deo arís. Ach bhí an cluiche bainte. Ní raibh sé i bhfad go bhfuair na tionóntaí seilbh ar a dtailte féin, le hAchtanna Talún an Rialtais agus le saothar Bhord na gCeantar Cúng (1891).

Bhí an Sagart 'ac Pháidín ina thúr cosanta ag na daoine in éadan ansmacht na dtiarnaí ar feadh cúig bliana is fiche, go díreach mar a bhí an tAthair Seán Ó Dochartaigh idir 1849 agus 1857 nuair a bhí anás sa pharóiste.

Na hoileáin

Is fada daoine ina gcónaí ar na hoileáin ar chósta na paróiste. De réir an daonáirimh in 1841, bhí 84 ina gcónaí orthu—68 i nGabhla, 12 ar Inis Meáin, 4 ar Inis Sionnaigh agus gan duine ná deoraí ar Inis Oirthear. In 1851, bhí 226 agus in 1861, 248 duine. Claonadh iontach neamhghnách a bhí sa mhéadú ollmhór seo sna blianta le linn agus i ndiaidh an Ghorta Mhóir. Is amhlaidh a tharraing cuid mhór teaghlach ar na hoileáin in am anáis:

Oileáin Ghaoth Dobhair—Daonra 1841 go 1861

	Gabhla	Inis Meáin	Inis Sionnaigh	Inis Oirthir
1841	68	12	4	0
1851	143	57	0	26
1861	165	46	7	30

Lean an daonra ag méadú. Bhí 169 ar Ghabhla i 1911 agus cé nach bhfuil figiúirí cruinne ar fáil, is cosúil go raibh thar 200 ar an oileán i lár na bhfichidí. Bhí 75 páiste ag freastal ar bhunscoil dhá oide an oileáin i 1924, an tinreamh ab airde ariamh.

Ach ó 1948 ar aghaidh, thosaigh na teaghlaigh a fhágáil Ghabhla agus na n-oileán eile le cur fúthu ar tír mór. Druideadh an scoil i 1966. I 1967, ní raibh ach 4 theaghlach fágtha.

I 1968, bhí an t-oileán bánaithe. Ba iad na deiseanna úra oideachais agus fostaíochta ar tír mór le cois an tsaoil a bhí cruaidh, agus in amanta tragóideach, a bhí istigh acu, a thug orthu a gcuid seolta a thógáil.

Céad slán leis an oileán inar chaith mé mo shaol...
Gabhla, ar íor na spéire

Donnchadh Ó Baoill 1995, le caoinchead Údarás na Gaeltachta

Scoltacha

Tá tuairiscí ann go raibh scoltacha scairte anseo is ansiúd ar fud na paróiste, ar an Ghlaisigh, i Machaire Chlochair agus i nDoirí Beaga. Más fíor, bhíodh clann Mhaolmuire an Bhata Bhuí Mhic Suibhne agus Fheilimí Cam Uí Bhaoill ag freastal ar cheann na Glaisí. Tógadh bunscoltacha ar fud na paróiste ó 1840 ar aghaidh—sa taobh seo den pharóiste i nDoirí Beaga, i gCnoc an Stolaire, i nDún Lúiche, i nDobhar, ar an Luinnigh, ar an Tor agus i nGabhla, in Inis Meáin agus in Inis Oirthir. Siocair thréigbheáil na n-oileán agus pholasaí an Rialtais sna seascaidí scoltacha beaga a dhruid, níl de bhunscoltacha sa pharóiste inniu ach Dobhar, an Bun Beag, Doirí Beaga agus an Luinnigh.

Bhain cuid mhór de scoláirí óga Ghaoth Dobhair tairbhe as scéim na gColáistí Ullmhúcháin (1925-1960) agus as scoláireachtaí go Coláiste Éinde i nGaillimh nó Clochar Lughaidh i Muineachán le meánoideachas a fháil nuair nach raibh teacht ar oideachas dara leibhéal ach ag lucht an airgid.

Cuireadh tús le meánscolaíocht sa pharóiste i 1957 le bunú Ardscoil Mhuire a d'fhoscail an Taoiseach, Éamonn De Valera, go hoifigiúil ar an 4ú Aibreán 1959. Chuir Coiste Gairmoideachais Dhún na nGall Ceardscoil ar bun i Srath na Corcra i 1966. Cónascadh an dá scoil i 1973 mar Phobalscoil Ghaoth Dobhair.

Séipéil agus eaglaisí

Deirtear gur i Machaire Gathlán a bhí an chéad áit adhartha i nGaoth Dobhair san áit a bhfuil ballóga le feiceáil inniu sa tseanreilig agus gur ó airchinneach na dtalta eaglasta sin, Cathalán, a fuair an áit a hainm. Tá fianaise na seandálaíochta agus patrún cónaithe an phobail ag cur leis sin. De réir na tuairisce *Report on the State of Popery 1731*, deirtear go raibh dhá '*mass shed*' i bparóiste Thulach Beaglaoich. Cé nach ndeirtear cá raibh siad, glactar leis go raibh ceann acu i Machaire Gathlán (agus an ceann eile i nGort an Choirce). Tógadh teach pobail ceanntuí ar an Choiteann thart fá 1760 agus dódh é in 1854. Tógadh teach pobail úr ina áit a coisreacadh in 1859. Bhí abhainn an Choitinn ina rith faoi theach an phobail san am agus ba sin a ba chúis leis an tuile ar Lá Fhéile Muire Mór san Fhómhar 1880 nuair a báitheadh cúigear de phobal an Aifrinn.

Tháinig tuile thobann ó na cnoic a thacht súil an phíopa faoi theach an phobail, chuaigh an t-uisce isteach agus báitheadh cúigear:

Niall Ó Dochartaigh (Niall Hanraoi), Machaire Chlochair;
Anraoi Ó Gallchóir (Anraoi an Dualtaigh), Machaire Chlochair, buachaill cúig bliana déag;
Gráinne Nic Gairbheith (Gráinne Chreagáin), An Charraig;
Conall Ó Baoill (Conall Hiúdaí), Inis Meáin; agus
Séamas Ó Fearraigh, an cléireach altóra trí bliana déag as Srath na Corcra.

Socraíodh an teach pobail a chóiriú. Athraíodh cúrsa na habhanna, cuireadh ag rith í taobh amuigh de theach an phobail agus athfhosclaíodh í ar an 25ú Márta 1882. Ba le linn don Chanónach Seán Mac Eiteagáin a bheith ina shagart paróiste a coisreacadh Teach Pobail Mhuire, Doirí Beaga, ar Lá Fhéile Muire Mór san Fhómhar 1972, san áit a raibh teach Shagart na Paróiste roimhe sin.

Ba ar an 7ú Bealtaine 1933 a coisreacadh Teach Pobail Cholmcille, Cnoc Fola agus ar an 17ú Márta 1936 a coisreacadh Teach Pobail Phádraig Mhín Uí Bhaoill.

Tógadh Eaglais na hÉireann (Eaglais Phádraig) ar an Bhun Bheag in 1844 agus bhí sí á húsáid mar scoil chomh maith go dtí gur tógadh scoil úr ag a taobh i 1914. Ba 'Chapel of Ease to the Parish of Killult' a bhí san Eaglais ar dtús go dtí 1872 nuair a bunaíodh paróiste Ghaoth Dobhair. Cónascadh paróistí Ghaoth Dobhair agus Theampall Cróna i 1924.

Reiligí

Sula ndearnadh reilig i Machaire Gathlán i 1765, bhí ar mhuintir Ghaoth Dobhair na marbhánaigh a iompar trasna na gcnoc go reilig Thulach Beaglaoich, in aice leis an Fhál Charrach. Ar fhrámaí adhmaid ar a dtugtaí 'tuilleadh teannaidh' a d'iompraítí na coirp thar ghualainn Thaobh an Leithid agus tá na Seacht Leachta a bhí ina n-ionad scíste acu ina gcuimhneacháin ar na turais mhaslacha sin.

Tá trácht sa bhéaloideas ar an racán a tharla nuair a bhí an chéad chorp, Conall Ó Gallchóir, le hadhlacadh i Machaire Gathlán, cuid dá mhuintir a bhí breá sásta, ach cuid eile acu den tuairim láidir go gcaithfí é a chur in aice a mhuintire féin i dTulach Beaglaoich.

Tógadh an reilig thart ar an '*mass shed*' a bhí ann. Fosclaíodh an reilig úr in aice léi ar an 11ú Eanáir 1917. Bhí sí rannta i seacht gcoda agus a ngiota féin ag na bailte fearainn éagsúla. Tá dhá chloigeann is fiche saighdiúir de chuid an Dara Cogadh Mór curtha i gcoirnéal amháin di—coirp a tháinig isteach leis an fharraige. Cuireadh an chéad chorp in Úrchill Mhuire, an tríú reilig i Machaire Gathlán, ar an 22ú Iúil, 1980. Tosaíodh a chur daoine thart ar Theach Pobail Dhún Lúiche i 1953, rinneadh reilig i gCnoc Fola ar chúl theach an phobail i 1958. Níl reilig ar bith i Mín Uí Bhaoill, ach tá reilig in aice le hEaglais na hÉireann ar an Bhun Bheag.

Dún Lúiche

Is cosúil go dtéann stair Dhún Lúiche i bhfad siar. Bhainfeadh an t-ainm Dún Lúiche leis an tréimhse réamhchríostaíochta má ghlacann muid leis gurb é an Lugh Lámhfhada a mharaigh a athair mór, Balar, i gCró Nimhe atá i gceist, nó le tréimhse na Luath-Chríostaíochta más an Lugh a thug a ainm do Thír Luighdeach atá i gceist in ainm na háite. Tá a bhfuil fágtha de na cealla coirceogacha de mhainistir Naomh Tornán (deisceabal de chuid Cholmcille, deirtear, cé nach bhfuil a ainm i liosta na naomh sna lámhscríbhinní) le feiceáil i nGleann Tornáin. Tá iarsmaí crannóige le feiceáil ar loch Dhún Lúiche.

Tógadh Teach an Dúin (Dunlewey House) go luath sa 19ú céad, agus b'ann a chónaigh na tiarnaí talaimh a chuir fúthu sa cheantar. Is léiriú maith atá sa dá Eaglais a tógadh i nDún Lúiche den choimhlint a bhí i nGaoth Dobhair idir dhá chreideamh agus dhá thraidisiún. Ba Mrs Russell a thóg an Eaglais Phrotastúnach sa ghleann in 1853 mar 'Church of Ease for the Parish of Tullaghabegley' agus í ar a dícheall ag iarraidh muintir na háite a mheallladh i dtreo an Ghalldachais. Ba é a comharba, Mr William Augustine Ross, a d'íoc ar son an tséipéil Chaitlicigh, Teach Pobail an Chroí Ró-Naofa, a coisceacadh in 1877. Bhí an Muine Mór i seilbh Lord Leitrim.

Teach pobail Dhún Lúiche
Donnchadh Ó Baoill 1994, le caoinchead Údarás na Gaeltachta

Tionsclaíocht

Ba é Lord George Hill is dócha a chuir tús le tionsclaíocht sa pharóiste nuair a cheannaigh sé an Bun Beag agus cearta iascaireachta abhainn na Cláideadh ó Neidí agus Séimí Ó Gallchóir, beirt dheartháireacha ó Árainn Mhór a bhí ag tógáil bád ann agus ag trádáil le Glaschú. Bhunaigh sé ionad gnó ar an Bhun Bheag, céidh, siopa, stór coirce, bácús agus muilte agus thóg sé an Gweedore Hotel (An Chúirt anois) in 1841-42, óstán le 24 seomra le gairdíní galánta ar bhruach abhainn na Cláideadh. Rinne Mrs Ernest Hart as Londain agus Tomás Mac Giolla Bhríde tionscail bheaga (báinín, lása, cleiteáil, bréidín, plaincéidí) a fhorbairt ar na Machaireacha, tús an *'factory'*. Ba í Mrs Hart a thug ceardaithe Ghaoth Dobhair chuig Aonach an Domhain, an *World Columbian Exposition*, in Chicago in 1893, áit ar thuill an Píobaire Mór, Tarlach Mac Suibhne, clú agus cáil.

Chuidigh Bord na gCeantar Cúng (1891) agus Iarnród Loch Súilí (An *Burtonport Extension*) 19 Márta 1903 biseach a chur ar shaol na ndaoine agus ba iad a rinne na chéad iarrachtaí infrastructúr a chur ar fáil sa pharóiste. Chuir monarcha na mbábóg i gCroithlí, Monarcha Chladyknit i nDoirí Beaga (1964) agus staisiún ginte móna Mhín na Cuinge (1958) postanna ar fáil nuair a bhí an saol cruaidh agus sruth na himirce láidir.

Ach ba é bunú Eastát Tionsclaíochta an Screabáin i lár na seascaidí an cinneadh eacnamaíochta agus sóisialta a ba tábhachtaí a rinneadh i stair Ghaoth Dobhair. Is ag smaointiú ar dhóigh chuí le cuimhneachán a dhéanamh ar Éirí Amach 1916 a bhí na fir ghnó a cheannaigh 200 acra caoráin agus a dhíol le Gaeltarra Éireann é i 1967. Thug an Screabán rathúnas chun na háite, chomh maith le maolú a chur ar an imirce agus teaghlaigh go leor a thabhairt chun an bhaile ón Bhreatain.

Aisteoirí Ghaoth Dobhair

Má bhí eagras ar bith a chuir Gaoth Dobhair i mbéal phobal na tíre sa chéad seo a chuaigh thart, agus a chothaigh mórtas cine agus dúiche, ba é sin cuid Aisteoirí Ghaoth Dobhair a chuir Eoghan Mac Giolla Bhríde ar bun i mí na Samhna 1931. Léiríodh an chéad dráma i Halla Dhoirí Beaga ar an 10ú Eanáir 1932. Faoi stiúir Eoghain (go bhfuair sé bás i 1939) agus a dheirféar Áine, bhain na hAisteoirí aitheantas áitiúil agus náisiúnta amach. Bhí a gcúigiú corn is fiche bainte acu ag féilte i 1955.

Eastát Tionsclaíoch Ghaoth Dobhair. An Screabán

Eoin McGarvey 2000

Ba iad na caogaidí a mblianta órga: Craobh an Oireachtais i 1952, 1954 agus 1955 agus Craobh úr an Tóstail i 1953, 1954 agus 1955 . . . dhá chuairt ar Ghlaschú i 1954 agus 1957 . . . agus chuir siad ceann dá ndrámaí móra *Neart na Córa* ar an ardán i mBaile Átha Cliath os comhair an Taoisigh, John A. Costello, agus 600 eile i 1955.

I ndiaidh a bheith ag cur brú mór ar an Rialtas ó thús na gcaogaidí, ceadaíodh deontas £12,000 do na hAisteoirí le hionad dá gcuid féin a thógáil. Ba í an ban-aisteoir cáiliúil, Siobhán Nic Cionnaith, a d'fhoscail Amharclann Ghaoth Dobhair go hoifigiúil ar an 3 Meán Fómhair 1961. Chuir foscailt na hAmharclainne tús le ré órga na ngeamaireachtaí a d'fhág a lorg go smior ar ghlúin na seascaidí.

Thug Áine Nic Giolla Bhríde, a fuair bás ar an 25ú Lúnasa 1999, leathchéad bliain dá saol do na hAisteoirí agus do dhrámaíocht na Gaeilge mar stiúrthóir, mar aisteoir agus mar léiritheoir den scoth.

Tá go leor gradam náisiúnta bainte amach ag scoltacha na paróiste i gcomórtaisí drámaíochta.

Rath agus bláth
I ndiaidh streachailt na gcianta, agus muintir Ghaoth Dobhair anois i seilbh a dtailte féin faoi Rialtas Éireannach, tháinig rath agus bláth ar ghnéithe éagsúla den tsaíocht dhúchasach sa pharóiste.

Gidh gur beag am a bhí ag an Athair 'ac Pháidín don cheol dúchasach ag deireadh an chéid seo caite, bhain an Píobaire Mór, Tarlach Mac Suibhne, clú agus cáil amach sa bhaile agus i gcéin. Réitigh Síle Mhicí Uí Ghallchóir, Annie agus Cití Eoghain Éamoinn Ní Ghallchóir agus go leor eile an bealach do cheoltóirí móra an lae inniu a bhfuil aitheantas náisiúnta agus idirnáisiúnta faighte acu: Enya, Máire Ní Bhraonáin agus Clannad, Mairéad Ní Mhaonaigh agus Altán, Na Casaidigh agus Aoife.

Bhí foireann pheile Ghaoth Dobhair i mbarr réime i dTír Chonaill idir 1935 agus 1961, tráth a bhain siad Craobh Shinsearach na Contae dhá uair déag. Imríodh Comórtas Peile na Gaeltachta (Náisiúnta) anseo sé huaire idir 1969 agus 1994.

Cór Mhuire, Teach Phobail Mhuire, Doirí Beaga, Domhnach Cásca 1997

Cartlann Ghrianghraf RTÉ 1997

Is léiriú atá sa dá imleabhar de chnuasach béaloidis na scol (1937/38) *Amach as Ucht na Sliabh* (eag. Dónall Ó Baoill) ar an tsaibhreas ilchinéalach a bhí ag ár sinsir a chuaigh romhainn gidh gur ón lámh go dtí an béal a bhí a mbunús beo.

Ba i nGaoth Dobhair a fuair na mílte scoláire óg a d'fhreastail ar Choláiste Cholmcille (1935) blas ar an teanga, agus b'ann a chaith na Bráithre Críostaí mí sa tsamhradh bliain i ndiaidh bliana. Tionóladh Oireachtas na Gaeilge anseo ceithre huaire, i 1977, i 1980, i 1984 agus i 1996. Tig na sluaite anseo a fhreastal ar thionóil éagsúla, Oireachtais agus Éigsí, Scoileanna Geimhridh agus Féilte Samhraidh.

2000

Sin mar a bhí. Agus caidé atá romhainn mar phobal sa mhílaois seo? Tá muid inár suí go te. Tá rathúnas sa pharóiste. Tá am an anáis thart. Nó an bhfuil? Scríobh an file Cathal Ó Searcaigh

> Tá am an anáis romhainn amach:
> Caithfear pilleadh arís ar na foinsí.

Foinsí ár gcreidimh agus ár ngaelachais, na seoda is luachmhaire a rinne ár sinsir a sheachadadh chugainn. Bímis dílis dóibh. Tugaimis iad do na glúnta atá le theacht ar an tsaol go fóill i nGaoth Dobhair.

Nótaí

1 Ó Gallchóir, Dualtach Chonchubhair, cuntas ar stair Ghaoth Dobhair nár foilsíodh riamh.
2 ibid.

Foinsí

Aalen, F.H. agus Brody, H., *Gola: The life and last days of an Island Community* (RTÉ 1969).

'Ac Fhionnlaoich, Seán, *Ó Rabharta go Mallmhuir* (B.Á.C. 1975); *Scéal Ghaoth Dobhair* (B.Á.C., 1983).

Hill, Lord George, *Facts from Gweedore* (Béal Feirste, 1971).

Nic Giolla Bhríde, Cáit, *Stairsheanchas Ghaoth Dobhair* (B.Á.C. 1996).

Ó Gallchóir, Dualtach Chonchubhair, cuntas ar stair Ghaoth Dobhair nár foilsíodh riamh.

Ó Gallchóir, An tAth. Seán, 'Gaoth Dobhair' in *Raphoe Directory*, 1994.

Ó Gallchóir, Noel, 'Faoi Scáth na hEargla' in *Donegal Annual*, 1996.

Ó Gallchóir, Proinsias, *History of Landlordism in Donegal* (Béal Átha Seanaidh 1962).

Uí Ghallchóir, Tina (eag.), *Dobhar ar nOidhreacht* (Gaoth Dobhair, 1999).

Report from the Select Committee on Destitution (Gweedore and Cloughaneely) 1858.

Glór Ghaoth Dobhair (Gaoth Dobhair, 1985).

Scáthlán (Iris Chumann Staire agus Seanchais Ghaoth Dobhair) Uimhir 1 (1980), Uimhir 2 (1983), Uimhir 3 (1986).

Croithlí

Bailiúchán Lawrence, An Leabharlann Náisiúnta (1880-1914)

Ceann Dubhrann
Lorcán Ó Searcaigh

Téann Stair Rinn na Feirste siar níos mó ná dhá chéad go leith bliain. Bhí ceol, béaloideas agus litríocht i gcónaí iontach tábhachtach san áit, ó tháinig ann do na 'Filí gan Iomrá', a thug dúinn dánta uaisle, brónacha, iomráiteacha, dálta 'Chaoineadh Phádraig Shéamuis',[1] fear a bhfuil a chorp sínte i gCill Bhríde, ar Oileán na Cruite. Bhí am cruaidh acu cinnte i rith an Ghorta Mhóir, cé gur chuidigh fómhar na farraige leo, agus an coire mór as a bhfuair bunadh na háite cothú. Is ar an Charracamán a bhí an pota san am sin agus tá sé anois ar ais i Rinn na Feirste i ndiaidh dornán maith blianta.

I ndiaidh aimsir an Drochshaoil, sheasaigh an chléir agus an Eaglais a gcearta do na daoine in éadan ansmacht na dTiarnaí Talaimh. Bhí cosantóir láidir ag Iarthar Thír Chonaill san easpag Pádraig Ó Dónaill, fear de bhunadh na nGleanntach a bhí ina easpag ar Dheoise Ráth Bhoth ón bhliain 1888 amach. Seo mar a labhair sé ag cruinniú mór i Leitir Ceanainn ar an aonú lá déag de Mhí Eanáir 1890 agus é ag cosaint a thréada:

> The Times of London never had a good word to say about any man who ventured to cast his lot with the majority of the Irish People and especially any man who dared to say a good word about the Irish priesthood. But if the enemies of Ireland imagine that, by slander or calumny, they can prevent the clergy, priests and bishops, from standing up as one man, shoulder to shoulder with their brave people, demanding justice on lines at once both moderate and peaceful, they are entirely mistaken.[2]

Ach ní raibh deireadh go fóill le cruatan na ndaoine agus chuaigh an tEaspag Ó Dónaill agus fear eile as Tír Chonaill, an Cairdinéal Micheál Ó Luodhóg, chun na Róimhe a labhairt leis an Phápa Leo XIII. Seo mar a thug an Cairdinéal cuntas níos moille ar a gcuairt ar an Phápa:

Dr O'Donnell made a most lucid and effective statement to him in Latin. The Pope seemed to be especially struck when Dr O'Donnell told him that the landlords were quoting the authority of the Holy See for evicting the poor people.[3]

Ach is mar bhall de Bhord na gCeantar Cúng is mó a bhí tionchar ag an Easpag Ó Dónaill ar chinniúint Rinn na Feirste. Ón bhliain 1892, mar bhall de Bhord na gCeantar Cúng, d'oibir seisean go cruaidh le dhá mhonarcha cairpéad a thógáil ar an Mhurlach in Anagaire agus i gCroithlí, áit a chuir obair ar fáil do chuid mhór de mhná na háite. Lean siad de dhéanamh na gcairpéad ar an Mhurlach, go dtí ar feadh shé mhí sa bhliain 1939, nuair a thosaigh siad a dhéanamh carbhataí déanta as *poplin*. Shiúladh mná agus cailíní óga Rinn na Feirste chuig a gcuid oibre agus iad costarnocht go minic. Ba é an tEaspag Ó Dónaill fosta a ba chúis le bóthar iarainn Loch Súilí a fháil a fhad le hAilt an Chorráin. D'fhág sin go raibh stáisiún traenach ag Croithlí, fá chúpla míle de Rinn na Feirste, rud a d'imir tionchar mór ar shaol an cheantair, mar a léifeas sibh ar ball.

Deirtear go raibh an chéad scoil a bhí riamh i Rinn na Feirste i scioból ag taobh theach Eoinín Uí Bhaoill. Tá suíomh na scoile sin in aice leis an áit a bhfuil Teach na Coláiste inniu. Ach tá a fhios againn go cinnte gur fosclaíodh an chéad scoil oifigiúil i Rinn na Feirste ar an chéad lá de mhí na Bealtaine 1869 in aice leis an áit a bhfuil teach Eddie Bell and teach Jimí Boyle inniu. Teach ceann tuí a bhí ann a thóg muintir na háite iad féin. Bhí trí fhuinneog uirthi agus doras amháin. Fear de bhunadh Oileán Uaighe, James McGonigle, an chéad mháistir a bhí sa scoil úr. Ach níor fhan seisean ach deich lá. Lean an máistir Séamus Ó Dónaill eisean. Níor fhan seisean i bhfad ach an oiread, mar gur éirigh sé as a chuid teagaisc ar an lá deireanach de Mhí an Aibreáin 1871. B'as Doncaster na Sasana an tríú máistir a tháinig, fear darbh ainm John Bell. Seoltóir a bhí ann a bhíodh go minic ar bhádaí ag seoladh idir Doire agus Inis Mhic an Doirn. Bhí measarthacht léinn aige mar sin féin, agus ó tharla go raibh, tugadh cuireadh dó scolaíocht a thabhairt do na páistí a bhí ina gcónaí ar oileáin mar Inis Caorach, Inis Sáile agus Inis Fraoigh. Chuir an Sagart Mór Ó Dónaill, sagart paróiste Íochtar na Rosann, go

Rinn na Feirste é mar mháistir scoile. Ní nach ionadh, cé gur máistir iontach maith a bhí ann, de réir chuntas na scoláirí a bhí ar an scoil san am, ní raibh aige ach Béarla. Ach bhí athrú scéil ann nuair a tháinig fear breá de bhunadh Chroithlí go Rinn na Feirste, an Máistir Dónall Ó Baoill, nuair a d'éirigh an Máistir Bell as a chuid dualgas ar Oíche Shamhna 1879, siocair go raibh sé ag cailleadh radharc na súl.[4] Rinne seisean a chónaí i Loch na nDeorán sa teach a dtugtar Teach an Mháisteara air go fóill, agus, ón lá sin amach, Gaeilge uilig a bhí ar scoil Rinn na Feirste. Fear mór fá choinne ceoil agus imirt chártaí a bhí ann agus is minic a bhíodh sé fríd thithe na háite ag na damhsaí agus ag imirt na gcártaí. Bhí scoil oíche aige cúpla Geimhreadh i ndiaidh a chéile, áit ar theagasc sé idir Ghaeilge agus Bhéarla, i measc ábhar eile, rud a bhí ina chuidiú mhór ag seandaoine na háite nach bhfuair seans scolaíocht a fháil nuair a bhí siad féin óg.

Suas go dtí 1895 théadh muintir na háite go Teach Pobail Cheann Caslach ar Aifreann. Sa bhliain sin a tógadh Teach Pobail Réalt na Mara ag bun Chnoc an Diaraigh in Anagaire. Bheirtí coirp as Rinn na Feirste go Ceann Caslach, go hOileán na Cruite nó go Machaire Gathlán lena gcur i gcré, suas go dtí an bhliain 1914, nuair a fosclaíodh an chéad uaigh i reilig Anagaire. Ba í Máire Bhraighní Óig as Carraig an Choill a líon an uaigh sin. Más iontach le rá é, bean eile as Rinn na Feirste, Máire Nic Iondraigh an chéad duine a cuireadh i reilig úr Anagaire, i mí na Bealtaine 1997.

Ní raibh muintir Rinn na Feirste beag beann ar an tsuathadh a bhí ag dul ar aghaidh fríd an tír agus Éire ag iarraidh éirí amach as faoi dhaorsmacht na Sasana. Bunaíodh craobhacha de na *Hibernians* agus de na *Sons of St Patrick* ar an bhaile, agus imeachtaí, dar ndóigh, ar bhunaigh Seosamh Mac Grianna a úrscéal iomráiteach, *An Druma Mór* orthu, scéal, go dearfa, a fágadh gan foilsiú go ceann i bhfad, siocair é a bheith róchóngarach don fhírinne. Thuill an leabhar seo duais an Bhuitléirigh dó agus £2000 sa deireadh, Oíche Shamhna 1971.[5] Chuaigh go leor de bhunadh na háite sna hÓglaigh fosta. Chaith Séamus Ó Grianna (Jimmy Fheilimí) na blianta ó 1922 go dtí 1924 i bpríosún Dhroichead Nua siocair a rannpháirtíocht sa Chogadh Cathardha. Deirtear gur tugadh go Baile Átha Cliath é an t-am sin, agus é ar a bhealach chun an phríosúin, ar bhád darbh ainm an *Lady Wicklow*.[6]

Seosamh Mac Grianna le Druma Mór Rann na Feirste

Donnchadh Ó Dónaill 1983

Le linn Chogadh na Saoirse, thug na Dubhchrónaigh am cruaidh do mhuintir Rinn na Feirste agus is iomaí ruathar a thug siad isteach Barr an Bhaile ina gcuid *Crossley Tenders*, ag ceannach toitíní Woodbine sna siopaí, agus fir na háite ar a seachnadh.

Tháinig cor mór i saol na háite go luath sna fichidí, nuair a phós fear de bhunadh Bhéal Feirste, Seán Mac Maoláin, Anna Phaidí Sheonaí[7] as Doire na Mainséar.[8] Chuir Seán suim sa Ghaeilge agus mheall sé dornán beag eile daoine as Béal Feirste leis go hIarthar Thír Chonaill le Gaeilge a fhoghlaim. Ina measc bhí sagairt as Béal Feirste agus mná rialta as Clochar na Trócaire i mBéal Feirste fosta, chomh maith le múinteoirí scoile agus roinnt Preisbitéireach. Tógadh scoil úr sa bhliain 1910 i lár an bhaile agus fuair Seán Mac Maoláin cead ón Mháistir Ó Baoill rang a bheith aige sa scoil. Sagart as Muineachán a bhí acu an chéad bhliain, an tAthair Ó Dálaigh, le Aifreann a léamh do na Caitlicigh. Bhíodh Aifreann acu gach uile mhaidin sa scoil. An bhliain ina dhiaidh sin, bhí trí shagart ag an chúrsa, an tAthair Ó Brolcháin, an tAthair Ó Broin agus an tAthair Mac an tSagairt. Lean siad ar aghaidh ar an dóigh sin ar feadh cúpla bliain go dtí gur tharla rud áirid thuas i gCo. Lú, a raibh tionchar mór aige ar Rinn na Feirste. Bhí an Ghaeilge ar an dé deiridh fá cheantar Óméith agus dar leis an tsagart a bhí i mbun coláiste samhraidh ansin, an tAthair Lorcán Ó Muirí, go gcaithfeadh sé áit eile a fháil le coláiste a bhunú. Is cosúil gur chuala sé faoi chuid ranganna Gaeilge Sheáin Mhic Mhaoláin fá Rinn na Feirste agus gur iarr sé air a bheith leis go Tír Chonaill nó go gcuirfeadh sé féin aithne agus eolas ar an áit. I Mí Mheáin an Fhómhair 1924, thiomáin an bheirt go Rinn na Feirste. An oíche sin fuair an tAthair Ó Muirí béile agus lóistín ag James Mór agus ag Mary Duffy, m'athair mór agus mo mháthair mhór, agus ba sa teach sin a d'fhanadh sé i gcónaí a fhad agus a bhíodh sé ag tarraingt ar Rinn na Feirste.

Chuartaigh Seán agus an tAthair Ó Muirí Gaeltachtaí na contae ó Ghaoth Dobhair go Gleann Cholmcille, agus ó Leitir Mhic an Bhaird go Fánaid ag lorg áit a bheadh fóirsteanach do choláiste Gaeilge. Ag deireadh a dturais, dar leis an Athair Ó Muirí gurbh é Rinn na Feirste a b'fhearr leis, ach go raibh eagla air nach mbeadh lóistín go leor ar fáil ann fá choinne scoláirí, bua amháin a bhí go follasach ag Gaoth

Dobhair. Ach mhínigh James Mór dó gur ghnách le fir na háite a bheith fá Albain i rith an tsamhraidh, agus mar sin, nár cheart dó beaguchtach ar bith a bheith air fá ghnoithe lóistín. Bhí rud amháin eile ann a chuidigh leis a intinn a dhéanamh suas. Ba é sin go raibh stáisiún traenach i gCroithlí, ar líne Loch Súilí, a bhí ina rith idir Doire agus Ailt an Chorráin. Nuair a chuala an tAthair Ó Muirí gur mar sin a bhí, shocair sé ar Rinn na Feirste mar láthair don choláiste. Bhí obair an Easbaig Uí Dhónaill na blianta roimhe sin ag cuidiú leis an áit anois! Rinne sé socrú le clann Dhonnchaidh Phaidí Sheáinín coláiste adhmaid a thógáil in áit ar a dtugtar Cnoc Loch na bhFaoileog. Bhí an choláiste réidh don chéad chúrsa i Mí Iúil 1925. Daoine fásta, cosúil le múinteoirí scoile, is mó a bhí ann an bhliain sin. Ní raibh acu ach cúrsa amháin agus thart fá leathchéad a bhí ar an chúrsa sin.

Nuair a dhearcaimid ar an méid léinn, litríochta agus ceoil a tháinig as áit chomh beag leis, cuirtear iontas orainn. I measc na scríbhneoirí cruthaitheacha bhí Séamus Ó Grianna agus Seosamh Mac Grianna, Jimmy agus Joe Fheilimí, mar is fearr aithne orthu fá Rinn na Feirste, agus Eoghan Ó Dónaill nó Ownie Mór, mar a thugtaí air go minic. Thug an triúr acu seo ceithre leabhar agus daichead dúinn ina n-am gan trácht ar an méid aistí agus altanna eile a scríobh siad i mórán irisí agus páipéir nuachta. Tá cnuasach de chuid scéalta Johnny Shéamaisín agus dhá chnuasach de chuid scéalta Mhicí Sheáin Néill ar fáil le dornán maith blianta agus le tamall anois tá cnuasach galánta eile de scéalta, a chruinnigh páistí na háite sna tríochaidí i mBailiúchán na Scol, curtha in eagar agus foilsithe ag Conall Mac Grianna. Tá fear eile de bhunadh na háite i mbun pinn fosta, mar atá Pádraig Ó Baoill. Tá filí agus lucht ceoil i measc mhuintir Rinn na Feirste go fóill. Bíonn Fanaí Dónaí ag cumadh filíochta go minic agus is mar seo a chuir sí dán le chéile in ómós do Sheán Bán Mac Grianna ar lá a adhlactha i Márta na bliana 1979:

> Tá do ghaolta lag gointe,
> 'S do chairde cloíte cráite,
> Ó d'éalaigh tú uainn
> Agus chuaigh tú faoi chláir.

Thug tú bua ar gach file,
Le líofacht 's le finne.
D'fhág tú againn do chuid ceolta,
'S sheol leat 'na cille.⁹

Le gairid ansin chuala mé amhrán galánta a chum Jimí Mhicí Jimí ar a dtugann sé 'Méilte Ghlas Cheann Dubhrainn'. Níl anseo ach cúpla líne as:

Ba dheas an radharc tráthnóna aréir
Ó Ghob na Míne go Log Shábh' Óige,
An éanlaith 'ceol 'gus géimneach bó
Le cluinstin thíos fán Cheann Trá.¹⁰

Tá sé ráite gurb iad clann Arlaigh as an Bhráid, Seán, Aodh agus Conall Bán a bhí pósta anseo, chomh maith lena ndeirfiúr, a thug leo an scéalaíocht go Rinn na Feirste. Bhí Nóra Ní Arlaigh, iníon de chuid Aodh Ó hArlaigh, ina máthair mhór ag Seán Néill, athair an tseanchaí Micí Sheáin Néill. I measc na seanchaithe eile a choinnigh an béaloideas seo beo, agus atá anois imithe uainn sa tsíoraíocht, tá Feilimí Dhónaill Phroinsís, Johnny Shéamaisín, Méabha Tharlaigh Mhóir,¹¹ Gráinne Phroinsís,¹² Sorcha Chonaill,¹³ Máire John,¹⁴ Annie Bhán, Neidí Frainc, agus Joe Johnny. I measc na bhfilí agus na gceoltóirí, caithfear ainm John Bháin agus Hiúdaí Fheilimí a ainmniú agus Hiúdaí Phaidí Hiúdaí a bhreac síos na hamhráin atá sa leabhar *Cnuasacht de Cheoltaí Uladh* a chuir Seán Ó Baoill in eagar agus a foilsíodh sa bhliain 1944. Bhain Hiúdaí Bonn Óir an Oireachtais ag ceol ar an tsean-nós sa bhliain 1958. Chomh maith leo sin bhí Hiúdaí Mhicí Hiúdaí, ar thuill a chlann clú agus cáil le blianta faoi na hainmneacha Skara Brae agus an Bothy Band.

Bhí an-saibhreas san áit cinnte, agus ba mhaith an mhaise don Athair Ó Muirí é gur aithin sé sin. Is cinnte gur shaibhrigh saol na coláiste agus saol na háite a chéile in imeacht na mblianta agus gur tugadh aitheantas don chultúr nach raibh air ach drochmheas roimhe sin. Ach tá mé ag dul romham féin. Ní raibh an choláiste as an fhaopach go fóill sna laetha luatha sin. I Mí na bhFaoilleach 1926, tháinig lá millteanach gaoithe móire, agus rinneadh smionagar den choláiste adhmaid. Chuir Braighní

Dhonnchaidh sreangscéal chuig an Athair Ó Muirí, leis an tubaiste a inse dó. Dúirt an sagart é féin níos moille, nuair a fuair sé an drochscéala, gur shuigh sé síos, gur las sé a phíopa agus gur dhúirt sé leis féin, 'Bhail, sin deireadh le Rinn na Feirste.' Ach shuigh sé tamall eile agus rinne sé suas a intinn go dtógfadh sé coláiste de chlocha, nach síobfadh an ghaoth mhór. Thiomáin sé i rith an bhealaigh go Rinn na Feirste, agus rinne sé socrú le clann Dhonnchaidh Phaidí Sheáinín, coláiste cloch a thógáil in aice le Loch Bhríde. Bhí an choláiste sin, Coláiste Bhríde, réidh fá choinne samhradh na bliana 1926 agus chuaigh sé ó laige go neart ó shin go dtí go bhfuil sé ar cheann de na coláistí is mó cáil i measc na gcoláistí samhraidh inniu.

Nuair a éistimid leis na focail a labhair an tAthair Ó Muirí lena chuid scoláirí, ag deireadh an chéad chéilí mhóir a bhí sa choláiste an Samhradh sin, tuigimid an tábhacht a chonaic seisean leis an obair a bhí ar bun aige. Seo mar a labhair sé:

> Bhí oíche ghlórmhar againn, oíche ar cheart cuimhne a choinneáil uirthi. An rud a ba mhó a raibh bród oraibh uilig as—an spiorad breá Gaelach a bhí ionaibh i rith na hoíche, a chinntigh dom gur sin an spiorad a ba cheart a bheith ionaibh oícheanta agus laethanta den seort seo, spiorad Gaelach. Éireoidh muid arís, le cuidiú Dé, ach mise cuidiú a fháil ó Rinn na Feirste. Tiocfaidh toradh ón chrann a chuir mise anseo. Is iad muintir Rinn na Feirste a choinnigh beo beithíoch í, nuair a chuaigh sí chun na síoraíochta ina lán áiteanna eile. Is anseo amháin agus in áiteanna eile nach é, atá fíoranam na hÉireann. Smaointígí go bhfuil sibh ar an talamh is Gaelaí in Éirinn agus nach mór an chlú agus an onóir do mhuintir Rinn na Feirste sin a bheith le rá leo. Ar an ábhar sin, gabhaimis i gceann na hoibre dáiríre. Is é bhur ndualgas sin a dhéanamh agus dearbhaígí an sólás intinne a bhéarfaidh sibh domsa, agus do mhuintir Rinn na Feirste. Níl agaibh ach í a labhairt i ngach áit agus ar gach ócáid, bród a bheith oraibh aisti, siocair gurb í a labhair Pádraig agus Bríd agus Colmcille. Má níonn sibh sin, bhéarfaidh sibh a hanam arís do Róisín Dubh.[15]

Oscailt oifigiúil Iarsmalann Chlann Mhic Grianna 1983
ó chlé, Seosamh Mac Grianna, an Cairdinéal Tomás Ó Fiaich,
Micí Ó Baoill agus a bhean, Beil Uí Bhaoill (Beil Fheilimí)

Donnchadh Ó Dónaill 1983

Cinnte, ba mhór an onóir a bhronn an tAthair Ó Muirí ar Rinn na Feirste an oíche sin nuair a dúirt sé gurb ann a bhí an talamh is Gaelaí in Éirinn. Bhí tionchar mór ag an choláiste ar Rinn na Feirste. Fuair na daoine deontais le bail a chur ar a gcuid tithe. Tháinig díonta sclátaí in áit na dtithe ceann tuí. Cuireadh píopa uisce isteach chun an bhaile sa bhliain 1936. Tháinig Seán T. Ó Ceallaigh, a bhí ina Aire Rialtais Áitiúil, leis an scéim a sheoladh go hoifigiúil. Síneadh píopa an uisce a fhad le Tóin an Bhaile agus Carraig an Choill sa bhliain 1965, agus comhlacht McGurk a bhí i mbun na hoibre.

Deir an seanfhocal go mbeidh a cuid féin ag an fharraige. Bhí sin fíor fosta thart fá chladach Rinn na Feirste. Báitheadh stócach óg, de bhunadh na háite, Den Eoin Ó Gallchóir, thíos faoi Thóin an Bhaile, ar Lá Fhéile Muire Mór san Fhómhar 1918. Báitheadh Micí Sweeney thíos ag an Log Mhór maidin ghalánta the i Lúnasa na bliana 1926. Cailleadh Paidí Boyle as an Charraig Fhinn i gCúl Rinn na Móna ar an dara lá déag de Mhí na Bealtaine 1952. Ar Oíche Shamhna 1988 báitheadh stócach óg as Machaire Loisce, Ownie Doherty, agus é ag siúl trasna na trá ag tarraingt ar a bhaile. Go luath sna tríochaidí is cosúil gur báitheadh stócach i nGaoth Dobhair agus chuaigh an scéal amach ar Raidió Éireann go raibh sé ag Coláiste Bhríde. Chuir an tAthair Ó Muirí sreangscéal go Baile Átha Cliath agus d'iarr sé orthu an scéal sin a cheartú. Ach ní dhearna sé stad mara, ná mórchónaí, go dtí go dtug sé ailtire anuas as Baile Átha Cliath le háit a thoghadh le poll snámha a dhéanamh. Shiúil an bheirt an cladach ó Ghob na Báinsí go Gob Charraig an Choill, go dtí sa deireadh go bhfuair siad áit thíos faoi Ghleann Néill Phádraig, ina mbeadh go leor uisce ag lom trá nó ag barr láin.

Ocht scilling déag sa tseachtain a dhíoladh ar son na scoláirí na chéad bhlianta, ach ansin chuaigh an táille suas go punta agus, dar ndóighe, ardaíodh é go minic ó shin. Thóg cúpla sagart as Béal Feirste Coláiste Phádraig i Loch na nDeorán sna blianta sin fosta. Ach cheannaigh an tAthair Ó Muirí Coláiste Phádraig dornán blianta sula bhfuair sé bás. Bhí an oiread sin sagart ag tarraingt ar an áit sna blianta sin nach raibh coirnéal ar bith den choláiste nach raibh altóir ann. Tógadh an Choláiste Bheag mar áit Aifrinn agus Teach an Aifrinn an chéad ainm a tugadh air. In aimsir an Chogaidh bhí suas le 600 scoláire ag freastal ar an choláiste agus suas le cúig shagart is fiche ina measc.

I Mí Mheáin an tSamhraidh 1941 fuair an tAthair Ó Muirí bás i Lann Léire, Co. Lú, áit a raibh sé mar shagart paróiste. Chuaigh dornán de mhuintir Rinn na Feirste suas go Co. Lú ar a thórramh. Tháinig Pádraig Mac Con Midhe i gceannas ar Choláiste Bhríde mar chomharba air. Bhí seisean ina uachtarán go dtí a bhás sa bhliain 1976. Chuaigh Coláiste Bhríde ar aghaidh i rith an chogaidh mar go dteachaigh Pádraig Ó hUallacháin, rúnaí an choláiste, Braighní Dhonnchaidh agus James Beag de bhunadh na háite, suas go Baile Átha Cliath sa bhliain 1941, gur chas siad ar Sheán Lemass, Aire Tionscail agus Tráchtála, agus go bhfuair siad ardú i liúntas na *rations* uaidh, rud a choinnigh Coláiste Bhríde foscailte sna blianta sin. Bhí eagla orthu i gcónaí go ndruidfí é, agus dá ndruidfí gur sin deireadh leis.

Bhí an riail ó thús ama sa choláiste nach raibh cead ag na scoláirí Béarla a labhairt. Ach, cé go dtiocfadh leis bheith tobann fosta anois agus arís, ní raibh an tAthair Ó Muirí mí-réasúnta agus, má chonaic sé go raibh scoláirí ag déanamh a ndíchill, ní chuirfeadh sé chun an bhaile iad. Is iomaí uair a bhí sé, d'aon ghnó, mall don traein nó don bhus agus é ag bagairt an bhaile orthu. Bhíodh céilithe acu go minic agus i measc na gceoltóirí áitiúla bhíodh Hiúdaí agus John Bán Fheilimí agus Ownie Mór Ó Dónaill. As foireann na coláiste ag déanamh ceoil bhíodh Peadar Ó Dubhda agus Tomás Kinlan agus deirfiúr an Athar Ó Muirí, Máire. Bhí bród mór ar mhuintir na háite i samhradh na bliana 1951 nuair a cheiliúraigh siad Iubhaile Airgid Choláiste Bhríde. I measc lucht rialtais agus lucht tacaíochta na Gaeilge a tháinig bhí an Taoiseach, Éamonn De Valera, Sean Ó Loinsigh, Micheál Ó hAodha agus Risteard Mulcahy. Nocht dearthár an Athar Ó Muirí, an tAthair Harry, pictiúr den sagart a rinne Seán Ó Cearbhaill as Dún Dealgan, agus bhí trí oíche mhóra cheiliúrtha acu ina raibh drámaíocht, céilí mór, seanchas agus ceol.[16]

De réir mar a chuaigh an choláiste ar aghaidh is amhlaidh a bhí an áit ag bisiú. I 1927 fuair Braighní Dhonnchaidh an chéad charr i Rinn na Feirste agus cúpla bliain ina dhiaidh sin fuair James Beag an darna ceann. Vauxhall glas a cheannaigh seisean, i ngaráiste Flood, i mBaile

Dhún na nGall. Fosclaíodh Oifig an Phoist i 1936. Is ag Braighní a bhí an chéad ghuthán i 1937, agus is é an uimhir a bhí ag Braighní nó Anagaire 6, agus ag Oifig an Phoist bhí Anagaire 7. Sa bhliain 1943 a tháinig an chéad seomra folctha chun an bhaile agus tháinig an leictreachas sa bhliain 1958, cé go raibh muilte gaoithe ar a dtugtaí *Lucas Free Lights* ag teach Johnny Shéamaisín agus ag Teach James, agus innill ghinte aibhléise ag Braighní Dhonnchaidh agus ag James Beag le blianta roimhe sin. Choinnigh Braighní leictreachas leis an choláiste ar feadh fada go leor. Ba i dteach Mhicí Sheáin Néill a bhí an chéad teilifís daite go luath sna seachtóidí. Cheannaigh an tAthair Ó Mearáin píosa caoráin ó Tharlach Bhraighní Óig ar chéad punta, fá choinne páirce peile, agus fuarthas deontais lena taoscadh. Tógadh foirgneamh úr don choláiste i 1960 agus sa bhliain chéanna bunaíodh Cumann Peile Rann na Feirste, a bhain Craobh Sóisear na Contae i 1969 agus a d'imir i ngrád na sinsear don chéad uair i 1999.

Tógadh scoil úr i Rinn na Feirste sa bhliain 1956 agus druideadh í thart fán bhliain 1970 siocair go raibh líon na bpáistí ag titim. Ach rinne an pobal agóid ina éadan seo agus athfhosclaíodh í arís ar an 10ú lá d'Aibreán 1972 agus trí oide ag teagasc inti. Bhí sí ag dul ar aghaidh go breá nuair a rinneadh ceiliúradh ar Iúbhaile Óir Choláiste Bhríde, ag deireadh seachtaine na Cincíse 1976. I láthair ag an ócáid bhí an Cairdinéal Mac Con Mí agus an tAthair Tomás Ó Fiaich a tháinig mar chomharba air, chomh maith le hUachtarán na hÉireann Cearbhall Ó Dálaigh agus an tIar-Thaoiseach Seán Ó Loinsigh, agus go leor, leor eile nach iad. Nochtaíodh leacht don Athair Ó Muirí agus dá chomharba, Pádraig Mac Con Midhe agus shiúil Druma Mór Rann na Feirste den chéad uair ó fosclaíodh Teach Pobail Mhín Uí Bhaoill, Lá Fhéile Pádraig 1938. Ó shin, is iomaí duais a bhain an Druma Mór sa chontae, i gcúige Uladh agus i gcomórtais Chraobh na hÉireann ag fleánna ceoil éagsúla. Cúpla bliain ó shin bhain siad an comórtas mór, Curadh na gCuradh, amuigh i nDoire.

Le cuimhne na ndaoine agus i bhfad níos faide anonn théadh muintir Rinn na Feirste go dtí an Lagán, go hAlbain agus go Sasain. Ní saol bog a bhí acu, aosta ná óg, agus ba chruaidhe agus ba chontúirteach a gcuid oibre go minic. I measc na ndaoine a maraíodh sa timpiste ag oibreacha an uisce i Loch Awe bhí Hiúdaí Beag Mac Ruairí. Bhí an obair chóir a bheith críochnaithe tráthnóna amháin i Loch Awe agus iad ina suí thart ag comhrá. Dúirt duine de na fir go raibh tairngreacht fán áit, a rinne seanbhean blianta roimhe sin, go dtiocfadh an lá a ndéanfaí tollán isteach sa chnoc agus go muirbhfí aon fhear dhéag sula mbeadh an obair críochnaithe. Maraíodh deichear roimhe sin san obair. Bhí Hiúdaí Beag ag léamh a pháipéir nuair a chuala sé seo. 'Dia ár sábháil,' ar seisean, 'níl a fhios agam cén t-aonú fear déag?' Taobh istigh de sheachtain, ar an dara lá déag de Mhí Lúnasa 1965, marbhadh Hiúdaí Beag, go ndéana Dia trócaire air. Seo mar scríobh Hiúdaí Mhicí Hiúdaí faoin lá bhrónach sin:

> A Hiúdaí na gcuirlín dubh dualach,
> Nach trua dúinn anseo i do dheoidh,
> Nach dona mar a claíodh do chaoin choirp,
> I gcéin uainn i gcoire Loch Awe.[17]

Is iomaí duine a bhfuil a n-ainm i mbéal an phobail, a thug cuairt ar Rinn na Feirste le blianta fada mar gheall ar an tsaibhreas teanga, ceoil agus béaloidis a bhí le fáil ann. Ach an mairfidh sin? Dúirt John Bán go mairfeadh an Ghaeilge a fhad agus a bhí punt le déanamh uirthi, agus cé a déarfadh nach aige a bhí an ceart! Braitheann sé go mór anois ar an aos óg agus ar a ndílseacht dá dteanga agus dá ndúchas. An dream atá imithe, bhí siadsan dílis. Ach faraor géar, tá siad anois ina gcodladh go ciúin i gcré na cille. Na daoine a raibh aithne agamsa orthu, d'imigh siad uainn le tríocha bliain nó mar sin, mar a d'imeodh an sneachta maidin dheas earraigh. D'fhág Annie Bhán an saol seo i bhFaoilligh na bliana 1963 agus Ownie Mór i Mí Mheáin an tSamhraidh 1966, Séamus Mac Grianna i 1969, Joe Johnny i Mí na Samhna 1973, John Bán i Mí an Mhárta 1979 agus Micí Sheáin dhá bhliain ina dhiaidh sin, i Márta na bliana 1981. Ní raibh fágtha anois de na mórsheanchaithe ach Neidí Frainc. Dúirt seisean nach raibh ann anois 'ach Oisín i ndiaidh na bhFiann.' D'fhág seisean slán le Gleann na nDeor i Mí Eanáir 1982. B'fhíor an t-amhrán a chum a iníon Gearóidín i ndiaidh a bháis:

Is fuar 'gus is folamh anois Tóin an Bhaile,
Ó d'éalaigh tú, a Neidí, go Cathair na Naomh.
Níl spórt 's níl greann ann anois mar a bhíodh,
Níl fágtha anois ach uaigneas faraor.[18]

Fuair Hiúdaí Phaidí Hiúdaí bás i Mí Iúil 1984. I Mí Mheáin an tSamhraidh 1990 d'fhág Seosamh Mac Grianna slán ag buaireamh an tsaoil. Bhí Rinn na Feirste i bhfad ní b'uaigní gan iad. Mar a dúirt an file, Seán Bán:

Tá mo chairde gaoil go síor 'na gcodladh,
Ins an tseanbhaile faraoir,
'Gus mise fágtha fuar fann folamh,
Mar each gan srian a' treabhadh an tsaoil.[19]

Fágfaidh mé an focal scoir ag an méid a bhí le rá ag an Athair Tomás Ó Fiaich ag an Iúbhaile Órga i 1976.

Tá an-chaint ar siúl sna saoltaí seo, mar is eol daoibh, faoi chúrsaí ollscolaíochta in Éirinn. Ach an chuid againn a chuir eolas ar shaibhreas bhéaloideasa agus ar shaibhreas ceoil Rinn na Feirste, is dóigh linn, inár súile, gurb í seo príomhollscoil na hÉireann.[20]

Gura fada buan a chuid cainte.

Nótaí

[1] 'Caoineadh Phádraig Shéamuis,' le Séamus Ó Dónaill (1811), as an leabhar *Rann Na Feirste*, le Séamus Ó Grianna (Máire), B.Á.C., 1942. Féach fosta *Cnuasacht de Cheoltaí Uladh* Ó Baoighill, Seán, Ó Frighil, Réamonn & Ó Duibheannaigh Aodh, (Béal Feirste, 1945).

[2] Léacht—an Cairdinéal Tomás Ó Fiaich, Éigse Uladh, Gaoth Dobhair.

[3] Léacht—an Cairdinéal Tomás Ó Fiaich, Éigse Uladh, Gaoth Dobhair.

[4] Teastas Sláinte don Mháistir Bell—11 Samhain 1889.

[5] *An Druma Mór*—úrscéal le Seosamh Mac Grianna, (B.Á.C., 1969).

[6] Comhrá le Bell Fheilimí Bean Uí Bhaoill, 1980.

[7] Anna Phaidí Sheonaí Ní Chomhaill, bean chéile Sheáin Mhic Mhaoláin.

[8] Agallamh le Máire, Séamus agus Pádraig Ó Searcaigh, 1979.

[9] 'Caoineadh Sheáin Bháin,' a chum Fanaí Bean Nic Ruairí, Márta, 1979.

[10] 'Méilte Ghlas Cheann Dubhrainn,' le Jimí Mhicí Jimí Mac Grianna.

[11] Méabha Tharlaigh Mhór Ní Ghallchóir, seanchaí agus ceoltóir.

[12] Gráinne Phroinnsís Ní Ghrianna, seanchaí agus ceoltóir.

[13] Sorcha Chonaill Ní Ghrianna, seanchaí.

[14] Máire John Uí Dhubhthaigh, seanchaí agus ceoltóir.

[15] Dónall Dhonnchaidh Ó Dónaill, in *An tUltach*, Meitheamh 1976.

[16] *The Derry Journal*,, 1 Lúnasa, 1951.

[17] 'Amhrán Hiúdaí Phaidí Éamoinn,' le Aodh Ó Dónaill—Lúnasa, 1965.

[18] 'Mo Sheanchara Dílis,' le Gearóidín Neidí Frainc Bean Bhreathnach, *Ar Fhoscadh na gCnoc*, CICD 130, dlúthcheirnín agus leabhrán Cló Iar-Chonnachta, Indreabhán, 1997.

[19] 'Cumha an Fhile' le Mac Grianna, Seán. *Ceolta agus Seanchas*, Íoseph Ó Searcaigh (eag.), (Rinn na Feirste 1976).

[20] Léacht—An tAthair Tomás Ó Fiaich, ollamh staire i Má Nuad, ag Iúbhaile Órga Choláiste Bhríde, Meitheamh 1976.

Nóta Buíochais

Tá mé fíorbhuíoch do chuid mhór daoine a chuir ar an eolas mé, ach go háirithe do Fanaí Bean Mhic Ruairí agus do Phól Ó Searcaigh, as Rinn na Feirste, a fuair cuid mhór eolais dom ó chuid mhór de mhuintir Rinn na Feirste, agus ó chuid mhór foinsí.

Loch an Iúir

Eoin McGarvey 2000

Loch an Iúir
Pádraig Mac Gairbheith

Níl sé furasta aois a chur ar an am a dtearnadh an chéad chónaí i gceantar Loch an Iúir. Is cinnte go raibh cónaí fá Anagaire, cois trá, níos luaithe ná mar a bhí isteach fán tír. Bhí sé de ghnás ag ár sinsir cónaí chomh cóngarach don fharraige agus ab fhéidir, mar go raibh bia farraige le fáil agus taisteal farraige níos éascaí ná a bheith ag strácáil fríd chrainn agus phortaigh. Deirtear linn gur ceantar crannach a bhí anseo ó mhullach chnoc Mhín Doire na Slua go barr Cró Bheithe ach gur scrios tine an fhoraois sin siar sa tseansaol. Tá a chruthú sin le fáil go fóill, mar gur minic a thig lucht bainte mónadh ar rútaí crann agus iad smoldhóite thíos go domhain sa phortach.

Measaim nach raibh cónaí buan fá Loch an Iúir agus fá na Cnoic níos faide siar ná 250 bliain ó shin. I gcás Loch an Iúir deirtear in *The Irish Church Applotment Book* nach raibh ach aon teaghlach déag ina gcónaí ann sa bhliain 1829. In *Griffith's Valuation* don bhliain 1857 bhí an líon ardaithe go dtí seacht dteaghlach is fiche.

Ba cheantar mór buailteachais é agus thigeadh daoine ó na cladaigh gach samhradh lena gcuid eallaigh agus cé bith trioc eile a bhí riachtanach acu. Tá rian na mbothóg fód a bhíodh á n-úsáid acu le feiceáil go fóill in áiteacha. B'as an Chruit a tháinig na chéad daoine a rinne cónaí buan i Loch an Iúir, agus ba iad sin na Baíollaigh agus na Dálaigh. Is dóigh liom gur ó na cladaigh fosta a tháinig Clann Uí Ghallchóir a bhí líonmhar thart fá Mhín na Manrach agus Leitir Catha sna Cnoic.

B'ar an Leacach, i gcroílár Loch an Iúir, a bhí an chéad chónaí agus tugadh Teach an Leacaigh mar ainm air. Scriosadh an dúshraith roinnt blianta ó shin. Bhí cónaí ar fhear a dtugtaí Peadar na Binne air soir ó Loch Chonaill agus cró tógtha aige in éadan binne. Tá lorg na toite le feiceáil sa bhinn sin go fóill.

Ach os a choinne sin, agus mé á rá nach raibh cónaí buan i bhfad siar i Loch an Iúir, is cosúil go raibh daoine i Loch an Iúir na cianta ó shin, mar go raibh dún ar an cheann thiar den bhaile, a mheas saineolaí, a bhain le haois na cré-umha. Nuair a chonaic mise an dúshraith go deireanach ba é a bhí ann, trí chiorcal cloiche, ceann thart ar an cheann eile. Bheireadh na seandaoine 'Garraí na Lochlannach' air, ach má bheireadh, fágadh ainmneacha go leor ar na Lochlannaigh nach raibh baint acu dóibh riamh, mar shampla, Caisleán na Lochlannach ar ghualainn Chnoc an Diaraigh agus Beanna na Lochlannach i Rinn na Feirste. Ainneoin nach raibh líon mór tithe sa cheantar bhí an daonra ard go breá fá thús an chéid seo. Mar shampla, sa bhliain 1911 bhí trí chéad duine i Loch an Iúir. Sa lá inniu, tá corradh le ceithre chéad ar an bhaile agus tá líon na dtithe méadaithe fosta. Ar ndóigh ba iad na teaghlaigh mhóra a bhíodh ag daoine sna glúnta roimhe seo, ba chúis leis seo.

Ceantar scoite a bhí ann agus gan de bhealaí acu ach na casáin choise. Ba é an chéad iarracht a rinneadh ar bhealach mór nuair a leagadh amach bealach Cheallaigh in aimsir an Ghorta. Bhí an bealach sin le dhul cois locha i Loch an Iúir siar fríd Thulaigh na Gréine, fríd Bhaile na Carraige agus siar cois Ghaoth Beara. Ba é Ó Ceallaigh an maor a bhí ar an méid a leagadh amach dó agus is féidir an leagan amach sin a fheiceáil go soiléir go fóill. Níor cuireadh níos faide ná sin é. Bhíthear chomh cinnte sin go mbeadh sé ann go raibh sé marcáilte ar na seanléarscáileanna sular críochnaíodh é. I dtús an chéid seo rinneadh an bealach atá ann anois agus tugadh an '*Line* Úr' air. Tá an bealach ó Anagaire fríd Loch an Iúir agus suas chun na gCnoc breá aosta agus ba é an 'Bealach Garbh' a tugadh air sin fada ó shin. Ba sa bhliain 1903 a tháinig an *railway,* mar a bheirtí ar an bhóthar iarainn, fríd Loch an Iúir den chéad uair.

Is dóigh liom gurb é Cath na Rosann sa bhliain 1435 an eachtra stairiúil is mó a tharla sa cheantar seo. Ba iad Niallaigh Thír Eoghain a tháinig 'ar cuairt gan chuireadh' a thógáil creiche sna Rosa a thóg an t-achrann. Bliain mhór siocáin a bhí inti, agus níor stad na Niallaigh gur champáil siad ar na hArdáin Ghocacha os coinne an tseandúin i Loch an Iúir, ach ar thaobh Leitir Catha den Sruthán Cnámhach. Is cosúil go raibh Dálaigh Thír Chonaill ar na gaobhair, agus de thairbhe achrainn éigin a tharla idir na Niallaigh, go raibh Brian Óg Ó Néill ina measc. Fuarthas tacaíocht fosta ó Chlann tSuibhne Fhánada faoi cheannas Tharlaigh Rua Mhic Suibhne. Bhí Clann tSuibhne ag tógáil creiche fosta.

Rinne na Dálaigh ionsaí ar champa Uí Néill, ghread amach as iad agus shocair síos ann iad féin. Ach níos moille an oíche sin, chuir Énrí Ó Néill atheagar ar a arm, thug rúide ar na Dálaigh faoi choim an dorchadais, agus troideadh cath fuilteach thart fán seandún. Chonaic Neachtan Ó Dónaill agus Brian Óg Ó Néill go raibh siad i gcruachás, agus theith siad síos cois na locha, agus d'fhág Tarlach Rua Mac Suibhne ag cosaint an chatha, san áit a dtugtar Rása an Chosantóra go dtí an lá inniu air. Bhí sé i seanchas Loch an Iúir gur marbhadh Tarlach Rua ar Thulaigh an Leachta, ach deir *Annála Uladh* nár marbhadh, mar gur throid sé i gcath eile an lá céanna le hÉnrí Ó Néill, ar Shliabh Trim (meascadh, b'fhéidir, ar Shliabh an Tearmainn taobh thiar den Chlochán Liath). Bheirtear Cruach an Chogaidh air anois. Tá cuntas ar an chath sin in *Annála Ríochta Éireann* agus cuntas breá ag Niall Ó Dónaill air in *Na Glúnta Rosannacha* faoin teideal 'Cath na Rosann', agus fosta ina chnuasach gearrscéalta *Bruighean Feille*, faoin teideal 'Oíche Rua Leitir Catha'. Ní heol domh mórchath ar bith eile sa cheantar amach ó chorr scrimisc a bheadh idir lucht bailte lá aonaigh an tsamhraidh ar an Chlochán Liath den chineál a dtugtaí *'faction fights'* sa Bhéarla orthu.

Ba bheag fostaíocht a bhí sa cheantar amach ó dhá mhonarcha, ceann ar an Choillín Darach agus ceann eile ar an Mhurlach. Ag táirgeadh cairpéad a bhíodh siad araon agus ba iad na mná a ba mhó a bhí fostaithe iontu. Ba bheag páighe a bhí ag na hoibrithe agus níor mhair na monarchana ag feidhmiú rófhada. Is iomaí cineál déantúsaíochta a rinneadh iontu ó shin, agus sa lá atá inniu ann tá siad faoi lán tseoil ag táirgeadh earraí snáithín gloine agus claochladáin. Sa tseanam, bhí buntáiste bheag ag bunadh Loch an Iúir nach raibh ag bailte eile. Bhíodh siad ag táirgeadh aoil agus á dhíol ar fud an dá phobal le tithe a mhaisiú. Bhí suas le tríocha áithe aoil ar an bhaile aon am amháin. Obair mhaslach a bhí inti agus ba bheag an luach saothair, thart fá cheithre scillinge (fiche pingin inniu) an mála, nó an 'bairille' mar a tugadh riamh ar thomhais aoil. Dálta áiteacha eile, mar sin féin, ba í an imirce shéasúrach an príomhghléas beatha sa phobal. Théadh na fir go hAlbain ar feadh an tséasúir agus théadh an t-aos óg chun an Lagáin. Rinneadh imirce mhór go Meiriceá fosta agus is iomaí teach ar imigh an chlann mhac uilig as. Ina measc sin ar imigh an teaghlach uilig go Meiriceá, féadaim a rá, bhí clann Mhicí Johnny Uí Rabhartaigh as Mín na Manrach. Bhí John ar dhuine den mhuirín sin, agus b'eisean athair Mhicheáil Uí Rabhartaigh a raibh baint mhór aige do chomhlacht *Budweiser* agus a bhíodh go minic sa tír seo ag déanamh urraíochta ar rásaí capall.

Ba é an chéad fhaoiseamh a fuair na daoine ná déanamh an *railway* i dtús an chéid. Leathchoróin (12 pingin) sa lá a bhí mar pháighe ar obair chruaidh mhaslach, ag gearradh fríd an charraig chruaidh le huirlisí lámh. Le heagla, le bagairt agus le broslú ó na maoir cuireadh an *railway* fríd ó Leitir Ceanainn go hAilt an Chorráin i leath na tréimhse ama a bhí leagtha amach don obair. Tarrtháil eile a tháinig chuig bunadh Loch an Iúir, tógáil na Ceardscoile sa bhliain 1937. Bhí obair bliana ag fir ansin ar shé pingine (dhá phingin go leith inniu) san uair agus bhí scilling (cúig pingine) ag lucht ceirde. Sa bhliain 1942, cuireadh tús le scéim bhaint na mónadh, siocair go raibh ganntanas guail ann de thairbhe an chogaidh. Ba do na bailte móra agus na cathracha a bhí an mhóin seo daite agus cuireadh na mílte tonna suas go Páirc an Fhionnuisce i mBaile Átha Cliath, lena dháileadh ar phobal na cathrach. Bhí obair sheasmhach ag teaghlaigh anseo agus páighe réasúnta agus mhair an obair seo ar feadh roinnt blianta i ndiaidh an chogaidh.

Ní raibh feirmeoireacht ar bith ab fhiú a dhéanamh mar nach raibh an talamh ann fána coinne. Bhain siad oiread bairr as na spleotáin a bhí acu agus a riar dóibh féin. Ar ndóigh bhí an talamh chomh gann sin go raibh orthu an t-eallach a chur amach ar na portaigh a fhad agus a bhíodh an barr ag fás, mar nach raibh talamh innilte ar bith fágtha. B'iomaí eadra a rinneadh ar thaobhanna an bhealaigh mhóir! Ní tí mórán laetha oibre a mhalairt agus ba sábháil mhór sin do dhaoine. Is cinnte nach dtiocfadh daoine i dtír ar fheirmeoireacht anseo, agus mar sin de, ní haon iontas é gur beag atáthar a chur ar chor ar bith san am i láthair.

Is dóigh liom go ndéanadh cuid de bhunadh Anagaire beagán beag iascaireachta, ach ba bheag é mar nach raibh na gléasraí acu. Is dóigh gurbh fhearr an teacht isteach a bhí acu ag díol bia farraige mar dhuileasc, carraigín, sligeán dubh agus a macasamhail eile. Bhíodh siad á ndíol le siopaí, ach arís ní gléas beatha a bheadh ann as féin. Bhí neart iascaireacht breac agus bradán ar Loch an Iúir féin agus uaisle ag teacht gach lá ar feadh an tséasúir. Sasanaigh a ba mhó a thigeadh agus níodh siad bádaí a fhostú. Ní bhíodh os cionn dhá scilling (10 bpingine) ag fear an bháid ar son an lae. Rinneadh iascaireacht mhór eascon ar feadh roinnt blianta agus chuirtí iad seo ar shiúl beo, i mbairillí, ó stáisiún Chroithlí. Fear dar leasainm Paidí na nEascon a bhí i gceannas. Rinne dream as an Tuaisceart iascaireacht mhór eascon tuairim deich mbliana ó shin.

Bhíodh a gcuid cineálacha spóirt féin ag fir agus mná, ach rud amháin a bhí i gcoitinne acu, bheith ag siúl na mbóithre san oíche, agus an t-airneál, agus má bhí gramafón i dteach an airneáil b'amhlaidh ab fhearr é. Bhíodh damhsaí nó *raffles* sna tithe agus ag na croisbhealaí (rud a raibh bagairt mhór ag na sagairt air). Níos moille tháinig na hallaí beaga damhsa. Sa cheantar seo bhí cúig halla, beirt in Anagaire, ceann i Mín na Leice, ceann i Loch an Iúir agus Halla Phaidí Doncaí Uí Bhaoill sna Cnoic. Sílim féin gurbh é an ceann deireanach sin ab iomráití acu mar go mbíodh lucht thrí bparóistí ag tarraingt air. Is buan mo chuimhne ar Danny Mhicí Johnny Ó Rabhartaigh ag canadh '*Kitty from Baltimore*' idir dhamhsaí. Is iomaí maidin bhreá samhraidh a tháinig muid trasna an phortaigh agus an ghrian ag gobadh aníos os cionn an Ghrugáin Mhóir i ndiaidh a bheith ag damhsa i Halla Phaidí Doncaí. Bhíodh *bazaars* sna hallaí fosta, b'fhéidir ar feadh trí seachtaine, agus tá mórán beo go fóill ar cuimhne leo *bazaars* Johnny Tom Mhóir. 'Coinnigh do shúil ar Róise!' a bheadh á scairtigh aige agus an *Wheel of Fortune* ag iompú thart.

Bhí carachtair go leor fán cheantar fosta mar John Pheadair Eoghain Éamoinn a chuaigh a cheannacht cloch fhaobhair i siopa Charlie Mhuiris in Anagaire in aimsir an chogaidh agus achan rud gann.

'An bhfuil clocha faobhair agat?' ar seisean le Charlie.

'Níl,' arsa Charlie, 'nach bhfuil a fhios agat go bhfuil cogadh amuigh údaí?'

'Tá fhios agam go bhfuil cogadh amuigh údaí,' arsa John, 'ach ní raibh a fhios agam go raibh siad ag troid le clocha faobhair!'

Radharc ar Bhaile Loch an Iúir

Eoin McGarvey 2000

Rud a mbíodh daoine ag gabháil dó go minic fada ó shin, ag cumadh véarsaí. Bhí fear sna Cnoic a bhain sult mór as an chumadóireacht in aimsir na *rations* nuair a b'éigean do dhaoine a bheith beo ar phreátaí trí huaire sa lá. Níl agam anois ach cúpla líne den amhrán a rinne sé, ach is cosúil go raibh na cearca féin dubh dóite de na preátaí:

> The hens are at the door,
> I can hear their appeal,
> They're fed up with 'tatties',
> They want Indian meal!

Bhí fear eile i Loch an Iúir a bheadh ag cur giotaí le hamhráin a bhí i mbéal an phobail roimhe sin. Cuirim i gcás, an t-amhrán sin a bhfuil na línte ann, 'Is iomaí cnoc is mullach idir mise agus mo ghrá'. Chuir seisean an píosa seo leis, 'Is iomaí madadh fireann idir seo is Ard an Rátha'. Chuaigh Johnny Phroinsís a dhíol bó ar Aonach Jack agus bhí an luach greanta ina intinn aige. Ní raibh i bhfad go dtáinig jabóir as an Tearmann chuige.

'*How much do you want for the cow?*' arsa seiseann.
'*Thirteen pounds,*' arsa Johnny go searbh.
'*I'll give you eleven,*' arsa an jabóir.
'*And who's going to give me the other two?!*' arsa Johnny.

Bhí carachtair go leor fá Anagaire mar Owenie Eoghain Chonaill Ó Gallchóir, Barney agus Ned John Shorcha Ó Searcaigh, carachtair iontu féin a bhfuil neart scéalta ann fá dtaobh díobh, ach daoine a raibh meas an phobail orthu fosta.

Is cosúil nach raibh na Rosa i gcoitinne chomh holc le háiteacha eile le linn an Ghorta. Má dhearcann muid ar an cheantar seo tá sé soiléir nach raibh titim mhór ar bith sa daonra. Idir na blianta 1841-1911 tháinig méadú de 156 ar dhaonra Loch an Iúir ó 143 go 299. I gceantar Anagaire mhéadaigh an daonra ó 384 go 783, agus i gceantar na gCnoc, a bhfuil mise ag plé leis, ó 276 go 304. Mar sin de, tá sé cinnte nach dtearn an Gorta scrios mór ar bith ar an daonra. Ach más fíor an seanchas atá ann, gur in áiteacha a bhfuair daoine bás leis an ocras in aimsir an ghorta a bíos an 'féar gortach' caithfidh gur bhásaigh roinnt daoine, nó tá mórán áiteacha sa cheantar a bhfuil an 'féar gortach' le fáil. Níor chuala mise riamh go dteachaigh daoine as seo go Teach na mBocht ar na Gleanntaí. Is dóigh liom gurbh fhearr le mórán daoine bás a fháil fá na seanfhóide ná a dhul go Teach na mBocht mar gurbh é an rogha deireanach é.

Bhí Anagaire chun tosaigh sa cheantar mar go raibh Teach Pobail ann ó 1895 agus reilig ó 1914. Bhí beairic an RIC ann ó lár an naoú haois déag agus beairic na nGardaí ó thús na bhfichidí nuair a bunaíodh an Saorstát, agus atá ann go fóill. Tá ceithre theach tábhairne ann leis na cianta. Tá Oifig an Phoist in Anagaire le corradh agus céad bliain.

Ba san áit a bhfuil an *chip shop*, mar a bheirtear ar shiopa na sceallóg anois, a bhí seanscoil Anagaire, agus ba i 1905 a tógadh seanscoil Naomh Dubhthaigh. Tá scoil úr Naomh Dubhthaigh tógtha le corradh agus fiche bliain. Tógadh seanscoil Loch an Iúir ag Bun na Críche sa bhliain 1861. Scoil an Gharraí Bhig a bheireadh Tadhg Ó Rabhartaigh uirthi i gcónaí. Ba ar an scoil seo a bhí Niall Ó Dónaill, an foclóirí agus an scríbhneoir, agus b'uirthi a d'aithin an cigire Énrí Ó Muirgheasa an fhéith a bhí ann agus a dúirt leis go raibh sé i ndán dó bheith ina scríbhneoir. Tógadh scoil úr Loch an Iúir i 1929 agus tá sí ag feidhmiú go fóill agus méadú le cur léithi. Tógadh Ceardscoil Loch an Iúir i 1937/38 agus ba í an chéad cheardscoil Ghaeltachta sa tír í. Bhí na hábhair uilig á dteagasc trí mheán na Gaeilge inti. Fuair bunadh na Rosann agus Ghaoth Dobhair iar-bhunoideachas saor in aisce inti. Nuair a fosclaíodh Pobalscoil na Rosann ar an Chlochán Liath sna seachtóidí, tháinig laghdú mór ar na huimhreacha agus druideadh í roinnt blianta ina dhiaidh sin. Tá sí anois mar choláiste Gaeilge agus mar Ionad Pobail, áiseanna tábhachtacha sa cheantar.

Ba i Leitir Catha a bhí an chéad scoil sna Cnoic. Sa bhliain 1911 a tógadh scoil Mhín na Manrach agus tá sí ag feidhmiú go fóill. Ba sa scoil sin a bhí Paidí an Táilliúra Mac Comhaill ag múineadh nuair a tháinig achrann idir é agus an cigire. Ba é deireadh an scéil gur chuir Paidí an cigire i bpoll uisce bréan. Tháinig Séamus Ó Grianna (Jimí Fheilimí) ina áit agus dúirt sé leis na páistí gur áit bheannaithe a bhí san áit ar cuireadh an cigire i bpoll. Ba le linn thréimhse Jimí sa scoil sin a bhí sé lá ar Chnoc na nAgall agus na scoláirí roinnte aige ina dhá arm agus iad ag troid Chath na Binne Boirbe le clábar agus le dartáin. Tharla go dtáinig an cigire an lá céanna, agus d'fhiafraigh sé de Jimí caidé a bhí sé a dhéanamh ar thaobh an chnoic.

'Ag teagasc staire,' arsa Jimí á fhreagairt. 'Ní sin dóigh ar bith le stair a theagasc,' arsa an cigire. 'Is é an seomra ranga an áit leis sin a dhéanamh.'

'Bhail,' arsa Jimí, 'nuair a bheas dearmad déanta acu ar mhórán den stair a chuala siad sa tseomra ranga beidh cuimhne acu ar cheacht an lae inniu, mar go mbeidh na cneámháin chun na cille le mórán acu.'

Bhí daoine cáiliúla go leor sa cheantar mar na scríbhneoirí Niall Ó Dónaill as Loch an Iúir agus Tadhg Ó Rabhartaigh as Cúl an Chnoic a luaigh mé roimhe seo. In Anagaire bhí an tAthair Micheál Ó Forcair a bhí ina ollamh agus ina léachtóir i Má Nuad. Tá sé curtha ar na Gleanntaí an áit ina raibh sé ina shagart paróiste. Sna Cnoic, bhí Fionn Mac Cumhaill (Mánus an Táilliúra Mac Comhaill), scríbhneoir, dornálaí agus lúthchleasaí. Ba i Leitir Catha a bhí cónaí ar Phádraig 'ac Comhaill, (uncail do Phaidí an Táilliúra) a scríobh an t-amhrán *'My Mary near Dungloe'* (an seanleagan). Ba as an bhaile céanna an cailín ar cumadh an t-amhrán fá dtaobh di, Mary Phaidí Bhraighní Uí Ghallchóir, nó 'Máire an Chlochán Léith' a bhfuil eolas anois ar a cleamhnas corrach gach áit ar fud an domhain.

Bhí áiteacha stairiúla, turais, agus toibreacha beannaithe ar fud an cheantair. Bhí turas Naomh Dubhthaigh i gCalchéim. Bhí Tobar an Leacaigh i Loch an Iúir a raibh leigheas ann ar an aicíd 'cait bhráid' (scrofaile). Bhí tobar in aice leis a raibh leigheas ar shúile tinne ann agus tobar i gcloch chois na locha a raibh leigheas faithní ann. Thíos chois an *railway* bhí Mín an Úcaire, an áit ar chónaigh an tÚcaire Mór Mac Mathúna, a ndeirtear faoi gur rapaire a bhí ann a bhíodh ag déanamh slad ar na bodaigh mhóra. Deirtear go bhfuil a chuid óir i bpoll portaigh á ghardáil ag cros adhmaid agus eascon nimhe. Thiar i bportach Chroich Uí Bhaoill a bhí Ailt an Scátháin agus Carraig an Aifrinn a bhí in úsáid in aimsir na bPéindlíthe. Dúradh Aifreann ag an charraig sin roinnt blianta ó shin. Deir bunadh Chró Phádraig sna Cnoic go dteachaigh Naomh Pádraig an bealach sin ar a thuras ó dheas agus go bhfuil lorg a dhá ghlúin le feiceáil i gcarraig ansin. Tá uaimh i bpoll

Chró Bheithe a chreid na seandaoine a bhí ag síneadh siar go Connachta. Ba san uaimh seo a bheadh a mbeadh beo de na fir i ndiaidh cogadh Gael agus Gall de réir thairngreacht Cholm Chille agus thairngreacht Mhiseoige, tairngreacht a rinne bean áitiúil den ainm sin.

Tá neart eile béaloideasa agus staire áitiúla fán cheantar ach faraoir níl am ná spás againn dóibh sin anois. Is ábhar do léacht eile iad sin. Sa lá atá inniu ann, tá dóigh mhaith ar na daoine agus 'teach ar achan ard'. Tá obair sheasmhach ag mórán daoine agus rathúnas airgid. Tá an daonra ardaithe go mór go háirid in Anagaire agus i Loch an Iúir. Tá oideachas le fáil ag an aos óg le dhul i gcionn an tsaoil, agus mar a dúirt an fear fada ó shin 'tá an saol ina shuí ar a thóin acu'.

Ach tá seoid luachmhar ag sleamhnú uainn go fáilí, mar atá ár dteanga agus ár gcultúr. Tá brú an tsaoil mhór amuigh ag déanamh scrios ar ár n-oidhreacht, an oidhreacht sin ar fhulaing ár sinsir lena coinneáil beo agus ar sháraigh ar Shasain a marú go díreach mar sháraigh uirthi an creideamh a chur faoi chois. Níl sin ag rá nach bhfuil Gaeilge ag na daoine sa cheantar, ach is cosúil gur náir linn í a labhairt, cé ar bith tréith mhínádúrtha atá ionainn. Agus mise ag éirí aníos bhí an Ghaeilge iontach láidir. Ba bheag teach a raibh Béarla ann. Is cuimhneach liom nuair nach raibh trí tithe i Loch an Iúir ag caint Béarla ach faraoir, níl sin le rá inniu agam. Is cuidiú mór iad na Coláistí Gaeilge i Loch an Iúir agus in Anagaire cinnte. Gan iad, is dóigh liom go mbeadh i bhfad níos lú Gaeilge á labhairt sa pháirt seo de na Rosa. Is coinníoll é de chuid na Coláiste le scoláirí na Gaeilge a chur ar lóistín i dteach, go mbeadh páistí an tí sin (má tá páistí scoile sa teach) ag fáil deontas labhairt na Gaeilge. Is ábhar dóchais fosta go bhfuil na bunscoltacha sa cheantar fíor-Ghaelach agus ag déanamh a gcion féin ar son na teanga. Dar ndóigh, ceann de na deacrachtaí móra a bhíos i gceist leis an teanga, má tá duine amháin de mhuintir an tí ar bheagán Gaeilge, gurb é an Béarla, de ghnáth, a bhíos in uachtar sa teach sin. Tá an scéal seo amhlaidh i Loch an Iúir, chomh maith céanna le bailte eile. Ní chuidíonn gnoithe imirce ach oiread léi. Is mór an chaill fosta Ceardscoil Loch an Iúir de thairbhe go raibh oideachas á thabhairt trí mheán na Gaeilge inti, agus nach bhfuil an rogha sin ar fáil i bPobalscoil na Rosann faoi láthair. Shílfeá, ar bhealach, go bhfuil muid ag glacadh coiscéim amháin ar aghaidh agus péire ar gcúl. Tá feidhm againn féin le comhordú a dhéanamh ar ghnoithe na Gaeilge sna ceantair uilig a bhfuil mothú ar bith inti iontu go fóill. Choinnigh ár sinsir an teanga (agus an creideamh) slán agus d'fhág mar oidhreacht againne iad. Bheimis ag séanadh ár ndúchais dá ligfimis uainn iad. Agus muid anois istigh sa mhílaois úr, tá dualgas orainn uilig ó dhuine liath go leanbh (agus an Rialtas san áireamh) an Ghaeilge a chur chun cinn ar achan bhealach is féidir. Is í ár dteanga féin í, teanga ár sinsear, teanga ar dtíre, teanga na nGael. Ní neart go cur le chéile!

Coláiste Samhraidh Loch an Iúir

Eoin McGarvey 2000

Cé Ailt an Chorráin mar a bhíodh
Bailiúchán Lawrence, An Leabharlann Náisiúnta (1880-1914)

Íochtar Tíre na Rosann
Pádraig Ua Cnáimhsí

Iarradh ormsa scéal iarthar na Rosann a insint, an taobh tíre sin a shíneas ó Anagaire go béal Ghaoth Beara. Mar sin, Íochtar Tíre na Rosann, mar a thugtar air, agus na hoileáin a bheas mar ábhar cainte agam. Tá sé cinn déag d'oileáin ar chósta Thír Chonaill a mbíodh cónaí orthu fadó, agus bhí naoi gcinn acu sin i bparóiste na Rosann. Bhí scoltacha ar dhá cheann déag d'oileáin na contae seo san aois seo caite, ach tréigeadh an chuid is mó acu sin ó shin, rud a fhágas nach bhfuil scoltacha ach ar dhá cheann acu san am i láthair, ar Oileán Thoraí agus in Árainn Mhóir. Tá sé suimiúil, fosta, gurb iad Toraigh agus Árainn an dá oileán is faide amuigh san fharraige agus gur fhan daoine iontu tráth ar tréigeadh agus ar bánaíodh na hoileáin eile. Bhíodh sagart agus teach pobail riamh in Árainn agus i dToraigh fosta agus b'fhéidir go raibh sin ina chúis gur fhan pobal daoine beo iontu go dtí an lá atá inniu ann. Is cinnte nach bhfuil sé furasta an scéal sin a mhíniú go hiomlán.

Is ionann an focal ros agus ceann tíre, agus don té a bhfuil cur amach aige ar chósta na Rosann, ní bhéidh moill air a thuigbheáil cad chuige ar tugadh a leithéid d'ainm ar an áit. Is iomaí sin ros thart fá chladaí na Rosann—Ros Scoite, Ros na nÁrlann, Ros na mBallán, Ros na hUilleann, Ceann na Cruaiche agus Ros na Leitreach. Paróiste na Rosann a thugtaí ar an áit i mbéal an phobail le blianta siar, ach paróiste Theampall Cróna an t-ainm a bhíodh ag an Eaglais ar an áit. Ba pharóiste mhór amháin a bhí sa dúiche idir Gaoth Dobhair agus Gaoth Beara le linn na bPéindlíthe fadó, ach i ndiaidh Acht na Fuascailte a ritheadh sa bhliain 1829, rinneadh atheagrú ar na seanpharóistí thar mar a bhí siad go dtí sin. Sa bhliain 1836 roinneadh seanpharóiste na Rosann ina dhá cuid, paróiste Theampall Cróna Uachtarach agus paróiste Theampall Cróna Íochtarach, nó paróiste an Chlocháin Léith agus paróiste Cheann Caslach, mar a bheirtí orthu go minic. Athroinneadh paróiste Cheann Caslach ina dhá cuid arís sa bhliain 1945; paróiste Cheann Caslach agus paróiste Anagaire mar atá siad sa lá atá inniu ann.

Bean bheannaithe a bhí i Naomh Cróna a mhair sa seachtú haois. Bhí clochar aici ar an Tearmann in iarthar na Rosann. Bhí sí ina cailín óg nuair a fuair Naomh Colmcille bás ar Oileán Í sa bhliain AD 597. Bhí dálta Naomh Colmcille uirthi, ba de shliocht Chonaill Ghulban í, a ndeirtear faoi gur bhunaigh sé ríocht Ailigh thart fán bhliain AD 400, agus ar shíolraigh Cinéal Conaill uaidh ina dhiaidh sin. Ar ndóigh, is ón chlochar a bhí ag Naomh Cróna ar an Tearmann a tháinig an t-ainm Teampall Cróna ina dhiaidh sin. Mar sin, bhain Naomh Cróna leis an tréimhse sin a dtugtar Ré Órga na hÉireann go minic air, is é sin, idir teacht Naomh Pádraig sa bhliain AD 432 agus teacht na Lochlannach sa bhliain AD 795. Bhí síocháin, léann, foghlaim, obair agus cráifeacht in Éirinn an tráth sin agus níorbh aon iontas é gur thuill an tír an t-ainm 'Oileán na Naomh agus na nOllamh' don tréimhse sin.

Meastar go raibh saol Naomh Cróna sna Rosa an-chosúil le saol Naomh Bríde Chill Dara am gairid roimhe sin. D'fhreastalaíodh an bheirt bhan-naomh ar bhochtáin agus níodh siad a seacht ndícheall na fíréin a threorú chun Dé. Bhí an urnaí, an troscadh, an tréanas agus an déirc mar chuid thábhachtach de shaol na naomh go léir an tráth sin, agus b'amhlaidh sin do Naomh Cróna é. Théadh sise amach go dtí oileán beag atá suite amach ó chósta na Rosann, mar atá, Inis Cróna nó Oileán Cróna agus chaitheadh sí páirt mhaith den bhliain ansin i gcónaí, ar leataobh ón tslua, ag comhlíonadh na ndualgas sin. 'Cróna Bheag, Maighdean' a thugtar uirthi sna hAnnála agus titeann a féile ar an seachtú lá de mhí Iúil. Níthear turas ina honóir achan bhliain ag Teampall Cróna ar an Tearmann agus is i mí Iúil agus i mí Lúnasa is ceart a leithéid a dhéanamh.

Pobal beag scáinte a bhí sna Rosa sna Meánaoiseanna. Céadta agus chan mílte a bhí san áit an uair sin. Smaointímis nach raibh ach thart fá mhilliún go leith duine in Éirinn in aimsir na Banríona Eilíse, agus, mar sin de, creidim nach raibh líon mór daoine i dTír Chonaill an uair sin. Mar sin, mheasfainn nach raibh mórán thar chúpla céad duine ina gcónaí sna Rosa roimh Bhriseadh Chionn tSáile sa bhliain 1601. Na Dálaigh a bhí ina gceann urraithe ar Thír Chonaill an uair sin agus bhí fothaoisigh mar Chlann tSuibhne, na Baíollaigh, Clann 'ic Daeid agus Clann Uí Dhochartaigh ag feidhmiú fúthu. Bhí trí cinn de chaisleáin ag

Clann tSuibhne i dTír Chonaill an uair sin, is é sin, Clann tSuibhne Fhánada ag Ráth Maoláin, Clann tSuibhne na dTuath ag Caisleán na dTuath agus Clann tSuibhne Thír Boghaine ag Ratháin taobh le Dún Cionnaola ar Bhá Dhún na nGall. Chomh maith leis sin, bhí caisleán beag eile ag Clann tSuibhne sna Rosa .i. Dún na Cloiche (Glaise) in aice le hAilt an Chorráin. I dtaca leis na Baíollaigh de, ba cheart a lua go raibh caisleán nó ceannáras acu ag Loch an Dúin in aice le Ros Beag. Bhéarfar fá dear go raibh na caisleáin seo go léir tógtha in aice na farraige. Ar ndóigh, bhí sé le ciall go mbeadh a leithéid amhlaidh nó bhí na daoine ina gcónaí in aice na farraige sna laetha sin, agus ó tharla nach raibh bóithre ar bith sa tír san am, bhíthear go mór i muinín na farraige mar ghléas iompair agus taistil. Grand Jury na Sasana a chuir tús le déanamh na mbóithre sna Rosa san ochtú haois déag.

Is cinnte go raibh tábhacht leis na cinn tíre agus leis na hoileáin an uair sin. Bhí oileán beag in aice leis an Tearmann agus le Teampall Cróna, is é sin, Inis Sáile, agus is cinnte go raibh sé ina áit thábhachtach sa 6ú haois. Bhí ceangal mór ag na Dálaigh leis an oileán seo thar aon áit eile sna Rosa. Mar is eol dúinn, rugadh Aodh Rua Ó Dónaill sa bhliain 1572 agus fuair sé bás amuigh sa Spáinn sa bhliain 1602. Ba é Aodh Ó Dónaill a athair agus ba í Fionnghuala Nic Dhónaill as oileáin na hAlban a mháthair; Iníon Dubh na nOileán nó, mar a bheirtí uirthi i mBéarla, *Dark Ina of the Isles.* Anois, bhí Aodh seo pósta roimhe sin, ach níl a fhios againn inniu cén chéad bhean a bhí aige. Cé nach bhfuil cuntas air in aon cháipéis stairiúil, deirtear sa tseanchas go raibh mac aige leis an chéad bhean darbh ainm Donnchadh. Is cosúil go raibh a leasmháthair, Iníon Dubh na nOileán, ag éad le Donnchadh seo, nó bhí eagla uirthi gurb eisean a thiocfadh mar thaoiseach ar Thír Chonaill ar ball. Ar ndóigh, b'fhearr leis an Iníon Dubh go dtiocfadh a mac féin, Aodh Rua, mar chomharba ar a athair lá inteacht go fóill. Ar an ábhar sin, is cosúil gur thóg sí ceann corr do Dhonnchadh agus chuaigh sí a mheabhrú oilc dó ina dhiaidh sin. Creidim gurbh é sin ba chúis leis an troid a d'éirigh idir Donnchadh agus daoine eile. Ba é Donnchadh a bhí thíos leis an iaróg seo sa deireadh thiar. Fágadh máchail nó ciothram ar an duine bhocht, agus, ar an tsiocair sin ní raibh sé i dteideal bheith ina chomharba ar a athair. Díbríodh é a fhad leis na

Rosa. Chuir sé faoi in Inis Sáile. Bhí stoc agus bólacht aige ansin agus ar oileáin na Rosann ina dhiaidh sin agus ní bhfuair sé d'ainm riamh i measc sheanchaithe na Rosann ach Donnchadh Scoite. Maítear gur ón Donnchadh seo atá a lán de Dhálaigh na Rosann síolraithe. D'fhág na daoine Inis Sáile sa bhliain 1931 agus chuaigh siad a chónaí ar tír mór.2

Ba sa bhliain 1588 a sheol Armada na Spáinne in éadan na Sasana. Scéal fada é scéal an Armada, ach is é fírinne an scéil go dteachaigh achan rud ina n-éadan ó thús go deireadh. Nuair nár éirigh leo an sprioc a chuir siad rompu a bhaint amach, b'éigean dóibh seoladh leo thart ar Albain agus fríd an Mhuir Thuaidh, agus iarraidh a dhéanamh a dhul chun an bhaile ar an dóigh sin. Ní raibh siad le bheith ar an fharraige ach na trí seachtaine ach lean an mí-ádh dóibh agus chuaigh corradh is trí mhí thart agus bhí siad ar a gcosán chun an bhaile go fóill. I dtaca le haimsir de, ní gála amháin a tháinig orthu ach leathscór acu. Thug an fharraige agus na gálaí drochbhail ar na soithigh a bhí leo, agus de bhrí gur ghoill díobháil an bhidh agus an uisce go mór orthu, bhuail tinneas a lán de na mairnéalaigh. Níorbh aon iontas é, mar sin, gur chas a lán de na soithigh isteach i dtreo chósta na hÉireann. Áirítear go dtáinig thart fá shé cinn is fiche de longa an Armada a fhad le hÉirinn agus go dtáinig deich gcinn acu sin a fhad le cósta Thír Chonaill anseo. Cailleadh dhá long acu ar chósta na Rosann: ceann thart fá cheithre scór troigh, a cailleadh ag an Chúl Tráigh ar chladach na Cloiche Glaise, agus soitheach ba mhó ná sin, a cailleadh ag Carraig na Spáinneach ar Thráigh Mhullach Dearg, in aice le Ceann Caslach. Níl muid ábalta ainm a chur ar na soithigh sin sa lá atá inniu ann. Níl a fhios againn ach oiread caidé a d'éirigh do na mairnéalaigh a bhí ar bord. Tá barúil againn gur chuidigh taoiseach na háite leo, An Coirnéal Eoghan Mac Suibhne, ach níl aon eolas deimhin againn ar an phointe sin. Briseadh long eile de chuid an Armada—an Duquessa Santa Anna, i mBá Luachrois an uair sin, agus chuidigh Ó Baoill, taoiseach na háite leis na daoine a bhí uirthi. Níorbh aon iontas é, mar sin, dá ndéanfadh Mac Suibhne a mhacasamhail chéanna.

Bhí Cogadh na Naoi mBlian ar siúl idir na blianta 1594 agus 1603, agus ba é an toradh a bhí air, go raibh an bhuaidh ag arm na Sasana agus gur buaileadh na hIarlaí. Ba é Cath Chionn tSáile sa bhliain 1601 an cath mór deireanach sa chogadh sin agus lean de go raibh deireadh le réimeas na nGael ina dhiaidh sin. Fuair an Bhanríon Eilís bás in earrach na bliana 1603 agus ba i dtrátha an ama sin fosta a rinne an fear ionaid s'aici, Lord Mountjoy, Conradh Mhellifont leis na hIarlaí. Briseadh an conradh seo ina dhiaidh sin agus, dá dhíobháil sin, d'imigh na hIarlaí ó Loch Súilí i bhfómhar na bliana 1607 agus rinneadh Cúige Uladh a phlandáil sa bhliain 1609. Ghlac Rí na Sasana, Séamas I, seilbh ar an talamh a d'fhág na hIarlaí ina ndiaidh, agus tugadh é do phlandóirí as Albain agus as Sasain a tháinig a chónaí san áit. Mar sin, anseo i dTír Chonaill, chaill na seantiarnaí Gaelacha, muintir Dhochartaigh, na Baíollaigh agus Clann tSuibhne ina measc, a gcuid talaimh agus bronnadh é ar thiarnaí úra de bhunadh na hAlban agus na Sasana.

I measc na dtiarnaí úra seo bhí muintir Chonyngham, teaghlach de chuid na hAlban a tháinig anall go hÉirinn go luath sa seachtú haois déag. Bhíodh a bpríomháras acu ag Caisleán na Sláine i gContae na Mí ach bhí ceangal acu le Tír Chonaill ó bhí aimsir Chromail ann. Go dtí gur briseadh suas Eastát Chonyngham i dTír Chonaill i bhfichidí na haoise seo a chuaigh thart, bhí a gcuid talaimh ag síneadh ó Thamhnach an tSalainn ar Bhá Dhún na nGall a fhad le hAnagaire agus leis an Charraig Fhionn sna Rosa. Bhí trí cinn de phlandálacha ann sa seachtú haois déag; Plandáil Uladh, 1609, Plandáil Chromail, 1654 agus Plandáil Liam Oráiste 1692. Meastar gur ag deireadh an chéid sin, is é sin, i ndiaidh Chonradh Luimnigh, a tháinig tromlach na ndaoine go dtí na Rosa.

Cé gur mheas bunús na bplandóirí go raibh na Rosa róbhocht agus nár bhac siad leo, bhí cúpla áit sa cheantar a dtearnadh plandáil orthu. I measc na n-áiteacha sin a plandáladh, bhí Leitir Mhic an Bhaird; Inis Mhic an Doirn agus cúpla áit in aice le hAilt an Chorráin; Tobar Caoin agus an Machaire i gceantar an Chlocháin Léith; agus Mullach Dubh, Mullach Dearg agus an Charraig Fhionn idir Anagaire agus Ceann Caslach. Bhí baill de theaghlach Chonyngham mar oifigigh in Arm Rí Liam ag Cath na Bóinne agus is cinnte go dtug siad talamh in Eastát Chonyngham i dTír Chonaill dá gcuid saighdiúirí nuair a bhí an cogadh thart.

Cé Ailt an Chorráin mar atá

Eoin McGarvey 2000

Mar atá ráite againn roimhe seo, bhí príomháras ag an Tiarna Conyngham ag Caisleán na Sláine i gContae na Mí ach bhíodh gníomhaire nó agent dá chuid ina chónaí abhus i dTír Chonaill le gnoithe an Eastáit anseo a riar. Sa dara leath den seachtú haois déag, idir na blianta 1650 agus 1700, bhíodh an t-agent s'aige ina chónaí ag Dún na Cloiche, an t-áras a bhíodh ag Clann tSuibhne sna Rosa roimh Bhriseadh Chionn tSáile. Ach ansin, thart fán bhliain 1700, thréig muintir Chonyngham Dún na Cloiche agus bhunaigh siad ceannáras úr dóibh féin in Inis Mhic an Doirn, oileán beag atá suite leath bealaigh idir Ailt an Chorráin agus Árainn Mhór. Chaith muintir Chonyngham an t-ochtú aois déag go léir in Inis Mhic an Doirn. Thart fá bhliain Acht na hAontachta (1800), d'fhág siad an t-oileán sin agus chuaigh a chónaí in Ailt an Chorráin. D'fhan agent an Tiarna Conyngham sna Rosa go dtí gur briseadh suas Eastát Chonyngham, tá corradh le seachtó bliain ó shin anois.

Mar a dúirt mé, ní raibh ach pobal beag, scáinte sna Rosa san ochtú haois déag. Go díreach mar a bhí fíor i gcás mhuintir na tíre go huile an tráth sin, bhí na daoine seo beo bocht. Ní raibh séipéal nó scoil san áit an uair sin agus déarfainn nach raibh aon siopa nó teach tábhairne san áit ach a oiread. Is beag imirce a bhí ann agus lean de sin go mbíodh na daoine beo ar an talmhaíocht ar feadh na bliana. Ó tharla an taobh seo tíre a bheith gan bhóithre an t-am sin, chiallaigh sin go mbíodh na teaghlaigh beo in aice an chladaigh, san áit ar shocraigh a sinsir síos inti i ndiaidh a theacht chun na Rosann dóibh céad bliain roimhe sin. Ar ndóigh, bhí tábhacht mhór leis an bhuailteachas nó ba mhór an cuidiú a leithéid leis na daoine a mhair thart cois cloiche a choinneáil beo ó cheann ceann na bliana. Théití chun na gcaorán is na gcnoc i dtús an tsamhraidh agus d'fhantaí thuas ansin go dtí deireadh an fhómhair ina dhiaidh sin. Mar sin, ba é an nós a bhí ann cuid den teaghlach a dhul go huachtar tíre sa tsamhradh. D'fhanadh an chuid eile sa bhaile in íochtar tíre. An mhuintir a théadh suas bhíodh an t-eallach leo agus is cinnte go mbíodh an t-athrú saoil seo ina chuidiú mhór ag na daoine agus ag an eallach ina dhiaidh sin. D'fhágadh na daoine an Chruit, an Céideadh, na hArlannaí agus an Chloch Ghlas i mí na Bealtaine ag dul ar buailteachas go Mín Beannaid, go Croich Uí

Bhaoill, go Mín an Tóiteáin nó go Cnoiceach Mór, cuirim i gcás. Thógadh siad bothóga fód i dtús ama ach rinne siad tithe cloch ansin ina dhiaidh sin, de réir mar a bhí bealach acu. Chruinníodh siad clocha leis na ballaí a thógáil agus i gcás díon a chur orthu, bhí a leithéid sin furasta go leor, nó bhíodh adhmad portaigh fairsing sa taobh sin tíre agus ar ndóigh, ní bhíodh moill orthu tuí a chur orthu le feagha, cíb, cuiscreach agus an cineál sin. D'fhág sin go mbíodh na tithe in uachtar tíre seascair go leor de réir mar a chuaigh na blianta thart. Leanadh den bhuailteachas sna Rosa go dtí aimsir an Chéad Chogaidh Mhóir (1914-1918). Measaim go gcaitheadh sé gur chuidigh an nós le méadú an daonra an uair sin. Bhíodh dhá chónaí ag teaghlaigh dá bharr, ceann in íochtar tíre in aice na farraige agus ceann eile fá na caoráin agus fá na cnoic in uachtar tíre. As a chéile chuaigh daoine a dhéanamh cónaí buan fán uachtar, agus rinne siad gabháltais úra dóibh féin ann. D'fhan gaol agus dáimh idir an dá dhream go ceann i bhfad, cé gur fhuaraigh sin le himeacht aimsire. Is mar sin, measaim, a bhrostaigh an buailteachas an daonra sna Rosa.

Ní raibh aon bhaile ar Eastát Chonyngham i dtús báire, ach ansin san ochtú haois déag, bunaíodh sráidbhailte ag áiteacha mar an Clochán Liath agus na Gleanntaí. Bhunaigh an Tiarna Conyngham aonach ag Dún na Cloiche sa bhliain 1685, agus athraíodh chun an Chlocháin Léith é céad bliain ina dhiaidh sin. D'fhóir sé san am go mbeadh an t-aonach ag Dún na Cloiche, ach ó bhí pobal uachtar tíre ag méadú in imeacht na gcéad bliain sin, rinneadh amach gurbh fhearr a d'fhóirfeadh sé an t-aonach a bheith ar an Chlochán Liath ina dhiaidh sin. Go dtí sin, bhí suim mhór ag an Tiarna Conyngham in Inis Mhic an Doirn, agus mar sin, bhí sé de rún aige lárionad riaracháin dá Eastát i dTír Chonaill a bheith ar an oileán sin. Bhí rún ag muintir Chonyngham tionscal mór iascaireachta a bhunú ar an chósta agus go mbeadh Inis Mhic an Doirn mar lárionad ag an obair sin go léir. In aimsir Pharlaimint Ghrattan, idir na blianta 1784 agus 1787, thug rialtas na hÉireann deontas de £50,000 le cabhrú leis an iascaireacht ansin, The North West Fishery, mar a bheirtí uirthi, agus caitheadh an t-airgead seo ar fheabhsú áiseanna iascaireachta an Eastáit. Tógadh céanna, tithe cónaithe, teach ósta, teach custaim, bádchlós agus stórais san áit, agus bhí an chuma ar an scéal go raibh rath agus bláth i ndán don áit feasta. Ach níorbh amhlaidh a bhí. Thréig na scadáin na Rosa sa bhliain 1793 agus thit togra an North West Fishery as a chéile ar fad. D'fhág agent Chonyngham Inis Mhic an Doirn agus ba ina dhiaidh sin a rinneadh forbairt ar Ailt an Chorráin agus ar an Chlochán Liath. Tá lorg na hoibre seo uilig le feiceáil in dhá logainm Béarla a úsáidtear go coitianta fo fóill. Le linn don Diúc Rutland a bheith mar Fhear Ionaid an Rí i mBaile Átha Cliath a rinneadh forbairt ar Inis Mhic an Doirn, mar sin athbhaisteadh Rutland Island ar an oileán sin. Mar an gcéanna, siocair gurbh é William Burton Conyngham a thóg céidh, stóras agus teach aíochta ag Ailt an Chorráin san am, tá a ainm, Burton's Port, ar an áit ó shin.

San ochtú haois déag, agus go háirid le linn Chogadh Napoleon ag deireadh na haoise sin, bhuail eagla na Sasanaigh go dtiocfadh feachtas ón Fhrainc go hÉirinn agus, mar sin, rinneadh iarracht ar dhaingne a thógáil thart ar an chósta uilig. Tógadh beairic ar an Mhín Mhór in aice leis an Chlochán Liath, a raibh áit lóistín do chéad saighdiúir inti. Nuair a ritheadh Acht na hAontachta, rinneadh socrú ar thúir faire a thógáil thart ar chósta na hÉireann. Tá dhá cheann acu sin sna Rosa, ceann ag an Chruach in aice leis an Mhachaire agus ceann ag Mullach Dearg in aice le Ceann Caslach. Tógadh teach solais in Árainn Mhór sa bhliain 1798 fosta.

Mhéadaigh pobal na Rosann sa tréimhse seo fosta agus lean an méadú sin go dtí go dtáinig an Gorta Mór, 1845-50. Mar sin, bhí corradh maith is 10,000 duine sna Rosa nuair a tháinig tubaiste an Ghorta, nó mar a bheireadh na seandaoine air, aimsir an Drochshaoil. Ainneoin go raibh an Gorta olc go leor sna Rosa, ní raibh sé chomh holc anseo is a bhí sé in áiteacha eile. Mar sin féin, bhí sé dona go leor. Ní thig linn a rá go beacht ach oiread cé mhéad duine a fuair bás ón ocras an uair sin, nó níor tosaíodh ar chlárú na mbásanna go dtí an bhliain 1864. Fuair oiread daoine bás le hanás agus le fiabhras agus a fuair den ocras féin. Bunaíodh Coiste Faoisimh anseo sna Rosa sa bhliain 1846 agus choinnigh siad ag feidhmiú go dtí go raibh géibheann an Ghorta thart, ceithre bliana ina dhiaidh sin. Ba iad seo a leanas baill an choiste: an tAthair Séamas Mac Daeid, Sagart na Paróiste; an tUrramach Walpole

Griffith, Ministir an Mhachaire; Francis Forster, JP, Roshine Lodge; Ceannaire na nGardaí Cósta in Inis Cú, R.K. Thompson; agus an Dochtúir George Frazer Brady as Gaoth Dobhair. Tháinig a lán bidh as Learpholl ar shoithigh de chuid chabhlach na Sasana agus cuireadh i dtír é ag cuan Inis Mhic an Doirn agus ag áiteacha eile thart ar chósta na contae seo. Stóráladh an bia seo go sealadach sna stórais a bhí ag cuan Inis Mhic an Doirn agus tugadh amach go hAilt an Chorráin é ina dhiaidh sin agus coinníodh é sa ghránlann mhór a thóg William Burton Conyngham ansin, seachtó bliain roimhe sin. Le cois go dtearnadh an bia seo a riar ar mhuintir na tuaithe sa cheantar, is cinnte gur cuireadh cuid de fosta chun an Chlocháin Léith, chun na nGleanntach, agus chuig áit ar bith eile a mbíodh iarraidh air. Cé gur mar stóras bidh a tógadh gránlann an Tiarna Conyngham i dtús báire, úsáideadh í ar bhealaí eile aimsir an Drochshaoil. Bhí ospidéal beag i gcuid amháin den ghránlann seo, isolation hospital mar a bheirtí air, agus coinníodh daoine a raibh an fiabhras orthu ansin a fhad is mhair géibheann an Ghorta. Cuid de na hothair a fuair bás ansin, in áit iad a thabhairt go dtí an reilig lena gcur, cuireadh iad i ngarradh an tí ansin. Ní raibh an ghránlann seo ach céad slat ar shiúl ó theach agent an Tiarna Conyngham, Robert Russell, agus thug báillí an tiarna lámh chuidithe don mhuintir a bhí ag freastal ar na bochtáin ansin. Bhí ionad brat in aice an ospidéil a bhí ansin agus ba iad báillí an tiarna a bhí á reáchtáil. Is cinnte go mbíodh a lán daoine ag tarraingt ar Ailt an Chorráin na laetha sin. Ina measc, bhíodh an Dochtúir Brady as Gaoth Dobhair, nó bhíodh airsean cuairt a thabhairt ar an ospidéal agus ar Árainn Mhór cúpla uair sa tseachtain. Bhíodh oibrithe deonacha ag teacht chun na háite agus a lán oifigeach ó Bhord na nOibreacha Poiblí, iad sin a mbíodh cúram na scéimeanna faoisimh orthu. Chomh maith leis sin, bhíodh oibrithe deonacha ó chumainn charthannachta, ar nós Chumann na gCarad nó na Quakers ag siúl na tíre an tráth sin. Thigeadh siad chun na háite agus théadh siad chun cainte le baill den Choiste Faoisimh agus le Robert Russell, agent an Tiarna.

Bhí siopa agus ionad bidh ag an Tiarna Hill ar an Bhun Bheag fosta agus théadh daoine as Mullach Dubh, as an Bhráid agus as Anagaire anonn ansin le bia a fháil. Mar sin, ní bhíodh moill ar dhaoine bia a fháil an uair sin dá mbíodh airgead acu lena cheannacht. Cuireadh oibreacha faoisimh ar bun ar fud na paróiste an uair sin le bealach a thabhairt do dhaoine airgead a shaothrú le go gceannódh siad bia leis. I ndáiríre, ní hobair a bhí a dhíobháil ar na daoine san am, nó bhí siad i laige bhrí san am le hocras agus le tinneas. Teas, aire agus cothú a bhí a dhíobháil ar dhaoine na laetha sin. Naoi bpingine sa lá an pháighe a bhíodh ag fear oibre ar na scéimeanna faoisimh an uair sin .i. ceithre scillinge is sé pingine sa tseachtain. Rinneadh bealaí móra úra agus cóiríodh bealaí eile. Tugadh iarraidh ar chéanna a dhéanamh i gcúpla áit agus tógadh bádhúin nó ballaí móra arda thart ar thalamh na dtiarnaí agus ar thalamh a gcuid agents, mar shampla, Teach na nGardaí Cósta in Inis Cú agus fosta thart ar chuid talaimh na hEaglaise Protastúnaí ar an Mhachaire agus ar an Tearmann. Tá na ballaí sin le feiceáil sna háiteacha seo go fóill.

Is cinnte gur luigh cruatan agus ampla an Ghorta go mór ar na daoine in Árainn Mhór an uair sin fosta. Ba sa bhliain 1848-49 a dhíol an Tiarna Conyngham cuid Áranna Móire agus Inis Caorach den eastát le tiarna talaimh as Béal Feirste darbh ainm John Stoupe Charley, gníomh nach raibh le leas na n-oileánach. De réir dhaonáireamh 1841, bhí 1,483 duine ina gcónaí in Árainn Mhór agus rinne an tiarna úr, Charley, amach go raibh barraíocht ansin, in áit bheag a bhí chomh bocht léi. Mar sin, ba é an cinneadh a rinne sé cúpla céad acu sin a chur ar imirce go Ceanada i ndiaidh dó a theacht chun na háite. Chuir sin tús leis an imirce go Meiriceá agus leanadh den imeacht sin ar feadh céad go leith bliain.

Ba sa chéad leath den ochtú haois déag ba mheasa na Péindlíthe; ní bhíodh tithe pobail ná sagairt ag na daoine. Bhí carraigeacha Aifrinn ar fud na háite agus deirtí Aifreann acu seo nuair a bhíodh sagart ar fáil lena rá. Tá na háiteacha sin ainmnithe i mbéal an phobail riamh ó shin: Ard an Aifrinn, Malaidh na hAltóra, Loch na hAltóra, Ailt an Scáthláin agus cinn eile nach iad. Ní raibh na Péindlíthe chomh dian i ndiaidh Bhriseadh Chúl Lodair sa bhliain 1746 agus ba idir sin agus 1782 a bhí sé de dhánacht ag daoine scáthláin a thógáil mar fhoscadh ag an tsagart agus é ag rá an Aifrinn amuigh faoin spéir. Is minic gur ar láithreacha na scáthlán sin a tógadh na tithe pobail ina dhiaidh sin. Bhí eaglaisí i gCeann Caslach, in Árainn Mhór agus ar an Chlochán Liath ón dara leath den ochtú haois déag amach. Tithe ceann tuí a bhí iontu sin, ar dtús, ach fuarthas deis árais ní b'fhiúntaí a thógáil i ndiaidh Acht Fhuascailt na gCaitliceach in 1829. Tógadh tithe pobail úra i gCeann Caslach agus ar an Chlochán Liath sa bhliain 1856 ach níor leor iad le freastal ar na paróistí sin, agus an méadú mór a bhí ar dhaonra na háite. Mar sin tógadh tithe pobail úra ó dheireadh an naoú haois déag amach; in Anagaire in 1894, i Leitir Mhic an Bhaird in 1896, in Ailt an Chorráin in 1899 agus i Mín na Croise i 1934.

Ní raibh scoltacha ag ár sinsir san ochtú céad déag nó bhí sé crosta ag na Péindlíthe a leithéid a bheith acu. Níor tosaíodh ar na Scoltacha Náisiúnta go dtí an bhliain 1831 ach bhí scoltacha príobháideacha ag na Protastúnaigh sna Rosa ar an Mhachaire, ar an Chlochán Liath, ar an Charraig Fhinn agus in Inis Mhic an Doirn roimhe sin. Thug Acht an Oideachais sa bhliain 1831 cead do Chaitlicigh scoltacha a bheith acu ach níorbh ionann sin is a rá gur tógadh scoltacha i ngach áit ar fud na tíre go luath ina dhiaidh sin. Ní raibh sé furasta tithe scoile a thógáil agus an t-am a bhí ann. Bhíodh ar na daoine sciar de chostas na dtithe scoile a dhíol agus ba mhinic nach mbíodh sé d'acmhainn ag daoine a leithéid sin a dhéanamh. Bhí na daoine beo bocht san am mar go mbíodh cíos agus deachmhaithe le híoc agus gan aon tionscal sa tír le go bhféadfadh siad scilling a shaothrú. Bhí an Gorta ag bagairt orthu san am, agus bhí costas trom le tógáil na dtithe pobail ar thrácht mé roimhe seo orthu.

In amannaí ghlacfadh an tiarna talaimh nó agent an tiarna as láimh an scoil úr a thógáil, ach go minic ba iad na sagairt nó na ministrí Protastúnacha a dhéanfadh a leithéid. Cuirim i gcás, tá sé suimiúil gur tógadh an chéad scoil náisiúnta a bhí ar Oileán Thoraí sa bhliain 1839 agus nár tógadh scoil ar na Gleanntaí ná ar an Chlochán Liath go dtí 1842. Ach, ar ndóigh, bhí cúis leis sin. Bhí teach solais ar Oileán Thoraí le seacht mbliana roimhe sin agus ó tharla foireann an tí solais a bheith ina gcónaí ansin agus páistí acu, creidim gur chuir Oifig na dTithe Solais brú ar na húdaráis scoil náisiúnta a bhunú ansin. Mar sin, bhí scoil faoin chóras úr acu i dToraigh i bhfad sula raibh a leithéid acu in áiteacha eile.

Lean deacracht eile bunú na scoileanna náisiúnta, is é sin, nach raibh sé furasta múinteoirí a fháil dóibh. I dtús ama, múinteoirí gan oiliúint a bhíodh ina mbun, nó ní raibh Coláistí Oiliúna sa tír go fóill. Sa bhliain 1838 bunaíodh Coláiste Mhaoilbhríde (The Marlborough Training College) i mBaile Átha Cliath agus tháinig feabhas ar oiliúint mhúinteoirí ina dhiaidh sin. Bunús na múinteoirí a tháinig go dtí na Rosa sa naoú céad déag b'as áiteacha eile ar fud na tíre iad. Bhí a lán acu gan focal Gaeilge agus déarfainn gur bheag a gciall agus a dtuigbheáil ar shaol na háite. D'fhan iomrá ar chuid de na múinteoirí sin sa bhéaloideas ina dhiaidh sin, cuirim i gcás, Maitiú Seoighe (Matthew Joyce) i gceantar an Chéididh; John Bell i gcás Inis Fraoich agus Rinn na Feirste; agus John Burke agus William Heaslip a chaith sealanna ag múineadh in Árainn Mhór. Fosclaíodh an chéad scoil náisiúnta in Oileán Uaighe sa bhliain 1848 agus b'fhear as Contae Thír Eoghain, Pádraig Mac an Bhaird, an chéad mháistir a bhí uirthi. An bhliain dar gcionn (1849), fosclaíodh scoil náisiúnta ag Béal na Cruite agus ceapadh Mac an Bhaird ina mháistir uirthi. Mar sin, is cosúil nár chaith sé ach aon bhliain amháin in Oileán Uaighe. Tháinig sé go Scoil an Chéididh ina dhiaidh sin agus chaith sé an chuid eile dá shaol ansin.

Bhí déanamh an phoitín leitheadach sa naoú céad déag agus ba mhinic na húdaráis (An R.I.C. agus na Ribhínigh) ar thóir lucht a dhéanta. Bhí beairic ag na péas ar an Chlochán Liath ó bhí 1830 ann. In 1851 bunaíodh stáisiún don R.I.C. in Anagaire agus in 1855 fosclaíodh beairic in Árainn Mhór. I nGaoth Dobhair, in aimsir Chogadh na Talún, tugadh péas as na stáisiúin máguaird go háiteacha i nGaoth Dobhair ar measadh gnoithe a bheith leo. Bhí ocht gcloigne péas in Árainn Mhór an uair sin agus chuirtí sé cloigne acu go Gaoth Dobhair achan seachtain a fhad is a mhair na trioblóidí ansin. Chaithfeadh siad siúl an bealach ar fad as Ailt an Chorráin nó bhí baghcat ar phéas an t-am sin agus ní raibh aon duine sásta cuidiú leo. In 1895 druideadh an stáisiún a bhí ag an R.I.C. in Árainn Mhór agus fosclaíodh stáisiún úr dóibh ag Ailt an Chorráin. Mar sin bhí trí stáisiún ag an RIC sna Rosa; ar an Clochán Liath, in Ailt an Chorráin agus in Anagaire. Bhí siad ansin gur síníodh Conradh na bliana 1921 nuair a cuireadh deireadh leis an RIC agus go dtáinig na Gardaí Síochána ina n-áit.

Ó tharla nach raibh aon tionscal sna Rosa ach an iascaireacht, measaim gur maith is fiú dúinn cúpla focal a rá ina tairbhe. Bhí tábhacht leis an iascaireacht riamh. B'fhéidir nach raibh tábhacht leis mar thionscal in amanna ach ní raibh aon lá riamh ann nach raibh tábhacht léi le hanlann an dinnéara a chur ar fáil don mhuintir sin a raibh cónaí orthu thart cois cloiche.

Thagair mé do mhuintir Chonyngham agus don North-West Fishery roimhe seo. Leanadh den iascaireacht i ndiaidh Acht na hAontachta sa bhliain 1800 ach ní raibh an tábhacht chéanna léi is a bhí san ochtú céad déag. Ba ag tús an naoú céad déag a bhí bádaí Forster acu sna Rosa. Bhí cónaí ar Francis Forster ag Roshine Lodge in Ailt an Chorráin agus tá an chuma air go raibh sé ina thiarna talún ar pháirt de na Rosa .i. gur fothiarna a bhí ann ar chuid d'Eastát Chonyngham. Is cosúil go raibh cúpla bád iascaireachta ag an Tiarna Conyngham agus gurb é Francis Forster a bhí ceaptha chun amharc ina ndiaidh. De réir an bhéaloidis, bhain tragóid do na bádaí seo oíche amháin i dtrátha na bliana 1840 agus tháinig meath ar an iascaireacht sna Rosa ina dhiaidh sin. Mar sin, is beag an méid iascaireachta a bhí fá na Rosa in aimsir an Drochshaoil ina dhiaidh sin. D'fhan an scéal amhlaidh ar feadh daichead bliain, ó 1840 go 1880.

Sa bhliain 1880 a rinne sagart na paróiste, an tAthair Bernard Walker agus agent an tiarna talaimh, William Hammond, iarracht ar an iascaireacht a athbhunú san áit. Ba i dtrátha an ama sin fosta a bunaíodh an *Donegal Fishing Company* le hiasc a cheannacht ó na hiascairí, a phróiseáil agus a chur chun an mhargaidh. Fear as Londain darbh ainm John L. Sayers a bhunaigh an comhlacht seo agus ba é Samuel Guthrie an bainisteoir. Bhí stáisiún iascaireachta acu ag cuan Inis Mhic an Doirn agus lean siad de bheith ag obair ansin go dtí go dtáinig an Chéad Chogadh Mór sa bhliain 1914. Cheannaigh siad scadáin, bradáin agus gliomaigh agus ba mhaith iad ag iascairí na Rosann ina n-am. Bhí iascaireacht mhór scadán ar siúl i mBá Thráigh Éanach idir na blianta 1890-1910 agus ba mhór an cuidiú an *Donegal Fishing Company* don iascaireacht sin.

Ar na nithe eile a chuidigh leis an iascaireacht sin, bhí bunú an *Donegal Steamship Company* sna hochtóidí agus bunú Bhord na gCeantar Cúng go luath ina dhiaidh sin. Thug Bord na gCeantar Cúng bádaí agus eangacha do na hiascairí ar théarmaí a bhí thar a bheith réasúnta agus tugadh teagascóirí anall as Albain a mhúineadh scileanna na hiascaireachta d'iascairí na háite. Thug siad gach eolas do mhuintir na háite fosta ar shailleadh scadán agus ar an dóigh ab fhearr lena gcur chun an mhargaidh. Chuidigh an Bord go mór le hiascairí thart ar chósta na hÉireann, ach go háirid ar chósta thiar na tíre.

Ní i ngnoithe iascaireachta amháin a chuidigh Bord na gCeantar Cúng leis na daoine. Chuidigh siad le talmhaíocht an cheantair ar dhóigh ar bith a dtiocfadh leo a leithéid sin a dhéanamh. Rinneadh bóithre, droichid agus céanna áit ar bith a raibh a leithéid a dhíobháil. Rinneadh Droichead Ghaoth Beara in 1896 agus Droichead na Cruite i 1908. Cuireadh deireadh le Bord na gCeantar Cúng i 1923 i ndiaidh bhunú an tSaorstáit. Is minic an focal infrastruchtúr i mbéal na bpolaiteoirí inniu, ach d'fhéadfaí a rá gur bheag aird a bhí ar a leithéid sin go dtí gur thoisigh Bord na gCeantar Cúng breis is céad bliain ó shin anois! Agus, ós ag caint ar infrastruchtúr atá mé, ba mhór an chabhair ag muintir na Rosann nuair a tháinig an traein go dtí na Gleanntaí agus go Baile na Finne in 1895 agus go hAilt an Chorráin i 1903.

Ba sa bhliain 1893 a bunaíodh Conradh na Gaeilge agus go luath ina dhiaidh sin bunaíodh craobh den Chonradh in Ailt an Chorráin agus ar an Chlochán Liath. Ba chuid shonraíoch d'obair an Chonartha Feis Thír Chonaill a bhíodh ar siúl gach aon bhliain ag láthair dhifriúil ar fud na contae. Bhíodh an fheis i gcónaí ar an lá chéanna gach aon bhliain .i. Lá Fhéile Peadair is Póil, an 29ú Meitheamh. Tionóladh an Fheis trí huaire in iarthar na contae; in Ailt an Chorráin i 1914, ar an Chlochán Liath sa bhliain 1919, agus i nGaoth Dobhair i 1926. I gcás na teanga labhartha de, d'fhéadfá a rá gur labhraíodh an Ghaeilge go leitheadach ar fud na háite go dtí aimsir an Drochshaoil agus ina dhiaidh sin. De réir a chéile chuir daoine mar na péas, na Gardaí Cósta, lucht an tiarna talaimh agus na scoileanna náisiúnta síol an Bhéarla in Ailt an Chorráin agus ar an Chlochán Liath agus spréigh an teanga sin ar fud na háite ina dhiaidh sin. Féadaim a rá gur mar sin a bhí an cás ó dheireadh na haoise seo a chuaigh thart. Níl de Ghaeilge fágtha thart cois cladaigh sa lá atá inniu ann ach an méid atá le cluinstin fá cheantar Thráigh Éanach agus in Árainn Mhór. Bhí Gaeltacht láidir fá chomharsanacht Thráigh Éanach ag tús na haoise seo, agus go dearfa, nuair a smaointigh an tAthair Lorcán Ó Muireadhaigh coláiste Gaeilge a bhunú anseo i dTír Chonaill sa bhliain 1926, bhí sé idir dhá chomhairle cibé acu ba cheart dó í a bhunú i Rinn na Feirste nó fá chladaí Thráigh Éanach. Deir daoine fosta gurb é Seán Mac Maoláin a thug ar an Athair Ó Muireadhaigh rogha a dhéanamh ar Rinn na Feirste, rud a d'fhág Coláiste Bhríde ar an bhaile sin ó shin. Tá Coláiste Gaeilge i dTráigh Éanach anois le seal de bhlianta, cé gur coláiste bheag í. Cá bhfios nach aisti a thiocfas tús fáis le fréamh na teanga a chur ag borradh go láidir arís ar fud sheandúiche Dhonnchadh Scoite?

Aerfort Dhún na nGall, Carraig Fhinn
Donnchadh Ó Baoill 1996, le caoinchead Údarás na Gaeltachta

Nótaí

1. Úsáidtear an litriú atá ar Léarscáil 1 leis an tSuirbhéireacht Ordanáis, B.Á.C., 1993. Faightear an litriú *Inis Saille* fosta.
2. Féach *Na Glúnta Rosannacha*, Niall Ó Dónaill, (B.Á.C., 1956), lgh 87-89, áit a bhfaighfear malairt insinte ar an scéal seo. Aontaíonn an dá chuntas ar an ghortú a bhain do Dhonnchadh agus gur fágadh na Rosa mar dhúiche aige. De réir Néill Uí Dhónaill, mar sin féin, dream eile de na Dálaigh, sliocht Sheáin Rua Uí Dhónaill, a chuir fúthu in Inis Sáile. Dar ndóigh, ba cheart amharc fosta ar chuntas Mhicheáil Uí Dhomhnaill ar chath Dhoire Leathan, 1590, sa chnuasach seo, áit a ndéantar cur síos ar mar d'éirigh do dheartháir eile do Dhonnchadh, Dónall, nuair a thug sé dúshlán na hIníne Duibhe.

Loch Finne

Eoin McGarvey 2000

Baile na Finne
Colm Mac Aodháin

Bhí mé i mo mhac léinn ollscoile ag an am. Lá fuar, gruama a bhí ann roimh an Cháisc agus mé ar mo bhealach abhaile ó Bhaile Átha Cliath ar an ordóg. Bhí mé i mo sheasamh ar an bhealach fada go leor taobh amuigh de Bhealach Féich, tuairim is ar cheithre mhíle dhéag ón bhaile.

Sa deireadh, stop fear leoraí; shín sé anall agus d'fhoscail sé an doras domh. '*Hop in, caddie,*'[1] a deir sé liom. Shuigh mé isteach sa leoraí agus ar shiúl linn. Fear tostach a bhí i dtiománaí an leoraí agus níor labhair sé arís go raibh muid thar shráidbhaile na Brocaí. Bhí an Screig agus an Achla inár radharc anois. Seal beag eile agus bheinn sa bhaile. '*We're in dole country now, caddie,*' a deir sé go tobann, agus sinn díreach ag dul thar an chéad teach Gaeltachta ar an bhealach. Níl mé ag rá cé acu an raibh a fhios ag fear an leoraí, nó ar chuma leis, cé acu an Gaeltacht nó Galltacht a bhí sa tír a raibh sé ag dul fríthi.

Níor thaitin a chuid seanaimsearthachta liom. B'fhéidir gurbh é an fáth a bhí leis sin, go raibh cuid mhaith den fhírinne sa méid a dúirt sé. Is é an taobh tíre a thug le fios d'fhear an leoraí go raibh muid i gceantar an *dole*. A luaithe a thig tú aníos cois abhainn na Finne chomh fada leis an Bhrocaigh, fágann tú na míodúin ghlasa agus na cuibhrinn phreátaí agus arbhair i do dhiaidh. Cnoic agus caoráin atá ar do radharc; fraoch, fiastalach, tomóga luachra agus tomóga aiteannaí.

Trasna ón Bhrocaigh tá sliabh Gaigín agus na Cruacha Gorma. Anoir uaidh éiríonn an gleann féin níos doimhne. Ar an taobh thall den abhainn, tá Bailte Fraoich, Cró na Duinne, an Ghlaisigh agus Bailte Pádraig. Ar an taobh abhus tá an Chirc, an Mhóinín, Ard Bata, Ard Leathan, Leitir Bric, Mín na Gualanna agus Béal an Átha Móir.

I lár Bhéal an Átha Móir leathnaíonn abhainn na Finne amach ina loch beag seascannach, Loch Sifneach. Ina dhiaidh sin, níl inti ach sruthán beag caol, a cheanglaíos Loch Sifneach de Loch Finne féin. Os cionn Loch Finne, ar an taobh thall, tá an dá shliabh, an Screig agus an Achla, a luaigh mé roimhe seo. Siar ar a gcúl arís tá an ród eile a cheanglaíos na deich míle fhichead idir Bealach Féich agus na Gleanntaí, Bealach na gCreach, agus is ar an bhealach seo atá ceantar Éadan Anfa, nó an tÉadan, mar a deirtear go coitianta.

Tá an Screig agus an Achla i gcónaí ar d'amharc, mar a bheadh dhá gharda ann, agus tú ag tarraingt ar an cheantar s'againne, is cuma cén cearn as a mbíonn tú ag teacht. Más aníos ó Bhealach Féich atá tú ag teacht, tchífidh tú iad ar an chéad chorradh os cionn na Brocaí. Má tá tú ag teacht aduaidh ó Leitir Ceanainn, tá siad romhat amháin a théid tú thar bharr na Míne Rua. Má tá tú ag teacht aníos ó na Rosa, tá siad romhat ón uair a dtig tú go barr Mhalaidh an Charbaid, agus más aniar ó na Gleanntaí atá tú ag teacht, tá droim na hAchla leat agus an Screig ag nochtadh ar a cúl.

Idir an Screig agus an Achla tá Mínte Morgail agus Cró Cam. Ar an chéad ard ar thaobh na hAchla tá an uaigh ar a dtugann siad uaigh an Fhearghamhain, is é sin, Fearghamhain Mac an Fhir Léith, gaiscíoch de chuid Fhianna Éireann.

Tá uaigh an Fhearghamhain marcáilte ag na seandálaithe, dálta cúpla céad uaigh eile dá leithéid ar fud Éireann. Is furasta a shamhlú gur fear uasal, mórfhlaith de chuid ríocht Ailigh, a tháinig anoir ó Ghartán a sheilg atá curtha anseo. Níl Gartán mórán le leath lae siúil ó Loch Finne. D'fhéadfá an fear seo a shamhlú ina sheasamh ar áit na huaighe lá Samhraidh agus na trí loch; Loch Muc, Loch na mBradán agus Loch Finne féin, faoina shúil, agus é ag rá leis féin agus lena chonairt nach raibh áit ar an domhan níos deise ná níos uaisle ná an áit ina raibh sé ina sheasamh; gur iarr sé ar a mhuintir ag deireadh a shaoil é a chur ansin, agus gurb é sin a rinne siad mar urraim dó. Cé go mb'fhéidir go bhfuil craiceann na fírinne air sin, b'fhearr liom féin a chreidbheáil gurb é an Fearghamhain atá dáiríre curtha ann—Fearghamhain, an gaiscíoch corr, a bhí umhal do Fhionn Mac Cumhaill suas go meán lae agus ansin a rinne neamhaird de an chuid eile den lá; an fear a phill ar bhruach Loch Finne in ainneoin na contúirte a bhí ag fanacht leis, agus in éadan thoil Fhinn Mhic Cumhaill, mar go raibh an ghrian ró-ard sa spéir nuair a fuair sé an t-ordú tiontó ar ais.

Chaill sé na trí chú a bhí leis sna bailte fearainn atá ainmnithe astu ar thaobh na hAchla; Deargchon; Graifín agus Loingseach (Sraith

Loingsigh).² D'ionsaigh an mhuc fhiáin a mharbh na trí chú Fearghamhain ansin. Chuala a dheirfiúr Finngheal an scread léanmhar ón taobh eile den loch. Shnámh sí trasna an locha a dhéanamh tarrthála air, ach chuir macalla na gcnoc ar seachrán í. Shnámh sí i dtreo an bhruaigh eile, ach chuaigh an ghruaig fhada fhionn i bhfostú ina cosa agus báitheadh í. Ainmníodh an loch as Finngheal ina dhiaidh sin, an loch a dtugtar Loch Finne air go dtí an lá inniu.

Tá an scéal sin an-lárnach i mbéaloideas an cheantair agus nochtann sé an dlúthcheangal sin a bhí riamh anall in intinn an phobail idir eachtraí móra agus áiteacha faoi leith ina gceantar dúchais, cé acu a bhaineas siad leis an stair oifigiúil scríofa, leis an seanchas béil nó níos minice arís, meascán den fhinnscéalaíocht agus den stair.³

In intinn mhuintir na gcathracha sa lá inniu, is ionann na Gaeltachtaí agus feirmeacha beaga atá rannta ag claíocha cloch. Ní mar sin atá an taobh tíre s'againne. Tá, agus bhí cuid mhaith de na feirmeacha measartha mór, le stoc eallaigh agus caorach ag na daoine. D'fhás siad acraí preátaí agus coirce fosta, dar ndóigh. Bhí na portaigh fairsing agus bhí a gcuid mónadh féin ag an uile theach cónaí. Bhí an bia i gcónaí fairsing agus ba lena gceithre chnámh féin a sholáthraigh siad an mhórchuid de—bláthach, min agus preátaí, mar a dúirt Seán Bán Mac Meanman ina chuid leabharthaí. Nuair a léigheas tú Seán Bán Mac Meanman gheibh tú léargas ar an cheantar atá an-chóngarach d'aisling De Valera. Pobal ionraice spioradálta, ina gcónaí i dtithe bláthmhara ceann tuí. Arbh fhéidir go raibh a leithéid amhlaidh sa cheantar seo?

Níl seanchas nó béaloideas ar bith fán Ghorta Mór sa cheantar a chuala mise, ach amháin scéal fá scaifte Connachtach a bhí ag trasnú na gcnoc ag tarraingt ar bhád Dhoire i mBliain an Drochshaoil. Fuarthas seachtar acu marbh leis an ocras agus féar ina mbéal i lár Bhéal an Átha Móir. Ní raibh a dhath le déanamh ach an claí a raibh siad ina luí ina éadan a thiontó isteach ina mullach mar uaigh. Déarfaidh daoine leat go fóill sa cheantar nach dtáinig urchóid ar bith ar an phobal. Cé mar a tharla sé, mar sin, go raibh Teach na mBocht ar na Gleanntaí lán go doras i mbliain an Drochshaoil le créatúir bhochta a bhí ag fáil bháis leis an ocras agus leis an fhiabhras?⁴

Na Gleanntaí

Bailiúchán Lawrence, An Leabharlann Náisiúnta (1880-1914)

Suas go dtí na seascaidí sa chéad seo bhí ospidéal beag ar na Gleanntaí a sheas ar shuíomh Theach na mBocht. Nuair a bhí siad ag réiteach amach na hoitreach leis an scoil chuimsitheach a thógáil ins na Gleanntaí, na blianta sin, tháinig siad ar líon mór cnámh i reilig neamhchoisricthe. Ní raibh scéala ar bith ar na daoine seo go dtí sin, ach chaithfeadh sé go raibh an rún ar eolas ag duine éigin. Ba bhocht an scéal é, nach raibh deasghnátha an bháis féin ag na creatúir bhochta a cuireadh faoi rún. Dar ndóigh, ábhar náire i gcónaí a bhí sa ghorta, agus ábhar náire fosta a bhí sa chréachta a scuab leis an oiread sin daoine, teaghlaigh iomlána go minic, anuas go dtí na caogaidí sa chéad atá díreach caite. Ach nach labhraíodh duine ar bith fá dtaobh de.

Is cuimhneach liom in mo pháiste agus mé ag teacht abhaile ón scoil, chuaigh mé suas ón bhealach, go díreach le fiosracht go dtí seanteach cónaí a bhí folamh.

'Ná gabh isteach sa teach sin!' a dúirt stócach go crosta liom. 'Bhí bás den chréachta sa teach sin, tá sé sna ballaí go fóill.'

'An bhfuair siad uilig bás?' arsa mise.

'Fuair leath acu bás agus ghlan an chuid eile acu leo go Meiriceá!'

Tá ballóga thall agus abhus in achan áit sa cheantar agus a scéal féin ag baint leis an uile cheann acu—boichtíneacht, imirce, ocras, fiabhras agus créachta. Níl mórán de na scéalta sin le fáil sna leabharthaí. B'fhusa agus ba phléisiúrtha i bhfad a bheith ag cur síos ar thithe bláthmhara ceann tuí le flúirse bláithche, mine agus preátaí. Ina dhiaidh sin is uile, dar liom go raibh dóigh níos fearr orainn ná mar a bhí ar na coiteoirí ar an Lagán, agus b'fhéidir go raibh, mar ba iad na coiteoirí ba mhó a d'fhulaing aimsir an ghorta.

Bhí m'athair ag cuartaíocht uair amháin i mbaile fearainn nach mbíodh sé ann ach go hannamh. Nuair a bhí an gnoithe déanta thug fear a tí—déarfaimid gur Con a bhí air—cuireadh isteach fá choinne braon tae dó. I ndiaidh an tae shuigh siad a chomhrá. Bhí Con ag déanamh mórtais as an méid a bhí aige. Bhí céad caora aige agus b'fhéidir go mbeadh sé ag cur scór eile leis sin ar an bhliain seo chugainn. Bhí fiche beathach eallaigh aige agus barr mór preátaí agus arbhar lena chois. Bhí seanduine, athair Chon, ina shuí sa choirnéal ag diúl ar a phíopa agus gan é ag rá mórán. Go tobann, bhris sé isteach ar an chomhrá. 'An bhfeiceann tú an tseanbhó sin thíos ag bun an chuibhrinn?' a deir sé, ag síneadh a mhéire i dtreo na fuinneoige. 'Is bocht an innilt atá thíos ansin aici. Níl ag fás ann ach fiastalach. Sin is uilig, d'fhéadfá an bhó sin a chur isteach sa mhíodún is fearr taobh thoir de Bhealach Féich, agus dá bhfágfá an bhearnaí foscailte tráthnóna d'fhágfadh sí an míodún agus dhéanfadh sí a bealach abhaile. A dhálta céanna ar Chon, fuair sé deis imeacht ach ní raibh sé ann fágáil. Tá stoc maith eallaigh aige cinnte, ach má tá féin, amharc ar an streachailt atá aige leofa. Tá an cuibhreann sin mór, fairsing ach tchíonn tú féin, níl cothú ann ach fiastalach. Is bocht an cothú sin. Tigeadh ruascán cruaidh siocáin san earrach agus ní bheidh ag fás ann go mí na Bealtaine ach oiread agus copóg. Is ansin a bheas Con ag reathaigh le rópa. Tá cuid mhór caorach aige fosta. Bíonn sé ar an chnoc ag siúl ina ndiaidh lá agus oíche. Tig sé isteach anseo go minic fliuch go craiceann. In ainneoin iomlán an tsiúil a dhéanann sé ina ndiaidh, cailleann sé líon mór acu. Déanann siad a mbealach siar ansin go ceann an bhaile an áit a bhfuil na polláin agus na locháin bháite agus cailltear iad. Cibé nádúr atá sa chaora bhocht téann sí i gcónaí san áit atá crosta uirthi. Sin mar atá cúrsaí le Con. Oibrí maith é cinnte, oibrí feidhmiúil, ach déanadh sé a sheacht ndícheall sna deich mbliana atá romhainn agus ní bheidh sé i dhath níos fearr as ná atá anois. Níl mise ag fáil locht ar bith air; nár chaith mé féin mo shaol ar an streachailt chéanna. Is daor ceannaithe atá an chríonnacht atá agam anois'.

Nuair a bhí an bolgam sin curtha thairis ag an tseanduine, bhí tost ann agus bhí sé in am ag m'athair imeacht. 'Is beag mórtas a bhí fágtha i gCon,' dar le m'athair, agus é ag insint an scéil ina dhiaidh sin.

Sin an rogha i gcónaí a bhí ag aos óg an cheantair, saol a chaitheamh ar fheirmeacha a choinneodh ón ocras iad cinnte, ach nach mbeadh faic le spáráil a choíche acu, cibé acu a bhí an fheirm is fearr ar an bhaile acu, dálta Chon, nó nach raibh. Sin is uilig, d'fhan go leor acu sa bhaile agus bhí go leor eile a phill ar an bhaile suas go dtí na caogaidí le pobal beo bríomhar a choinneáil sa tsiúl.

Cé go raibh dearcadh searbh místiúrthach ar shaol poiblí na hÉireann ag m'athair agus an dúfhuath aige do lucht cumhachta, idir pholaiteoirí agus chléir, go náisiúnta agus go háitiúil, mar sin féin, d'amharcadh sé siar go fonnmhar ar laetha a óige ag tús an chéid agus anuas go dtí an dara cogadh mór. Bhí an t-aos óg tógtha sa chloigeann le damhsa ach go háirid san am sin. San fhómhar agus iad ag glanadh amach cruacha mónadh is minic a théadh siad a chleachtadh coiscéim damhsa ar oitir an phortaigh. Bhí siad ábalta lorg na mbróg a fhágáil ar an phortach. Thiocfadh leo dearmad a dhéanamh den obair ar feadh tamaill. Bhí greann le baint as an uile eachtra phoiblí cibé acu bainis, baisteadh nó faire a bhí i gceist. Ach ba é an damhsa an caitheamh aimsire ab fhearr a bhí acu.

'Tá diabhal ar crochadh as achan chreata in achan teach damhsa sa pharóiste seo', a scairt an sagart Mac Pháidín ón altóir i dteach pobail Éadan Anfa agus ó altóir Bhaile na Finne, nuair a rinneadh sagart paróiste na nGleanntach de, ag tús an chéid. Ach in ainneoin an chaithimh anuas ar na tithe damhsa, níor chloígh sé an dúil a bhí ag an aos óg sna *highlands*, sna *polkas*, sna *mazurkas*, sna seiteanna, sa válsáil, sna *germans*, sna *lancers*, sna bairillí móra, sna bairillí beaga nó sna ceithre scór céim, nó mar sin, atá sa '*Mhaggie Pickens*'.

Ní raibh le déanamh ag sagart na paróiste sa deireadh ach teach damhsa a thógáil é féin. Is dóiche go raibh na creataí sa teach damhsa sin coisricthe le ruaig a chur ar na diabhail. Ní i ngan fhios don phobal a rinneadh dearmad ar an chathú atá le damhsa, ó tharla anois go raibh an sagart féin ag déanamh pingin mhaith as an damhsa chéanna. Ba mhór an phearsantacht é an tAthair Mac Pháidín. D'fhág sé a lorg ar cheantar Ghaoth Dobhair i bhfad sula bhfuair sé paróiste na nGleanntach. Sheas sé lena phobal féin in éadan na dTiarnaí Talaimh.

Bhí sé ar bheagán sagart ag an am a labhair i gcónaí leis an phobal ina dteanga dhúchais féin. Fiú amháin iad sin a raibh Gaeilge acu ó dhúchas bhí sé de nós acu labhairt leis an phobal i mBéarla. Bhí sé ina bhall gníomhach de Chonradh na Gaeilge. Ghlac sé páirt ghníomhach radaiceach sa díospóireacht ar cheist na teanga. San am chéanna, fear bródúil, lán mórtais a bhí ann, a raibh cuid mhaith den tiarnas a cháineadh sé ina phearsantacht féin. Thóg sé teach paróiste galánta dó féin ar an Gleanntaí a bhí chomh daor le caisleán ag an am. Cháin sé daoine ón altóir nach raibh ag tabhairt go leor airgid dó. Bhí bailiúchán speisialta aige le *flush lavatory* a chur sa teach úr.

'Cén sórt rud é an *lavatory*?' a dúirt seanbhean i nGleann Mór na nGleanntach le máthair an scríbhneora, Patrick McGill, nuair a tháinig an scéal amach go raibh scilling le cruinniú ó achan teach sa pharóiste fána choinne.

'Áit le huisce coisricthe a choinneáil,' a dúirt máthair McGill. Ach má bhí an mháthair géar, ba ghéire arís an mac. Tháinig Mac Pháidín faoi ionsaí fíochmhar ó McGill: '*The pot bellied priest with the shiny false teeth*,' an cur síos a rinne sé air i gceann dá chuid leabhar. Rinne sé amach go raibh an sagart ar aon dul le lucht gaimbín na nGleanntach, gur fháisc sé an phingin bheag agus an phingin mhór ó phobal na gcnoc.

Ba í an chléir i gcónaí an fhoinse ba mhó cumhachta sa cheantar, agus in ainneoin go raibh an dá phobal i mBaile na Finne agus in Éadan Anfa ina gCaitlicigh dhílse chráifeacha, a bheag nó a mhór, ba mhinic riamh anall a bhí teannas sa phobal idir cléir agus tuataigh. Dar ndóighe, ceann de na nathanna cainte sa cheantar é an abairt seo: 'Ní hé dlí na sagart déan mar a dhéanaim ach déan mar a deirim!' Bhíodh siad amhrasach, mar chléir, fá chumainn rúnda fosta, cuirim i gcás, i bhfad siar, fá na *Mollie Maguires* agus fá dhreamanna eile dá leithéid a chuir in éadan na dTiarnaí le lámh láidir.

Bhí na poblachtaigh i gcónaí soiniciúil fán mhuintearas a bhí idir an chléir agus lucht gaimbín an cheantair, mar shampla, muintir McDevitt ar na Gleanntaí, agus ar an taobh eile Manus McFadden i nGleann tSúilí. Bhí an impireacht a thóg Mánas Mac Pháidín, tógtha ar chraos, ar shaint agus ar mhí-ionracas. Dá ainneoin sin, níor cáineadh riamh é ó altóir ar bith. Caidé mar cháinfí? Bhí sé ina ghnás ag Mánas trí scór go leith punt a thabhairt don uile shagart úr a tháinig go deoise Ráth Bhoth le troscán tí a cheannach, má b'fhíor. Ba lena anam agus lena chiúnas a cheannach a dhéanadh sé sin, de réir mar chonaic daoine áirithe an scéal. Ní raibh aon léann foirmeálta ar Mhánas ach ba mhaith an tuigbheáil a bhí aige ar an dóigh a n-oibríonn an chumhacht. Bhí sé istigh chomh maith sin leis an chléir gur éirigh leis a mhac féin a chuir chun tosaigh le beannacht an easpaig i Leitir Ceanainn mar MP do na náisiúntóirí i nDún na nGall go dtí gur scuabadh as oifig go deo iad i 1918.

Is in éadan Mhánais Mhic Pháidín a heagraíodh an chéad stailc riamh sa cheantar s'againne nuair stad na mná de chniotáil dó. Bhí ar Mhánas airgead dúbailte a dhíol leo le deireadh a chuir leis an stailc, rud a thaispeánas chomh híseal agus a bhí a luach saothair ar son a gcuid fóinte.

D'éirigh an teannas idir Poblachtaigh agus an chléir i bhfad níos measa i rith chogadh na saoirse agus bhí naimhdeas foscailte ann i rith an chogaidh chathartha nuair a thacaigh cuid mhór den chléir leis an Saorstát. Níor ligeadh na heachtraí a tharla sa tréimhse sin riamh i ndearmad, cé nár labhraíodh amach fá dtaobh díobh ach oiread. I rith mo shaoil chuala mé an liodán seo ráite go leathíseal fán chléir:

> Tá craos cumhachtach orthu,
> lorg siad agus fuair siad a mbealach féin ar an uile rud,
> i gcónaí ag déanamh neamhairde de thoil an phobail,
> fuair siad gradam agus urraim nach raibh tuillte acu;
> iad féin a bhí ciontach as na peacaí marfacha—an díomas agus an tsaint.

Níor dúradh aon chuid de seo riamh go hoscailte, ná ní raibh riamh díospóireacht fá na nithe seo idir sagairt agus pobal sa cheantar. Bhí an cultúr féin in éadan a leithéid de dhíospóireacht, is é sin, an cultúr a chothaigh an eaglais féin agus an cultúr a chothaigh an pobal. Mheas siad go raibh sé dímhúinte agus contúirteach dáiríre, aon rud a rá díreach le sagart nach raibh ag dul leis an bharúil a bhí aigesean. Bhí go leor scéalta ag dul thart fá shagairt, daoine a cháin sagart agus nach raibh lá áidh riamh orthu ina dhiaidh, daoine ar tharla tubaiste mhillteanach dóibh féin, nó b'fhéidir do dhuine den teaghlach mar gur labhair siad go dímhúinte le sagart. Is cuimhne liom féin, i rith m'óige, eachtra nár fiú cuimhne a choinneáil air anois, nuair a cáineadh sagart agus dúirt comharsa liom ina dhiaidh agus é lán dáiríre, 'Ní baol daoibh, dá thairbhe sin,' (ag trácht ar an eachtra) 'ní raibh sé ag caitheamh an ribín ag an am. Is féidir leat do rogha rud a rá nuair nach bhfuil siad ag caitheamh an ribín!' B'fhéidir go raibh an ceart ag an chomharsa nó tá muid uilig beo go fóill.

Bhí baintreach in Éadan Anfa blianta ó shin a chuaigh isteach go tigh an tsagairt le hAifreann na Marbh a fháil léite dá fear a cuireadh faoi chlár go luath roimhe sin.

'Cé mhéad atá ar Aifreann na Marbh?' a deir sí.

'Ó, a bhean údaí,' a deir sé, 'Níl cuma ar an chaint sin! Níl luach ar bith ar Aifreann Dé.'

'Deir siad liom go gcaithfidh mé ofráil a thabhairt,' a deir sí. 'Cé mhéad a chaithfidh mé a thabhairt duit?'

'Ní chaithfidh tú rud ar bith a thabhairt domh,' arsa an sagart go foighdeach, 'ach tá gnás ann ofráil a thabhairt.'

Ach bhí an bhean ag cuartú sásaimh ar a ceist.

'Cé mhéad atá ar an ofráil?' arsa sise arís.

'Ó, a bhean mhodhúil,' a deir sé, 'níl luach ar bith ar an ofráil ach is minic a bheir daoine sa pharóiste seo 4 scillinge mar ofráil d'Aifreann na Marbh.'

Chuartaigh an bhaintreach ina mála. Sa deireadh tháinig sí amach le píosa dhá scilling. Shín sí trasna chuig an sagart é:

'Seo dhuit', a deir sí, 'abair leat air sin, cibé a fhad is a rachaidh sé!'

Chuaigh mise go scoil Bhéal an Átha Móir sna caogaidí agus, ag an am, bhí trí scór páiste ar an scoil. Bhí go leor páistí ag tarraingt ar scoltacha eile an cheantair, is é sin, scoil Ghleann Léithín, scoil an tSealagáin, Éadan Anfa, Cnoc Leitreach, Graifín, Loch Muc, Ceann Garbh, Leitir Bric agus Cnoc Taobhóg. Tá siad uilig druidte síos anois ach triúr, mar atá, Leitir Bric, Éadan Anfa agus Baile na Finne. Ní hé go bhfuil pláigh pháistí ag freastal ar cheann ar bith de na scoltacha sin atá fágtha ach oiread. As na trí scór páiste a bhí ar Scoil Bhéal an Átha Móir i 1956, ní raibh ach cúigear acu fágtha sa bhaile nuair a rinne cúpla duine againn suirbhé ar an cheantar i 1973. Tháinig tuilleadh acu ar ais ó shin ach ní phillfidh an mhórchuid acu choíche.

Ó tharla mé ag caint ar na scoltacha, b'fhéidir gur cheart domh trácht ar an sórt oideachais a fuair muid i mBéal an Átha Móir. Bhuel, fuair muid go leor foghlama de ghlanmheabhair, neart buillí le slat agus le cúl na boise, go háirid ag na ranganna creidimh. Ní raibh rang an chéad chomaoineach ró-olc. Ní thiocfadh an oiread sin a bhualadh ar pháistí seacht mbliana, ach bhí an donas amach ar an rang don dul faoi lámh easpaig.

'Beidh dul faoi lámh easpaig ann i mí na Bealtaine!' a deireadh an mháistreás ag tús na bliana. 'Idir seo agus mí na Bealtaine cluinfidh muid go leor snagarnaí agus caointe. Is ansin a luífeas an tslat oraibh go binn géar gortach.'

B'fhíor di. Bhí an drochádh orainne an Teagasc Críostaí úr a fháil, rud a bhí i bhfad níos toirtí agus níos ciotaí ná an Seanteagasc Críostaí. 'Cad is Dia ann?' 'Cad is duine ann?' Creid é, nó ná creid, ach ní raibh moill ar bith freagra a thabhairt ar an dá cheist sin, ach bhí muid ag snámh in éadan an easa nuair a chuaigh muid i ngleic leis na Deich nAitheanta agus le Seacht dTíolacthaí an Spioraid Naoimh.

Ceann de na blianta a raibh mé ar scoil chuir an Rialtas scéim ar siúl. Ní scéim oideachais a bhí ann ach scéim béilí do na scoláirí. Cuireadh trí nó ceithre phacáiste mhóra cócó nó púdar seacláide go scoil Bhéal an Átha Móir. Ní raibh le déanamh ach pota uisce galach a bhruith agus an púdar a mheascadh isteach ann. Rinneadh socrú le Bácús Uí Dhomhnaill i Leitir Ceanainn fosta '*buns*' rísíní a chur ar fáil dúinn uilig. Bhí na *buns* rísíní breá blasta an chéad bhliain agus, leoga, d'fhéadfadh an cócó a bheith blasta fosta ach ní raibh. Cibé nádúr a bhí sa mháistreás scoile, ní ligfeadh an chríonnacht di ach an spúnóg bheag ba lú a chur fríd an uisce, díreach oiread agus a chuirfeadh dath ar an uisce ach gan blas ar bith a bheith air! Ní hé go raibh an cócó gann nó bhíodh fuíollach i gcónaí ann ag deireadh na bliana. Chaith muid uainn é chomh luath agus a fuair muid a droim tiompaithe.

Chuaigh bliain thart agus bhí athrú Rialtais ann. Chaill O'Donnell Bakeries conradh na m*buns* rísíní faraor, agus tugadh an conradh do dhream eile báicéirí. Níorbh fhada i mbun oibre na báicéirí úra gur thosaigh na *buns* a dh'éirí níos lú agus níos lú, agus ar ndóighe, laghdaigh an méid rísíní a bhí iontu fosta. Sa deireadh bhí na *buns* chomh beag agus chomh cruaidh agus gan rísín ar bith iontu agus gur stad muid dá n-ithe bun barr. Chaith muid uainn iad, sin nó chaith muid ar a chéile iad. Thug muid fá dear nach raibh na héanacha dubha féin dá n-ithe. I ndiaidh tamaill ní raibh fiú na *buns* ag teacht agus ina n-áit chuir na báicéirí seanarán chun na scoile a raibh coinc air.

Chuala mé blianta ina dhiaidh go mbíodh na múinteoirí ag tabhairt amach go millteanach fán bháicéir a bheith ag baint mí-úsáide as an scéim. Ní raibh gar dóibh a bheith ag caint. Tháinig an scéim chun deiridh, dála mórán scéimeanna eile brocacha sna caogaidí.

Ach pillimis ar scéal an oideachais féin. Is ag deireadh na gcaogaidí a tháinig glúin úr de mhúinteoirí scoile ar aghaidh, Dom Mac Fhloinn agus a mhacasamhail. Thug siad leo oideachas an fichiú haois chomh maith leis an tsibhialtacht agus leis an daonnacht. Ach bhí sé rómhall do mhórán. Go fóill féin, ní raibh ach páiste thall is abhus a fuair scoláireacht a fhad le Coláiste Éinne i nGaillimh agus cibé ar mhian leis é, nó nár mhian, tháinig sé amach ina mhúinteoir scoile. Dar ndóigh, thiocfadh le buachaill nó cailín ar bith a dhul go Coláiste Deoise le bheith ina shagart nó ina bean rialta, ach ní cuimhin liom mórán acu ó scoil Bhéal an Átha Móir a ghlac an deis.

An bhliain a d'fhág mise an scoil chuaigh mé féin agus gasúr eile go dtí dhá mheánscoil éagsúla i mBaile Átha Cliath, ní de bhuíochas an státchórais, ach le cuidiú ónár ndaoine maithe muinteartha. Rud iontach annamh a bhí ansin an t-am sin. Is minice i bhfad a chuirfí stócaigh den aois sin go hAlbain a thoghadh preátaí. Théadh stócaigh ceathair agus cúig déag de bhlianta anonn go hAlbain ag tús an fhómhair leis na *tatty hokers*, agus gan rompu ach a bheith ina gcodladh i mbotháin agus ag sclábhaíocht sna cuibhrinn ar pháighe shuarach. Chuaigh sin ar aghaidh isteach sna seascaidí, ré na teilifíse, ré na mBeatles, ré phlean forbartha Whitaker agus Lemass. Córas sclábhaíochta a bhí ann ón ochtú haois déag aniar.

Is i lár na seascaidí a fógraíodh faoi dheireadh go mbeadh meánscolaíocht ag teacht go dtí an pharóiste. Is í paróiste na nGleanntach a bhfuil muid inti agus cuireadh in iúl dúinn gur ar na Gleanntaí a thógfaí an scoil úr. Chuir m'athair agus cúpla duine eile in éadan an phlean go tréan. Buille marfach a bheadh ann don Ghaeltacht an scoil a bheith suite i mbaile Galltachta, páistí Gaeltachta ag dul chun na Galltachta le hoideachas Béarla a fháil. Dar leosan, ba cheart an scoil chuimsitheach a thógáil sa Ghaeltacht. Chuir siad litreacha go dtí na páipéirí áitiúla ag míniú a gcáis dóibh. Chuir an feachtas fearg ar mhuintir na nGleanntach, ach mhol an sagart paróiste dóibh gan freagra ar bith a thabhairt ar an fheachtas. Gheobhadh seisean an scoil dóibh ar scor ar bith. Ní bheadh aon díospóireacht fá dtaobh de. Is ar na Gleanntaí a bheadh an scoil agus ba sin a raibh de. Ní nach ionadh, chuidigh sin le nós an Bhéarla a leathadh i measc an aosa óig.

Anois tá glúin daoine sna fichidí ar fearr leo Béarla a labhairt ná Gaeilge. Tá an ceantar i gcontúirt bháis mar Ghaeltacht, ach tá sé rófhurasta a bheith gruama agus éadóchasach agus ag iarraidh an locht a chur ar an aos óg. Tá sin cosúil le bheith ag gearán fán aimsir. Bhí rudaí níos fearr nuair a bhí muid óg ar an ábhar go raibh muid óg. Cé gur tógadh an scoil ar na Gleanntaí i ndeireadh báire, níor tháinig deireadh le spiorad bhunadh na gcnoc. Choinnigh siad orthu ag éileamh a gcearta mar phobal Gaeltachta. Faoi dheireadh, tugadh aird orthu agus bunaíodh Gairmscoil Bhéal an Átha Móir i 1982, ar bhonn bliantúil a chéad uair. Tá an fhorbairt ag dul ó neart go neart sa scoil ón uair sin ar aghaidh agus áiseanna nua-aimseartha teicneolaíochta agus spóirt den scoth le fáil ann. Tá thar chéad dalta ag fáil oideachais lán-Ghaelaigh sa scoil ó 1992. Fosclaíodh go hoifigiúil í i 1994 faoi ainm úr, a rinne comóradh ar dhuine de laochra cultúir an cheantair, Gairmscoil Chú Uladh. Tá duaiseanna náisiúnta bainte ag a cuid daltaí sa díospóireacht agus ag comórtas na n-eolaithe óga. Lena chois sin, tá Éigse Sheáin Bháin ag feidhmiú le roinnt mhaith blianta, ag gríosú na ndaoine i leith a n-oidhreachta staire agus cultúir.

Is é Peadar Mac Fhionnlaoich a bheadh sásta leis an chur chun tosaigh atá sa scoil seo, agus is maith an airí air an t-ainm. B'fhear é a raibh tuigbheáil dhomhain aige ar luach na hoidhreachta sin a bhí ar shéala a bheith caillte ina áit dúchais i nGleann tSúilí lena linn, ach a bhfeicfeadh sé taispeánadh air an uile uair dá dtugadh sé cuairt ar a dheirfiúr Máire Mhór sa pharóiste seo.

Dá gcuirfí ceist ormsa cén chomhairle a bhéarfainn dóibh a rachadh ar a leas mar phobal, ba doiligh domh a dhéanamh. Dar ndóigh, níor phill mise riamh ar an bhaile, mar a rinne mo dheartháir. Tháinig seisean, agus daoine eile diomaite de, chun an bhaile i ndeireadh na seascaidí, gan pingin ar thóin a bpócaí, gan gairm, gan post. Ach bhí an chiall acu a cheannaigh siad ina ndeoraithe ar shráideanna Londan, agus an teacht aniar a bhí riamh ina mbunadh. Is acusan atá na freagraí ar na cruacheisteanna atá le réiteach ag an cheantar seo; i ndiaidh a bhfuil de neamart déanta ann agus, go dearfa, sa chontae ar fad.

Mar sin féin, dá mbeinn le mo ladar a chur sa scéal, mholfainn go gcuirfí an ealaín agus an ceol chun cinn go láidir mar ábhair ar churaclam na Gairmscoile. Dar liom go bhfuil sé sin ar cheann de na bealaí is fearr agus is éifeachtaí le hoidhreacht a muintire a chur ar a súile don aos óg, sa chruth agus go mbainfidh siad taitneamh agus pléisiúr as. Sílim gur gné bhunúsach de spiorad an phobail é taitneamh an chaithimh aimsire, rud a chuideodh go mór le ceist na Gaeilge san áit.

Mar sin de, níl cuid deacrachtaí an cheantair seo réitithe ná baol air. Ceantar scoite atá ann, gan mórán fostaíochta le fáil taobh istigh dá chríocha. Mar sin féin, in ainneoin ar tharla le neamart na mblianta tá an pobal ann go fóill, agus tá comharthaí beaga dóchais ann go gcuirfear borradh agus fás úr i spiorad an cheantair, agus cé aige a bhfuil a fhios caidé an toradh a bheas air sin, lá is faide anonn ná inniu, faoi scáth na Screige agus na hAchla.

Cloch Mhairc Ghairmscoil Chú Uladh, Béal an Átha Móir

Eoin McGarvey 2000

Nótaí

1. Focal é seo atá coitianta i mBéarla Thír Chonaill, go háirithe sa taobh thoir den chontae. Is ionann é agus an focal a úsáidtear i gcúrsaí gailf ar na giollaí a chuidíos leis na himreoirí. Níl de bhrí leis sa chás seo ach 'buachaill,' nó 'stócach'.
2. Gheofar insint eile ar an scéal seo in *Na Cruacha: Scéalta agus Seanchas*, Áine Ní Dhíoraí, (B.Á.C., 1985), lgh 19-21. Ceithre chú a luaitear san insint sin, an Loingseach, an Mhárach, an Ghrafach, agus an Ghrubach. Tá áitainmneacha sa cheantar luaite leo fosta. Féach fosta James O'Kane, 'Placenames of Inniskeel and Kilteevogue', in *Zeitschrift für Celtische Philologie* Band 31 [1970] 59-145
3. Féach Shanklin, Eugenia, *Donegal's Changing Traditions* (New York, 1985), an áit ar shíl sí gur le gairid a fuair an Fearghamhain bás, nuair a hinsíodh an scéal di den chéad uair.
4. Tá cuid den scéal seo pléite ag Cormac Ó Gráda in *An Gorta Mór: Béaloideas agus Amhráin* (B.Á.C., 1994).

Leacht Cuimhneacháin Mhicí Simí Uí Dhochartaigh ar an Éadan Anfa

Máire Uí Cheallaigh 1999

Gleann Fhinne
Máire Uí Cheallaigh

Beidh mé ag trácht ar feadh scaithimh ar cheantar Gaeltachta Ghleann Fhinne agus ar cheantar na gCruach sa Ghaeltacht Láir, nó Gaeltacht na gCnoc mar is fearr liomsa a thabhairt uirthi. Ní hiontas Gaeltacht na gCnoc a thabhairt ar an limistéar seo, nó tá sé ag síneadh aniar ó na Cruacha Gorma go dtí Allt na Péiste ar an taobh thoir agus go Cnoc na hAmaid agus na Sí Rothaí ar an taobh thuaidh. Ritheann dhá abhainn mhóra fríd an cheantar seo, abhainn na Finne ó Loch Finne agus Abhainn an Ríleáin ó Loch Chruach Thiobraid. Ceantar álainn; ceantar stairiúil mar a léifeas sibh.

Tá Gaeltacht Ghleann Fhinne suite ar an taobh thiar de pharóiste Chill Taobhóige i gceantar na gcnoc. Ritheann Abhainn na Finne fríd an cheantar agus casann le hAbhainn an Ríleáin, a thig aniar ó cheantar na gCruach Gorm i bparóiste Inis Caoil. Tá Gleann Fhinne ag teorantacht le sé pharóiste, mar atá, Inis Caoil, Cill na mBard, Tamhan an Mhullaigh, Gleann tSúiligh, Srath an Urláir agus Ráth Bhoth. Ceantar garbh sléibhtiúil ar an chuid is mó é, ach go bhfuil sratha torthúla ar bhruach abhainn na Finne agus an Ríleáin. Tógáil caorach agus eallaigh an gléas beo a bhíodh ar mhuintir Ghleann Fhinne ariamh anall, chomh maith le curaíocht phreátaí, arbhair, chabáiste agus thurnapaí. Blianta an Chéad agus and Dara Cogadh Domhanda chuirtí líon, siocair go raibh éileamh mór ar an líneadach ó mhuilte lín sna Sé Chontae an t-am sin.

Paróiste ársa stairiúil í paróiste Chill Taobhóige. Tá iarsmaí caisil thall agus abhus i gcuibhreann ar bhruach Abhainn na Finne agus baile fearainn amháin ar a dtugtar an Caiseal air; rud a bheir le fios go raibh áitreabhaigh sa cheantar fadó, fadó. Tá bailte fearainn ar bhruach na Finne ar a dtugtar Clochán Mór agus Clochán Beag anois ach clacháin a bhí iontu sin ina raibh cónaí ar dhaoine roimh am na Críostaíochta. Tá caiseal ar an Chluain Chlaíoch,[1] atá céad fiche a haon troigh ar leithead, sé troithe go leith ar airde agus tá an balla 8 dtroithe ar doimhne. Tá dolmán ar an Mhóinín, agus stualaire ag Droichead an Támhphoill i nGlaiseach Daibhéid.

Tugtar Paróiste Chill Taobhóige ar an pharóiste mar gurb í Taobhóg Naofa a mhair le linn aimsir Naomh Pádraig a thóg an chéad chill nó teach pobail ansin. Ba de chlann Uí Dhuibheannaigh í, dream a shíolraigh ó Mháine, mac Niall Naoi nGiallach agus a bhí ina dtaoisigh ar réimse mór talún in oirthear Dhún na nGall. Ghlac siad leis an Chríostaíocht ó Naomh Pádraig é féin agus thóg Taobhóg an chill san áit a raibh an bradán ag léimnigh, an coileach fraoigh ag scréachaigh agus an fiach ag reathaigh. Bhronn an taoiseach cúig bhaile fearainn mar thalta eaglasta ar Thaobhóg: Coillte Fearghail, Baile an Teampaill, an Clochán Mór, an Clochán Beag, An Bhrocaigh agus Leitir Bric. Bhí cill an naoimh féin ar bhruach abhainn na Finne. Tá reilig Chill Taobhóige ansin go fóill. Tá ardán i lár na reilige agus deirtear go bhfuil fothracha trí theach pobail adhmaid curtha faoi. Tá ballóga mainistreach de chuid Ord Naomh Proinsís ón cheathrú haois déag le feiceáil ansin go fóill. Ghlac lucht na Plandála seilbh ar an áit i 1690. Tógadh teach pobail i gCoillte Fhearghail in 1825 agus an teach pobail úr i 1925. Mhair an creideamh a thug Taobhóg Naofa anseo sa 5ú haois agus an stair agus na hiarsmaí a bhaineas leis sa pharóiste go dtí an lá atá inniu ann.

Tá bealach fada uaigneach gan teach nó cró ar feadh cúig mhíle ar an teorainn idir an pharóiste seo agus paróiste Inis Caoil ar a dtugtar Bealach na gCreach. Ba sin an bealach a dtiomáineadh muintir Néill, an chreach, caoirigh agus eallach, a thógadh siad as Baíollach, agus níor thaise leis na Dálaigh agus na Baíollaigh díoltas a bhaint amach agus ruaig a thabhairt soir go Tír Eoghain le creach a thiomáint anoir mar an gcéanna.

Níl aon ghluaiseacht stairiúil dar tharla in Éirinn nár fhág a lorg ar pharóiste Chill Taobhóige, agus tá a gcuimhne beo i measc na ndaoine go fóill. Sa seisiú haois déag, ar an bhealach ón Róimh do Mhánas Ó Domhnaill, duine de Dhálaigh mhóra Thír Chonaill, thug sé cuairt ar Anraí VIII. Le linn a chuairte, gheall sé d'Anraí go mbeadh sé umhal dó agus go ruaigfeadh sé na sagairt as Cill Taobhóige, ach nuair a tháinig sé abhaile d'athraigh sé a scéal! Corradh maith le leathchéad bliain ina dhiaidh sin, d'fhág Plandáil Uladh lorg ar pharóiste Chill Taobhóige atá le feiceáil go dtí an lá inniu. Thairg Séamas I an talamh maith i bparóiste Ghleann Fhinne d'eachtrannaigh as an Bhreatain Bheag in 1609 agus tá a n-iolrach ann go fóill.

Nuair a ruaigeadh na manaigh as Mainistir Dhún na nGall chuir siad suas áit chónaí ar bhruach Loch Iascaigh ar chúl an Leachta Bháin. Thigeadh siad trasna na gcnoc ansin go Cruach Leac agus léigheadh siad Aifreann ag an scáthlán. Théadh siad soir Leitir Choilleadh agus anall na srathanna móra, a dtugtar Cosán na mBráthar air agus léadh siad Aifreann ag scáthlán an Choimín. Bhí mórán carraigeacha Aifrinn acu ar chnoc na Brocaí ach is é an ceann atá iomráiteach go dtí an lá inniu, Tobar na nAingeal ar an Bhinn Dubh cóngarach ag Baile Uí Chiaragáin, nó Baile na Sagart mar a thugtar air. Uair amháin, le linn am na bPéindlíthe, is cosúil go raibh manach de chuid Ord Naomh Proinsís a dtugtaí an Bráthair Bán air, ag léamh Aifrinn ar charraig ansin. Bhí slua mór ag éisteacht an Aifrinn ansin agus beirt fhear ag coimheád ar eagla go dtiocfadh an tóir orthu. Ach tháinig na saighdiúirí gan mhothú agus bhí sé ró-mhall ag an tsagart teitheadh. Leis sin, tháinig ceo trom a d'fholaigh an sagart agus an pobal, sheas aingeal sa cheo agus deirtear go dteachaigh na saighdiúirí thart gan duine nó deoraí a fheiceáil agus gur lean an sagart leis an Aifreann. Tá tobar san áit sin ó shin a dtugtar, mar a dúirt mé roimhe seo, Tobar na nAingeal air. Nítear turas ansin achan oíche Bhealtaine go fóill. Deirtear go bhfuil leigheas in uisce an tobair.

Nuair a briseadh ar arm na nGael a bhí á dtreorú ag an Easpag Eibhir Mac Mathúna ag Scairbh Sholais sa bhliain 1652 theith tríleann díobh aníos fríd Mhín an Fhir Rua agus isteach Gleann tSúilí agus an tóir ina ndiaidh. Nuair a tháinig siad trasna na Finne bhí arm na Sasana sna sála acu. Chaith na Gaeil an bhratach san abhainn agus tugtar Srath na Bratóige ar an áit sin ó shin. Lean na Gaeil leo agus an tóir ina ndiaidh soir bruach na Finne, síos Allt na Péiste go dtí áit ag bun chnoc Allt na Péiste. Rinneadh ár orthu ansin, fágadh marbh ar an léana iad. Tugtar Mín na gCnámh ar an áit sin ó shin. Blianta ina dhiaidh sin arís, bhí fir as Gleann Fhinne ag Cath na Bóinne i 1690 nuair a bhuaigh Liam Oráiste ar arm Shéamais II. Beirt a rinne cion fir in arm Shéamais sa chath sin ab ea an Leifteanant Mánas Dubh Ó Scanláin agus a dheartháir, an Caiftín Seán.

B'as Baile na mBan i lár pharóiste Chill Taobhóige an bheirt sin, agus tá a n-uaigheanna le feiceáil i reilig Chill Taobhóige go fóill. Tá leac greanta ar a n-uaigh agus pictiúr capaill, sciath agus cailís air agus na focla, 'Manus Scanlan, died 1709, Captain S. Scanlon, died 1719.'

Ní raibh deireadh leis an troid go fóill, mar sin féin. In Éirí Amach 1798 bhí Mánas an Phíce Ó Dónaill as Cill Mhic Néanáin i measc na nÉireannach Aontaithe. Rinneadh príosúnach de agus tugadh go Príosún Leifir é. Gealladh dó go ligfí saor é dá ndéanfadh sé comhrac aonair le marcach Sasanach. Ní raibh d'arm ag Mánas ach píce agus bhí an marcach faoi arm agus éideadh. Leag Mánas ón each é ach in áit é a ligean saor, is é rud a rinneadh é a sciúrsáil le fuipeanna. Tháinig an Tiarna Cabhán agus lig sé saor é de thairbhe a chrógachta. Bhí Mánas an Phíce pósta ar Bhríd Rua Ní Dhónaill as an Ghlaisigh i bparóiste Ghleann Fhinne. Tá fear cáiliúil eile as an áit ba chóir a lua sa tréimhse seo, cé nach le píce a bhíodh seisean ag obair! In 1801 a rugadh Isaac Butt, an fear a bhunaigh an páirtí Home Rule, i dteach an *Ghlebe* ag taobh reilig Ghleann Fhinne. Tá an teach breá sin le feiceáil go fóill agus tá ionad oidhreachta ar an Chlochán Bheag ina onóir anois. Bhí lucht Home Rule an-láidir ar an Bhrocaigh agus thug Parnell cuairt ar an áit ar a bhealach chuig slógadh ar na Gleanntaí.

D'fhág an Gorta Mór a lorg ar an pharóiste mar a tharla fríd Éirinn uilig. Bhí caisleán ag an Tiarna Styles i nGleann Fhinne agus bhí sé fearúil leis na bochta; tá an coire le feiceáil go fóill inar bruitheadh brat mine coirce agus brachán mine buí agus tá an fhuinneog le feiceáil sa bhalla, an áit a líontaí na cannaí do na créatúir ocracha. Thugadh sé cúpla punt de mhin bhuí sa tseachtain dá chuid tionóntaí. Rinneadh bealach mór i gceantar Mhín Ghiolla Chearraigh agus tugadh 3 pingine sa lá mar pháighe do na fir. Bhí Dálaigh na Glaisí go maith sa tsaol an t-am sin agus níodh siad coire brat agus thigeadh na hocracháin achan lá fá choinne gogán den bhrat. Mharbhadh siad bullán ramhar ó am go ham agus chuireadh siad an fheoil ar chrúbóg déanta as slatacha, agus théadh searbhóntaí amach fríd an Ghlaisigh ag rann na feola. Bhí ocras agus anró fríd Ghleann Fhinne in 1847, ach deirtear go raibh sé lán chomh holc in 1879. Bliain an Drochshaoil a tugadh go háitiúil ar an bhliain sin.

Am Chogadh an Talaimh bhí an *Land League* láidir i nGleann Fhinne. Ceannaíodh an talamh ar an chéad *sale* agus roinneadh ar na tionóntaí é. Choinnigh Lord Styles cead seilge agus iascaireachta dó féin. Tá seilbh ag áitreabhaigh Chaisleán an Chlocháin ar na cearta sin ó shin. Nuair a bunaíodh Sinn Féin seal gairid ina dhiaidh sin, bhí bunadh Ghleann Fhinne chomh héifeachtach le dream ar bith. Bhí cruinniú acu i gCró na Duinne agus fear de na Scanláin a bhí mar chathaoirleach. Bhíodh cúirt acu ar an Bhrocaigh. Bhí an Dr Ó Gormlaith a tháinig as Tír Eoghain mar uachtarán orthu. I rith Chogadh na Saoirse rinneadh luíocháin roimh na péas agus roimh shaighdiúirí na Sasana. Idir 1920 agus 1921 leagadh droichid agus dódh beairic an Eadáin agus beairic Bhaile na Finne, gearradh bealaí móra agus tógadh ráillí an bhóthair iarainn idir an Clochán agus Cró na Duinne, roimh arm na namhad.

Is beag duine nár chuala an t-amhrán *'Johnston's Motor Car'* fán éacht a rinneadh ag Droichead an Ríleáin i 1921. Bhí carr ag teastáil ón IRA le gunnaí agus baicle fear a thabhairt go dtí an Clochán Liath. Ní raibh aon charr san áit ach ceann a bhí ag an Dr Johnston i Srath an Urláir. Fuarthas sreangscéal nó teileagram ag Máistir Stáisiúin Bhaile na Finne, tháinig siad go dtí Oifig an Phoist ar an Bhrocaigh agus d'iarr ar chailín an phoist an teileagram a sheoladh chuig an Dr Johnston go raibh bean Uí Bhaoill as Tábhairne an Ríleáin le bás agus é a theacht chomh tiubh te agus a thiocfadh leis. Tháinig an dochtúir agus bhí luíochán déanta ag na buachaillí roimhe ag an Ríleán. Chuir siad a gcuid gunnaí isteach sa charr agus d'imigh chun an Chlocháin Léith. D'fhág siad an dochtúir ina sheasamh ansin. Rinne an file Liam Mac Giolla Easpaig an t-amhrán ina bhfuil na línte iomráiteacha '*You could hear the din going through Glenfin in Johnston's Motor Car*'. Is iomaí áit idir Éirinn agus Meiriceá a chan na deartháireacha Clancy an t-amhrán sin.

D'fhág Cogadh na gCarad a lorg ar an cheantar fosta. Bhí deartháir in aghaidh dearthára, mac in aghaidh a athar agus is iomaí caismirt a tharla. Is cosúil go dteachaigh scaifte fear faoi arm agus éideadh agus gunnaí go teach ar an Mhóinín Lá Lúnasa 1922.

Bhí siad tuirseach agus ocrach, fuair siad bricfeasta ansin agus d'imigh leo ag tarraingt ar na *Three Tops*. Ba ghairid go dteachaigh díorma de na *staters* suas fosta agus tháinig siad ar na h*Irregulars* gan mhothú. Bhí an scairteach le cluinstin thart fá na bailte uilig. Ba ghairid go dtáinig ciúnas; rinneadh príosúnaigh de na h*Irregulars* agus tugadh go caisleán Hayes iad i nDroim Bó. Nuair a d'éirigh rudaí níos ciúine i

1923, tháinig na Gardaí Síochána go beairic na Brocaí. Bhí cúigear gardaí agus sáirsint ann an t-am sin ach níl ach garda amháin ann anois. Bhí saol corrach ann ar feadh blianta i ndiaidh an tsocraithe agus choinnigh sé na gardaí gnoitheach.

Sa chianaimsir ní raibh cóir taistil ar bith ag na daoine ach ag siúl dá gcois. Corrfheirmeoir a bhí go maith sa tsaol, bhí capall agus trucail acu agus carr ar a dtugtaí 'trap'. Sin an t-am a raibh na carraeirí móra ag triall ó Ard an Rátha aníos fríd na Gleanntaí go Bealach Féich, agus ar aghaidh as sin go Doire. Thugadh siad lastaí de ghiosáin mhargaidh, butanna ime agus boscaí uibheacha síos go Doire agus bhíodh min, plúr, cófraí tae agus málaí siúcra agus neathanna eile leo go hIarthar Dhún na nGall. Bhíodh áiteacha ar an bhealach a stopadh siad le bia agus deoch a fháil: bhí ceann acu sin ag barr Bhealach na gCreach, Teach Thaillí a thugtaí air an t-am sin, ach Teach na dTaibhsí a thugtar ar an bhallóg anois.

Is iomaí luíochán a rinneadh orthu ar a mbealach agus tá áit i mBealach na gCreach go fóill a bhfuil cúpla uaigh le feiceáil. Is cosúil go mbíodh corrphaisinéir leo ag teacht abhaile ó Albain nó ón fhostú agus a dtuarastal saothraithe acu. Bhí na *Molly Maguires* gnoitheach sa cheantar, níor shíl siad faic de dhuine a chnagadh agus a chuid airgid a sciobadh. De réir a chéile tháinig an t-athrach. In 1895, ar an 3ú lá de Mheitheamh a rith an traein ó Shrath an Urláir chun na nGleanntach den chéad uair. Chuir sin athrú mór san áit, bhí stáisiún i nGort an Easa, stáisiún an Chlocháin, agus níor chosain ticéad fillte go Bealach Féich ach 10 bpingine.

I rith am na bPéindlíthe ní raibh cead ag Caitlicigh scoil a fhreastal nó scoil a reáchtáil. Thigeadh máistrí siúil go dtí an ceantar agus bhíodh rang acu i scioból nó in áit fhoscaidheach thall is abhus. Ar ndóigh, bhí scoileanna den chineál sin in achan cheantar sa tír i rith an ama sin. Is í an pháighe a bhíodh ag na máistrí sin, pingin an scoláire agus lóistín na hoíche in ascaí. Bhí scoil scairte ag fear darbh ainm Tarlach Dhearcais i Leitir Choilleadh. Bhí scoil ag an Mháistir Ó Ciarragáin i seanteach i Mín an Laig agus is cosúil gur thit an teach lá amháin agus murab é go raibh siad uilig amuigh bheadh siad marbh nó gortaithe. Bhí máistir eile darbh ainm Ciarragán Bacach ag teagasc ar an Gharbh Abhainn agus ina dhiaidh sin i Mín an Laig. I Leitir Bric bhí scoil scairte ar thalamh Uí Cheallaigh agus tógadh scoil náisiúnta ar an tsuíomh chéanna in 1868. Bhí scoil Ghallda i gcoill an Chlocháin do chailíní in 1850 agus scoil ghramadaí i mBaile an Teampaill. Bhí scoil scairte i Leitir Bric fosta. Chuaigh Caitlicigh go dtí na scoltacha Gallda sin agus ullmhaíodh iad do shacraimint dul faoi lámh easpaig. In 1792 tugadh cead do Chaitliceach teagasc sna scoltacha Gallda. Chuir Sir Charles Styles suas scoil thalmhaíochta i gCoill an Chlocháin agus bhí feirmeoireacht agus cúrsaí cócaireachta dá dteagasc ann. Tháinig na scoltacha náisiúnta i lár an 19ú haois. Cuireadh suas Scoil Náisiúnta an Choimín in 1840, Scoil Náisiúnta Bhaile Uí Chiarragáin in 1885, Scoil Náisiúnta na Brocaí in 1886, Scoil Náisiúnta Leitir Bric in 1868, Scoil Náisiúnta Ard Leathan agus Scoil Naisiúnta Bhailte Fraoich in 1886. Cuireadh suas scoltacha úra ó shin ach de thairbhe titim an líon daoine agus comhnascadh níl sa pharóiste anois ach Scoil Náisiúnta an Choimín a tógadh i 1948 agus Scoil Thaobhóige a tógadh i 1947.

Is iomaí duine iomráiteach a rugadh agus a tógadh i nGleann Fhinne. Fear feasa agus fear eolach ab ea Dónall an Chinn nó Dónall de Brún. Rugadh é in Achadh Bheithe in 1700 ach chaith sé an chuid ba mhó dá shaol fán Choimín, fá Bhaile Chiarragáin, fán Chluain Chlaíoch i dTóin Dubh san áit a bhfuair sé bás. Deirtear go raibh sé ábalta tairngreacht a dhéanamh. Is cosúil gur chodail sé amuigh lá breá Samhraidh agus nuair a mhúscail sé go raibh leabhar faoina cheann. Fuair sé iomlán a chuid eolais ón leabhar, ní raibh duine ar bith ábalta é a léamh ach é féin. Dúirt sé go mbeadh cóistí gan chapall ar na bealaí móra agus dá ndéanfadh coileach scairt sa Domhan Thoir go mbeadh sé le cluinstin sa domhan uilig. Dúirt sé sa séú bliain déag go mbeadh Éire dearg le fuil, san ochtú bliain déag go mbeadh na príosúin lán le daoine gan choir, agus an naoú bliain déag 'mo bhrón cá dteachaigh na fir?' Dúirt sé go mbeadh troid ar an mhuir, faoin mhuir agus sa spéir. D'inis sé go gcuirfí teach pobail úr suas i gCill Taobhóige ach seal ina dhiaidh sin go gcuirfí suas ceann ní ba mhó agus ní ba ghalánta agus gur sagart de mhuintir Ghallchóir a chuirfeadh tús air ach nach bhfeicfeadh sé tógtha é. B'fhíor dó. Fuair an Sagart Mór Ó Gallchóir bás i 1926 agus coisriceadh Teach Pobail úr Mháthair na Síor-Chabhrach i 1928.

Bhí teaghlach iomráiteach Mhic Loingsigh ina gcónaí i gceantar Mhín Bog. Is cosúil go raibh achrann idir Eoghan Mac Loingsigh agus Mánas

Dubh Ó Scanláin, ar thrácht mé roimhe air, a bhí in arm Shéamais II, agus a raibh talta aige i mBaile na mBan. Chuaigh Mac Loingsigh go Srath na mBrád agus thóg teaghlach mór ansin. Tháinig fear den dream, Éamann, mac Pheadair Rua, go Mín Bog agus thóg teaghlach mór ansin. Bhí duine eile den chlann ina shagart, an tAthair Peadar, a bhí ina scoláire iomráiteach agus a raibh grá mór aige don Ghaeilge. Bhí beirt acu ina múinteoirí, Éamann agus Seán. Ba é Seán, i gcuideachta Anna bean Uí Dhochartaigh, go ndéana Dia a mhaith uirthi, a bhunaigh Coláiste Gaeilge ar an Choimín agus is é an t-ainm a tugadh air nó Coláiste Cuimhneacháin an Athar Peadar Mac Loingsigh. Bhí an tAthair Peadar agus Seán mar uachtaráin ar Chumann Staire Thír Chonaill blianta ar leith. Iníon d'Éamann, an Dr Neansaí Nic Loingsigh, a bhí ina dochtúir iomráiteach i nGleann Fhinne, go dtí a bás i 1988, beannacht Dé léi.

Bhí lucht seanchais agus béaloidis go leor sa cheantar agus tá cuid mhór de sheanchas Johnny Willie Uí Ghallchóir agus a dhearthair Paidí le fáil i Roinn Bhéaloideas Éireann. Bhí beirt de na Scanláin ina scoláirí iomráiteacha, mar a bhí, Micí Dhónaill Mháire as Bailte Fraoich agus Pat Pheadair as an Chluain Chlaíoch. Bhailigh an Máistir Muiris Ó Gaoithín agus Liam Mac Meanman cuid mhór dá gcuid béaloidis.

Tháinig cuid mhór de shagairt bheannaithe as Gaeltacht Ghleann Fhinne, an Monsignor Cathal Mag Fhloinn as an Choimín, an tAthair Seán a bhí ina ollamh i gColáiste Leitir Ceanainn agus an tAthair Séamas a chuaigh ar na misiúin go dtí an Astráil agus an Nua-Shéalainn. Mac dearthára dóibh an tAthair Seán Mag Fhloinn, sagart paróiste Ghort an Choirce. Sagart d'Ord an tSlánaitheora a bhí san Athair Seán Ó Ceallaigh as an Gharbh-Abhainn agus bhí sé iomráiteach as a chuid seanmóirí tintrí!

Bhí Dónal Mac Meanman as an Mhóinín ina Theachta Dála ar feadh dhaichead bliain agus a dhearthair, Willie Tom, ina dhlíodóir stáit. Bhí Séamas Ó hAnnagáin as an Mhóinín ina easpag sa Bhreatain Bhig go dtí go bhfuair sé bás sa bhliain 1994. Bhí fear de mhuintir Ghallchóir as an Ghallbhuaile ina *ghauger* i Sasain agus fuair sé gradam ridire ón Bhanríon Victoria. Fear eile a bhí ina *ghauger* i Sasain, Conall Mac Fhionnghaile as Glaiseach Daibhéid. Bhain sé an dara háit i scrúdú na Státseirbhíse sa Bhreatain Mhór.

Rinneadh neamart de Ghaeltacht Ghleann Fhinne agus de na Cruacha mar nár cuireadh monarcha cheart san áit ariamh. Bhí monarcha cniotála ar an Bhrocaigh ar feadh tamaill ach ní raibh ann ach siocair agus níor mhair sé i bhfad. Rinne an séiplíneach, an tAthair Mac Meanman, éacht ag lorg monarchan don áit sna caogaidí ach is é an deireadh a bhí air, gur cuireadh suas é in aice le Bealach Féich, sin monarcha Herdman's atá ar fónamh go fóill. Fuarthas an leictreachas i 1954 agus a bhuíochas sin leis an Athair E.J. Mac Maoláin agus an Sagart Mac Meanman, ach más iontach le rá é, níor tháinig córas uisce reatha go Gleann Fhinne go dtí 1979. Chuaigh mórán den aos óg a dh'obair go ceantair eile agus chuir siad fúthu ansin. Fágann sin gur thit an daonra. I 1926 bhí 1,910 san áit agus nuair a tógadh daonáireamh 1996, ní raibh ann ach 1,175 duine. Tháinig cuid de na himircigh ar ais chun na háite agus a gclann tógtha le Béarla agus tá an Béarla go mór i dtreis anois agus gan ach 788 ag a bhfuil Gaeilge san áit anois mar a raibh 1,345 Gaeilgeoirí i 1906.

Rinneadh dochar mór don Ghaeltacht i nGleann Fhinne ó thús na bhfichidí nuair a tháinig Gardaí, oifigigh ón Roinn Talmhaíochta, sagairt nach raibh Gaeilge acu nó a raibh Gaeilge choimhthíoch acu. Labhair siad Béarla agus, ar ndóigh, shíl na daoine go raibh an Béarla faiseanta agus rinneadh aithris orthu.

Tá ceantar na gCruach i bParóiste Inis Caoil a shíneas ón Ifreannach siar go dtí an Stucán. Bhí 236 san áit seo i 1911 ach níl ann anois ach seachtar. Ceantar le sléibhte arda maorga mar an Chruach Ghorm, áit a mbíodh na Fianna ag seilg fadó. Ba sin an ceantar ab fhearr Gaeilge agus seanchais sa tír, de réir an bhailitheora béaloidis Seán Ó hEochaidh. Ní raibh daoine sa cheantar go dtí am na Plandála agus tá an chéad teach a tógadh san áit le feiceáil go fóill. Clann Mhic Luain a tháinig anuas as Tír Eoghain na chéad áitreabhaigh. Tháinig na Duinnínigh as Ciarraí, na Gobáin as Fánaid, Clann Mhic Fhionnghaile as Liatroim, Mac Diarmada as Ros Comáin agus Gallchóirí as Gleann Léithín isteach ina ndiaidh. Tithe beaga ceann tuí a bhí acu, bóitheach isteach leis an teach mar a mbíodh bó agus gamhain, cearca agus coileach. Am Bhord na gCeantar Cúng, bhí deontais ar fáil le tithe úra a chur suas ach níor cuireadh suas ach dhá cheann. I 1932 cuireadh suas teach amháin scláta. Bhí £80 mar dheontas agus £80 mar iasacht an t-am sin ach níor mhaith le bunadh na gCruach a bheith ag iarraidh iasachta. Tógáil caorach an gléas beo a bhí acu, bhíodh na mná ag cardáil agus ag sníomh na holla agus ag déanamh giosán margaidh, stocaí caite agus geansaithe. Chuirtí cuid den tsnáth chuig fíodóir le báinín agus plaincéid a dhéanamh. Bhíodh *camp* sna tithe, chruinníodh na mná agus bhíodh siad ag sníomh agus ag cardáil ó mhaidin go dtí an deich a chlog san oíche. Chruinníodh na fir isteach ansin agus bhíodh ceol agus damhsa ann go maidin. Ríleanna agus cúrsaí cruinne a bhíodh acu ach le linn an chéad chogaidh tháinig damhsaí eile chun cinn, na *lancers*, na *sets of quadrilles* agus mórán eile. Ba iad na fidléirí ab iomráití Hughie Jeremy Ó Dálaigh na Glaisí; an Píobaire Rua; Clann Simí Uí Dhochartaigh agus lucht siúil eile. Ní raibh scoil ar na Cruacha go dtí 1907, d'fhág sin nach raibh léann ach ag fíor-chorrdhuine, ach bhí léann dá gcuid féin acu. Bhí an Fhiannaíocht, scéalta sí agus romansaíochta acu, deilíní agus rannta. Bhí seanchaí in achan teach ar na Cruacha ach ba í Anna John Chiot Mhic an Luain an té ab fhearr acu. Thóg Seán Ó hEochaidh suas le trí chéad scéal, rann agus amhrán uaithi agus dúirt sé nach dtearn sí athrá ariamh. Tá pictiúr Anna ar crochadh i Roinn Bhéaloideas Éireann, Ollscoil na hÉireann, Baile Átha Cliath. Tháinig daoine cáiliúla cosúil leis an Ghearmánach Johann Wöllschlager agus an Dr Heinrich Wagner ar cuairt acu agus chuir an bhean bheag bhocht seo as na Cruacha iontas an domhain orthu.

Bhí Eoghan Phádraig Mac an Luain ina cheoltóir ainmnithe, agus i 1903 thug Seosamh Laoide go Dún na nGall é san áit ar chaith sé coicís ag scríobh a chuid amhrán agus rannta. Mac dó a bhí i bPádraig Eoghain Phádraig Mac an Luain a bhfuil a chuid scéalta scríofa ag Séamas Ó Catháin in *Uair a Chloig Cois Teallaigh*. Bhí mac eile dó a bhí ina shárdhamhsóir agus ar tugadh Conall an Damhsa mar leasainm air dá thairbhe sin. Bhí Seán Mac an Bhaird agus Pat Mac an Luain ina seanchaithe breátha agus bhí Peadar Ó Tiománaí ina scoth ceoltóra. Tá Máire Rua linn go fóill, ceoltóir agus seanchaí. Tá an chuid eile anois ar shlí na fírinne, trócaire orthu.

Anna John Chiot Mhic an Luain ag sníomh
Caoimhín Ó Danachair a thóg 1949, le caoinchead Roinn Bhéaloideas Éireann

Chualathas scéalta d'achan chineál uathu diomaite de scéalta fán Ghorta Mhór agus fá am an Drochshaoil. Tá srath ar bhruach Abhainn an Ríleáin ar na Cruacha ar a dtugtar Srath na bPáistí. Bhí lánúin ina gcónaí ansin agus bhí triúr páistí acu. Bhí cuibhreann beag preátaí curtha acu agus iad ag fanacht go cruaidh go mbeadh siad in inmhe a mbaint. Bhíodh siad ar shiúl achan lá ag lorg sméar nó sú craobh nó luibheanna le hiad féin a chothú. Lá amháin nuair a tháinig siad ar ais bhí na preátaí bainte agus ní raibh oiread agus scidín fágtha. Fuair na páistí bás de dhíobháil na bpreátaí agus tá na huaigheanna le feiceáil ansin go fóill. Tugtar Srath na bPáistí air ó shin. Fuair an bhean bás ón fhiabhras agus níor mhaith leis an fhear í a chur i dtalamh nach raibh coisricthe. Thóg sé ar a ghualainn í agus shiúil leis ag tarraingt ar Reilig na nGleanntach. Bhí cosán fada le dhul aige agus bhí sé lag leis an ocras agus nuair a fuair sé go mullach an Stucáin bhí sé i ndeireadh na péice. Bhí sé ag titim is ag éirí le neart laige ach chonaic fear as an Éadan Anfa é agus tháinig sé ina araicis. D'iompair sé an corp go reilig Ghleann na nGleanntach agus cuireadh ansin é. Chuaigh an fear go Teach na mBocht ar na Gleanntaí agus fuair sé bás ansin.

Tharla ceann de na tubaistí is mó i rith aimsir an Dara Cogadh Domhanda nuair a thit eitleán de chuid Arm na Sasana ar mhullach na Cruaiche Goirme oíche Fhéile Bríde 1944. Tá fear amháin acu sin a bhí ar bord agus a tháinig slán, beo go fóill, an Sáirsint James Gilchrist, agus tá cuairt tugtha aige ar bhunadh na gCruach cúpla uair ó shin. I 1994, leag sé leacht i gcuimhne a chomrádaithe a maraíodh ar mhullach na Cruaiche Goirme an oíche léanmhar sin.

Ar chúl Chruach Mhín an Fheannta tá Mín na mBroc agus dhá loch, Loch Madaidh agus Loch Fhia. Ar thaobh an Éadain den loch tá an baile ar a dtugtar Taobh an Locha, an áit ar rugadh agus ar tógadh Sinéad Nic Mhonagail a chum Amhrán Loch Fhia, ag moladh na háite ar tógadh í:

Seanfhocal a chuala mé is a chreidfeas mé i gcónaí
Gach éan riamh mar oiltear é is an fhuiseog in sa mhónaidh
Cá bith tír a rachaidh mé ann ná a mbeidh mé in mo chónaí
Beidh mo chroí ag bruach Loch Fhia istigh i lár na sléibhte móra

Anna John Chiot Mhic an Luain i mbun taifeadta

Caoimhín Ó Danachair a thóg 1948, le caoincheud Roinn Bhéaloideas Éireann

Caidé a bhánaigh na Cruacha? Tá, maise, neamart agus beag a mheas ag lucht rialtais na tíre. Ní bhfuair siad cuidiú ar bith ón rialtas, bhí an talamh bocht, bhí drochluach ar chaoirigh agus ar an eallach. Thoisigh an t-aos óg a dhul ar fostú síos an tír go habhanntracht na Finne, go Tír Eoghain agus go Doire. Fuair siad blas ar an airgead agus ar shaol níos fearr. Phós cuid acu ansin agus tuilleadh a d'imigh go dtí an tOileán Úr. Is iad na buachaillí a d'fhan i gceann an bhacáin, ní raibh mná óga toilteanach fanacht i measc na gcnoc agus d'fhág sin an scéal mar atá sé inniu. Tá an Ghaeltacht ar a corr anois mar atá sí in go leor áiteacha. Tá na Cruacha chóir a bheith bánaithe agus i dtaca le Ghleann Fhinne de, tá leath na paróiste sa Ghalltacht agus an brú ag teacht ar an Ghaeilge ó gach aird. Bheadh éacht de dhíth leis an teanga a shlánú—tá sé thar am é a dhéanamh!

Nóta

1 Lítrítear an t-ainm seo mar an *Chluain Chliathach* fosta. Is é an litriú thuas atá ar Léarscáil 11, a chlúdaíos an chuid seo de Dhún na nGall, leis an tSuirbhéireacht Ordanáis, B.Á.C., 1993.

Ard an Rátha
Breandán Mac Suibhne

Is iomaí rud a d'inis John Óg Hiúdaí Neidí Ó Colla domh agus dá mbeadh cuimhne agam ar a leath bheinn i m'fhear léannta inniu; maise, sin ceann de na rudaí is mó a deireadh sé liom. Cibé ar bith, tá deich mbliana nó níos mó anois ann ó d'inis John Óg domh fán am a bhfuair Micí Beag Mac Géidigh, saor cloiche, le teach a thógáil dó i nGaoth Dobhair. Tháinig Micí thart lá amháin go bhfeicfeadh sé caidé mar a bhí an obair ag teacht ar aghaidh. Thug sé fá deara go raibh mullach ar cheann de na clocha a bhí an saor ag cur isteach sa bhalla. 'Shílfeá go raibh mullach beag ar an chloch sin,' a dúirt sé leis an tsaor. 'Arú,' arsa an saor, 'is iomaí cnoc is mullach as seo go hArd an Rátha.' 'Agus is iomaí saor is liathán idir seo is an áit atá tú a rá,' arsa Micí ar ais leis.

An freagra a thug an saor ar Mhicí, 'is iomaí cnoc is mullach as seo go hArd an Rátha', is sórt seanfhocail nó seanráitis é a chluintear corruair fá iar-thuaisceart Thír Chonaill nuair a deir duine go bhfuil sé ag gabháil go hArd an Rátha. An nóisean sin go bhfuil Ard an Rátha giota fada ar shiúl, is macalla é sin, tá mé ag déanamh, den am ar ghnách le léar mór daoine bheith ag tarraingt ar an bhaile seo ar an taobh ó dheas de Ghaoth Beara. An t-aonach a thiteadh ar an chéad lá de achan mhí is mó a thugadh daoine go hArd an Rátha sa tseanam. Bhí am ann, agus níl sé i bhfad uilig ó shin, agus an té a bhíodh ag gabháil thart ar iarthar na contae seo, tchífeadh sé baiclí de mhná na gcnoc ag teacht anuas go hArd an Rátha le huibheacha nó le stocaí fá choinne an aonaigh. Tchífeadh sé fíodóirí agus báinín ar a ndroim acu; lucht siúil agus a gcuid pandaithe stáin leo; fir eallaigh; fir caorach; lucht díolta seanéadaigh; amhránaithe sráide; *preachers, thimble-riggers* agus achan chineál cleasaí, *con man* agus *showman*. Agus, ar ndóigh, ní bheadh aonach ceart ann muna mbeadh mná ag cuartú fear ann agus fir ag cuartú ban, '*sowing their wild oats and praying for a crop failure,*' mar a dúirt an ministir. Ar an ábhar sin, seo a leanas an cur síos a rinne cuairteoir amháin ar na fir is ar na mná a bhí ag teacht chun an aonaigh ag tús an fichiú haois:

You must be impressed with the fact that the majority of the men are fine, strapping fellows, with an air of I-don't-care-for-anybody in their attitudes, movements, speech and twinkling eyes. It might be, of course, that your attention would first be attracted by the charms of pretty feminine faces . . . [and] ladies, whose charms do not end with their face. The proud poise of their heads, their suppleness of form, and the flowing lines of their figures enable them to wear with matchless grace the poorest garment, and with their luminous, grey eyes, shaded by their dark lashes, and their modesty, they form perfect pictures.[1]

Ach tá an saol sin imithe anois agus na fir is na mná sin leis. Tháinig meath ar an aonach i ndiaidh an Darna Cogadh, gur thit an tóin ar fad as sna seachtóidí. Agus anois na daoine is mó a bhíos ag tarraingt ar Ard an Rátha, is cuairteoirí nó turasóirí iad, daoine as Meiriceá agus as Mór-Roinn na hEorpa, daoine as an Bhreatain agus as achan chearn d'Éirinn, go háirithe as na Sé Chontae. Leoga, le glúin anuas, de réir mar a tháinig deireadh leis an fheirmeoireacht nó ar a laghad le curaíocht na ngabháltas beag, tá bunrithim na bliana athraithe sa cheantar ó rithim na talmhaíochta go rithim na turasóireachta.

Ba doiligh tábhacht na turasóireachta a shéanadh. Is dócha go bhfuil níos mó ag teacht i dtír anois uirthi, ar dhóigh amháin nó ar dhóigh eile, ná mar atá ag brath ar an talmhaíocht ná ar thionscal ar bith eile. Cibé ar bith, is tionscal í an turasóireacht a bhfuil a cuid deacrachtaí féin léi. Ceann de na deacrachtaí sin, go bhfuil baint aici leis an íomhá atá againn dínn féin. Nuair a mheallas muid cuairteoirí chugainn, tá muid ag dul chun aonaigh lenár n-oidhreacht; lenár ndúchas; leis an nóisean go bhfuil muid difriúil ó dhaoine in áiteacha eile. Ar an leibhéal náisiúnta, cuireann an dóigh a gcuirtear an tír i láthair corruair, idir leipreacháin agus ólachán, olc ar go leor, agus ar an dóigh chéanna, ar an leibhéal áitiúil, mheasfá corruair ón dóigh a gcuirtear Ard an Rátha i láthair cuairteoirí nach raibh a dhath speisialta fá dtaobh de ach go raibh taobh tíre tarraingteach thart air, dosaen teach tábhairne ar an bhaile agus báinín agus geansaithe den scoith le ceannacht go saor ann.[2] Sa chaibidil seo, ba mhaith liom súil a chaitheamh ar ghné amháin de chultúr Ard an Rátha nach mbíonn mórán béime air i bhfógraíocht turasóireachta, mar atá, an fhidléireacht agus iarracht a dhéanamh ar léiriú a thabhairt ar bhunús na héiginnteachta sin a bhraitheann go leor i leith an *diddle-eye music*, mar a bheireann siad air.

Ar dtús, cén sórt áite Ard an Rátha? Baile dhá shráid atá ann; ceann de na sráideacha sin, an *Front Street*, is sráid chaol í ar mhalaidh chrochta a bhfuil an Abhainn tSocair ag a bun; tá an tsráid eile, an *Main Street*, ar an taobh thall den abhainn; sráid níos leithne í sin a shíneas ón Diamond, an áit a dtig an dá shráid le chéile, go dtí ceann thiar an bhaile. Talamh maith atá thart ar an bhaile féin, ach dálta an chuid is mó d'iarthar Thír Chonaill, caoráin agus cnoic is mó atá ar imeall na paróiste.

Dá mbeadh ag duine dáta cinnte a chur le forbairt Ard an Rátha mar shráidbhaile, phiocfadh sé 1760, an bhliain a bhfuair George Nesbitt, tiarna talaimh a bhí ina chónaí ar Chnoc na Coille, cead ón dlí ceithre aonach sa bhliain agus margadh seachtaine a reáchtáil. Is dócha go raibh sráid tithe ann le glúin nó dhó roimhe sin, ach de thairbhe an aonaigh agus an borradh a bhí ar eacnamaíocht na hÉireann sa darna leath den ochtú haois déag, d'fhás Ard an Rátha go raibh sé ar cheann de na láithreacha gnó is tábhachtaí in iarthar na contae. Roimh dheireadh na haoise sin, bhí ceannaithe ag tabhairt amach snátha do mhná na gcnoc le dhul a chleiteáil fána gcoinne, agus roimh lár an naoú haois déag, bhí cuma Ard an Rátha an lae inniu tagtha ar an bhaile; tithe dhá stór den chuid is mó ar an dá shráid, teach cúirte, óstán beag, teampall de chuid Eaglais na hÉireann agus teampall Modhach ar an chnoc agus teach pobail Caitliceach ar an cheann thiar.[3]

Bhí na trí dhream creidimh sin scaipthe fríd an pharóiste; leoga, tá ceantar Ard an Rátha ar cheann de na ceantracha is mó a bhfuil pobal Protastúnach ann in iarthar Thír Chonaill. Is cinnte go raibh Caitlicigh is Protastúnaigh in amhras fána chéile ag amanna éagsúla sa naoú haois déag ach ba teannas idir daoine bochta agus daoine níos saibhre, seachas teannas seicteach, an ghné is suntasaí de pholaitíocht an cheantair sna blianta sin, mar a scríobh James Pearson, an máistir i scoil na Modhach in 1837, '*this District . . . is a pleasing one, there is no bad party spirit in it, we can and do, go in and out with and render to each other all the offices of friendship and good neighbourhood.*'[4]

Tá an easpa seicteachais sin intuigthe sa mhéid is nach raibh baint iomlán idir reiligiún agus saibhreas nó stádas sóisialta sa cheantar.

Sean-Óstán Ard an Rátha

Bailiúchán Lawrence, An Leabharlann Náisiúnta (1880-1914)

Bhí go leor de na Protastúnaigh, go háirithe na Modhaigh, bocht, agus bhí cuid de na Caitlicigh breá saibhir. Mar shampla, bhí cúpla dream de na Caitlicigh a tháinig fríd thréimhse na bPéindlíthe measartha slán; ina measc siúd, bhí Baíollaigh, Niallasaigh, muintir de Creag agus Breaslánaigh, boic mhóra a raibh go leor airgid acu le cuid dá gclann mhac a chur go dtí na coláistí Éireannacha sa Fhrainc agus sa Spáinn san ochtú haois déag agus le teach pobail a thógáil ar an Diamond i 1792.[5] Chomh maith leis na daoine sin, lucht an 'tseanairgid', bhí dreamanna eile ann a shaothraigh cuid mhór airgid as díol is ceannacht eallaigh; mangaireacht stocaí agus báinín, agus carraireacht earraí go Doire, Leitir Ceanainn agus Dún na nGall. Dá bhrí sin, fiú sa chéad leath den naoú haois déag, bhí meánaicme Chaitliceach tagtha chun tosaigh in Ard an Rátha agus bhí an aicme sin ag tabhairt droim láimhe don chultúr dúchais. Bhí siad ag caint Béarla, teanga nár labhair an chuid is mó de mhuintir na paróiste; bhí siad ag gabháil chun Aifrinn, nós nár chleacht ceathracha fán gcéad de na Caitlicigh, agus bhí siad ag déanamh neamhiontais de léar mór deasghnáthanna agus nósanna traidisiúnta. Mar shampla, tuairiscíodh in 1835 go raibh an chléir Chaitliceach ag iarraidh deireadh a chur leis an turas go hInis Caoil in onóir Chonaill Naofa de thairbhe an '*amusement and drinking*' a bhí ag gabháil ar aghaidh lena linn.[6]

Ghéaraigh an Gorta Mór na hathruithe sin. Na daoine is mó a fuair bás le linn an Ghorta, daoine bochta a bhí iontu agus daoine bochta is mó a d'fhág an baile lena mbeatha a thabhairt i dtír i Meiriceá agus sa Bhreatain sna blianta ina dhiaidh; dá bhrí sin, de réir mar a thit an daonra, neartaíodh cultúr agus cumhacht na meánaicme Caitlicí. Phlúch Caitliceachas na hEaglaise foirmeálta an seanchreideamh pobail sin a raibh béim níos mó ann ar an tairngreacht, an turas agus an tobar beannaithe ná ar an tsagart agus an teach pobail. Cuireadh cultúr úr Béarla na meánaicme sa mhullach ar an tseanchultúr. Mar shampla, in 1879 bhí *Concert and Ball* ag na bodaigh mhóra i stór mór in aice le teach Néill Mhic Niallais; bhí *orchestra* acu agus amhráin agus dánta ó hallaí ceoil na Breataine agus as nuachtáin náisiúnacha ar nós *The Nation* ach gan a dhath acu ón cheantar s'acu féin: '*Do you see my flashy guard?*'; '*Buttermilk Fresh from the Dairy*'; '*I am a fancy milliner*'; '*Let Erin Remember*'; '*There is nothing like a nose*'; '*The days when we were young*'; '*I fear I shall die an old maid*' agus 'That shocking Ulster'.[8] Leáigh an Ghaeilge mar a bheadh sneachta earraigh ann agus sa lá atá inniu ann, níl ach dornán teaghlach sa pharóiste a bhfuil sí acu agus tá a mbunús acu sin sna cnoic, sin nó b'as na cnoic a mbunadh. Fiú sna háiteacha sin, níl ann ach scáilí den tseanchultúr: is beag duine inniu a bheadh ábalta 'Donnchadh Ó Baoill' a rá, nó 'An Maoineach', nó 'Chuaigh mé go Cróibh', nó aon cheann eile de na seanamhráin a bhfuil baint acu leis an pharóiste. Ach tá an greann i gcónaí ann. Níl sé i bhfad uilig ó shin ó chuala mé an ramás seo:

> Bhí fear ann fadó, is fadó bhí,
> Luigh sé ar leabaidh is mhún sé faoi,
> Bhí poll sa bhraillín is lig sé fríd,
> Is ghlan sé a thóin le toirteog fraoigh.

Ar scor ar bith, is sa chomhthéacs ginearálta sin, an t-athrú cultúrtha a ghéaraigh i ndiaidh an Ghorta Mhóir, ba cheart an fhidléireacht sa pharóiste a lonnú. Ar ndóigh, is cinnte go raibh fidléireacht ann roimhe sin. Is dócha gur tháinig an fhidil go hÉirinn i ndeireadh an seachtú haois déag agus go raibh sí measartha coitianta roimh lár an ochtú haois déag, fiú in áiteacha scaite cosúil le hArd an Rátha. Tá a fhios sin againn mar thug Art Ó Néill, an cruitire cáiliúil, cuairt ar an bhaile i 1760 agus blianta ina dhiaidh sin nuair a bhí a chuid cuimhní cinn á scríobh, bhí cuimhne aige bheith ag bainis ar Chnoc na Coille a raibh léar mór fidléirí ann.[9] Cibé ar bith, bhí meas níos mó ar na píobaí, uirlis a bhí costasach go maith, agus tá seans nár tháinig an fhidléireacht in inmhe mar is ceart go dtí tús an naoú haois déag nuair a bhí méadú ag teacht ar an phobal agus gan go leor píobaí le gabháil thart. De réir a chéile, tháinig stíl fhidléireachta ar leith chun tosaigh sa cheantar, stíl bhríomhar, ionsaitheach le go leor aithrise ar an phíobaireacht, agus cuireadh cnuasach leathan ceoil le chéile leis an iliomad *germans, highlands, polkas, mazurkas, strathspeys* agus *waltzes* chomh maith le poirt agus ríleanna.[10]

Trí dhream den lucht siúil a bhí pósta fríd a chéile is mó a d'fhorbair an stíl sin agus a chuir le stór ceoil an cheantair, mar atá, muintir Mhic Chonaill, muintir Dhochartaigh agus muintir Ruairc.[11] Ó bhí lár an naoú haois déag ann, ar a dhéanaí, bhí na trí dhream sin lonnaithe cuid mhaith den bhliain fá Ard an Rátha. Théadh siad thart ansin fríd iardheisceart na contae ag déanamh pandaithe agus uirlisí eile tí agus feirme agus ag seinm ceoil san oíche ag damhsaí sna tithe. Lena chois sin, ba ghnách leo ceol a theagasc do pháistí sna háiteacha a mbíodh siad ag stopadh iontu agus cuid de na hiarsmaí is iontaí a d'fhág siad ina ndiaidh ná fidleacha stáin a dhíol siad leo. Bhí na huirlisí stáin sin níos saoire ná fidleacha adhmaid, b'fhurasta bail a chur orthu dá mbrisfí iad agus, dá bhrí sin, bhí siad iontach fóirsteanach do ghasúraí a bhí ag foghlaim ceoil.

Fiú ag tús an fichiú haois, ba ghnách le scaiftí móra de na trí dhream sin taisteal i gcuideachta a chéile. Bhí ócáid amháin ann cúpla bliain roimh an Chogadh Mór nuair a bhí chóir a bheith fiche fidléir, a raibh Mac Conaill nó Ó Dochartaigh ar achan fhear acu, ag seinm lena chéile ag campa a bhí acu i Leitir Mhic an Bhaird agus thart fán am chéanna, chaith Arnold Bax, fear ceoil de chuid na Breataine, tamall ina chónaí istigh i nGleann Cholm Cille agus d'fhág sé cur síos breá againn ar shlógadh mór den lucht siúil a casadh air idir Ard an Rátha is na Gleanntaí:

> I once met a big crowd of [tinkers] on the road between Glenties and Ardara, moving processionally, and headed by a man playing the fiddle and capering wildly to his own music. There were several gaily painted ass-carts lined with brilliant scarlet flannel, and containing some of the women and their grimy faced brats. In one of them, alone and lounging languorously at her ease, was a red-headed woman, magnificently proportioned and gazing contemptuously about her with all the air of an oriental queen. I think she was one of the O'Rourke clan.[12]

In ainneoin a tharraingtí is a shíl Arnold Bax mná na Ruarcach a bheith, agus ní Bax an fear deireanach a mhol iad, bhí ionad imeallach, éiginnte ag an lucht siúil sa phobal. An cheird is mó a chleacht siad, an ghaibhneoireacht stáin, bhí baint aici le stiléireacht poitín, rud a tharraing cáineadh na sagart, dímheas na meánaicme agus amhras na bpéas orthu. Gnoithe eile a bhí acu, díol is ceannacht asalacha agus beathach, tharraing sin aird na bpéas fosta orthu.[13] Lena chois sin, bhí an chléir Chaitliceach go mór in éadan damhsaí tí, *occasions of sin* a bhí iontu, agus áit a raibh céadatán an-bheag den phobal ag pósadh agus

Simí Óg Doherty agus fidil stáin ina láimh aige
Eamonn O'Doherty, Srath an Urláir 1979

iad sin ag pósadh ina gcuid tríochaidí, samhlaíodh an lucht siúil le saoirse gnéis. Ar an ábhar sin, tá sé suntasach gur phós cuid den lucht siúil iontach óg: ní raibh Mickey Doherty (1894-1970) ach naoi mbliana déag nuair a phós sé i 1913 agus bhí Máire Rua, an bhean s'aige, dhá bhliain níos óige ná sin arís.[14] Agus, ar ndóigh, thug saol seachránach an lucht siúil dúshlán don aicme sin nach bhfaca tábhacht ina dhath ach bólacht agus talamh. Tá léiriú ar an teannas cultúrtha sin i nDeilín na dTincléirí, amhrán atá mar bheadh argóint ann idir bean de na Ruarcaigh agus an fear a phós sí, feirmeoir de bunadh na nGleanntach; tig an feirmeoir chun an bhaile san oíche agus toisíonn sé ag scamhlaigh ar an bhean nach bhfuil go leor sníomhtha aici; insíonn sise ansin dó fán obair uilig atá déanta aici:

> Rómhair mé na díogaí, is chart mé an t-aoileach,
> Is sheol mé na caoirigh ón gheamhar;
> Bhí mé seal ag cur tuigheadh i ndoras na gaoithe,
> Seal eile ag tabhairt cíche do do leanbh.

Ní bhíonn an fear sásta agus caitheann sé anuas ar bhunadh s'aici:

> I gCondae na Mí fuair mé an chéad amharc riamh ort,
> Is go siubhladh sibh Éirinn le hasal;
> 'S gan duine ar an aonach nach gcuirfeadh sibh sgaoll ann,
> Le *tins* ar mur dtaobhannaí ag cnagadh.

Cuireann sin corraí ar an bhean agus cosnaíonn sí a sinsir:

> Is ó ríoghraidh Uí Ruarcaigh mé, a shíolraigh ó uaisle,
> Cé go mbínn i mo shuí 'gcionn an stanainn;
> Móruaisle na tíre bíodh cruinn ar gach taoibh dúinn,
> Ná 's agamsa bíodh neithe raibh meas air.
> Hainceirsean síoda, 'gus *pattern* brístí
> De na hearraí ba daoire 'bhí i Sasain;
> Ceastair den tsíoda mar chaith iarlaí nó ríthe –
> Le m'athair a bhíodh ina phaca.[15]

Agus nach maith a dúirt sí é? Ar scor ar bith, an áit éiginnte, imeallach sin a bhí ag an lucht siúil i saol an cheantair, d'éirigh sí níos éiginntí agus níos imeallaí arís i ndiaidh an Chogaidh Mhóir: sna fichidí agus sna tríochaidí, bhí ceol *jazz*—i ndáiríre ceol *vaudeville* agus *music hall*—le cluinstin ar raidió agus ar cheirníní; tháinig deireadh leis na damhsaí tí agus thosaigh daoine óga a fhreastal ar hallaí damhsa a bhí faoi smacht na sagart; i ndiaidh an Darna Cogadh, thosaigh earraí plaisteacha a theacht isteach agus ní raibh an oiread feidhme leis an ghaibhneoireacht stáin. Cuid mhaith den lucht siúil, stad siad den taisteal ar fad agus rinne siad cónaí buan daofa féin. An mhuintir dheireanach a bhí ag gabháil thart, leithéidí John agus Mickey Doherty, thosaigh siad a chaitheamh a gcuid ama sna háiteacha scaite sin a raibh meas i gcónaí iontu ar an tseanchultúr, Baile na Finne, Béal an Átha Móir, Éadan Anfa, na Cruacha, Gleann Fhinne, an Charraig agus Gleann Cholm Cille.

Sna seascaidí tháinig borradh úr ar an cheol traidisiúnta agus thosaigh daoine a chur suime arís san fhidléireacht. Cibé ar bith, bhí an dímheas i gcónaí ann. Bhí ag John Doherty, duine de na healaíontóirí is cumasaí a tháinig amach as an chontae seo riamh, éisteacht le dobhráin ólta nach dtearn a dhath ariamh a raibh fiúntas ann ag iarraidh air '*The Yellow Tinker*' a bhualadh; ní hí an bhochtaineacht is measa liom, mar a dúirt an file, ach an tarcaisne a leanas í.[16]

Ach tá an t-am ag gabháil thart agus is iomaí cnoc is mullach as seo go hArd an Rátha. Chead ag Dylan Thomas, file mór na Breataine Bige, deireadh a chur leis an chaibidil seo. Stop Thomas i nGleann Loch ag bun Shliabh Ó Tuaidh sna 1930í. Baile beag scaite a bhí i nGleann Loch, gan ann ach an t-aon chónaí amháin agus gan bealach ar bith isteach ann ach pad trasna an chnoic. Rinne Thomas cur síos ar an áit i litir a sheol sé chuig cara leis i Sasain. '*The place I'm living in,*' a scríobh sé, '*is an unlettered and un-French-lettered country, too far from Ardara, a place you cannot be too far from . . . the people are mad, suspicious or barmy and their blood sports are blood sports*'. Áit nach dtig leat bheith fada go leor uaidh? Is iomaí maidin phóite i ndiaidh Aonach Ard an Rátha a dúradh na focla céanna nó focla cosúil leo sa tseanam. Bíodh súil i gcónaí againn gur ar laetha den chineál sin amháin a déarfas muid iad sna blianta atá amach romhainn.

John Simí Doherty

Eamonn O'Doherty as The Northern Fiddler,
Allen Feldman agus Eamonn O'Doherty 1979

Nótaí

1. Tá stór eolais fá stair agus seanchas Ard an Rátha in P. J. McGill, *History of the Parish of Ardara* (Béal Átha Seanaidh, 1970), 1976; L. McGill, *In Conall's Footsteps* (An Daingean, 1992).
2. Bheireann J. Hoad, *This is Donegal Tweed* (Inbhear, 1987), léargas ar stair na fíodóireachta in iardheisceart na contae.
3. Geen, P., *Fishing in Ireland* (London, 1904), lgh 107-108 luaite in McGill, *In Conall's Footsteps*, lch 211.
4. McGill, L., *In Conall's Footsteps*, lgh 200-259.
5. Cartlann Náisiúnta na hÉireann, Chief Secretary's Office Registered Papers, 1837/5/48 Ard an Rátha, Meitheamh 1837, Memorial of J. Pearson.
6. Maguire, E., *A History of the Diocese of Raphoe* (B.Á.C., 1920), cuid. I, iml. I, lgh 257-283.
7. Ardara, 18 Oct. 1835, J. O'Donovan to T. Larcom in Flanagan, M. (eag.), *Letters Containing Information Relative to the Antiquities of the County of Donegal Collected During the Progress of the Ordnance Survey in 1835*, Bré, 1927, lch 114.
8. Conaghan, P., 'Ardara—Famine and Festivities' in *Dearcadh: The Ardara View*, 1994, lch 124; cibé ar bith, tá sé suntasach go raibh Anthony Helferty, fidléir de bhunadh Inis Eoghain, páirteach sna himeachtaí, sheinn sé '*two violin solos, which were much appreciated*', agus go raibh '*The White Cockade*' ar cheann de na damhsaí a rinne siad ag deireadh na hoíche; maidir le Helferty agus an bhaint a bhí aige le hArd an Rátha, feic C. Mac Aoidh, *The Jigs and the Reels: The Donegal Fiddle Tradition* (Cluainín, 1994) lch 262.
9. Mac Aoidh, C., *The Jigs and the Reels*, lgh 22-28; A. O'Neill, 'Memoirs of Arthur O'Neill' in Milligan Fox, C., *Annals of the Irish Harpers*, (London, 1911), lgh 150-151.
10. McCloskey, M., 'Reminsences on Traditional Fiddlers and Traditional Music' in *Dearcadh: The Ardara View*, Nollaig 1992, lgh 102-103; Mac Aoidh, C., *The Jigs and the Reels*, lgh 222-241; 257-264; A. Feldman and E. Doherty, *The Northern Fiddler* (Béal Feirste, 1979).
11. Mac Aoidh, C., *The Jigs and the Reels*, lgh 222-241; Ó Baoill, P., *Cuimhní ar Dhochartaigh Ghleann Fhinne*, (B.Á.C., 1994); McConnell an gnáth-leagan

Béarla den tsloinneadh ach seans gur de bhunadh Mhic Dhomhnaill ó cheart iad.

[12] Mac Aoidh, C., *The Jigs and The Reels*, lch 224; A. Bax, *Farewell, My Youth* (London, 1943), lgh 54-55.

[13] In 1857, mar shampla, gabhadh 'Simon Doherty (*a tinker*)' i nDún Fionnachaidh de thairbhe baint a bheith aige le Fir Ribín; cúisíodh col ceathrair leis den ainm céanna i mBéal Feirste thart fán am céanna as gadaíocht capaill, feic C.N.É., C.S.O.R.P. 1857/1260 'Buncrana, 12 Feb. 1857, Considine to Larcom;' bheireann C.S.O.R.P. 1859/765 'Information of James McMonagle, Meenareagh, 24 Dec. 1858' tagairt luath don bhaint a bhí ag muintir Mhic Chonaill leis an stiléireacht.

[14] Small, J. 'The Fiddle Music of Mickey Doherty' in Doherty, M., *The Gravel Walks: The Fiddle Music of Mickey Doherty*, 1990 CBÉ 002, lch 2.

[15] Ó Muirgheasa, É. (eag.), *Dhá Chéad de Cheoltaibh Uladh* (B.Á.C., 1974), lgh 267-269; 459-460.

[16] Evans, A., 'The Floating Bow' in J. Doherty, *The Floating Bow: Traditional Fiddle Music From Donegal* (1996 CCF31CD).

Gleann Cholm Cille mar a bhí
Bailiúchán Lawrence. An Leabharlann Náisiúnta (1880-1914)

Gleann Cholm Cille
Éanna Mac Cuinneagáin

Tá paróiste Ghleann Cholm Cille suite sa taobh thiar theas de Chontae Dhún na nGall. Is í abhainn Ghlinne a teora, ó Chuan Teileann go Gleann Loch agus Mín an Chearrbhaigh. Is léir ó iarsmaí mar na cromleaca, na cairn chúirte agus na caisil, go bhfuil cónaí ar dhaoine sa cheantar le bunús cúig mhíle bliain. Tháinig siad isteach ón Mhór-Roinn agus chuir siad fúthu thall agus abhus ar fud an cheantair seo. Tá a gcuid iarsmaí le feiceáil ón Bhádhún i gCill Charthaigh, i dTeileann, i Málainn Bhig, i Málainn Mhóir agus sa tSeanghleann. Tá an Clochán Mór i Málainn Mór ar cheann de na fothracha réamhstairiúla is mó agus is tábhachtaí in Éirinn, agus tá tábhacht leis na cairn chúirte i dTeileann agus i Srath Laoill fostacht.

Mar is léir óna ainm, tá dlúthbhaint ag an cheantar le Colm Cille, duine de phríomhnaoimh na hÉireann agus pátrún na paróiste. Deirtear go dtáinig Naomh Pádraig a fhad le hAbhainn Ghlinne, teorainn thoir na paróiste, agus é ar a thuras timpeall na hÉireann. Níorbh fhéidir dó a dhul ní b'fhaide, ar an ábhar go raibh seilbh na háite ag na deamhain a bhí ruaigthe roimhe sin aige as Cruach Phádraig i Maigh Eo. D'fhéach sé le dhul trasna na habhanna, ach trí huaire bhris roth a charbaid agus sháraigh air. Rinne sé tairngreacht agus d'fhág sé slánú na háite 'faoi naomh mór dúchasach' a thiocfadh ina dhiaidh. Ba ar chrann Naomh Colm Cille a thit sé an tairngreacht sin a fhíorú.

De réir na dtuairiscí, nuair a tháinig Colm Cille, sheas sé ag áit áirid ar thaobh Chill Charthaigh d'abhainn Ghlinne agus é ag brath a dhul trasna. Bhí na deamhain ansin roimhe agus scaip siad ceo draíochta thar an abhainn. Chaith an Naomh a chlog, an Dubh Duaibhseach, isteach sa cheo, ach caitheadh ar ais é agus chuaigh sé isteach i bpoll sa talamh, áit a bhfuil Poll an Chloig mar ainm ó shin air. Chaith sé a bhachall leis an cheo ansin, ach caitheadh ar ais sin fosta, nó gur mharbh sé duine dá chuid manach. Cearc ab ainm don mhanach sin agus tá Srath na Circe mar ainm ar an cheantar sin ó shin. Faoi dheireadh, chaith sé trasna a chlóca, spréigh a chlóca amach thar an abhainn, scaip na deamhain agus chuir sé an ruaig orthu i bhfarraige ag an Storrail ar chúl Cheann Ghlinne. Ar aghaidh leis thar na Leachtaí go dtí an Seanghleann nó gur thóg a chill ann. Fuair sé roimhe ansin seanchlocha ornáideacha na bPágánach, atá le feiceáil ansin go fóill. Níor leag Colm Cille iad ach, go díreach mar a rinne sé i dToraigh, bheannaigh sé iad. Tá siad anois mar chuid dá thuras, a shiúltar gach uile bhliain ó shin ar an 9ú lá de Mheitheamh, lá cuimhneacháin a bháis. Tá tobar agus leaba Cholm Cille mar chuid den turas chéanna, turas atá á shiúl gan briseadh ar feadh corradh le míle ceithre chéad bliain anois.

Chaith Naomh Conall Caol as Inis Caoil i bPort Nua seal sa pharóiste fosta. Is léir go raibh dlúthbhaint aige leis an pharóiste, mar gur ar Oileán Inis Caoil a chuirtí cuid de mhuintir na háite go dtí tá cúpla céad bliain ó shin. Tá clog Naomh Conall le feiceáil go fóill in Iarsmalann na Breataine i Londain. Bhí cill ag naomh eile san áit fosta, Fánaid, agus tá cuimhne go fóill air san ainm áite Cill Fhánaide.

Ar an taobh amuigh de chnoc[1], bhí Naomh Bricne as Cúige Mumhan ina oilithreach ar Shliabh Liag, ceann de shléibhte beannaithe na hÉireann, áit ar thóg sé cillín, teach pobail agus tobar beannaithe. Bhí turas á dhéanamh ag an áit seo, ar bharr Shliabh Liag, go dtí tá seal de bhlianta ó shin. Is mar chuimhneachán air a ainmníodh an Choláiste Gaeilge i dTeileann, Coláiste Aodh Mhic Bricne. Bhí mainistir fosta i dTeileann ag Rinn na Cille agus tá na ballóga le feiceáil ansin go fóill ar an chéidh. Bhí clochar iomráiteach i Rinn na Cille, Clochar na mBan-Naomh, agus tá Tobar na mBan-Naomh ansin go fóill agus turas ansin achan bhliain ar an 29ú lá de Mheitheamh. Bíonn lá mór agus rásaíocht bád i dTeileann i gcónaí Lá Fhéile Peadair is Póil, cé nach bhfuil sé i bhféilire oifigiúil na Naomh ó aimsir an Phápa Eoin XXIII.

Bhí Naomh iomráiteach eile a chaith seacht mbliana ina oilithreach ar Reachlainn Uí Bheirn. Ba é sin Asach, nó sa Laidin, Asicus, duine de chéad deisceabail Naomh Pádraig. Gabha cré-umha a bhí ann agus is é a rinne Bachall Phádraig. D'fhág Naomh Pádraig Cúram Dheoise Ail Finn air. De thairbhe conspóide in Ail Finn, chuaigh sé ar a sheachnú go Reachlainn Uí Bheirn thart fán bhliain AD 480, roimh am Cholm Cille. B'fhéidir gur tharraing sé ar Oileán Reachlainne mar go raibh manaigh de chuid sheaneaglais na gCaipteach ann, mar a bhí ar Sceilg Mhichíl agus in Inis Muirí.

An Daonbhaile, Gleann Cholm Cille

Eoin McGarvey 2000

Bhunaigh Asicus mainistir ansin. Is díol suime é go bhfuil Oileán Reachlainn Uí Bheirn i bparóiste Chluain Barráin (Béal Átha Seanaidh) atá níos mó nó leathchéad míle ar shiúl.

Níl iomrá ar bith ar Mhainistir Rinn na Cille in aon leabhar staire, mar atá ar na mainistreacha eile sa tír, ach is léir gur mainistir thábhachtach a bhí inti, mar tá sí marcáilte ar na léarscáileanna is luaithe d'Éirinn ó lár an séú haois déag. Níl ach mainistir amháin eile de chuid na contae marcáilte ar an léarscáil sin, is é sin, Mainistir Easa Rua, in aice le Béal Átha Seanaidh.

De réir an tseanchais thréig na manaigh mainistir Rinn na Cille sa seachtú haois agus d'imigh ar deoraíocht, mar a rinne Colm Cille féin, trasna na farraige, agus ó thuaidh leo gur shroich siad an Íoslainn. Ar ndóigh tá sé i seanchas agus stair na hÍoslainne, gur manaigh as Éirinn a thug an Chríostaíocht ansin san 7ú aois, roimh theacht na Lochlannach. Is ón Dr Seán Ó hEochaidh, as Teileann ó dhúchas, a chuala mé an scéal seo ar dtús. Is é Seán an fear is céimiúla in Éirinn fá ghnoithe béaloidis tá sé ina shláinte go fóill agus ina chónaí i nGort an Choirce. Bhí mé i dteagmháil le Caomhnóir Iarsmalann Reykjavik, blianta ó shin ach ní bhfuair mé mórán sásaimh uaidh fán cheist. Ansin lá amháin, tháinig bean ón Bhreatain Bhig, Gwenno Caffell, isteach sa tsiopa chugam—'Cathach Books'—ag lorg leabhar fá na bráithre a d'imigh as Éirinn chun na hÍoslainne. Ar ndóigh, b'éigean domh a rá léi raibh aon leabhar agam di, ach d'inis Gwenno domh go raibh sí san Íoslainn go minic. Insíodh an seanchas di fá mhanaigh as Éirinn a chuir fúthu ar oileán os comhair Hella Ranga agus go raibh uaigheanna ansin le híomhánna ar na ballaí, íomhánna de chuid na Críostaíochta. Chonaic sí féin cuid acu cé nach raibh aici ach tóirse beag. Ba mhaith a b'fhiú foireann seandálaíochta a chur ann leis an scéal a dheimhniú, mar a mhol mé dár n-Aire Stáit, an Dr McDaid, a bhfuil cúram na turasóireachta air. Measaim gur bhreá an cuidiú é don turasóireacht san áit, sluaite as an Íoslainn ag tarraingt ar Theileann go bhfeicfeadh siad an áit ar fhág na manaigh as fada ó shin. Nuair a bhí Tim Severn ar a thuras farraige ag iarraidh a chruthú gur sheol Naomh Breandán go Meiriceá, lean sé lorg Bhreandáin isteach go Cuan Teileann agus an cúrsa a lean Breandán go dtí an Íoslainn. Ba é sin an cúrsa a lean manaigh Rinn na Cille i bhfad roimhe sin agus iad, de réir cosúlachta, ar a mbealach chun na hÍoslainne. Cibé sin de, bhí iomrá ar Mhainistir Rinn na Cille i bhfad is i gcéin anuas ó am Ptolemy Perrinius (1327); agus tá trácht air ag Conte (1497), ag Pierre (1546), ag Ortelius (1590), ag Speed (1610), ag Hausen (1640) agus ag Bleau (1630). Is cinnte go raibh tábhacht agus eolas forleathan ar an mhainistir ó tharla gurbh é Cuan Teileann an cuan ba tábhachtaí ó Dhoire go Cuan na Gaillimhe sa tréimhse sin.

Dálta mainistreacha eile sa tír, bhí na cearta iascaireachta ag manaigh Rinn na Cille ar Chuan Teileann agus ar na huiscí atá ag sileadh isteach ann. Ba iad Clann Mhic Niallais, airchinnigh Cholm Cille, a bhíodh ag freastal ar ghnoithe saolta na mainistreach agus lean na cearta seo leofa anuas go Plandáil Uladh, 1609. Bhí beirt den chlann, Liam Óg agus Niall, i láthair ag Leifear fán Phlandáil a bhí beartaithe. Deir an tEaspag Montgomery 1605, gurbh é Brian an cléireach ba chliste, cáiliúla de chléir Ráth Bhoth; péintéir agus ealaíontóir, a raibh idir Ghaeilge agus Bhéarla ar a thoil aige. Tá an lámhscríbhinn a bhain leis an chruinniú ag Leifear, i leabharlann na bProinsiasach i gCluain Mhuire, Cill Iníon Léinín, áit a bhfuil cuid mhór de lámhscríbhinní Mhainistir Dhún na nGall, a druideadh fán am a raibh na Ceithre Máistrí, Clann Uí Chléirigh as Ros Neamhlach, ag obair ar Annála Ríochta Éireann. Tá lámhscríbhinní acu fosta a scríobh Brian Mac Niallais do Róise Ní Dhónaill, bean de shliocht Cholm Cille a d'imigh as Ráth Maoláin le Teitheadh na nIarlaí.

Pronnadh na cearta iascaireachta ar Iarla Annandale, Murray, Albanach, ina dhiaidh sin, agus lean na cearta ansin chuig an Tiarna Brooke a fuair seilbh ar Chaisleán Uí Dhomhnaill ag Dún na nGall. Deir Thomas Addi an méid seo i dtuairisc a scríobh sé san am:

> Bhí Roger Mac Uidhir ina bhainisteoir. Chonaic mé Mac Uidhir ag breith ar sheacht scór bradán in aon dul amháin. Bhí 4 thonna bradán agus tonna go leith breac geal aige don séasúr.

Bhí suas le leathchéad fear fostaithe aige sa chuan. Cheannaigh an Tiarna Ó Conghaile an talamh i ndiaidh Brooke. Rugadh an chéad Tiarna Ó Conghaile i mBéal Átha Seanaidh. Tuata a bhí ann ach chonacthas do na Tiarnaí áitiúla go raibh féith thar an ghnáth ann, rud a bhí, mar níorbh fhada gurbh é an duine ba shaibhre in Éirinn é, é ina Cheann Comhairle Parlaiminte agus an teach ba mhó in Éirinn aige, Teach Castletown. I lár na haoise seo caite cheannaigh Clann Musgrave ó Bhéal Feirste an tEastát ar an Chlochar agus na cearta iascaireachta. Thóg siad foirgneamh ar an Chlochar, an *Lodge,* agus teach ósta iomráiteach, Óstán Ghleann Cholm Cille ar an Charraig. Ina ndiaidh siúd lean na cearta chuig Major Duffin agus fá dheireadh chuig Gael-Linn. Sa lá inniu, tá na cearta iascaireachta ag cumann iascaireachta an cheantair ar cíos.

Trasna Chuan Teileann, i nDoire Leathan, a troideadh an cath a shocraigh ceannas Aodha Rua ar Thír Chonaill sa bhliain 1590 agus a d'fhág a leasdheartháir Domhnall, a bhí i gcoimhlint leis, marbh. Tá cuntas níos iomláine ar an chath ag Micheál Ó Domhnaill ina chur síos ar Chill Charthaigh.

Dar ndóigh, is ar chósta Dhún na nGall a bhí aghaidh na Spáinneach nuair a tháinig del Aguila a chuidiú le hÓ Néill agus le hÓ Domhnaill in éadan na Sasanach in 1601. Bhíthear ag súil leo i dTeileann nó i gCuan na gCeall, ach faraoir, ba go Cionn tSáile a tháinig siad, rud a chuir cor tubaisteach i Stair na hÉireann. D'imigh sluaite Uí Néill agus Uí Dhomhnaill ar a máirseáil fhada in araicis na Spáinneach go Cionn tSáile. Ina measc bhí clann Uí Ghallchóir, clann Mhic Cuinneagáin, clann Uí Bhaoill, clann Mhic Giolla Chearra agus clann Mhic Niallais. Is iomaí casadh sa stair; duine ceanndána a bhí in Aodh Rua. Cá bhfios, dá maireadh Domhnall agus dá mba é a bheadh i gceannas an lá cinniúnach úd nach mbeadh a mhalairt de thoradh ar Chath Chionn tSáile?

Nuair a rinneadh Plandáil Uladh i 1609 tugadh an pharóiste d'Easpag Dhoire. Is ag an am seo a tháinig na hainmneacha Gallda isteach sa cheantar. Ghlac siad seilbh ar an tseanteach pobail a bhí tógtha ar lorg mhainistir Cholm Cille agus tá ministrí ó shin ann go dtí an lá inniu. Is i dtrátha an ama seo a fuair Clann Brooke seilbh ar Chaisleán Dhún na nGall agus, mar a dúirt mé, ghlac siad chucu cearta na hiascaireachta ar leath de Chuan Teileann. Bhí cath mór i dTeileann le linn Éirí Amach 1641. Marbhadh cúigear fear uasal as Connachta sa ghleo. Is ag an am seo a ruaigeadh na Plandóirí as an cheantar thart ar Theileann. Shocraigh cuid mhór acu i Málainn Mhóir agus sa tSeanghleann.

Gallán cloiche gar don tsráidbhaile i nGleann Cholm Cille
Donnchadh Ó Baoill, le caoinchead Údarás na Gaeltachta

Nuair a cuireadh an ruaig ar na manaigh as Mainistir Dhún na nGall tháinig cuid acu ar a seachnadh go dtí an ceantar seo. Thart fán bhliain 1746 bhí sagart amháin agus bráthair ag cuidiú leis ag freastal ar phobal na paróiste. Bheirtí an Bráthair Bán ar an fhear seo. Thart fán am seo fosta a bhí an tAthair Mac Giolla Chearra sa pharóiste. Tháinig airteagal air go Málainn Bhig agus nuair a bhí sé ar a bhealach amach an aithghiorra go Teileann, tháinig sé féin agus a ghiolla ar mhairnéalach leathbháite ar chúl Shliabh Liag. Is cosúil go raibh an duine bocht ar thóir óir na n*Aztecs* i Meicsiceo agus, ag pilleadh ar ais dó lena shaibhreas, bhuail an bád boilg agus cailleadh í agus iomlán dá raibh ar bord ach é féin. Chuir an sagart an ola bheannaithe ar an fhear agus, sular éag sé, thug sé a chrios don sagart. Bhí an crios lán óir. Leis an airgead sin, thóg an sagart teach pobail na dTrí Sruthán ag na Caislíní i gCill Charthaigh agus ceann eile ag Fóchar i nGleann Cholm Cille. Tá scáthláin i nGleann agus ar an Charraig Uachtaraigh áit ar dúradh an tAifreann le linn na bPéindlíthe.

Is thart fá lár an ochtú haois déag, i ndiaidh Chúl Lodair, a deirtear a tháinig an Prionsa Séarlas ar a sheachnadh go Málainn Mhóir. I dTigh Hamilton a bhí sé ar an bhaile sin, agus chuaigh sé go Mín na Croise ina dhiaidh sin. Is cosúil gur bhuail tuirse é nuair a tháinig sé go Mín na Croise. Rinne bean an tí réidh leaba dó, agus arsa sise, '*Bed, bed*, a dhuine uasail, chóirigh mé *sleep* duit!' Chuaigh an fear uasal fá chónaí, agus nuair a bhí sé tamall ina luí, arsa bean an tí, 'Tá sé ina chodladh anois agus níl oiread Béarla sa teach a mhusclós é'. Bhí amhrán a mhair i mbéal na ndaoine ar feadh i bhfad a rinne cur síos ar theacht an phrionsa chun na háite:

Lá chois cuain agus mé go huaigneach
Tréithlag buartha in m'intinn
Is mé ag stánadh uaim ar an spéir ó thuaidh
Cá ngabhfadh sí thar sinsrí.
Is gearr anonn go bhfacas long
Is í ag teacht leis an tsruth thart timpeall
Fá na rachta seoil go barra crann
Is bhí m'ainnir shúgach inti . . .

Dá mbaintí an ceann ó den *Phretender*
Bheadh na Francaigh ag caoineadh
'S gur faoi bhruach na dtonn a bheadh gáir fán roinn
Agus Rí na mBonn an tslí seo
Dá ngluaiseadh dream thar sáile anall
Agus iad ar a dturn thart timpeall
Ar uaisle Fáil ní mór liom d'fháil
Is ar mhná ní cóir domh a shéanadh.

Bhí caidreamh ag deireadh na haoise le Connachta mar a bhí le cianta agus deirtear gur marbhadh beirt de Chlann Mhic Cuinneagáin sa troid idir na Sasanaigh agus na Francaigh ag rásaí Chaisleán an Bharraigh. Sa bhliain 1797 bhí iomrá gur dódh ceárta Mhic Cuinneagáin ar an Charraig agus go bhfuair sé £35 mar chúiteamh ar an dóiteán sin. Sa bhliain 1806 tógadh trí thúr coimhéadta ar chósta na paróiste, ar Cheann an Charraigín, i Málainn Bhig agus ar Cheann Ghlinne, ar chostas £350 an ceann. Tógadh iad, ar ndóigh, le súil a choinneáil amach do na Francaigh, faoi cheannas Napoleon, a bhí ag bagairt ar Shasana an taca sin. Tógadh stáisiúin ribhíneach i dTeileann agus i Málainn Mhóir. Bhí an t-uafás smuglála ag dul ar aghaidh sa cheantar san am sin. Deirtear go raibh suas le luach leathmhilliún punt de thobac agus d'fhíon ag teacht isteach go Teileann agus go Málainn Mhóir, gan trácht ar chor ar bith ar an bhrandaí. Ba mhillteanach an méid airgid é agus gan oiread agus feoirling de á íoc mar cháin leis an Rialtas! Ar an ábhar sin, tógadh stáisiúin ribhíneach sa dá áit. Bhí gardaí armtha na ribhíneach sa dá áit le súil a choinneáil ar bhádaí amach is isteach sa chuan. Tharla go raibh beirt de na gardaí seo ar a mbealach suas fríd Chruachlann go Sliabh Liag lá, nuair a caitheadh caorán ar dhuine acu. Oxtable a bhí ar an fhear a bualadh agus thóg sé a ghunna agus scaoil sé urchar le fíodóir a bhí amuigh ag obair ar a sheol. Mharbh sé an duine bocht, fear óg de Chlann Mhic Cuinneagáin. Gabhadh Oxtable agus tugadh chun na gCeall é, ach ligeadh cead a chinn leis. Deirtear gur imigh sé go Meiriceá agus gur dúnmharbhadh é thall údaí. Ní raibh baile mór ar bith ar an Charraig san am sin. Ba ag deireadh an ochtú haois déag a cuireadh droichead ar Abhainn Ghlinne agus ba sin an fáth a dtáinig fás ar shráidbhaile na Carraige ina dhiaidh sin.

Le linn an Ghorta Mhóir (1846-1850), bhí drochdhóigh ar mhuintir na paróiste aguss bunaíodh Coiste Tarrthála ar an Charraig agus ar an Chaiseal. Bhí na sagairt agus na ministrí Protastúnacha gníomhach ann. Ba é an Ministir Labatt a bhí ina chathaoirleach ar cheantar Chill Charthaigh agus Ghleann Cholm Cille. I gceantar an Chaisil bhí os cionn ceithre chéad duine i gcruachás. Socraíodh bóthar úr a thógáil idir Málainn Mhóir agus Teach an Phobail. Dhá mhíle ar fad a bhí idir an dá áit seo agus cuireadh £400 ar leataobh leis an chostas a ghlanadh. Tuarastal deich bpingine sa lá a bhí ag na hoibrithe.

Bhí suas le 800 acra preátaí curtha sa pharóiste nuair a tháinig an dubh orthu sna blianta 1844-45. Tháinig lastaí mine buí a sholáthraigh Cumann na gCarad i Meiriceá, aicme nach bhfuair riamh an chreidiúint atá ag dul dóibh as an chuidiú a thug siad d'Éirinn in aimsir an Ghorta. Cuireadh potaí móra ar fáil agus roinneadh amach an brachán buí ar an Charraig agus ar an Chaiseal. Tá scéal amháin fá dhuine bocht as Mín na Croise a chuala go raibh min bhuí á tabhairt amach ar an Charraig. Shiúil sé na hocht míle thar na Leachtaí agus ghlac sé a áit sa líne a bhí ag síneadh fad Shráid na Carraige. Nuair a tháinig a sheal, bhí an mhin reaite agus b'éigean dó pilleadh abhaile fuar folamh mar a tháinig sé. D'imigh sé leis chun an Phoirt agus chuaigh amach ar an Tor Mhór a chruinniú uibheacha na bhfaoileog agus na n-éanlaith mara, ach bhí an créatúr lag anbhann. D'éirigh stoirm mhillteanach agus ní raibh sé in inmhe a bhealach a dhéanamh ar ais chun na tíre. Fán am a raibh na comharsana ábalta a dhul i dtír ar an Tor Mhór, ní raibh fágtha de ach a chonablach, a chnámha pioctha ag na héanlaith chéanna a raibh sé ina muinín le greim bidh a chur ar fáil dó.

Thrácht mé roimhe seo ar an Tiarna Ó Conghaile. Is i ndeireadh an ochtú haois déag a ghlac seisean seilbh ar a dhúiche. Tuata a rugadh i mBéal Átha Seanaidh a bhí sa Tiarna Ó Conghaile. D'aithin tiarna áitiúil an fhéith a bhí ann agus dá thairbhe sin, cuireadh oideachas air. Níorbh fhada go raibh sé ina Theachta Parlaiminte agus é ina Cheann Comhairle ar Pharlaimint na hÉireann agus ar an duine ba shaibhre in Éirinn. Is é a thóg an teach ba mhó in Éirinn, Teach Castletown i gCo. Chill Dara.

Eaglais na hÉireann, Gleann Cholm Cille

Donnchadh Ó Baoill, le caoinchead Údarás na Gaeltachta

Thart fán bhliain 1860 cheannaigh na Tiarnaí Musgrave an tEastát. Ba iad a thóg an teach seilge ar an Chlochar agus an teach ósta iomráiteach, Óstán Ghleann Cholm Cille, ar an Charraig. Bhí clú agus cáil ar an teach ósta i bhfad is i gcéin. Thigeadh uaisle agus maithe móra as achan chearn ar cuairt ann; daoine mar Phrionsa na Breataine a bhí ina rí ní ba mhaille; William Smith O' Brien agus John Mitchel, na hÉireannaigh Óga, agus Madame Melba, 'Filiméala na Sualainne', mar a bheirtí mar leasainm ar an cheoltóir iomráiteach. Dúirt Smith O'Brien agus é ina sheasamh agus radharc Shliabh an Liag faoina shúile, an radharc is iomráití in Éirinn, 'Tír í seo ar fiú troid ar a son'. Is ann a d'fhan an Tiarna Balfour agus ba lena linn a tógadh an bóthar go Sliabh an Liag agus go Bun Glas. Bhí an teach ósta seo ar obair go dtí an bhliain 1922. Idir é féin agus teach na seilge ar an Chlochar, bhí fostaíocht ag corradh le trí scór ann. Faraoir, dódh an dá fhoirgneamh le linn Chogadh na Saoirse in aon oíche amháin, an chreachadóireacht ba mheasa a rinneadh sa cheantar ariamh agus a bhfuil a thoradh le mochtáil ar an áit go dtí an lá atá inniu ann.

Le linn Éirí Amach na bhFiníní, is go Cuan Teileann a sheol an *Erin's Hope* le lasta arm as Meiriceá agus oifigigh de shliocht Gael as arm Mheiriceá ar bord léi. Threoraigh fear de Ghallchóireach as an Tamhnaigh i gCill Charthaigh an bád go Sligeach, agus thug sé fianaise ní ba mhaille i gCaisleán Bhaile Átha Cliath, nuair a tugadh os comhair cúirte na daoine a bhí ar bord.

Ag deireadh an naoú haois déag agus ag tús na haoise seo, bhí dóigh bhocht ar an cheantar. Tháinig Bord na gCeantar Cúng in 1890 agus rinne siadsan obair ar fheabhas le forbairt ar an iascaireacht, ar an churaíocht, ar an tsníomhachán, ar an bhróidnéireacht agus ar an fhíodóireacht. Bhíthear ag fíodóireacht sa cheantar i bhfad roimh an am seo, mar atá ráite agam, dar ndóigh. Cuirim i gcás, bhí líon á fhás go fairsing sa cheantar san ochtú haois déag agus éadach a dtugtaí drugaid air á dhéanamh. Meascán lín agus olann a bhí ann a mhairfeadh na cianta. Bhí sciorta drugaid agam blianta ó shin a fuair mé i Málainn Bhig. Tá sé anois san Iarsmalann Náisiúnta i mBaile Átha Cliath, an t-aon sampla dá leithéid atá acu. Mar sin féin, chuir an Bord borradh faoi chúrsaí sa cheantar gan bhréig gan áibhéil. Tugadh seolta isteach as Albain, agus chuaigh fíodóirí a dh'obair ina dtithe féin agus bunaíodh margadh bréidín ar an Charraig. D'imigh fíodóirí as an cheantar le tús a chur le comhlacht Magee i nDún na nGall, chuaigh cuid eile go dtí na Dúnaibh agus fhad le mórán áiteacha eile a theagasc a gcuid scileanna. Ní hé amháin go rabhthar ag déanamh fíodóireacht lámh sa cheantar ach bhí muileann éadaigh ag duine de Chlann Mhic Cuinneagáin ar an Abhainn Bhuí ar an Charraig Íochtaraigh. Éadach trom de dhéanamh Crombie a bhí á tháirgeadh ann, a bhfuil sampla de le feiceáil i dtigh Phádraig Mhic an Ghoill in Ard an Rátha. Tá sé le rá fosta go raibh bréidín an cheantair ar an chéad táirge den scoth a onnmhairíodh nuair a bunaíodh an Saorstát ar dtús.

Maidir le cúrsaí iascaireachta, tugadh iasachtaí do mhuintir na háite le bádaí de dhéanamh *Zulu* a cheannach. Bhí cúig bhád is fiche ag iascaireacht i gCuan Teileann, an cuan ba mhó le rá ar an chósta san am agus bhí an chlú ar iascairí Theilinn go raibh siad ar na hiascairí ab fhearr in Éirinn. Go dearfa, ba iad a mhúin a gceird d'iascairí na nDúnaibh. Bhí ionad próiseála éisc; sailleadh scadán, stóir oighreoige, agus scór cúipearaí ag déanamh bairillí i dTeileann. Bhí trean iascaireacht bradán ann, ar ndóigh, bhí bádaí ag Clann Musgrave sa chuan agus an t-iomrá ann gur bheir scipéar amháin ar chéad go leith bradán in aon dul. Idir 1895 agus 1896 bhíthear ag fáil cúig mhíle bradán sa tséasúr ar an mheán. Bhí an Tiarna Musgrave ag casaoid ag Coimisiún na hIascaireachta 1895 go raibh laghdú ar líon na mbradán. Bhí sé ag iarraidh cosc a chur leis na *fixed engine nets.*

Thart fán bhliain 1863 tógadh teach an phobail ar an Charraig. An tAthair Mac Niallais a bhí ann san am. Ba é an tAthair Ó Gallchóir a rugadh sna Cealla a chuir isteach an t-altóir ornáideach a rinneadh as cloch de chuid Caen na Fraince. Le linn aimsir Mhusgrave a cuireadh an tAthair Mac Rabhartaigh as seilbh a thí ar bhóthar Theilinn, teach Uí Ghallchóir anois. Rinneadh bailéad '*The Eviction of Fr McGroarty*' fá na gnoithe seo uilig, ach de réir na dtuairiscí, bhí an sagart chomh trean leis na Tiarnaí, agus thug sé a sáith dóibh sula raibh sé réidh leo.

Ceantar mór scéalaíochta agus seanchais a bhí sa cheantar riamh. Ar chuid de na seanchaithe agus na ceoltóirí ba cháiliúla a bhí san áit sa naoú haois déag, bhí Conall Mac Cuinneagáin (1832-1920), Condaí

Crosán agus Séarlaí Mac Anna. Bhí filí fairsing san áit fosta, Ó hAscáin agus Ó hIghne ar an Atharach, a bhfuil cuid dá gcuid amhrán le fáil le i gcuid leabhar Énrí Uí Mhuirgheasa. Tá sé le rá fosta gur sa pharóiste seo a bailíodh na haon samplaí in Éirinn de laoithe Fiannaíochta a raibh ceol leo, ó Jimí Shéamais Ó hIghne as Mín na Saileach agus ó Mhicí Phaidí Bháin Ó hIghne as an Atharach. Ag tús na haoise seo a bhí an file iomráiteach Pádraig Ó Beirn as Málainn Bhig ag cumadóireacht. Fear é a chuaigh go Meiriceá agus a bhí gnoitheach go maith ag scríobh alt do pháipéir sa bhaile agus i gcéin. Dúirt Dúghlas de hÍde fá dtaobh de gurbh é Pádraig an file ba mhó le rá in Éirinn ina am. I Mín na Croise a rugadh Kinnfaela Mac Fhionnlaoich. Múinteoir scoile a bhí ann ar an Chruach, a raibh scoil chlasaiceach aige san oíche, ag múineadh Laidine agus Gréigise, sular bunaíodh Coláiste Adhamhnáin i Leitir Ceanainn. Bhí leithéidí an Dr Mac Uidhir, údar stair Dheoise Ráth Bhoth agus scoláirí eile mar é ag freastal ar an scoil seo. D'fhoilsigh an máistir Mac Fhionnlaoich téacsleabhar bitheolaíochta do na scoltacha fosta. Tá clú agus cáil ar fhear eile as Mín na Croise, Séamas Ó Beirn, as a chuid ceoil. Áirítear go bhfuil an Beirneach ar fhear de na fidléirí is fearr in Éirinn, agus bíonn sé le cluinstin go minic i dtithe tábhairne na paróiste ag seinm go binn do dhuine ar bith ar mian leis éisteacht leis.

Téann traidisiún an oideachais sa cheantar siar i bhfad. Sa bhliain 1839 bhí scoil i dTeileann agus duine de Chlann Uí Eigeartaigh ina bhun. Bhí scoil Erasmus Smith i Málainn Mhóir agus scoil ar an Chaiseal agus fear de chlann Buchanan ina bun. Deirtear fá fhear de chuid uachtarán Mheiriceá arbh ainm dó Buchanan, gurbh as Gleann a tháinig a bhunadh, agus má tháinig, chaithfeadh sé gur de iaróibh an dreama sin é. Fear eile a raibh clú air i Meiriceá, an Dr Seán Ewing, an chéad easpag Protastúnach a bhí sna Stáit Aontaithe agus cara le George Washington. In imeacht na mblianta tháinig suas le trí chéad go leith múinteoirí, scór sagart, chomh maith le dochtúirí, innealtóirí agus cigirí scoile as an cheantar fosta. Sa lá inniu, tá bunscoltacha ar an Charraig, i Mín an Aoirí, agus ar an Chaiseal, agus meánscoil ar an Charraig a níos freastal ar pharóiste Glinne agus ar Chill Charthaigh chomh maith.

Ba iad na Gardaí a chuir tús le Cumann Lúthchleas Gael atá ag gabháil ó neart go neart sa cheantar ó shin. Tá Cumann Naomh Columba ar cheann de na príomhchumainn sa chontae agus imreoirí cáiliúla acu a bhain clú amach dá gcontae féin agus do Chúige Uladh fosta.

Le linn an Dara Cogadh a cuireadh tús leis an chomhairle paróiste ar an Charraig agus ar an Chaiseal. Rinne an coiste sár-obair le linn chruatan an chogaidh sa cheantar. Ba iad na baill ba ghníomhaí: Séamas agus Seán Mac Cuinneagáin, Phroinsias Mac Giolla Chearra, Seán Ó Maoldomhnaigh, Seán Ó hIghne, Séamas Mac Loingsigh agus Liam Mac Cuinneagáin. Ba iad a mheall Gaeltarra Éireann le hionad fíodóireachta a thógáil ar an Chaiseal. Ba iad fosta a cheannaigh an gabháltas ar an Líne do pháirc peile agus is de bharr a n-iarrachtaí atá an mheánscoil againn anois. Má tá buíochas ag dul do dhuine ar bith ar a shon sin, is ag Seán Ó Maoldomhnaigh atá sé tuillte, a mbíodh Teach Ósta Shliabh Liag aige ar an Charraig, go ndéana Dia a mhaith air.

Bhí saothrú go leor do ghasúraí sa tsiopa adhmadóireachta a bhunaigh Liam Mac Cuinneagáin ag tús na haoise. Níos moille, rinne a mhac forbairt ar ghnó na tógála agus níl cearn sa chontae nár thóg sé foirgnimh ann. Is sa cheardlann ar bhóthar Theilinn agus ag comhlíonadh na gconraí ar fud na contae a d'fhoghlaim na céadta a gceird mar shaortha adhmaid, lucht líonadóireachta[2] agus saortha cloch. Clann amháin atá ag obair i dtionscal na tógála go fóill sa cheantar agus thar lear iad Clann Uí Churraighín. Ba é Proinsias an sár-ealantóir i gcúrsaí líonadóireachta in Éirinn.

Ainneoin gur ceantar é seo a raibh daoine seiftiúla oilte beo ann leis na cianta, ní bhfuair a mbunús deis a gcuid scileanna a chleachtadh fán bhaile. Is mór an trua nach raibh na daoine ábalta tairbhe a bhaint as na scileanna fána gceantar dúchais in áit a dhul thar lear ar deoraíocht go Sasana agus go dtí an tOileán Úr. Nuair a tháinig an tAthair Mac Daidhir go Gleann, chonaic sé na daoine ag imeacht as éadan as an áit. Shocair sé go ndéanfadh sé gníomh inteacht ar son an cheantair. Rinne sé obair mhór ag iarraidh scéal na himirce a leigheas agus deiseanna a thabhairt do dhaoine fanacht sa bhaile. Thóg sé halla úr agus chuir sé roimhe leas an cheantair a dhéanamh. D'éirigh leis, le tacaíocht Chomhlacht Siúcra Éireann, monarcha próiseála glasraí a thógáil i Mín an Aoirí. Cé nár mhair togra na nglasraí san fhoirgneamh, is ann atá monarcha próiseála éisc anois, tionscal a bhfuil fostaíocht ann do chéad oibrí. Lena chois sin, ba é a bhunaigh Clachán nó an Daonbhaile, áit a bhfuil músaem agus siopa ceardaíochta. Meallann na seantithe ceann tuí a lán cuairteoirí chun na háite go fóill. Thóg sé tithe saoire fosta a bhí le ligean amach ar cíos le cuairteoirí. Tuairim is ar thríocha bliain ó shin, rinne sé iarracht, le mo chuidiú féin, eastát Mhusgrave a cheannach mar Chomharchumann. Ba é an plean a bhí againn lárionad turasóireachta a bhunú ar an eastát a chuideodh leis an tionscal sa cheantar. Ach ní theachaigh againn an áit a fháil. Ba é Gael-Linn a cheannaigh an t-eastát, agus in áit é a bheith i seilbh mhuintir na háite anois, ar mhaithe le leas an phobail, tá an t-eastát díolta le húinéir príobháideach. Dar ndóigh, tá an callán a tógadh fá na cearta iascaireachta ar Chuan Teileann ina chnámh spairne i gcónaí, ar an drochuair. Ba cheart gach iarracht a dhéanamh réiteach cothrom, a shásós gach duine, a fháil a luaithe agus is féidir.

Cé go bhfuil an tAthair Mac Daidhir ar shlua na marbh le blianta fada anois, beannacht Dé leis, leanann an spiorad fiontraíochta a bhí ann ar aghaidh sa Ghleann i gcónaí. Is é Liam Ó Cuinneagáin, as an Droim Rua, a bhunaigh Oideas Gael, an fear a tháinig mar chomharba air. Murab ionann agus an tAthair Mac Daidhir, nach bhfaca an oiread sin tábhachta leis an teanga, tá an Ghaeilge agus an cultúr a bhaineas léi i gcroílár fhealsúnacht Oideas Gael. Tig na mílte daoine chun na háite gach uile bhliain a fhoghlaim Gaeilge ar bhealach taitneamhach, bríomhar, agus tá gach cosúlacht air go leanfaidh an scéal mar sin. Maireann an crann ar an chlaí, cé nach maireann an lámh a chuir.

Ainneoin na dea-oibre atá á dhéanamh ag Oideas Gael, mar sin féin, níl Gleann as an fhaopach go fóill. Tá laghdú mór ar líon na ndaoine sa pharóiste. Sa bhliain 1695 bhí suas le dhá chéad caoga duine anseo. Is cinnte go raibh os cionn cúig mhíle ann roimh am an Ghorta. Sa bhliain 1891 bhí trí mhíle naoi gcéad duine sa pharóiste, figiúr a laghdaíodh go dtí trí mhíle trí chéad sa bhliain 1911. Tá an líon sin tite go dtí os cionn dhá mhíle fá láthair. Tá tithe ósta agus bialanna den scoth a dhíth go géar ar an Charraig má tá an fás ceart le theacht ar thionscal na turasóireachta.

Tá canúint Ghaeilge ar leith á labhairt sa cheantar seo atá difriúil go maith ó chanúint thuaisceart na contae, an ceann is minice a chluintear.

Oideas Gael

Eoin McGarvey 2000

Labhraíonn na daoine anseo níos moille, agus tá go leor focal acu nach mbaintear feidhm astu ó thuaidh fosta. Tá tionchar Chonnacht le tabhairt fá deara ar chuid de na focla agus de chora cainte na háite, rud atá intuigthe, nuair a smaointíos ar an cheangal a bhí idir an áit seo agus Connachta sa tseanam. Tá cuid de shaibhreas mór Gaeilge an cheantair le fáil sna leabhair *Sean-Chaint Theilinn* le Seán Ó hEochaidh, *Gaeilge Theilinn* le Heinrich Wagner agus *Cnuasach Focal as Teileann* le hÚna Uí Bheirn.

Cé go bhfuil ceangal láidir déanta ag Oideas Gael idir an Ghaeilge agus an fhorbairt áitiúil, tá an chuma ar an scéal nach bhfuil tromlach phobal na háite ag teacht leis an dearcadh sin. Cuidíonn an choláiste leis an Ghaeilge i dTeileann go mór, dar ndóigh, agus an Cumann Drámaíochta fosta. Tá an Ghaeilge beo sa pharóiste sa lá inniu i ndornán teaghlach dílis a bhaineas leas aisti mar theanga an tí. Mar sin féin, is ar an scoil a fhoghlaimíos bunús pháistí na paróiste seo a bhfuil de Ghaeilge acu. Tá an seandearcadh a cheanglaíos an Ghaeilge agus an bhoichtíneacht deacair a bhriseadh, agus ní mian leis na daoine an ceangal úr atá déanta ag Oideas Gael a aithint agus a fhorbairt. Dar ndóighe, ní haon locht ar an aos óg é nach labhraíonn a gcuid tuismitheoirí Gaeilge leo. Is maol gualainn gan bhráthair agus ní féidir a bheith ag súil go leigheasfaidh Oideas Gael agus na scoltacha an cás leo féin. Tá feabhas eacnamaíochta, dá laghad é, ag teacht de thairbhe na forbartha atáthar a dhéanamh ar an turasóireacht. Má chuireann na daoine a ndóchas san aisling atá á cur rompu ag Oideas Gael, agus má leanann siad don aisling sin, tá seans go neartófar an bhail atá ar an Ghaeilge sa pharóiste, agus go dtiocfaidh borradh in athuair ar an pháirt sin d'oidhreacht Ghlinne a bhfuil neamart déanta inti go dtí seo.

Málainn Bhig, Co. Dhún na nGall
Bailiúchán Lawrence, An Leabharlann Náisiúnta (1880-1914)

Nótaí

1 Taobh amuigh de chnoc—ciallaíonn sin an ceantar ar thaobh Theilinn de Shliabh an Liag, an Cnoc.
2 Focal é seo a chluininn ag m'aint ar 'phlástróir'. Ní fheicim in aon fhoclóir é.

Foinsí

Blianiris Dhún na nGall, blianta éagsúla.

Conaghan, Pat. *The Great Famine in South West Donegal, 1845-1850*, (Achadh Dhíobhóg, 1997).

Craik, *An Unknown Country* (London, 1890).

Geen, Philip, *What I caught fishing and places I have seen* (London, 1904).

Gwynn, Stephen, *Highways and Bye Ways of Donegal and Antrim* (London, 1899).

McGinley, Thomas, C. [Kinfaela], *Cliff Scenery of South West Donegal, The Derry Journal* (Doire, 1867).

Ó hEochaidh, Seán, *Seanchaint Theilinn* (B.Á.C., 1955).

Ó Muirgheasa, Énrí, *Céad de Cheoltaibh Uladh* (B.Á.C., 1915).

Ó Muirgheasa, Énrí, *Dhá Chéad de Cheoltaibh Uladh* (B.Á.C., 1934).

Stephens, Msgr James, *South Western Donegal: Irish Times Guide to Ireland 1885*.

Taylor, Lawrence J., *Occasions of Faith: An Anthropology of Irish Catholics* (Philadelphia, 1995).

Tuke, J., *Reports for 1847-1848* (B.Á.C., 1848).

Uí Bheirn, Úna, *Cnuasach Focal as Teileann* (B.Á.C., 1989).

Wagner, Heinrich, *Gaeilge Theilinn* (B.Á.C., 1959).

Scéalta agus Seanchas Áitiúil

Cill Charthaigh
Micheál Ó Domhnaill

Tá cruthú le fáil i bparóiste Chill Charthaigh go raibh baiclí beaga daoine ina gcónaí sa pharóiste a fhad siar le cúig mhíle bliain ó shin, an mhórchuid acu thart ar chósta na paróiste. Tá an cósta sin seacht míle ar fad, é bearnach briste, scoilte, agus mórán leithinsí beaga air ag gobadh amach san fharraige. Measann scoláirí go dtáinig na daoine seo isteach thar muir i ndiaidh turas fada a dhéanamh ag seoltóireacht ón Mhuir Bhailt, thart ar chósta na hAlban, isteach i mBá Dhún na nGall, nó go bhfuair siad áit shábháilte le theacht i dtír i gCill Charthaigh. Bhí siad seo beo den chuid is mó ar iasc agus ar fheoil ainmhithe fiáine agus ar cibé torthaí a bhí le fáil acu. Uirlisí cloch agus adhmaid a bhí acu agus, dá réir sin, bhí a gcuid tithe déanta go simplí as cuaillí adhmaid, as abar agus as créafóg. Ar na háiteacha ar chuir siad fúthu bhí an Dúinín agus na Sealbhaí, cóngarach don fharraige. Thóg siad claíocha trasna na mbeann mar chosaint in éadan ainmhithe agus naimhde daonna. Bhí siad níos sábháilte dá thairbhe sin san oíche, mar nach dtiocfadh rud ar bith orthu ó thaobh na tíre ná ón fharraige i ngan fhios. Tá lorg chuid de na claíocha seo le feiceáil go fóill ag Ceann Mhucrois, agus ag Na Sealbhaí.

Dálta go leor ó shin, bhíodh an-urraim ag na daoine seo do na mairbh, agus tá na carnáin chloch a thóg siad os cionn a gcuid uaigheanna le feiceáil sa ghleann atá ag síneadh ó thuaidh ó thrá Na Sealbhaí ar feadh leathmhíle. Sa tochailt a rinne sé sa ghleann seo, le cuidiú ó chuid fear an cheantair, fuair an tUasal Ó Flannagáin as Músaem Bhéal Feirste mórán iarsmaí a bheir eolas dúinn ar shaol na ndaoine seo a mhair i bhfad roimh aimsir Chríost. De réir a chéile, bhrúigh cuid de na daoine níos faide isteach ón fharraige. Thóg siad tithe ar na haibhneacha agus ar lochanna, tithe a dtugtar crannóga anois orthu. Bhí ceann acu seo ar Loch na mBradán ar an Chógais, áit a bhfuil an t-oileán cloch a tógadh mar dhúshraith di, agus an clochán, dhá throigh faoi uisce, ón oileán go dtí an bruach, le feiceáil go fóill.

Cill Charthaigh mar a bhí . . .
Bailiúchán Lawrence, An Leabharlann Náisiúnta (1880-1914)

. . . agus mar atá
Eoin McGarvey 2000

Meastar go dtáinig na Ceiltigh chun na paróiste thart fá 300 bliain roimh aimsir Chríost. Bhí eolas acusan ar iarann agus thiocfadh leo mórán oibre a dhéanamh ar an talamh siocair uirlisí iarainn a bheith acu. De thairbhe na n-uirlisí seo, bhí ar a gcumas níos mó leasa a bhaint as na clocha mar ábhar tógála. Thóg siad dúnta ar an Dúinín, ar an Chaiseal (Dún Ulom) agus ag an Aireagal. Mar a chuireas an t-ainm in iúl, bhí dún fosta ag Caisleán an Chairn, míle ón fharraige.

Tháinig Naomh Carthach agus a chomrádaithe tuairim is ar chúig chéad bliain ina dhiaidh sin agus bhunaigh siad eaglais san áit. Deirtear go raibh a bheirt dheirfiúracha, Rián agus Taobhóg ina chuideachta nuair a tháinig sé. De réir an tseanchais, bhunaigh siadsan Cill Riáin in aice na nGleanntach agus Cill Taobhóige i nGleann Fhinne ina dhiaidh sin. Tá iarsmaí na cille le feiceáil san áit a dtugtar Baile an Teampaill air i gcónaí. Cé gur atógadh agus gur athchóiríodh í in imeacht na mblianta, níl inti anois ach ballóg. Bhíthear ag cur daoine sa tseanreilig in aice léi go rialta go dtí tá céad go leith bliain ó shin, agus tá daoine a cailleadh sa dá chogadh domhanda (1914-18 agus 1939-45) curtha inti fosta. I ngeimhreadh na bliana 1998-99 cóiríodh ballaí na reilige agus rinneadh obair chothabhála ar an tseanfhoirgneamh, faoi scéim FÁS.

Rinne an tUasal Ó Flannagáin tochailt fosta ag mainistir Naomh Ciarán ag an Bhádhún agus d'éirigh leis urlár na mainistreach a aimsiú agus a nochtadh. Tá sé le feiceáil go fóill ar thaobh an bhealaigh mhóir, céad slat ón áit a bhfuil Tobar Chiaráin suite. Dálta Thobar Chiaráin, tá mórán tobar beannaithe eile sa pharóiste fosta, ina measc, Tobar Charthaigh in aice leis an tsráidbhaile, Tobar Phádraig i gCill Bheag, Tobar Mhuire i mBaile an Teampaill agus Tobar Chonaill, naomh Ard an Rátha. Tá a lá féile féin acu uilig agus siúlann daoine turas fá na toibreacha seo gach bliain. Tá go leor seanchais san áit go fóill fá Chill na Spáinneach, ag na Caislíní. Sa bhliain 1756, tháinig Spáinneach leathbháite i dtír ó bhád a briseadh i gcúl Shliabh an Liag. Rinne sagart áitiúil fríotháileamh air sula bhfuair sé bás. Dá thairbhe sin, bronnadh airgead ar an tsagart agus tógadh an Chill leis an airgead sin. Bhí sí seo in úsáid go dtí an bhliain 1829. Ansin tógadh teach pobail úr ar an phríomhshráid i gCill Charthaigh, halla an bhaile sa lá inniu. Sa bhliain 1904, tógadh teach pobail Naomh Carthaigh. Is sa stíl Rómhánúil atá an foirgneamh seo tógtha. Tá sé cholún foirgnimh i dteach an phobail seo agus ceann an tí ina luí orthu. Is as Tamhnach an tSalainn a tháinig na clocha do thriúr acu seo agus baineadh na clocha don triúr eile ag an Bhádhún i gCill Charthaigh.

Bhí roinnt tithe móra agus caisleán anseo chomh maith ag tús an séú haois déag. Chónaigh fear de na Baíollaigh i gCronn Cheo, agus cé go raibh teach mór aige, ní raibh mórán de thalamh maith aige. Bhí deartháir aige seo in Ard an Rátha agus tá an chuma air go raibh sé saibhir. Chinn Baíollach Chill Charthaigh a dheartháir a mharbhadh sa dóigh go mbeadh seilbh aige féin ar thalamh Ard an Rátha. D'imigh sé lá amháin leis an fheall mhillteanach seo a dhéanamh ach sháraigh air, mar gur sceith a ghiolla, Goilleánach, air agus níor éirigh leis an dúnmharú a dhéanamh. Maraíodh Goilleánach bocht ina dhiaidh sin nuair a fuarthas amach gurbh é a sceith an rún. Bhí caisleán mór eile ag Clann tSuibhne, ceann de na caisleáin ba mhó a bhí acu, ar an talamh ard os cionn na Leargaí Móire ach dódh an caisleán seo oíche Nollag amháin.

Troideadh cath fíochmhar sa pharóiste ar an ceathrú lá déag de Mheán Fómhair 1590. Ba é an chúis a bhí leis gur chinn Domhnall, an mac ba shine, a dhul 'ar bhéalaibh a athar', Aodh, agus seilbh a fháil ar dhúiche na nDálach. Bhí Aodh Rua Ó Domhnaill i bpríosún i mBaile Átha Cliath san am seo, ach ní raibh an Iníon Dubh, Fionnghuala Nic Dhónaill, leasmháthair Dhomhnaill agus máthair Aodha, sásta ligean dá leasmhac an gníomh seo a chur i gcrích. Chruinnigh sí na Dálaigh sin a bhí umhal d'Aodh, na Dochartaigh agus fuair sí buíon Gallóglach as Albain le cuidiú léi. Bhí cuid de chlann tSuibhne ag cuidiú léi fosta.

Tháinig arm Dhomhnaill i dtír i mbádaí ar thaobh Chill Charthaigh de Chuan Teileann, ag áit a dtugann siad Doire Leathan air. Thosaigh eatarthu ansin agus lean an troid ar aghaidh amach i dtreo na gCealla Beaga ar feadh tamaill. Ach nuair a bhí siad míle ón áit a bhfuil an sráidbhaile anois, tháinig tuilleadh cuidithe chuig an Iníon Dubh ó Chlann tSuibhne, agus dar léi go seasfadh sí an fód. Níor mharfach ná sléacht é riamh go dtí sin, agus na Dálaigh i gcoimhlint le chéile faoi fhorlámhas Thír Chonaill. Scaoil na Gallóglaigh cith saighead, agus marbhadh cuid mhór, Domhnall ina measc. Bhí an lá leis an Iníon Dubh agus fágadh seilbh na dúiche ag Aodh Rua ina dhiaidh sin.

Marbhadh thar cheithre chéad ar láthair an chatha an lá sin, agus cuireadh ansin iad san áit ar thit siad. Dá thairbhe sin, tá Log na gCnámh mar ainm ar an áit ó shin.

Troideadh cath millteanach eile ag Droim na Fionagaile, tá céad bliain ó shin. Thosaigh an t-achrann siocair gur marbhadh gasúr le linn do pháistí a bheith ag súgradh le slata mara, a bhí leagtha ar an talamh mar leas. Chuaigh comharsana a throid le chéile de thairbhe na tubaiste seo, agus tugadh Cath na Slat Mara mar ainm air ina dhiaidh sin. Leoga, is iomaí sin cúis achrainn a bhíodh ag na daoine fada ó shin agus a gcuid bealaí féin acu lena réiteach. Chomh mall le tús an chéid seo bhíodh nós ag na fir comhrac troda a chur ar a chéile le bataí draighin. Go minic bhíodh fir láidre as baile amháin ag iarraidh an lámh in uachtar a fháil ar dhaoine láidre as bailte fearainn eile. In amanna, thigeadh fir na mbataí isteach i mbádaí as na Rosa go dtí na haontaí ar an Charraig agus i gCill Charthaigh le troid a chur ar fheara láidre na háite. Ar an ábhar sin, bhíodh neart oibre le déanamh ag na póilíní lá aonaigh ag iarraidh réiteach a dhéanamh idir lucht an chomhraic. Bhí an bheairic s'acu suite ag bun na sráide i gCill Charthaigh, ach níos moille athraíodh í go dtí bóthar na Carraige.

Sa seachtú haois déag a tháinig formhór na dteaghlach Protastúnach chun na háite seo. Ón bhliain 1610 amach ghlac siad seilbh ar shean-Chill Naomh Carthaigh a bhí roimhe sin ag na Caitlicigh. Tá idir Phrotastúnaigh agus Chaitlicigh curtha le chéile i seanreilig Bhaile an Teampaill ar thrácht mé roimhe seo uirthi. Ba é seo séipéal na bProtastúnach go dtí 1828, nuair a thóg siad teach pobail úr, Eaglais Naomh Maitiú, ag bun na sráide i gCill Charthaigh. Druideadh é i 1960 agus baineadh an ceann de i 1964. Tá na ballaí agus an túr ina seasamh go fóill. Thit líon na bProtastúnach ó chéad agus a seacht déag in 1871 go dtí an cúpla duine acu atá fágtha sa cheantar inniu. Is iomaí scéal a insítear faoi na Protastúnaigh sa phobal seo go fóill. Bhí an ministir aon am amháin ag lorg píosa talaimh ó bhean chomharsan leis, an áit ar mhaith leis scoil a thógáil. Ba é an freagar a fuair sé uaithi, nach ligfeadh an eagla di an talamh a dhíol leis, mar gur bhagair an sagart uirthi go ndéanfadh sé gráinneog fhéir di dá ndíolfadh. Scríobh an ministir cuntas air seo ina dhiaidh sin, á rá gur mheas sé na daoine a bheith lán pisreog.

Teach Pobail Protastúnach Chill Charthaigh   *Eoin McGarvey, 2000*

Uair eile, phós máistir óg Protastúnach cailín de bhunadh Caitliceach. Dá dhíobháil sin, cuireadh an ruaig air as an scoil agus díoladh a bpasáid dó féin agus dá mhnaoi go Meiriceá. Bhí scoil ag Protastúnach eile Sam Love, nó Lowe, mar a bheirtí air, i bPort Eachrann, nó Roxborough, mar is minice a thugtar air. Cé go raibh an fear seo in ainm is a bheith ag tiontú na gCaitliceach ina bProtastúnaigh, is cosúil nár dhuine mar sin é ar chor ar bith. Chuir sé oideachas maith ar fáil do dhuine ar bith a tháinig chuige á iarraidh, beag beann ar a gcreideamh, rud a sheas do dhaoine a d'imigh go Meiriceá a chuartú oibre ina dhiaidh sin. B'fhearr na postaí a bhí siad ábalta a fháil leis an léann a bhí acu ó scoil Sam Love. Tá uaigh an fhir seo le feiceáil i reilig Naomh Maitiú go fóill.

Is mór idir an staid a bhfuil Eaglais na hÉireann anois inti agus an dóigh a bhí uirthi uair amháin. Sa tseachtú agus san ochtú haois déag, le linn na bPéindlíthe, ba iad na Caitlicigh a bhí gan tithe pobail. Dá réir sin, b'éigean do na sagairt Aifrinn a léamh in áiteacha iargúlta. Is minic a bhíodh clocha sna háiteacha seo a dhéanfadh cúis in áit na haltóra. Tá suas le deich gcinn de na clocha Aifrinn le feiceáil go fóill fán áit, agus tá crosanna agus scríbhinní gearrtha ar chuid acu. Tá clocha Aifrinn ar an Bhogach, i nDoire Leathan, ar na Caislíní, i Seanach, i mBun an Easa agus i mórán áiteacha eile, agus go leor scéalta ann fá na sagairt a léigh Aifrinn orthu.

Tháinig fás mór ar líon na ndaoine san ochtú agus sa naoú haois déag, agus dálta a sinsir rompu, cuid acu ag cur fúthu fá na cladaí agus mórán eile fá ghleannta na gcnoc. Cé go mbíodh tithe móra ag na Tiarnaí, bhí mórán de na gnáthdhaoine an-bhocht agus ní raibh mórán acu ach bothóga a tógadh le habar agus le créafóg. Leoga, tithe an-bheaga a bhíodh ag daoine go dtí aimsir an ghorta, mórán acu nach raibh iontu ach seomra amháin. Tá fothracha na seantithe seo le feiceáil go fóill i mórán áiteacha sa pharóiste; ar an Tamhnaigh, i gCill Bheag agus ag Caonachán, áit a mbíodh sean-sráidbhaile Chill Charthaigh tráth. Leagadh mórán de na seanbhallóga le caoga bliain agus tógadh claíocha leis na clocha. Go minic, bhíodh leathdhuisín nó níos mó de thithe tógtha i gciorcal amháin le chéile. Sa lá atá inniu ann tá tithe maithe ag gach duine. Mar sin féin, is lenár linn féin a tháinig an t-athrú sin. Go dtí na caogaidí, ceann tuí a bhí ar thrí chéad de na tithe i gCill Charthaigh. Cuireadh tús le scéim deontais i dtrátha an ama sin, le cuidiú leis na daoine bail a chur a gcuid tithe. Dá thairbhe sin, cuireadh ceann sclátaí orthu uilig. Níl oiread agus teach ceann tuí amháin fágtha anois.

Bhí corradh le ceithre mhíle go leith duine sa pharóiste in 1846. Bhí an saol ag teannadh ar phobal na háite san am sin. Díshealbhaíodh daichead a dó muirín as an Bhádhún in 1847, bliain an Drochshaoil, siocair nach raibh siad ábalta cíos a dhíol. Murray a bhí ar an fhear a rinne an cur amach, agus ar ordú ó Thiarna na gCeall a rinne sé a chuid oibre. Fuair cuid de na tionóntaí píosaí beaga talaimh i gCúl an Bhádhúin ar chaorán a bhí ansin ach d'imigh a mbunús go Meiriceá ar scéim na himirce saoire, nó an *Free Emigration*. Níorbh é sin deireadh na himirce. Bhí ceithre chéad duine ina gcónaí ar an Tamhnaigh fán am seo agus d'imigh an mhórchuid acu go Meiriceá fosta i ndiaidh an Ghorta. Tá an scéal céanna le hinse fá mhórán de bhailte na paróiste, an Chruach Bheag, cuirim i gcás. Níl ach trí teaghlaigh ar an bhaile sin inniu, cé go raibh tríocha ceann urra tí ag íoc cíosa leis an Eaglais Chaitliceach, tuairim is ar chéad bliain ó shin. Mar sin de, is é scéal na himirce scéal na paróiste, ar dhóigh. Mórán de na fir óga a d'imigh go Meiriceá ó thús an chéid ar aghaidh, throid siad ar son na tíre sin sa Chéad Chogadh Domhanda. Mhéadaigh an imirce go Meiriceá arís, agus go hAlbain fosta, sna fichidí, agus, ó tharla go raibh neart oibre le fáil i Sasana le linn an dara cogadh, thug sin deis do mhórán ón cheantar a dhul ansin le hairgead a shaothrú. Seo thíos cuid d'fhigiúirí daonáirimh na háite agus insíonn siad a scéal féin:

Bliain	Daonra	Páistí a Rugadh	Tithe
1841	4969	132	763
1881	3319	83	
1901	2688	47	528
1911	2500	55	
1992	1076	19	
1998	1013	12	485

Mar sin de, tá líon na ndaoine sa cheantar ag titim go leanúnach ó aimsir an Ghorta anuas. Bhí seacht gcéad seasca a trí teach a raibh cónaí iontu sa pharóiste sa bhliain 1841. Faoi láthair tá trí chéad daichead a cúig teach sa pharóiste a bhfuil daoine ina gcónaí iontu go lánaimseartha, ochtó teach saoire agus caoga naoi teach atá tréigthe ar fad. Mar sin, tá níos lú ná leath an líon tithe a bhfuil cónaí buan iontu sa pharóiste anois agus a bhí in 1841. Tá dóigh i bhfad níos fearr ar na daoine anois, cinnte, ach mura gcuirtear níos mó oibre ar fáil dóibh sa bhaile, ní thig a bheith ag súil go dtiocfaidh méadú mór ar bith ar an daonra arís. Ainneoin a bhfuil de chaint déanta fá rathúnas na tíre le blianta anuas, is in áiteacha eile atá fáil air, agus, ar an drochuair, is beag a chonaic pobal na paróiste seo de ó thosaigh sé.

Dar ndóigh, ní hionann sin is a rá nach bhfuil aon obair á dhéanamh sa pharóiste! I dtaca le gnoithe oibre sa cheantar seo, bhain daoine a slí bheatha as an talamh agus as an fharraige anseo ar feadh na gcianta, go díreach mar a rinneadh in áiteacha eile. Ba rathúla go mór an iascaireacht thart fá dheireadh an naoú céad déag ná mar atá sí anois. Bhí iascaireacht mhór scadán á dhéanamh san am seo, agus bhí an t-iasc sin á phróiseáil i dTeileann. Rinne Bord na gCeantar Cúng gasúraí agus cailíní a thraenáil sa dóigh go raibh siad ábalta an t-iasc a shailleadh agus a phacáil, agus bhí roinnt fear ag déanamh bairillí adhmaid ar luachanna a bhí idir trí scillinge agus naoi bpingine agus ceithre scillinge an ceann. In 1893 díoladh luach £1,000 scadán ach fá fhómhar na bliana 1905, ardaíodh an teacht isteach ó iascaireacht na scadán go £40,000. Shaothraigh lucht próiseála agus lucht chairteála £10,000 an bhliain sin. Bhí neart éisc ghil le fáil fosta ar an chósta seo. Bhí mórán trosc agus langaí á dtógáil deich míle amach ó chósta Chill Charthaigh ag deireadh an naoú haois déag. Arís in 1893, tugadh i dtír 7,917 langa, 27,417 trosc agus 1,001 cadóg agus rinneadh iad seo a phróiseáil i dTeileann.

Bhíthear ag iascaireacht bradán thart ar an chósta anseo i gcónaí agus ag tús an chéid seo bhí na haibhneacha lán leofa. D'inis fear domh go bhfaca sé na céadta bradán maidin Domhnaigh amháin i bpoll in abhainn Ghlinne atá ag sileadh fríd an Bhogach, agus iad ina luí sa dorchadas faoi bhruach na habhna. Chaith sé cloch throm isteach ina measc agus d'éirigh leis ceann mór acu a mharbhadh. Bhíodh mórán bradán á dtógáil ó thrí haibhneacha na paróiste, abhainn Ghlinne, abhainn an Bhaile Dhuibh agus abhainn Eadra go dtí na caogaidí. Dálta mhórán aibhneacha eile sa tír, tá scéalta bróin ag gabháil leis na haibhneacha sin. Sciob tuile fhealltach in abhainn Ghleann Eadra máthair agus triúr páistí ar shiúl ó pháirc féir lá Fómhair amháin. Cailleadh fear ag an tseandroichead a bhí ar abhainn Ghlinne ag an Atharach, agus cailleadh bean eile in Abhainn Ghlinne lá tuile. Báitheadh beirt fhear óga ag Log na hIpe ar an abhainn chéanna sna tríochaidí agus sna daichidí. Cé gur beag le rá a bhfuiltear a dhéanamh d'iascaireacht sa cheantar anois, bíonn suas le deich mbád bheaga ag gabháil don iascaireacht pháirtaimseartha i rith an tsamhraidh. Bradáin agus gliomaigh den chuid is mó a mharbhas siad.

Dar ndóigh, níor imigh iascairí na farraige ón tubaiste ach oiread leo siúd a bhí ar bhruacha na n-aibhneacha. Is dócha gurbh é an taisme farraige ba mhó a raibh baint aige le Cill Charthaigh, báthadh Bhroclais, a tharla ar an 16ú Nollaig 1815. Bhí céad fiche bád as Cill Charthaigh agus as Teileann ag iascaireacht an oíche sin i mBá Bhroclais agus an cuan lán scadán. Lean na bádaí an t-iasc amach i dtreo Fhionntrá agus tháinig stoirm orthu go han-tobann. Cailleadh daichead a hocht nó a naoi de chuid iascairí Chill Charthaigh an oíche sin. Tugadh na coirp isteach ar charranna agus cuireadh iad i seanreilig Naomh Carthaigh i mBaile an Teampaill. Tháinig bád amháin slán ar an ábhar gur chroch an fhoireann na heangacha amach ar thaobhanna an bháid.

Bhíthear ag déanamh bréidín baile fán cheantar seo riamh anall, ach mhéadaigh an t-éileamh a bhí air le linn an chéad chogaidh, rud a d'fhág fir agus mná ag fíodóireacht, ag cardáil agus ag sníomh sna tithe agus ag díol an éadaigh ar na margaí míosúla bréidín sna sráidbhailte. D'fhoscail comhlacht Albanach (Morton) monarcha ag déanamh brat urláir i gCill Charthaigh sa bhliain 1919, rud a chuir obair ar fáil do chailíní na háite. Ar an drochuair, níor mhair sin i bhfad, agus, i ndiaidh do mhonarcha na mbrat urláir a dhruid sna fichidí, bhunaigh an Roinn Talmhaíochta tionscal próiseála bréidín san fhoirgneamh chéanna. Thainig éileamh mór arís ar an bhréidín le linn chogadh na mblianta 1939-45. Fuair na mná tí mórán oibre sa bhaile ag sníomh snátha don fhíodóireacht agus bhíodh na fir ag díol bréidín dá gcuid féin. Tháinig athrú mór ar thionscal an bhréidín sna blianta ó na caogaidí ar aghaidh.

Faoi Ghaeltarra Éireann rinneadh forbairt mhór ar an lárionad i gCill Charthaigh, agus ar ionaid a bhí acu i nGleann Cholm Cille agus in Ard an Rátha. Bhí trí chéad ag obair sa tionscal fán bhliain 1970.

Bunaíodh tionscal foraoiseoireachta i mbaile Chronn Cheo sna caogaidí fosta. Bhí obair ag cúig fhear is fiche anseo ag plandáil crann. Tá mórán mór de na crainn seo gearrtha agus díolta le monarchana anois ach táthar ag cur tuilleadh ina n-áit i gcónaí. D'imigh na seacht dteaghlach a bhí ar an bhaile seo nuair a cuireadh faoi chrainn é, agus tá cónaí orthu anois i mbailte eile sa pharóiste agus ar na Cealla.

Sna seascaidí, tríocha bliain ó shin, rinneadh forbairt mhór ar an iascaireacht ar na Cealla Beaga, áit nach bhfuil ach trí mhíle ó theorainn pharóiste Chill Charthaigh. Tógadh mórán monarchana próiseála éisc agus tugadh deis d'fhir agus do mhná óga obair a fháil iontu sin agus ar na bádaí iascaireachta. Sa bhliain 1998 bhí céad ochtó duine, idir fhir agus mhná as an pharóiste ag obair sna monarchana ar na Cealla, agus tríocha eile ag obair i monarcha éisc Mhín an Aoire i bparóiste Glinne. Anuas air sin, le cuidiú ó Údarás na Gaeltachta, tá deich gcinn de thionscail bheaga ag feidhmiú sa cheantar, a bhfuil suas le dhá chéad duine ag obair iontu. Sa tseanam, bhíodh roinnt ag obair in aimsir fosta; cailíní agus buachaillí ag timireacht i dtithe máistrí scoile agus lucht siopaí, nó ag feirmeoirí móra a bhíodh go minic ag díol mónadh agus bainne sna sráidbhailte. Cuireann tionscal na turasóireachta roinnt oibre den chineál sin ar fáil i gcónaí. Tá daichead eile ag obair i seirbhísí éagsúla mar mhúinteoirí, siopadóirí, ag déanamh obair thógála agus mar sin de.

Ní ar an obair a bhíos aird na ndaoine i rith an ama sa phobal seo mar sin féin. Dream gealgháireach iad a bhfuil dúil i gcaitheamh aimsire acu. Riamh anall, bhíodh amhránaíocht, damhsa agus ceol bríomhar sa cheantar. Bhí clú ar fud na tíre ar mhórán lucht seinm ceoil atá anois ar shlua na marbh, go ndéana Dia a mhaith orthu—daoine mar Shéamus Mac Niallais, Peadar Mac Cuinneagáin, Francie Dearg agus Mícheál Ó Beirn agus Mícheál Mac Giolla Chearra. Dar ndóighe, tá neart ceoltóirí inár measc go fóill—Proinsias Mac Aodha, Seán Ó Beirn, Colm Ó Beirn, cailíní Dhún Ulom, Peadar Mac Giolla Chearra, Mary B. agus an grúpa *Pluto* gan trácht ach ar chuid acu.

Tá sé intuigthe fá dhaoine a raibh dúil i gcaitheamh aimsire acu gur

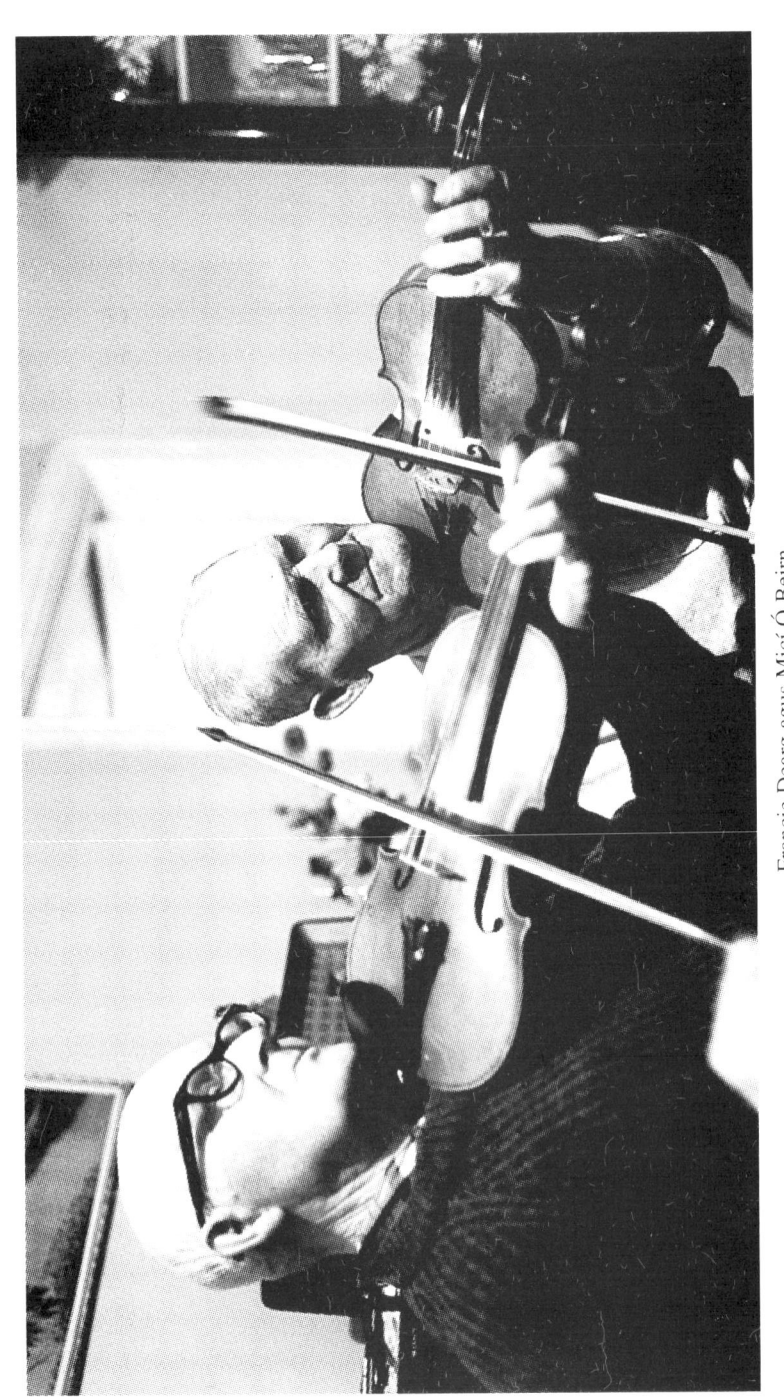

Francie Dearg agus Micí Ó Beirn
Éamonn O'Doherty as The Northern Fiddler Allen Feldman agus Éamonn O'Doherty 1980

thaitin an fhilíocht leo fosta. Cé nach bhfuil an Ghaeilge ar an chuid is láidre i bparóiste Chill Charthaigh sa lá inniu, ní fhágann sin nach raibh a cuid ranna d'fhilí agus de scríbhneoirí aici. Ar fhear den dream is fearr a chum amhráin tá dhá chéad bliain ó shin, bhí Séamus Ó Dorraidheáin as an Leitir, Cill Charthaigh, agus tá roinnt dá shaothar le fáil i gcló i gcónaí. Deirtear go bhfuair a mhuintir bás agus gan é ach óg. Is cosúil go dtáinig fonn pósta air dáta ina dhiaidh sin, agus gur imigh sé féin agus cúpla comrádaí tráthnóna amháin i dtreo Ghleann Cholm Cille a chuartú mná ansin a d'fhóirfeadh dó. B'éigean dóibh a dhul ar an fhoscadh agus iad ag trasnú na sléibhte ag Iomascan agus chuaigh siad isteach i dteach áit a raibh bean óg agus tachrán girsí sa chliabhán aici. Thosaigh an leanbh a chaoineadh nuair a tháinig an troistneach isteach. Chuaigh Séamus a bhogadh an chliabháin agus thit sí ina codladh.

'B'fhéidir gur pósta a bheas tú uirthi,' arsa duine dá chomrádaithe le Séamus, agus gan é ach ar son grinn. D'aimsigh Séamus bean i nGleann ach fuair sise bás seal blianta ina dhiaidh sin. Tháinig an tuar fán tairngreacht a rinne a chomrádaí an t-am sin, nó, nuair a chuaigh sé a dh'iarraidh mná athuair, ba í an páiste a bhog sé sa chliabhán a phós sé.

I measc na bhfilí eile a bhfuil iomrá go fóill orthu, tá Éamonn Ó hAsgáin, fear a rugadh i bPort an Chabhlaigh. D'imigh sé go Meiriceá ina óige agus lean sé leis an léann thall ansin. Oirníodh ina shagart é agus bhí sé ag obair mar shéiplíneach in arm Mheiriceá ina dhiaidh sin. Is é an t-amhrán 'A Chaora Bheag Dhílis' an t-amhrán dá chuid is mó a bhfuil cuimhne ag daoine air inniu.

> A chaora bheag dhílis fan thuas go cionn míosa
> 'S ná bí thuas ag ísliú 'un an gheamhair gach lá
> Óir cuirfear den tsaol thú beidh díobháil do bhídh ort
> Ná déan thusa an ní sin a chuirfeas thú chun báis.

Fear eile a scríobh filíocht ina óige, Mícheál Óg Mac Pháidín (1884-1958). Rugadh é ar an 31ú de Dheireadh Fómhair. Bhí siopa i gCill Charthaigh ag a mhuintir. Chuaigh Mícheál leis an pholaitíocht sa bhliain 1903, nuair a toghadh é mar rúnaí áitiúil ar Chonradh na Gaeilge agus tamall ina dhiaidh sin chláraigh sé mar bhall d'Ord Ársa na Éireannach, an

AOH mar is fearr aithne air. Chuaigh sé go Baile Átha Cliath sa bhliain 1908 agus d'oibir sé i gcúrsaí gnó sa chathair sin. Thug sin deis dó aithne a fháil ar lucht polaitíochta na haimsire sin, Pádraig Mac Piarais agus Eoin Mac Néill agus a macasamhail. Tháinig Pádraig Mac Piarais agus Dúghlas de híde ar cuairt go Cill Charthaigh agus chuaigh siad thart ar na scoltacha agus bhí cruinniú an-mhór acu ag Ard Raithnigh le taobh na reilige ansin. I measc na ndánta a scríobh Mícheál Óg tá 'Díbirt An Bhádhúin', faoin eachtra sin a luaigh mé roimhe seo a tharla in 1847:

> Tá corrú anois ar na néalta
> 'S ní tuar maith a bheirtear don lá
> Sin toirneach ar ais thar na sléibhte
> 'S an deasghaoth ag séideadh go hard
> Tá an fhearthainn ag titim go héigneach
> 'Gus tuillte ag imeacht 'un fáin
> Sa bháighe tá an saoiste ag éirí
> 'S is tréan é ag bualadh 'na n-áit.

Chaith Mícheál Óg ceithre bliana is fiche mar Theachta Dála ó 1927 go 1951 agus bhí sé trí bliana i Seanad Éireann. Scríobh Eighneachán Ó Muireadhaigh, a bhí ina mháistir scoile i Scoil Naomh Carthaigh, filíocht sa Ghaeilge, díreach mar rinne Seán Mac Amhlaidh, Anna Nic Niallais, Máire Ní Chathmhaoil agus daoine eile diomaite díobh.

Bhí filí áitiúla ann a scríobh i mBéarla fosta, Séamus Mac Uidhir a d'fhoilsigh a chuid dánta in Albain agus a chuir amach leabhar filíochta, agus a dhearthair Aodh a raibh cónaí air i gCill Dara, Pádraig Ó Dochartaigh as an Bhádhún a chuaigh go Meiriceá, Cartha Ó Canainn, Mícheál Ó Domhnaill, Séamus Mac Cuinneagáin agus mórán eile.

Tá traidisiún na drámaíochta ag dul siar trí ghlúin ar a laghad i gCill Charthaigh. Bíonn caint go fóill ar dhrámaí a léiríodh anseo chóir a bheith céad bliain ó shin, *An Tobar Draíochta* ar cheann acu, agus rinneadh drámaí i nGaeilge agus i mBéarla ó na fichidí amach. Bhain Cumann Drámaíochta Chill Charthaigh an chéad áit ag Oireachtas Bhaile Átha Cliath sa bhliain 1950 agus arís i 1951. Ba é Aodh Ó hEigeartaigh, máistir scoile, a léirigh na drámaí seo.

Sa lá inniu, d'fhéadfaí a rá gan bhréig gan áibhéil go bhfuil paróiste Chill Charthaigh ar cheann de na háiteacha is deise sa tír, mar go bhfuil an fharraige againn agus neart tránna sábháilte fá choinne snámha agus bádóireachta. Tá iascaireacht le fáil ar farraige, ar abhainn agus ar loch. Tá na cnoic, na gleannta agus áiteacha stairiúla sa cheantar agus tá na daoine cineálta agus fáilte acu roimh chách. Ach mar atá le feiceáil ó na staitisticí thuas, tá an daonra ag titim bliain i ndiaidh na bliana. Bhí sé chomh híseal le 1013 ag deireadh na bliana 1998. Ag éirí as an titim seo sa daonra, tá titim i líon na scoltacha san áit. Tríocha bliain ó shin bhí seacht scoil san áit—ar na Sealbhaí, i Mucros, ar an Chógais, i Sraith Laoill, i gCróibh, i nDoire Leathan agus i gCill Charthaigh. Tógadh na scoltacha seo ag tús an chéid seo, ach bhí seanscoltacha i mórán de na háiteacha sin roimhe sin. Níl ach aon scoil amháin anois sa pharóiste, áit a bhfuil ochtar múinteoirí ag teagasc. Is iomaí fáth is féidir a lua leis an laghdú seo. Tá na muiríneacha níos lú anois ná mar bhíodh cinnte, ach ní hé sin amháin é. Mar dúirt mé roimhe seo, níl an obair san áit a choinneos na daoine sa bhaile, ná leoga infrastruchtúr a chuideodh tuilleadh oibre a mhealladh chun na háite. Tá drochbhail ar an bhealach isteach as na Cealla agus níl mórán tionsclóirí a thiocfas a fhad le háit mar seo, murar féidir a dhul i mbannaí ar an infrastruchtúr ar a laghad. Thit an tóin as an aon mhórthionscal a bhí san áit, is é sin, tionscal an bhréidín, a raibh obair ag suas le trí chéad ann in am amháin, mar atá ráite roimhe agam. Ó d'imigh Mícheál Óg Mac Pháidín uainn, ní raibh guth polaitiúil ceart ag an áit ag an leibhéal logánta nó ag an leibhéal náisiúnta. Tá an pobal róbheag le bheith ábalta ball dá chuid féin a thoghadh ar Údarás na Gaeltachta. Dálta go leor áiteacha tuaithe eile, tá deacrachtaí pleanála ann tithe a thógáil, go háirid in aice na farraige. Anuas air sin, tá sé doiligh na stáisiúin theilifíse a fháil anseo, agus i dtaca le Teilifís na Gaeilge, ní fhaca muid aon radharc go fóill uirthi. Mar sin de, níl cuma rófholláin ar an phobal seo ag deireadh an fichiú haois, agus de réir mar tá na hathruithe ag teacht, is deacair bheith ródhóchasach. Ina dhiaidh sin, tá daoine ábalta ina gcónaí sa cheantar i dtólamh, agus b'fhéidir le Dia, má ní siad gníomh creidimh sa pharóiste, go mbeidh toradh fiúntach air agus go mbeidh rath agus bláth ar cheantar Chill Charthaigh, nuair a thiocfas an t-am a scéal a inse arís, lá is faide anonn ná inniu.

Foinsí

Lacey, Brian, *The Archaeological Survey of Donegal* (Leifear, 1983).
O' Donovan, John, *The Annals of the Kingdom of Ireland* (New York, 1966).
Census of Ireland, blianta éagsúla.
Tuke, James H., *Irish Distress and its Remedies: The Land Question.*, 'A Visit to Donegal and Connaught in the Spring of 1880', (B.Á.C. agus London, 1880).
Ó Muirgheasa, Énrí, *Céad de Cheoltaibh Uladh* (B.Á.C., 1915).
Ó Muirgheasa, Énrí, *Dhá Chéad de Cheoltaibh Uladh* (B.Á.C., 1934).
Shanklin, Eugenia, *Donegal's Changing Tradtions*, 1985.
Taylor, Lawrence, J., *Occasions of Faith: An Anthropology of Irish Catholics*, (University of Pennsylvania Press, 1995).
Mac Giolla Easbaig, Fearghus, 'Gaelic Families of Donegal', in *Donegal History and Society*, (eag.) Nolan, W., Ronayne L., agus Dunlevy, M., (B.Á.C., 1995).
Seanchas agus scéalaíocht áitiúil.

Leabharliosta I: (Cúige Uladh)

Anson, Brian, *North West Donegal Gaeltacht: A Social and Environmental Study* (Doirí Beaga, 1982).

Carney, James, *Topographical Poems by Seaán Mór Ó Dubhagáin and Giolla na Naomh Ó hUidhrín* (B.Á.C. 1943).

Conaghan, Pat, *The Great Famine in South West Donegal, 1845-1850* (Achadh Dhíobhóg, 1997).

Craik, *An Unknown Country* (London, 1890).

Cumann na gCarad (The Society of Friends), *Transactions of the Central Relief Committee of Friends 1852* (B.Á.C., 1997).

Day, Angélique & MacWilliams Patrick, (eag.) *Ordance Survey Memoirs of Ireland* 38 (Parishes of County Donegal) 1833-1835 (Béal Feirste, 1997).

Day, Angélique & MacWilliams Patrick, (eag.) *Ordance Survey Memoirs of Ireland* 39 (Donegal) (Béal Feirste, 1997).

Duffy, Godfrey F., *A guide to tracing your Donegal ancestors* (B.Á.C., 1996).

Evans, Emrys, 'A vocabulary of the dialects of Fanad and Glenvar,' in *Zeitschrift für Celtische Philologie*, 32 (Tübingen, 1972).

Evans, Emrys, 'The Irish Dialect of Urris, Co. Donegal, in *Norsk Tidsskrift for Sprogvidenskap*, IX, Oslo, 1969 lgh 1-130.

Evans, Estyn, *The Personality of Ireland, Habitat, Heritage and History* (B.Á.C., 1982) [1971].

Geen, Philip, *Fishing in Ireland* (London, 1904).

Gwynn, Stephen, *Highways and Bye Ways of Donegal and Antrim* (London, 1899).

Goodbody, Rob, *A Suitable Channel* (Bré, 1995).

Griffith, Richard, *General Valuation of Rateable Property* (B.Á.C., 1857).

Harkin, William, *Scenery and Antiquities of Northwest Donegal* (Doire, 1893).

Hennessy, William Maunsell (eag.), *Annála Uladh, The Annals of Ulster* (B.Á.C., 1887).

Hill, George (eag.), *An Historical Account of the Plantation of Ulster at the Commencement of the Seventeenth Century* (An tSionainn, 1877).

Hill, George, *An Historical Account of the Plantation in Ulster 1608-1620* (Béal Feirste, 1877).

Hill, George, *Facts from Gweedore* (B.Á.C., 1887).

Holland, Denis, *The Landlords in Donegal* (Béal Feirste, 1858).

Lacey, Brian, *Archaeological Survey of County Donegal: a description of the field antiquities from the Mesolithic Period, to the 17th century AD* (Leifear, 1983).

Lancey, Lieutenant W. 'Statistical Report on Parish of Clondavaddog' foilsithe in *Ordnance Survey Memoirs* (1835).

Laoide, Seosamh, *Cruach Chonaill* (B.Á.C., 1913).

Lucas, Leslie, *Mevagh down the years : a history of Carrigart, Downings, Glen and the surrounding districts* (Port Lách, 1972).

Lucas, Leslie, *Cnuasach Focal as Ros Goill* (B.Á.C., 1986).

Lucas, Leslie, *Grammar of Ros Goill Irish, Co. Donegal* (Béal Feirste, 1979).

Lyons, Francis Stewart Leland, *Ireland since the Famine, 2nd revised edition* (London, Fontana, 1973).

Mac Aoidh, Caoimhín, *The Jigs and the Reels* (Cluainín, 1994).

Mac Congáil, Nollaig, 'Clár den Ábhar Gaeilge as Dún na nGall atá foilsithe in Béaloideas', in *Bliainiris Dhún na nGall*, 3, 1979, lgh 419-426.

Mac Congáil, Nollaig, *Scríbhneoirí Thír Chonaill* (B.Á.C., 1983).

Mac Congáil, Nollaig (eag.), *Scríbhneoireacht na gConallach* (B.Á.C., 1990).

Mac Cnáimhsí, Breandán, 'North-West Donegal after the Great Famine,' in *Bliainiris Dhún na nGall*, 9, 2, 1970, lgh 178-202, 1970.

Mac Gearailt, Rónán agus Ó Cinnéide, Micheál, *Forbairt Acmhainní Dúchasacha Chloich Cheannfhaola* (Gaillimh, 1988).

Maguire, Edward, *History of the Diocese of Raphoe, 2 Iml*, Browne and Nolan (Béal Feirste, Corcaigh, Port Láirge, 1920).

McGill, Lochlann, *In Conall's Footsteps* (An Daingean, 1992).

McGill, P.J., *History of the Parish of Ardara* (Béal Átha Seanaidh, 1976) [1970].

McGinley, Thomas, C. [Kinfaela], *Cliff Scenery of South West Donegal, The Derry Journal* (Doire, 1867).

McFadden, James, *The Past and Present of the Agrarian Struggle in Gweedore*, (Doire, 1889).

McParlan, James, *Statistical Survey of the County of Donegal, with Observations on the Means of Improvement* (B.Á.C., 1802).

Micks, W. L., *History of the Congested Districts Board* (B.Á.C., 1925).

Murphy, D., *Derry, Donegal and Modern Ulster*, 1790-1921 (Doire, 1981).

Ní Dhíoraí, Áine, *Na Cruacha: Scéalta agus Seanchas* (B.Á.C., 1985).

Nolan, William, Ronayne, Liam agus Dunlevy, Mairéad, *Donegal, History and Society* (B.Á.C., 1995).

Ó Baoill, Colm, *Amhráin Chúige Uladh* (B.Á.C., 1977).

Ó Baoill Pádraig, *Cuimhní ar Dhochartaigh Ghleann Fhinne* (B.Á.C., 1994).

Ó Catháin, Séamas, *Uair a Chloig Cois Teallaigh* (B.Á.C., 1985).

Ó Colm, Eoghan, *Toraigh na dTonn* (Indreabhán, 1995) [1971].

Ó Crualaoich, Diarmaid, 'Conallaigh ag Scríobh faoi Thír Chonaill,' in *Irisleabhar Mhá Nuad*, 1990, 31-51.

Ó Cuinn, Coslett, *Scian a Caitheadh le Toinn, Scéalta agus Amhráin as Inis Eoghain* (B.Á.C., 1990).

Ó Dónaill, Niall, *Na Glúnta Rosannacha* (B.Á.C., 1952).

O' Donovan, John (eag.), *Annála Ríoghachta Éireann; Annals of the Kingdom of Ireland by the Four Masters from the earliest period to the year 1616*, 7 Iml., B.Á.C., 1851 (New York, 1966).

O' Donovan, John (eag.), Flanagan, Michael. *Letters containing information relative to the Antiquities of the County of Donegal, collected during the Progress of the Ordnance Survey, 1835* (B.Á.C., 1927).

Ó hEochaidh, Seán, *Seanchaint Theilinn* (B.Á.C., 1955).

Ó hEochaidh, Seán, 'Sean-Chainnt na gCruach, Co. Dhún na nGall,' in *Zeitschrift für Celtische Philologie*, 29, Tübingen, 1962, lgh 1-90.

Ó Gráda, Cormac, *An Gorta: Béaloideas agus Amhráin* (B.Á.C. 1994).

Ó Grianna, Séamus (Máire), *Rann na Feirste* (B.Á.C., 1942).

Ó Gallchobhair, Proinsias, *History of Landlordism in Donegal* (Béal Átha Seanaidh, 1962).

O' Hanrahan, Brenda, *Donegal Authors: A Bibliography* (B.Á.C., 1982).

O' Kane, James, 'Placenames of Iniskeel and Kilteevoge', *Zeitschrift für Celtische Philologie*, 31, lgh 59-145, 1970.

O' Kelleher, A. & Schoepperle, G. (eag.), *Betha Colaim Chille compiled by Maghnas O'Domhnaill in 1532* (B.Á.C., 1994) [Urbana, 1918].

Ó Muirgheasa, Énrí, *Céad de Cheoltaibh Uladh* (B.Á.C., 1915).

Ó Muirgheasa, Énrí, *Dhá Chéad de Cheoltaibh Uladh* (B.Á.C., 1934).

Ó Néill, Séamus & Ó Dubhthaigh Béarnárd (eag.) *Coláiste Uladh: Iúbhaile Leathchéad Bliain*, Coiste na Coláiste, 1956.

Ó Nualláin, Ciarán, *Óige an Deathár, Myles na Gopaleen*, (B.Á.C., 1973).

Ó Searcaigh, Cathal, *Suibhne* (B.Á.C., 1987).

Ó Searcaigh, Cathal, *Tulach Beaglaoich, Inné agus Inniu*, (An Fál Carrach, 1993).

Ó Searcaigh, Séamus, *Cloich Cheann Fhaolaidh* (B.Á.C., 1911).

Pender S. (eag.), *A Census of Ireland circa 1659 with supplementary material from the poll money ordinances 1660-61*, Coimisiún Lámhscríbhinní Éireann (B.Á.C., 1939).

Pender, Séamus (eag.) 'O'Clery's Book of Genealogies', *Analecta Hibernica*, 18, Coimisiún Lámhscríbhinní Éireann (B.Á.C., 1951).

Shanklin, Eugenia, *Donegal's changing traditions: an ethnographic study*, (New York, 1985).

Simington, Robert C. (eag.), *The Civil Survey A.D. 1654-1656. Counties of Donegal, Londonderry and Tyrone*, Vol. III. With the returns for Church Lands for the Three Counties (B.Á.C., 1937).

Sinclair, W.J., *Irish Peasant Proprietors: Facts and Misrepresentations: A reply to the Statement of Mr. Tuke* (London, 1880).

Stephens, Msgr James, *South Western Donegal: Irish Times Guide to Ireland* (B.Á.C., 1885).

Taylor, Lawrence J., *Occasions of Faith: An Anthropology of Irish Catholics* (Philadelphia, 1995).

Tuke, James, *Reports for 1847-1848* (B.Á.C., 1848).

Tuke, James, *Irish Distress and its Remedies: the Land Question: a visit to Donegal and Connaught in the Spring of 1880* (London, 1880).

Uí Bheirn, Úna, *Cnuasach Focal as Teileann*, (B.Á.C., 1989).

Wagner, Heinrich, *Linguistic Atlas and Survey of Irish Dialects, Vol. 1* (B.Á.C., 1981) [1958].

Wagner, Heinrich, & Ó Baoill, Colm, *Linguistic Atlas and Survey of Irish Dialects Vol. 4* (B.Á.C., 1982) [1969].

Wagner, Heinrich, *Gaeilge Theilinn* (B.Á.C., 1959).

Walsh, Paul, *Leabhar Chlainne Suibhne* (B.Á.C., 1920).

Watson, S. (eag.), *Oidhreacht Ghleann Cholm Cille* (B.Á.C., 1989).

Cúige Chonnacht agus Cúige Laighean

Gaeltachtaí Chúige Chonnacht agus Chúige Laighean

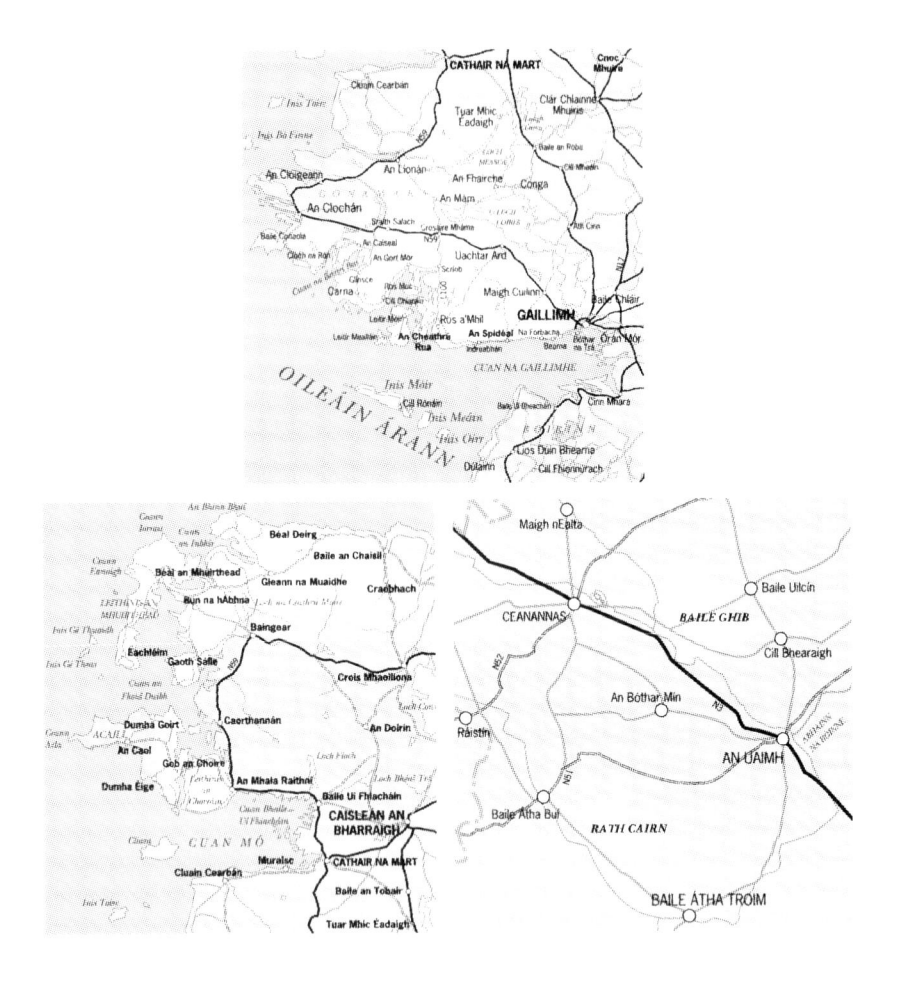

Bearna agus na Forbacha
Nollaig Ó Gadhra

Táim buíoch de Raidió na Gaeltachta as ucht cuireadh a thabhairt dom mo chuid tuairimí faoi phobal Bhearna agus na bhForbacha a chur ar fáil ag tús na mílaoise nua. Ceist eile ar fad í, cé chomh críonna is atá sé do dhuine nár rugadh sa cheantar, agus nár tógadh sa phobal, tabhairt faoina leithéid. Mar le hais na ndeacrachtaí go léir eile a bhaineann le cuntas cothrom a scríobh ar ábhar den saghas seo, sílim go n-aontódh gach éinne go bhfuil Bearna agus na Forbacha eisceachtúil amach is amach i dtéarmaí Gaeltachta agus pobail, sa mhéid is go bhfuil siad ar an imeall, buailte ar chathair mhór fhorásach na Gaillimhe.

Ach mar sin féin tá seasamh níos fearr déanta acu, b'fhéidir, ná go leor pobal traidisiúnta Gaeltachta eile, maidir le caomhnú an traidisiúin i dtréimhse an-achrannach, nuair atá an dúchas féin faoi ionsaí ar gach aon taobh, agus ar bhealaí éagsúla.

Ó thaobh na staire de, is léir go raibh an píosa talún seo fan chósta Chois Fharraige, ó Chnoc na Cathrach siar chomh fada le hArd Dhoire an Locháin, ar an mbóthar go dtí an Spidéal, ina cheantar idir eatarthu riamh. Bhíodh caint glúin ó shin ag urlabhraithe Chearta Sibhialta na Gaeltachta ar *Check Point Charley* Ghaeltacht Chonamara a bheith le fáil áit éigin sa cheantar seo, cé nach raibh gach éinne ar aon intinn faoi cén áit ba cheart an seicphointe a thógáil.

Mhol Des Fennell, más buan mo chuimhne, nuair a thosaigh sé a fheachtas ar son Iosraeil in Iar-Chonnacht i 1969, go gcrochfaí comhartha mór ar an mbóthar ag meabhrú do dhaoine i mBéarla, '*You are now entering the Gaeltacht*', le go mbeadh ómós ag na strainséirí do nós na háite i gcúrsaí teanga, i measc rudaí eile, nuair a ghabhfaidís siar. Mhol daoine eile, go leathmhagúil, tá súil agam, cé nach féidir a bheith cinnte, gur cheart córas pasanna a bheith ann! Ag an am céanna bhí trácht ag Máirtín Ó Cadhain ina phaimfléad *Mr Hill: Mr Tara* faoin mbaol a bhain le tógáil láthair charabhán do Ghaeltacht Chorca Dhuibhne, go dtógfaí claí na muice duibhe nua thart faoin Ghaeltacht.

Ardoifig Údarás na Gaeltachta

Cian Mac Aodha Bhuí 2000

Nó, mar a dúirt sé in óráid cháiliúil amháin ag an am maidir le forbairt na turasóireachta i gCois Fharraige: '*With regard to tourism in the Gaeltacht, I would hang the first Bord Fáilte official that ventured west of Knocknacarragh from the nearest tree, or from the nearest* sceach *if a tree was not available.*'

Údar eile ar fad a úsáidfidh mé anseo áfach, le meabhrú dúinn féin faoi shaintréith an cheantair seo mar phobal Gaeltachta. Ina léirmheas géar ar chúrsaí Gaeilge agus Gaeltachta, ní mór an dóchas a léirigh an tOllamh ó Choláiste na Trionóide, F.S.L. Lyons, ina mhórshaothar *Ireland since the Famine*, glúin ó shin. Mar sin féin, ina thrácht ar chúrsaí oideachais, bhí an méid seo a leanas aige i bhfonóta mar ábhar dóchais, b'fhéidir, do dhaoine ar nós Uí Chadhain a bhí ina Ollamh le Gaeilge san Ollscoil chéanna i mBaile Átha Cliath ag an am. Deir Lyons:

> In all fairness two points should be made here to redress the balance. One is that even if Galway City is much anglicised one does not have to go far along the coast to be in genuinely Irish-speaking country. And the other is that in Galway itself the University College has long been, and still remains, the only centre of higher education where a wide range of courses is taught and studied at degree level through the Irish language . . .

Ní raibh aon Institiúid Teicneolaíochta i nGaillimh ag an am sin, nó RTC féin, agus is ceist eile do lá eile í an mó líon na gcúrsaí trí Ghaeilge atá á dteagasc anois sa dá choláiste i nGaillimh ná mar a bhí i lár na seascaidí. Ach an bunphointe eile, faoi Ghaeltacht bheo láidir a bheith buailte ar chathair na Gaillimhe, agus forais éagsúla sa chathair sin a bheith ag teacht faoi thionchar na Gaeltachta agus ag iarraidh freastal uirthi, is scéal é atá fós ina scéal achrannach inár measc. Agus, istigh ina lár, idir eatarthu, mar a dúirt mé, tá pobal Bhearna agus na bhForbacha.

Tá an dá phobal seo in aon pharóiste amháin anois, cé nach mar sin a bhíodh an scéal. Agus, cé go bhfuil éagsúlacht an-mhór idir an dá chuid den pharóiste, a bhaineann le gnéithe éagsúla den stair, ní féidir an pobal trí chéile a mheas ach mar chuid de bhruach oirthir Ghaeltacht Chois Fharraige; ach amháin go bhfuil sé ag athrú níos sciobtha agus ag teacht faoi bhrú eacnamaíochta agus pleanála níos déine mar go bhfuil sé buailte ar chathair na Gaillimhe, an chathair is mó fás in iarthar na hEorpa le glúin anuas.

Tá caint mhór le tamall ar fhadhb seo na bpobal agus na mbailte beaga ar imeall na gcathracha atá ag fás. Tá an fhadhb seo cinnte i gCois Fharraige, ach amháin go bhfuil deacrachtaí breise teanga is cultúir ag baint leis an scéal anseo, nuair a thosaíonn líon mór daoine breise ag plódú isteach i bparóistí agus i bpobail thraidisiúnta. Cothaíonn sin fadhbanna sna bunscoileanna, ag an Aifreann féin, gnéithe den saol atá thar a bheith tábhachtach i bpobal Éireannach ar bith ach nach bhfuil aon aitheantas acu sa chóras pleanála. Fillfimid ar an scéal seo arís nuair a bheimid ag trácht ar Chois Fharraige an lae inniu.

Maidir leis an saol a bhíodh i gCois Fharraige, sa 20ú céad, agus de réir dealraimh le fada an lá, ní fearr cuntas atá ar fáil, dar liom, ná an gearrchuntas a scríobh Seán Ó Conghaile thart faoi lár an chéid seo caite, agus atá i gcló ina leabhar *Cois Fharraige le Mo Linnse*, a foilsíodh i 1974, cé go raibh an aiste féin i gcló i bh*Feasta* i dtosach in 1960. Deir sé:

> Ní raibh bóithrín portaigh ná cladaigh ann leathchéad bliain ó shin, ach cosáin bheaga isteach go dtí na bráicíní ceann tuí. Tharraing an líon daoine a bhí ann roimh an nglúin seo, chuile ualach ar a ndroim, ó chladach go ceapach, agus ón bportach go tairseach. An dream a mbíodh aon sciobalach orthu agus iad ag iarraidh slí bheatha a dhéanamh dóibh féin, shiúileadh siad isteach go Gaillimh chuig an margadh uair sa tseachtain. D'iompair na mná cléibhíní bána ar a ndroim, le him agus uibheacha iontu agus an fear a raibh sé de bhrabach air capall agus carr a bheith aige, thug sé a charr móna, le slí agus fáltas a dhéanamh amach ar Fhaiche Mhór nó ar Fhaiche Bheag na Gaillimhe. Shiúil sé gach choiscéim den bhealach sin i gcuideachta a láirín, más í a bhí aige. Ní hé chuile dhuine a raibh an deis sin acu, agus tugadh duine deisiúil ar an té a raibh.

An síorchaidreamh seo idir cathair na Gaillimhe agus na pobail siar ón gcathair, cois caoláire, atá mar chúlra le cuid de na gearrscéalta is fearr a scríobh Ó Cadhain.

Pobal speisialta, pobal ar leith, is ea pobal Ghaeltacht Chois Fharraige. Pobal ar leith, idir eatarthu, is ea pobal Bhearna agus na bhForbacha laistigh den phobal sin. Agus, mar a deirim, sílim go bhfuil éagsúlachtaí nach beag idir an dá eite den pharóiste sin féin, chomh maith. Tá idir stair, tíreolas, agus gan amhras, traidisiún agus cultúr na ndaoine féin measctha go dlúth sa chumasc seo, ceann de na meascáin chultúir is sochtheangeolaíochta is spéisiúla ar domhan, b'fhéidir.

Maidir le stair an phobail, fágaimis an réamhstair agus go deimhin an Luath-Chríostaíocht faoi lucht na miotaseolaíochta, agus cloímis, chomh fada agus is féidir, le fíricí is féidir a dheimhniú agus scéalta a fhágann a rian ar an bpobal i gcónaí.

Caithfear a rá, áfach, go bhfuil sé d'ádh ar mhuintir Chois Fharraige gur mhair an scoláire mór Ruairí Ó Flaitheartaigh ina measc ó aimsir Chromail isteach san ochtú haois déag, nó gur cailleadh é sa Pháirc láimh leis an Spidéal sa bhliain 1718. I measc na gcáipéisí a d'fhág an Flaitheartach ina dhiaidh bhí an *Chorographical Description of West or h-Iar Connaught*, a chuir James Hardiman in eagar do Chumann Seandálaíochta Éireann sa bhliain 1846. Míníonn Hardiman faoi mar a cumadh Barúntacht Mhaigh Cuilinn sa bhliain 1585, as an dá thuathcheantar sheanbhunaithe, Gnó Mór agus Gnó Beag. Ón dara haois déag i leith, dar leis an bhFlaitheartach, ba iad muintir Mhic Con Rí a bhí ina dtaoisigh ar Ghnó Mór agus muintir Uí Aithnidh a bhí i gceannas ar Ghnó Beag. Ina dhiaidh sin, ghabh muintir Uí Fhlaitheartaigh an taobh tíre, tar éis don Taoiseach Normannach de Búrca iad a ruaigeadh ón tseilbh thraidisiúnta a bhíodh acu taobh thoir de Loch Coirib.

Baineann paróiste uilig Bhearna agus na bhForbacha le dúiche an Ghnó Bhig, ach le linn ré Eilís I i Sasana tháinig Teach Bhearna agus na tailte a ghabh leis i seilbh na Loingseach, agus Teach agus Tailte na bhForbacha i seilbh na mBlácach, ag am nuair a d'fhan na Flaitheartaigh i gceannas ar an gcuid eile de Bharúntacht Mhaigh Cuilinn ó thuaidh. Fuair Bearna a theideal, mar is léir, ón mbearna sa chósta timpeall trí mhíle siar ó Ghaillimh, mar a mbíodh Seanchaisleán Bhearna tráth, ó dheas ó Theach Bhearna agus gar d'úllghort. Bhain an seanchaisleán, deirtear, le muintir Uí Allúráin, tráth, dream a raibh smacht acu anuas go dtí an 12ú haois ar Chlann Fhearghail, an talamh ar ar tógadh baile na Gaillimhe i dtús ama.

Maidir leis na Forbacha, deirtear linn sa cháipéis a scríobh Ó Flaitheartaigh sa bhliain 1685, gur *Bally ne Forbagh* a thugtaí air, go raibh ceithre cheathrú talún ann agus gur bhronn an Rí Séamas I an dúthaigh sin ar fad ar Aodh Ó Flaitheartaigh i litir phatainne dár dáta 25 Eanáir, 1617. Tá tagairt freisin don abhainn 'Forbach', mar a deirtear, a théann i bhfarraige lámh le droichead, ach ní fheicimid aon tagairt don chora bhradán a bhí ann de réir cosúlachta, go dtí go bhfeictear é ar an léarscáil suirbhéireachta a foilsíodh i dtosach sa bhliain 1839.

Bhí Bearna ón tús lonnaithe taobh istigh den rud ar a dtugtar *'the county of the town of Galway, in the West Union Of the parish of Rahoon.'* Ceantar na Libertí a thugtaí ar an gceantar seo, lasmuigh de sheanbhalla na cathrach, ach faoi smacht na cathrach, mar sin féin.

Shín an limistéar seo chomh fada le *Liberty Point*, mar a thugtaí air, ar shruthán na Libertí, a bhí mar theorainn an t-am sin féin idir Bearna agus na Forbacha. Tá an pointe seo suite thart ar 200 slat soir ó Crook Lodge House an lae inniu, agus an claí teorann atá ag Teach Chnoc na Gréine. Dá bhrí sin, bhain Bearna leis an gceantar cathrach, nó le ceantar uirbeach na Gaillimhe le fada an lá, agus bhain na Forbacha leis an gcontae. Sa lá atá inniu ann, áfach, tá an teorainn idir limistéar Chomhairle Chontae na Gaillimhe agus an Bardas nua a fuair lánaitheantas mar bhurgchontae chomh deireanach le 1985, ag an gcúirt liathróid láimhe, an sean*bhall alley*, díreach ar aghaidh shéipéal nua Bhearna ar an mbóthar isteach i dtreo na cathrach. Is é tábhacht na teorann Libertí seo, seachas an deighilt a rinne sí sa phobal féin, ná gur chiallaigh sé sa seanam an teorainn dháiríre a bhí idir limistéir thionchair chathair na Gaillimhe agus *the wilds of Connemara*, mar a deirtí go dtí ár lá féin—an pobal dlúth Gaeltachta úd fan bhóthar Chois Fharraige.

Dar le Hardiman, chomh fada le deireadh an ochtú haois déag, ní raibh bóthar ar bith siar amach ó Ghaillimh a d'fhéadfadh an carr asail féin a iompar sa drochaimsir, agus, mar a meabhraigh Seán Ó Conghaile dúinn faoi thús an chéid seo caite, b'éigean do mhuintir na háite an rud a bheadh le díol acu, ó ghlasraí go móin, a iompar ar a ndroim go minic, nó ar chléibhíní ar mhuin asail nó capaill, má bhí a leithéid acu. Ní hin le rá, ar ndóigh, nach mbíodh trádáil nach beag idir Gaillimh agus

Iar-Chonnachta sa seanam; ach má bhí, ba i mbáid, ar húicéirí agus ar bháirsí ba mhó a dhéantaí í. Bhí mogalra mara fan chósta Chonamara ar fad, na glúinte sula raibh aon bhóthar ceart ar an talamh, ach ba ghnách le pobail oirthear Chois Fharraige gnó agus trádáil a dhéanamh leis an mbaile mór de shiúl na gcos freisin.

Toradh amháin a bhí ar shruthán seo na Libertí nach raibh aon smacht de ghnáth ag na húdaráis Ghallda cáin nó dleachtanna trádála a leagan taobh thiar de Bhearna. Chuidigh sin leis an smugláil, gan amhras, idir Cois Fharraige agus an Mhór-Roinn fiú amháin.

Dar le Ruth Dudley Edwards ina saothar *An Atlas of Irish History* thugtaí suas le 80% den fhíon Spáinneach a thugtaí i dtír in Éirinn ag an am isteach trí shaorphort Bhearna, cé gur deacair a bheith cruinn faoi staidreamh a bhaineann le gnó neamhoifigiúil i gcónaí.

Tá a fhios againn, áfach, go ndúntaí geataí na Gaillimhe ag 9.00 i.n. gach oíche le linn an gheimhridh, agus go ndúntaí iad ag 10.00 i.n. le linn an tsamhraidh. Bhailítí táillí ag na geataí seo, agus d'úsáidtí an t-airgead sin le caoi a choinneáil ar sheanbhallaí na cathrach. Cuireadh eagar faoin gcóras bailithe seo i lár an ochtú haois déag, ach ó thosaigh an córas ní ghearrtaí aon dleacht ar ghlasraí nó earraí déiríochta, a dhíoltaí ar an margadh.

Tithe ceann tuí ar fad, nach mór, a bhíodh i gceist, ach i gcás na bhForbacha bhíodh fonn ar na Blácaigh an tuí a choinneáil le haghaidh easair a gcuid capall. Dá bhrí sin, d'úsáididís an pointe faire ar shruthán na Libertí le cinntiú nach dtabharfadh éinne aon tuí amach as an bparóiste lena dhíol i nGaillimh.

Bhí cead ag Méara na Gaillimhe saighdiúirí garastúin a chur amach ar lóistín i dtithe laistigh de cheantar na Libertí. Ní bhíodh aon fháilte de ghnáth roimh na saighdiúirí céanna, agus ba mhinic a d'íocadh daoine fíneáil leis an Méara le héalú ón dualgas a d'fhéadadh sé a leagan orthu. Ó tharla Bearna a bheith laistigh de cheantar na Libertí, ba mhinic a chuirtí na saighdiúirí seo—nach raibh aon fháilte rompu— amach ar lóistín sa pharóiste. Ach ní fhéadfaí an ceangal céanna a chur ar phobal na bhForbacha níos faide siar. Spreag seo éad idir an dá thaobh go minic, agus éirí in airde i muintir na bhForbacha, a shíl go raibh siad níos fearr ná an dream eile, más fíor an seanchas.

Ag tús an naoú haois déag, tógadh, agus de réir a chéile cuireadh feabhas ar bhóthar mór siar trí Chois Fharraige. Bóthar an Rí a tugadh air. Leagadh tarra ar an mbóthar céanna sna tríochaidí, agus cé gur cuireadh feabhas anseo agus ansiúd air ó shin i leith, is í fírinne an scéil go bhfuil gá agus géarghá i gcónaí le bóthar ceart amháin chun na gealchathrach, bóthar a dhéanfadh freastal ar Chonamara Theas ar fad, siar go Carna agus na hOileáin, gan trácht ar eastáit tionscail sa Spidéal, ar an gCnoc, i gCasla agus ar an gCeathrú Rua, gan trácht ar an aerstráice ar an gCaisleán sna Mine, calafort mór iascaireachta Ros an Mhíl, agus na forbairtí go léir eile, dála Raidió na Gaeltachta i gCasla agus TG4 i mBaile na hAbhann, a chothaíonn trácht bhreise in aghaidh an lae. Cuir leis sin an líon mór tithe nua atá tógtha ar bhruach thiar chathair na Gaillimhe agus fan an bhóthair chomh fada leis an gCnoc ag an bpointe seo, agus tuigfear cén fáth a bhfuil scéal na drochphleanála agus tógáil tithe aonair le bóthar faoi mhír 4 den Acht Pleanála ina mbeocheisteanna sa taobh seo tíre.

Ceantar bocht lom, fíorsceirdiúil é an ceantar seo, Cois Fharraige ag ceann Chuan na Gaillimhe, nó Loch Lorgan más maith leat. Níor cheart a cheapadh, mar sin, gur thosaigh an fhorbairt mhór sa cheantar mórán níos luaithe ná aon áit eile i nGaeltacht Chonamara. Leis an bhfírinne a insint níor tháinig casadh na taoide anseo, ó thaobh titim sa daonra de, go dtí na seascaidí. Bhí cúiseanna ar leith a d'fhág go raibh Bearna/na Forbacha chun tosaigh ar phobail eile, b'fhéidir, ina measc dílárú Ardoifig Ghaeltarra Éireann go dtí na Forbacha i 1969, agus cóngaracht an cheantair do chathair na Gaillimhe ó thosaigh an baile mór sin ag fás é féin, i ré an ghluaisteáin.

Ach breathnaímis i dtosach ar shráidbhaile Bhearna féin, a bhí aitheanta mar shráidbhaile i ndaonáireamh na bliana 1812. Bhí 54 teaghlach i mBearna ag an am, 22 ag plé le talmhaíocht agus 32 le gnóthaí éagsúla eile. Bhí daonra iomlán 560 duine sa phobal. I ndaonáireamh na bliana 1821 bhí 75 teach sa phobal agus daonra de 362. Sa bhliain 1838, de réir shuirbhé Sheáin Uí Dhonnabháin, bhí 62 feirmeoir agus ceardaí ann. Bhí tábhairneoir amháin ar an mbaile, ceann amháin ceadúnaithe, ar aon nós, agus thionóltaí ceithre aonach sa bhliain. Bunaíodh Freeport mar chalafort patainne in ainm *Andrew Lynch, Proprietor*, sa bhliain 1832.

Sa luacháil a rinne Griffith sa bhliain 1855—'*Evaluations on the tenements of Ireland*'—deirtear go raibh 64 teach fágtha i mBearna deich mbliana tar éis an Ghorta. Dhá scór acra a aithníodh mar shráidbhaile. Ba mhar a chéile tromlach na sloinnte ar an mbaile agus na cinn a bhfuil cleachtadh againn orthu sa chomharsanacht i gcónaí: Conchúir, Conghaile, Ó Clochartaigh, Ó Curraoin, Ó Goill, Ó Donnghaile, Ó Fatharta, Ó Cualáin, Ó hIarnáin, Mac Donncha, Breathnach, Ó Cléirigh, Ó Dufaigh; Ó hIcí. Ach bhí sloinnte eile ann freisin nach bhfuil chomh coitianta céanna—Maud, Miller, Solan, Young, Kilkelly, Luskey, Fleming, Farrell, the Reverend Brownrigg (New Village) agus Lord Campbell a bhí mar Thiarna Talún.

Idir an bhliain 1841 agus 1857 laghdaigh an daonra iomlán i mBearna míle duine, meastar, agus thit líon na dtithe ó 610 go 477. Ocras, gorta agus galar, ainnis agus eisimirce ba chúis leis sin, aimsir an drochshaoil ceart. Idir na blianta 1851 agus 1855 amháin, d'imigh 7,000 duine an loch amach ó chalafort na Gaillimhe ar a mbealach go Meiriceá. Ní raibh anseo ach an dream a thug na cosa leo ó uafás na ndaichidí, a bhfuil cuntas orthu, mar gur tosaíodh ag coinneáil cuntais. Níl a fhios againn cá mhéad de na daoine sin a bhain le Bearna agus na Forbacha.

Sa bhliain 1911 bhí 308 teach i bpobail Bhearna/na bhForbacha le chéile agus beagnach 2,000 duine, rud éigin faoi bhun 1,000 duine i ngach aon phobal acu. Lean an daonra thuas seal thíos seal as sin go ceann leathchéad bliain, trí Chogadh na Saoirse, bhunú an Stáit, chogadh eacnamaíochta na dtríochaidí agus an Dara Cogadh Mór nuair a thosaigh an imirce mhór go Sasana. D'imigh glúin iomlán, nach mór, tar éis an Chogaidh, go háirithe sna caogaidí, fiú má lonnaigh cuid den dream seo in áiteanna eile in Éirinn, i gcathair na Gaillimhe féin, agus mar fhostaithe an Stáit nu—mar Ghardaí, mar shaighdiúirí, mar mhúinteoirí, mar altraí agus mar státseirbhísigh eile—ar fud na tíre.

Idir Daonáireamh 1946 agus 1961, mar shampla, thit an daonra i bpobal na bhForbacha ó 620 go 508, agus ní raibh ach deichniúr breise, 518 ann, deich mbliana ina dhiaidh sin, i 1971. Sa bhliain 1946 bhí 1,270 duine i mBearna de réir an Daonáirimh, sin laghdú ceathrair ón 1,274 a cláraíodh sa pharóiste sa bhliain 1936. Ní raibh ach méadú duine amháin as sin go 1961, nuair a cláraíodh 1,271 i mBearna. Ach deich mbliana ina dhiaidh sin bhí 1,734 ina gcónaí i mBearna de réir an Daonáirimh i 1971. Tá an figiúr sin nach mór dúbailte ó shin i leith.

Tithe príobháideacha is ea formhór mór na dtithe seo sa dá phobal, cé gur seallaithe agus tithe saoire eile, cuid acu a bhíonn ar cíos go rialta, is ea go leor acu. Go dtí seo níl aon eastát tithíochta den chineál atá i gCnoc na Cathrach anois, mar shampla, sa pharóiste, ná eastát de chuid na Comhairle Contae ach an oiread.

Cé go bhfuil aitheantas ag Bearna mar shráidbhaile le fada an lá, tá bearnaí go leor sa phríomhshráid féin agus cúpla páirc ghlas istigh i lár an bhaile ar bhealach nach bhfeicfeá i sráidbhaile eile i gCois Fharraige, sa Spidéal, mar shampla. Má fhágann tú cúrsaí eaglaise agus scolaíochta as an áireamh, ba í beairic an R.I.C., nó na *Peelers* mar a thugtaí orthu, an rud ba mhó a thug pearsanacht do Bhearna mar shráidbhaile sa dara leath den 19ú céad. Théadh na póilíní armtha seo de chuid rialtas Shasana ar patról chomh fada siar le Droichead na bhForbacha, mar a mbuailidís lena gcomrádaithe ón Spidéal, dream a thagadh anoir chomh fada leis an droichead céanna.

Maidir leis na Forbacha, pobal ar leith a bhí ann riamh, pobal a thit idir dhá stól, shílfeá, idir an Spidéal ar an taobh thiar agus Bearna ar an taobh eile, ach a bhí scartha amach go cinnte ó Bhearna agus sruthán na Libertí. Ba iad na Blácaigh, ceann de Threibheanna chathair na Gaillimhe, dála na Loingseach i mBearna, a bhí mar Thiarnaí Talún sna Forbacha, agus d'fhás saol agus tírdhreach an pharóiste aníos faoina dtionchar trí na glúine. Bhí na Forbacha sách fada siar ó chathair na Gaillimhe lena phearsanacht féin a bheith aige mar phobal, fiú má bhreathnaigh na Blácaigh, agus go deimhin tiarnaí go leor eile, ar an áit mar ionad saoire, *country retreat* a bhí go hálainn sa samhradh agus a d'fhéadfá a thréigean sa gheimhreadh agus baile mór na Gaillimhe a thabhairt ort féin arís.

Ba é Andriú de Bláca, trádálaí as Gaillimh, a phós Christina Martyn sa bhliain 1687, a chuir tús le ré na mBlácach mar thiarnaí sna Forbacha. Lean sé ghlúin ón uair sin, aimsir Chonradh Luimnigh, go dtí Andrew William a rugadh sna Forbacha i 1798. Éiríonn an líne ábhairín níos casta ina dhiaidh sin. Ach is fiú a lua go raibh deartháir Andrew William, Edmond Blake, ina Mhéara deireanach ar Ghaillimh faoin seanchóras idir 1831 agus 1841, nuair a cuireadh deireadh leis an mBardas ar fad go ceann beagnach 100 bliain.

Ba é Marcus de Bláca a thóg *Furbo House* i dtosach, i mBaile na hAbhann. Ba é seo príomhtheach an eastáit. Bhí crainn ag fás thart air, rud a d'fhág nach raibh le feiceáil de ón mbóthar ach na simnéithe! I mBaile na hAbhann a bhí an Teach Mór lonnaithe. Ba le Marcus de Bláca Baile na hAbhann agus na bailte ar fad thart timpeall—Aill an Phréacháin, Doire Uachtair, Cnocán an Bhodaigh, Saoirsin, Straidhp, Coismeig Mór, Forbacha Garbha, Cnoc na Gréine, agus Doire an Locháin Thoir agus Thiar. Thóg Seán Buí de Bláca teach mór eile i measc na gcrann i mBaile na hAbhann san 19ú céad. Thugtaí Seán Sunday ar an bhfear seo, mar nach mbíodh sé le feiceáil ach ar an Domhnach, an t-aon lá den tseachtain nach raibh cead barántas fiacha a sheirbheáil. Lámhadh é, áfach, Domhnach amháin nuair a bhí cogadh na talún faoi lán seoil i lár 1882, agus é ar a bhealach ar ais ón Aifreann.

Cé gur Caitlicigh a bhí sna Blácaigh, níor thaitin siad lena gcuid tionóntaí. D'éiligh siad obair shaor in aisce ar an Máirt ó na tionóntaí bochta de réir sean-nóis fheodaigh. Thóg duine acu bó ó bhaintreach a bhí cúpla pingin gann leis an gcíos, más fíor don seanchas, agus, mar a luaigh muid cheana, ní bhíodh cead ag muintir na bhForbacha tuí a dhíol i nGaillimh. Bhí orthu é a sholáthar do na Blácaigh le haghaidh a gcuid stáblaí capall. Ba í Mrs Denise Drew, gariníon coirnéil sna Connaught Rangers sa 19ú céad an duine deireanach de mhuintir Bhláca a chónaigh sa Teach Mór. Rinneadh scoil den áit ar feadh cúpla bliain, agus óstán ina dhiaidh sin, fiontar nach raibh morán ratha air de bharr an Dara Cogadh Mór.

Ansin sa bhliain 1951 dhíol an *Irish Tourist Board*, mar a bhí ag an am, an áit le George McCambridge a thóg bungaló ar an talamh. Tá a mhac, Pat, agus a chlann ina gcónaí san áit i gcónaí. Tá an díon bainte den seanteach le fada an lá. Níl fágtha ach na fothracha. Tráth den saol bhíodh séipéal príobháideach, fiú, ann, ach go dtugtaí cead do mhuintir na háite Aifreann a éisteacht ann sular ar tógadh séipéal na bhForbacha i 1933.

Ceapadh Andrew William Blake, J.P., duine de Bhlácaigh na bhForbacha ina Ard-Sirriam ar Ghaillimh in 1841. Ba leis na tailte agus an láthair tí inar tógadh *Marino Cottage*, Teach Furbo níos déanaí, agus fuair sé greim ar thailte eile sa Charraig Mhór agus i gCnoc na Gréine tar éis 1850. Bhí seachtar clainne aige agus sa bhliain 1866 phós duine de na daoine is óige acu, Emily Margaret, William, an mac ba shine a bhí ag Anthony Nugent, deichiú Iarla na hIarmhí. Níl a fhios againn baileach cén uair a tógadh *Marino Cottage* ach tá sé le feiceáil ar an léarscáil ordanáis a rinneadh in 1839. Ba léir ón leagan amach a bhí air go dtí lár an chéid seo caite go ndearnadh dhá phíosa a chur leis ag amanna éagsúla. Is léir freisin ó sheanphictiúirí agus ón seanchas gur úsáideadh an teach le haghaidh cóisirí agus páirtithe a bhíodh go rialta ag lucht seilge agus foghlaeireachta. Bhí madraí ag na Blácaigh, ach ba de shiúl na gcos, ní ar chapaill, a théití ar thóir an mhadra rua agus an bhroic ag an am, de réir dealraimh. Tharla mionghorta sa cheantar i lár na 1970idí agus bhunaigh sagart paróiste Rathúin, an tAthair Peadar Ó Dálaigh, ionad dáilte súp ag geata an lóiste.

Sa bhliain 1922 dhíol Iarla na hIarmhí, a fuair an teach le huacht, ach nár chónaigh riamh san áit, an lóiste agus naoi n-acra le Mícheál Ó Droighneáin, príomhoide áitiúil bunscoile, fear a thug seirbhís mhaith don athbheochan náisiúnta agus a ghlac páirt ghníomhach san I.R.A. le linn Chogadh na nDúchrónach. Ghlac Mícheál taobh an tSaorstáit sa bhliain 1922 agus bhí tionchar nach beag aige—mar Cheannaire ar Bhriogáid Chonamara Theas d'Arm na Poblachta ag an am, cé nár aontaigh tromlach na nÓglach i gConamara leis. Ba mhó an tionchar a bhí aige, b'fhéidir, mar mhúinteoir áitiúil ar thacaíocht an ghnáth-lucht vótála do Chumann na nGaedheal, agus d'Fhine Gael agus na Léinte Gorma ina dhiaidh sin. Ba i bparóiste na bhForbacha, de réir cosúlachta, a chodail go leor de na Léinte Gorma sula ndeachaigh siad an loch amach chun na Spáinne faoi cheannas Eoin Uí Dhufaigh ó chalafort na Gaillimhe i 1936. Tá daoine fós sa phobal a mhaíonn gur chodail Eoin Ó Dufaigh féin leo an oíche úd sula ndeachaigh sé go dtí an Spáinn le cabhair do Franco. B'fhéidir nach bhfuil oiread daoine mórálach as an maíomh sin anois agus a bhíodh tráth den saol. Ach d'fhág an eachtra sin féin a rian ar dhílseachtaí polaitiúla an pharóiste go ceann glúine eile.

Teach Bhearna ó Thrá na gCeann (An Trá Gheal)

Le caoinchead Chartlann Ailtireachta na hÉireann c. 1970

Dhíol Mícheál Ó Droighneáin *Marino Cottage* le Bill Fuller sa bhliain 1967. Ciarraíoch a raibh cáil idirnáisiúnta air mar fhear eagraithe siamsaíochta agus hallaí damhsa a bhí in Fuller. Thóg sé óstán cáiliúil ar an láthair trí leas a bhaint as an socrú nua pleanála a cheadaigh dó cur go mór le teach a bhí ann cheana féin, ar thaobh na farraige de bhóthar an rí, fiú amháin. Is iomaí oíche agus ócáid mhór a bhí san óstán nua, Teach Furbo, mar a thug Fuller air.

Ach seans gurbh í an ócáid ba cháiliúla ar fad ó thaobh an phobail áitiúil de an agóid a d'eagraigh lucht Chearta Sibhialta na Gaeltachta ag tús 1969, mar go raibh RTÉ ag réamhthaifeadadh cúpla clár de *Quicksilver*, clár ceisteanna neamhdhíobhálacha, i mBéarla! Rinneadh scéal mór den mhasla a dúradh a tugadh don Ghaeilge agus don Ghaeltacht ar an oíche. Agus ar ndóigh, bhí foireann bhríomhar eile ag RTÉ, chomh maith, chun an 'réabhlóid Ghaeltachta', mar a dúradh, a chraoladh ar fud na tíre. B'in iad laethanta ár n-óige. (Is iomaí clár i bhfad níos Gallda a chraol RTÉ ó cheartlár na Gaeltachta ó shin, gan ghíog.)

Pointe beag staire eile ar mhaithe leis an taifead. Is é an fáth a roghnaigh RTÉ Teach Furbo ar an oíche Lá Fhéile Pádraig áirithe sin go raibh an trealamh i nGaillimh cheana féin le himeachtaí paráide agus nithe eile a chlúdach; agus ba é Teach Furbo an t-aon ionad i gConamara ar fad a raibh cumhacht leictreachais trí fhásach aige, mar a theastaigh chun na cláir a thaifeadadh. Tugann sin léargas níos fearr ar an easpa forbartha a bhí déanta go dtí sin ar phobail na Gaeltachta, go fiú an paróiste Gaeltachta i gCois Fharraige ba ghaire do chathair na Gaillimhe.

Ní bheidh spás sa léacht seo le trácht a dhéanamh ar mhórán nithe spéisiúla eile a tharla i bparóiste Bhearna agus na bhForbacha le cúpla glúin anuas. Ach is gá tagairt ghairid a dhéanamh do chuid acu, ar a laghad, roimh chúpla focal a rá faoin saol le glúin anuas. Ní bheimid, mar shampla, in ann trácht mion a dhéanamh ar an dá theach mhóra eile a tógadh i gCnoc na Gréine sa 19ú céad, ceann acu ag an Déan Butson, ministéir ó Dheoise Chluain Fearta agus mac leis an easpag Protastúnach i gCluain Fearta ag an am, agus an ceann eile ag daoine muinteartha leo, muintir Moore sna Forbacha Garbha. Thóg Butson balla mór ard idir an dá theach agus d'fhás crainn toisc, deirtí, nár mhaith leis go mbeadh daoine ag déanamh comparáide idir an dá theach. Cibé rud faoi sin, maireann cáil Butson agus 'sconsa Bhutson' sa cheantar go dtí an lá atá inniu ann.

Ag tús an chéid seo caite cheannaigh Major Sith, Caitliceach ó Bhaile Locha Riach, a bhí ina oifigeach in Arm Shasana, an Teach Mór a bhí ag Butson i gCnoc na Gréine. Dhíol seisean é le Siúracha na Toirbhirte i 1925, mar theach saoire agus samhraidh ag am nuair a bhí béim nua á leagan ar chúrsaí Gaeilge sa chóras oideachais trí chéile. Tháinig na Forbacha, an chéad phobal Fíor-Ghaeltachta ba ghaire do Ghaillimh ag an am, faoi thionchar na hoibre céanna. Ba sna Forbacha a cuireadh tús le Coláiste Éinne, mar shampla, ar an 23 Deireadh Fómhair, 1928, i dteach a bhain leis na Blácaigh. Naonúr is fiche a bhí sa chéad rang agus ba é an tAthair Ó Seanáin a bhí mar chéad Uachtarán. Bhí sagart eile ina theannta agus beirt mhúinteoir tuata. Thagadh Somhairle Mac Cana R.H.A. amach as Gaillimh le líníocht a mhúineadh.

Beirt eile a thagadh amach go rialta ná an tOllamh Liam Ó Buachalla, fear na Tráchtála i gColáiste na hOllscoile i nGaillimh, agus a bhean, Máire Ní Scolaí, amhránaí iomráiteach. Théadh na mic léinn isteach go Gaillimh ó am go chéile chuig drámaí agus coirmeacha ceoil sa Taibhdhearc, a bhí díreach oscailte, agus le páirt a ghlacadh i bhFeis Chonnacht. I scrúdú meánteiste na bliana 1930 bhain rang beag Choláiste Éinne ceithre cinn de chéad áiteanna in Éirinn, sa Ghaeilge, sa Stair, sa Tíreolas agus san Eolaíocht. Ach cuireadh an Roinn Oideachais as seilbh an fhoirgnimh i mí na Nollag, agus b'éigean do na mic léinn imeacht leo go Baile Átha Cliath go sealadach mar nach raibh an Coláiste Éinne nua réidh i mBóthar na Trá go fóill.

Thug Earnán de Blaghad, Aire Airgeadais, agus an Gaeilgeoir ba dhíograisí sa rialtas ag an am sin, b'fhéidir, cuairt ar Chois Fharraige i 1928 agus fonn air, de réir cosúlachta, socruithe do chúrsaí ollscoile trí Ghaeilge, do mhuintir na Gaeltachta ach go háirithe, a thionscnamh mar chuid de chlár athbheochana Gaeilge sa chóras oideachais. Ba léir dó nach raibh dóthain áiseanna i gColáiste Chonnacht sa Spidéal ná go deimhin i gColáiste Mhic Phiarais sna Forbacha leis an obair a dhéanamh, cé gur thuig an tAire an buntáiste mór a bheadh ann dá bhféadfadh na mic léinn a bheith ag cur fúthu i dtithe lóistín sa Ghaeltacht. Ní go dtí gur theip ar an iarracht seo a chinn an Blaghdach agus an rialtas ar cheangal a chur ar Choláiste na hOllscoile i nGaillimh, faoi Acht Ollscoile na bliana 1929, dul ar aghaidh le forbairt chúrsaí ardoideachais trí Ghaeilge sa choláiste sin.

Maidir le Coláiste Phádraig Mhic Phiarais sna Forbacha, ba é Mícheál Ó Droighneáin, oide scoile sna Forbacha, ach a rugadh sa Spidéal, ba mhó a chuir chun cinn é i dtús ama. Ba í aidhm an Choláiste an teanga a chothú, an teanga labhartha, ach go háirithe. Thosaigh an obair roimh Chogadh na Saoirse. Thosaigh na chéad ranganna sa *Commercial Boat Club* i nGaillimh sa bhliain 1919.

Cuireadh ranganna breise ar bun an samhradh ina dhiaidh sin sa *Town Hall* agus in Áras na Gaeilge i Sráid Doiminic. Bhronntaí Teastais ag deireadh gach cúrsa, agus d'aithin Comhairle Chontae na Gaillimhe, ag a raibh móramh ag Sinn Féin faoin am seo, an teastas sin mar cháilíocht sa Ghaeilge nuair a bhí poist á líonadh. Sa bhliain 1922 thug an rialtas Sealadach nua de chuid an tSaorstáit aitheantas don Choláiste, agus d'íoc siad pá na múinteoirí a bhí ag teagasc go deonach go dtí sin. Socraíodh an Coláiste a aistriú amach chun na Gaeltachta, go dtí na Forbacha. Ceannaíodh áras adhmaid le díon since air agus cuireadh suas é taobh leis an mbunscoil. Cé go raibh Ó Droighneáin agus na bunaitheoirí eile an-mhórálach as an teideal Coláiste Mhic Phiarais, an *hut* an t-ainm áitiúil ba mhó a bhíodh air. Tá cuimhne fós ar an *hut* céanna sna Forbacha, mar ba ann a léití an tAifreann go dtí gur tógadh an séipéal i 1933. Lean na cúrsaí sa *hut* go dtí gur osclaíodh foirgneamh nua do Choláiste Phádraig Mhic Phiarais sa bhliain 1935.

Maidir le Séipéal na bhForbacha, ba é an Canónach Peadar Dáibhís, Sagart Paróiste Rathúin, a thóg é sa bhliain 1933. Bhain Bearna agus na Forbacha ar aon le paróiste Rathúin go dtí an bhliain 1952, an uair ar bunaíodh Bóthar na Trá mar pharóiste ar leith. Cuireadh Bearna/na Forbacha isteach le Bóthar na Trá ag an am sin, agus d'fhan an scéal amhlaidh go dtí 1972. Sa bhliain sin bunaíodh Bearna agus na Forbacha mar pharóiste nua leis féin, Paróiste Shéamais, leis an gCanónach Pádraig Tully mar shagart paróiste agus sagart cúnta sna Forbacha, le freastal ar an daonra breise ag bhí ag lonnú sa cheantar faoin am sin.

Tógadh séipéal nua fíorálainn ar imeall oirthir shráidbhaile Bhearna i 1977, agus tógadh teach beag don sagart cúnta sna Forbacha, lámh leis an séipéal ansin, freisin. Nuair a tógadh an séipéal nua i mBearna, leagadh an seanséipéal, Eaglais Shéamais, a tógadh thart ar 1830, díreach tar éis Fhuascailt na gCaitliceach. Na Tiarnaí áitiúla, muintir Loinsigh, a thóg agus a d'íoc as an séipéal.

Fadó, théadh an bóthar ó Ghaillimh siar ó Thrá na gCeann, trasna ón séipéal, go dtí céibh an tSaorphoirt, agus ba fan an bhealaigh sin a d'iompraítí corpáin chun na reilige. Tá reilig Bhearna, atá suite i lár an tsráidbhaile mar atá sé inniu, an-sean, agus ní adhlactar ann anois ach teaghlaigh seanbhunaithe an phobail agus a ngaolta.

Ní bheidh deis againn, is baolach, mórán a rá anseo faoi mhuintir Loinsigh, na tiarnaí talún a bhí i gceannas i mBearna. Ach nuair a chuimhníonn tú go raibh os cionn ceithre scór Méara ar Ghaillimh a raibh an sloinneadh Lynch orthu, ó aimsir na meánaoiseanna, tuigfear gur ceist chasta fhada í. Ní féidir linn ach an oiread mórán a rá faoi chuid de na daoine 'mór le rá', a bhain le hobair na hOllscoile agus le hobair eile i nGaillimh, a tháinig chun cónaithe sa pharóiste, go háirithe tar éis bhunú an Stáit. Bhí an gluaisteán ag teacht san fhaisean, ar ndóigh, agus thuig daoine a raibh baint acu le gluaiseacht na Gaeilge ach go háirithe go raibh an teanga fós beo i mBearna féin sna laethanta sin; agus nárbh fhearr rud a d'fhéadfaidís a dhéanamh má theastaigh uathu go mbeadh Gaeilge ag a gclann ná bualadh amach go Bearna nó na Forbacha agus cur fúthu sa phobal ansin.

Ba ar an gcaoi sin, mar shampla, a tháinig an tOllamh le Leigheas, Mícheál Ó Máille go Bearna i 1930 agus mhair sé féin is a chlann ann go dtí 1950. Duine eile a thug Bearna air féin ar thóir an dúchais ba ea an tOllamh Tomás Ó Diolún, Ollamh le Ceimic i gColáiste na hOllscoile i nGaillimh, ach a bhí ina Stiúrthóir Pléascán ag na hÓglaigh i nGaillimh le linn Chogadh na nDúchrónach, freisin. Chuaigh sé chun cónaithe lena chlann ar sheanchéibh Bhearna sa bhliain 1920 agus is teist ar neart na Gaeilge sa tsráidbhaile féin an t-am sin líofacht na clainne go léir a bhí aige.

Ní mórán is féidir linn a rá anseo ach an oiread faoi shaol agus faoi shaothar an Athar Ó Gríofa, a maraíodh le linn Chogadh na nDúchrónach agus ar fríothadh a chorp in uaigh éadomhain míle go leith ó thuaidh ó shráidbhaile Bhearna, ag Cloch Scoilte, ar an 20 Samhain, 1920. Is iomaí cúis a thugtar ar an bhfáth ar roghnaigh na Sasanaigh an sagart óg díograiseach seo le marú, ach táim féin go láidir den tuairim, áfach, gurbh é an fáth ba mhó raibh aird dírithe ar an Athair Ó Gríofa ag an am go raibh sé ar an líon beag sagart óg ag an am sin a bhí sásta labhairt amach in aghaidh mhí-iompar na n-údarás Sasanach.

Deirtí, freisin, ar ndóigh, gur mharaigh na *Auxiliaries* nó a gcairde an tAthair Ó Gríofa mar gur éist sé faoistin an spiadóra, más fíor, Pádraig Seoighe, a chuir an tI.R.A chun báis i mí Dheireadh Fómhair, 1920. Níor fríothadh corp ná cnámha an fhir seo, an príomhoide i mbunscoil Bhearna, go dtí 1998 agus tá tuilleadh plé déanta agam ar an scéal in eagráin de *Feasta* (Lúnasa agus Meán Fómhair, 1998). Tá sé réasúnta cinnte nach raibh an tAthair Ó Gríofa i láthair an oíche úd chun faoistin an tSeoighigh a éisteacht, ach sagart eile as Maigh Cuilinn. Ar chuma ar bith ba bheag tagairt a dheineadh duine ar bith don Seoigeach riamh le tríocha bliain anuas go dtí go dtángthas ar na cnámha sa phortach i 1998. Bíodh sé le rá, mar sin, ar an taifead, gur múinteoir den scoth a bhí sa Seoigheach, de réir dealraimh, a sheas go láidir ar son na Gaeilge agus an dúchais i mbunscoil Bhearna nuair a bhí sé ag teagasc ann.

Is gá focal nó dhó a rá faoi chúrsaí scolaíochta sa phobal. Luann Tuarascáil Choimisinéirí Oideachais na hÉireann trí scoil sa pharóiste sa bhliain 1826, *Barna Village, Barna House and Furbough*. Ainmnítear Michael McDonogh mar mhúinteoir sa scoil ar an sráidbhaile agus luaitear go n-íocann gach dalta a phingin leis in aghaidh na seachtaine. Tá éiginnteacht áirithe ann maidir leis an tinreamh, ach ní bhíodh sé riamh os cionn dhá scór. Sna seomraí lámh leis an séipéal a reáchtáltaí an scoil. Beirt iníonacha le clann Uí Loingsigh a bhí i mbun *Barna House School* a reáchtáltaí i seomra sa teach mór. Ní ghearrtaí aon táille agus bhí faoi bhun tríocha cailín Caitliceach ag freastal uirthi. Conor MacDonogh, Caitliceach eile freisin, a bhí ina mháistir sna Forbacha. Reáchtáltaí an scoil '*in a room in a hired cabin*', agus d'íoc gach dalta dhá phingin sa tseachtain freisin.

Ansin sa bhliain 1856 tógadh bunscoil nua, Scoil Náisiúnta Séamus, ar láthair leathacra i mbaile fearainn an tSaorphoirt. Seomra ranga amháin a bhí ann agus cailíní amháin a bhíodh ag freastal uirthi. Tógadh scoil aon seomra eile do na buachaillí ar ball, trasna ón Séipéal, in aice na cúirte liathróide láimhe. Cuireadh tús leis an obair sin in 1864 agus osclaíodh í den chéad uair i mí Mheán Fómhair, 1868.

De bharr titim leanúnaach sa daonra, agus i líon na mbuachaillí, go háirithe, isteach sa 20ú céad, cuireadh an dá scoil le chéile i mBearna i mí Iúil 1937. Cuireadh an dara seomra le Scoil na gCailíní, mar aon le seomra do chótaí agus leithris thirime lasmuigh. Bhí tine i ngach ceann den dá sheomra agus bhíodh ar dhaltaí fód móna nó dhó an duine a thabhairt leo ar maidin le hábhar na tine a sholáthar.

Sa bhliain 1963 cuireadh leithris uisce ar fáil agus báisíní nite láimhe, agus sa bhliain 1968 cuireadh córas stórála teasa leictreachais ar fáil. Bhí thart ar dhá scór ag freastal ar an scoil faoin am seo, agus bhí príomhoide agus cúntóir amháin ag múineadh ann. Ach bhí an daonra ag fás go trean faoin am sin de réir mar a bhí cathair na Gaillimhe ag fás, agus Bearna ach go háirithe ag iompú isteach ina bhruachbhaile don chathair. Cuireadh dhá sheomra réamhdhéanta ar fáil ag tús na 1970idí, agus cuireadh an tríú agus ansin an ceathrú múinteoir ar fáil. Cuireadh dhá sheomra réamhdhéanta eile ar fáil i 1974 agus an cúigiú agus an séú múinteoir i 1974 agus i 1977 faoi seach.

Sa lá atá inniu ann tá an dara hurlár i mbunscoil Bhearna, rud an-neamhchoitianta, agus tá múinteoir amháin i mbun gach aon rang bliana ar leith. Tá isteach is amach le 250 dalta ag freastal uirthi. Baineann 80% de na leanaí le teaghlaigh a tháinig chun cónaithe sa cheantar le scór bliain anuas. Ní bhaineann ach an cúigiú cuid le bunstoc an Phobail Ghaeltachta agus tá impleachtaí aige seo don teanga gan amhras.

Níl an t-athrú saoil díreach chomh trean ná chomh tapaidh sa taobh eile den pharóiste, sna Forbacha, mar a bhfuil thart ar 120 dalta agus ceathrar múinteoirí anois, múinteoir feabhais ina measc. Deirtear go raibh an chéad scoil sna Forbacha suite i gCnocán an Bhodaigh, más fíor an seanchas. Tógadh agus osclaíodh bunscoil aon seomra sna Forbacha sa bhliain 1842.

Ag tús an 20ú céad, agus anuas go dtí an Chéad Chogadh Mór, bhí thart faoi 100 dalta fós ag freastal go rialta ar scoil na bhForbacha agus dhá scór eile ag Aille, sa Bhuaile Beag, i dtuaisceart an pharóiste, mar ar osclaíodh scoil bheag in 1891. Thart ar 1910 rinneadh scoil dhá sheomra de scoil na bhForbacha, tríd an seanfhoirgneamh a roinnt ina dhá leath. Deich mbliana ar aghaidh cuireadh seomra nua breise leis an scoil, cé nach raibh aon athrú suntasach ar líon na ndaltaí idir an dá linn. D'fhan an scéal amhlaidh go dtí deireadh na dtríochaidí, nuair a rinneadh scoil bheirt oide di arís le 48 buachaill agus 37 cailín ar an rolla ag tús ré na hÉigeandála in 1939. Sa bhliain 1950 tógadh scoil nua bheirt oide ag am nuair a thosaigh líon na ndaltaí ag titim. Lean an titim sin ainneoin feabhas a bheith ag teacht ar an saol as sin go dtí 1970-1975, nuair nach raibh ach trí scór dalta ar an rolla agus tosaíodh ar chaint faoi í a dhúnadh agus na páistí a chur isteach go Bearna.

Faoin am sin bhí staid na Gaeilge i mBearna lagaithe go mór; agus chonaic cuid de mhuintir na bhForbacha nárbh ionann cuid den fhorbairt a bhí ar siúl in ainm na Gaeltachta agus forbairt ar neart na Gaeilge sa phobal féin. Cuireadh in aghaidh an chónasctha, chas an taoide agus b'éigean trí sheomra bhreise a chur leis an scoil sna Forbacha ó shin i leith le freastal ar an méadú daonra a tharla ó shin. Tá an Ghaeilge ag seasamh an fhóid go fóill sna Forbacha, níos fearr ná Bearna, b'fhéidir, ach cinnfidh na socruithe pleanála agus forbartha a thógfar as seo go ceann roinnt bheag blianta cén blas, cén stuif, cén dúchas gan bhriseadh a bheas ar fáil i gCois Fharraige cois cuain i gceann céad, i gceann míle bliain eile, b'fhéidir.

Dá mbeadh orm an té is mó a chuaigh i bhfeidhm ar shaol na taoibhe seo tíre, agus ar shaol na bhForbacha, ach go háirithe, sa chéad seo caite a ainmniú, ní bheadh leisce ar bith orm Cathal Mac Gabhann, bainisteoir ginearálta Ghaeltarra Éireann, thiar sna seascaidí, a lua. Baile Átha Cliathach óg fuinniúil a bhí ann ag an am sin agus tá sé beo beathaíoch, bríomhar i gcónaí ar pinsean sna Fothraí Maola. Níl a fhios agam nuair a ghlac sé an post mar Phríomhfheidhmeannach ar Ghaeltarra siar in 1966 ar thuig sé cé chomh casta, deacair agus míbhuíoch is a bhí an obair a bheadh le déanamh aige? Ach thug sé faoi le misneach agus le díograis agus le smeadar den idéalachas réalaíoch atá deacair a mhíniú sa lá atá inniu ann.

D'éirigh le Mac Gabhann ag deireadh na seascaidí athruithe bunúsacha a dhéanamh ar pholasaí agus ar struchtúir Ghaeltarra

Éireann, leis an eagras forbartha sin, a bhí in ísle bhrí ag an am, a chur in oiriúint don aeráid eacnamúil choimhlinteach a tháinig ann faoi réimeas saorthrádála Whitaker agus Lemass. Rud eile, ba é Mac Gabhann ba mhó faoi ndeara don chinneadh go ndéanfaí Ceannáras nó Ardoifig Ghaeltarra a aistriú siar ó Bhaile Átha Cliath go dtí na Forbacha. D'éirigh leis an beart seo a chur i gcrích in ainneoin go leor deacrachtaí sa státchóras agus san eagras féin, agus doicheall dreamanna áirithe sna húdaráis áitiúla i nGaillimh.

Rinne lonnú Ardoifig Ghaeltarra (Ardoifig an Údaráis anois), agus tamall gairid ina dhiaidh sin, tógáil Oifig Roinn na Gaeltachta ar an láthair chéanna i gCoisméig Mór, difríocht do thírdhreach na bhForbacha, ar ndóigh, cé go raibh, agus go bhfuil i gcónaí, laigí agus easnaimh dhomhaite sna seirbhísí (seirbhís an phoist, mar shampla) atá ar fáil do phobal an cheantair ina bhfuil na foirgintí agus na hionaid forbartha agus riaracháin seo de chuid an Stáit lonnaithe.

Rinne an Roinn Oideachais faillí mhór maidir le hoideachas iarbhunscoile sa pharóiste freisin, rud a fhágann go bhfuil trí bhus ag dul i dtreonna éagsúla ag tabhairt óige na bhForbacha amach as an bparóiste gach maidin le hoideachas dara leibhéal a fháil. Easpa soláthair oideachais trí Ghaeilge ag an dara leibhéal a scrios an obair mhaith a bhí ar bun i mbunscoil Bhearna le fiche bliain anuas, ainneoin na ndeacrachtaí, dar liomsa. Réiteach amháin a d'fhéadfadh a bheith ar an scéal ná Coláiste Éinne a iompó ar ais ina mheánscoil lán-Ghaelach den scoth, mar a bhíodh, le freastal ar phobal Bhearna/na bhForbacha, agus blúiríní beaga Gaeltachta eile ar imeall oirthear Chonamara, bíodh siad sin i bparóiste Mhaigh Cuilinn nó ina n-iarscoláirí ó bhunscoil Mhic Amhlaigh i gCnoc na Cathrach.

Seans nach raibh aon dul as ag pobal Chnoc na Cathrach agus an Chlaí Bháin ach dul i mbun na Gaelscolaíochta a luaithe a glacadh an cinneadh na ceantair Bhreac-Ghaeltachta seo ar imeall na cathrach a chur isteach faoi scáth an bhurg-chontae nua, agus eastáit tithíochta a thógáil amach chomh fada le Bóthar an Cheapaigh mar a bhfuil, cinnte, teaghlaigh thraidisiúnta Ghaeltachta fós lonnaithe, ach go bhfuil siad báite ag rabharta na pleanála Gallda stáit. Ach má leanann an scéal amhlaidh siar thar Bhearna isteach sna Forbacha agus thar Aill an

Fhraocháin chomh fada leis an Spidéal, an fada eile go mbeidh orainn a bheith ag lorg Gaelscoile sna paróistí sin freisin? Nuair a bunaíodh Bearna mar pharóiste leis féin, neamhspleách ar Bhóthar na Trá ag tús na seachtóidí, bhíodh Aifreann amháin i nGaeilge agus ceann eile dátheangach sa seanséipéal gach Domhnach. D'íoc bunphobal Gaeilge na háite chomh daor le dream ar bith eile thar bhealach isteach leis an séipéal álainn nua a tógáil i mBearna, le freastal ar an méadú sa daonra. Ach fiche bliain níos déanaí, cé mhéad Aifreann Gaeilge atá le fáil acu? Thosaigh cuid den phobal dílis Gaeilge ag tabhairt na bhForbacha orthu féin, le súil nach mbeadh aon cheist faoin teanga a labhraíonn Dia, nó ionadaí Dé sa phobal ina bhfuil Ardoifig an Údaráis agus oifig Roinn na Gaeltachta lonnaithe. Ach conas tá an scéal inniu? Téigí chuig an Aifreann agus faighigí amach díbh féin má tá sibh buartha. Bealach amháin nó bealach eile, ba cheart an cheist a thógáil ag tús na Mílaoise ag am nuair atá leagan amach nua ar Údarás na Gaeltachta féin.

Cúig bliana fichead ó shin, i leabhrán faoi *Pholasaí Gaeltachta* a scríobh mé do Chonradh na Gaeilge, leagadh béim ar leith ar líon na ndaltaí bunscoile a bhí ag fáil dheontas na Gaeilge labhartha ag an am sin. Rinneadh comparáid idir an bhliain 1969-1970 agus 1973-1974 sna paróistí éagsúla de réir scoile. Seo mar a bhí i gcás pharóiste Bhearna agus na bhForbacha:

Sa bhliain 1970, Bearna = 41%, is é sin, thuill 33 as an gceithre scór a bhí ag freastal ar an scoil an deontas. Ceithre bliana ina dhiaidh sin bhí an chéadchuid tite go 23%, mar cé go raibh ardú beag ar líon na ndaltaí a thuill an deontas go 37, bhí 150 páiste sa bhunscoil anois, dúbailt beagnach in imeacht cheithre bliana. Má bhí cás riamh sa stair d'fhaillí an stáit maidir le pobal Gaeltachta, sa chás seo á bhá ag rófhorbairt eacnamaíochta rósciobtha neamhphleanáilte, ba é seo é.

Maidir leis na Forbacha, scéal eile a bhí ansin. Bhí an líon céanna daltaí ar na rollaí sa dá bhliain; ach i 1970 thuill 75% (is é sin 48 as an 64) Deontas na Gaeilge. Ceithre bliana ina dhiaidh sin bhí an chéadchuid sin tite go 40%. Níl a fhios agam cad a tharla le tamall gairid anuas ó leasaíodh an scéim i lár na nóchaidí; leagadh béim nua ar an teaghlach aonair agus níl aon staidreamh bunscoile ar fáil. Ach ní shílim go bhfuil an scéal ag dul i bhfeabhas, ainneoin naíonraí, tionscnamh pobail, iarrachtaí deonacha Gaeilge agus fiú amháin an t-athrú chun feabhais ar dhearcadh an phobail i dtaobh na Gaeilge. Tá feabhas as cuimse ar dhearcadh mhuintir na Gaeltachta féin faoina dteanga féin, agus faoina gcultúr san Aontas Eorpach, nach raibh muid páirteach ann fiú amháin siar i 1970. Ach conas is féidir le pobail bheaga Ghaeltachta an fód a sheasamh in aghaidh fhorás na cathrach gan srian, gan rialacha dochta pleanála, agus céimeanna deimhnitheacha stáit atá go neamhleithscéalach ar thaobh chás na Gaeilge, gan buíochas d'éinne agus do mhangairí talún agus *Section 4s* claonta ach go háirithe?

Bíonn an fhírinne searbh agus garbh leis, mar a dúirt Mac Grianna. Ach sa chás seo tá sí scríofa go soiléir sna figiúirí ar fhéach muid lena gcur ar fáil arís agus arís eile le coinsias éigin in áit éigin a phriocadh. Chuaigh an chuid ab fhearr de na Cearta Sibhialta ag obair don raidió nua agus do dhreamanna eile. Bunaíodh Údarás leathdhaonlathach Gaeltachta in áit Ghaeltarra sa bhliain 1980 (agus tá na baill uilig, nach mór, tofa ag an bpobal ó 1999 i leith), caitheadh airgead Eorpach nach beag ar scéimeanna éagsúla mar chuid de bheartas réigiúnach. Chaitheas féin cúig bliana ar Choiste Gaeltachta a bunaíodh sa Chomhairle Chontae tar éis na dtoghchán in 1974, agus cé gur éirigh linn rudaí beaga a dhéanamh, tá súil agam, maidir le freastal ar sheirbhísí Gaeltachta i nGaeilge, theip glan ar gach éinne aon chuid den chumhacht phleanála a bhaint ón gComhairle chéanna, díreach mar a theip ar lucht an Údaráis aon chúraimí rialtais áitiúil a fháil don eagras Gaeltachta féin.

Is míorúilt mhór í go bhfuil Gaeltacht láidir go maith fágtha i gCois Fharraige fós ag tús na Mílaoise nua. Agus is mó fós í an mhíorúilt go bhfuil pobal na bhForbacha, ar aon chaoi, chomh láidir fós, ainneoin gach uile shórt; go bhfuil Aifreann Gaeilge níos fearr agus freagra ón bpobal níos fearr ann ná mar atá i mórán áiteanna eile sa Ghaeltacht. Sin é mo fhreagrasa ar na daoine a bhíonn ag rá 'nach bhfuil aon Ghaeilge sna Forbacha' a thuilleadh. Seans fiú amháin go bhfuil níos mó Gaeilge ó dhúchas sa phobal lagaithe sin ná i bhformhór na mion-Ghaeltachtaí i gcontaetha eile, seachas contae na Gaillimhe agus Tír Chonaill. Ach tiocfaidh an lá nuair a bheidh ar dhaoine aghaidh a thabhairt ar an bhfírinne shearbh gharbh. Tiocfaidh an lá nuair a athrófar teanga an Aifrinn sna Forbacha ó Ghaeilge go Béarla, díreach mar a tharla i mBearna lenár linn féin. Cad a dhéanfaidh an Roinn agus an tÚdarás ansin? A gcuid oifigí a dhíol le lucht forbartha na cathrach agus glanadh leo siar go Ros Muc nó aon phobal eile ina mbeidh an Ghaeilge in uachtar go fóill? D'fhéadfadh pobal dá leithéid a bheith gann faoin am sin freisin.

Ag tús na Mílaoise nua, ní féidir a rá faoi phobal Bhearna/na bhForbacha ach gur thug muid na cosa linn, más ar éigean é, an fad seo, maidir le dílseacht don teanga agus don dúchas. Caithfear aghaidh a thabhairt ar an bhfírinne gharbh ghlan. Ná bíodh sé le rá gur éirigh leis an rachmas nua, leis an gcompord agus leis an dul chun cinn i ngach gné den saol nach mór, an rud a theip ar Chromail, ar na Péindlíthe, ar an nGorta agus ar ainnis na gcéadta bliain a bhaint amach. Mar a dúirt Bing Crosby, tráth:

> The strangers came and tried to teach us their way,
> They scorned us for being what we are.
> But they might as well go chasing after moonbeams,
> Or light a penny candle from a star.

Feicfimid—agus luath sa mhílaois nua freisin.

Maigh Cuilinn
Pádraic Breathnach

Ocht míle ó Chathair na Gaillimhe ar an mbóthar go dtí an Clochán atá sráidbhaile Mhaigh Cuilinn. Tá an t-ainm céanna 'Maigh Cuilinn' ar an bparóiste agus ar an mbarúntacht lena mbaineann sí. Shíolraigh an t-ainm an chéad uair ó bhaile fearainn atá i ngar do Loch Coirib. Thugtaí, agus tugtar fós, corruair, an Garraí Gamhain ar an sráidbhaile.[1]

Ar chrosbhóthar atá an sráidbhaile féin: ceithre bhaile fearainn, Coill Bruachlán, Gort Uí Lochlainn, Baile Coirce agus Cill an Raithnigh, ag teacht le chéile ann. 28,113 acra atá sa bparóiste, é roinnte i dtrí scór go leith baile.

I ngeall ar a chóngaraí do Ghaillimh is atá Maigh Cuilinn bhí tionchar i gcónaí ag Gaillimh uirthi. Le píosa tá Cathair na Gaillimhe ar cheann de na cathracha is rábaí fás san Eoraip. Mar a chéile tá athruithe ollmhóra ag teacht faoi luas ar shráidbhaile Mhaigh Cuilinn agus ar a cheantracha máguaird.

Tá méadú as cuimse tagtha ar dhaonra an pharóiste. Ó 1991 go dtí 1996 tháinig méadú 9.8% ar an daonra sin. Meastar go mbeidh méadú 20% air sin aríst faoin mbliain 2000 nuair a bheas 3,323 duine inti. Cuir an uimhir sin i gcomórtas leis an uimhir 1,547 a bhí sa bparóiste i 1971.

Sa mbliain 1997 ina Plean Forbartha Contae roghnaigh Comhairle Chontae na Gaillimhe sráidbhaile Mhaigh Cuilinn mar ionad fáis. Roghnaíodh í le bheith mar bhaile saitilíte de chuid Chathair na Gaillimhe.

Stairsheanchas

Cé go ndéarfaí brí an ainm 'Maigh Cuilinn' a bheith éasca le tuiscint—maigh nó machaire ina bhfuil nó ina raibh go leor crainnte cuilinn—tá scéalta go leor sa seanchas nach réitíonn leis an míniú simplí sin agus is fiú an príomhscéal acu sin a inseacht.[2]

'Uileann' agus ní 'cuileann' a deireann an seanchas a bheith ceart. Taoiseach ba ea Uileann. Uileann Mac Thaidhg, ar de shliocht Thuatha Dé Danann é. Garmhac é le Nuada Airgeadláimh a bhí ina rí ar Éirinn

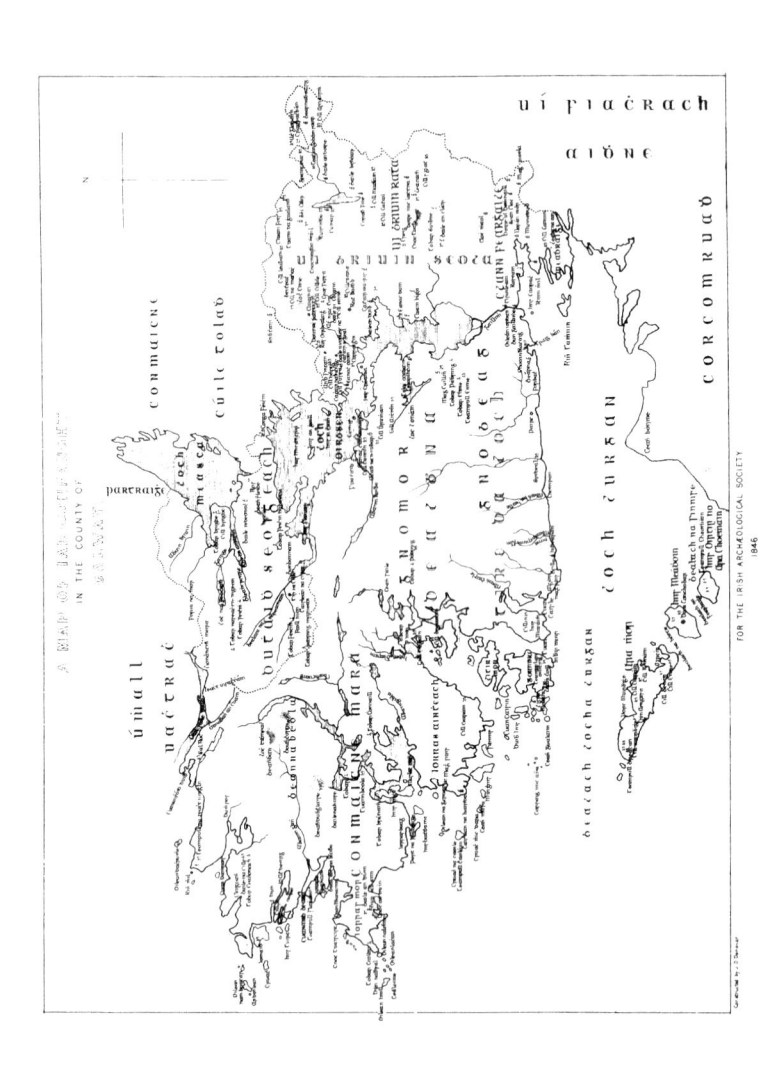

Léarscáil d'Iar-Chonnachta as *West Or H-Iar Connaught* le Roderic O'Flaherty 1846
Le caoinchead Shiopa Leabhar Uí Chionnaith, Gaillimh

c. 1200 RC. Mharaigh Uileann gaiscíoch eile darbh ainm Oirbsean Mac Allóid, a dtugtaí freisin Manannán Mac Lir air i ngeall ar a cháilíochtaí farraige agus an caidreamh a bhíodh aige le hOileán Mhanainn. Tháinig uisce ina uarán aníos as an talamh san áit ar maraíodh Oirbsean. Líon an t-uisce ina loch ar tugadh 'Loch Oirbsin' air. Agus baisteadh 'Maigh Uilinn' ar an talamh ó dheas den loch. Sin againn, más ea, na bunleaganacha de réir an tseanchais de 'Loch Coirib' agus 'Maigh Cuilinn'.

Roinneann an bóthar mór paróiste Mhaigh Cuilinn ina dhá chuid mhóra. An Taobh Mín a thugtar ar an gcuid thuaidh. An Taobh Garbh a thugtar ar an gcuid ó dheas. Cloch aoil ar fad atá sa Taobh Mín. Cloch eibhir ar fad atá sa Taobh Garbh. Is scáintí go mór fada an pobal sa Taobh Garbh ná sa Taobh Mín.

Tá stair mhór fhada ag paróiste Mhaigh Cuilinn. Cé nach feasach go baileach cén uair ar tháinig daoine chun cónaithe go dtí í an chéad uair is fada siar a théann a loirg. An seandún i mbaile Lios an Gharráin, a dtugtar an Chathair Ard air, meastar í a bheith bainteach le tús ré na gCeilteach.[3]

Tá naoi dtobar bheannaithe sa cheantar a cheanglaítear le tús ré na Críostaíochta: Tobar Éanna i gCill Eaguala, Tobairín Mhic Duaich i dTuairíní, Tobar Mhac Duaich i nGort na hEochaire, Tobar Bhreandáin ar an teorainn idir Cluain na Binne agus Odhar, Tobar Phádraig i gCluain nDaimh, Tobar Bhríde i nGort an Chalaidh, Tobar Áine i gCill an Raithnigh, Tobar Bhróláin i bPort Darach agus Tobar Cháilín i bPáirc na gColm.[4]

Tá fothracha seanséipéal ann: Cill Cháilín i bPáirc na gColm, Teampall Éanna i gCill Eaguala, Teampall Beag i gCluain nDaimh.[5] Tá fothrach breá séipéil, agus reilig bhreá, a ghabhann siar go dtí an 17ú céad ar a laghad ar bith, i seanbhaile Mhaigh Cuilinn nó an Fheilm mar is minice mar ainm ar an mbaile sin anois. Sa seanchas luaitear mainistir bheag Chistéirseach a bheith i Seanbhaile Eochaire agus deirtear gur frítheadh cailís ann. Luaitear freisin 'séipéilín tuí' a bheith i gCill an Raithnigh.[6]

Deirtear gur tháinig na Lochlannaigh go dtí an paróiste agus is iomaí rud sa dúiche a chuirtear ina leith: pluaiseanna is tóchair, píopaí cailce a frítheadh agus beoir a dúradh a bheith á dhéanamh acu.[7] Tá baile Ghort Uí Lochlainn ann agus tá an sloinne Mac Lochlainn ann.

Tá tionchar na Normannach le brath i Maigh Cuilinn i gcónaí. Ba iad na Normannaigh a roinn an tír ina barúntachtaí agus tá Barúntacht Mhaigh Cuilinn ann arb ionann í mórán is leath de dhúiche Chonamara: Gnó Mór agus Gnó Beag.[8] Ailtireacht Normannach atá i gCaisleán an Dá Chailleach i gCartúr cé go mba iad na Flaitheartaigh a thóg é.[9]

Ba iad na Flaitheartaigh a bhí i réim i Maigh Cuilinn agus i gcuid mhór de Chonamara ón 13ú haois go dtí an 17ú haois. Tá giota beag de Chaisleán Mhaigh Cuilinn, áit ar rugadh an scoláire is an staraí Ruairí Ó Flaitheartaigh,[10] le sonrú i gcónaí i seanbhaile Mhaigh Cuilinn.[11] Teach mór na bhFlaitheartach sa gCnoc Bán, bhí sé ann go dtí 1902. Tá an sloinne 'Ó Flaitheartaigh' an-fhairsing fós sa bparóiste.

Tá loirg aimsir na Géarleanúna le fáil i gcónaí sa bparóiste: Cnocán na hAltóra i mBaile Coirce, Cloch an tSagairt i gCluain nDaimh, Cloch an Aifrinn i Leitir Chloch agus Bearna na gCorp ag Sceach i gCeathrú Loistreáin.[12]

Tá scéalta go leor, sa mbéaloideas agus i scríbhinní, faoin drochshaol i Maigh Cuilinn.[13] An t-ospidéal, *Mount St. Joseph*, i gCoill Bruachlán, a tógadh an t-am sin, tá sé mar theach príobháideach anois.[14]

Tá uaigheanna inar cuireadh páistí gan bhaisteadh in áiteacha difriúla sa bparóiste: Lisín na bPáistí i gCill an Chlogáin, An Chealltair i gCúlacha, Uaimh na bPáistí i gCluain nDaimh.

I dtaca le tithe móra de, ní taobh le tithe móra na bhFlaitheartach a bhí, nó atá, Maigh Cuilinn.[15] Cé go bhfuil Teach Chill Cháilín i bPáirc na gColm, áit a dtugtaí amach anraith aimsir an drochshaoil, ar lár le fada, agus gur tharla an chinniúint chéanna do theach mór an Tiarna Talún Duggan i gCaoch agus do Chúirt an Tiarna Seoirse de Búrca i nGort Uí Lochlainn, tá Teach an Tiarna Caimbéil i gCoill Bruachlán faoi réim i gcónaí, é anois mar theach aíochta agus mar bhialann; agus tá an dán cinniúnach céanna ag Cúirt Mhic Ghiolla Cheallaigh i nDrom Conga, ar bialann cháiliúil anois í. Thit teach mór an Tiarna Browne i dTuairíní ina fhothrach sna seascaidí agus, faraor, cuireadh de dhroim seoil le gairid é.

Rinne an Ghaoth Mhór, Oíche Chinn Bhliana 1839, scrios mór sa gceantar. Ba í an Ghaoth Mhór seo a rinne fothrach ceart de Chaisleán an Dá Chailleach. Tá sé ráite freisin go mba í a leag Cloch Mhór Liagáin, an chloch mhór sin a sheas mar leacht cuimhneacháin san áit ar mharaigh Uileann Oirbsean.[16]

Bhíodh daoine cáiliúla go leor ag triall ar Mhaigh Cuilinn trí na blianta. Bhí Antaine Ó Flaitheartaigh as an gCnoc Bán mar fheisire do Ghaillimh i bParlaimint Shasana aimsir an drochshaoil. Cara leis ba ea Dónall Ó Conaill agus bhíodh sé ag triall ar an gCnoc Bán.

Ar na daoine cáiliúla eile a thug cuairteanna ar Mhaigh Cuilinn bhí Seán Mistéil, Tomás P. Ó Meachair, Pádraic Mac Piarais,[17] Liam Ó Maoilíosa, Sir William Wilde, Tomás Bán Ó Concheanainn, agus an tAthair James McDyer.

Ba é Marcas Mac Donncha as Baile Coirce a bhí mar chaiptín ar Óglaigh Mhaigh Cuilinn aimsir an Éirí Amach i 1916, cé go mba i bpríosún Mhuinseó a chaith sé Seachtain sin na Cásca i ngeall ar eachtra mháirseála a tharla i sráidbhaile Mhaigh Cuilinn go luath roimhe sin.[18] Bhí daoine á gcur faoi mhóid agus bhíodh druileáil mhíleata ar siúl ach níor tharla aon mhóreachtra.[19]

Ba mhó an chorraíl a bhí ann le linn na nDúchrónach. I 1920 dódh beairic an RIC i sráidbhaile Mhaigh Cuilinn. Rinne na Dúchrónaigh ruathair go leor ar thithe sa gceantar, buaileadh daoine, bhí daoine ar a dteitheadh go dtí an sliabh is an iargúil, caitheadh ainmhithe is éanlaith tí. Lámhaíodh Seán Ó hEochagáin as Eagúil.[20]

I 1922 bhris Cogadh na gCarad amach in Éirinn agus scall a dhrochscáil i Maigh Cuilinn mar a rinne sé in áiteacha eile. Bhí daoine i bhfabhar an Chonartha agus bhí daoine go leor ina aghaidh. Tá macalla an naimhdis a chuaigh leis le brath fós sa gceantar. Is láidre go mór sa dúiche páirtí Fhianna Fáil ná páirtí Fhine Gael.

Léann agus leabhair

Shíolraigh fir léinn agus éigse as ceantar Mhaigh Cuilinn. Ar na daoine ba thábhachtaí orthu bhí Ruairí Ó Flaitheartaigh, a luaigh mé cheana; an scríbhneoir Tomás Bairéad as an mBaile Dóite,[21] an t-ollamh Tomás Ó Raghallaigh as Leitir Fhraoigh,[22] an drámadóir Lorcán Ó Tuathail as Liagán[23] agus an scríbhneoir aistí Tadhg Ó Gabháin as an gCnocán Raithní.[24]

Caisleán Achadh an Iúir

Bord Fáilte 1972

I Laidin agus i mBéarla a scríobh an Flaitheartach mór. Ar na leabhair a bhreac sé tá *Ogygia* agus *West or H-lar Connaught*. Ar na leabhair is tábhachtaí le Tomás Bairéad tá *Cumhacht na Cinniúna, An Geall a Briseadh* agus *Gan Baisteadh*.

Ba as Gort Uí Lochlainn d'Eilís de Búrca, Cuntaois Fhionnghaill, údar an leabhair *Seventy Years Young*.[25]

Fear suaithinseach eile a raibh tionchar aige ar dhúiche Mhaigh Cuilinn ba ea Cluaid de Ceabhasa, ar scríbhneoir, staraí agus fear teangan é, a raibh cónaí air i dTeach Mór an Rosa. Ba é ba thúisce a scríobh faoin Dá Phádraig.[26]

Múinteoir taistil Gaeilge a mbíodh ranganna oíche ar bun aige, ranganna drámaíochta, seanchais agus filíochta, agus a raibh Scoil Éigse á rith i scoil an Bhaile Nua sna seascaidí aige ba ea Seán Mac Lochlainn as Gort Uí Lochlainn.[27]

Sagairt a raibh cáil mhór orthu, agus a bhfuil cuimhne sa pharóiste i gcónaí orthu, is ea an tAthair Proinsias Ó Cionnaith[28] agus an tAthair Xavier de Bláca.[29] Ba le linn an Athar de Bláca a tógadh an chéad scoil 'náisiúnta' i ndeoise na Gaillimhe, i Maigh Cuilinn.[30]

Tá seanchas fós faoi scoileanna cois claí a bheith in áiteacha áithride sa bparóiste. Cúig bhunscoil a bhí i bparóiste Mhaigh Cuilinn go dtí 1978 nuair a dúnadh an scoil i Leamhchoill.[31] Ceithre bhunscoil atá anois ann: Scoil lárnach Mhuire i Maigh Cuilinn a raibh 287 dalta ar a rolla i 1999, Scoil Thulach Aoidheáin ar 72 líon a daltaí, Scoil an Bhaile Nua arb í 57 a líon daltaí,[32] agus Scoil Thuairíní ar 68 dalta a bhí inti sa mbliain chéanna, 1999.

Meán Fómhair na bliana 1987 bunaíodh naíonra sa bparóiste agus faoin mbliain 1999 bhí 40 naíonán ag freastal uirthi. Sa mbliain 1994 bunaíodh scoil Montessori i seanbhaile Mhaigh Cuilinn ar fhreastail deichniúr daltaí uirthi i 1999.

Cás na teangan

Tá mórchuid mhór de pharóiste Mhaigh Cuilinn sa nGaeltacht,[33] cé gurb é an Béarla is mó go mór a labhartar le fada i mbunáite na mbailte ann. I dtaca le Gaeilge de tá uimhir bheag bailte ann ar 'Fíor-Ghaeltachtaí' iad: Tulach na nUan, Sliabh an Aonaigh, na

Tamhnacha Beaga. Tá uimhir eile bailte ina labhartar an Ghaeilge i gcuid mhaith tithe iontu: Seanbhaile Eochaire, an Cnoc, Cnoc an Locha, Liathleitir, Poilleach, Och Muc, Cnocán Raithní, Caoch. Tá labhairt na Gaeilge, Gaeilge atá foghlamtha ón gcliabhán chomh maith leis an scoil, ag uimhir mhór daoine i Maigh Cuilinn cé gurb annamh í á labhairt ag cuid mhaith acu.

Ar ndóigh is fada Conradh na Gaeilge ag feidhmiú sa bparóiste.[34] Chéadbhunaíodh craobh i Maigh Cuilinn féin ar an 5 Feabhra 1899 agus d'fhan an chraobh sin ag obair go dtí 1971. Athbhunaíodh aríst í ar an 10 Bealtaine 1977.

Ar an 25 Márta 1909 bunaíodh craobh den chonradh i Leamhchoill agus ceann eile, i 1949, ar an mBaile Nua, ach níorbh fhada a ré siadsan.

D'eagraítí ranganna Gaeilge, céilithe, aeraíochtaí agus feiseanna faoi choimirce an Chonartha.

Déanann an Conradh sciar den chineál seo oibre i gcónaí. Cuidítear leis an Aifreann i nGaeilge a léitear ar an gcéad Domhnach de chuile mhí. Sna hochtóidí ritheadh Féile Bhliantúil Drámaíochta le haghaidh bhunscoileanna Chonamara agus Árann. Ó 1979 i leith ritear cúrsa samhraidh Gaeilge do ghasúir bhunscoile.[35] I Samhain na bliana 1979 bunaíodh gasra d'Ógras atá ag feidhmiú sa bparóiste i gcónaí.

Cuirtear isteach ar dheontais Ghaeltachta do thithe nua agus le haghaidh feabhsúcháin a chur ar thithe agus deirtear liom go n-éiríonn le bunáite na n-iarratas. Cuirtear isteach freisin ar Scéim Labhairt na Gaeilge.[36] Faoin tseanscéim d'éirigh go maith le gasúir inti. Faoin scéim nua, ámh, atá ann ó 1993 i leith, ar mó de thástáil ar Ghaeilge bhaile ghasúir í ná a Ghaeilge ón scoil, is drochbhláth go maith a bhíonn uirthi.

Mar cholúnaí le haghaidh na nuachtirise áitiúla, *Moycullen Matters*,[37] déanaimse camchuairteanna ar fud an pharóiste agus, ar na camchuairteanna seo, déanaim scagadh géarchúiseach ar staid na Gaeilge sa gceantar. Tá faighte amach agam go bhfuil an corrdhuine fós ann a cheileann Gaeilge a bheith aige, cé go bhfuil an té eile freisin ann a ligfeadh air í a bheith ar a chumas. Tá faighte amach agam níos mó Gaeilge a bheith i bparóiste Mhaigh Cuilinn ná mar a cheap mé; agus go raibh i bhfad níos mó Gaeilge inti, le linn dom a bheith ag fás suas, ná mar ab fheasach dom ag an am.

Thiocfainn cuid mhaith, ach léamh ceart a dhéanamh orthu, leis na figiúirí a léigh mé le gairid in *Cuisle* faoi líon na ndaoine os cionn naoi mbliana déag a labhrann an Ghaeilge go laethúil sna trí thoghcheantar ar paróiste Mhaigh Cuilinn iad (Maigh Cuilinn, Tulach Aoidheáin agus Sliabh an Aonaigh).[38] Sna figiúirí sin luaitear 20% den bpobal nó faoina bhun i dtoghcheantracha Mhaigh Cuilinn féin agus Thulach Aoidheáin, agus idir 20% agus 40% i dtoghcheantar Shliabh an Aonaigh.

Tá bá mhaith ag muintir Mhaigh Cuilinn leis an nGaeilge. I nGaeilge amháin atá bunáite na n-ainmneacha bailte a cuireadh suas le gairid. Is amhlaidh do na hainmneacha áras, do na manaí agus do na scríbhinní, cé is moite de na scríbhinní uaighe.

Tá éisteacht, cé nach mé cé chomh mór is atá an éisteacht seo, ag RnaG i Maigh Cuilinn. Breathnaíonn daoine ansin ar TG4.

Ní dóigh liom go ndéanfadh sé aon tairbhe do chúis na Gaeilge faoi láthair dá n-aistreofaí aon chuid eile de Mhaigh Cuilinn amach as an stádas atá aici. An gearradh ba chothroime, ar ndóigh, is ea go bhfágfaí toghcheantar Shliabh an Aonaigh inti agus go ruaigfí an dá thoghcheantar eile aisti. Ach ní bheadh an gearradh réidh sin cóir ach oiread. Creidimse gur láidre an Ghaeilge i dtoghcheantracha Mhaigh Cuilinn agus Thulach Aoidheáin ná i dtoghcheantracha go leor eile a luaitear in *Cuisle* a bheith ar aon chaighdeán leo.

Caitheamh aimsire agus spraoi

I bpáirt le háiteacha go leor dá cineál b'éigean do mhuintir Mhaigh Cuilinn thar na blianta cruachan a dhéanamh in aghaidh na hanachaine, b'éigean dóibh oibriú go crua le maireachtáil ach níor shaol bocht duairc a bhí acu. Bhí a gcuid spraoi chomh maith lena ndáiríreacht acu. Má bhí a gCarghas acu bhí a gCáisc freisin acu. Agus a Nollaig. Chomóradar a bhféilte agus b'iomaí sin féile a bhí acu: Lá Fhéile Stiofáin, Lá na Leanbh, Lá Caille, Lá Fhéile Bríde, Lá Fhéile Muire na gCoinneal, Lá Fhéile Pádraig, Lá Fhéile Muire san Earrach, An Bhealtaine, Oíche Shin Seáin, Lá Fhéile Peadair is Póil, Domhnach Chrom Dhuibh, Lá Fhéile Muire sa bhFómhar, Lá Fhéile Mhichíl, Oíche Shamhna, Lá Fhéile na Naomh Uile agus Lá na Marbh, Lá Fhéile Mártain.[39]

Chomh maith céanna bhíodh laethanta patrúin ann nuair a thugadh daoine turasanna ar thoibreacha beannaithe an cheantair, ócáidí ar a mbíodh spóirt is caitheamh aimsire chomh maith le paidreáil.[40] Thionóltaí an Pátrún Mór sa sráidbhaile Domhnach Chrom Dhuibh go dtí aimsir an Dara Cogadh Domhanda, pátrún nár bhain le tobar beannaithe ar bith ach ar a mbíodh cleasa lútha, rásaí, spraoi, diabhlaíocht agus neart cábán ag reic is ag díol sóláistí is bréagán.

Agus, ar ndóigh, bhíodh na bainiseacha baile ann agus gach ar bhain leo. Agus bhíodh na damhsaí crosbhóthair ann, an t-airneán agus imirt chártaí. Rinneadh stiléireacht ar an bpoitín agus óladh go santach é.[41]

Baineadh lá amach ag casadh ceoil agus ag cumadh amhrán is rannta. Bhíodh comórtais oibre ann, comórtais lúfaire, nirt is eile. Daoine ag rá stéibheanna d'amhráin nó portaireacht fheadaíola ar siúl acu le linn a gcuid oibre. Bhí seanchaithe agus scéalaithe aitheanta ar tógadh saothar uathu i Maigh Cuilinn.

Bhí an Cumann Lúthchleas Gael an-ghníomhach sa bparóiste ó dheireadh an 19ú céad. Is fada peil, báire is liathróid láimhe á mbualadh sa bparóiste.[42] D'imrítí liathróid láimhe go fairsing in áiteacha nach mbíodh páirceanna fairsing. Is fada pinniúr i Maigh Cuilinn agus is fada cáil ar imreoirí na dúiche. I 1910 a bunaíodh an club peile. Bunaíodh an cumann báire i 1928-1929. Tá cumann láidir camógaíochta sa gceantar ó na ceathrachaidí.[43]

Tá dhá pháirc bhreátha imeartha ar an mBaile Dóite agus tá an-fhreastal á dhéanamh ar an dream óg ag chuile ghrád.[44] De bhreis ar na seanchluichí thuasluaite tá nuachluichí chomh maith leo á n-imirt anois: cispheil, eitpheil, badmantan, sacar, galf is eile.

Bhíodh cead á bhualadh in áiteacha sa bparóiste go dtí ceathrachaidí an chéid seo caite.[45] Chuala mé seandaoine ag trácht ar chaitheamh aimsire a dtugtaí *boulies* air.[46] Cluiche ar chosúil ar chaoi é leis an gcluiche chaitheamh babhlaí a chleachtaítear fós i gcorrcheantar den tír.

Go deimhin féin, nuair a áirítear gach caitheamh aimsire, agus nuair a luaitear anuas air sin an méid ama eile a caitheadh le creideamh pisreoga san áireamh—is deacair a mheas cén chaoi a raibh daoine in ann aon bhlúire oibre a dhéanamh! Ach go mb'éigean dóibh. Agus go mba iad a rinne: ag tabhairt drochthalún chun míntíreachais, ag cur arbhair is barraí agus á mbaint; ag baint mhóna is blocanna agus á ndíol; ag tabhairt aire do bheithígh, do mhuca is do chaoirigh; do chearca, do ghéabha is do lachain.[47]

Mar chaitheamh aimsire agus freisin le rogha beatha a bheith acu rinne daoine iascaireacht ar lochanna agus ar aibhneacha. Rinneadar fiach is foghlaeireacht. Chuireadar trapaí is cliabháin ar éin is ar ainmhithe.

Mar atá

Tá an draoi cumann nua anois ann: Cumann na bhFeilméaraí, Cumann Staire,[48] cumann damhsa Ghaelaigh, craobh de Chomhaltas Ceoltóirí Éireann, na Gasóga, Muintir na Tíre, Bantracht na Tuaithe, Grúpa Scríbhneoireachta, Grúpaí Oideachais, Coiste Pobail (ar comhlacht anois é), Sonas (do sheandaoine), is eile.

Foilsítear an nuachtiris *Moycullen Matters* sé bhabhta sa bhliain.

Tá áiseanna go leor i Maigh Cuilinn nach raibh fadó ann. Na páirceanna breátha imeartha a luaigh mé, ionad pobail a dtugtar Áras Uilinn air, seirbhísí bainc, seirbhísí ceantála, seirbhísí árachais, stáisiúin peitril, *electrolysis*, clinic arómaiteiripe is áilleachta, trí cinn d'ollmhargaí, búistéirí, marbhlann, teach posta.

Tá trí cinn de thithe tábhairne sa sráidbhaile móide Tigh Uí Urnaí i nGort an Chalaidh. Tá Óstán Chluain na Binne ann ó 1976. Tá trí bhialann cháiliúla ann: Cúirt Dhrom Conga ó 1982, *White Gables* ó 1991 agus Teach Mhaigh Cuilinn i gCoill Bruachlán. Tá áras luathbhia ann, chomh maith. Tá tithe aíochta ann agus tithe a chuireann Leaba is Bricfeasta ar fáil.

Tá Stáisiún Gardaí ann. Tá an séipéal Caitliceach ann agus Gaeilge mhaith ag an mbeirt shagart ann.[49]

Idir 1895 agus 1935 bhí stáisiún traenach i Maigh Cuilinn, thíos sa gClochán. I lár an fichiú haois bhí Bus Chonamara, bus príobháideach Andrew Ferguson as Uachtar Ard, ag sníomh ar fud an pharóiste. Faoi láthair tá a scuaidrín busanna ag Pádraic Ó Fatharta as Droma Bheag.

A bhfuil de sheirbhísí agus d'áiseanna sa bparóiste faoi láthair ní hacmhainn iad uilig a áireamh i bpíosa mar seo.

Agus is i líonmhaireacht a bheas a líon ag dul an chaoi a bhfuil tógáil ar siúl. Eastáit ar nós Pháirc na gCaor, *Woodlands*, Bóthar an tSléibhe,

Elmwood á mbunú i gcomharsanacht an tsráidbhaile. Agus níl anseo ach tús na tógála. Nuair a thógfar an seachbhealach trí Bhaile Coirce cuirfear dlús nimhneach faoi thógáil. Beidh cuspóir na Comhairle Contae curtha i gcrích: sráidbhaile beag Mhaigh Cuilinn a bheith tiontaithe ina bhaile mór saitilíte de Chathair na Gaillimhe.

Tá an-tarraingt ag Maigh Cuilinn ar dhaoine a bhfuil caighdeán luachmhar saoil uathu. Daoine ar mian leo maireachtáil i gceantar álainn tuaithe ach iad a bheith sách gar san am céanna do chathair fhorásach nua-aoiseach. Go deimhin féin sa nuashaol atá againn tá chuile áis chathrach taobh amuigh dá ndoirse ag teastáil ó dhaoine pé áit ina gcónaíonn siad.

Athruithe, athruithe, athruithe! Tithe, tithe, tithe! Foirgintí!

Ach tá dúiche Mhaigh Cuilinn fairsing. Cé gur beag teaghlach i bparóiste Mhaigh Cuilinn atá ag brath go hiomlán ar an talamh an lá atá inniu ann,[50] tá neart páirceanna bána fós inti, cnoic is sliabh rua. Coillte, fálta, crítí, gleannta, cúlacha is eagúlacha, uilleanna is aistreáin. Tá cladach léi sínte le Loch Mór na Coiribe. Tá dhá scór eile lochanna inti. Tá aibhneacha is sruthain inti, pluaiseanna, ácháin is tóchair.

Bhí dúiche Mhaigh Cuilinn go hálainn riamh agus beidh go deo. Agus mairfidh spiorad na Gaeilge inti go ceann i bhfad eile.

Nótaí

1. Ag an gcrosbhóthar a thionóltaí na haontaí fadó. Tá 'garraí gamhain' an fichiú céad cúpla céad slat taobh thoir den sráidbhaile ar thalamh mhuintir Uí Chonchúir. Aonach muc amháin a bhí ann le mo linnse.
2. Breathnach, P, *Maigh Cuilinn: a Táisc agus a Tuairisc* (1986), lch 2.
3. Tá áiteacha eile sa bparóiste a bhfuil an focal 'cathair' luaite leo: 'Cathair' agus 'Cúil an Chathair' ar ainmneacha garranta iad i nGort Uí Lochlainn agus in Och Muc faoi seach.
4. Breathnach, op.cit., Innéacs, lch 398.
5. ibid, lgh 394, 397.
6. In aice na canálach ann a deirtear é a bheith.
7. Breathnach, op.cit., lgh 27, 30, 135.
8. I nGnó Mór atá paróiste Mhaigh Cuilinn.
9. Breathnach, op. cit., lgh 2, 26, 120, 316.
10. Ruairí Ó Flaitheartaigh (1629-1718). Rugadh ina uasal é i gCaisleán Mhaigh Cuilinn ach cailleadh é fíorbhocht i bPáirc an Spidéil. Breathnaigh, *Lorg* (Cumann Staire Mhaigh Cuilinn, 1998).
11. An Fheilm a thugtar go hiondúil ar an mbaile seo anois.
12. Breathnach, op.cit. lch 28
13. Mhic Mathúna, T. (eag), *An Gorta Mór i Maigh Cuilinn* (Cumann Staire Mhaigh Cuilinn, 1996).
14. ibid, lgh 63-70.
15. Thart faoi aimsir an Ghorta Mhóir ag na tiarnaí talún seo a leanas a bhí mórbhunáite de cheantar Mhaigh Cuilinn: An Tiarna Caimbéal, Coill Bruachláin (4310 acra), Seoirse de Búrca, Gort Uí Lochlainn (2,557 acra), Séamas MacGiolla Ceallaigh, Drom Conga (3,145 acra), Mícheál D. de Brún, Tuairíní (422 acra), William Gregory, Cluain nDaimh (1,131 acra), Peter Martin, Claidhdeach/Eadragúil (455 acra), Antaine Ó Flaitheartaigh, An Cnoc Bán (321 acra), Directors of Law Life Assurance Co. (7,757 acra i gceantar an tsléibhe)
16. Wilde, W.R., *Loch Corrib: its shores and islands*. lgh 305-306.
17. Pearse, P., *Irish Rebel Songs*, lch 94.
18. *Moycullen Matters*, Uimh.71, lch 9.
19. Bairéad, T., *Gan Baisteadh* (Sáirséal & Dill, B.Á.C., 1972), lgh 93-112.

20 Sheas an crann ar rinneadh é a cheangal dó lena lámhach, os comhair a thí cois abhann, go dtí le gairid.
21 Mhic Mhathúna, T. (eag), Craobh Mhaigh Cuilinn de Chonradh na Gaeil;ge (1993), lgh 99-103.
22 Tomás Ó Raghallaigh (1884-1966). É ina ollamh le Gaeilge i gColáiste na hOllscoile, Gaillimh 1939-1953. Ar na leabhair a scríobh sé bhí *Maingín Aistí* agus *An Scoil Ghaedhilge*.
29 Foilsíodh an dráma *An Deoraidhe*, leis i 1905.
24 Tadhg Ó Gabháin (1922-1979). Ba mháistir scoile é in Éirinn agus i Sasana. Foilsíodh aistí leis in an-chuid irisí sa mbaile agus i gcéin.
25 Iníon leis an Tiarna Seoirse de Búrca ba ea í.
26 Breathnach, op.cit., lch 70.
27 ibid.
28 Mhic Mhathúna, T. (eag.), *Lorg* (1998).
29 ibid. lgh 61, 66.
30 Breathnach, op. cit., 19.
31 Ba í seo an scoil ba Ghaelaí sa bparóiste ag an am 37 dalta a bhí ar an rolla nuair a dúnadh í i 1978. Ba í freisin an foigneamh scoile ba nua í arae i 1958 a tógadh an scoil nua. Cé gur fhan an múinteoir cúnta, an mháistreás Greene, scaitheamh fada ag múineadh inti, bhí post an mháistir mhóir ag athrú go minic: seisear acu in achar scór blianta, Seán Ó Domhnalláin, Beairtle Ó Conaire, Niall Ó Murchú, Tomás Ó Máille, Oilibhéar de Búrca, Uinseann Ó hUiginn. Bhíodh sé ráite nach raibh príomhoide sa tír nár mhúin i Scoil Leamhchoill.
32 I 1978 dúnadh an scoil seo go hoifigiúil agus murach an troid mhór a rinneadh d'fhanfadh sé dúnta. Ní mhúintear an Teagasc Críostaí trí Ghaeilge inti.
33 Is iad na bailte nach bhfuil sa nGaeltacht ná Drom Conga, Gort na Móna, An Currach, Currach Uaitéir, Port Darach, Cartúr, Cill an Chlogáin agus Gort na hEochaire.
34 Mhic Mhathúna, T. (eag), *Craobh Mhaigh Cuilinn de Chonradh na Gaeilge* (1993).
35 ibid., lch 108.
36 Fuair mé eolas cuimsitheach i scríbhinn ó Áine Uí Chonghaile, An Roinn Ealaíon, Oidhreachta, Gaeltachta agus Oileán, 12 Aibreán 1999.
37 Bunaíodh an nuachtiris dhémhíosúil seo, Cáisc 1990.
38 Eagrán 5, Feabhra 1999.

[39] Breathnach, P. op.cit., lgh 71-92.
[40] ibid., lgh 93-94.
[41] ibid, lgh 125-136.
[42] Ó Caithnia, L. P., *Scéal na hIomána* (B.Á.C.,1980), lgh 646-648.
[43] Ba í Dotcha McKiernan a tháinig chun cónaithe go Coill Bruachlán a chuir tús leis. Bhí boinn Corn Ashbourne aici féin.
[44] Osclaíodh iad seo i 1996. Bhí gnáthpháirc amháin ann ó 1972. Bhí Maigh Cuilinn i Roinn na Sinsear Iománaíochta ó 1965 go 1982. Bhíodar sa Roinn peile sin ó am go chéile. Cé gur imir báireoirí agus peileadóirí as Maigh Cuilinn ar fhoirne na Gaillimhe ag chuile ghrád is é Pól Mac Fhlannchadha as Droma Bheag an t-aon duine amháin a bhfuil bonn uile Éireann buaite aige (sa bpeil i 1998).
[45] Bhí cead á bhualadh in áiteacha difriúla sa bparóiste go dtí ceathrachaidí an chéid seo caite. Cé gur sa Taobh Mín ba mhó í á bualadh d'imrítí í i gceantracha eile chomh maith. Rinne Mícheál Ó hEithir (1906-1998) as an gCnoc cur síos cruinn dom ar an gcluiche seo.
[46] Ba é Mícheál Ó Maoldomhnaigh as Cartúr a d'inis dom faoi. Breathnaigh freisin Ó Caithnia, op.cit., lgh 223-225.
[47] An-chuid cineálacha cearc, lachan agus géabha, cearca guine agus cearca Francacha san áireamh. Daoine á ndíol ar an margadh i nGaillimh. Níl mórán den sórt sin faoi láthair ann.
[48] Bunaíodh Cumann Staire Ruairí Uí Fhlaitheartaigh i 1993. Dhá leabhrán foilsithe acu go dtí seo: *An Gorta Mór i Maigh Cuilinn* (1996), agus *Lorg*, faoi na Flaithearttaigh (1998). Nochtaíodar suíochán do Ruairí os comhair an tséipéil 1998.
[49] Beirt Phrotastúnach, cónaí ar an mbeirt acu sa sráidbhaile, a bhí i Maigh Cuilinn le mo linnse: Arthur Morrison agus Bean an tSáirsint Crofton. Sna seascaidí luatha tháinig muirín eile, a raibh beirt mhac acu, go dtí Gort Uí Lochlainn.
[50] Feilméaraí beaga measctha ba ea chuile dhuine, mórán, le linn m'óigese; an dúiche breac le barraí. Chuaigh corrdhuine leis an mbainne ina dhiaidh sin. Isteach Gaillimh a théann formhór na ndaoine anois: cúpla bó nó gamhain ag an seandream. An-éagsúlacht daoine anois ann: neart léachtóirí ollscoile, múinteoirí, daoine fiontair is gnó, ealaíontóirí is eile ann.

Teach an Spidéil, ina mbíodh cónaí ar an Tiarna Cill Ainnín

Cian Mac Aodha Bhuí 2000

An Spidéal
Máire Ní Neachtain

Timpeall deich míle siar ó chathair na Gaillimhe, le hais na mara atá sráidbhaile an Spidéil. Téann abhainn Bholuisce chun farraige ansin, agus is í a scarann dhá pharóiste a bhfuil an t-ainm oifigiúil céanna orthu: paróiste an Spidéil[1] atá i ndeoise na Gaillimhe atá ar an taobh thoir den abhainn, agus paróiste an Spidéil,[2] atá in ard-deoise Thuama, ach a dtugtar paróiste an Chnoic air go háitiúil atá taobh thiar den abhainn. Ó thaobh cáipéisí sibhialta de, paróiste Chill Ainnín atá taobh thiar, agus paróiste Mhaigh Cuilinn atá taobh thoir,[3] agus is i mbarúntacht Mhaigh Cuilinn atá an dá pharóiste. I 1584 is túisce atá tagairt le fáil don Spidéal, agus nuair a scríobh Ruairí Ó Flaitheartaigh *A Chorographical Description of West or hIar Connaught* sa mbliain 1684 dúirt sé: '*Spidell is so called of Spittle or Hospitall*'.[4]

Focal iasachta ón mBéarla nó ón bhFraincis é *spitél* agus deir foclóir an Acadaimh gur '*hospital, hospice attached to a church or a monastery*'[5] is brí leis an bhfocal. San *Compossicion Book of Conought*, in 1585, luaitear Baylespideill,[6] rud a thabharfadh le fios go raibh talamh ag baint leis an ospidéal seo agus is é is dóigh, mar sin, go raibh fondúireacht eaglasta san áit sna meánaoiseanna. De réir seanchais áirithe,[7] bhí ospidéal in aice na farraige, ar an gCré Dhubh, baile fearainn atá taobh thiar den sráidbhaile, áit a tógadh d'aon turas do dhaoine a ghlac páirt sna Crosáidí agus a thug galair iasachta abhaile leo. Luaitear foirmeacha éagsúla den Spidéal i gcaipéisí riaracháin Stáit ó dheireadh an séú céad déag.[8] Nuair a rinneadh na léarscáileanna ordanáis sa naoú céad déag, tugadh an Spidéal Thiar ar an sráidbhaile, agus na bailte fearainn Baile Chonamara agus Baile Éamainn, an Spidéal Láir ar an mbaile fearainn Baile Liam, agus an Spidéal Thoir ar na bailte fearainn Baile an Domhnalláin agus Baile an tSagairt.[9] Tá daoine sa bpobal a thugann Baile an Droichid ar an sráidbhaile, agus is 'siar ag an droichead' a bhíodh an seandream ag dul. I 1670 a tógadh an droichead céanna, agus luaigh an Flaitheartach[10] go raibh séipéal an Spidéil, séipéal a bhí tiomnaithe do Naomh Éinde, pátrún Árann, ar an taobh thoir den abhainn, agus tá fothracha an tséipéil sin le feiceáil fós sa tseanreilig atá in aice na seanchéibhe.

An té a bhreathnódh ar bhileog 92 de na léarscáileanna a rinneadh in 1840,[11] d'fheicfeadh sé séipéal Caitliceach, staisiún garda cósta, reilig, fothraigh mhainistreach, cora bhradán, agus céibh. Thabharfadh sé suntas freisin do thrí theach a breacadh ann; *Bohoona Lodge* i mBothúna agus neart crainnte thart air, *Spiddal House* i mBaile an tSagairt, agus *Sheaunroe House* ar an Sidheán. Cuireadh leis an sráidbhaile sa gcuid eile den chéad sin, tógadh séipéal Protastúnach, tógadh ceann nua Caitliceach, teach dídine do dhílleachtaí, scoil agus céibh nua. Lárionad riaracháin a bhí san áit freisin, mar go raibh beairic phóilíní, íoclann agus teach cúirte ar an mbaile freisin. Bhíodh aonach míosúil ar an Spidéal san ochtú céad déag, agus is le ríghairid a stop an t-aonach céanna.

Nuair a rinne Lewis an *Topographical Dictionary* in 1837[12] luaigh sé go raibh séipéal beag ceann tuí sa sráidbhaile, agus de réir thraidisiún na háite, bhí sé san áit a bhfuil Óstán an Droichid inniu. Nuair a bhí an tAthair Mac Craith ina shagart paróiste sa Spidéal, tógadh séipéal eile sa mbliain 1854, san áit a bhfuil carrchlós an tséipéil inniu. Is cinnte go bhfuil an-cháil ar Chill Éinde, an séipéal atá sa Spidéal inniu. Nuair a tháinig Marcus D. Ó Conaire, uncail le Sean-Phádraic, ina shagart pobail chuig an Spidéal in 1897, ní mó ná sásta a bhí sé leis an séipéal a bhí san áit, é róbheag agus droch-chuma air. Tugadh coimisiún don ailtire William Scott,[13] fear nach raibh mórán aithne air ag an am, ach a raibh clú agus cáil air ina dhiaidh sin mar cheannródaí i gcúrsaí ailtireachta Éireannaí. Bhain seisean leas as gnéithe den stíl a bhí sna teampaill Luathchríostaíochta agus Mheánaoiseacha, agus dhear sé séipéal sa mhodh Éireannach Rómhánach, foirgneamh a tharraing ardmholadh ó shin i leith. Roghnaigh Institiúid na nAiltirí é le hailtireacht eaglasta an fichiú haois a léiriú ag taispeántas i nGlaschú i 1938. Ar an 18ú lá de mhí Lúnasa 1908 a coisriceadh Cill Éinde. An-lá a bhí ann,[14] eagraíodh turais as Baile Átha Luain, an Clochán, Tuaim, Luimneach, agus Lios Dún Bhearna chun na hócáide. Bhí ticéid shaora deireadh seachtaine ar fáil as Baile Átha Cliath, agus tháinig *steamer* as Baile Uí Bheacháin fiú amháin.[15] Bhí triúr easpag ann, an Dr Mac Cormaic, Easpag na

Gaillimhe, an Dr Mac Fhlannchadha, Easpag na hAille Finne, agus an Dr Ó Deaghdha, easpag Chluain Fhearta. Bhí beirt fheisirí parlaiminte ann freisin, Thomas Edmond, agus Stephen Gwynn, mar aon leis an Tiarna Cill Ainnín agus Edward Martyn. £5,781 17s 7d a chosain tógáil an tséipéil.[16]

San áit a bhfuil Coláiste Chroí Mhuire anois, ar bhruach na habhann, thóg ministéir Protastúnach, James Macready, teach scoile agus teach dídine do dhílleachtaí sa mbliain 1853, ar mhaithe leis an *Society for Irish Church Missions*. Bhí Macready an-díograiseach i gcúrsaí bíoblóireachta an Chumainn, agus dúirt sé féin go raibh an-chur in aghaidh a chuid oibre ar dtús:

> the landlords, being Romanists, were greatly opposed to the work, and the population, being almost entirely Roman Catholics also, were excited to much violence, which was manifested by the breaking of the windows of my cottage and the throwing of stones at myself as I passed along the road.[17]

De réir mar a dúirt Macready féin i leabhrán a scríobh sé faoi chúrsaí bíoblóireachta in Iar-Chonnachta ar mhaithe le hairgead a chruinniú lena mhisiún a chur chun cinn, Protastúnaigh ab ea 120 de 170 duine a bhí ar an mbaile,[18] féinléiriú ar chomh maith is a d'éirigh lena fheachtas féin! Níl fianaise air sin in aon áit eile. Thóg sé séipéal freisin sa mbliain 1853, agus bhí raic idir é féin agus an tAthair Mac Craith, sagart paróiste na háite, faoin tógáil chéanna; chuir sé ina leith gur thriáil sé sclátaí a ghoid uaidh! 'An Nead', nó 'an *Refuge*' a thugadh muintir na háite ar an teach, agus na *Jumpers* a thugtaí ar na gasúir a bhí san áit. Thug Macready fíodóir as Béal Feirste le ceird na fíodóireachta idirlín agus *gingham* a mhúineadh do na buachaillí agus cuireadh oiliúint ar na cailíní le dul ar aimsir i dtithe móra.[19]

Idir an blianta 1867 agus 1871 a tógadh an Chéibh Nua atá sa Spidéal. Ní gan chonspóid a rinneadh í. Ocht míle punt a chosain sí.[20] Bhí sé i gceist gur ag an Aill Fhinn ar an gCnoc a thógfaí an chéibh, ach d'éirigh le Mícheál Muiréis, a bhí ina theachta parlaiminte do Chontae na Gaillimhe ag an am, agus aithne mhaith air sa Rialtas dá bhrí sin, í a chur á déanamh sa Spideál.[21] B'eisean a bhí ina thiarna talún ar an gceantar ó Shaile Thúna aniar go dtí an sráidbhaile. Fostaíodh os cionn céad fear ar an obair, agus tugadh tús áite do thionóntaí an Mhuiréisigh, rud nár thaithnigh le tionóntaí an Choimínigh, an tiarna talún a bhí sa gceantar taobh thiar de Shaile Thúna. Mhol an tAthair Lyons, sagart pobail an Chnoic, d'aon duine nach bhfuair saothrú dul ag obair ann ar aon nós. Thosaigh tionóntaí an Choimínigh ag obair astu féin in íochtar cladaigh agus bhaist an dream eile 'Geaing na bPortán' orthu. Is cosúil nár íocadh na fir chéanna as a gcuid anró ariamh.[22] Ón sé ar maidin go dtí an sé tráthnóna a bhídís ag obair sa samhradh ar ocht scilling sa tseachtain.

Leagadh ráillí traenach ó choiréal a bhí ag ceann an bhóthair síos chomh fada leis an gcéibh; capaill a tharraing na vaigíní. B'in an rud ba ghaire de thraein a tháinig go Cois Fharraige ariamh. Nuair a cinneadh ar bhóthar iarainn a chur chuig an gClochán, moladh é a chur siar le cósta, ach tré Uachtar Ard a cuireadh ar deireadh é. Má shíl muintir an Chnoic nár san áit cheart a tógadh an chéibh, bhí an rud céanna le rá ag muintir an Spidéil, mar gur ag Corr Bhothúna a moladh í a dhéanamh. Ní raibh sí sásúil ariamh mar chéibh. Sa tuairisc a rinne Major Gaskell do Bhord na gCeantar Cúng,[23] dúirt sé go mba struchtúr breá í ach go raibh an chéibh féin an-oscailte, gan foscadh gaoithe, go raibh sé deacair a dhul suas uirthi, agus ós rud é go raibh sí chomh hard sin nárbh fhéidir eallach ná capaill a thabhairt i dtír as húicéirí as Árainn agus áiteanna eile agus iad ar a mbealach chun aonaigh sa Spidéal agus i nGaillimh, agus nach bhféadfaí feamainn a dhíluchtú ann ach oiread.

I mí Lúnasa 1910 a reáchtáladh an chéad chúrsa Gaeilge i gColáiste Chonnacht. Bhí Coláiste Chonnacht i dTuar Mhic Éadaigh le cúpla bliain roimhe sin, ach bhí oiread sin éilimh ar chúrsaí gurbh éigean an dara hionad a aimsiú, agus thóg an coiste léas ar theach mór Arundale, nó Radharc Árann, sa Sidheán, dhá mhíle soir ón sráidbhaile. Bhí an-bhorradh faoi athbheochan na Gaeilge ag an tréimhse sin, agus daoine fásta, idir dhíograiseoirí teanga agus dhaoine ar theastaigh uathu teastas an Bhoird Oideachais le múineadh sna scoileanna dáthe angacha a bhaint amach, a bhíodh ag freastal ar na cúrsaí. Ba é an Dr Seán P. Mac Éinrí an Príomhollamh.[24] Spéisiúil go leor, ollamh le hOftailmeolaíocht, agus léachtóir le Gaeilge chomh maith leis sin, in Ollscoil na Gaillimhe, a bhí ann. Ba é Tomás Ó Colmáin an t-ollamh cúnta a bhí aige;[25] bhí seisean ag múineadh i scoil an Spidéil ag an am sin, agus ceapadh ina chigire ina dhiaidh sin é. Ba é, dála an scéil, a chum an t-amhrán 'Óró mo bháidín ag snámh ar an gcuan'. An tAthair Mac Giolla Sheanaigh a bhí ina chisteoir agus ina rúnaí ar an gColáiste.[26] Ba eisean Déan Caitliceach Ollscoil na Gaillimhe ag an am, gaeilgeoir fíordhíograiseach agus ball an-ghníomhach de Chonradh na Gaeilge. Ceapadh ina shagart paróiste ar an Spidéal é i 1914 agus is iomaí uair a luaitear a ainm sa bpobal fós. Dála an scéil, i 1915 bhíothas ag fiafraí in *An Claidheamh Soluis* cérbh é an paróiste ba Ghaelaí in Éirinn, agus dar le Pilib de Bhaldraithe, timire de chuid an Chonartha, ba é an Spidéal a thuill an gradam sin, a bhuíochas sin go huile is go hiomlán don Athair Mac Giolla Sheanaigh.[27] Bhí suas le céad scoláire as Meiriceá, ón Mór-Roinn, as Sasana, as Albain agus as beagnach chuile chontae in Éirinn ar an gcéad chúrsa.[28] Bhí clár leathan i gceist: labhairt agus scríobh na teanga, gramadach, foghraíocht, léitheoireacht, litríocht agus modhanna múinte teanga. Thairg an tAthair Mac Giolla Sheanaigh cúrsa i bhFealsúnacht an Oideachais i 1911 agus bhí an-bhród go deo ar lucht eagraithe an chúrsa faoi sin mar gur síleadh gurbh é sin an chéad chúrsa fealsúnachta a tugadh i nGaeilge le trí chéad bliain roimhe sin.[29] Bhíodh seisiún geimhridh ag an gColáiste in Ollscoil na Gaillimhe agus an clár teagaisc céanna i gceist acu.

Trí theanga a labhraíodh ag oscailt an chúrsa i 1911, Gaeilge, Béarla agus Fraincis, agus cuireadh fáilte ar leith roimh an Dr Ó Deaghdha, Easpag na Gaillimhe, a thug caint an-spreagúil uaidh ag tacú leis an nGaeilge.[30] Cuireadh halla nua leis an gColáiste i 1913,[31] agus bhíodh dhá chúrsa samhraidh ann ó 1914 i leith. Bhíodh an-cháil ar fheabhas na múinteoireachta sna blianta tosaigh sin, agus bhuaigh an fhoireann teagaisc Corn Mhichíl Bhreathnaigh, corn Oireachtais a bronnadh ar mhodhanna múinte Gaeilge, trí bliana as a chéile, i 1913, 1914, agus i 1915. Bhain an coiste an-leas as seo sna fógraí a chuir siad sna páipéir.[32] Díol spéise na fógraí céanna ar chúpla bealach. I gceann a léigh mé a foilsíodh i 1915, chomh maith le haird a tharraingt ar chúrsaí teanga agus ar chúrsaí lóistín an cheantair, fógraíodh '*magnificent open sea-bathing strand with bathing boxes free, and steam-rolled roads.*'[33]

Ní inniu ná inné a tosaíodh ag caint ar na bóithre céanna, agus is fada fada an lá ó facthas na *bathing boxes* sin! I measc na ndaoine móra le rá a bhíodh ag teagasc sa gColáiste ag an tús bhí Pádraic Ó Conaire agus Seán Mac Giollarnáth. Is iomaí sin cuairteoir mór le rá a tháinig chucu, Carl Hardebeck, Pádraig Mac Piarais agus a dhriotháir Liam ina measc. Scríobh an Piarsach na línte

> Ionmhuin liomsa Connacht ar a áilleacht ar a uaisleacht,
> ionmhuin liom Cois Fharrraige ar a aoibhneas ar a uaigneas

i leabhar cuairteoirí an Choláiste.[34]

Ón gcéad bhliain ar bunaíodh an Coláiste, bhíodh feis ann. B'iad Eibhlín Bean Mhic Choistealbha, an bhean a chuir *Amhráin Mhuighe Seóla* amach,[35] agus ar bailíodh cuid de na hamhráin ann sa Spidéal, agus Eithne Ní Oisín a rinne moltóireacht ar na hamhráin ag feis na bliana 1910. Bhí siad an-sásta leis an gcaighdeán, ach bhí siad den bharúil nach raibh an sean-nós chomh foirfe i gCois Fharraige agus a bhí sé i gceantar Thuama! Maidir leis an gcomórtas damhsa, dúradh go raibh na hiarrthóirí '*enthusiastic, but far from perfect*'.[36]

Lean nós na feise, agus bhíodh aeraíocht ann chuile shamhradh freisin, agus ba mhinic an aeraíocht ann ar mhaithe le hairgead a chruinniú do chiste áitiúil éicint.[37]

Bhí agus tá an-tábhacht ag roinnt le Coláiste Chonnacht sa bpobal. Is mór i gceist an turasóireacht chultúrtha anois ach is cinnte gurb é an Coláiste a chuir tús i ndáiríre le tionscal na turasóireachta sa taobh seo tíre. Thosaigh daoine ag teacht go rialta agus cuireadh lóistín ar fáil dóibh sna tithe áitiúla. Chuidigh sé sin le cúrsaí eacnamaíochta, airgead cinnte le fáil ag mná tí as freastal dhá mhí a dhéanamh ar Ghaeilgeoirí. Tá tábhacht shóisialta ag roinnt leis an gColáiste freisin. Is ionad pobail é sa méid is go bhfuil leas á bhaint as mar ionad siamsaíochta, faoi dhíon, agus as na páirceanna imeartha taobh amuigh; ionad cruinnithe é, is ann a reachtáltar naíonra an cheantair, is ann atá ceannáras an Ghaelacadaimh, eagraíocht a bhfuil obair cheannródaíoch ar bun aici maidir le buanú thraidisiúin an cheoil, an tsean-nóis agus na scéalaíochta i gConamara fré chéile. Bhíodh cáil i bhfad is i ngearr ar chéilithe an Choláiste, agus bhíodh tarraingt ag pobal Chonamara ar fad, siar chomh fada le Ros Muc is Carna agus muintir Mhaigh Cuilinn ag teacht trasna an tsléibhe chuig céilí an Domhnaigh. Bhíodh na bannaí céilí móra ann, Banna na Tulaí, Banna Chill Fhionnúrach agus a leithéidí sin agus an tóir chéanna ag na damhsóirí ar a gcuid pictiúr agus iad sínithe ag na laochra ceoil sin agus atá ar réalta ceoil an lae inniu ag a nglúin féin.

Córas rondála, áit a mbíonn garranta na feilme scaipthe abhus is thall, scartha óna chéile, an córas gabháltais atá i réim sa gceantar seo. Clacháin, grúpaí tithe le chéile agus a gcuid scioból leo, an leagan amach a bhíodh ar na bailte.[38] Leanadh an-dílis dó seo sa gceantar seo, go dtí suas le dhá scór bliain ó shin. Scaitheamh suas ón bhfarraige in aice srutháin a bhíodh na clacháin seo go hiondúil, beag beann ar bhóthar an chósta, ach go mbíodh bóithríní feamainne chun na farraige acu agus bóithríní eile soir siar idir na clacháin éagsúla. Is cosúil gur thart timpeall ar aon teaghlach amháin a tógadh an clachán i dtús báire, ach de bharr póstaí óga, muiríní móra agus foroinnt chothrom ar na hoidhrí ar fad, ba ghearr a bhí sé gur leathnaigh agus gur mhéadaigh na bailte seo. Sin dáiríre is bunús leis an gcineál forbairt tithíochta atá san áit, forbairt ribíneach, tithe scaipthe ar fud na háite. Mar go mbíodh garranta in aice an chladaigh freisin ag chuile chlann, le go bhféadfaidís feidhm níos saoráidí a bhaint as leasú na feamainne, d'fhág sin go raibh talamh cois cósta ag chuile theaghlach freisin. Leis an athrú saoil, teacht an leictreachais, córais iompair, airgead Mheiriceá agus airgead deontais, agus ndeiseanna fostaíochta sa mbaile, thréig an pobal na clacháin agus theann siad anuas na bóithríní agus síos ar bhóthar an chósta le tithe nua a thógáil. Ach oiread le chuile phobal eile atá faoi chaibidil sa leabhar seo, mhair farasbarr na ndaoine ar gach ar sholáthair siad dóibh féin as saothrú a gcuid talún agus portach. Ba í an imirce a réitigh fadhbanna na dífhostaíochta. Mar gheall ar cheantar an Spidéil a bheith chomh gar sin do Ghaillimh, bhí deis margaíochta ag an bpobal sa gcathair sin. Luann Gaskell[39] sa naoú céad déag féin go ndíoltaí bainne, im agus éanlaithe clóis i nGaillimh, agus thug Máirtín Ó Cadhain, fear a fáisceadh as an bpobal seo, an-léargas ar an gcruatan a bhain leis an turas anróiteach sin sa scéal cáiliúil 'An Bóthar go dtí an

Ghealchathair'.[40] Dhíoltaí móin le muintir an bhaile mhóir freisin agus ar an airgead sin a cheannaíodh daoine an plúr agus na riachtanais eile nár fhéad siad féin a sholáthar. Dhéantaí babhtáil freisin sna siopaí áitiúla, uibheacha go háirithe, agus luaigh Máirtín Standún[41] go raibh an córas sin i bhfeidhm i ndeireadh na gceathrachaidí agus i dtús na gcaogaidí nuair a bhunaigh sé féin agus a bhean, Máire, an Bungaló, an siopa cáiliúil sin a thosaigh siad i mBaile an Domhnalláin; uibheacha ar tae, siúcra, agus ar earraí grósaera eile. Is cosúil nach bhfuil a fhios cé na huibheacha a chruinnigh siad!

Más fada, anróiteach an bóthar a bhí idir an Spidéal agus Gaillimh san am a caitheadh, is iomaí duine a déarfadh nach bhfuil an dá áit leath sách fada óna chéile inniu! De bharr feabhas a bheith ar chóir taistil agus deiseanna fostaíochta a bheith níos fairsinge, tá muintir an Spidéil agus Chois Fharraige fré chéile ag dul chun an bhaile mhóir, ach tá an baile mór é féin ag teannadh le Cois Fharraige agus tionchar dá réir aige ar an áit. Tá éileamh an-mhór ar shuímh tithe, na láithreacha céanna á ndíol go tréan, agus a lorg sin le feiceáil ar an tírdhreach aiceanta. Tharla cás sa Spidéal sna seachtóidí a tharraing aird náisiúnta ar cheist tithíochta sna Gaeltachtaí. I 1976, fuair comhlacht tógála Farraghers as Tuaim, faoin ainm Luxury Homes Ltd., cead imlíne ó Chomhairle Chontae na Gaillimhe le scór teach a thógáil ar imeall an tsráidbhaile. Chuir Coiste Paróiste an Spidéil, Coistí Paróiste Chonamara, Roinn na Gaeltachta, Bord na Gaeilge, Comhdháil Náisiúnta na Gaeilge agus Coiste Náisiúnta na Scoileanna Gaeilge go láidir in aghaidh na scéime.[42] Bhí ceisteanna timpeallachta agus ceisteanna séarachais ar chuid de na cúiseanna nach raibh an pobal áitiúil sásta leis an scéim seo, ach bhí ceist na teanga go mór chun cinn i gcur i gcoinne na scéime chomh maith. Reáchtáil an Bord Pleanála éisteacht phoiblí, agus ba é seo an chéad bhabhta ariamh ar cuireadh i gcoinne scéim fhorbartha ar bhonn teanga. D'éiligh lucht na hagóide go gcothódh an líon mór tithe seo éagothromaíocht teanga sa bpobal mar gurbh é ba dhóichí gur Béarlóirí ba mhó a cheannódh na tithe, agus nach bhféadfadh an pobal Gaeilge an brú tobann teanga seo a sheasamh. Sheas an Bord Pleanála le cinneadh na Comhairle Contae. Níor tógadh na tithe sin ariamh. Cheannaigh Údarás na Gaeltachta an suíomh, agus ó 1984 i leith is ar an láthair sin atá an Cheardlann, agus tú ar do bhealach isteach chuig an sráidbhaile as Gaillimh ar thaobh na láimhe deise. Anois, scór bliain tar éis na cainte agus na n-agóidí ar fad, tá scéim tithe de scór teach á tógáil i mBaile Ard agus ní cosúil gur údar imní ar bith iad! De réir phlean forbartha an Chontae

> ... aithníonn an Udarás(sic) Pleanála comh(sic) tábhachtach agus comh(sic) luchmhar(sic) is atá an teanga agus an cultúr san Gaeltacht(sic), mar sin déanfaidh an Udarás(sic) Pleanála iarracht fónta(sic) chun oidhreacht na Gaeltachta ó thaobh teanga a chaomhnú.[43]

Cén sainmhíniú ó thaobh dlí de a bheadh ar 'iarracht fhónta' ná ar 'chaomhnú' go deimhin? Cén chosaint atá anseo d'aon phobal teanga?

Ach oiread le pobal tuaithe ar bith eile in Iarthar Éireann, ba bheag an t-údar a bhí ag muintir na háite seo fanacht sa mbaile cheal fostaíochta. Tá fáil ar dheiseanna oideachais agus oiliúna sa gceantar seo le fada an lá. I Meán Fómhair na bliana 1931, bhunaigh an Coiste Gairmoidis ceardscoil i gColáiste Chonnacht. Chaith sí deich mbliana sa Nead, áit a luadh cheana san aiste seo, idir na blianta 1937 agus 1947 agus ar ais leis an scoil go dtí Coláiste Chonnacht arís. Ar Lá Fhéile Bríde osclaíodh Gairmscoil Cholm Cille ar an gCnoc, áit a bhfuil sí lonnaithe ó shin.[44] Tháinig Siúracha na Trócaire chun an Spidéil i 1909. D'oscail siad Coláiste Chroí Mhuire i 1947, meánscoil do chailíní idir scoláirí lae agus scoláirí cónaithe, agus glacadh le buachaillí ó 1965 i leith. Mar sin féin, bhí ar go leor de mhuintir na háite an áit a fhágáil cheal fostaíochta, agus tá a sliocht sin fairsing i Sasana agus i Meiriceá, i stát Mhassachusetts, go háirithe.

Is dóigh gurb é an bácús a bhíodh tigh Phroinnsias an chéad tionscal a bhí san áit; choinnigh an bácús sin builíní le scoileanna Chonamara ar fad. Seans gurbh í an mhonarcha bréagán a bhíodh i mBaile an tSléibhe an ceann is mó a labhrann muintir na háite uirthi. Bhí monarcha ag Muintir Standúin díreach buailte ar an siopa acu. Geansaithe Árann a bhíodh á gcniotáil ag a gcuid fostaithe ar fud na tíre a bhíodh á bhfuáil le chéile agus bailchríoch á gcur orthu ansin ó 1960 go dtí 1990.

Ceardlann an Spidéil

Micheál Mac Eoin 1998

I 1973 cheannaigh Gaeltarra Éireann píosa mór talún ar an Sidheán agus i mBaile an tSagairt, cuid d'eastát Bunbury, a fágadh ag daoine a bhí ag obair ag Mrs Palmer agus a dhíol é. Rud an-neamhchoitianta ar fad an méid sin talún in éindí a bheith ag aon úinéir amháin, agus thapaigh Gaeltarra an deis eastát tionsclaíochta a chruthú ar an láthair. Tionscail teicstíle faoi stiúir chomhlachtaí Iodálacha a bhí ann i dtús báire, ach anois is tionscail ríomhaireachta agus seirbhísí atá ar an láthair. Cheannaigh Údarás na Gaeltachta seanteach an tsagairt i mBaile Ard i 1981 agus is thart ar an láthair seo atá an tionscal is mó a bhfuil clú ar an Spidéal faoi anois, an tionscal closamhairc agus físe. Tá forbairt á dhéanamh ar Pháirc na Meán san áit chéanna anois.

Is iomaí sin gné eile den Spidéal ar mhaith liom trácht air: seanchas, amhráin, léann, litríocht, scríbhneoirí; leithéidí Ruairí Ó Flaitheartaigh, a mhair idir 1629 agus 1718, duine de mhórscoláirí a linne ach a bhásaigh agus é fíorbhocht ar thalamh a mhuintire ar an bPáirc,[45] nó Eoghan Ó Neachtain, as an bPáirc freisin, fear a bhí ina cheannródaí in aimsir athbheochan na teanga ag tús an fichiú haois, agus a ndeirtear faoi gurbh é a chum an focal rothar agus gluaisteán,[46] agus ar ndóigh, laoch litríochta an fichiú haois, Máirtín Ó Cadhain, a rugadh ar an gCnocán Glas i 1906 agus a bhásaigh i 1970.[47] B'fhiú trácht, chomh maith, ar aimsir an drochshaoil, ar Theach Mór an Spidéil, ar na Muiréisigh, ar fhéilte, ar chaitheamh aimsire agus ar dhrámaíocht; ach níl an spás san aiste seo lena n-aghaidh sin ar fad. Fíorchorruair a bhíonn orm a mhíniú do dhaoine cá bhfuil an Spidéal. Tá eolas ar an áit ar fud na tíre. Cáil na Gaeltachta is túisce a luaitear leis an áit, an-áit laetha saoire, in aice na farraige, in aice na Gaillimhe, an-áit ceoil agus anois an áit ina ndéantar Ros na Rún.[48] An bhfuil baol ar cháil na Gaeilge? Ní inniu ná inné a tosaíodh ag caint ar an nGaeilge a bheith ag trá sa Spidéal. I 1933, fiú, agus an Canónach Ó Donnghaile ag caint ag oscailt halla nua Choláiste Chonnacht, dúirt sé: 'go raibh daoine ann a déarfadh go raibh an Ghaeilge ag éirí lag sa Spidéal. Níorbh fhíor sin, . . . bhí sí níos láidre anois ná a bhí sí cúig bhliana fichead ó shin.[49] Níl aimhreas ann ach go bhfuil i bhfad níos mó Béarla le cloisteáil anois ná mar a bhíodh. San anailís a foilsíodh in *Cuisle*[50] ar dhaonáireamh na bliana 1996 tá Gaeilge á labhairt go coitianta ag 69.5% den phobal atá os cionn naoi mbliana déag.

Seit Ros na Rún

Cian Mac Aodha Bhuí 2000

Is i nGaeilge a chuireann an pobal é féin in iúl go poiblí, tré Ghaeilge a riartar obair phoiblí an phobail, an séipéal, scoileanna agus cruinnithe poiblí. Tá meas agus tóir ag an bpobal ar shiamsaíocht a bhaineann leis an gcultúr dúchais, tá cumann láidir drámaíochta ann, eagraítear féile mhór curachaí agus geallta báid seoil chuile bhliain, tá borradh faoin amhránaíocht sean-nóis i measc na n-óg. Ach is sciopta a d'athródh a leithéid sin. Tá saol níos éasca, agus níos tábhachtaí fós, b'fhéidir, saol sa mbaile ar fáil do mhuintir an cheantair seo sa gcéad seo atá romhainn, le hais mar a bhí ag an dream a mhair san 19ú nó sa 20ú haois. Ba dhlúthchuid d'aithcantas an phobail seo gur pobal le Gaeilge ab ea é, ach tá rogha teanga i gceist sa bpobal seo anois. Is críonna an té a déarfadh le cinnteacht cén rogha a dhéanfar, ach is dóchasach an té a chreidfeadh gur pobal le Gaeilge a bheas ann ag deireadh an chéid seo a bhfuil muid díreach ag a thús.

Buíochas

Táim buíoch ach go háirithe den Chanónach Tomás Ó Cadhain, don Dr Conall Mac Cuinneagáin agus do Mháire Uí Mhainín as a gcúnamh agus a gcomhairle agus mé ag ullmhú na haiste seo.

Nótaí

1. *Irish Catholic Directory*, B.Á.C.,1998, lch 136.
2. ibid, lch 69.
3. *General Alphabetical Index to the Townlands and Towns, Parishes and Baronies of Ireland*, 1861, Genealogical Publishing Co. Inc., USA.
4. Roderic O'Flaherty, *A Chorographical description of West or h-Iar-Chonnaught*, Gaillimh, 1978, lch 61.
5. *Dictionary of the Irish Language*, B.Á.C. 1983.
6. Freeman, A.M. (Athscríofa ag) *Compossicion Book of Conought*, B.Á.C. 1936.
7. Alt neamhfhoilsithe le Seán Ó Mainín, eolas a thug an Canónach Ó Donnghaile dó, le caoinchead Mháire Uí Mhainín.
8. 'Calendar to fiants of the reign of Queen Elizabeth.' Appendices to *Eleventh and Eighteenth Reports of Deputy Keeper of Public Records in Ireland*. B.Á.C., 1879-86., agus *Irish Patent Rolls of James 1*—facsimile of the Irish Record Commision's Calendar, prepared prior to 1830, (B.Á.C., 1966).
9. Sraith léarscáileanna 6" de chuid Suirbhéireacht Ordanáis na hÉireann, Co. na Gaillimhe (1840)
10. O'Flaherty, *op.cit*. lch 61.
11. Sraith léarscáileanna 6" de chuid Suirbhéireacht Ordanáis na hÉireann. Co. na Gaillimhe (1840).
12. Lewis, Samuel. *A Topographical Dictionary of Ireland*, London, 1970.
13. Lord Killanin, 'St. Enda's, Spiddal' in *The Furrow*, iml.1, uimh.4., 1950.
14. *Galway Observer*, 17 August 1907, 24 Lúnasa 1907.
15. ibid., 10 Lúnasa 1907.
16. Lord Killanin, *op. cit.*, thuas.
17. Mecredy, The Rev. J., *The Rise and Progress of the Reformation in Iar-Connaught*, B.Á.C., 1853, lch 3.
18. ibid., lch 9.
19. ibid., lch 10.
20. Seán Ó Mainín, 'Céibh an Spidéil,' in *Biseach*, 1987, lch 8.
21. ibid., lch 11.
22. ibid., lch 11.
23. Congested District Board (CDB) *Base Line Report*, lch 522.

[24] Breathnach, D., agus Ní Mhurchú, M., *Beathaisnéis 2* (B.Á.C., 1990), lch 54.
[25] Breathnach, D., agus Ní Mhurchú, M., *Beathaisnéis 5* (B.Á.C., 1997), lgh 136-37.
[26] Breathnach, D., agus Ní Mhurchú, M. *Beathaisnéis 3*, B.Á.C., lgh 56-58.
[27] *An Claidheamh Soluis*, 24 Iúil 1915.
[28] *An Claidheamh Soluis*, 10 Meán Fómhair 1910.
[29] *An Curadh Connachtach*, 26 Lúnasa 1911.
[30] *An Curadh Connachtach*, 5 Lúnasa 1911.
[31] *An Claidheamh Soluis*, 4 Lúnasa 1913.
[32] ibid., 24 Iúil 1915.
[33] ibid., 24 Iúil 1915.
[34] Ó Coigligh, C., *Filíocht Ghaeilge Phádraig Mhic Phiarais* (B.Á.C., 1991).
[35] Mhic Coistealbha, E., *Amhráin Mhuighe Seóla* (Indreabhán, 1990).
[36] *An Claidheamh Soluis*, 10 Meán Fómhair 1910.
[37] *An Curadh Connachtach*, 12 Lúnasa 1933.
[38] Mac Aodha, B., 'Clachán settlement in Iar-Chonnacht,' *Irish Geography*, 1965, Iml.5 Uimh 2 lgh 20-28.
[39] CDB *Base Line Report*, lch 519.
[40] Ó Cadhain, M., *An Braon Broghach* (B.Á.C. 1948).
[41] Agallamh neamhfhoilsithe le Raymonde Standún, lena caoinchead.
[42] *An Curadh Connachtach*, 23 Feabhra 1979
[43] Galway County Council, *County Development Plan*, 1997, lch 35.
[44] Ó Mainín, S., 'Gairmscoil Choilm Cille'., in *Biseach*, 1981, lch 21.
[45] Ó Muraíle, N., Aspects of the intellectual life of seventeenth century Galway, in *Galway: History and Society*, in eagar ag Moran G., and Gillespie R., B.Á.C. 1996.
[46] Ó Neachtain, P., *Eoghan Ó Neachtain: a shaol agus a shaothar*, Tráchtas neamhfhoilsithe M.Ed. 1979 do Roinn an Oideachais, Coláiste na hOllscoile, Gaillimh.
[47] Titley, A., *Máirtín Ó Cadhain: Clár Saothair* (B.Á.C., 1975).
[48] Sobalsraith a bhíonn ar Theilifís na Gaeilge, nó TG4 mar atá anois air.
[49] *An Curadh Connachtach*, 29 Lúnasa 1933
[50] Ó hÉallaithe, Donncha, 'Uair na Cinniúna don Ghaeltacht', in *Cuisle*, Eagrán 5, Feabhra 1999.

Seanscoil Sailearna (athchóirithe)

Seosamh Ó Braonáin 2000

Cois Fharraige
Lochlainn Ó Tuairisg

An ceantar

Is í stair an cheantair atá suite idir Abhainn an Spidéil taobh thoir agus Abhainn Chasla taobh thiar, is é sin le rá an ceantar a dtugtar Cois Fharraige air sa lá atá inniu ann, a bheas idir lámha agamsa sa léacht seo. Ach ní Cois Fharraige a tugadh ar an áit i gcónaí, áfach. Má théann muid siar sa stair feicfidh muid gurb iomaí ainm atá agus a bhí ar an gceantar. Is deacair a bheith cinnte de freisin cá dtosaíonn agus cá gcríochnaíonn teorainneacha áirithe an cheantair. Tá formhór an cheantair i bparóiste Caitliceach an Chnoic (nó Paróiste an Spidéil, Ard-Deoise Thuama le bheith níos cirte), ach tá bailte fearainn na Mine agus Ros an Mhíl i bparóiste an Spidéil, Deoise na Gaillimhe. Tá an ceantar uilig, nach mór, suite i mbarúntacht Mhaigh Cuilinn agus i bparóiste sibhialta Chill Ainnín ach amháin aríst na Mine agus Ros an Mhíl atá suite i bparóiste sibhialta Chill Chuimín.

Tiarnaí agus talamh

De réir na miotaseolaíochta bhí triúr mac ag Banríon Chonnachta, Maedhbh, le Fearghas Mac Róich, rí Uladh. Conmac a bhí ar dhuine acu. Thug sliocht Chonmhaic na Conmaicne orthu féin. Shocraigh cuid acu síos in iarthar Chonnacht, in aice na farraige. Thugadar Conmaicne Mara orthu féin agus is as sin a eascraíonn an logainm Conamara. Ó Cadhla a bhí ar ríthe na treibhe seo. Dar le James Hardiman, is uathu seo a thagann an t-ainm áite, na hAille. Ina ndiaidh siúd tháinig Lughaidh Dealbhaoth de mhuintir Dhál gCais as Contae an Chláir aníos go hIar-Chonnachta. Ghabh sé an chuid sin d'iarthar Chonnacht ar tugadh Tír Dá Loch uirthi .i. an réimse talún idir Loch Oirbsean (Loch Coirib) agus Loch Lurgan (Cuan na Gaillimhe), gur tugadh Dealbhna Tíre Dá Loch ar an gceantar. Roinn seisean an tír seo ar a bheirt mhac, Gnó Mór agus Gnó Beag. Tugadh Gnó Mór ar an gcuid sin den dúiche ó thuaidh agus Gnó Beag ar an gcuid sin ó dheas. Le chéile tugtar barúntacht Mhaigh Cuilinn ar an gceantar. Níl aon chinnteacht dháiríre ann faoi cá dtosaíonn Gnó Beag agus cá gcríochnaíonn Gnó Mór. Dar le Ruaidhrí Ó Flaitheartaigh gurbh í Abhainn na nAille (Abhainn an Chnoic) an teorainn; Gnó Beag taobh thoir agus Gnó Mór taobh thiar. Deir duan dinnsheanchais a cumadh sa 12ú haois linn gurbh iad muintir Mhic Chon Raoi a bhí ina ríthe ar Ghnó Mór agus gurbh iad muintir Uí Aidhnidh ríthe Ghnó Bhig. Is cosúil, mar sin, go bhfuil cuid de cheantar Chois Fharraige i nGnó Mór agus an chuid eile i nGnó Beag.

Tar éis do na Normannaigh a theacht go hÉirinn sa 12ú haois feictear dúinn go raibh an chlann Normannach De Burgo ag creachadh rompu in iarthar na tíre ón 13ú haois ar aghaidh. Chuireadar an ruaig ar mhuintir Uí Fhlaithearta as dúiche Mhaigh Seola, san áit a bhfuil barúntacht an Chláir sa lá atá inniu ann. B'éigean do na Flaitheartaigh cúlú rompu go dtí Loch Coirib sa mbliain 1201. Deir na hAnnála linn go ndearna Mac Uilliam Burc ruathar mór ar Ruaidhrí Ó Flaitheartaigh sa mbliain 1256 agus go ndearna sé creach mhór ar Ghnó Mór agus ar Ghnó Beag agus gur ghlac sé seilbh ar 'Loch Oirbsin uili iar sin.' Brúdh siar na Flaitheartaigh go hIar-Chonnachta. Níorbh fhada go raibh an áit uilig faoi smacht acu agus ba iad máistrí an cheantair iad ar feadh cúpla céad bliain ina dhiaidh sin. B'éigean do mhuintir Uí Chadhla, do mhuintir Mhic Chon Raoi agus do mhuintir Uí Aithnidh a n-aghaidh a thabhairt siar; ar Bhaile na hInse, ar Bhaile Mhic an Rí, ar an gCloigeann agus ar Rinn Mhaoile.

Is mar sin a bhí ar feadh cúpla céad bliain; na Flaitheartaigh i gceannas ar an gceantar uilig agus iad i mbun troda anois agus aríst le Búrcaigh na Gaillimhe. Thart ar an 16ú haois thosaíodar ar chaisleáin a thógáil ar fud a gceantair féin. I measc na gcaisleán a tógadh bhí caisleán Achadh an Iúir, caisleán Bhun na hAbhann, caisleán Mhaigh Cuilinn agus tógadh caisleán cois farraige in Indreabhán, san áit ar a dtugtar 'An Caisleán' anois chomh maith. Cuid de na Búrcaigh, a phós isteach sna Flaitheartaigh, a thóg an caisleán seo. Níl fágtha anois ach lorg na mballaí. D'úsáid Blácaigh na Tulaí na clocha chun an teach mór s'acu féin a thógáil. Deir Ruaidhrí Ó Flaitheartaigh gur ann a bhí cónaí ar Fhionnuala Ní Fhlaithearta a bhí pósta le Dáibhí de Búrca. Bhí Dáibhí pósta roimhe seo agus mac, Uaitéar Fada de Búrca, aige leis an gcéad bhean. Sa mbliain 1549 i gcaisleán Indreabháin, ghríosaigh Fionnuala a deartháir Dónall Mac Ruaidhrí Óig Uí Fhlaithearta le hUaitéar a mharú, ionas go bhfaigheadh a mac fhéin, Risteárd (nó *Iron Dick* mar a tugadh ina dhiaidh sin air), an oidhreacht. Deirtear go raibh rian na fola le feiceáil ón áit ar maraíodh Uaitéar Fada go dtí leaba na leasmháthar. Rinne *Iron Dick* go maith dó féin ina dhiaidh sin. Ba é an chéad *Viscount Mayo* é agus ba é an dara fear céile ag Gráinne Mhaol é.

Sa mbliain 1585 shínigh Taoisigh Iar-Chonnacht conradh le rialtas na banríona Eilíse, an *Compossicion of Conought*. De réir an chonartha seo bheadh na Taoisigh a luaitear sa gcáipéis sásta cánacha a íoc ar mhaithe le greim a choinneáil ar a gcuid tailte. Roinneadh Iar-Chonnachta ina cheithre bharúntacht agus bhronn an rialtas tailte, faoi dhlí Shasana, orthu. Luaitear an t-ainm áite *Coylruo* mar chuid de na tailte seo. Deirtear go mba le fear darbh ainm *Gillduff O Flahertie* an 120 acra seo. Idir na blianta 1641 agus 1652 bhí an tír ina cíor thuathail ag cogaíocht agus is iomaí athrú a tháinig ar úinéireacht na talún. Má théann muid chuig na *Books of Survey and Distribution* (a cuireadh le chéile c. l660idí) feicfidh muid go raibh Keillroe i seilbh Iarla Chlann Riocaird i 1641 agus *Cloghernagone* i seilbh Nicholas More Lynch i 1641 agus ag fear darbh ainm John Hawes sna 1660idí. Feictear dúinn gur chaill Thomas Lynch *Gent.* na bailte *Miny* agus *Rossavile* d'fhear darbh ainm Walter Blake. Le scéal fada a dhéanamh gearr b'eo deireadh le réimeas na bhFlaitheartach in Iar-Chonnachta.

Ní mórán atá ar eolas againn faoin gcéad go leith bliain ina dhiaidh seo. Tá a fhios againn go raibh tionchar éicint ag na Péindlíthe ar an gceantar mar go bhfuil Carraig an Aifrinn suite i lár an chriathraigh, ar an gCloithreach ó thuaidh den áit a bhfuil scoil náisiúnta na Tulaí inniu ann. Deir an seanchas linn go raibh tiarna talún, Éamonn Mór Mac Giolla Phádraig, ar an Teach Mór agus go raibh baint aige leis na Máirtínigh. Ní haon dea-cháil a bhí air mar gur speireadh a chuid beithíoch, dar leis an mbéaloideas.

Tugann baile Ros an Mhíl an-léargas dúinn ar mheon rialtas Shasana i leith chosaint an chósta i mblianta tosaigh an 19ú haois. Tógadh Túr Martello i dTóin an Chnoic (agus bóthar míleata síos go dtí é) sna blianta 1811-1814, ar eagla go dtiocfadh na Francaigh aniar aduaidh orthu. Tríocha saighdiúir agus oifigeach a bhíodh ar ceathrún ann agus gunna mór ceithre phunt fhichead faoina gcúram. Bhí stáisiún ag Gardaí an Chósta i mBaile an tSléibhe ag céibh an *station*, mar a tugadh uirthi. Dódh an stáisiún i rith Chogadh na Saoirse. Anseo a bhí príomhchéibh an cheantair nó gur thóg Alexander Nimmo céibh Ros an Mhíl sa bhliain 1822. Cuireadh léi i 1970 agus aríst i 1989.

Má chaitear súil ar Phríomhluacháil Richard Griffith a cuireadh le chéile thart ar 1855, feictear dúinn go raibh beirt phríomhthiarnaí talún i gceantar Chois Fharraige. Ba leis na Blácaigh, cuid de Bhlácaigh na Gaillimhe, an talamh uilig ó Abhainn Chromghlinne siar chomh fada le hAbhainn Chasla. Ba leo talamh na Cathrach agus talamh Chaoil Ruadh, soir ó Abhainn an Chnoic, chomh maith. Bhí talamh acu, chomh maith, in Inis Leacan, in Oirbhealach agus in Inis Ní, in aice le Cloch na Rón. Ba le Proinsias Ó Coimín an talamh ó Abhainn Chromghlinne soir chomh fada le hAbhainn an Chnoic. Bhí roinnt talún ag an Tiarna Killanin, an Muireasach, taobh thiar den Spidéal, ó Shaile Thúna soir. Níos faide ó thuaidh bhí Glionnán, Bó Bhrocháin, Gleann Mhac Muirinn agus Clochar na gCon i seilbh an *Law Life Assurance Company* (an dream a cheannaigh eastát ollmhór na Máirtíneach tar éis an Ghorta).

Thar aon dream eile, mhair cáil na mBlácach mar thiarnaí talún sa dúiche seo. Bhídís ina gcónaí i nGaillimh go dtí tús an 19ú haois. Ba é Vailintín de Bláca an chéad duine acu thug *of Tully* air féin. Fuair Pádraig de Bláca seilbh ar an talamh sa mbliain 1824. Ní raibh cónaí ar Phádraig ar an gCaisleán, áfach. Bhí talamh aige in aice le Port Omna agus is ann a d'fhan seisean. Ba uncail é le Séamas de Bláca, an fear a bhíodh sa teach mór. Ba é Séamas an t-*agent*. Bithiúnach críochnaithe a bhí ann. De réir an bhéaloidis bhíodh sé de nós aige beithígh, caoirigh nó aon bheithíoch eile a thaithnigh leis a chrochadh leis dó féin. Deirtear go raibh na Blácaigh chomh santach sin go mb'éigean do mhuintir na háite a gcuid beithíoch a bheith acu ar féarach i bhfad óna ndúiche fhéin, cuid acu thoir chomh fada le Bearna. B'éigean do na tionóntaí a chuid oibre a dhéanamh in aisce dhó. Rinneadh é seo toisc riaráistí cíosa de £2,000 a bheith ar na tionóntaí nuair a fuair Pádraig de Bláca seilbh ar an talamh in 1824. Lá oibre in aisce sa tseachtain sa mbliain a bhíodh orthu a dhéanamh.

Ba iad na Giúistísí áitiúla iad agus bhíodar in ann a rogha rud a dhéanamh. Ní haon taisme é gur cúpla céad slat óna dteach ar an gCaisleán a tógadh beairic na bpóilíní. Deirtear linn freisin go raibh an-suim acu sa míntíreachas. Is le cois na farraige a bhíodh cónaí ar mhuintir na dúiche sin uilig tráth: muintir Indreabháin, muintir na Tulaí, muintir Bhaile na hAbhann, muintir na Cloiche Móire agus muintir na Bántrainne nó gur chuir an Blácach faoi ndeara dóibh aistriú níos faide ó thuaidh, san áit a bhfuil formhór na dtithe anois, áit a bhí fliuch, bog; faoi chíb agus fraoch. Ó thaobh creidimh de, Protastúnaigh Shoiscéalda bhí iontu agus bhí cónaí ar mhinistéir agus ar shearbhóntaí den chreideamh céanna leo féin thart timpeall ar an teach mór. Thug siad an-tacaíocht do *Society for Irish Church Missions* an Oirmhinnigh Alexander Dallas ó 1849 ar aghaidh. Dar leis an seanchas go raibh na Blácaigh thar a bheith míbhéasach le mná na háite. Deirtear gur chleacht siad an nós *ius primae noctis* agus cailín ar bith a chasfaí dóibh bheadh sí thíos leis.

Ar ndóigh, le dream a bhí chomh hoilbhéasach in ní fhéadfadh muid gan laoch éicint a bheith againn leis an gceann is fearr a fháil ar an tíoránach seo. I scailp i nGlionnán, tuairim is trí mhíle ó thuaidh de na Mine a bhí cónaí ar ár laoch, Scorach Ghlionnáin. Bhí sé go maith os cionn sé troithe ar airde agus thagadh sé i gcabhair ar thionóntaí bochta dhúiche na mBlácach in aimsir an Drochshaoil, go háirithe. Má bhí anró ar bith orthu mharódh Scorach Ghlionnáin beithíoch de chuid na mBlácach agus thagaidís as. De réir an tseanchais chuaigh sé isteach in Arm nó i gCabhlach Shasana ina dhiaidh sin agus mharaigh urchar-slabhra é i gCogadh an Chrimé sna 1850idí.

Filleann an feall ar an bhfeallaire a deir siad agus d'fhill sé ar na Blácaigh. De réir an tseanchais, chuir an sagart áitiúil, Fr Curley, eascaine orthu. Deir scéal amháin gur dhúirt sé an eascaine os ard agus gur thit póilín i meirfean le huafás na heascaine. Bhí an sagart féin ag caoineadh agus é dá rá. Deir leagan eile gur scríobh sé síos Salm na Mallacht agus gur cuireadh roinnt clúdach litreach thart timpeall air ionas nach ndéanfaí aon dochar don té a thug do na Blácaigh é. Dúirt an sagart go mbeadh préacháin ag cac i simléir na mBlácach faoi cheann bliana. Cibé céard a tharla bhí Artúr de Bláca, mac Shéamais, imithe faoi na 1870idí. Íocadh an cíos le mac Phádraic a bhí thíos i mBéal Átha na Sluaighe nó gur cheannaigh Coimisiún na Talún an t-eastát i 1916. Choinnigh a mbáille, fear darbh ainm Wallace, na cearta iascaireachta agus foghlaeireachta a bhí acu ar feadh i bhfad ina dhiaidh sin. Rinne cuid de mhuintir Bhaile na hAbhann iascach ar Loch Bhaile na hAbhann i 1935 dá bhuíochas. Thug sé chuig an gcúirt iad agus cuireadh príosún ar chuid acu. Rinne lucht Ghluaiseacht Chearta Sibhialta na Gaeltachta an cleas céanna dhá scór bliain ina dhiaidh sin. 'Leithead do dhroma ná raibh agat lá do bháis!' an mhallacht a cuireadh ar Wallace, deirtear, agus más fíor cuireadh a chónra ar a corr tar éis a raibh de shaibhreas aige.

Mar atá ráite cheana, Proinsias Ó Coimín a bhí ar an tiarna talún eile sa dúiche seo. Ós rud é nach raibh cónaí air sa gceantar ar nós na mBlácach níl leath ná an ceathrú cuid de scéalta sa mbéaloideas faoi. Deir an seanchas gur in Ard na Saileach in aice le hUachtar Ard a bhí cónaí air. Eascaine choitianta i measc mhuintir na háite ab ea: 'Go dtuga an diabhal go hArd na Saileach thú.' Deir suirbhé úinéirí talún 1876 go raibh cónaí ar '*Francis L. Comyn*'in '*Woodstock, Co. Galway*'. Is dócha gurbh é an fear céanna é. Ní raibh aon cháil mhaith air. B'éigean do dhaoine obair a dhéanamh in aisce dó. I mí na Nollag 1879 chinn ar chuid mhór de thionóntaithe an Chnoic an cíos a íoc. Chuir an Coimíneach breis agus fiche próis amach chucu d'fhonn iad a chaitheamh amach as a gcuid talún. Fear darbh ainm John Tully agus a mhac a bhí ag dáileadh amach na bpróiseanna seo. Bhí beirt phóilíní á dtionlacan. Ach an lá seo bhí scata fear ag fanacht leo. Buaileadh gleáradh ar an mbeirt agus ar na póilíní. Gabhadh cuid acu agus chuaigh an chuid eile ar a dteitheadh ach ba ghearr go mb'éigean dóibh iad féin a thabhairt suas. Cuireadh téarmaí príosúin ó dhá mhí go deich mí ar naonúr den dream a bhí páirteach sa troid nuair a tháinig an cás os comhair cúirte i nGaillimh i mí Márta 1880. Cath an Chnoic a tugadh ar an eachtra seo ina dhiaidh sin. Bhog (nó díbríodh) go leor den dream a d'ionsaigh Tully agus a mhac go Leithrinn agus thugadar a seoladh *Knock South* suas go Leithrinn leo.

Dá dhonacht an Coimíneach sheas sé an fód le hiascairí a dhúiche féin nuair a bhí sé i gceist céibh nua a thógáil sa gceantar. Bhí an bhliain 1867 go dona agus bhí géarghá le hobair fóirthinte de chineál éicint. Chuir an tAth. Ó Liatháin, sagart paróiste an Chnoic, litir chuig an Rialtas in 1865 thar cheann iascairí an cheantair ag iarraidh go dtógfaí céibh ar an Aill Fhinn, ar an gCnoc. Theastaigh ó thiarna talún an Spidéil, an Tiarna Killanin, gur sa Spidéal a thógfaí an chéibh. Fear mór sa bpolaitíocht ab ea é agus ba sa Spidéal a tógadh an chéibh.

Níor bhuail an Gorta Mór an ceantar seo chomh dona agus a bhuail ceantair eile. De réir cosúlachta ní hiad muintir an cheantair is mó a fuair bás leis an ocras ach daoine ón taobh amuigh a tháinig isteach ag cuartú beatha. Mar gheall ar an gceantar a bheith in aice na farraige agus fáil ag muintir na háite ar bhia na mara tháinig an ceantar seo níos fearr as ná ceantair eile. Tá roinnt scéalta againn a dhearbhaíonn go mbíodh muintir na háite ag díbirt na ndaoine seo agus ag caitheamh clocha leo nuair a chonaiceadar ina gcuid garranta iad. Ní chuirtí sa reilig áitiúil na strainséirí toisc nár bhain siad leis an áit ach chuirtí i reiligí do pháistí iad, mar atá ar an Teach Mór, ar Chora an Chaisleáin agus i mBaile an tSléibhe. Tá cuid mhór scéalta uafáis ann ón tréimhse seo: máthair básaithe cois claí ag Cnoc na hAille agus an páiste ag diúl, daoine ag rómhar na ngarranta faoi thrí ag cuartú síolta na bhfataí. Níos measa fós cloistear faoi dhaoine ag baint na súl as na fataí le gob cleite agus ag cur na súl san iomaire. Bhí teach ar an Lochán Beag a mbíodh anraith agus min bhuí le fáil ann agus ceann eile i Saile Thúna. Dháil na Blácaigh amach súp in aimsir an Drochshaoil chomh maith, dá n-athrófá do chreideamh, a deir a lán. Bhí an pota iarainn a úsáideadh chuige seo taobh amuigh de shéipéal na Tulaí go dtí le gairid. Maidir le fiabhras tá cuid mhór scéalta ann faoin *Sickhouse* agus na huaigheanna coitianta thart timpeall air a bhí i Saile Thúna (tá cuid den fhothrach le feiceáil i gcónaí) ach is cosúil gur le haghaidh Bliain an *Cholera* 1832 a tógadh é.

Cúrsaí eaglasta

Ní raibh aon séipéal ceart sa gceantar go dtí lár an 19ú haois. Bhí séipéilín beag ceann tuí sna Criogáin sna 1840idí agus í ag titim as a chéile. D'iarr an sagart paróiste, an tAthair Ó Ceannabháin, cúnamh ar na Blácaigh séipéal nua a thógáil sa Tulach. Réitigh siad go maith le

Turas Phátrún Cholm Cille, Bántrach, Baile na hAbhann

Ard-Mhúsaem na hÉireann c. 1940

chéile agus bhí siad ag tabhairt chuile chúnaimh dó nuair a cailleadh in 1840 é agus an séipéal leath-thógtha. Ba é an tAthair Ó Gráda a tháinig i gcomharbacht air agus ní raibh cúrsaí go maith idir é féin agus na Blácaigh, mar gheall ar an gcaoi ar chaith siadsan lena gcuid tionóntaí. Bheartaigh sé séipéal a thógáil as an nua in áit na seanphruchóige, le díon déanta as barranna fataí, a bhí ar an gCnoc roimhe sin. Gearradh suim deich scilleacha ar chuile theach sa dúiche agus méid áirithe oibre chomh maith. Iarradh airgead ón taobh amuigh freisin. Tógadh an séipéal taobh istigh de bhliain agus ba é Ardeaspag Thuama, Seán Mac Éil, a choisric an séipéal in Iúil na bliana 1844. Tá an séipéal ann ó shin. Ba é an tAthair Ó Liatháin a tháinig in áit an Athar Ó Gráda agus ba ghearr go raibh seisean é fhéin in éadan an dreama thiar. Is cosúil go raibh séipéal na Tulaí fós gan chríochnú agus go raibh sé i seilbh na bProtastúnach. Thug sé leis buíon fear láidir lena thógáil ar ais. B'eisean a chuir díon air agus osclaíodh in 1874 é. Tógadh séipéal nua na Tulaí sa mbliain 1964 ar láthair an tséipéil seo. Tá umar an tseanséipéil ann i gcónaí.

Ar ndóigh, bhí teampall Protastúnach ag na Blácaigh in aice lena dteach fhéin ar an gCaisleán. Teampall a bhí anseo ar fhreastail siad fhéin agus iad siúd a d'athraigh a gcreideamh, na *jumpers*, air. Is cosúil go raibh cónaí ar an Ministéir Protastúnach ann ar feadh tamaill tar éis do na Blácaigh an áit a thréigean. De réir an bhéaloidis bhí scilling le fáil ag aon duine a d'fhreagródh a ainm ann chuile Dhomhnach. Ar ndóigh bhí daoine ag freastal an dá thrá.

Scoileanna

Is iomaí scoil a bhí sa gceantar dhá chéad bliain ó shin. Bhí na scoileanna náisiúnta deireanach ag teacht isteach sa Deoise seo mar go raibh an Dr Mac Éil ina n-aghaidh. Tharla sé go minic go mbíodh múinteoir nó 'scoláire bocht' ag dul thart ó theach go teach ag an am. Chuireadh sé beagán oideachais ar ghasúir an tí agus théadh sé ar aghaidh go dtí an chéad teach eile. Bhí lóistín aige sa teach an fhad is a bhí sé ag múineadh na ngasúr. In 1825 luadh go raibh scoileanna ar an gCaol Rua agus sna Mine. Sa seanséipéal a bhí scoil na Mine. Bhí scoil ag Conn Bacach Ó Donnchadha i Ros an Mhíl i dteachín ceann tuí ar bhruach locha. Bhí scoil den déanamh céanna ar an gCaorán. Bhí scoil ar an gCathair a bhunaigh an tAthair Ó Liatháin agus ceann eile ar an gCaol Rua. Ba é Ríocard Ó Maolruadha a bhí ag múineadh ann agus fear darbh ainm Liam Ó Laidhe ina dhiaidh sin. Bhí scoil bheag eile i Saile Thúna. Cloistear caint i gcónaí ar Scoil *Whitehall* a bhí ar an gCnoc. Mícheál Mac an Rí a bhí ina mhúinteoir ann. Ní mórán caoi a bhí ar na scoileanna seo, is cosúil. Go hiondúil is i mbrácaí beaga a bhídís ar siúl, gan suíochán, gan bhord agus na gasúir ag dul go glúine sa bpuiteach. Bhraith tuarastal an mhúinteora ar an méid gasúr a bhí sa scoil aige. Deir tuarascáil ó 1825 go raibh Ríocard Ó Maolruadha ag saothrú £17 sa mbliain ó dhá pháiste dhéag agus trí fichid. Scoileanna diana a bhí sna scoileanna seo. I mBéarla amháin a bhí an teagasc agus baineadh úsáid fhorleathan as an mbata scóir. Cleas amháin a bhí i Scoil *Whitehall* go gcuirfeadh an máistir páiste suas ar dhroim pháiste eile agus thosódh sé á lascadh le maide ansin. Tógadh scoil ar an Lochán Beag in 1853 agus an bhliain dár gcionn a tógadh an chéad chuid den tseanscoil agus bhíodar ag cur léi de réir a chéile. Bhí sí cláraithe mar scoil faoi 1864 le Coimisinéirí an Oideachais agus bhí Scoil Sailearna mar a thuigeann muid anois í ar an bhfód faoin mbliain 1885.

Bhí scoil Phrotastúnach ar bun ag an mBlácach in Indreabhán faoin mbliain 1825. D'íocadh sé £15 sa mbliain leis an máistir scoile ach níor éirigh go rómhaith leis mar ní raibh aige ach an t-aon scoláire amháin in 1826. Chuir Easpag Protastúnach Thuama, an tEaspag Le Poer Trench, múinteoir chuig scoil shoiscéalach seo na Tulaí agus d'íoc as a phóca féin é le linn ghorta na bliana 1831. Cuireadh scoil eile ar bun ar an Tulach faoi choimirce an *Tuam Diocesan and the Dublin Ladies Irish Society* sa mbliain 1837. Chuir an Reverend James McCready scoil Phrotastúnach eile ar bun faoi phátrúntacht na mBlácach roimh dheireadh na 1840idí. Bhí sí fós ann nuair a rinneadh Príomhluacháil Griffith.

An Saol Comhdhaonnach

'*It is impossible to watch the daily lives of the people without being deeply impressed by the hardship which they and their animals endure*', a scríobh cigire i dtuairisc de chuid Bhord na gCeantar Cúng faoin gceantar seo in 1892. Luaigh an cigire gur i lámha Chúirt na Seansaireachta a bhí dúiche na mBlácach agus dúiche an Choimínigh .i. nach raibh sé ar chumas an tiarna an cíos a bhailiú. Tá a fhios againn go raibh an Blácach deiridh i mBéal Átha na Sluaighe agus is cosúil go raibh an Coimíneach féin imithe. '*The tenants are hopelessly in arrears*,' a scríobh an cigire agus ní raibh baol ar bith ann go mbeadh ar a gcumas iad a íoc amach ansin. Dar leis ba bheithígh den dara, tríú agus den cheathrú grád ba choitianta ann. Ní mórán caoi a bhí ar chaoirigh an cheantair ach an oiread. Bhí géarghá le caoi a chur ar na bóithre. Measadh gurbh é £15 6s an teacht isteach a bhí ag gnáth-theaghlach sa gceantar sa mbliain agus gur chaitheadar £20 4s 3d. Scaití díoltaí lao óg chun an fuílleach a íoc nó bhítí ag brath ar airgead Mheiriceá. 46,800 crib mhóna a baineadh sa gceantar an bhliain sin agus díoladh thart ar an gceathrú cuid di. Rinneadh amach gur thóg sé sé lá iomlán oibre ar bhean ag iompar cléibheanna feamainne acra talún a leasú mura raibh an talamh breis agus míle ón bhfarraige agus dá mbeadh an aimsir go breá. Fataí is mó a d'ith na daoine, le bainne, im agus b'fhéidir beagán aráin. Tugann sonraí dhaonáireamh na bliana 1901 tuilleadh eolais dúinn faoi mhuintir an cheantair seo. Má chaitear súil ar bhaile fearainn an Locháin Bhig feictear dúinn gur tithe ceann tuí den tríú grád a bhí i ngach aon teach, cé is moite den teach ósta, teach den dara grád. Ní raibh oiread agus teach amháin ceann slinne ar an mbaile. Bhí dó nó trí de sheomraí i ngach aon teach le fuinneog amháin nó b'fhéidir péire. Rinne tóin buidéil fuinneog d'fhear amháin ar an mbaile. Is iondúil nach raibh léamh ná scríobh ag an gceann tí cé go raibh ag a gcuid gasúr a bhí ag freastal ar an scoil. Feictear dúinn gur Gaeilge amháin a bhí ag an dream os cionn trí scór bliain d'aois agus bhí an dá theanga ag chuile dhuine eile.

Dúchas an phobail

Bhí cáil na dea-Ghaeilge ariamh ar an gceantar. Thagadh scoláirí i bhfad is i gcéin chuige seo. Scríobh Tomás de Bhaldraithe dhá leabhar agus iliomad alt bunaithe ar Ghaeilge an cheantair. Is iomaí scéalaí cáiliúil a bhí agus atá sa gceantar: leithéidí Tom Bheartla Tom Ó Flaithearta agus Tom Pheaidí Mac Diarmada, beirt as an Lochán Beag.

Tom Pheaidí Mac Diarmada, scéalaí agus seanchaí as Cois Fharraige
Matt Nolan c. 1992

Tá amhránaíocht ar an sean-nós agus traidisiún an cheoil beo bisiúil san áit. Tá an-cháil ar cheantar Chois Fharraige ó thaobh an léinn de chomh maith. Ar an Lochán Beag a rugadh Mícheál Breathnach (a bhfuil an fhoireann áitiúil pheile ainmnithe ina dhiaidh), údar *Seilg i Measc na nAlp* a foilsíodh sa mbliain 1881. Le gairid a foilsíodh leabhar filíochta Phádraig Learaí Uí Fhinneadha, nach maireann. Bhíodh beirt mhac leis, Learaí (nach maireann) agus Cóil, iad fhéin ag cumadh. I mBaile na mBroghach a bhí cónaí ar Joe Shéamais Sheáin Ó Donnchadha, an Filí. Má théann muid siar go dtí na Criogáin, tá cónaí ar Johnny Chóil Mhaidhc Ó Coisdealbha, file agus drámadóir. I measc glúine níos óige atá ag plé le cúrsaí litríochta sa gceantar tá Ruaidhrí Ó Tuathail ar an Lochán Beag agus Darach Ó Scolaí as na hAille. Seans maith go dtugann comhlacht foilsitheoireachta Chló Iar-Chonnachta agus Clódóirí Lurgan, atá lonnaithe sa gceantar, ugach agus spreagadh do mhuintir na háite dul i mbun pinn.

Is beag athrú a tháinig ar an gceantar leis na céadta bliain nó gur tháinig an aibhléis sna 1950idí. Tháinig athrú anuas ar athrú le luas traenach taobh istigh de ghlúin. Ní féidir a rá, áfach, go raibh muintir an cheantair scoite amach go hiomlán ón domhan mór roimhe seo. Bhí daoine ag tógáil an bháid bháin go Meiriceá ar dtús agus go Sasana ina dhiaidh sin. Bhí roinnt daoine ón gceantar páirteach i gcogaí móra na linne; cogadh na mBórach, an chéad chogadh domhanda, an dara cogadh domhanda, Cóiré agus Vítneam ina dhiaidh sin. D'fhág iarsma de chuid an chéad chogaidh mhóir lorg fhuilteach ar Thrá Shalach an Locháin Bhig ar an 15 Meitheamh 1917, áit ar tharraing grúpa de dheichniúr fear mianach i dtír agus gan a fhios acu céard a bhí ann. Phléasc an *mine* agus maraíodh naonúr acu. Ar ndóigh, ní dheachaigh Cogadh na Saoirse gan aird sa gceantar ach an oiread. Bhí complacht áitiúil den IRA sa gceantar faoi cheannas Chriostóir Uí Mhaicín. Shéideadar Droichead Chromghlinne in aer. Bhí na Dúchrónaigh gníomhach sa gceantar. Spreag siad fear áitiúil amháin le húrscéal a scríobh bunaithe ar a gcuid imeachtaí san áit.

Ceannáras TG4, Baile na hAbhann

Gerry O'Gorman 1999

Cois Fharraige mar atá

Sa lá atá inniu ann is bruachbhaile de chathair na Gaillimhe é ceantar Chois Fharraige agus tá comharthaí an rachmais go suntasach le feiceáil ann. Ní aithneodh an té a thug cuairt ar an áit fiche bliain ó shin í. Tá feabhas as cuimse tagtha ar bhóithre agus ní chumtar amhráin faoi *photholes* níos mó. Tá ceannáras teilifíse náisiúnta sa gceantar mar aon le stiúideo scannánaíochta, comhar creidmheasa, ollmhargaí ar comhchéim le haon cheann sa ngealchathair, aerfort, mórchalafort iascaireachta, iliomad teach ósta. An té a thógann an bóthar siar feicfidh sé tithe breátha, carranna móra, gairdíní pioctha agus eile. Bunaíodh an Cumann Forbartha i 1966 agus an Comharchumann i 1971. Mar léiriú ar an bhfás atá tagtha ar dhaonra an cheantair tá scéim uisce an cheantair (ar dearnadh athchóiriú uirthi sa mbliain 1998 ar chostas £3m) ar an gceann is mó dá leithéid sa tír. Tá ráite ag tráchtaire amháin le gairid go bhfuil meánaicme curtha fúthu sa gceantar seo le blianta beaga anuas agus gur deacair post a fháil ann gan Ghaeilge. Is iad fuinneoga PVC agus urláir adhmaid na chéad chlocha ar a bpaidríní in áit a bheith ag déanamh imní faoi spidiúlacht Shéamas a' Bláca nó próiseanna Phroinsias Uí Choimín. Ó thaobh na heacnamaíochta de tá cúrsaí go maith. Bíonn trí choláiste samhraidh sa gceantar agus is mór an chabhair an t-airgead sin do mhná tí na háite. Tá an-éileamh ar na scoileanna náisiúnta. Cuireadh píosa le Scoil Náisiúnta Shailearna agus Scoil Náisiúnta na Tulaí tá cúpla bliain ó shin, agus bhí an scéal amhlaidh ag Coláiste dara leibhéil Cholm Cille. Tá an talmhaíocht caite i dtraipisí cé is moite de dhuine nó dhó anseo is ansiúd.

In ainneoin an rachmais seo uilig is pobal bisiúil Gaeltachta é pobal Chois Fharraige. Is í an Ghaeilge teanga an teaghlaigh agus teanga an ionaid oibre. Is í a chloistear sna siopaí agus sna tithe ósta. Is trí mheán na Gaeilge a fhaigheann gasúir na háite a gcuid scolaíochta. Mar sin féin tá bagairt an Bhéarla ann i gcónaí. Tá cuid mhaith eisimirceach tagtha abhaile le clann óg gan Ghaeilge, dúshlán nach mór a thabhairt má tá sé mar aidhm an Ghaeilge a chaomhnú mar theanga chlós na scoile. Feictear comharthaí poiblí i mBéarla i gcónaí, iad siúd nach bhfuil clúdaithe le péint ag laoch anaithnid éicint. Níor tháinig an ceantar go hiomlán slán ó phlá na dtithe saoire. Léirigh torthaí iompar teanga an daonáirimh a foilsíodh le gairid go bhfuil an creimeadh ar siúl i gcónaí.

Aerfort an Chaisleáin, na Minne

Deirdre Ní Thuathail 2000

Trálaeir i gcalafort Ros an Mhíl

Deirdre Ní Thuathail 2000

Feictear nach í an Ghaeilge gnáth-theanga fhormhór na ndaoine óga, cinnte sna meánscoileanna. Ach tá dóchas áirithe ann. Feictear dúinn go n-iompaíonn daoine óga áirithe ar ais i dtreo na Gaeilge tar éis dóibh an mheánscoil a fhágáil.

An mairfidh an Ghaeilge sa gceantar? Is dóigh liom fhéin go mairfidh ach chuile chúnamh is féidir a thabhairt di, gan oiread na fríde a ghéilleadh ar úsáid na teanga i ngach réimse de shaol laethúil cheantar Chois Fharraige.

Buíochais

Tá mé go mór faoi chomaoin ag scríbhinní Sheáin Uí Mhainín, nach maireann, in *Biseach* agus irisí nach é, in ullmhú na haiste seo.

Bríd Ní Mheachair, Inis Meáin

Matt Nolan c. 1990

Árainn
Pádraig Ó Tuairisg

Is ábhar mórtais é do mhuintir Árann agus is ábhar spéise é, ag am a raibh píosaí móra de thír na hÉireann gan aon duine ina gcónaí iontu, go raibh daoine ag cur fúthu ar na trí oileán sceirdiúla, charraigeacha agus ghainmheacha atá ar garda ag béal Loch Lurgan. Timpeall na bliana 2000 R.C. tháinig Lucht na mBíocar go hÉirinn. Daoine iad a lean a gcuid tréad; ní dhearna siad aon churadóireacht. Tháinig na daoine seo go hOileáin Árann mar tá dhá uaigh ón tréimhse sin againn fós, Leaba Dhiarmada agus Ghráinne, mar a thugtar uirthi, atá le fáil i mbarr bhaile Chabhrúch in Inis Mór agus ceann eile i gCeathrú an Lisín in Inis Meáin.

Go gairid tar éis 1800 R.C. tháinig dream ar a dtugtar Lucht na bPrócaí go hÉirinn. Tugtar an t-ainm sin orthu mar gur chleacht siad an créamadh agus go gcuireadh siad an luaith i bpoill sa talamh faoi phrócaí. Bhí cré-umha ag na daoine seo agus mhair a gcultúr ó c. 1800 go 1200 R.C. Bhí siad sin in Oileáin Árann freisin mar sa mbliain 1885 fuair sagart Íosánach próca agus soitheach bia in ionad adhlactha in Inis Oírr.[1]

Bhí daoine ag corraí ar Mhór-Roinn na hEorpa freisin agus dream amháin a raibh tionchar an-mhór acu ar stair na Mór-Roinne ar fad ab ea na Ceiltigh. Scaip siad ar fud na hEorpa agus d'ionsaigh siad an Róimh féin. Níor fhág siad aon fhoinsí scríofa againn cé is moite de bheagán oghaim, ach tá cur síos againn orthu ó scríbhneoirí Rómhánacha. Cé go mbeadh siad sin claonta, is féidir linn a thuiscint gur cine trodach iad na Ceiltigh, gur chuir siad béim ar ghníomhartha gaisce aonair, nach raibh aon rialtas láir acu ach gur mhinic ag troid eatarthu féin iad. Ar aon chuma, tháinig siad go hÉirinn agus go hÁrainn agus deirtear gurb iad a d'fhág againn an rud is mó a gcuimhnítear air le hÁrainn, na dúnta. Tá ceithre cinn acu in Inis Mór, péire in Inis Meáin agus ceann amháin in Inis Oírr: tá tagairtí do na dúnta seo ag dul i bhfad siar sa litríocht, an ceann is luaithe ón Dinnseanchas, a scríobhadh síos san 11ú haois ag tagairt do Dhún Aonghasa.[2] Rinne seandálaithe tochailt ar Dhún Aonghasa idir 1992 agus 1995 agus is mór an lear eolais a fuair siad faoin dream a bhí ina gcónaí ann, na chéad Árannaigh a bhfuil aon eolas againn fúthu.[3]

Frítheadh amach go raibh daoine ina gcónaí ag Dún Aonghasa c. 1500 R.C. D'fhág siad ina ndiaidh lorg a gcuid tithe, a bhí cruinn; d'fhág siad na múnlaí ina ndearna siad na sleánna agus na tuanna a rinneadh as cré-umha; d'fhág siad cnámha na n-ainmhithe a bhí siad a ithe, mairteoil, caoireoil, fiafheoil, an t-iasc atá le marú inniu, ach ní raibh aon chnámha muc ann. Léiríonn sé sin nach raibh aon chrainnte feá ná darach san áit a bheathódh muca fiáine. D'fhág siad ina ndiaidh clocha gloine, ach i bhfad níos suntasaí, d'fhág siad ómra ina ndiaidh. Is é an tábhacht atá ag baint le hómra nach raibh sé le fáil ach thart ar Mhuir Bhailt agus mar sin bhí ceangal tráchtála de chineál éicint idir Árainn agus an Mhuir Bhailt tamall sular bunaíodh an tAontas Eorpach. Frítheadh roinnt fáinní cré-umha freisin a bhí le caitheamh ar shlabhra agus ón gcaoi ar teilgeadh iad tá sé le tuiscint go raibh scil faoi leith ag an té a rinne iad agus, is dócha, saibhreas dá réir ag an té ar leis iad. Frítheadh conablach linbh dhá mhí d'aois curtha istigh sa dún freisin, agus cuireadh dáta c. 700 R.C. air.

Tháinig an Chríostaíocht go hÁrainn go luath. Bhí Éanna tagtha roimh AD 489. Deirtear linn gurbh as Oirghialla é, mac taoisigh. Chuaigh sé go hÁrainn agus bhunaigh sé mainistir ansin. Bhí cáil i bhfad agus i ngearr ar an mainistir seo mar chaith cuid de na naoimh mhóra tamall ann ag staidéar faoi Éanna, sula ndeachaigh siad ag bunú a gcuid mainistreacha féin: Colm Cille, Breandán, Ciarán. Seans gur mainistir an-mhór a bhí ag Éanna, mar tá a eaglais sa reilig agus cloigtheach gar do Theampall Bheanáin, atá tamall maith ón reilig. Is dócha go mbeadh sé cosúil le baile ollscoile an lae inniu. Bhí mainistreacha eile ann; Mainistir Chiaráin, a tógadh ar shuíomh seanmhainistreacha eile, Mainistir Chonnacht; na Seacht dTeampaill; an Ceathrar Álainn; agus ceann ag Dún Eoghanachta. Bhí an Eaglais bunaithe ar an mainistir ach rinneadh atheagrú mór ag sionad Rath Breasail, AD 1111. Bunaíodh deoisí agus briseadh ar chumhacht na mainistreach Ceiltí agus tugadh isteach oird ón Mór-Roinn, mar shampla Cistéirsigh, Agaistínigh, Beinidictigh. Níor tháinig ord Eorpach go hÁrainn go dtí 1485, nuair a bhunaigh na Brianaigh mainistir Phroinsiasach i gCill Éinne.[4]

Tá na hoileáin breac le hiarsmaí teampaill agus tá an litríocht breac le tagairtí do theampaill nach bhfuil ann anois.

Tar éis cumhacht na Lochlannach a bhriseadh chuir géag de theaghlach Eoghanacht Chaisil fúthu in Árainn. Ag an am sin roinneadh an t-oileán ina Trian Connachtach, Trian Muimhneach, Trian Eoghanachtach.[5] Tá aon iarsma amháin de sin fágtha fós, baile Eoghanachta in iarthar an oileáin.

Bhí muintir Uí Bhriain i gceannas ag tús an 12ú haois. Sa bhliain 1333 d'éirigh De Burgo amach in aghaidh an rí agus chuidigh na Brianaigh leis. Ach tháinig Sir John Darcy le 50 long agus chreach sé oileáin Árann.[6] Níl mórán sna hannála faoi Árainn as sin go dtí 1560 nuair a chuaigh Mathghamhan Ó Briain go Deasmhumhan ag creachadh le long agus bád. Ag teacht ar ais leis an gcreach dó, shéid stoirm an long go Cuan an Fhir Mhóir agus báthadh suas le céad fear.[7] Mhair Mathghamhan ach mharaigh a ghaolta é ina dhún in Aircinn cúig bliana ina dhiaidh sin. Bhí na Brianaigh ag troid eatarthu féin faoin am seo agus troideadh cath ag Cill Mhuirbhigh timpeall 1570 agus rinne siad sléacht ar a chéile. Tugtar Fearann na gCeann fós ar an áit ar troideadh an cath agus bhí na mná ag faire ar an gcath ó Chnocán na mBan. Faoin mbliain 1574 bhí trí chaisleán in oileáin Árann (Aircinn, Inis Meáin agus Inis Oírr), ach ba ag na Flaitheartaigh, faoi cheannas Mhurchadha na dTua, a bhí siad. D'athraigh úinéireacht na n-oileán go minic sna blianta ina dhiaidh sin, de réir mar a tháinig fonn ar Eilís I. Ach pé duine a fuair úinéireacht Árann bhí air garastún a choinneáil ann. Bhí ar intinn ag Eilís Árainn a bheith faoina smacht, mar bhí sé leath bealaigh suas an cósta thiar; bhí sé ag béal chuan na Gaillimhe—baile mór saibhir tábhachtach. Ba iad a bhí freagrach as an ngarastún úd Robert Harnson (1582), Thomas Lestrange (1586), John Rawson (1588), Robert Rothe agus John Dongan (1589), Marcas Urmhumhan (1607), Henry Lynch agus William Anderson (1618), Henry Lynch (1641), Erasmus Smith (1652).

Ar an 11 Aibreán 1652 ghéill Gaillimh agus Árainn d'fhórsaí na parlaiminte tar éis chogadh Chromail. Cuireadh garastún nua isteach ann, rinneadh atógáil ar chaisleán Aircinn (úsáideadh roinnt eaglaisí thart ar Chill Éinne leis an obair seo a dhéanamh). Rinneadh príosún do shagairt de chaisleán Aircinn. Is cosúil go raibh an áit mór go maith mar bhí an garastún ann, a gcuid ban agus na príosúnaigh sagairt. Lean an garastún ar aghaidh in Árainn go dtí an tagairt deiridh a fhaigheann muid de sa mbliain 1710. Deir tuarascáil pharlaiminte faoin ngarastún

Dún Aonghasa, Árainn

Bill Doyle c. 1985

Dún Aonghasa, Árainn

Elizabeth Zollinger 1996

gur phós gach duine acu mná na háite *and they all lapsed into Popery*. Nuair a rinneadh daonáireamh 1821 tá sé an-spéisiúil na hainmneacha atá thart ar Chill Éinne: Wiggins, Codum, Bropson, Gloves.[8] Tá siad ar fad imithe anois ach tá na Brianaigh agus na Flaitheartaigh ann i gcónaí!

Maidir leis na daoine ar leo Árainn, is fiú cúpla focal a rá fúthu. Cheannaigh Richard Butler Árainn ó Erasmus Smith agus bronnadh tiodal Iarla Árann air i 1662. Cailleadh gan oidhre é agus cheannaigh Sir Stephan Fox as Londain na hoileáin. Sa bhliain 1713 cheannaigh Edward Fitzpatrick as Árainn agus Patrick French as Muine an Mheá na hoileáin ar £8,200. Dhíol French a leath féin le Simon Digby, easpag Protastúnach na hAille Finne, sa mbliain 1714. Cheannaigh Robert Digby an leath eile ó Fitzpatrick i 1744. D'fhan na hoileáin ag Digby go dtí 1922.[9] Bronnadh tiodal Iarla Árann ar Sir Arthur Gore i 1762 agus is acu sin atá an tiodal fós.

Sa mbliain 1720 thosaigh tionscal na ceilpe in Albain agus ba rud é ar baineadh saothrú as go minic ina dhiaidh sin in Árainn. Bhí airgead mór le saothrú ar cheilp le linn chogadh Napoleon. Bhí táirgí feilme agus iasc go maith freisin agus rinne muintir Árann go maith astu. Bhí cabhlach púcán i gCill Éinne le haghaidh iascaigh agus iompar ceilpe go Gaillimh. Mhair táirgeadh ceilpe in Árainn go dtí 1944 cé nach raibh airgead mór aisti mar a bhí aimsir Napoleon, mar thit an tóin as praghsanna tar éis an chogaidh sin.

Luaigh mé cheana daonáireamh 1821, cáipéis an-spéisiúil. Is é Pádraic Ó Flaitheartaigh as Cill Mhuirbhigh a rinne é. Bhí níos mó talún aige ná daoine eile agus cumhacht dá réir aige. Ach ba thionónta fós é cosúil le chuile dhuine eile. Tugann an daonáireamh eolas leathan faoi shaol eacnamaíochta agus sóisialta na n-oileán. Tógann sé an daonra de réir teaghlaigh agus tugann sé modh maireachtála gach duine. Bhíodh na fir go hiondúil ina n-iascairí nó ina bhfeilméaraí, na mná ag cniotáil stocaí nó ag deisiú líonta.

Sa mbliain 1821 bhí 2,732 duine ar na trí oileán. Díobh sin bhí 451 in Inis Oírr, 387 in Inis Meáin agus 1,894 in Inis Mór. As an 1,894 sin bhí 1,067 ina gcónaí i gCill Éinne, a bhformhór ag iascach.

Caisleán Uí Bhriain, Inis Oírr

Bord Fáilte 1964

D'ardaigh daonra na n-oileán ina dhiaidh sin ionas go raibh 2,907 sna hoileáin sa mbliain 1891 ach tá sé ag titim ó shin. Tá 1,303 ar na trí oileán anois, 306 in Inis Oírr, 198 in Inis Meáin, 799 in Inis Mór. Ag dul ar ais aríst chuig daonáireamh 1821, deirtear linn gur ag feilméaracht, agus ag iascach i gcurachaí a bhíodh muintir Inis Oírr agus Inis Meáin sa ngeimhreadh agus san earrach agus ag déanamh ceilpe a bhídís sa samhradh agus sa bhfómhar. In Inis Mór bhí bailte thar a chéile a thug aghaidh don fheilméaracht, nó don iascach nó don cheilp.[10]

Feiceann muid freisin go raibh scoileanna scairte in Árainn. Bhí scoil in Inis Oírr sa túr, ceann in Inis Meáin agus trí cinn in Inis Mór—Cill Rónáin, Eochaill, Eoghanacht. Bhí ceann Eochla sa seanséipéal, agus d'íocadh na gasúir idir ls 8d agus 5s 0d sa ráithe.[11] I rith an chéad leath den 19ú haois ba mhinic gorta agus calar sna hoileáin—1822, 1823, 1825, 1830. D'fhulaing Cill Éinne go mór de bharr bochtaineachta agus tithe beaga agus go leor daoine i mullach a chéile. In 1822 ceapadh giúistísí áitiúla ar fud na tíre agus bhí cumhacht póilíní agus breithiúna acu. Bhíodh orthu síocháin a choinneáil ina gceantar féin agus a bheith mar shúile agus mar chluasa ag an rialtas. Ceapadh Pádraic Ó Flaitheartaigh ina ghiúistís in Árainn in 1831. Bunaíodh na póilíní in 1835 ach choinnigh na giúistísí a gcuid dualgas dlíthiúil. Bhí beairic póilíní in Árainn faoin mbliain 1839.

Ansin tháinig an Gorta Mór, ach is cosúil nach raibh cúrsaí in Árainn chomh dona le háiteacha eile, mar ní bhfuair bás ann ach bean as Cill Rónáin agus ní raibh gá fiú amháin le cúnamh teaghlaigh (cúnamh nár ghá dul go teach na mbocht lena fháil).

Bhí cath an chreidimh le troid fós ach fiú amháin é sin ní raibh sé chomh fíochmhar is a bhí in áiteacha eile. Sa mbliain 1826 bhí scoil Phrotastúnach in Árainn ag an *London Hibernian Society*, ach ní go maith a d'éirigh léi ná leis an *Irish Island Society* a bunaíodh sa mbliain 1833. Bhí ministéir in Árainn in 1835. Ansin, in 1851 tháinig Alexander Hamilton Synge (uncail le J.M. Synge) mar mhinistéir. D'oscail sé scoil i gCill Mhuirbhigh agus ceann eile in Inis Oírr. Thosaigh sé ag iascach—bhí bád aige, an *Georgiana*, ach d'ionsaigh báid an Chladaigh é in 1852 agus 1853. B'éigean long chabhlaigh, an *Advice*, a chur isteach sa gcuan. Stop sé seo ionsaithe iascairí an Chladaigh. D'imigh

Synge sa mbliain 1855 agus tháinig William Kilbride agus sa mbliain 1856 tháinig múinteoir Protastúnach, Thomas Charde. (Is cuimhin le cuid de mhuintir Chill Rónáin fós muintir Charde). Sa mbliain 1861 chlis na fataí; bhí fóirithint le fáil ag an té a chuirfeadh a chlann chuig scoil Phrotastúnach. Dhiúltaigh muintir Inis Meáin aon bhaint a bheith acu leis—thug siad féin aire don té a bhí ina ghá.

Bhí ceilp á dó i rith an ama agus bunaíodh an *Marine Salts Co.* i nGaillimh in 1864 agus chuir Thompson, gníomhaire an tiarna talún, iachall ar na daoine an cheilp a dhíol leis an gcomhlacht seo ar phraghas beag agus ar 40 cdm. an tonna. Bhí Thompson ar an gcomhlacht agus ní fhéadfadh ach bád Shéamuis Uí Fhlaitheartaigh an cheilp a thabhairt go Gaillimh. Sa mbliain 1872 fuair na daoine cead ó Thompson díol lena rogha comhlacht ach chaithfeadh siad céadchodán áirithe a thabhairt do Thompson—gníomhaire an tiarna talún. Lean sé seo gur chlis ar an *Marine Salts Co.* in 1877.

Bhí ceist na talún ina cnámh spairne i rith an dara leath den 19ú haois agus bhí sí measctha le ceist an chreidimh. Bunaíodh Conradh na Talún in 1879 agus an bhliain ina dhiaidh sin bhunaigh an séiplíneach, an tAthair Dáithí Ó Fathaigh, craobh de in Árainn. Thosaigh eallach á gcur le haill ar na graibeálaithe talún, báid á mbriseadh, baghcat ar ghraibeálaithe, agus clocha á gcaitheamh le fuinneoga. Ar an 7 Eanáir 1881 tharla rud a bhfuil caint air fós, nuair a cuireadh 30 beithíoch leis an bhFlaitheartach agus péire le daoine eile thar an aill taobh thiar de Dhún Aonghasa.[12] Lean caoirigh agus beithígh á ngortú agus á marú, go háirithe ar Charde, a thóg leath feilme ar Ganly, agus ar Kilbride, an ministéir Protastúnach, agus ar na báillí. Ach bunaíodh an Chúirt Talún agus idir 1884 agus 1886 laghdaíodh cíos na dtionóntaí sna trí oileán agus tháinig síocháin agus dúnadh beairic Chill Mhuirbhigh in 1887. Ag an am céanna bhí gorta ann ó 1884 go 1887. Rinne an tAthair Ó Donnchadha cion fir ag bailiú airgid ó chian agus ó chóngar agus tháinig na daoine tríd.

Sa mbliain 1891 bunaíodh Bord na gCeantar Cúng (BCC) agus chuir an tAthair Ó Donnchadha, an sagart pobail, iarratas isteach ar thionscail agus socraíodh iascach a fhorbairt. Ba é Cill Éinne lárionad na hiascaireachta go dtí seo, bhí cabhlach púcán ann tamall roimhe sin.

Máirtín Ó Direáin, file (1910-1988)

Bill Doyle 1981

Breandán Ó hEithir, craoltóir, iriseoir agus scríbhneoir (1930-1990)

Bill Doyle 1984

Tugadh deontas £40 an bád do bháid as an Inbhear Mór a theacht le muintir Árann a thraenáil san iascaireacht. Márta na bliana 1892, tháinig seacht mbád agus chuaigh siad féin agus muintir na háite ag iascach ronnach. Bhí £300 an bád ag na báid strainséartha tar éis an tséasúir. Ní raibh ach bád seoil amháin as Árainn ann an bhliain sin. Sa mbliain 1893 tháinig báid an Inbhir Mhóir aríst agus bhí cúig bhád seoil agus trí churach as Árainn páirteach ann freisin, ina measc an *St Enda* agus an *Fr Ó Donohue (Nobby)*. Rinne na báid go maith. Tugadh daoine as Albain, Sasana agus an Ioruaidh le sailleadh éisc a mhúineadh. Sa mbliain 1893 a tógadh céibh Chill Mhuirbhigh freisin.

Sa mbliain 1899 scrios gála trí bhád i gCuan Chill Éinne agus báthadh ceathrar fear. An bhliain chéanna thug an BCC cineál nua báid, an *yawl*, isteach. Seol púcáin a bhí orthu agus iad tuairim 25 troigh ar fad. Bhí ceann i gCill Mhuirbhigh, péire i gCill Rónáin agus sé cinn in Inis Oírr. Rinne siad go maith i dtosach ach scrios gálaí báid Inis Oírr i 1904 agus i 1906, cheal caladh ceart a bheith acu, agus b'éigean iad a thógáil as ar fad sa mbliain 1908. Ag an am céanna bhí praghas éisc ag titim mar nach raibh báid seoil in ann a bheith ag coimhlint le báid ghaile Shasana agus Alban. Ach d'ardaigh an praghas le linn an Chogaidh Mhóir. Bhunaigh an tAthair Ó Fearchair, an sagart pobail, comharchumann iascairí sa mbliain 1915. Iascairí curach Chill Mhuirbhigh a thug tacaíocht ar dtús dó ach tháinig iascairí Chill Rónáin isteach ann nuair a chonaic siad a fheabhas a bhí muintir Chill Mhuirbhigh ag déanamh as. Faoin mbliain 1917 bhí 184 ball sa gcomharchumann agus 40 curach agus 11 *Nobby* eatarthu. Díoladh iasc úr le Sasana agus iasc saillte le Meiriceá. Tar éis an chogaidh thit luach an éisc aríst agus dúnadh an comharchumann i 1922.

Bhí beagán iascaigh á dhéanamh i rith an ama i gcurachaí agus théadh cuid d'fhir na háite ag iascach i mbáid ghaile Shasana agus na hAlban. Sna caogaidí thug an stát cúnamh le báid a cheannacht agus b'in tús le ré nua na hiascaireachta. Ó shin i leith tá iascairí ag fáil cabhrach agus tá na báid ag feabhsú ach tá deacracht eile acu anois, is é sin go bhfuil an teicneolaíocht ag fáil an ceann is fearr ar an nádúr— níl an t-iasc in ann é féin a athnuachan sách tréan ionas go bhfuil ganntan ann anois.

De bharr gurb oileáin iad Árainn bhí cúrsaí taistil an-tábhachtach i gcónaí. An chuid is mó den am bhí muintir Árann ag brath ar pé deis a bhí acu féin agus ar na báid a thagadh isteach le móin as Conamara. Sa mbliain 1863 cuireadh seirbhís phléisiúrtha ar bun ó Ghaillimh leis an *Pilot.* Faoi cheann deich mbliana ina dhiaidh sin tháinig an *Citie of the Tribes* agus leanadh leis an tseirbhís. In 1890 d'iarr an tAthair Ó Donnchadha ar an rialtas seirbhís galtáin a bhunú idir Gaillimh agus Árainn. Gheall an rialtas fóirdheontas £600 sa mbliain agus thosaigh an *Galway Bay Steamboat Co.* ag cur seirbhíse ar fáil trí lá sa tseachtain leis an *Dulas.* Thosaigh an *Dun Angus,* a bhfuil cuimhne mhaith uirthi fós, sa mbliain 1912 agus lean sí sin le seirbhís lastais agus paisinéirí go dtí 1958, faoin *Galway Bay Steamboat Co.* go dtí 1951 agus ansin faoi Chóras Iompair Éireann. Tháinig an *Naomh Éanna* i 1958 agus lean sí sin ar aghaidh gur thosaigh an earnáil phríobháideach ag cur na seirbhíse ar fáil leis an *Oileáin Árann.*

Bhí beagán cuairteoirí á dtabhairt amach as Ros an Mhíl agus caltaí mar é i gcónaí ach sna seachtóidí thosaigh daoine ag cur seirbhíse ar fáil ó Ros an Mhíl go Cill Rónáin do chuairteoirí. Bhí na báid beag, ba sheantráláeir cuid acu, agus ní raibh cead acu ach dhá dhuine dhéag ar a mhéid a thabhairt leo. Tháinig méadú ollmhór ar líon na gcuairteoirí go dtí na hoileáin ag tús na nóchaidí agus tháinig athrú dá réir ar na báid. Tá báid mhóra nua-aoiseacha sciobtha ar féidir leo os cionn 200 duine a thabhairt leo san iarraidh ar an tseirbhís anois agus bíonn siad sin ag obair i rith an lae i lár an tséasúir. Tá forbairt déanta anois freisin ar an tseirbhís as Sráid an Iascaire go hInis Oírr agus go hInis Meáin agus ar aghaidh go hInis Mór.

I dteannta na mbád tá seirbhís aeir curtha ar fáil ag Aer Árann ó 1970 i leith agus is mór an suaimhneas a thugann sé seo do mhuintir na n-oileán, má bhíonn gá le taisteal faoi dheifir. Ar ndóigh, cuireann an tseirbhís seo le huimhir na gcuairteoirí a thagann go dtí na hoileáin freisin agus mar gheall ar an bhfás seo ar uimhreacha na gcuairteoirí, tá forbairt mhór déanta ar thithe lóistín, ionas go bhfuil an turasóireacht anois ar chomhchéim leis an iascach ó thaobh tábhachta do na hoileáin. De bharr an fháis seo tá fás tagtha ar sheirbhísí eile ar Inis Mór, mar shampla trapanna agus capaill, rothair ar cíos, busanna, cuairteanna treoraithe, bialanna, agus dar ndóigh faigheann daoine fostaíocht shéasúrach ag freastal ar na cuairteoirí.

Déantar roinnt feilméarachta ar na hoileáin. Cé is moite den bheagán fataí agus glasraí a chuirtear don bhord, is beithígh sheasca is mó a bhíonn i gceist. Bhí tráth ann a ndíoltaí fataí as na hoileáin ach is ar éigean a dhéantar anois é ar chor ar bith. Bíonn na beithígh go maith.

Faoi dheireadh is ceart rud éicint á rá faoi chúrsaí caithimh aimsire. Tá athrú tagtha air sin freisin. Roimhe seo bhíodh go leor cártaí á n-imirt, go háirithe sa ngeimhreadh, agus dhéantaí é i dtithe cuartaíochta. Ach anois, cosúil le go leor áiteacha eile, tá an t-ionad sóisialta athraithe ón teach cuartaíochta go dtí an teach ósta agus is ann a chastar daoine ar a chéile, is ann a théitear le haghaidh oíche shóisialta. Tá deireadh, beagnach, le cuartaíocht. Nuair a fhantar ag baile bítear ag breathnú ar an teilifís. Tá béim ar pheil níos mó ná mar a bhíodh, de bharr thionchar na teilifíse. Tá sé spéisiúil go bhfuil cluiche amháin fanta in Inis Meáin a tháinig anuas ón gcianaimsir (bhí sé i gConamara uair amháin) agus is é sin ag bualadh cead—an bhfuil gaol aige le caid an deiscirt ach nach bhfuil aon liathróid i gceist?

Is liosta le háireamh an méid a scríobhadh faoi Árainn ón gcianaimsir anuas agus nach féidir cur síos orthu anseo, ach is fiú cuid de scríbhneoirí móra le rá na n-oileán a lua, ar nós Liam Ó Flaitheartaigh, a bhfuil cáil idirnáisiúnta air de bharr a chuid úrscéalta agus gearrscéalta i mBéarla. Scríobh sé leabhar amháin i nGaeilge, *Dúil*, sárleabhar gearrscéalta. Bhíodh a dhriotháir Tom ag scríobh freisin. Scríobh Pat Mullen *Man of Aran*. Ó thaobh na Gaeilge de, tá Máirtín Ó Direáin, duine d'fhilí mór le rá na Gaeilge, a thugann léargas faoi leith dúinn ar an Árainn a raibh aithne aige air le linn a óige, agus Breandán Ó hEithir, a scríobh faoi shaol na hÉireann mar a chonaic sé é.

Maidir leis an todhchaí, tá eacnamaíocht na n-oileán ag brath ar thurasóireacht agus iascach. Tá an turasóireacht ina shainrith faoi láthair agus, chomh fada agus is léir, beidh. Níl an t-iascach chomh maith, mar go bhfuil an teicneolaíocht ró-éifeachtach—níl an t-iasc ann. Tá an Ghaeilge láidir i gcónaí ach is údar imní é an t-aos óg a chloisteáil ag béarlóireacht eatarthu féin. Ach cá bhfios nach mbeadh sé *cool* Gaeilge a labhairt amach anseo? Tá an acmhainn is tábhachtaí, an daonra, ag

'An Mheitheal' ag tuíodóireacht, ar Inis Meáin

Matt Nolan c. 1990

Ag cáitheadh arbhair in Inis Meáin
Peadar Mhicí Ó Conghaile agus Tom Thomáis Mhóir Ó Fátharta
Matt Nolan c. 1990

laghdú, ach níl an laghdú chomh mór go bhfuil na hoileáin i gcontúirt aige, mar go mothaíonn na daoine gur pobal féinmhuiníneach iad agus gobhfuil cosaint acu, óna chéile, in aghaidh mí-áidh agus uaignis. De bharr go bhfuil uisce píopa agus leictreachas (ón mórthír ó 1997) ag na hoileáin, tá beagnach chuile áis acu atá ag muintir uile na hÉireann, agus tá chuile chosúlacht air go leanfaidh an pobal seo mar chuid shláintiúil, ghnóthach, mhuiníneach de phobal ársa, nua-aoiseach na hÉireann.

Nótaí

1. Powell, Antoine, *Oileáin Árann* (B.Á.C., g.d.).
2. Gwynn, *The Metrical Dindshenchas*, R.I.A. Todd lecture series, 10, 1913. lch 440-449.
3. Cotter, C., *Discovery Programme Reports* 1-4, R.I.A., 1993-1996
4. Hardiman, James, (eag.) *History of the Town and County of Galway*, 1926, lch 332.
5. Powell, *op.cit.*, lch 43.
6. Hardiman, *op.cit.*, lch 333.
7. Powell, op.cit., lch 44.
8. *Census of Aran Islands 1821*, Oifig na dTaifead Poiblí, B.Á.C.
9. Powell, *op.cit.*, lch 55.
10. *Census of Aran Islands 1821*, passim.
11. Powell, *op.cit.*, lch 58.
12. *Galway Vindicator*, Eanáir 1881.

Ceannáras Raidió na Gaeltachta, Casla

Seosamh Ó Braonáin 2000

An Cheathrú Rua
Maedhbh M. Nic Dhonnchadha

Tá muid i gceartlár dheisceart Chonamara, leithinis idir Cuan Chasla agus Cuan an Fhir Mhóir atá mar a bheadh deoir eibhir ag titim san Atlantach. Maidir le hainm na háite, is dóigh an chéad chuid de, Ceathrú, a bheith soiléir go maith, is roinnt nó tomhais ar leith talún a bhí sa gCeathrú sa seanreacht, é ina limistéar so-aitheanta. Ach maidir leis an dara cuid den ainm, Rua, ní móide gur ruaiteach an dath a bhí i gceist, tá ionannas idir garbh agus rua, ach arís ar ais nach mb'fhéidir gur sna rua a bhí air nuair a bhaist an chéad Ghael é? Ní fios go cruinn cé is túisce a leag cois ar an áit seo, ná cén uair, ach de réir an tseanchais tá lonnaíocht ar an gCeathrú Rua le cúpla míle bliain—Inis Mhic Ádhaimh a thug Ruairí Ó Flaitheartaigh ar an leithinis ina leabhar *West or hIar Connaught* 1684. An t-ainm *Carraroe* atá sa *Down Survey* 1652, agus faraor is minice luaite fós; ainm, ar ndóigh, nach bhfuil brí ná ciall ar bith leis.

Is é Teampall Inis Mhic Ádhaimh an fothrach is sine sa gceantar, teampall a tógadh sna meánaoiseanna leathchéad slat ó dheas ó Bharr an Doire le hais na farraige. Tá ballaí agus beanna an teampaill sin ina seasamh go daingean maorga le tuilleadh agus cúig chéad bliain. Deireann an Flaitheartach i 1684, go raibh an t-áras ann leis na cianta an uair sin agus gur ar an 15 Márta a bhíodh Pátrún an Teampaill ann. Foirgneamh mór a bhí ann, é 60 troigh ó bhinn go binn agus 22 troigh ar leithead; é tógtha le clocha gearrtha eibhir an cheantair cé is moite den chloch aoil, is dócha a tugadh as Árainn, a bhí sna fuinneoga agus sna doirse. Is ón teampall seo, a bhfuil Naomh Smochán luaite go háitiúil leis, a tháinig ainm na háite sa tseanaimsir—an Cillín. Tá Bóthar an Chillín i gcónaí ann agus tá an Cheathrú Rua i bParóiste an Chillín agus Gharmna.

Ní hiontas cónaí a bheith san áit seo i bhfad siar, nach raibh saibhreas na mara agus an chladaigh ar an tairseach ar chuile thaobh, an chuid ba thorthúla agus ab fhearr den talamh mar a bheadh crios ag síneadh le ciumhais na mara.

Is léir gur fiántas coille, criathraigh agus uisce a bhí i lár an limistéir. Tá an t-uisce mar a bhí (cé gur cuireadh cor i gcúrsa na habhann i gcaogaidí an chéid seo caite); tá na criathraigh snoite agus na breacthamhnaigh béal in airde—agus le 150 bliain anuas tá aghaidh na ndaoine ar lár na leithinse, ag an áit a dtugann muid Baile na Ceathrún Rua anois air.

Tá teorainn thiar aduaidh an limistéir ag sroichint Bhéal an Daingin agus an teorainn thoir aduaidh i Muiceanach Idir Dhá Sháile. Bhí agus tá an Cheathrú Rua roinnte i gceithre chuid: Barr an Doire agus an Caorán Beag mar aonad amháin, an Cheathrú Rua Theas, an Cheathrú Rua Thuaidh, agus an Cheathrú Thiar agus iadsan foroinnte aríst, agus áiteacha mar an Sruthán, an Gleann Mór, an Caorán Mór agus Bóthar an Chillín i mBarr an Doire; an Pointe, an Fhaithche, an Tismeáin agus an Baile Ard sa gCaorán Beag; an Rinn agus an Bóthar Buí sa gCeathrú Rua Theas; Doire Fhatharta Mór, Doire Fhatharta Beag agus Caladh Thaidhg, Cladhnach, Doire an Fhéich sa gCeathrú Rua Thuaidh, agus an Tuairín sa gCeathrú Rua Thiar. Tá ionann is 40 áitainm eile sa dúiche, mar shampla—Loch Aill an Duilliúir i mBarr an Doire, Aill an Chlogáis sa gCaorán Beag, (áit ar tógadh teach solais i 1914), Poll na nGabhar agus an Léan Fíonn sa gCeathrú Rua Theas. Sa gCeathrú Rua Thuaidh tá Inis Mhic Cionnaith, an Ros Rua. Tá Cuan na Loinge agus Bóthar na Scrathóg sa gCeathrú Thiar.

Carrowroe atá luaite leis an áit i léarscáil 1839, i ndaonáireamh 1841, 1851 agus 1861, agus in *Griffith's Valuation*, 1862. Idir 1855 agus 1862 rinne Sir Richard John Griffith luacháil ar thalamh na hÉireann. Chomh maith le luacháil na ngabháltas, tá luacháil na bhfoirgintí, ainm chuile cheann tí agus ainm an Tiarna Talún nó ainm úinéir na talún breactha síos ag Griffith. £2 10s an luacháil ba choitianta ar na gabháltais agus 5s ar na foirgintí—cé gur díol suntais go raibh luacháil £8 15s 0d ar ghabháltas le Michael McDonagh sa Rinn, £7 10s 0d ar ghabháltas le Simon Keane i nDoire Fhatharta Mór agus go raibh triúr, Michael Keane (Tim), Anthony McDonagh agus Walter McDonagh, a raibh luacháil £6 15s 0d ar a gcuid gabháltas sa bPoll Riabhach. Cé gur beag saibhreas a bhí san áit ní raibh sé ann i ngan fhios do na Tiarnaí Talún. I lár an 19ú céad ba iad Martin S. Kirwan, James S. Lambert agus na *Directors of the Law Life Assurance Co.* na Tiarnaí Talún. (Bhí seilbh ag Patrick Blake ar Oileán na bhFaochaí i gCuan Chasla). Ag tús an chéid sin bhí an

Cheathrú Rua roinnte ina dhá pháirt—Dúiche Bherridge ar an taobh thoir agus Dúiche Mhiller ar an taobh thiar.

Cath na Ceathrún Rua, 1880

Is dócha gurbh iad na heachtraí a tharla i mí Eanáir 1880 a chuir an ceantar agus an pobal seo os comhair na tíre, agus an domhain, dá ndéarfainn é. Nár tháinig Mícheál Dáibhéid chomh fada linn, d'fhoilsigh sé tuairisc in *The New York Times* ag an am agus ina dhiaidh sin ina leabhar *The Fall of Feudalism in Ireland*. Nár thug A. M. Sullivan '*the Lexington of the Agrarian Revolution*' ar Chath na Ceathrún Rua, agus, cé nár maraíodh aon duine sa scliúchas, féach go raibh tionchar aige ar an Rialtas a tháinig i gcumhacht i Westminister sé mhí dár gcionn.[1]

Eachtraí a tharla ar Eastát Kirwan a tharraing aird ar an áit; eastát 1,334 acra a raibh 515 duine ag iarraidh maireachtáil air—110 acra a bhí faoi bharr. Maidir le stoc, bhí ceithre chapall, 15 asal, 110 bó, 62 caora agus 14 muc ar an eastát.

Bhí go leor tionóntaí i bhfiacha agus é beartaithe próiseanna a leagan ar roinnt acu in Eanáir na bliana 1880. Tugtar Cath na Ceathrún Rua ar an scliúchas a tharla idir buíon de mhuintir na háite agus na póilíní a bhí ag cosaint Fenton, fear leagtha na bpróiseanna. Bhí cúnamh ar an láthair as Cois Fharraige, ceantar na nOileán agus isteach as Dúiche Sheoigeach, agus d'éirigh leo na próiseanna a chosc. Bhí faoiseamh sé mhí ag na tionóntaí. Idir an dá linn thug an Dáibhéideach cuairt ar an áit agus ag labhairt dó le cruinniú de thionóntaí an cheantair chuir beart slat a bhí fáiscthe go dlúth le róipíní rua ina sheasamh ar an talamh os a gcomhair. Thóg sé slat amháin as: ní sheasfadh slat aonair. B'fhurasta adhmad a bhaint as an gceacht sin.

An paróiste

I lár an 19ú céad bhí an Cheathrú Rua roinnte idir paróiste Chill Ainnín agus paróiste Chill Chuimín agus roinnte idir dhá dheoise. Bhí Cill Chuimín i nDeoise na Gaillimhe agus na trí Cheathrú Rua, Theas, Thuaidh agus Thiar, inti. Bhí Cill Ainnín agus dá réir Barr an Doire agus an Caorán Beag in Ard-Deoise Thuama. In 1881 tháinig an Dr Mac Evilly a bhí ina Easpag ar Dheoise na Gaillimhe i gcomharbacht ar an Dr Seán Mac Éil mar

Ardeaspag ar Thuaim. Fear ceanndána dalba ea ba Mac Evilly agus níor mhór dó sin, an doicheall a bhí ag lucht leanta Mhic Éil roimhe i dTuaim. I ndeireadh na 1880idí shocraigh McEvilly agus an Dr Mac Cormack, Easpag na Gaillimhe, roinnt athruithe a dhéanamh ar an teorainn idir an dá Dheoise. Bhí Paróiste Chill Ainnín le n-aistriú as Tuaim go Gaillimh agus an Cheathrú Rua ina iomláine le bheith i dTuaim. Níor chuir an réiteach nua aon mhúisiam ar mhuintir na Ceathrún Rua; ach tharraing sé raic cois Coiribe, agus dhiúltaigh an tAthair Ó Cadhain glacadh leis an athrú. Bhí siosma i gCill Ainnín ó 1890 go 1893 nuair a chuir an tAthair Marcus Ó Conaire an Cadhnach as seilbh. Mhair an chonspóid phoiblí nó gur bhásaigh an tAthair Ó Cadhain in 1899.

An Cheathrú Rua sa mbliain 1900

Sa mbliain 1900 bhí an Cheathrú Rua i nDúiche Tuaithe Uachtar Ard faoin ainm *Crumpán* de réir an DED (*District Electoral Division*), i mBarúntacht Mhaigh Cuilinn i bParóiste Chill Chuimín. De réir dhaonáireamh 1901 bhí achar 533 acra agus daonra 2,383 sa gceantar. Bhí os cionn 80 oileán mara luaite leis an gceantar, arbh iad Inis Mhic Cionnaith agus an Ros Rua an péire ba mhó acu. Ba é an Cheathrú Rua Thuaidh an baile fearainn ba mhó, 2,277 acra a bhí ann. Ba sa gCeathrú Rua Theas ba mhó a bhí an daonra, sin 458 duine. 412 teach a bhí sa gceantar agus £1,035 4s 0d an luacháil a bhí ar na tithe agus ar an talamh i 1901.

De réir dhaonáireamh 1901 ní raibh scríobh ná léamh ag 557 as an 2,383 a raibh cónaí orthu sa gceantar—sin 65.3%. Bhí 687 (28.8%) in ann scríobh agus léamh agus 139 (5.8%) taobh leis an léitheoireacht. Ar ndóigh, ní léiríonn na figiúirí sin gur pobal aineolach a bhí scaipthe ar fud an cheantair—ba léir an saol a bheith ag feabhsú ag tús an 20ú haois. Bhí obair mhór déanta ag an Athair Uaitéar Mac Conbhuí a bhí ina shagart paróiste sna blianta 1883-1896 i bParóiste an Chillín agus Gharmna i nDeoise Thuama.

In 1893 tógadh teach pobail nua ar chostas £1,100. Ba sna Stáit Aontaithe a bhailigh an tAthair Mac Conbhuí an chuid is mó den airgead. Tógadh teach don sagart paróiste agus teach múinteora sa bhliain 1892-1893.

Cúrsaí Oideachais

Bhí Scoil Náisiúnta nua tógtha ó 1893, trí scoil i ndáiríre. Sa mbliain 1900 ba é Patrick Turbridy príomhoide scoil na mbuachaillí agus Patrick Cahalane ina chúntóir aige. Bhí 132 ar rolla na mbuachaillí. Ba í Mary Glynn príomhoide scoil na gcailíní agus Mary Kelly ina cúntóir aici. 120 dalta a bhí i scoil na gcailíní ar an gcéad lá d'Eanáir 1900. Bhí dalta amháin i rang 6 a bhí os cionn 18 bliain. 26 a bhí i scoil na naíonán sa mbliain 1900.

Léiríonn rollaí na scoile gur feirmeoirí agus bádóirí a bhí sa chuid is mó de na tuismitheoirí. Ar na gairmeacha eile atá luaite, tá fíodóirí, siúinéirí, siopadóirí agus múinteoir. In Eanáir na bliana 1900, bhí 73 ar rolla na scoile náisiúnta ar an Tuairín, 40 cailín agus 33 buachaill.

Bord na gCeantar Cúng (1891-1923)

Bunaíodh Bord na gCeantar Cúng mar chuid d'Acht Talún Balfour in 1891. Bhí Arthur James Balfour (1848-1930) ina Phríomh-Rúnaí ar Éirinn thar ceann na gCoimeádach (1887-1891) agus ina Phríomh-Aire ar an mBreatain níos déanaí (1902-1905). B'as East Lothian é agus é mar MP, do East Manchester, (1885-1906). 'Mealladh agus greadadh an polasaí a bhí aige i dtreo na hÉireann', a deirtear, agus *Bloody Balfour* a tugadh air go minic. Is é ba chúis leis an *Light Railways Act*, 1889. Thug sé cuairt ar Iarthar na hÉireann in 1890. Bhí sé sa Spidéal ar chuireadh ó Mhícheál Muiréis, Tiarna Chill Ainnín; bhí sé ar an gCeathrú Rua ag caint leis an Athair Uaitéar. D'fhan sé i *Lodge* Chasla áit a raibh féasta dó. Is le linn na cuairte seo a gheall sé airgead don Athair Ó Flannúra le droichead a thógáil i gCoill Sáile (an *Flannery Bridge*). De réir Acht Talún 1891 cuireadh iasacht £33,000,000 ar fáil do thionóntaí chun a gcuid gabháltas a cheannacht ó na Tiarnaí Talún agus cuireadh ciste ar leith ar bun do Bhord na gCeantar Cúng.

Seachtar ball, beirt ó Choimisiún na Talún agus cúigear saineolaithe, a bhí ar an mBord agus an Príomh-Rúnaí mar bhall *ex officio*. Saol na ndaoine sa limistéar ó Thuaisceart Dhún na nGall go hIarthar Chorcaí a fheabhsú príomhaidhm an Bhoird.

Deisceart Chonamara

Bhí Deisceart Chonamara—an ceantar leis an gcósta ó na Forbacha go Carna—ar cheantar a bhí chomh buailte agus a bhí i limistéar iomlán an Bhoird. Ar na fadhbannma a bhí ag an gceantar bhí gabháltais fhíorbheaga, comhluadair mhór, drochthalamh, drochbhóithre, easpa droichead, easpa margaí, easpa malairte oibre agus aimsir bhog fhliuch.

De réir suirbhé a rinneadh mar réamhobair don Bhord—na *Base Line Reports*—is beag feabhas ná dul chun cinn a bhí déanta i nDeisceart Chonamara ó aimsir an Ghorta i leith. Sa gceantar atá i gceist againn, mar seo aleanas a bhí 100 bliain ó shin. Dhá acra talún ar an meán a bhí i ngach gabháltas. Bhí sin féin roinnte ina ghiodáin bheaga de réir chóras rondála, córas a tharraing achrann go minic. Fataí agus coirce ba mhó a chuirtí. Bhíodh an beagán eallaigh a bhí acu, go hiondúil bó agus gamhain, ag innilt ar chimíní. Bhíodh na beithígh an-tugtha do ghalair ar nós brios brún agus galair truaigh. Bhí dáréag ar an meán ins na bothanna suaracha cloch nach raibh iontu ach an chompóirt ba lú agus eallach agus éanlaith faoin díon céanna.

Easpa talún an fhadhb ba mhó a bhí le réiteach ag Bord na gCeantar Cúng. Cé gurbh é aidhm an Bhoird na gabháltais a mhéadú, ní raibh fáil ar thalamh fheiliúnach chun teaghlaigh a aistriú ná a athlonnú—cnocáin loma sceirdiúla gan fál ná sconsa nó criathraigh bhoga dhothaoscaithe an mhalairt áite a bhí acu. Rinne Henry Doran (duine de Chigirí an Bhoird) na moltaí seo a leanas ar mhaithe le saol agus sláinte na ndaoine a fheabhsú: tithe nua a thógáil—tithe ceann slinne i stíl nua, iascaireacht a fheabhsú, bóithre agus droichid a thógáil, talamh a dhraenáil agus a shaothrú, mianach eallaí agus éanlaithe a fheabhsú, tionscail bheaga a bhunú agus cuidiú le himirce.

In 1893 seoladh teagascóirí talmhaíochta ar fud an Iarthair agus tosaíodh ag díol sprae ar phraghas íseal. Ina ainneoin sin bhuail an dúchan an chuid is mó den bharr fataí ar an gCeathrú Rua in 1897. Ní raibh luach an sprae ag an gcuid is mó de na daoine. D'éirigh níos fearr leis an iarracht mianach na mbeithíoch a fheabhsú. Faoi scéim an Bhoird, tugadh dhá chéad tarbh go Contae na Gaillimhe—Galloway, Shorthorn, agus Aberdeen Angus. Bhí athrú suntasach le tabhairt faoi deara i bhfeabhas na mbeithíoch.

Tugadh 72 stail ghráire go Contae na Gaillimhe ins na 1890idí. An mianach Mackney a bhí in dhá scór acu. Níor tugadh isteach ach stail amháin de mhianach Chonamara—dearmad a bhí anseo. Ba é Aonach Dhoire an Fhéich an t-aonach ba mhó i nDeisceart Chonamara ag tús an chéid seo caite agus eallach ag teacht as limistéar Gharumna taobh thiar, Ros Muc ó thuaidh, anoir as Cois Fharraige agus as An gCeathrú Rua ar fad.

Tá sé ráite gurbh iad ceannaitheoirí Uachtar Ard ab fhearr a d'íoc, ach bhí ceannaitheoirí eile ann, chomh maith, na siopadóirí áitiúla. Bhí dlúthcheangal idir obair an Bhoird agus lucht rachmais na háite. Is acu siúd a bhí na háiseanna chun earraí a stóráil agus a dhíol leis na daoine, m.sh. an sprae; ábhar báid, eangacha agus oirnéis. Thug an Bord conarthaí do shiopadóirí chun na bóithrí a thógáil. Bhí airgead ag na siopadóirí ar an gcuid is mó den phobal agus dá réir nuair a bhí bó, laoi, searrach nó aon earra eile le díol ag tionónta, is ag an siopadóir a bhí tús áite. Go minic níorbh é an praghas ab fhearr a fuair an díoltóir ach ní raibh malairt ceannaitheora le fáil aige; bhí sé i dtuilleamaí an tsiopadóra a choinnigh greim faoin bhfiacail lá na coise tine. Bhí an chuid is mó de mhná an cheantair i gceannas an sparáin agus iad ag déileáil leis na siopadóirí go rialta. Is iad a dhíol na huibheacha, an bainne agus an t-im. Is iad a choinnigh na cuntais in ord.

Tá cruthúnas againn gur mhinic na mná ag obair chomh crua leis na fir sa ngarraí agus sa gcladach agus d'oibrigh cuid mhaith acu ag tarraingt chloch ar a ndroim nuair a bhí bóithre an cheantair á ndéanamh nó á leathnú ag deireadh an 19ú céad.

Báid agus iascach

Bhí tionchar ag Bord na gCeantar Cúng ar thógáil bád i gConamara i ndeireadh an 19ú chéid—húicéirí, gleoiteoga agus púcáin a bhí ann roimhe sin. Tugadh dhá chineál nua go dtí an ceantar, an *Nobby* as Oileán Mhanainn agus an *Zulu* as Albain. Tugadh an *Campania* as Peel in Oileán Mhanainn go Leitir Ard in 1897. Tugadh airgead chun ábhar a cheannacht agus cuireadh an saor James Webster go Maínis i mí Bealtaine 1897.

RELIEF WORKS, CARRAROE—WOMEN CARRYING STONES.

Mná ag tarraingt cloch ar a ndroim ar an gCeathrú Rua

Bailiúchán Lawrence, An Leabharlann Náisiúnta

D'íoc an Bord a phá—£3 0s 0d sa tseachtain. Críochnaíodh an chéad *Zulu*, an *Bencor* i Maínis in 1898—bád 46 troigh. Sa mbliain chéanna rinne B. Cloherty *Nobby* i Maínis.

Idir 1897 agus 1902 tógadh roinnt de na báid strainséartha seo i gCarna, in Inis Ní agus i Leitir Mealláin. Na Cathasaigh agus na Clochartaigh a rinne an obair in Iorras Aithneach; Trayers a bhí i mbun na hoibre i Leitir Mealláin. Is beag de na báid seo a facthas ar an gCeathrú Rua, áit a raibh suas le scór húicéir ag an am, chomh maith le leathchéad gleoiteog agus an méid céanna púcán. Ar na saoir áitiúla bhí Marcaisín Ó Conghaile i gCladhnach agus Pádraic Tom Ó Flatharta sa nGleann Mór. Ag tús an 20ú céad bhí *An Mhaighdean Mhara* i seilbh Chlann Dhonnchadha i gCuileán; tá sí sa gclann sin fós, an t-aon bhád mór atá ag an gclann chéanna ón lá ar leagadh a cíle.

Is é Pádraicín Mhicil Rua Mac Donnchadha as Tír an Fhia a rinne í ag an Stáidín i gCuileán. Is é an saor céanna a rinne *An Fancy*, (atá le feiceáil i músaem i gCúige Uladh), *An Lady Mhór, An Naomh Mártan, An Venus, An Beárbarr, An Package* agus *An Bhruinnillín*. Tá beirt mhac le Pádraic Mhicil Rua, Mící agus John, saoir bháid, curtha i mBoston. Bhásaigh Pádraicín Mhicíl Rua ar Chnocán na hÓinsí, san áit a bhfuil Óstán na Ceathrún Rua anois.

Is i gCuileán, i nDoire Fhatharta, sa Sruthán agus i gCladhnach ba mhó a bhí húicéirí; i mBéarla is mó a bhíodar cláraithe, ní raibh cead isteach i nDug na Gaillimhe ag aon bhád nach raibh cláraithe. Tá ainmneacha na mbád seo go fairsing fós i mbéal na ndaoine—*An Tónaí* atá i seilbh na mBrianach anois agus a rinne Patrick Brannelly i gCinn Mhara thart ar an mbliain 1892. Is é Brannelly a rinne *An Morning Star, An Chorainn; An Lovely Ann* agus *An Catherine*, a bhí ag Monica Réamoinn McDonagh a raibh siopa láidir aici i dTír an Fhia agus ag uimhir 4 & 5 ar an tSráid Ard i nGaillimh. Is é Brannelly a rinne an *Queen of Conamara* ar scríobh file cáiliúil Chinn Mhara, Francis A. Fahy, an t-amhrán fúithi.

Tá *An American Mór*, a rinne Maitias Mhíchíl an Ghabha Ó Guairim as Roisín an Chaltha i gCarna sa mbliain 1884 anois i seilbh Tom Dáirbe Ó Flatharta i gCuileán ar an gCeathrú Rua. In Inis Bearachain a rinneadh an 'Meirican', mar a déarfadh muintir na háite. Is é an

Guairimeach a rinne *An Conor, An Cashel Star,* agus an *Nobby, Delia.* Orthu sin a bhfuil cuimhne fós orthu tá *An Camper, An Connaught, An Mount, An Ant, An Eascán, An Béarlóir, An May Flower, An Buircín, An Dúilicín, Peatsaí, Máire Ní Niaidh, An Geárdnar, Billeachaí, An Beautín, Erin's Hope, Repealer, An Caolach, An Malta, Saint Columba* agus *An Builín.* Thóg na Cathasaigh *An Saint Patrick, Mary Ann of Galway,* agus *An Áirc,* i measc go leor eile.

Ní raibh aon stró ar na báid mhóra sna déaga de thonnaí a iompar. Bhí siad idir 37 troigh agus 42 troigh ar fhad. Céad bliain ó shin ba iad na báid mhóra cuisle na beatha i nDeisceart Chonamara. Tharraing siad móin go hÁrainn, go Gaillimh, go Cinn Mhara agus go dtí an Chéibh Nua, as Aill na Graí, Céibh an Chroisín, Céibh an tSrutháin, Caladh Thaidhg, Céibh Dhoire Fhatharta agus as Céibh an Tuairín. Ní hiontas leacracha a bheith lom! Is í *An Mhaighdean Mhara* a thug ceann Shéipéal Mhic Dara as Tigh Chomerford i nGaillimh go Céibh Chaladh Thaidhg in 1892. Is iomaí lucht feamainne a thug siad go Gaillimh chomh maith le holann agus carraigín; ar ndóigh, ba mhinic roinnt galún poitín ar bord acu freisin. Is iad a thug na hábhair nua-aimseartha amach as Gaillimh—*guano* (leasú talún); suimint; adhmad; plúr; pórtar; parlaimint, tae, siúcra agus tobac. Cé gur obair fhíorchrua a bhí sa mbádóireacht agus gurbh iomaí gábh a ndeachaigh siad tríd, go hiondúil ba dhream iad na bádóirí a raibh luach a gcodach acu.

Bhí báid mhóra dá gcuid féin ag na hóstóirí; bhí an *Máire Ní Niaidh* ag Peadar Mór Ó Catháin agus *An Peatsaí* ag Peaitsín Ó Catháin. Teach dhá stór faoi sclátaí a bhí ag Peaitsín Ó Catháin, nó Tigh Saile mar a thugtaí air ag an am: seo é Réalt na Maidine inniu. Teach aon stór, a leath faoi thuí agus an chuid eile faoi sclátaí, a bhí ag Peadar Mór Ó Catháin: Tigh Sé nó an Chistin atá air sa lá atá inniu ann. Bhí bácús agus deis fuinte ag Tigh Pheadair Mhóir freisin. Bhí an tríú teach ósta ann—Tigh Pheter William Ó Flatharta i nDoire An Fhéich, Tigh Khitt an lae inniu. Trí pingine a bhí ar phionta pórtair sa mbliain 1900, agus bhí buidéal 5 naigín poitín le fáil ar 1s 6d, margadh i bhfad níos fearr de réir an tseanchais.

Bhí siopaí tréana ag an mbeirt Chathánach; ag Maitiú Ó Domhnaill ar an mBóthar Buí, áit a raibh Teach an Phosta agus ag Pádraic Ó

Neachtain sa Sruthán. Is ag Séamus Frainc Mac Éil (Meikle) a bhí Teach an Phosta ar dtús.

Tá cruthúnas againn gur fhás líon ar an gCaorán Beag agus 'nuair a bhíodh sé fite ag an bhfíodóir bhí sé réidh le haghaidh braillíní; éadaí cláir; súsaí nó éadaigh le haghaidh beo nó marbh'.[2]

Bhíodh toistiún le fáil ar dhosaen uibheacha—bhíodh go leor cearca ag daoine, ach ní mórán lachan a bhí sa gceantar; bhíodh péire géabha i mórán chuile theach agus dhíoltaí na géabha le 'Fear na nGéabha' nuair a thagadh sé thart. Dhíoltaí muca, beithígh, caoirigh, coirce agus im agus bhí an-tábhacht le 'hAirgead Mheiriceá'. Bhíodh dó ceilpe ar bun in áiteacha cois cladaigh chomh maith. Tá lorg na dtornóg fós le feiceáil. Ag tús an 20ú céad thart ar £4 10s 0d an tonna a bhí le fáil ar an gceilp. Go Glaschú a cuirtí an cheilp as Gaillimh chun iaidín a bhaint aisti.

Bhíodh socrú idir Pádraic Ó Neachtain sa Sruthán agus roinnt iascairí áitiúla. Bhí eangacha, trealamh iascaireachta agus salann garbh le fáil ar cairde uaidh agus é ag ceannacht an éisc shaillte ó na hiascairí agus á chur go Londain. In 1897, mar seo a bhí an praghas ar 100 (nó 120 i ndáiríre) ronnach: ó thús an tséasúir go dtí lár an Aibreáin, punt, as sin go deireadh an Aibreáin, 15s 10d i mí na Bealtaine, agus bhí an praghas tite go dtí 6s i lár an Mheithimh. Bhí teacht isteach réasúnta ag iascairí ag tús an 20ú céad ach thit an tóin as an margadh tamall roimh an gCogadh Mór.

Miontionscail

San am atá faoi thrácht againn go dtí seo, is beag tuiscint a bhí ar thionsclaíocht ar an gCeathrú Rua, seachas na siúinéirí a rinne troscán, fíodóirí a rinne éadach, táilliúirí a rinne baill éadaigh; agus gaibhne a rinne uirlisí, agus iarann báid agus crúite. Ar chuireadh ón Athair Uaitéar tháinig Ida Yeats chuig an gCeathrú Rua c. 1890. Chaith sí tamall ann ag múineadh do chailíní le lása a dhéanamh, rud a mbíodh meas mór air ag an am. Thóg Bord na gCeantar Cúng monarcha cniotála ar bhruach Loch an Mhuilinn, áit a thug saothrú do roinnt mhór de chailíní na háite, go leor acu a thug Meiriceá orthu féin nuair a bhí a bpaisinéireacht curtha i dtoll a chéile acu. Tógadh monarcha den chineál céanna i Leitir Móir agus ar an mBántrach i mBaile na hAbhann ag an am. Tugadh teagascóirí as Dún na nGall agus bunaíodh cúrsaí fíodóireachta agus cniotála, ach is beag de na ceirdeanna seo a scaip agus níl aon traidisiún díobh san áit anois.

Ag an am úd, is mó caint a bhí i measc na ndaoine ar an obair thionsclaíochta a bhíodh ar bun ag a gcuid gaolta i Meiriceá, go mórmhór i gcathracha cosúil le Boston, New York agus Pittsburg; chuaigh cuid de mo shinsir féin go South Boston; Dorchester, Reading agus go hArlington, Massachusetts ag tús an chéid seo caite. Chruthaigh na Gaeil seo go maith thall. In 1899 toghadh James Michael Curley, arbh as Uachtar Ard a athair, ar chomhairle Bhoston, údar dóchais agus mórtais don líon mór Éireannach a raibh cónaí orthu sa toghcheantar—Roxbury, South Boston, Charlestown, East Boston, Dorchester agus Brighton.

Tithíocht

Brácaí ba chirte a thabhairt ar an gcuid is mó de na tithe a bhí sa gceantar 100 bliain ó shin. Thairg Bord na gCeantar Cúng deontas tithíochta ar dhá choinníoll: go dtógfaí sciobóil do na ba agus go n-aistreofaí an carn aoiligh as béal dorais. Tugadh deontas £5 chun teach cónaithe a thógáil, 30s ar scioból; 6s ar fhuinneog agus £1 chun urlár stroighne a chur isteach. De bharr gur ar chríochnú na hoibre a bhí an deontas le fáil, bhí go leor nach raibh in acmhainn tabhairt faoin obair agus go leor eile a mb'éigean dóibh an t-airgead a fháil ar cairde agus é a aisíoc as an deontas. Mar sin féin, le gríosadh na sagart agus le teann coimhlinte ina measc féin, d'fhág an chuid is mó den phobal na seanbhrácaí suaracha agus faoi thús an 20ú céad bhíodar ag cur fúthu i dtithe nua.

Bhí sé suntasach gur aistrigh go leor acu níos gaire do chroílár an bhaile, ar an Fhaithche, áit a raibh sé chomhluadar i bpatrún clacháin ar shráid an Tí Mhóir a bhí níos gaire don fharraige.

Ní mó ná sásta a bhí J.M. Synge leis an dearadh a bhí ar na tithe nua nuair a thug sé féin agus Jack B. Yeats cuairt ar an áit i mblianta tosaigh an chéid seo caite. Ina leabhar *In Wicklow, West Kerry and Connemara*, a foilsíodh i 1911, mhol Synge an chuid is mó d'obair an Bhoird cé is moite den tithíocht. B'fhactas dó gur chóir cloí leis an tuíodóireacht mar gur tréith dhúchasach de chuid na ndaoine a bhí ann. Ba chuid den traidisiún é a rachadh in éag, a cheap Synge. Díonta since a bhí i bplean tithíochta an Bhoird. Níor thaitnigh leis go mbeadh an dearadh céanna ar na tithe ar fad—cheap sé go gcuirfidís mírath ar dhreach na tíre.

Bealaí taistil

Bhí tionchar an-mhór ag Bord na gCeantar Cúng ar bhealaí taistil an cheantair. Ins na 1890idí tógadh droichid i gceantar na nOileán. Chosain Droichead Bhéal an Daingin, £3,585. Tógadh droichead agus bóthar a chosain £651, chomh maith le céibh agus bóthar chomh fada léi ar £419 1s 7d, i Muiceanach Idir Dhá Sháile. Chosain Bóthar an Dóilín ar an gCeathrú Rua £238 agus cuireadh caoi agus cóir ar chéibheanna ar an gCaorán Mór sa gCuan Caol agus i nDoire Fhatharta ins na blianta céanna. Cuireadh cóir bhreise ar Bhóthar an Ghleanna agus ar Bhóthar na Ronna. Ag an am ní raibh teach ná áras idir Crosbhóthar an Chillín agus Tigh Chóil an tSapair—áit a bhfuil an Scoil Chuimsitheach agus naoi dteach agus fiche anois—stráice trí cheathrú míle bóthair.

Is de shiúl cos a théadh an chuid is mó de na daoine go Gaillimh, go mórmhór na spailpíní a thugadh aghaidh ar an Achréidh i dtús an Fhómhair. Théadh cuid acu go Droichead an Chláirín ag tógáil oisrí aimsir na Nollag agus bhíodh nós acu bearta sceach nó crainnte a thabhairt anoir leo agus iad a chur thart ar na tithe. Loic cuid mhaith acu ach tá fálta mantacha fós le feiceáil thart ar roinnt tithe.

The Galway-Spiddal-Carraroe Royal Mail

Is iad Muintir Uí Chonchubhair as Sráid Liam Thiar i nGaillimh a bhí i mbun na seirbhíse seo agus rinne siad an turas laethúil, a thóg ceithre uair an chloig, ar chostas 2s ag tús an chéid seo caite. (Thosaigh an tseirbhís ar an 1 Márta, 1888). D'athraítí capaill (bhíodh seisreach faoin gcóiste) sa Spidéal agus ar an gCeathrú Rua. Gan aimhreas, bhíodh *dollars* sa gcuid is mó de na litreacha a tháinig as Meiriceá agus nach rompu a bhí an-fháilte. Thagadh beartáin mhóra aimsir na Nollag ina mbíodh éadach den uile chineál agus bréagáin do ghasúir.

Cé go raibh seirbhís traenach idir Gaillimh agus an Clochán ó 1895 i leith is beag tionchar a bhí aige ar an gCeathrú Rua. Cé go raibh stáisiún ag an Teach Dóite ní raibh an bealach in ann ag carranna capaill go ceann blianta ina dhiaidh sin, cé go dtagadh taistealaithe ar an traein a théadh trí Chonamara de shiúl cos ag díol clog, scáthán, snáthaidí, cnaipí agus earraí beaga fiúntacha eile.

Sláinte agus leigheas

Ní raibh aon dochtúir lonnaithe ar an gCeathrú Rua ag tús an 20ú céad. Fearacht phobail tuaithe eile ar fud an iarthair, ba mhinic na daoine i dtuilleamaí luibheanna agus leighis nádúrtha ó bhreith go bás. Is i mBéal an Daingin ar an teorainn idir an Cheathrú Rua agus na hOileáin a lonnaíodh na chéad fheidhmeanna leighis. In 1886, bunaíodh córas íoclainne sa limistéar idir Loch Coirib agus an Cheathrú Rua—bhí sé roinnte in dhá cheantar—Ceantar Mhaigh Cuilinn ó thuaidh agus Ceantar an Spidéil ó dheas. Is é an Dochtúir Hickey a bhí lonnaithe sa Spidéal a bhí ag iarraidh freastal ar phobal na Ceathrún Rua; bhásaigh sé le tífeas i 1905. Galar marfach, coitianta a bhí sa tífeas ag an am, ach tá sé deacair teacht ar statisticí de chuid na linne mar gheall ar dhearcadh na ndaoine a cheill an t-eolas agus mar gheall ar chuid mhaith acu a bheith doshroichte.

I 1903 ceapadh na chéad bhanaltraí de chuid na *Lady Dudley Nurses*. Ba í Lady Dudley bean an Tiarna Lieutenant, a raibh *lodge* acu i Scríb, a bhunaigh an scéim. (Báthadh i gCuan Chamuis í i 1920). Ceapadh Elizabeth Cusack mar bhanaltra i mBéal an Daingin i mí Lúnasa 1903 agus scaip an tseirbhís ar fud Chonamara ina dhiaidh sin; an Spidéal agus Cloch na Rón 1904, Sraith Salach 1909 agus an Clochán 1911. D'oibrigh na banaltraí seo ó dhubh go dubh Domhnach agus Dálach agus ba mhór é a dtionchar ar shláinte agus ar fholláine na ndaoine.

Thug Augustine Birrell, a bhí ina Phríomh-Rúnaí ar Éirinn (1907-1916) an-mholadh dóibh. Ina leabhar, *Things Past Redress*, scríobh sé: '*My idea of paradise is a West of Ireland Village with a pious sensible priest, a devoted and skilled Dudley Nurse and a sober dispensary doctor.*'[3] D'oibrigh Banaltraí Lady Dudley i gConamara go dtí 1974 nuair a tháinig siad faoi chúram Bhord Sláinte an Iarthair.

I 1908, thug an Dr Séamus Ó Beirn, a bhí lonnaithe ar an bhFairche/Líonán, sraith ranganna sa gceantar ar chosc na heitinne. De réir na gcuntas a choinnigh sé, ba í an eitinn an chúis bháis ba choitianta sa gCeathrú Rua ag an am. D'fhoilsigh sé sraith altanna i nGaeilge agus i mBéarla ar chúrsaí sláinte, glaineachta agus folláine. Rinne sé achainí ar an mBord Rialtais Áitiúil breis deontas a thabhairt do thithíocht i nDeisceart Chonamara. Faraor, bhris a shláinte féin, b'éigean dó éirí as an obair agus bhí an ceantar siar leis.

Tá fianaise againn go bhfuair os cionn scór bás leis an eitinn ar an gCeathrú Rua i 1902, duine acu nach raibh ach 25 bliain d'aois. In sna cáipéisí céanna léirítear gur beag cúram dochtúra a fuair na hothair. Bhásaigh beirt eile nach raibh ach leathchéad an bhliain sin, *'probably Phthisis'* mar chúis le bás duine acu agus *'probably Carcinogen'* don duine eile. Bhí an-chreideamh ag na daoine i luibheanna, go háirthid sa ngairleog, an slánlus, an caisearbhán agus meacan an leonta. Bhí meas ar leith ar shú an charraigín agus ar shú an ghráinne eorna.

Bhí na póilíní an-dian ar na stiléirí agus ar na síbíní. Tá cuntais i dTeach na Cúirte i nDoire an Fhéich ar bhabhtaí troda agus achrainn agus an poitín tugtha ar na cúiseanna leo. Bhíodh daoine os comhair Joseph Kilbride RM agus coireanna maidir le gadaíocht, bradaíl beithíoch, sciobadh feamainne, agus ionsaithe pearsanta curtha ina leith. Go dtí an *House of Correction* i nGaillimh a chuirtí na coirpigh ba mheasa. Chuirtí fíneáil idir 2s agus 15s ar an gcuid is mó de na cosantóirí.

Polaitíocht agus polaiteoirí

Gan aimhreas ar bith ba é Seán Ó Catháin, John Keane nó John Saile, an polaiteoir ab aitheanta i stair na Ceathrún Rua. Bhí ósta agus siopa láidir ag na Catháin agus tar éis dó seal a chaitheamh i Meiriceá, tráth a raibh sé ina oifigeach sa reisimint cáiliúil Gael-Mheiriceánach, *The Fighting 69th*, d'fhill Seán Ó Catháin ar a thír dhúchais i 1919. Ba ghearr go raibh sé gníomhach i Sinn Féin agus sna hÓglaigh; bhí sé gníomhach i gCoiste Chuimhne na nÓglach i gConamara, coiste a raibh Máirtín Ó Cadhain ina rúnaí air. Toghadh d'Fhianna Fáil é ar Chomhairle Chontae na Gaillimhe ar an 7 Meitheamh 1928 agus choinnigh sé a shuíochán sna toghcháin áitiúla i 1934, 1942 agus 1945. Chaith Seán Ó Catháin seal ina Leas-Chathaoirleach ar an gComhairle. Bhí sé ar Choiste Sláinte an Chontae, ar Choiste Gairmoideachais an Chontae, ar Choiste Ospidéal Meabharghalair Bhéal Átha na Sluaighe, agus ar Bhord Chalafort na Gaillimhe. Bhí sé ina Chathaoirleach ar an *Connacht Mineral Water Company* agus ina Chathaoirleach ar an *Galway Printing Company*. Bhí sé an-mhórálach as an nGairmscoil a osclaíodh ar an gCeathrú Rua i 1934, faoi phríomhoideacht Bhríd Ní Loideáin as an Spidéal. Bhí an-spéis aige in aos óg na háite, is é a chinntigh páirc imeartha a bheith ar an gCeathrú Rua; tá sí ainmnithe ina ómós—Páirc an Chathánaigh.

Cúrsaí toghcháin

San Olltoghchán ar an 17 Meitheamh, 1938, toghadh an Dr Seán Turbridy FF Gerald Bartley FF agus Joseph William Mongan FG, i nGaillimh Thiar don 10ú Dáil. Bhásaigh Turbridy agus bhí fothoghchán i nGaillimh Thiar ar an 30 Bealtaine 1940. Beirt a bhí san iomaíocht—John Joseph Keane, FF agus Michael Donnellan thar ceann an pháirtí nua, Clann na Talmhan.

B'as an Dún Mór an Domhnallánach, laoch peile de chuid an Chontae, bonn uile Éireann aige ó 1925 agus é ina Chaptaen ar Thánaistí na hÉireann 1933. [Beirt mhac leis iad John agus Pat, laochra na 1960idí agus beirt gharmhac leis John agus Michael Donnellan an lae inniu]. Is é Mick Donnellan a bhunaigh Clann na Talmhan i mBaile Átha an Rí i 1938. Bhí bua ollmhór ag fear na Ceathrún Rua sa bhfothoghchán, Seán Ó Catháin, a fuair 14,863 vóta in aghaidh 5,735 do Mick Donnellan. Bhí Teachta Dála nuathofa ar an gCeathrú Rua, an t-aon TD a bhí ann ó shin.

Bhí na Teachtaí Dála, Keane, Bartley agus Mongan, chomh maith le seachtar eile, ina measc Joe Mór Mac an Iomaire as na Doiriú do Chlann na Talmhan, san iomaíocht i nGaillimh Thiar san Olltoghchán ar an 23 Meitheamh 1943. Toghadh Mongan agus Bartley, agus Éamonn Corbett FF, a raibh farasbarr 489 vóta aige ar an gCathánach. 3,204 vóta a fuair Seán Ó Catháin ar an gcéad chomhaireamh.

Bhí Seán Ó Catháin sa gcoimhlint aríst in Olltoghchán na bliana 1944 ar an 30 Bealtaine. Fuair sé 4,267 vóta ar an gcéad chomhaireamh, ach ba sa gceathrú háit a chríochnaigh sé arís—523 vóta le fána ar Mhichael Francis Lydon, FF. Bhuaigh Mongan agus Bartley an dá shuíochán eile. Bhí an 13ú Dáil le toghadh ar an 4 Feabhra 1948, agus bhí Seán Ó Catháin ainmnithe ag Fianna Fáil in éineacht le Bartley agus Lydon. I measc na n-iomaitheoirí eile bhí Pádraic Ó Cosgordha as Carna sa rása do Chlann na Poblachta.

Bhí Seán Ó Catháin ag óráidíocht i gCamus ar an Domhnach roimh an toghchán nuair a bhuail donacht é, agus cé go ndearna sé an bealach abhaile, ní raibh aon bhiseach i ndán dó agus bhásaigh sé ina theach go gairid tar éis an 5 a chlog ar maidin Dé Máirt an 3 Feabhra, an lá roimh an toghchán. Níor cuireadh an vótáil ar atráth. Bhí brat na hÉireann i leath crainn ag an Scoil Náisiúnta, bhí an vótáil ar bun agus Seán Ó Catháin á thabhairt ag Teach Phobail Mhic Dara. Bhí laoch ar lár agus nuair a comhaireadh na vótaí bhí 2,146 tar éis a gcéad rogha a chaitheamh do Sheán Ó Catháin.

Bhí tír agus talamh ag an tsochraid, ina measc an Taoiseach, Éamon De Valera agus a iníon Máirín, Teachtaí Dála, Seanadóirí, Comhairleoirí Contae, maithe agus móruaisle eile, chomh maith leis na céadta de phobal na háite. Is é an Seanadóir Liam Ó Buachalla a thug an óráid os cionn na huaighe i Reilig Bharr an Doire.

Tháinig Maidhcó Ó Domhnaill i gcomharbacht ar an gCathánach ar an gComhairle Contae, toghadh é i 1950 agus aríst i 1955. Ní raibh aon Chomhairleoir Contae ag an gCeathrú Rua idir 1960 agus 1967 ach ar toghadh Tom Clarke, FF. Bhí Maidhcó Saile Ó Flatharta FF ar an gComhairle Contae ó 1974 go 1979 agus tá Connie Ní Fhatharta FF ar an gComhairle ó 1991 i leith.

Forbairt eaglasta

I 1934, tar éis misiún a thug an tAthair Stiofán Ó Conghaile as Árainn inar labhair sé go nimhneach in aghaidh an phoitín, tógadh Tobar na Croise cúpla céad slat soir ó Theach an Phobail. I 1949 chaith an sagart paróiste, an tAthair Aindriú Ó Móráin, seal i Meiriceá ag bailiú airgid le híoc as dhá sciathán, túr agus an sanctóir a chur le Teach Pobail Mhic Dara. I lár na naochaidí thóg an Sagart Paróiste, Colm Ó Ceannabháin, teach sagairt nua.

Seisear de chuid na háite a oirníodh san aois seo caite—Mícheál Ó Flatharta, an Gleann Mór, a oirníodh 26 Márta 1928, agus a bhásaigh i Meiriceá ar 10 Meitheamh 1977; Máirtín de Bhailís as an bPointe, a oirníodh an 31 Iúil, 1947 agus a bhásaigh in Adelaide na hAstráile an 29 Márta, 1973; Diarmuid Ó Nualláin as an gCaorán Mór a oirníodh Domhnach Cásca,1962; Tomás Ó Tuathail, Doire an Fhéich, a oirníodh ar an 12 Iúil 1964 agus a bhásaigh ar an 27 Bealtaine 1972; Seán Mac Donnchadha, Inis Mhic Cionnaith, a oirníodh ar an 13 Meitheamh, 1965 agus Fiontán Ó Monacháin as Doire Fhatharta a oirníodh ar an gCeathrú Rua ar an 16 Meitheamh 1991.

Léann agus oideachas

Is é Mícheál Ó Nualláin is faide a bhí i mbun léinn i Scoil Náisiúnta na Ceathrún Rua, 48 bliain ó 1923 go 1971. Osclaíodh Scoil Náisiúnta nua ar an gCeathrú Rua i Meán Fómhair 1956. Bhí an tAire Oideachais, Risteárd Ó Maolchatha, i láthair ar ócáid bheannaithe na scoile agus spéisiúil go leor tá Ceannaire an Fhreasúra ag an am, Éamonn de Valera, go storrúil i lár an phictiúir! Tá 198 scoláire ar rollaí na scoile sin anois agus deichniúr múinteoirí ar an bhfoireann. Is é Cóilín Ó Domhnaill an príomhoide.

Osclaíodh Scoil Náisiúnta nua, Scoil Mhuire, ar an Tuairín i 1965. Tá 125 dalta ar rollaí na scoile agus cúigear múinteoirí i mbun teagaisc. Is é Ruairí Ó Domhnaill an príomhoide.

Ba í an Ghairmscoil an t-aon scoil iarbhunoideachais san áit go dtí 1959 nuair a bhunaigh Ord na Toirbhirte meánscoil ar an gCeathrú Rua ar iarratas ó Ardeaspag Thuama, an Dr Seosamh Breathnach, agus Aire na Gaeltachta, Mícheál Ó Móráin, TD. Is í an tSiúr Ríta Ní Thuathail a bhunaigh agus a bhí i gceannas ar an meánscoil nua; beirt bhan rialta eile a bhí ina teannta nuair a chuaigh siad i mbun teagaisc sa tseanscoil náisiúnta i gColáiste Nanó Nógla.

I 1966 osclaíodh Scoil Chuimsitheach Chiaráin nuair a rinneadh comhnascadh idir an Ghairmscoil agus an Mheánscoil. 268 dalta agus dáréag múinteoir a bhí sa Scoil Chuimsitheach i 1966. Ba é Piaras Ó Conaire, a bhí roimhe sin ina phríomhoide ar an nGairmscoil, a bhí ina phríomhoide sa scoil nua. Bhí Scoil Chuimsitheach na Ceathrún Rua ar cheann de na chéad trí cinn den chineál sin a tógadh sa tír, sa tSionainn, i gContae an Chláir agus ar an Mhuinchille i gContae an Chabháin a tógadh an péire eile. Tá os cionn 400 scoláire agus suas le 30 múinteoir sa Scoil Chuimsitheach anois agus is é Máirtín Ó Conghaile an príomhoide.

Áras Mháirtín Uí Chadhain

I 1970 cheannaigh Coláiste na hOllscoile Gaillimh an tseanghairmscoil ó Choiste Gairmoideachais an Chontae, agus tá an tÁras anois ar cheann de na hionaid Ghaeltachta atá ag Oifig na Gaeilge Labhartha in Ollscoil na hÉireann, Gaillimh. Go dtí 1985 ba go páirtaimseartha a bhí an tÁras á úsáid, ach ó 1985 i leith, tá an tÁras in úsáid go lánaimseartha mar Ionad Sealbhaithe agus Buanaithe Gaeilge na hOllscoile.

Bíonn cúrsaí Gaeilge do mhic léinn Gaeilge ollscoile, cúrsaí d'eachtrannaigh, dianchúrsaí seachtaine agus coicíse do dhaoine fásta, sainchúrsaí Gaeilge agus cúrsaí deireadh seachtaine ar chuid den obair a bhíonn ar bun in Áras Uí Chadhain. Cuireann Áras Mháirtín Uí Chadhain seirbhís rúnaíochta ar fáil don phobal, chomh maith le seomraí cruinnithe do choistí áitiúla. Deimhnítear gur i nGaeilge a bhíonn obair agus gníomhaíochtaí na gcoistí a bhaineann úsáid as an Áras mar ionad cruinnithe.

Tá dhá Choláiste Gaeilge faoi lán tseoil sa gCeathrú Rua le scór bliain. Tá soláthar maith á dhéanamh sa Cheathrú Rua don mbonneagar sóisialta, i gcúrsaí craoltóireachta agus sláinte, mar shampla.

Ar an 2 Aibreán, 1972 thosaigh Raidió na Gaeltachta ag craoladh as Casla, áit a bhfuil ceannáras na seirbhíse i gcónaí.

1 1977 osclaíodh ionad speisialta do pháistí míchumasacha, Tigh Nan Dooley, ionad fíorthairbheach dóibh siúd atá ina ghá.

Tá ionad fostaíochta do dhaoine míchumasacha i mBruach na Mara ar an Eastát Tionscail i nDoire an Fhéich.

I mí na Nollag 1978, osclaíodh Ionad speisialta do sheanóirí—Áras ina raibh dhá scór leaba ag an am. D'oscail Máire Geoghegan-Quinn TD agus Aire Gaeltachta an tÁras go hoifigiúil ar an 4 Bealtaine 1981.

Áras Mháirtín Uí Chadhain

Micheal Bharry Ó Flatharta 1999

Scoil Chuimsitheach Chiaráin, An Cheathrú Rua

Cian Mac Aodha Bhuí 2000

Ó Lúnasa 1999 tá 61 leaba in Áras Mac Dara agus é in úsáid mar ionad lae do sheanóirí chomh maith. Ar an láthair chéanna, tá íoclann, seirbhís fiaclóra, seirbhísí leighis eile, seirbhísí leasa shóisialaigh agus Ionad an otharchairr. Chomh maith leis sin, tá Ionad Tacaíochta Síciatraí lae i mBuaile Cheoinín.

Spórt agus caitheamh aimsire

Osclaíodh Páirc an Chathánaigh go hoifigiúil ar an 20 Lúnasa 1950, páirc a chosain £2,000 agus deontas faighte ó Mhick Donnellan, a bhí ina Rúnaí Parlaiminte sa gcéad Chomhrialtas. Sa mbliain 1958, cuireadh píosa breise síos as an bpáirc agus tar éis mórfhorbairt a bheith déanta uirthi, d'athoscail Aire na Gaeltachta, Pádraig Ó Tuathail TD, an Pháirc go hoifigiúil ar an 22 Meitheamh, 1986. Tá Cumann de chuid Chumann Lúthchleas Gael ar an bhfód sa gCeathrú Rua ó 1967 agus éachtaí ar leith déanta ag a gcuid sinsear sna naochaidí; Sraith Shinsir an Chontae, 1979; Craobh Shinsir an Chontae, 1996 (an chéad uair an Chraobh Shinsir ag teacht go Conamara ó 1938); Comórtas Sinsir Peile na Gaeltachta 1997. Reáchtáladh an Comórtas Náisiúnta seo ar an gCeathrú Rua i 1973, 1976, 1988 agus 1997. Údar mórtais don cheantar go raibh Seán Óg de Paor agus Seán Ó Domhnaill as Bóthar an Chillín ar an bhfoireann a bhuaigh Craobh na hÉireann do Ghaillimh i 1998; bhí Pádraic Ó Ciarragáin agus Caoimhín Terry Mac Donnchadha ar an bpainéal sin freisin.

Rinne triúr ógánach gaisce i mBóthar na Trá i 1955, nuair a bhuaigh Pádraic Dairbe Ó Flatharta, Beartla Dairbe Ó Flatharta agus Réamon Jimmy an Oileáin Mac Donnchadha Craobh Shinsir Curachaí an Tóstail agus iad fós ina ndéagóirí. Is iomaí gaisce déanta ag iomróirí agus bádóirí na háite ó shin.

I 1981, bunaíodh Club Sacair san áit faoin ainm Tooreen Tornadoes.

Bhuaigh Micheál Ó Maolalaigh Craobh Shóisir Dornálaíochta na hÉireann sa Staid Náisiúnta i mBleá Cliath, mí na Nollag, 1985. Bhí Oireachtas na Gaeilge ar an gCeathrú Rua i nDeireadh Fómhair na bliana 1983 agus an tUachtarán Ó hIrghile orthu sin a thug cuairt ar an ócáid. Bhuaigh na fonnadóirí seo a leanas Corn an Oireachtais: Máire Cholmán Nic Dhonnchadha, 1964; Tomás Mac Eoin, 1967; Pádraic Ó Catháin, 1969 agus Mícheál Seoige, 1976.

Tá Cumann láidir drámaíochta san áit atá ainmnithe in ómós Ruaidhrí Mhic Easmuinn, a thug cuairt ar an gCeathrú Rua i 1913. Bíonn Féile Drámaíochta, dhá fhéile rásaí curach agus bád, chomh maith le rása leathmharatóin agus Seó Capall, ar bun go bliantúil ar an gCeathrú Rua.

Cúrsaí ealaíne agus litríochta

Bhí an t-ealaíontóir Charles Lamb ina chónaí ar an mBóthar Buí ó 1933 go dtí gur bhásaigh sé i 1964. Bhí a bhean, Caitríona, ar an gcéad tréadlia ban a cháiligh sa tír seo. Chuir sé áilleacht na háite agus nádúr na ndaoine ar phár go paiteanta. Is mac leis é Peadar Lamb, an t-aisteoir aitheanta. Tá Edward Delaney agus Bob Quinn ar an gCeathrú Rua le os cionn fiche bliain. Is de bhunú na háite Pádraic Reaney a bhfuil clú na healaíne air agus tá Hilary Nic Cába agus Danny de Bhailís i mbun na ceirde freisin. Rugadh Peadar Neilí Ó Domhnaill ar an gCaorán Beag i 1903. Chuaigh sé i mbun pinn le hugach ó Phádraic Ó Dhomhnalláin Pádraic Óg Ó Conaire, Críostóir Mac Aonghusa, Pádraic Ó Maoláin agus a leithéidí. D'fhoilsigh an tIar-Uachtarán Cearbhall Ó Dálaigh riar aistí leis i *Scéala Éireann* agus cuireadh ábhar dá chuid i gcló in *Ar Aghaidh*; An *Standard* agus i *Leabhar na gCeaipísíneach*. Bhuaigh sé comórtas gearr aistí an Oireachtais i 1940. Foilsíodh *Seod Aistí as Conamara* i 1943. Bhásaigh Peadar Neilí i 1961.

Fostaíocht

Ó thús an 20ú céad go tús na seascaidí is beag fostaíocht bhí ar an gCeathrú Rua. Is iomaí fear agus bean óg a d'fhág an áit agus a thug aghaidh ar Londain, Birmingham, Boston, New York, Chicago agus áiteacha eile ar fud Shasana agus Mheiriceá. Níor chóir a dhearmad go raibh dhá chomhluadar as an gCeathrú Rua, cúigear de mhuintir Shúilleabháin agus seisear de Chlann Dhonnchadha ar an aon teaghlach déag a thug aghaidh ar Ráth Cairn ar an 21ú Aibreán 1935. Níos deireanaí sa mbliain, d'imigh clann de Mhuintir Bhailís agus trí theaghlach do Chlann Dhonnchadha. Bhí idir óg agus aosta ina measc agus tá daoine a déarfadh gur mhó an fháilte a bhí roimh Mhuintir Chonamara i lár Mheiriceá nó i lár Shasana ná mar bhí rompu i lár na hÉireann i lár na dtríochaidí. Ba sna caogaidí ba mheasa an imirce. Cé go raibh an scéim leictreachais ar bun san áit agus Scoil Mhic Dara á tógáil, ba mhinic daoine le feiceáil ag crosbhóthar Dhoire Fhatharta ag fanacht leis an mbus agus iad ag tosú ar a n-aistear as an gCeathrú Rua agus as Conamara, cuid mhaith acu go deo.

Bhí roinnt tithe gloine ar fud an limistéir ó thús na gcaogaidí den chéad seo caite ach nuair a tháinig 'Debbie' i Meán Fómhair, 1962, d'imigh cuid mhaith den ghloine.

Ins na seascaidí, tháinig borradh eacnamaíochta agus fostaíochta faoin áit, rinneadh infheistíocht stáit i gcóras séarachais, i gcóras nua uisce reatha; tógadh an Scoil Chuimsitheach, an Clochar agus an tÓstán. Tosaíodh ar an Eastát Tionsclaíochta agus ar thógáil na monarchan.

Ins na seachtóidí thosaigh daoine ag filleadh ar a bhfód dúchais. Tá Údarás na Gaeltachta tar éis tacaíocht a thabhairt do suas le 30 comhlacht nó eagraíocht i limistéar na Ceathrún Rua agus Chasla agus fiontair éagsúla ar bun acu; mar shampla, táirgí leictreonacha, siúinéireacht, réiteach suíomhanna; foilsitheoireacht; cairéalacht agus innealtóireacht. Tá forbairt déanta ar an turasóireacht agus ar an iascaireacht, seirbhísí den uile chineál ar an mbaile anois; dhá óstán, halla pobail, sé theach ósta; riar siopaí; cógaslann; bialanna; garáistí; ionad níocháin; plandlann. Tá leabharlann ar na bacáin faoi láthair ach níor chóir a dhearmad go raibh Freda Gillan Uí Chatháin blianta fada i mbun leabharlainne ina teach féin go dtí tús na seachtóidí. Faoi láthair tá caint ar ionad spóirt agus caitheamh aimsire a thógáil ar an mbaile. Tá an Chomhairle Chontae tar éis riar tithe a thógáil san áit agus é i gceist acu cur leis an líon sin. Ba díol suntais gur íocadh os cionn £350,000 ar cheithre acra go leith talún i lár an bhaile i ndeireadh na bliana 1999.

Gan aimhreas tá feabhas, fás agus forbairt tagtha ar an gCeathrú Rua le 100 bliain. Tá 3,365 duine agus suas le 900 teach sa limistéar anois. Tá an chuid is mó de chompóirtí an tsaoil ag óg agus aosta san áit. Ar ndóigh, d'fhéadfadh pleanáil níos tomhaiste a bheith déanta ar an bhforbairt; mar shampla, foirgintí a bheith caomhnaithe. Nárbh é an feall go raibh sé de dhualgas orthu siúd a fuair deontas tithíochta simléir na seantithe a leagan. D'fhéadfadh dearadh agus cruth fhoirgintí an lae inniu a bheith níos dúchasaí agus níos nádúrtha, bhí an port seo ag Synge céad bliain ó shin.

Mo léan, tá an Ghaeilge ag tanú, ach tá braon sa tobar fós agus is le glúin an lae inniu agus le pobal an cheantair a chinntiú nach dtriomóidh sé.

Nótaí

1. Hawkins, Richard, 'Liberals, land and coercion in the summer of 1880: the influence of the Carraroe ejectments', in *Journal of the Galway Archaeological & Historical Society*, 34 (1974-75).
2. Ó Domhnaill, Peadar Neilí, *Seod Aistí as Conamara* (B.Á.C., 1943), lgh 16-17
3. Barrington, Ruth, *Health and Politics in Ireland* 1900-1970 (B.Á.C., 1987), lch 9

Foinsí

Barrington, Ruth, *Health & Politics in Ireland 1900-1970*, 1987.
Beatty, Jack, *The Rascal King*, 1993.
Berry, James, *Tales Of The West Of Irelnd* (B.Á.C. 1966).
Hickey, D.J. & Doherty, J.E, *A Dictionary of Irish History 1800-1980* (B.Á.C., 1987).
Kilroy, Patricia, *The Story of Connemara* (B.Á.C., 1989).
Mac An Iomaire, Séamas, *Cladaí Chonamara* (B.Á.C., 1985).
Murray, James P., *Galway: A Medico-Social History*, Gaillimh
Ó Conghaile, Micheál, *Conamara agus Árainn 1880-1980* (Indreabhán, 1988)
Ó Conghaile, Seán, *Cois Fharraige Le Mo Linnse* (B.Á.C. 1974).
O'Connor, Gabriel, *Stair Chomhairle Chontae na Gaillimhe* (Gaillimh, 1999).
Ó Domhnaill, Peadar Neilí, *Seod Aistí as Conarnara* (B.Á.C. 1943).
Ó Gaora, Colm, *Obair is Luadhainn*, 1937.
Robinson, Tim, *Connemara* (Cloch na Rón, 1990).
Walker, Brian M., *Parliamentary Election Results in Ireland. 1918-92* (B.Á.C., 1992).
Irisleabhar Chomórtha Céad Bliain ó tógadh Séipéal Mhic Dara ,1893-1993
'Áit-Ainmneacha sa gCeathrú Rua' le Pádhraic Ó Conaire.
Irisleabhar na Ceathrún Rua 1977.
Iris an Phléaráca:1991-1996.
'Scréachóg': Nollaig 1995 agus Aibreán 1996.
An Bád Mór (J. M. Synge, *In Wicklow, West Kerry & Connemara* 1911).
Ní Dhomhnaill, Cáit MA, Ph.D., 'An Cheathrú Rua', Léacht an Oireachtais, 1983.
Mac Donnchadha, Séamus, 'Bord na gCeantar Cúng i gConamara', 1984.
(Níl sé seo i gcló) Tráchtas M.A., U.C.G.

Ceantar na nOileán
Máire Uí Ráinne

Réambrá

Luíonn Ceantar na nOileán ar chósta thiartheas na Gaillimhe idir Cuan an Fhir Mhóir agus Cuan Chill Chiaráin. Tá an dúthaigh álainn seo timpeall is deich míle ó thuaidh d'oileáin Árann agus tuairim is deich míle fichead ó chathair na Gaillimhe. Cnuasach oileáiníní beaga is ea an ceantar seo. Is é Garmna an t-oileán is mó agus tá mórchuid de dhaonra Cheantar na n-Oileán lonnaithe air. Tá lonnú ar Leitir Mealláin, ar Fhoirnis, ar Leitir Móir, ar Eanach Mheáin is ar Inis Treabhair freisin. Tá duine amháin ina chónaí ar Inis Bearachain fós, áit a raibh lonnú de 152 duine sa mbliain 1891. Tá Inis Oirc, Daighinis agus Oileán na Crapaí bánaithe le fada. Thríd is thríd tá suas agus anuas le 119 oileán ar fad ins an dúthaigh seo.

Is beag teagmháil a bhí ag Ceantar na nOileán leis an mórthír go dtí 1907 nuair a thóg Bord na gCeantar Cúng na droichid mar obair rilífe.

Talamh lom, fheannta, sceirdiúil atá i ndromchla an cheantair agus gan aon phointe de níos airde ná 200 troigh. Ó tharla nach bhfuil domhain ná téagar san ithir tá an-chuimse carraigreacha agus mullán le feiceáil. Tá tuaisceart Gharmna níos leibhéile ná an tiarthar agus is í an chloch eibhir an chloch is fairsinge atá le fáil sa gceantar. Tá an chuid is mó den mhóin a bhí ag clúdach na gcarraigreacha ídithe ó dheireadh an 19ú céad agus ó thús na haoise seo caite. Díoladh cuid mhaith den mhóin i gContae an Chláir, in Oirthear na Gaillimhe agus i dtrí Oileán Árann.

Ag scríobh do Ruairí Ó Flaitheartaigh sa mbliain 1684 (*Chorographical Description of H-Iar Connaught*) dúirt sé go raibh an t-uafás portaigh san áit agus an-chuimse crainnte darach agus giúsaí. Dúirt sé nach talamh feiliúnach curaíochta é ach go raibh sé thar cionn le haghaidh tógáil beithíoch agus caorach, rud a déarfadh cuid mhaith de mhuintir an cheantair sin sa lá atá inniu ann. Ar ndóigh, tá iarsmaí seanstoc crainnte le feiceáil in áiteacha fós, comhartha go raibh go leor coillte ins an áit tráth. Tá logainmneacha ar nós Doirín, an Doirín Darach, Tír an Fhia, Corraidh Ghiolcaigh agus Garmna féin a léiríonn gur ceantar faoi chrainnte a bhí ann tráth.

Droichead an Daingin
*Bailiúchán Phádraig Mhic Dhubháin,
Ard-Mhúsaem na hÉireann, 1945*

Stair an cheantair

De réir na *Books of Survey and Distribution Vol III. County of Galway* bhí urlámh ag Iarla Chlann Riocaird i nGarmna sa mbliain 1641. Déantar tagairt de Leamhchoill agus Tír an Fhia agus do Chnoc Chathail Óig sna cáipéisí sin. Na tagairtí is sine dá bhfuil le fáil go dtí seo na cinn a rinne an staraí clúiteach Ruairí Ó Flaitheartaigh, mar a dúirt mé cheana, nuair a scríobh sé dinnseanchas ar dhúthaigh na bhFlaitheartach a shín ó Ghaillimh go Ceann Léime agus ó Loch Coirib go Gólaim sa mbliain 1684.

Dar le hÓ Flaitheartaigh is cosúil nach raibh aon lonnú ar na hOileáin go dtí an 13ú haois nuair a lonnaigh na Flaitheartaigh in Iar-Chonnachta. Tá sé ráite in Annála na gCeithre Máistrí gurbh é Moragh Mac Aodha, duine de shliocht na bhFlaitheartach, a mhair i gCaisleán Leitir Mealláin sa mbliain 1584. Tá fothrach an chaisleáin fanta fós. Tugtar Caorán Aodha go dtí an lá atá inniu ann ar an áit a bhfuil Séipéal Leitir Mealláin tógtha. Déanann Ó Flaitheartaigh tagairt freisin do Chuan an Fhir Mhóir ina dhinnseanchas. *Great Man's Haven* a thug sé air. Dúirt sé gur tugadh an t-ainm céanna air i dtagairt in Annála na gCeithre Máistrí don bhliain AD 1560 nuair a luaitear go ndeachaigh long ar charraig i mbéal Chuan an Fhir Mhóir agus gur báthadh céad fear chomh maith leis an mairnéalach nó an captaen loinge ab fhearr a bhí ann ag an am, Tuathal Ó Máille. Luaitear Cuinneog an Fhir Mhóir agus Branra an Fhir Mhóir freisin.

Thagair Ó Flaitheartaigh freisin do thailte Gharmna. Leamhchoill nó Lawroill i.e. *Elmwood.* Tugtaí Leamhchoill ar an gcuid thiar theas de Gharmna an uair úd, i.e. bailte na Trá Báine, Droim, Seanachomheas, Poll Uí Mhuirinn agus Baile na Cille agus an Seanbhaile. Seo é an Leamhchoill (Lawhill) céanna atá luaite ins na *Books of Survey and Distribution County of Galway,* 1641. Dúirt Ó Flaitheartaigh freisin gur i nGarmna a bhí Teampall Oilithir nó *The Pilgrims Church.* Is deacair a dhéanamh amach i ndáiríre an é Teampall na Trá Báine nó an teampall meánaoiseach atá i Reilig an tSeanbhaile a bhí i gceist aige. Níor chuala muintir na Trá Báine aon ainm luaite leis an teampall ariamh a dúirt siad. Dar le hErin Gibbons, seandálaí a bhí ag obair ar atógáil theampall an tSeanbhaile faoi scéim FÁS sna hochtóidí, tá teampall na

Trá Báine céad go leith bliain níos sine ná an teampall i reilig an tSeanbhaile. Níl aon naomh luaite le teampall na Trá Báine ach luaitear Naomh Finnín le teampall an tSeanbhaile. Seachas na teampaill mheánaoiseacha sin is beag iarsmaí seandálaíochta eile atá le feiceáil sa gceantar cé is moite den chrannóg atá i Loch an Bhalla ar Oileán Gharmna. Ag an gceann thiar de Leitir Mealláin tá an Túr nó an *Tower*. Ceann de thúranna Martello é seo cosúil leis an gceann sa gCoillín agus sa gCloigeann a tógadh aimsir Napoleon chun na cóstaí a ghardáil.

Tiarnaí Talún

Ba é Christopher St. George a mhair idir 1810 agus 1877 a bhí mar Thiarna Talún ar cheantar Leitir Móir agus Gharmna san 19ú haois. Bhí sé ina Theachta Parlaiminte do Chontae na Gaillimhe i Westminster ó 1847 go dtí 1852. Bhí cónaí air i gCúirt Thír Eoghain in aice le Cill Cholgáin. Tá an chúirt sin tite anois ach tá sé de leathfhocal fós i measc phobal na nOileán: 'Diabhal aithne ort nach leat dúthaigh St George nó Cúirt Thír Eoghain'. Bhí urlámhas ag St George ar na tailte i mBéal an Daingin, Eanach Mheáin, Leitir Móir, Garmna, Inis Bearachain agus na hoileáin timpeall. Ba í Sinéad Ní Sheachnais (Sheachnasaigh) a bhí pósta ag Éamonn Ó Flatharta, sliocht Chathail Óig Uí Fhlatharta a raibh ceantar an Chnoic aige tráth, a bhí ina Tiarna Tacair ag Frínseach Thír Eoghain. B'as Baile Átha Cliath di agus chónaigh sí in *Lettermore House* san áit a bhfuil an bheairic anois. Fuair Sinéad Ní Sheachnais léas ar Leitir Móir agus ar Gharmna sa mbliain 1836 ón bhFrínseach. Ba é cíos na bliana ar na gabháltais sin ná £834 5s 4d (Coróin agus Toistiún ag an am). Bhí £20 cíosa ar na portaigh agus bhí tuilleadh cíosa ar an bhfeamainn sa gcladach.

Níl cur síos ná inseacht scéil ar an splíontaíocht agus an tíorántacht a d'imir Sinéad Ní Sheachnais agus a cuid ceithearnach ar a cuid tionóntaí. In 1847 ní bhfuair St George pingin cíosa ó Shinéad Ní Sheachnais ar an dúthaigh seo. Bhí £1,255 18s 0d le híoc aici ar a cuid tionóntaí. Fógraíodh díshealbhú a dhéanamh ar 600 tionónta sa gceantar. I mí Lúnasa thug an Frínseach é féin cuairt ar Leitir Móir agus ar Gharmna. Bhí drochbhail agus íde ar mhuintir na háite. Bhí an t-uafás daoine eile a bhí díshealbhaithe as eastáit eile lonnaithe timpeall na háite nó ina *squatters*. Bhí drochcháil ar chuid acu agus is cosúil go raibh siad ag goid is ag fuadach rompu is ina ndiaidh. Tháinig idir Frínseach Thír Eoghain agus Sinéad Ní Sheachnais agus chuaigh sé sa dlí léi chun athshealbhú a fháil ar a chuid tailte. B'éigean dó £150 cúitimh a íoc léi. Bhí sagart i nGarmna ag an am, an tAthair Ó Hóráin. Cháin sé drochbhail na dtionóntaí. Chuir sé in iúl don Fhrínseach go raibh 800 caora ar iarraidh ó na tionóntaí agus go raibh a gcuid beithíoch dá bhfuadach freisin. D'impigh na tionóntaí ar Christopher St George ar son Dé gan iad a dhíshealbhú. Bhí croí bog aige. Ghearr sé an cíos go £400. Gheall na tionóntaí dó go n-íocfaidís an cíos ach fáil réidh leis na sladaitheoirí a tháinig isteach san áit. Faoin *Land Improvement Enactment* fuair Frínseach Thír Eoghain £6000 iasachta agus chuir sé £1500 go Leitir Móir agus £1000 eile i bhfairseach an chuid eile de Chonamara. In 1855 chuir Christopher St. George na tailte i gCeantar na nOileán suas chun díola. Ba é an gnáthchíos ar thionóntaí na háite an uair úd ná ó £1 10s 0d go £8 0s 0d sa mbliain.

Maidir le Leitir Calaidh agus Inis Treabhair, ba leis na Máirtíní i mBaile na hInse na háiteacha seo. Fuair Berridges Bhaile na hInse greim air in 1872.

Maidir le hEanach Mheáin, ba leis an Tiarna St George Eanach Mheáin i lár an 19ú haois. Ina dhiaidh sin ba é Seoirse Ó Flatharta a fuair é. Bhí tailte aigesean i mBaile Conaola sa mbliain 1900.

Bhí Leitir Mealláin faoi smacht na gComerfords. Bhí siadsan ina dTiarnaí i nDeisceart na Gaillimhe agus i gContae an Chláir tar éis an Ghorta. Bhí cónaí orthu sa Teach Mór i Leitir Mealláin. Bhí loingeas smuglála acu an uair údan. Bhí cuid den treibh ar bhord an *Brig St John* a báthadh ar chósta Cohasset, Massachusetts sa mbliain 1849.

Imirce agus Bord na gCeantar Cúng

Ag deireadh an 19ú haois bhí Ceantar na nOileán buailte go dtí go raibh na daoine ag fágáil ina sluaite. Bhí an scéim *The Free Emigration* faoin BCC tugtha isteach agus bhain an-chuimse daoine leas as. As Gaillimh a sheoladh an bád mór. Is iomaí deoir ghoirt a sileadh ar thrá an Chaisleáin sa Trá Bháin. Thagadh muintir Leitir Mealláin aniar chomh maith le muintir Gharmna. Chuirtí daoine trasna an chuain i gcurachaí go dtí Céibh an *Station* i Ros an Mhíl nó ar Chorradh an Tobair. As sin d'fhaighidís carr capaill go Gaillimh nó shiúileadh cuid acu é. Sheol na himircigh seo an-lear airgid abhaile thar sáile ina dhiaidh sin leis an gcíos a íoc, seomra a chur leis an teach nó paisinéireacht duine clainne eile a íoc nó fiacha sna siopaí a ghlanadh. De réir meastachán a rinne W.B. Gaskell ar Cheantar na nOileán in 1892, bhí gach teaghlach ag fáil £2 ar an meán in aghaidh na bliana óna muintir thar sáile.

Sa mbliain 1891 nuair a bunaíodh Bord na gCeantar Cúng rinneadh iarracht fóirithint a dhéanamh ar Cheantar na nOileán. Tógadh na droichid mar a dúras ag tús na haiste seo.

Ag an am seo, deisíodh an bóthar anoir ó Dhoire an Fhéich go dtí an Daingean. Rinneadh Carra agus droichead casta. Leanadh isteach é go Carra agus Droichead na Tráchta, siar go Carraig an Logáin. Caitheadh £3,585 ar an méid sin. Tógadh Carraig an Logáin in 1891 ar chostas £3,886. Tugadh deontas de £30 do bhóthar Leitir Calaidh agus deontas £101 do bhóthar Thír an Fhia. Ceanglaíodh Céibh na Trá Báine leis an mbóthar mór ar chostas £16.

Leanadh an bóthar go Cuigéal agus cuireadh droichead casta ansin freisin ar chostas £151. Ba lena linn a tógadh Bóthar an Chnoic, bóthar na Trá Báine agus bóithre eile. Cuireadh dlús le forbairt na hiascaireachta. Cuireadh báid á ndéanamh. Rinne Colm Trayers an *Naomh Rónán* agus an *Lettermore* i nGarmna. Tógadh go leor bád eile nach raibh cláraithe. Ba le Moinice Nic Dhonncha, sliocht Réamoinn Mhóir na Crapaí, an bád *Anna*. Bhí báid eile ag Moinice freisin. An *Erin's Hope* agus an *Catherine* ag tarraingt tráchta as Gaillimh go dtí an siopa mór i dTír an Fhia. Sa leabhar *Ireland, Wicklow, West Kerry and Connemara* le J.M. Synge, cuireann sé síos ar a chuairt go Ceantar na nOileán, agus ar na rudaí a thug sé faoi deara bhí siopa Mhoinice Mhór san áireamh, bád mór ag teacht sa gcaladh le lastas, na droichid, déanamh na ceilpe agus tógáil na mbóithre.

Tugadh fir cheirde isteach as Albain le saoirseacht siúinéireachta agus ceirdeanna a mhúineadh ag an am. Bhí ionad saillte éisc sa Trá Bháin agus i gCuigéal. Bunaíodh ionad cniotála i Leitir Móir agus i gCuigéal. Bunaíodh córas banaltrais ar tugadh an *Dudley Nurses Scheme* air.

ACCIDENT ON THE RELIEF WORKS, GARUMNA ISLAND. M. M'DONAGH AGED 80 HAD HIS LEG BROKEN

Oibrithe ar Oileán Gharmna

Bailiúchán Lawrence, An Leabharlann Náisiúnta

Rinne an Bord tithe cónaithe dóibh agus rinneadh an chéad cheann i gcomhair na nOileán i mBéal an Daingin i 1903. Bunaíodh ionad i Leitir Mealláin sa mbliain 1936. Ceann de na rudaí ba bhrónaí a tharla an chabhair airgid a thug an Bord do dhaoine lena bpaisinéireacht a íoc go Meiriceá. D'imigh daoine agus clanna nár tháinig ar ais ariamh. D'imigh sloinnte as na hOileáin nach mbeidh fáil orthu aríst go deo, ar nós Garret, Giobúin, Mulvoy, Ciaragáin, Guairim agus go leor leor eile.

Oideachas i gCeantar na nOileán

De réir dhaonáireamh 1821 bhí Ceantar na nOileán i bParóiste Chill Chuimín a bhí i mBarúntacht Mhaigh Cuilinn ag an am. Bhí Leitir Móir isteach leis agus bhí an Cillín i nDeoise na Gaillimhe an uair sin. Scoileanna íocaíochta is mó a bhí ar fud Dheoise Thuama an uair údan. Is éard a bhí sa scoil íocaíochta ná go n-íocfadh na tuismitheoirí an múinteoir nó thugaidís lóistín dó. Botháin fóid a bhí go minic sna scoileanna seo. Ní déantaí freastal orthu ach sa samhradh agus théadh na múinteoirí chuig na tithe sa ngeimhreadh. De réir an *Statistical Survey of the County Galway* a rinne Hely Dutton in 1825 bhí an cineál seo scoile i dTír an Fhia agus Éamon Ó Fearghail ag múineadh inti, i Leitir Móir agus Mícheál Mac an Fháiligh inti, agus i Leitir Mealláin faoi chúram Dhoiminic Uí Chonghaile. Bhí Brian Mac Suibhne ag múineadh sa Droim.

Nuair a bunaíodh Bord an Oideachais Náisiúnta sa mbliain 1831 bhí Leitir Mealláin ar cheann de na chéad scoileanna a tógadh i gCeantar na nOileán. Sa mbliain 1852 bhí 52 dalta (47 Caitliceach agus 5 Protasúnach) ag freastal ar Scoil Leitir Mealláin. Tógadh bunáite na scoileanna eile sa gceantar níos deireanaí. Bhí Scoil Náisiúnta ag feidhmiú i mbaile na Trá Báine in 1886 agus bhí scoil i gceantar an Droma roimhe sin.

Go deimhin féin, is beag deis ná acmhainn a bhí ag páistí na nOileán oideachas den dara leibhéal a fháil, ag deireadh an 19ú haois ná ag tús an fichiú haois. Cé is moite de chlann siopadóirí nó múinteoirí a bhí sa gceantar, is í an imirce, an obair chrua, déanamh poitín agus spailpínteacht a bhí i ndán don chuid eile acu. Bunaíodh scoil ghairmoidis na Ceathrún Rua i mí Mheán Fómhair 1935. Dhéanadh fíorbheagán de dhaltaí na nOileán freastal uirthi sin i ndáiríre de bharr easpa bealaí taistil. An bhliain chéanna tháinig Siúracha na Toirbhirte go Tír an Fhia. Ba iad sin a chuaigh i mbun an bhunoideachais ansin nuair a d'éirigh an Máistir Mac Dubháin as an gceird. I 1946 bhunaigh siad scoil tís do chailíní. Bhíodh cailíní as Leitir Mealláin go Leitir Móir ag freastal uirthi sin, ach tháinig deireadh leis an tseirbhís sin ó na mná rialta i 1956.

Ag an am céanna ba bheag leas a bhain aos óg na nOileán ach oiread as scoláireachtaí Stáit na gColáistí Ullmhúcháin a bhí i réim ó thús na bhfichidí go dtí 1960. I 1959 bhunaigh Siúracha na Toirbhirte arís meánscoil Nanó Nógla ar an gCeathrú Rua ar iarratas an Ardeaspaig Seosamh Breathnach a bhí i dTuaim ag an am. Seacht mbliana ina dhiaidh sin, sa mbliain 1966, osclaíodh Scoil Chuimsitheach Chiaráin. Tráthúil go leor bhí córas saoroideachais fógraithe ag Donncha Ó Máille, an tAire Oideachais a bhí ann ag an am. D'oscail an ceart seo doirse agus réitigh sé cosán do phobal na nOileán ó thaobh oideachais de. Tháinig córas saorthaistil i bhfeidhm lena linn. Ar ndóigh, is próiseas mall é próiseas an oideachais agus tógann sé tréimhse blianta pobal a mhealladh leis an leas is fearr a bhaint as córas ar bith. Tá tuiscint níos fearr ag tuismitheoirí anois ar thábhacht an oideachais agus tá lear maith de pháistí na nOileán a thagann ó sheacht scoil an cheantair ag baint leasa as oideachas den dara leibhéal. Tá siad ag críochnú na hArdteistiméireachta agus chomh maith leis sin tá deis acu leas a bhaint as oideachas tríú leibhéal.

Sa mbliain 1979 d'ullmhaigh Comharchumann na nOileán plean forbartha a raibh clár oideachais mar ghné de. Cuireadh iarratas ar mhaoiniú chuig Fondúireacht Bernard Van Leer i Hague na hÍsiltíre. D'éirigh leis an iarratas agus bunaíodh Muintearas na nOileán, An Togra Oideachais Gaeltachta. Bhí sé i gceist go bhfreastalódh an togra seo ar an bpobal ar fad ó thaobh oideachais de, idir óg is aosta, agus go n-aithneofaí cumas an phobail.

Ceantar na nOileán le céad bliain anuas

Ní raibh sé deacair údar a fháil le himeacht as Ceantar na nOileán ag deireadh an 19ú haois agus ag tús an 20ú haois. Éalú a bhí san imirce ón mbochtanas agus ón sclábhaíocht. Go Meiriceá siar is mó a théadh formhór na n-imirceach go dtí tar éis an dara cogadh domhanda ach is ar Shasana a dhírigh siad i ndiaidh an chogaidh mhóir sin. Imirce eile ón gceantar ab ea an imirce go lár tíre i 1935 nuair a d'fhág 27 teaghlach (182 duine ar fad) Ceantar na nOileán is na Ceathrún Rua le dul go Ráth Cairn i gContae na Mí. D'fhéadfaí a rá go coinsiasach gur i gcleithiúnas an dóil a bhí formhór an phobail a d'fhan i gCeantar na n-Oileán ó 1933 ach oiread le daoine i gceantracha bochta tuaithe eile. Is dócha go mba thuar dóchais bunú Roinn na Gaeltachta i 1958. In éineacht le deontas ón gComhairle Chontae ba mhór an chúl toraic deontas na Roinne sin le feabhas agus tógáil a dhéanamh ar thithe sa gceantar. Le teacht an leictreachais i 1960 go dtí an ceantar d'fhéadfaí a rá go raibh athrú mór tagtha ar chúrsaí tithíochta agus an saol ag athrú. Chuir an tAthair Micheál Ó Flannabhra a bhí ina shéiplíneach i dTír an Fia dlús le Coláistí Samhraidh sa gceantar i 1966 agus bhí an Halla Pobail tógtha roimhe sin faoi stiúir an Athar Seán de Bláca. Le bunú Chumann Peile Naomh Anna i 1964 agus tógáil Pháirc an Mháimín i 1974 d'fhéadfaí a rá go raibh beocht agus spiorad an Phobail ag bíogadh sna seachtóidí cé go raibh an imirce ina cíor thuathail ar feadh an ama.

Spreag bunú Chomharchumann na nOileán i 1975 forbairt agus féinmhuinín i measc an phobail. Ba é an tAthair Micheál Ó Fatharta agus Coiste Pobail na linne a chuir an Comharchumann faoi lán seoil faoi bhainistíocht Phóil Uí Fhoighil. Ceann de na rudaí ba thábhachtaí a rinne an Comharchumann scéim uisce reatha a chur i 700 teach i gCeantar na nOileán. Bhrúigh an Comharchumann ar aghaidh scéimeanna iascaireachta, feilméaracht éisc, forbairt phortaigh agus baint mhóna le meaisíní.

Bunaíodh Eastát Tionsclaíoch i dTír an Fhia faoi stiúir Údarás na Gaeltachta agus cuireadh forbairt bhreise ar an Halla Pobail. Leathnaíodh na Coláistí Samhraidh ar fud an cheantair agus tugadh fostaíocht lánaimseartha agus pháirtaimseartha do dhaoine ina bpobal féin. Faoin mbliain 1982 bhí 66 duine fostaithe go lánaimseartha agus 120 go páirtaimseartha ag Comharchumann na nOileán. Is é an Comharchumann a rinne iarratas ar Thogra Oideachais Van Leer i 1979, togra atá ag feidhmiú fós faoi stiúir Údarás na Gaeltachta. Ba donaide don áit é ag an am titim an Chomharchumainn.

Tithe Saoire Eanach Mheáin

Cian Mac Aodha Bhuí 2000

Anois agus muid ag tús na mílaoise nua, d'fhéadfaí a rá go bhfuil athrú mór le feiceáil i saol an cheantair go sóisialta agus go heacnamúil. De réir dhaonáireamh 1996 tá 2,121 duine ina gcónaí sa gceantar. Laghdú de 34% é seo ó 1946. Cé go bhfuil céatadán ard den phobal fós i gcleithiúnas cúnaimh dhífhostaíochta agus scéimeanna FÁS, tá sé suntasach nach bhfuil aghaidh na hóige thar sáile níos mó. Tá a bhformhór ag obair i monarchana i gCeantar na Ceathrún Rua, i gCasla nó i gCois Fharraige. Níl cás ná leisce orthu a n-aghaidh a thabhairt ina gcuid carranna go Cathair na Gaillimhe nó go Baile Átha Cliath féin chun oibriú sna tionscail tógála. Sa mbliain 1998, de réir fhigiúirí eolais ó Údarás na Gaeltachta, bhí 82 duine fostaithe go páirtaimseartha agus 113 duine go séasúrach sa gceantar ag an Údarás féin. Chuirfeá an cheist cén fáth nach bhfuil níos mó fostaíochta á soláthar ag an Údarás i bpobail Fhíor-Ghaeltachta faoi láthair. Is údar misnigh é breathnú ins an iris *Cuisle* i mí Feabhra 1999 ar an líon cainteoirí laethúla Gaeilge sa nGaeltacht agus a fháil amach go bhfuil Ceantar na nOileán ar cheann de na ceantair is Gaelaí agus is treise teanga sa nGaeltacht fós, ach is gá tabhairt faoi deara gur daoine os cionn naoi mbliana déag a bhí i gceist.

Ní haon ardú meanman é éisteacht le formhór mhúinteoirí na Gaeltachta faoi láthair agus múinteoirí na nOileán ina measc ag admháil go bhfuil fadhbanna ollmhóra teanga sna scoileanna. Ag méadú is ag creimeadh roimpi a bheidh an fhadhb seo isteach i gCeantar na nOileán mura dtiocfar i gcabhair le plean náisiúnta tarrthála teanga don Ghaeltacht go luath. D'aithneofá do thochas thar do scríobadh ag éisteacht le glúin óg an cheantair i mbun comhrá go minic agus thuigfeá go bhfuil an díobháil á déanamh. Nárbh é an peaca é go dtabharfadh na glúnta atá ag teacht in inmhe cúl le cine is teanga in ainneoin dhílseacht ár sinsear. Bunaíodh Comhairle Pobail na nOileán i 1994 le plean forbartha don cheantar a chur i gcrích. Níl easpa tuairimíochta ná gníomhaíochta ar phobal ar bith a bhfuil breis agus deich gcinn de choistí éagsúla ag feidhmiú ann mar atá i mo cheantar dúchais faoi láthair, ach is ceantar imeallach é Ceantar na nOileán, agus teastaíonn infheistíocht mhór, pleanáil agus dáiríreacht stáit ó thaobh teanga agus forbartha de, le cur le féinmhuinín an phobail seo agus muid ag tús ré na mílaoise nua.

Galfchúrsa Eanach Mheáin
Cian Mac Aodha Bhuí 2000

Galfchumann Oileáin Chonamara
Cian Mac Aodha Bhuí 2000

Ros Muc
Proinsias Mac Aonghusa

Is cinnte gur de bharr Phádraic Uí Chonaire agus Phádraic Mhic Phiarais atá an oiread sin eolais ar fud na tíre ar Ros Muc, ceantar gleoite i ndeisceart Chonamara atá scoite amach ar shlite éagsúla ón gcuid eile den dúiche fhiáin lena mbaineann sé. Ní hionadh sin. Ní hamháin gurbh iad an dá Phádraic seo a chuir tús le nua-scríbhneoireacht na Gaeilge, ach ba é an Piarsach príomhlaoch stairiúil saoirse Éireann sa bhfichiú haois agus tá scéal shaol Phádraic Uí Chonaire chomh spéisiúil sin, idir fhírinne agus fhinscéalta, agus gur tharraing siad aird ar Ros Muc nach raibh agus nach bhfuil ar phobail eile. Tógadh Pádraic Ó Conaire ar an nGairbhtheannach i dteach agus i siopa láidir a sheanmhuintire. Thóg an Piarsach teach samhraidh ar bhruach Loch Eiliúrach agus ba mhinic a tharraingt ar Ros Muc i dtús an fichiú haois. Ba sa teach sin, sa mbliain 1952, agus slua mór de mhuintir na háite i láthair, a chuir Éamon de Valera an solas aibhléise don phobal ar siúl don chéad uair. Is séadchomhartha ar leith i gcónaí Teach an Phiarsaigh. Ba é Pádraic Mac Piarais a bhunaigh Óglaigh na hÉireann i Ros Muc agus rinne na hÓglaigh sin, faoi cheannas Choilm Uí Ghaora, ceannaire gníomhach pobail ar feadh na mblianta, a gcion le linn Chogadh na Saoirse, agus sheasadar leis an bPoblacht ina dhiaidh sin.

Bhí Colm Ó Gaora páirteach in Éirí Amach 1916 in Oirthear na Gaillimhe faoi cheannas Liam Uí Mhaoilíosa agus gearradh 15 bliain pianphríosúntachta i Sasana air dá bharr. B'as Cill Bhriocáin i Ros Muc do Chaitlín Maude, an file, agus b'as Ros Muc freisin Pádraic Óg Ó Conaire, sárscríbhneoir ar mhó a chuid eolais ar an gceantar ná mórán eile, gurbh fhiú agus a athair, Pádraic na Cataí, mar a thugtaí air.

Múinteoirí bunscoile sa bparóiste tráth ab ea Máirtín Ó Cadhain, an scríbhneoir a bhí ina Óglach gníomhach agus a chaith ceithre bliana ina dhiaidh sin ina phríosúnach i gCampa Géibhinn Churrach Chill Dara agus ina dhiaidh sin eile a bhí ina Ollamh le Gaeilge i gColáiste na Tríonóide, agus Criostóir Mac Aonghusa, scríbhneoir agus eagraí pobail agus Stiofán Ó hOisín a ndeirtí faoi go raibh sé ar an máistir scoile ab fhearr dá dtáinig go Ros Muc.

Teach an Phiarsaigh

Dúchas, An tSeirbhís Oidhreachta c. 1980

Bíonn caint orthu siúd ar fad fós agus dearmad déanta ar fhormhór eile múinteoirí dá raibh ann, seachas Hubert Breathnach a bhí ar an Turlach Beag i ndeireadh na naoú haoise déag agus a raibh tionchar aige féin agus ag a ghaolta ar an áit. Tá na Breathnaigh sin ann fós agus teach tábhairne, Tigh Christó nó Tigh Mhaidhcó nó Tigh Pheatsa Mhóir ina seilbh.

Sa gcéad seo caite, bhí staraithe áitiúla agus fir agus mná inste scéil den scoth i Ros Muc ar nós Bhríd Bhreathnaigh agus William Pháidín Liam, Sonaí Shiobháin, Beartla Dhonnchadha agus Tomás Ó Conaire, Tom Mhichael Sheáin Pheaidí, an múinteoir meabhrach as Cill Bhriocáin a cailleadh roimh a am roinnt bheag blianta ó shin, agus daoine nach iad. Ba é William Pháidín Liam an té ba mhó a raibh stair cheilte Ros Muc aige. Ba mhór é a sheanchas faoi dhrochshagairt agus faoi shagairt bhréige, faoi mhísceanna éagsúla a tharla, faoin saol mar a bhí sé i ndáiríre seachas na finscéalta. Bhí William páirteach i gCogadh na Saoirse agus bhí sé de mhisneach aige cur i gcoinne drochbheart a chonaic sé sagart tírghrách a dhéanamh le príosúnaigh. Ba mhór é a mheas ar Pharnell, ceannaire a mbíodh an-trácht air ag leithéidí Pheait Mheait, Sean-Óglach eile agus Peait Chonn Mhóir Mháire Ní Chraith, fear an phoist, agus fear eile a chaith coraintín fada ar an sliabh aimsir na *Tans*, mar a deireadh a mháthair.

Ach b'fhada rompu siúd a bhí cónaí i Ros Muc. Fuaireas amach faoi seo le linn dom a bheith ag déanamh taighde faoi Ros Muc agus faoi Chogadh na Saoirse ocht mbliana ó shin. Deirtear, más fíor, gur thart ar an mbliain AD 500 a tháinig Naomh Briocán go Ros Muc. Is é Briocán éarlamh Ros Muc agus tá Teampall Bhriocáin i Reilig Chill Bhriocáin i lár Ros Muc. Dá ársa é an foirgneamh seo, an ceann is sine san áit is dóigh, is beag aird a thugtar air agus ní mórán i Ros Muc a bhfuil aon seanchas acu faoi Bhriocán féin. Más fíor, bhí daoine i Ros Muc na céadta bliain roimh theacht Bhriocáin. Sin le rá go bhfuil pobal i Ros Muc le míle go leith bliain ar a laghad.

Tá scéal ann go raibh duine nó níos mó as Ros Muc in éindí le Muintir Dhál gCais i gCluain Tairbh Aoine an Chéasta 1014 nuair a bhuail Brian Bóraimhe na Lochlannaigh agus a gcomhghuaillithe Laighneacha. Cá bhfios nach bhfuil an seanchas seo cruinn. Níl ach pobal beag go leor fágtha anois i Ros Muc, i bhfad níos lú ná mar a bhíodh sé leis na céadta bliain. Ní hin amháin é, ach is mó go mór seandaoine ná daoine óga atá ann.

Tá líon na ndaltaí i scoileanna náisiúnta Chamuis, an Ghoirt Mhóir agus an Turlaigh Bhig tite go tubaisteach le roinnt blianta. Céard atá i ndán dóibh? Ar an taobh eile den scéal, tá ag éirí go maith le Gairmscoil na bPiarsach ar an nGort Mór atá ansin ó 1935 i leith agus d'fhéadfadh forbairt nach beag a bheith i ndán ar shlite éagsúla do bhaile beag an Ghoirt Mhóir féin.

Is maith ann é Údarás na Gaeltachta agus is mór atá tugtha chun críche aige. Ach ní i Ros Muc is mó atá leas déanta aige go fóill. Go deimhin féin is deacair a shéanadh, cé gur thart ar Ros Muc seachas aon áit eile is mó agus is fearr a labhartar an Ghaeilge is láidre agus is glaine, go bhfuil sé ar an áit is lú a fuair cúnamh leanúnach eacnamaíochta ón stát. Tá ábhar gearáin ag Ros Muc agus cúis chlamhsáin in aghaidh gach dreama dá raibh i mbun an stáit ó 1923 i leith. An mó an aird a thugadh Bord na gCeantar Cúng a bhíodh ag na Sasanaigh ar an taobh seo tíre? Sin a deireadh Pádraic Óg Ó Conaire go minic. Níl a chruthú agam.

Is fíor, ar ndóigh, go bhfuil agus go raibh le fada, tarraingt an-mhór daltaí samhraidh a bhíonn ag cur lena gcuid Gaeilge ar an gceantar, go bhfuil roinnt coláistí speisialta Gaeilge ann dóibh agus cáil orthu agus gur féidir ar bhealach tionscal a thabhairt ar an obair seo. Déanann siad leas do na tithe ina bhfanann siad agus is cinnte go dtugann cuid acu Gaeilge bhlasta na háite abhaile leo. Deireadh Mattie Mhichaelín Mhaitias, fear meabhrach a raibh Meiriceá siúlta aige, go mbeadh deireadh leis an nGaeilge i Ros Muc murach tionscal seo na gColáistí Gaeilge. '... *a lamentable illustration of how people can live with no visible means of subsistence*' a thug Henry Robinson agus an tiarna talún ar Ros Muc sa bhliain 1880. Cén chaoi a maireann a lán díobh fós, d'fhéadfá a fhiafraí?

'Bíonn ar na fíorbhochtáin a gcuid tae a ól dubh agus is iomaí teach nach bhfaca bó bhainne riamh ina seilbh,' a dúirt Colm Ó Gaora agus é ag scríobh faoina pharóiste dúchais mar a bhí sé i dtús an fichiú haois. Chuir na Berridges, tiarnaí talún na háite tráth, a raibh cónaí orthu sa Teach Mór i Scríb, daoine as seilbh i Ros Muc i ndeireadh an naoú haois déag. Tá cur síos scanraitheach ag Colm Ó Gaora ina bheathaisnéis *Mise*, leabhar ar fónamh, ar ar tharla,

Níor fhágadar fuithnín taobh istigh gan caitheadh amach. Annsin chuir lucht na ngróite a gcuid neart ina gcuid oibre agus thosuigh a' leagan. Ar fheiceál seo do bhean a' tighe chuir sí a dá bois ar a súile agus chuir uaill aiste. Thosuigh na páistí ag sgreadach a rachadh thrí chlár daraighe. Bhí fear a' tighe ag breathnughadh ar dhrithfísg an chineadh daondha úd faoi n-a gcuid alluis agus iad a' cur brúisg i ndiaidh brúisge den cheann agus den bhalla sin don talamh. Le gach brúisg, gnídheadh an fear bocht cnead, agus thagadh truaigh chráidhte ina shúilibh ar fheiceál an dí-cheannadh seo ar an teaichín ar chaith sé a shaoghal agus a shláinte leis dá dhéanamh agus a' cur feabhais air. Ba mhór an t-uathbhás a bheith a' breathnughadh ar an bhfeic úd.

Ar ndóigh, ní raibh an saol chomh dona sin amach agus amach i dtríochaidí agus i ndaichidí an chéid seo caite. Ach bhí bochtanas i Ros Muc mar a bhí i gceantair eile in Iarthar na hÉireann san am. Bhí ar dhaoine ar nós m'athar, Criostóir Mac Aonghusa, Seosamh Mac Mathúna, Seán Ó Coistealbha, Máirtín Ó Cadhain agus tírghráthóirí eile eagraíochtaí éagsúla agóide a bhunú le géarchéim an phobail seo agus géarchéim phobail eile Ghaeltachta a phoibliú. Cumann na Gaeltachta agus Muintir na Gaeltachta sna tríochaidí, is de bharr a gcuid oibre a bunaíodh an chóilíneacht iontach Ghaeilge i Ráth Cairn na Mí. B'in an gníomh aonair ab fhearr a rinneadh ar son na Gaeilge agus na Gaeltachta nó gur thosaigh Raidió na Gaeltachta agus ina dhiaidh sin Teilifís na Gaeilge.

Sna daichidí, chuir m'athair agus Colm Ó Gaora Cumann Feabhsaithe Ros Muc ar bun. Dúradh gur le deireadh a chur le déanamh poitín sa bparóiste a bhí an cumann, i dtaca le nithe eile a bhí easpach san áit a chur ar fáil. Ach is éard a bhí ann i ndáiríre, feachtas tuata i gcoinne chléir na háite a raibh ceannas acu go dtí sin ar gach rud sa gceantar. Bhí an Cumann Feabhsaithe go háirithe in aghaidh chraobh áitiúil Mhuintir na Tíre a bhí go huile agus go hiomlán faoi bhois an tsagairt pharóiste, Maitiú Ó Cionnaith. Bhí daoine a raibh cáil an neamhspleáchais orthu coinnithe amach as, rud a chuir olc ar a lán.

Ar feadh thart ar sé mhí, bhí litreacha binbeacha ag tabhairt faoina chéile ón gCumann Feabhsaithe agus ó Mhuintir na Tíre á bhfoilsiú sa g*Curadh Connachtach*. Tá biadán an phobail le fáil sna litreacha seo, iad lán le sáiteáin agus le claontagairtí. Ní móide go ndearna Muintir na Tíre ná Cumann Feabhsaithe Ros Muc mórán ar son an phobail i ndáiríre, ach thugadar spraoi agus spórt do dhaoine agus bhíodh ceannacht mór dá bharr ar an gCuradh Connachtach. I ndeireadh na dála, is dóigh gur ag an sagart paróiste a bhí an bua agus lean le tionchar fíormhór na sagart san áit go dtí tuairim agus scór bliain ó shin. Scéal mór ann féin scéal eaglasta Ros Muc. Ba é Tomás Breathnach an chéad sagart paróiste a bhí san áit. B'fhéidir gur sa mbliain 1840 a tháinig sé ann, cé go bhfuil an bhliain 1844 luaite go húdarásach freisin. Ba ar an 12 Iúil 1844 a tosaíodh ag tógáil Teach Pobail Ros Muc. Tá sé fós ann agus caoi bhreá curtha air aríst. Bhí Teach Pobail ann roimhe i Saile Laoi, nó Sail Uí Laoi, ar Bhóthar na Gairbhtheannaí. Is cosúil go raibh sé faoi bhláth ar feadh tuilleadh agus céad bliain. Tá an fothrach ann fós, radharc soiléir air ón mbóthar agus gan aon aird ar leith air. Bhí scoil scairte lena ais a bhí ar fónamh. Is ansiúd a chuaigh malraigh na háite nó gur osclaíodh Scoil an Turlaigh Bhig sa bhliain 1864.

Thiocfadh dó, dála an scéil, go raibh aitheantas ag an scoil scairte mar Scoil Náisiúnta ó 1842 anall. Ba é Dónal Ó Giobúin a bhí ina mháistir scoile ansin an bhliain dár gcionn, ach briseadh eisean nuair a fuair sagart in Uachtar Ard amach go ndearna sé príosún de bharr *Terryaltism*. Cumann rúnda talún a bhí anseo de réir Bheartla Ó Conaire a bhfuil staidéar déanta aige ar an tréimhse sin. Seans maith gurbh é Seán Seoighe, múinteoir eile taistil, a bhíodh ag teagasc in áiteacha éagsúla thart ar Ros Muc roimh Dhónal Ó Giobúin. Ba é Beartla Ó Catháin an chéad mhúinteoir a d'oibrigh i Ros Muc a raibh traenáil mhúinteora air. Briseadh eisean freisin, cé nach fios dom tuige.

Ba sa mbliain 1873 a osclaíodh Scoil an Ghoirt Mhóir atá anois ina séipéal. Bhí droch-chaoi go deo ar an scoil i dtús na ndaichidí. Thug Colm Ó Gaora treoir agus ceannas do thuismitheoirí an cheantair agus cuireadh stailc scoile ar siúl. Ba dá bharr sin a tógadh an scoil nua atá anois ann idir beairic na ngardaí agus an tseanscoil. An fhad agus a bhí an scoil sin á tógáil, a osclaíodh sa mbliain 1944, bhí malraigh na háite á dteagasc i gColáiste Chuimhneacháin an Phiarsaigh, an Coláiste *Tin* mar a tugtar uirthi, ar an Turlach. B'fhuar agus ba gharbh an dá áit iad, ach bhí an teagasc iontu chomh maith le háit ar bith eile dá leithéidí san am.

Dála an scéil, ní i Saile Laoi féin, ach ar an Siléar, áit bheag álainn atá ag gobadh amach sa bhfarraige i mbarr Ros Muc, is cosúil, a bhí an chéad áit rialta léite Aifrinn sa gceantar. Seo i dteach na gCeannabhánach. Ní raibh sagart cónaithe sa gceantar an t-am sin. B'in b'fhéidir thart ar 1740, agus thiocfadh dó go raibh an tAifreann á cheiliúradh ar an Siléar nó gar dó le céad bliain roimhe sin. Thagadh sagairt scaití thart faoin áit, d'fhanaidís scaitheamh sula n-imídís leo go dtí áiteacha eile. Bhíodh an pobal ansin fágtha gan sagart nó go dtiocfadh an chéad duine eile díobh thart. De réir scéil, chaitheadh pobal Ros Muc go fial leis na sagairt fáin seo; tá trácht sa seanchas ar chuid díobh go fóill féin. Scaití, áfach, ní sagairt dhlisteanacha a thagadh ach ruagairí reatha a bhíodh ag ligean orthu féin gur shagairt iad. Bhí beagán den cheird acu, nó cuma na ceirde ar aon nós. B'fhéidir gur shagairt bhriste nó mic léinn sagartóireachta nár sheas an cúrsa a bhíodh i gcuid díobh. Cá bhfios? Bhí a dtuairisc go mion ag William Pháidín Liam. Bhailídís airgead, b'in a bpríomhghnó agus d'fhanaidís i dtithe daoine mar a dhéanadh na sagairt chearta.

Bhí duine díobh uair agus é suas le coicís i Ros Muc in ainm agus a bheith ag féachaint i ndiaidh riachtanais spioradálta an phobail agus ar ndóigh, ag bailiú airgid. Cé a thiocfadh an bealach ach sagart dlisteanach. Thuig seisean ar an toirt gur ag cur i gcéill a bhí an fear eile. Rith an ruagaire reatha leis soir i dtreo Scríb agus an sagart ceart agus cuid den phobal sna sála air. Rugadh air. Buaileadh dona go leor é. Rinne sé impí ar an sagart: 'Nach mór an scannal é, sagairt Dé a bheith in árach a chéile'. Sa naoú haois déag, chuaigh cúpla teaghlach i Ros Muc le Protastúnachas, ach ba bheag é agus, dá ndeoin nó dá n-ainneoin, d'fhill a bhformhór ar an gcreideamh Caitliceach. Thiocfadh dó gur beag i Ros Muc anois a bhfuil aon eolas beacht acu faoi seo, ach bhí an t-eolas ar fad ag an Athair Maitiú Ó Cionnaith.

Nuair a tháinig an tAthair Tomás Breathnach go Ros Muc mar shagart cónaithe, ba dheacair dó tabhairt ar an bpobal glacadh le rialacha na heaglaise. Ní raibh an cleachtadh acu ná tuiscint iomlán ar céard a bhí i gceist. Ba dheacair go deo tabhairt orthu dul ar Aifreann go rialta ná glacadh le teagasc críostaí. Seachas rud ar bith eile, is beag fonn pósta fhoirmeálta a bhí ar mhuintir Ros Muc. Cuimhnigh gurbh é seo roimh aimsir an Ghorta Mhóir agus gur dhream spraoi agus spóirt, rince, ceoil agus óil a bhí i bhformhór an phobail. Ní raibh an saol chomh dona in aon chor agus a bhí ina dhiaidh sin. Deireadh Beartla Dhonnchadha as Ros Cíde go minic gur píonós ó Dhia a bhí sa nGorta de bharr an saol aerach a bhí á chaitheamh ag daoine.

Ar aon nós, ba bheag fonn a bhí ar lánúin a bhí ina gcónaí le chéile ar feadh i bhfad bacadh le searmanais phósta, de réir tuairisce faoin bparóiste mar a bhí sé lena linn féin agus i bhfad roimhe a chuir an tAthair Maitiú Ó Cionnaith i dtoll a chéile don Easpag Mícheál de Brún i nGaillimh sa mbliain 1947 agus a bhfuil cóip agam di. Bhí deacrachtaí ar leith i Ros Muc agus i bhFairche na Gaillimhe an t-am sin maidir le luaidreáin faoi shagairt éagsúla agus fós faoi gur imigh Séiplíneach Chamuis i Ros Muc, an tAthair Tomás Ó Laoi, go Sasana agus gur phós sé Anna Ní Loingsigh, máistreás scoile sa gceantar. Ba tharlachtaint an-neamhghnách é sin an t-am úd. Bhain sé croitheadh as an bpobal agus as an gcléir ar fad. Is ceart a rá gur éirigh thar cionn leis an bpósadh agus go bhfillfeadh Tomás agus Anna ar an gceantar ina dhiaidh sin agus go raibh teaghlach breá mór acu.

Tá cur síos ina thuairisc ag an Athair Ó Cionnaith ar iarracht a rinne an tAthair Tomás Breathnach a thabhairt ar Bheartla Ó Mainnín agus ar a bhean a chónaigh gar do Shruthán an Mhuilinn agus a raibh triúr páistí acu, pósadh de réir na hEaglaise.

Tháinig an sagart agus beirt fhear ina theannta chuig teach an Mhainnínigh de shiúl oíche le hiachall a chur orthu pósadh. Bhí an bhean sásta pósadh ach dhiúltaigh Beartla sin a dhéanamh. Bhuail an sagart Beartla. De bharr an bhuailte, cailleadh é go gairid ina dhiaidh sin agus fágadh an bhean agus na páistí gan chúnamh.

Is iomaí sagart spéisiúil eile a bhí i Ros Muc sa 19ú céad agus roimhe sin. Bhíodh caint ar an Athair Ruairí Ó Cuinn a raibh spéis thar na bearta aige i dtalamh agus i mbeithígh agus in airgead agus ar tharla achrann poiblí faoi cé mba leis an mhaoin ar fad nuair a athraíodh soir go hÓrán Mór é. Is go hÓrán Mór a sheoltaí sagairt pharóiste Ros Muc nuair a bhíodh ardú céime dlite dóibh. Ba é an tAthair Séamus Ó Catháin a tháinig i ndiaidh Ruairí Uí Chuinn sa mbliain 1867. Chaith sé ocht mbliana déag i Ros Muc. Níl dearmad déanta fós go mbíodh a stil poitín féin aige, gur mharcach breá ab ea é agus fear maith farraige agus go dtugadh sé an-tacaíocht do Chonradh na Talún.

Ní fonn rómhór a bhíodh ar shagairt teacht go Ros Muc san ochtú haois déag ná sa naoú haois déag ach an oiread, ná b'fhéidir sa bhfichiú haois, fiú. Facthas gur áit chontúirteach a bhí ann. Is dóigh gur dheacair milleán a chur ar shagairt nach dtiocfadh ann.

Bhí Ros Muc scoite amach ó phobail eile. An té a sheasfadh ar bharr Chnoc Chamuis, thuigfeadh sé an scéal: Cuan Chill Chiaráin taobh thiar, tuilleadh farraige taobh thoir den leathinis agus farraigí eile fós amach uaidh, lochanna agus aibhneacha beaga á ngearradh amach ó gach aird. Seachas an seanbhóthar garbh trasna na gcnoc as ceantar Úraid, is beag bóthar ná cosán a bhí ag déanamh air. Is beag nach oileán a bhí ann nó gur tógadh na bóithre.

Sa mbliain 1789, dúradh le sagart ar an gCillín, áit atá idir Casla agus Cuan an Fhir Mhóir, agus an t-ainm a bhíodh tráth ar Pharóiste na Ceathrún Rua, dul agus freastal eaglasta a dhéanamh ar phobal Ros Muc. Dhiúltaigh sé glan. Tá a litir dhiúltaithe i mí na Samhna 1789 fós i gcartlanna na Gaillimhe. Dúirt sé nár mhiste leis dá lobhfadh muintir Ros Muc agus muintir na gcnoc ar nós caorach ach nach rachfadh seisean ina ngaobhar. Ní miste a rá go bhfuil freastal maith ar an Aifreann i Ros Muc, ar a laghad ar bith chomh maith céanna agus atá in aon cheantar eile den tír ar féidir é a chur i gcomórtas leis. Bhí Gaeilge chothrom ag cuid mhór de na sagairt a tháinig go Ros Muc.

Thuig cuid acu tábhacht na teanga agus bhí meas dá réir acu ar phobal a sheas lena ndúchas. Níor mhar sin dóibh ar fad. Léigh an tAthair Liam Ó Móráin an chéad Aifreann Gaeilge i Ros Muc ar an 7 Márta 1965 agus chuir an pobal an-fháilte roimhe. Is i Laidin a bhíodh an tAifreann roimhe sin, ar ndóigh. Sna blianta ina dhiaidh sin, thriail sagart nó dhó cuid den Aifreann a léamh i mBéarla agus thriail duine nó beirt eile díobh seanmóirí a thabhairt i mBéarla. B'uafásach go deo an masla é sin don phobal, rud a cuireadh in iúl dóibh féin agus don Easpag. Bhí sagart amháin ann agus tar éis dó ordú a fháil ón Easpag an tAifreann a cheiliúradh i nGaeilge, rinne sé sin. Ach is i mBéarla ar fad a labhair sé leis na daoine taobh amuigh den Teach Pobail.

Is beag coirpeacht atá nó a bhí i Ros Muc, cé go mbíonn gadaíocht, bualadh, robáil agus a leithéidí i gceist scaití. Daoine mánla, geanúla, laethúla formhór an phobail, cé go bhfuil fiántas ar leith ag baint le neart dínn mar a bhíonn le dream cladaigh ar bith eile. Ní raibh ach fíorbheagán maruithe riamh san áit; ba mhó go mór a báthadh de bharr timpistí farraige ná a maraíodh ar aon tslí eile. Ach bhí marú amháin blianta ó shin ar bhád i gCuan Chill Chiaráin, cailín a bhí ag súil le páiste. Is beag a deirtear faoi. Is é marú Sonaí Dan Bhreathnaigh, ar fríothadh a chorp agus buidéal poitín gar dó i Sruthán an Mhuilinn, sruthán a cheanglaíonn Loch Eiliúrach leis an bhfarraige, sa mbliain 1929, an choir ba mhó a tharraing aird na tíre ar fad ar Ros Muc. Ba é barúil na ngardaí ar an nGort Mór ar dtús gur timpiste a tharla, gur thit Sonaí Dan isteach sa sruthán agus braon maith ólta aige. Ach bhí amhras ar dheirfiúr de Sonaí Dan i Meiriceá agus scríobh sí litir chuig Coimisinéir na nGardaí Síochána, an Ginearál Eoin Ó Dufaigh. D'ordaigh seisean go ndéanfaí tuilleadh fiosruithe agus cuireadh gardaí eile i mbun na hoibre. Tar éis tamaill, gabhadh baintreach Sonaí Dan agus cara léi, fear as an gCladach ó Dheas de mhuintir Sheoighe. Cuireadh ina leith gur dhúnmharaigh siad Sonaí Dan. Ní raibh an triail i mBaile Átha Cliath sásúil ar a lán slite. Rinneadh dearmaid bhunúsacha maidir le cearta daoine fianaise a thabhairt ina dteanga féin. Thug daoine as Ros Muc fianaise i nGaeilge, ach de bharr míthuiscintí a deirtear a bheith ar an bhfear teanga, is deacair a rá anois ar thuig an Chúirt go soiléir céard a bhí ráite. Bíonn argóintí fós ann i measc lucht dlí faoi chás cáiliúil seo Sonaí Dan. Fríothadh an bheirt ciontach agus daoradh chun báis iad. Rinne siad achomharc ach níor éirigh leo. Bhíodar beirt le crochadh agus an dáta socraithe, ach chuir a lán i Ros Muc ina aghaidh sin, Mícheál Ó Máille, siopadóir, a raibh leas na háite i gcónaí i gceist aige, go mór mór. Tosaíodh feachtas mór leis an mbeirt a shábháil.

 Ghéill an rialtas sa deireadh agus gearradh príosún saoil orthu in áit a gcrochta. Sílim dá mba anois a bheidís ar a dtriail, nach móide go gceapfaí dóthain fianaise a bheith ann lena gciontú. Ní raibh a leithéid de tharlachtaint i Ros Muc roimhe ná ina dhiaidh agus bíonn caint fós air.

 Ba é an Poncán, mar a thugtaí air, Árannach darbh ainm Pádraig Ó Fathartaigh, an sáirsint gardaí ba mhó suntas dá raibh i Ros Muc. Fear breá, mór a bhí ann a bhí an-dáiríre faoina chuid dualgas agus a bhí géar ar an bpobal agus ar na gardaí a bhí faoi. Bhíodh faitíos roimhe nach mbíodh roimh ghardaí eile, fir a raibh a bhformhór lách leis an bpobal agus a mbíodh tart mór ar chuid díobh. Bhí cáil ar leith ar an bPoncán mar go raibh sé i dteannta Liam Uí Fhlathartaigh, scríbhneoir domhanda Árann, ar ócáid stairiúil i mBaile Átha Cliath. Thóg siad féin agus lucht dugairí, a bhí dífhostaithe, seilbh ar Sheomraí an Rotunda i lár na cathrach i mí Eanáir 1922 agus d'fhógair siad Poblacht Shóivéideach Éireann. Bhí an réabhlóideachas go mór san aer an t-am sin agus scoilteanna polaitiúla le tabhairt faoi deara de bharr an Chonartha Angla-Éireannaigh a síníodh an mhí roimhe sin i Londain agus nár thaitnigh lena lán. Mhair an tSóivéid seo ceithre lá nó gur cuireadh faoi chois í le cabhair lucht múchta tine Átha Cliath agus neart uisce. Ní móide go raibh aon bhaint eile ag sáirsint cáiliúil Ros Muc leis an réabhlóid nó le polaitíocht de chineál ar bith. Is le dlí, ord agus reacht a chaith an Poncán a shaol i Ros Muc.

Tá ceannas anois i Ros Muc ag leithéidí Mheta Uí Mháille agus Choilm Uí Mhainnín agus daoine eile a bhaineann leis an bpobal féin. Níltear ag brath a thuilleadh ar dhaoine ón taobh amuigh, cléir ná tuata. Tá misneach ag muintir an pharóiste féin. Ní hin le rá dearmad a bheith déanta ar dhaoine ón taobh amuigh a bhíodh san áit agus a rinne leas na háite, Máirtín Ó Cadhain a bhíodh i gCamus mar mháistir scoile agus a bhí i mbun na nÓglach ansiúd lena linn, Lil Nic Dhonnchadha a thagadh ann go minic, Dónal Ó Lubhlaí a thug Coláiste na bhFiann go Ros Muc agus a bhfuil ardmheas air, an tAthair Piaras Ó Dubhghaill, Séamus Ennis agus a athair agus a mháthair a bhíodh go coitianta i Ros Muc, Seán Ó Súilleabháin, an péintéir, an Dr Heinrich Becker a chaith tréimhse ansin le linn an Dara Cogadh Domhanda agus a thug leis Gaeilge den scoth agus Tomás Mac Anna, an fear amharclainne agus Eoin Mac Tiarnáin, an Gael-Mheiriceánach a rinne leas na Gaeilge agus na tíre ar an oiread sin slite. Is beag nach bhfuil dearmad déanta ar 'na huaisle' mar a tugtaí orthu tráth, Sasanaigh agus Angla-Éireannaigh a d'fhanadh i dTeach Mór Scríb nó in *Inver Lodge*.

Marach shárobair thaighde Sheosaimh Uí Chuaig agus a scannán teilifíse, an mbeadh cuimhne ar bith anois ar Lord Dudley agus a bhean agus a gceangal le Ros Muc?

Caitlín Maude, file (1941-1982)
Le caoinchead An Chomhlachais Náisiúnta Drámaíochta

Ach tá cuimhne ar Phádraic Mac Piarais agus, mar a dúras i dtús báire, is de bharr an Phiarsaigh agus Phádraic Uí Chonaire atá ainm Ros Muc féin in airde. Sin agus de bharr cháil Chaitlín Maude, duine de na filí ab fhearr dá raibh sa tír le fada. Tuige, dála an scéil, ar tháinig an oiread sin scríbhneoirí as Ros Muc agus go Ros Muc? An mbaineann sé le háilleacht na háite agus leis na radharcanna breátha atá le feiceáil as, na Beanna Beola, Cnoc Mordáin, Cuan álainn Chill Chiaráin, agus Leitir Móir agus na hOileáin agus Droichead an Daingin agus Eanach Mheáin amach uaidh? Is fada pobal i Ros Muc; bíodh súil againn gur fada a bheas pobal ann agus gur beatha agus nach bás atá i ndán don áit. Pocaidí dubha Ros Muc, sin a thugtaí go maslach ar mhuintir Ros Muc tráth. Ach ghlac sinn leis; ní chuireann an t-ainm 'pocaide' isteach orainn a thuilleadh. Tá bród orainn gur sinne ar fad anois Pocaidí Dubha Ros Muc.

Carna
Seosamh Mac an Rí

Baineann ábhar na haiste seo le paróiste Charna, paróiste a bhfuil dhá phobal ann, pobal Charna agus pobal Chill Chiaráin. Paróiste mór é. Tá sé timpeall deich míle ar fhad ó cheann Mása soir go droichead Inbhir agus idir trí mhíle go leith agus cheithre mhíle ar leithead ó Ghabhla go dtí an Poinnte in Aill na Brún nó Meall Rua i Maínis.

Nuair a tháinig Naomh Pádraic go Máiméan fadó bhí sé ráite gur bhreathnaigh sé soir agus ó dheas uaidh agus nach bhfaca sé cosúlacht cónaithe in áit ar bith agus gur dhúirt sé lena ghiolla go dtabharfaidís a n-aghaidh ó thuaidh. Rinneadar amhlaidh agus tá a fhios agaibh féin an chuid eile! Cheapfainn go raibh dul amú ar an bhfear má cheap sé nach raibh daoine ina gcónaí sna bólaí seo ag an am, mar tá sé dochreidte go dtiocfadh Macdara, naomhphátrún na háite seo, chun cónaithe ar oileán nach raibh duine ná deoraí i bhfoisceacht cúpla scór míle de. Admhaím go raibh idir dhá chéad agus trí chéad bliain idir theacht Phádraic go Máiméan agus tréimhse Mhac Dara ar an oileán seo amach uainn. Bíodh sin mar atá, bhí an ceantar iargúlta ag an am sin—níl níos mó, ná le fada. As an gceann thiar den pharóiste mise, as baile na hAirde Thoir agus, mar atá a fhios ag cách faoin am seo, níl aon áit ón Sidheán go Seattle agus ó dheas go Terra del Fuego nach bhfuil ainm an bhaile seo i mbéal na ndaoine ann.

Is furasta fáth a chur leis an ráiteas sin. Clann Dhonncha agus Ceannabháin is flúirsí ar an mbaile seo agus tá siad ann, mar deiridís fadó, ó bhí an deabhal ina pháiste. Is ábhar mórtais dá muintir is dá mbaile iad, pé ar bith áit a dtéann siad. Daoine croíúla, cuideachtúla iad ar fad, agus grádiaúil, a roinnfeadh a mbéile leis an mbacach, agus is iomaí bacach a tháinig an bealach agus a choinnigh ag teacht an bhealaigh nuair a thugadar faoi deara féile agus flaithiúlacht na ndaoine agus boige shíne a bheith le fáil timpeall orthu. Mar a dúirt mé, tá a gcáil imithe i bhfad is i ngearr agus ní mar gheall ar fad ar a gcuid gnaíúlachta ach le feabhas a gcuid fonn.

Teampall Mhic Dara

Dúchas, An tSeirbhís Oidhreachta c. 1990

Bhí na hamhráin acu ariamh, idir amhráin Ghaeilge agus amhráin Bhéarla, ach, beagnach ó bunaíodh an stát seo, bhí iomainn Laidne acu chomh maith. Tá na hamhráin acu inniu ach shílfeá nach bhfuil siad chomh líofa sa Laidin ar an aimsir seo agus bhíodar fadó. Ach dá dheacra is dá dhuairce dá raibh an saol bhí muintir an bhaile seo ag ceol is ag gabháil foinn. Ba é saibhreas na hoidhreachta sin a thuill clú ar leith do mhuintir an pharóiste seo i measc bhailitheoirí ceoil agus béaloidis, i gcéin is i gcóngar. Níor lúb anró an tsaoil ariamh iad agus sin tréith atá faighte, agus le cúnamh Dé a bheas fágtha, le huacht acu.

Ach bhí áiteacha nach mar sin a bhí. Bhí gorta agus ganntanas go leor sa 19ú céad síos Contae Mhaigh Eo agus suas Liatroim. Bhí gorta ann sa mbliain 1830 nó sna blianta sin; bhí, ar ndóigh, an Gorta Mór agus bhí gorta eile sa mbliain 1879-80. Tháinig roinnt mhaith daoine isteach go Conamara agus fuaireadar gabháltaisí ar chimíní sléibhe. Bhí slánú in aice an chladaigh.

Bhí báillí agus a gcuid failpéirí gníomhach ag an am seo. Ba dhuine den ghasra an té a bhfuil tagairt dó sa véarsa seo:

> Dá mbeadh péire maidí rámha agam
> Agus bád de mo chuid féin,
> Bheinn ag baint na carraigín'
> 'S dá triomú leis an ngréin:
> Thabharfainn lucht go Gaillimh dhi
> Agus taoscán ar an traein,
> D'íocfainn an cíos le Robinson
> 'S bheadh brabach beag a'm féin

An Robinson seo atá i gceist san amhrán, George Robinson ab ainm dó. Ba é an báille é a bhí ag an *Law Life Assurance Company*, a bhí ina n-úinéirí ar Eastát na Máirtíneach i mBaile na hInse. Dhíol an comhlacht árachais úd an t-eastát le fear darbh ainm Berridge. D'fhan Robinson mar bháille ag bailiú cíosa dó siúd freisin. B'in timpeall 100 bliain ó shin. Bhí sé ráite go mba droch-bhuachaill é Robinson—ach cá bhfuil an báille nach raibh amhlaidh! Nach ndearna Riocárd Bairéad píosa breá filíochta faoi dhuine acu a bhí ina chónaí thíos in Iorras i gCo. Mhaigh Eo, Eoghan Cóir a thug sé air. Céad bliain roimh an am a raibh Robinson ag bailiú cíosa a leagadh na hordóga ar Eoghan. Dá bhfreagrófaí paidreacha bheadh na hordóga ar Robinson níos túisce ná a dheonaigh Dia é. Thiar i gCloch na Rón a bhí cónaí air. Ba mhór ag lucht suirí Coill Robinson fadó. Níl olc i dtír nach fearrde duine éicint!

Le borradh a chur faoi cheantair sa tír seo a bhí faoi mhíbhuntáiste shocraigh Rialtas Shasana bord rialtais a bhunú ar an tugadh Bord na gCeantar Cúng nó an Congested Districts Board (BCC) ba ghnách a thabhairt air. Ba ar an gcúigiú lá de Lúnasa 1891 a tugadh aitheantas dlí don Bhord ar feadh téarma 20 bliain agus, ina dhiaidh sin, de réir mar shocródh an Rialtas. Ba i mBaile Átha Cliath a bhí ceanncheathrú an Bhoird agus deichniúr a bhí ainmnithe mar chomhaltaí, ina measc Arthur Balfour, Príomhrúnaí na hÉireann ag an am, Horace Plunkett, ceannródaí ag eagrú comharchumann agus Major William Peacocke—tá barúil againn cár chaith sé siúd cuid dá shaol! Ag a gcéad chruinniú ar an dara lá de mhí na Samhna toghadh ceithre choiste a bhreathnódh i ndiaidh na réimsí seo: Talamh, Tionscail, Iascaireacht agus Airgeadas.

Ag an am seo bhí i gCarna duine de scoth na bhfear, an tAthair Ó Flannúra, nó Father Flannery mar ab fhearr aithne air. An bhliain sular bunaíodh an BCC thug sé Sliabh an Chnoic Bhuí do na húdaráis le go gcuirfí faoi choill é, agus, ar an mbealach sin, saothrú a thabhairt do mhuintir na háite. Timpeall 960 acra a bhí sa réimse sléibhe ar fad agus caitheadh £1,970 an bhliain sin air, timpeall an deichiú cuid de á draenáil, ag cur claí ar an áit, ag déanamh bóithre ann agus ag cur coille ann. An bhliain dár gcionn caitheadh £1,427 eile leis an obair. Bhí suas le dáréag cineál crann curtha ann. Éist leis an liosta—is é an leagan Béarla a fuair mé agus is é an leagan Béarla a thabharfas mé: *Sycamore, Elm, Beech, Birch, Poplar, Alder, Larch, Scotch Fir, Spruce, Silver Fir, Seabuckthorn, Willow, Elder*—creidim gurb eo é an crann 'trom' agus gur 'fearnóg' an Ghaeilge ar an *Alder*. Is iomaí troid a tharraing an trom aimsir scoile fadó agus níorbh é an crann féin ba chúis leis ach na gunnaí pléascáin a dhéantaí as! Ach ar ais go dtí an Cnoc Buí! Bhíothas ag leanacht ar aghaidh le 200 acra eile a chur faoi choill, ar chostas £4 10s an t-acra. Bhí foraoiseoir oilte acu i mbun na hoibre seo. Bhí rún acu freisin 10 n-acra fóisin (*ozier*) a chur ag fás le súil go mbunófaí tionscal caoladóireachta i gCarna.

Ba í an iascaireacht ab fhearr a chuaigh chun cinn agus chun tairbhe do dhaoine sa taobh seo tíre. Tógadh céibheanna agus rinneadh bóithre isteach trí na bailte. Ag deireadh an 19ú céad bhí céibh an Mhása críochnaithe ar chostas £2,191; céibh Fhínise ar chostas £74, agus solas ar Chruach na Caoile ar chostas £3. Tógadh an droichead agus céibh an Choillín sa mbliain 1891, céibh na hAirde Thiar agus céibh an Aircín ar an Oileán Máisean sa mbliain 1894. Bhí tús curtha le tógáil chéibh an Chrompáin agus chéibh an phortaigh i Maínis blianta go leor roimhe seo. Níl trácht ar bith sna cuntais ar bhóthar Dhumhaigh Ithir ná ar bhóthar nó ar chéibh na hAirde Thoir. Ach, mar a deireadh seanbhuachaillí an dá bhaile agus iad ag ól sláinte a chéile Tigh Phádraic Rua fadó, 'Tiocfaidh ár lá'—agus tháinig! Críochnaíodh bóthar na hAirde Thiar ar chostas £131 agus bóthar Mhaorais, Leitir Ard agus Ghlinsce ar chostas iomlán £1,249.

Ach pé ar bith cén chaoi a raibh an saol ná an aimsir, bhí na Cathasaigh agus na Clochartaigh ag déanamh bád. Bhí *Zulu*—sin *Decked Herring Boat*—agus *Nobby* tógtha ag na Clochartaigh agus *Nobby* tógtha ag na Cathasaigh agus cuid éicint acu agus teagascóir an BCC imithe go Garmna ag thabhairt cúpla *tip* do Trayer! £300 a chosain sé *Nobby* a chur ar farraige, £150 ar an mbád féin agus £150 ar an ngiar. Ba thiar i gCloch na Rón a dhíoltaí an chuid ba mhó den iasc agus a chomhuain is bhí an taobh abhus ag marú bhí Cloch na Rón ag bláthú.

Ba sa mbliain 1893 a tugadh isteach teagascóir le taispeáint do na daoine le fataí a spraeáil. Ní obair í a raibh mórán suime inti, de réir thuarascáil na linne, ach cuireadh ina luí ar na daoine tábhacht na spraeála agus an bealach ceart leis an tsulfáit chopair agus an tsóid níocháin a thomhas agus a mheascadh sa gcoibhneas ceart. Scuaibín fraoich a bhí ag cuid de na daoine leis an spraeáil a dhéanamh—rud a chonaic mé le mo linn féin. Socraíodh meaisíní spraeála a dhíol le na daoine ar 22s an ceann, meaisín amháin idir cúig ghabháltas. Tugadh isteach pór nua fataí— *Flounders*, in áit na *Snowdrops* agus na *Wonders*—ach ceachtar den trí chineál ní raibh inchurtha le ceann amháin, an *Champion*, agus b'amhlaidh sin go ceann cúpla scór bliain eile.

Colm Ó Cathasaigh, saor báid, Maínis
*Bailiúchán Phádraig Mhic Dhubháin,
Ard-Mhúsaem na hÉireann, c. 1940*

Is iomaí eachtra a bhain le saol an cheantair arbh fhiú a inseacht anseo ach níl spás ann ach do chúpla ceann acu. Baineann ceann amháin le seoltóireacht agus baineann an ceann eile le saighdiúireacht. Nuair a sheol Stiofán Hughie Ó Ceannabháin agus Jack Ó hUaithnín síos cuan na hAirde, maidin moch an cúigiú lá de Bhealtaine na bliana 1848, ag déanamh ar Oileán an Dá Bhruthnóg, in aice le teach solais Árann, le dhul ag iascach cnúdán, ba bheag a cheapadar go mbeadh sé tamall sul a dtiocfaidís aníos an cuan sin aríst. Ba le Stiofán Hughie an bád seoil—leathbhád a bhí inti—agus ba é Jack Ó hUaithnín a bhí á gabháil (ar an stiúir). I gceann píosa den lá d'éirigh feothan gaoithe aduaidh, neartaigh sí go tobann, agus faoin am a thug fir na hAirde aghaidh ar an mbaile bhí sé ina stoirm agus cuireadh le fána iad. Báthadh báid agus daoine ar an gcósta an tráthnóna céanna. Níor tháinig Stiofán ná Jack abhaile an tráthnóna sin, ná tráthnóna lá arna mhárach, ná seachtain ó lá arna mhárach. Ní raibh aon tuairisc orthu ná uathu. Caoineadh iad agus cuireadh beannacht Dé lena n-anam.

Tráthnóna deireanach, trí seachtainí tar éis lá na stoirme, chonacthas bád seoil ag déanamh isteach Bealach na Sruthaire. Mearbhall a bhí ar chuid acu siúd in íochtar an bhaile a chonaic í, mar nach raibh aon bhád le culaith sheoil dá sórt sna bailte. Scanradh a bhuail cuid eile mar gur cheapadar gur bád sí a bhí inti! Bhí na seolta ab aistí uirthi dár facthas ar aon bhád ariamh. Bhí paistí móra liatha i measc an datha dhoinn—gnáthdhath na seolta. Lean an bád uirthi aníos an cuan. Beirt fhear a bhí ar bord. Aithníodh an bád. Ba í bád Stiofáin Hughie í. Sheol an bád suas an cuan gur stríocadh seolta agus caitheadh ancaire i gCaladh na mBád, ag an gceann thuas den bhaile. Ní gá a rá gur cuireadh fáilte dheorach roimh an mbeirt mhairnéalach.

Tar éis cúpla lá bhí an scéal iomlán ag muintir an bhaile. Lean an stoirm úd ar feadh laethanta ach go raibh an ghaoth ag lagadh agus ag gabháil siar aduaidh. Tornáil ghéar ag iarraidh fanacht glan ar charraigeacha ar chósta Chontae an Chláir. Farraige cháite á bualadh san éadan orthu agus gan snáth tirim ar a gcraiceann, gaoth agus sruth á séideadh is á suaitheadh. Ach bhí Dia agus Naomh Breandán i bpáirt leo. Istigh i gcrompán faoi scáth Chnoc Bhréanainn, nó 'an Brandán' mar tugtar air sa taobh seo tíre, b'ann a chaitheadar ancaire agus iad ionanns i ndeireadh na preibe.

Caitheadh go maith leo i gCiarraí. Ba é seo ceann de bhlianta an Ghorta Mhóir, an bhliain deiridh, mar a tharla, agus mórchuid mhuintir na tíre lag agus in ísle brí. Ach, lag nó láidir, bhí díol meitheal fear d'obair agus d'anró roimh Stiofán agus roimh Jack sula mbeidís ar ais aríst i measc a muintire. Ar an gcéad dul síos, bhí paisteáil le déanamh ar an éadach, bhí spladhsáil le déanamh ar na láinnéir, bhí fáisceadh agus daingniú le déanamh anonn is anall ar an mbád féin agus tar éis na hoibre sin ar fad, bhí ceithre scór míle farraige amach rompu, sin gan trácht ar chor ar bith ar, b'fhéidir, na mílte farraige tornála a bheadh orthu a dhéanamh de bharr srutha is gaoithe. Cén chás é ach ní raibh an chianóg rua ag ceachtar den dá chréatúr.

Chuadar chuig an sagart ag iarraidh déirc bheag air ach dúirt seisean nach raibh mórán den rath aige féin le tabhairt dóibh, aimsir Gorta, bhí a chiste spíonta, ní nárbh ionadh. Mhol sé dóibh a dhul ag dtí an Ministéir Protastúnach; rud a rinne, agus níor thuras in aisce dóibh é. Thug sé an oiread dóibh is go rabhadar in ann caoi sheolta a chur ar an mbád agus ó bhí aghaidh tagtha ar an aimsir, a mbealach a dhéanamh ar ais go dtí an taobh seo tíre. Bhí Dia i bpáirt leo. Tháinigeadar ar ais slán sábháilte go dtí an Aird Thoir, gan cabhair cloig ná compáis, tar éis éacht seoltóireachta a bheadh deacair a shárú.

Tar éis an Ghorta Mhóir chuir Rialtas Shasana scéim imirce ar fáil ar tugadh an *Free Emigration* nó Saor Imirce air. Faoi réir na scéime seo, ach blianta difriúla, chuaigh beirt fhear as an Más, Tomás Ó hUaithnín, nó Tomás Mhicil Liam, agus Séamus Bolston anonn ar an mbád seoil go Meiriceá. Pé ar bith cén bealach ar tharla sé, ba isteach in arm an Deiscirt nó na *Confederates*, faoi cheannasaíocht Robert E. Lee, a chuaigh Tomás. Blianta ina dhiaidh sin a thug Séamus aghaidh ar Mheiriceá. Go bhfóire Dia orainn, ba bhriseadh croí dósan an turas. Bhí a iníon, cailín 15 bliana, aige in éineacht leis agus nach bhfuair sí fiabhras, cailleadh í agus b'éigean an corp a chaitheamh i bhfarraige. B'uafásach an iarraidh í. Níorbh fhada thall dó go ndeachaigh sé ag saighdiúireacht le hArm an *Union*, a raibh Ulysses Grant mar cheannaire air.

Thosaigh an Cogadh Cathardha thall sa mbliain 1861, beirt fhear an Mhása ag pléascadh lena chéile! agus mhair an Cogadh go dtí 1865. Pé ar bith scéal é, tar éis gur maraíodh suas le 800,000 fear sa gCogadh thug beirt fhear an Mhása na cosa leo agus rinne a mbealach abhaile. Chuala mé Pádraic mac Dhonncha, nó Pádraic Joe Pheaitsín, Beannacht Dé lena anam, chuala mé ag rá é gur chuala sé féin ón seandream nach raibh lá a dtagadh Tomás Mhicil Liam anuas chun céibhe nach mbíodh Séamus Bolstron amuigh roimhe agus thosaíodh an díospóireacht faoi ghné éicint nó eile den chogadh agus lean sé sin ar feadh blianta. Ceann d'iontais mhóra an tsaoil gur tháinig fir seo an Mhása agus na hAirde Thoir slán abhaile tar éis na gcontúirtí duaiseacha a ndeachadar tríothu. Bhí fear amháin den cheathrar fear sin, go gcaithfear a rá gur fhág an fharraige mhór gág gan cneasú ar a intinn.

Bhí lá mór i gCarna chuile bhliain go mbínnse agus a raibh in aon teach liom—agus go deimhin muintir an phobail ar fad—ag tnúth leis. B'in é Lá an tSeó, nó 'Lá Teaspántas Capaillíní Chonamara', mar a bhí sa leagan Gaeilge ar chlúdach na catalóige an t-am sin. B'iontach an lá é. Ní fheictí an oiread daoine le chéile in aon áit sa bparóiste ná níos faide ó bhaile, lá patrúin, lá geallta ná lá lúthchleasa is a bhíodh i gCarna an lá sin. Bhídís ann as chuile cheard, go fiú as Sasana. Go deimhin, cheannaigh fear, a bhí ina Theachta Parlaiminte i Sasana, searrach baineann ó m'athair lá seó agus bhíodh comhfhreagras idir an bheirt fhear ar feadh blianta go leor ina dhiaidh sin. Chonaic mé pictiúir den searrach nuair a bhí sí ina capall; i gceann amháin bhí sí gléasta, feistithe i gcomhair sealgaireachta, agus, is dóigh, canúint ghallda ar a cuid seitrí!

Ach b'an-lá é Lá an tSeó. Ba thaispeántas talmhaíochta é go huile is go hiomlán. Bhí ranna nó ranganna ann do chaiple—idir láireanna, staileanna, searraigh agus bromaigh; bhí ranganna ann do bheithígh—idir bha, bhudóga, bhulláin agus laonta; ranganna do chaoirigh agus uain; do chearca, coiligh, ógchoiligh, eireoga; do lachain; d'uibheacha cearc agus uibheacha lachan; im baile agus ilchineálacha glóthaigh, agus, mar bhí sa gcatalóg, 'leathphunt carraigín pioctha, nite.' Ansin, mar an gcéanna le táirgí gairdín agus garraí; tionscail chois teallaigh—cniotáil, cróiseáil, bróidnéireacht, agus d'iomad cineál snátha; ranganna do chineálacha difriúla bréidín; do shamplaí de dhathanna dúchasacha—mar a gheobhfaí ó scraithchloch agus ó phlandaí, bláthanna agus luibheanna nach bhfuil mise in ann ainm a chur orthu. Bhí comórtais cardála agus sníomhacháin agus ba é an ceann deiridh ar fad sa roinn sin, eireaball na roinne mar déarfá, an comórtas a bhí ann do rópa, nó téad a bhí déanta as fionnadh eireaball capaill, nó 'rópa fionnaidh' mar thugadh muid air. Bhí samplaí dá leithéid ar taispeáint, ag lucht capall ón gceann thoir den pharóiste, ach go háirithe. Chonaic mé rópa den sórt dá ligean, mar a ligfeá súgán, thuas ar an Roisín, i Loch Conaortha fadó.

Le linn do na himeachtaí seo a bheith ar siúl bhí feis bheag ar siúl sa gceann thiar den pháirc agus comórtais ann i ngnéithe éagsúla den chultúr Gaelach, amhránaíocht do ghasúir agus do dhaoine fásta; rincí aonair agus rincí foirne do ghasúir scoile agus do dhaltaí gairmoidis—déarfainn nach raibh aon mheánscoil ag an am ní ba ghaire ná Gaillimh—agus bhí comórtais do cheol veidhlín agus do cheol cáirdín, agus ar deireadh thiar, bhí comórtais scéalaíochta do dhaoine faoi 18 mbliana agus do dhaoine fásta. Lá an tSeó, Déardaoin, an 26ú lá de Lúnasa 1937 sa gcomórtas scéalaíochta do dhaoine fásta bhí Beartla Ó Guairim as Leitir Ard, nó Beartla Rua mar ab fhearr aithne air; Tomás Mac Con Iomaire nó Tom Mhacaí as an gCoillín, a dheartháir, Pádraic, a raibh cónaí air trasna an bhóthair uaidh; Éamonn de Búrca as Aill na Brún, Cill Chiaráin agus Beartla Ó Donncha as an mBánrach Ard, Cill Chiaráin. Déarfainn, gan bhréag gan áibhéil, nach raibh ag an am sin in aon phobal sa tír, cúigear scéalaithe a bhí ar aon chéim leis an gcúigear sin. Ar ndóigh, mairfidh cáil Éamoinn a' Búrc go deo mar gur uaidh a fuair lucht béaloidis an scéal seanchais is faide dar fríothadh ó aon duine san Eoraip ariamh—an scéal 'Eochair Mac Rí in Éirinn'.

Bhíodar ann ag Seó Charna ag inseacht scéalta gaile agus gaisce an lá breá sin tá ionann is trí bliana agus trí fichid ó shin.

Seó Charna. Ach níor le Carna amháin a bhain an Seó ach le chuile pharóiste ó Rathún go Rinn Mhaoile agus ó Loch na Fuaighe go Leitir Móir. Bhí comórtas ann, an ceann deiridh sa gcatalóig chuile bhliain, agus ba é an teideal a bhí air, *Farm Prize Scheme, Connemara.* I gcás an chomórtais seo bhí ocht roinn déanta de Chonamara. Bronnadh duaiseanna ar na feilmeacha, nó na gabháltais, ab fhearr slacht agus a raibh cuma na maitheasa orthu. Bhí os cionn 90 iontráil sa scéim an bhliain áirithe sin

1937. Níl agam ach catalóga an dá bhliain 1936 agus 1937 ach is leor é lena léiriú an t-athrú coimhthíoch atá tagtha ar an saol sa taobh seo agus ar ghnáthamh, nó *routine* na ndaoine sna blianta ó bhí mise i mo ghasúr.

Ach bhí scamall dorcha teacht aniar-aduaidh ar an Seó. Socraíodh ag cruinniú de choiste an Teaspántais, níl mé cinnte cén bhliain ach gur dóigh gur sa mbliain 1943 nó 1944 é, go ndéanfadh an Seó, mar a déarfá, camchuairt ar Chonamara; is é sin, go mbeadh Seó i mórbhaile amháin bliain amháin, i mór-bhaile eile an bhliain ina dhiaidh sin, agus mar sin de agus go mbeadh an Seó ar ais aríst i gCarna faoi cheann cúig nó sé de bhlianta. Ní mar sin a tharla. Bhí an Seó i gCarna sa mbliain 1946, agus sa gClochán an bhliain dár gcionn. Ach an Clochán níor fhág sé agus is ann a bhíonn sé ó shin. Nach gcuirfeadh sé an seanfhocal i gcuimhne duit: 'Iasacht an roilligh don fhaoileán, iasacht nach bhfillfidh go brách!' Fágadh Carna triomaithe i mbarr cladaigh go ceann leathscór bliain. Nuair a tháinig lánmara rabharta, as an gcoiteann, aríst níorbh í an bád a thriomaigh an bád a shnámh. Bád eile ar fad a bhí inti—ina déanamh, ina feisteas agus ina foireann. An t-ainm a bhí uirthi 'Gael Linn'.

Ba sa mbliain 1955 a ghlac Gael Linn cinneadh monarcha phróiseála glasraí a thógáil thíos in aice le céibh Pholl Ghlais Oileáin, i mbaile na hAirde Thoir. Ba é Pádraic Ó Cosgordha, beannacht Dé lena anam, a bhí ina Phríomhoide ag an am i Scoil na hAirde, an fear a bhí ag gníomhú ar son Ghael Linn sa gceantar seo. Rinneadh poiblíocht agus bolscaireacht ar son an tionscnaimh; ceapadh saineolaí gairneoireachta (nó garraíodóireachta) Mícheál Ó Bruadair, chun cúnamh agus comhairle a thabhairt, go háirithe leis an réamhobair, mar bhí réamhobair le déanamh agus neart ceisteanna le freagairt sular thoiligh daoine a bheith páirteach sa bhfiontar seo. Níorbh ionadh ar bith é sin. Ba rud nua sa bpobal é. Bheadh scéim dá shórt ceart go leor ar imeall cathracha agus bailte móra, ach Iorras Aithneach agus áiteacha dá leithéid—bhí corrdhuine in amhras. Pé ar bith céard a déarfar, ní fhéadfadh Gael Linn misinéir níb fhearr a bheith acu ná Pádraig Ó Cosgordha agus, lena gclú féin a thabhairt dóibh, thacaigh a mhuintir féin leis. Thóg Stíobhardaigh na Gaillimhe an mhonarcha, chuir Máirtín Conroy an Choillín an t-éadan cloiche air agus i samhradh na bliana 1958 bhí an mhonarcha tógtha, réitithe, feistithe agus foireann oibre fostaithe. Bhí margaí faighte do na glasraí. Bhí na glasraí féin réidh le piocadh. Ba é Cóilín Lábhrú, beannacht Dé lena anam, a fostaíodh le dul thart trí na bailte ina veain ag bailiú an mhála glasraí ó na daoine. Bhí ré nua tosaithe. Bhí Cóilín coinnithe gnóthach. Bhí airgead á shaothrú agus bhí spéir ghorm an tsonais ós cionn mhonarcha Ghael Linn.

Ach tar éis roinnt blianta, agus is rud é a tharlaíonn, tháinig sórt faile nó fabhta sa margadh agus thit praghas na nglasraí, rud a chuir beagán cantail ar roinnt daoine. Ach ní raibh an cluiche caillte. Tosaíodh ag próiseáil muiríní agus ag stóráil éisc sna reoiteoirí móra sa monarcha. Go deimhin, bhí daoine ann a dúirt go mba phróiseáil éisc agus ní phróiseáil glasraí ba cheart a bheith ann ón tús mar go mbeadh iasc de chineál éicint á thógáil i gcaitheamh na bliana. D'athraigh na húinéirí ach tá iasc á phróiseáil sa monarcha go dtí an lá atá inniu ann agus é ag tabhairt obair sheasta do idir 18 duine agus 24 duine i gcaitheamh na bliana. Nach beag a smaoinigh an t-innealtóir a thogh láthair na monarchan an lá breá samhraidh úd sa mbliain 1955, nuair a bhain sé scraith le sáil a bhróige i logán idir dhá chnocán agus dúirt: 'Anseo a thógfar é'—nach beag a smaoinigh sé nó a d'fhéadfadh sé a shamhailt an t-athrú a bhí i ndán don áit agus do na daoine de bharr na gcúpla focal sin. Ach ba é an chéad athrú a tharla; d'imigh an dá chnocán agus níorbh fhacthas ní ba mhó iad!

Tá pobal eile sa leath thoir den pharóiste seo agus sin é pobal Chill Chiaráin. Baile é Cill Chiaráin a bhfuil suíomh aige chomh deas is atá ag aon bhaile sa tír, é suite go hard os cionn na farraige; céibh agus caladh breá ann, séipéal, scoil, siopaí, oifig poist agus halla pobail ann, agus, ar ndóigh, cúpla teach ósta dóibh siúd gur maith leo fliuchadh an phíobáin a bheith acu ó am go ham. Bhíodh aonach míosúil ann go dtí suas le deich mbliana fichead ó shin agus b'iontach an lá é, mar fuair mise amach lá breá Bealtaine fadó nuair nach raibh mé ach 10 mbliana d'aois agus shiúil mé an naoi nó deich míle bóthair as Dumhach Ithir soir go Cill Chiaráin in áit a dhul chun na scoile. Ach sin scéal eile!

Ach an oiread le monarcha éisc an bhaile sin againne, is thíos in aice na céibhe atá príomh-mhonarcha an bhaile seo agus an ceann is sine, monarcha feamainne 'Arramara'. Sa mbliain 1947 a bunaíodh é. Is le comhlacht Albanach é. Na blianta a raibh mise i gCill Chiaráin, b'in ó lár go deireadh na gcaogaidí, bhí timpeall 50 fear ag obair ann, ar trí *shift* agus chuile fhear ag saothrú pá seachtaine sách maith. Anois, de bharr, ar an gcéad dul síos, teicneolaíocht nua-aimseartha—ríomhairí agus araile—a bheith curtha isteach sa monarcha, agus, sa dara háit, amhábhar níos saoire a bheith á allmhairiú as tíortha sa Domhan Thoir, tá laghdú an-mhór déanta ag na máistrí in Albain ar an bhfoireann oibre.

Ach tá feamainn bhuí á baint ar chladaí an Iarthair agus á tabhairt go dtí monarcha Arramara agus go mba fada a bheas. Is iontach an fhostaíocht agus an obair atá tugtha ag an monarcha seo ó bunaíodh é, ní hé amháin do mhuintir phobal Chill Chiaráin ach do dhaoine eile na scórtha míle ó bhaile. Bheadh sé deacair Cill Chiaráin a shamhailt gan é. Tá cúpla gnólocht sa gceann thoir den bhaile agus, maith mar a tharlaíonn, is mar Chomharchumainn atá dhá cheann ag feidhmiú. Tá Comharchumann Sliogéisc Chonamara ar cheann acu agus é mar aidhm aige sliogéisc a fhorbairt sna cuanta idir Ceann Gólaim agus Inis Leacain. Tá gnó easpórtála éisc aige freisin go dtí an Mhór-Roinn mar a fuaireamar amach aimsir stailc lucht leoraithe na Fraince. Tá stór mór ag Comharchumann Chonamara Thiar agus earraí feilme, ábhar tógála agus crua-earraí ar díol ann.

Tá gnólacht eile, *Irish Seafood Producers Group Ltd*, i mbun gnó anseo freisin mar chomhlacht margaíochta don tionscal feilméireachta éisc. Tá Biúró Gnó ag Treasa Dundass i gCoill Sáile agus seirbhísí gnó le fáil ansin—próiseáil focal, facs, fotóchóipeáil agus mar sin de. Tá Dara Beag Ó Flatharta é féin i mbun gnó na feilméireachta éisc. Is beag rud faoi chúrsaí éisc nach bhfuil ar eolas ag Dara mar tá a shaol caite aige ar farraige ag plé le chuile chineál éisc i chuile chineál aimsire.

Agus is iomaí punt a saothraíodh thimpeall ar Chnoc Mordáin san aimsir a caitheadh agus ní ar olann chaorach é! Nárbh é an feall é nach bhfuair muintir na mbailte sin cabhair stáit, mar fuair stiléirí Alban ón rialtas i Westminster, in áit a bheith, mar a bhíothas i gcónaí, sa tóir ar lucht déanta an leanna. Dúirt fear liom, arbh as an gCnoc Buí a mháthair, gur thug sé buidéal poitín suas go Baile Átha Cliath leis agus gur thástáil sé braon de sa tsaotharlainn tigh Jameson, san áit a raibh sé féin ag obair agus nach raibh blas difríocht idir é agus an braon fuisce a bhíodar féin a dhéanamh, ag an stáid chéanna den stiléireacht. Anois, sláinte!

Dara Ó Flatharta agus Seán De Búrca. Feilm Éisc Uí Fhlatharta. An Aird Mhóir

Micheál Mac Eoin. 1998

Ó thaobh spraoi, scléipe agus chaithimh aimsire tá neart de sin sa bpobal. Is dóigh gur ag Peil Ghaelach atá tús áite—cailíní chomh maith le buachaillí. Tá cruthaithe thar cionn ag foirne Chlub Charna le blianta fada anois, i ngach grád agus aoisghrúpa. Tá spiorad iontach iontu. Thoir i gCill Chiaráin tá caitheamh aimsire a mbíonn suas le tríocha ógánach, cailíní agus buachaillí, á chleachtadh ag deireadh na seachtaine agus sin é an Shotokan Karate. Cheap mé nach raibh aon chlub Karate níos gaire ná Gaillimh! Ait go leor, bhí mac liom féin a raibh an-tóir aige ar an gcaitheamh aimsire céanna nuair a bhí sé sna déaga. Bhí mo dhóthain céille agam gan cur isteach ná amach air.

Ar ndóigh, is lá mór do phobal na háite é Lá Fhéile Mhic Dara, an 16ú lá de mhí Iúil. Bíonn tarraingt daoine ó chian is ó chóngar ann. Is é an gnás go mbíonn Aifreann ag binn ó thuaidh an tséipéil ag meánlae. Istigh ar chéibh an Mhása a chruinníonn na daoine agus sin í an áit a mbíonn an obair ag lucht bád á n-iomluchtadh sin go dtí an t-oileán. Má bhíonn taoille chóiriúil agus, ar ndóigh, an lá tirim, ciúin, ní bhíonn aon trioblóid. Ach, mura mbíonn ceann nó ceachtar amhlaidh bíonn, mar a deir siad, beagán 'aicsean'. Ach is minice ná a mhalairt go mbíonn an lá go breá, agus ní bhíonn aon duine ag gearán má bhíonn beagán gaoithe ann. Chomh luath is a bhíonn an tAifreann thart tosaíonn an t-iomlucht aríst amach go céibh an Mhása. Dóibh siúd a mbeadh an t-am acu, is fiú go mór siúl suas go barr an oileáin agus uaidh sin siar go dtí Léim an Reite agus Spout an Tairbh, agus aniar ó dheas go dtí an Leic Dheirg san áit a bhfásann an chreathnach. Bíonn geallta bád seoil timpeall na n-oileán agus rásaí curach tráthnóna, sa Más—agus neart ceoil agus damhsa. An-lá do mhuintir an phobail, agus do chuairteoirí, é chomh maith.

Ó thaobh cúrsaí oideachais de, tá seacht mbunscoil sa bparóiste, an Scoil i gCarna an scoil is mó tinreamh, le os cionn 190 dalta, ach tá scoileanna ann a bhfuil i bhfad níos lú ná sin iontu. Tá líon na ndaltaí sna scoileanna le chéile tite beagnach 50 le ceathair nó cúig de bhlianta. Bíonn timthriall i gcás daonra i gcónaí: ardaíonn sé agus íslíonn sé, ar nós tonnta na farraige—ach beagán níos moille!

Sa mbliain 1955 a tosaíodh ar mheánscolaíocht i gCarna, thoir i gcuid d'fhoirgneamh an Chlochair mar Scoil A le triúr múinteoirí, beirt bhan rialta agus tuatach amháin. Chomh maith leis sin bhí séiplíneach, an tAthair Mac Artúir, ag múineadh Laidne go deonach. Sa mbliain 1972 comhnascadh an mheánscoil leis an scoil ghairmoidis a bhí soir an bóthar uaidh. Dúnadh an scoil ghairmoidis, a bhí ann ó 1964, ach atá anois oscailte aríst mar chraobh d'Ollscoil na Gaillimhe leis an teideal 'Ionad Oideachais agus Cultúir na hOllscoile' agus é mar chuspóir aige teanga agus cultúr na Gaeilge a bhuanú agus a shealbhú i measc phobal na Gaeilge trí chéile.

Tá Coláiste Gaeilge, Coláiste Sheosaimh Teoranta, a raibh bunáit aici i gCarna fadó, anois ag feidhmiú i gCill Chiaráin. Bíonn cúrsaí Gaeilge á reáchtáil sa scoil i rith an tsamhraidh do pháistí bunscoile agus meánscoile. Tá an Ghaeilge bríomhar go maith sa gceantar, i gcomparáid le háiteacha Gaeltachta eile. Ó thaobh comparáide le staid na Gaeilge mar a bhí sí scór nó dhá scór bliain ó shin tá sí éirithe tanaí go maith. Tá gnáthamh nó *routine* na ndaoine athraithe. Níl aon duine ag siúl ar an saol seo, sin ag siúl an bhóthair; níl daoine ag bualadh, nó ag casadh, le chéile i rith an lae mar a bhídís fadó agus ag déanamh píosaí cainte; níl cur ná baint á dhéanamh mar a bhíodh, obair a thugadh daoine le chéile. An líne as 'Amhrán na Trá Báine' a chuireann sé i gcuimhne dom: 'Níl trácht ar obair earraigh, ná rud ar bith mar é'. Is é an bosca sa gcoirnéal an máistir tí agus an máistir scoile.

Maidir le caighdeán Gaeilge labhartha chomh maith le Gaeilge scríofa—smaoiním ar an bhfreagra a thug Pádraig Ua Maoileoin ar an té a bhí ag cur agallaimh air, ar Raidió na Gaeltachta i mí Eanáir 1999, maidir leis an leabhar a bhí sé ag scríobh; nuair a fiafraíodh de an mbeadh an leabhar scríofa de réir an chaighdeáin oifigiúil: 'Beidh,' adúirt sé, 'de réir chaighdeán oifigiúil Chorca Dhuibhne.' Sin freagra ó fhear atá bródúil as a dhúthaigh agus as a mhuintir. Sprioc le haimsiú ag lucht Gaeilge i nGaeltachtaí eile.

Mar fhocal scoir, paróiste é seo a bhfuil saibhreas staire, saoithiúlachta agus seandálaíochta ann. Níl ach stracthagairt anseo do Oileán Mhicdara, oileán a thuilleann taighde a dhéanamh air agus an toradh a scríobh—ní mar scríbhinn do chomhad i gcartlann chúlráideach chathrach ach mar leabhrán a mbeadh fáil air i siopa.

Lá geallta bád ar ché Chill Chiaráin
Bailiúchán Phádraig Mhic Dhubháin, Ard-Mhúsaem na hÉireann, c.1940

Níor labhair mé ar chor ar bith ar fhothrach an chaisleáin atá in íochtar na talún sin againn féin—Caisleán Thaidhg na Buile Ó Flatharta, fear a mhair in aimsir na Banríona Eilís sa leath deiridh den 16ú céad, agus a bhfuil tagairt dó in *Hardiman's History of Galway*.

Nárbh fhiú taighde, dá laghad é, a dhéanamh ar an gcrannóg i Loch Scainimh i gCaladh Fhínise nó céard a thug sliogáin chladaigh a bheith thuas ag bun na hÁbhaighe i gCoill Sáile? Cé aige a bhfuil an eochair a osclós doras an eolais ar an bhfondúireacht Phrotastúnach a bhí i Maoras go dtí tús ré an stáit seo? Níl an t-eolas i gceanncheathrú Eaglais na hÉireann ná ag an ministéir sa gClochán. Eolas cruinn, macánta atá i gceist anseo agus ní a mhalairt. Ar deireadh thiar, cén crith aigne, staire nó socheolaíochta a d'athraigh ainm an Pharóiste—Paróiste Mhaorais, mar a bhí, go dtí Paráiste Charna, mar atá? Ábhair iad seo ar fad is fiú a thaighde agus na torthaí a fhoilsiú—'Lá éigin sula n-éagfaidh mo Róisín Dubh.'

Dúiche Sheoigheach
Áine Bhreathnach

Sa dráma úd, *As You Like It*, le William Shakespeare, samhlaíonn duine de phearsana an dráma an saol seo agus a bhfuil ann mar a bheadh léiriú leanúnach de dhráma ar stáitse ollmhór na cruinne. Ó tharla plé, a bheag nó a mhór, a bheith agam féin le cúrsaí drámaíochta, is maith a thaitníonn an tsamhail sin liom agus is leis an dearcadh sin a thugaim cuireadh daoibh agus muid ag tabhairt cuairte ar chúinne beag amháin den stáitse sin.

Go deimhin is breá, fada, pléisiúrtha an t-aistear a d'fhéadfadh muid a thabhairt trí cheantar álainn Dhúiche Sheoigheach atá suite idir Loch Coirib agus Loch Measc, le Binn Shléibhe ina lár, ach ó tharla teora spáis a bheith agam, ní mór dom teora a chur leis an limistéar a mbeidh mé ag déanamh trácht air.

Tá áilleacht agus suaimhneas na dúiche seo ar eolas i bhfad is i ngearr le fada an lá, ach bheadh iontas an domhain ar an té a thabharfadh cuairt inniu ar an áit ar a fháil amach dó nach amhlaidh a bhí i gcónaí.

Tugaim cuireadh daoibh teacht liom agus muid ag cur aithne agus breis eolais ar na haisteoirí, idir bheag agus mhór le rá, a raibh páirteanna ar stáitse an cheantair seo acu le céad go leith bliain anuas. Níl áit ab fhearr le tosaí ar an turas ná ag Stáisiún na Traenach ag an Teach Dóite. Tá sé seasca agus a ceathair bliain anois ó cluineadh feadóg na traenach anseo, ar a turas deiridh ón gClochán go Gaillimh i 1935.

Amach ó thuaidh go barr Mhám Aoidh, tá baile beag an Mháma le feiceáil síos uainn agus an gleann ag síneadh uaidh ó thuaidh. Dhá mhíle ó dheas, tá ballaí daingne Chaisleán na Circe le feiceáil ar oileán beag i Loch Coirib—Caisleán a bhí luaite sa stair le Muintir Uí Chonchúir, na Seoighigh, na Flaitheartaigh agus le Gráinne Ní Mháille.

Ag droichead an Mháma, tá an foirgneamh stairiúil, atá anois ina theach ósta, teach Alexander Nimmo, a tógadh sa mbliain 1810. Níl aon aimhreas gurbh é an t-innealtóir Albanach úd an té ba dhíograsaí agus ab éifeachtaí a d'oibrigh san am atá caite le Conamara agus Cathair na Gaillimhe a chur chun cinn. Rinne sé bóithre, droichid agus céibheanna. Chuir sé chun cinn an talmhaíocht, an iascaireacht agus an turasóireacht.

Corr na Móna

Bailiúchán Lawrence, An Leabharlann Náisiúnta (1880-1914)

Le himeacht aimsire, rinneadh óstán clúiteach den teach seo—*Maam Hotel*—áit ar cuireadh fáilte roimh mhaithe agus mhóruaisle ar feadh breis agus céad bliain. Nuair a ghlac Muintir Chatháin seilbh ar an teach timpeall scór go leith bliain ó shin tháinig seanleabhar cuairteoirí chun solais. I measc na síniúchán a bhí le léamh sa leabhar, bhí: *Pádhraic Mac Piarais, Baile Átha Cliath—29ú Lúnasa 1905.*

Ar aghaidh ó thuaidh linn agus feicfidh muid siar uainn Reilig na mBrianán agus píosa beag níos faide siar tá baile beag Cill Mhaolacháin. Sa séipéal ansin tá fuinneog Evie Hone—ceann de na healaíontóirí is cáiliúla ar domhan. Téann scéal na fuinneoige siar ós cionn míle bliain.

Ag an bpointe seo ní fhéadfainn gan tagairt a dhéanamh do dhá theaghlach de Mhuintir Uí Mháille a raibh gaol gairid eatarthu, agus a bhfuil clú agus cáil bainte amach acu, ní hamháin sa tír seo ach freisin thar lear. Teach galánta a bhí ag na Máilligh sa tseanaimsir agus réimsí móra sléibhe ar cíos acu ó Lord Leitrim.

Mar sin féin, ní cosúil go raibh aon ghean mór acu ar an tiarna talún mar nuair a tháinig scéala as Dún na nGall faoi fheallmharú an Tiarna Liatroma aimsir Chogadh na Talún, deirtear, más fíor an béaloideas, gurbh é an leagan a chuir duine de mhuintir na háite ar an scéal do Mhícheál Ó Máille: 'tá an seanmhada caite'.

Chuaigh cúigear mac as an teach seo le bheith ina ndochtúirí ag tús an chéid seo caite agus gan aon chúlra ardléinn sa teaghlach roimhe. Rud níb iontaí fós go raibh an chéad duine acu, John Francis, amach sna fichidí nuair a thosaigh sé amach ar an gcúrsa fada traenála agus de réir a chéile, ó dhuine go duine, lean a chuid deartháireacha é go dtí go raibh cúigear acu cáilithe. Ní hé sin amháin é ach bhaineadar ar fad ardchéim amach ina ngairm nuathofa.

(i) Bhí an Dr Conor O'Malley—dochtúir súl—ina Ollamh i gColáiste na hOllscoile, Gaillimh ar feadh blianta fada. Ba é a bhunaigh an chéad Chraobh d'Ord Mhalta in Éirinn, i nGaillimh sa mbliain 1938. Bhí sé ar ceann de bhunaitheoirí an Chomhlacht Árachais PMPA. Ar feadh blianta fada chaitheadh sé a chuid laethanta saoire san Ind ag obair ar a chostas féin ina dhochtúir súl.

(ii) Bhí cáil mhór i nGaillimh ar an Dr Michael O'Malley, a bhí ina Ollamh le Máinliacht i gColáiste na hOllscoile ó 1932 go 1956. Ba eisean a rinne scrúdú iarbháis ar chorp an Athar Mícheál Ó Gríofa, arbh as an Fhairche a mháthair, a dhúnmharaigh fórsaí Shasana i nGaillimh i 1920.

(iii) Máinlia mór le rá i Londain ab ea John Francis O'Malley, an té ba shine den chúigear deartháir. Rinne sé obair dhochtúra sa gCogadh Mór idir 1914 agus 1918.

(iv) Bhí féith na filíochta sna Máilligh freisin, mar is léir ón gcaoineadh álainn sin 'Uaigh an Gheata', a chum an Dr Pádhraic Ó Máille ar bhás a iníne, Bríd, den eitinn agus í ina cailín óg:

In iúir na mBrianán – caoinfhód seamrach
Beidh suaimhneas síor ag croí na peannaide
D'fhulaing an íobairt chaointeach chreachta
Gan cás na caoi ná ní den cheasacht

Ní díobháil suain ort cruas an Earraigh
Sneachta aduaidh ná fuadach beanntra
Tiocfaidh ar uaigneas fuaim an tSamhraidh
Ag ealú anuas ó uachtar gleanna.

Sula bhfágfaidh mé an teaghlach seo ní mór tagairt do Sabina Ní Mháille, mar, cé nár dhochtúir ise, phós sí dochtúir—Séamus Ó Beirn—fear a raibh páirt mhór aige i saol an cheantair ag tús an 20ú céad, fear a bhí i bhfad chun cinn i gcúrsaí oideachais sláinte poiblí agus ina cheannródaí tábhachtach freisin i nGluaiseacht na Gaeilge.

Nuair a ceapadh an Dr Ó Beirn ina dhochtúir ceantair san Fhairche sa mbliain 1906 ba í an eitinn an phlá ba mhó a bhí ag scrios na dúiche. Ní raibh aon chógais shásúla leighis fós ar fáil ach thuig an dochtúir óg seo go bhféadfadh daoine go leor a dhéanamh leis an ngalar a sheachaint. Scríobh sé chuig Pádhraic Mac Piarais, eagarthóir *An Claidheamh Soluis*, páipéar Chonradh na Gaeilge, le bolscaireacht a dhéanamh ar a raibh beartaithe aige.

Bhailigh an páipéar suim mhór airgid agus thosaigh an Dr Ó Beirn ar fheachtas léachtaí poiblí. Chaith sé coicís ag tabhairt léachtaí oíche i Scoil Chill Mhaolacháin agus é feistithe amach le chuile chineál áiseanna teagaisc. Bhí teilgeoir agus sleamhnáin aige, rud nár facthas ariamh roimhe sin sa gceantar. B'iontach an éacht í sa mbliain 1907. Lean sé leis an bhfeachtas ar fud Chonamara ina dhiaidh sin agus na sluaite ag teacht amach chuige chuile áit.

Sa mbliain 1911, chuir an Dr Ó Beirn scoil samhraidh Ghaeilge ar bun ina bhaile dúchais, Tamhain, ceithre mhíle siar ó Dhroichead an Chláirín i gCuan na Gaillimhe, áit ar fhostaigh sé Éamon de Valera ina mhúinteoir inti. Bhí spéis mhór i gcónaí ag an dochtúir sa drámaíocht agus ba é a ceapadh ina chéad Chathaoirleach ar Bhord Stiúrtha Thaibhdhearc na Gaillimhe sa mbliain 1928.

Ar ndóigh, tá cáil mhór ar shliocht an dochtúra seo, go háirithe ar a mhac Seán Ó Beirn, a mhaireann fós, a bhí ina Ollamh le Máinliacht i gColáiste na hOllscoile, Gaillimh, ar feadh dhá bhliain is fiche, 1957-79. Idir shliocht na Máilleach agus muintir Uí Bheirn, áirítear go bhfuil breis agus leathchéad ina ndochtúirí inniu féin agus tá dochtúir anois ar an gceathrú glúin as a chéile ar chuid de na clanna sin.

Anois tabharfaidh muid ár n-aghaidh ó thuaidh ar bhaile fearainn Mhuintir Eoghain, chuig an dara teaghlach de mhuintir Uí Mháille. Má bhí bua an leighis ag Máilligh Chill Mhaolacháin, ní bréag a rá gur dream ildánach agus fíoréirimiúil a bhí i Máilligh Mhuintir Eoghain. Tógadh teaghlach mór sa teach seo.

Scoláire mór le rá ab ea Tomás Ó Máille a rugadh sa mbliain 1880. Rinne sé staidéar ar an nGaeilge agus ar an Léann Ceilteach in Éirinn agus ar mhór-roinn na hEorpa—Ollscoileanna Freiburg agus Berlin—áit ar bhain sé ardcháilíochtaí amach. Ba é a ceapadh ina chéad Ollamh le Gaeilge in Ollscoil na Gaillimhe tar éis bhunú Ollscoil na hÉireann sa mbliain 1909, agus gan é fós ach naoi mbliana fichead d'aois. Ní i ngnótha acadúla amháin a chuir sé spéis, ach freisin i gcaint, seanchas agus in amhráin na ndaoine. Tá éileamh fós i measc Gaeilgeoirí ar thrí leabhar dá chuid.

Leabhar údarásach é *An Béal Beo* a bhí agus atá fós fíoráisiúil don Ghaeilgeoir líofa agus don fhoghlaimeoir araon. Sa leabhar *Amhráin Chlainne Gael*, a chuir sé i dtoll a chéile lena dheartháir Mícheál, tugtar léargas dúinn ar an saibhreas teanga agus ceoil a bhí sa gceantar ag tús an fhichiú chéid. Deirtear sa réamhrá:

> Tá tarraingt ar cheithre sgóir amhrán sa leabhar seo, ach níl sa méid sin ach aon trian de na hamhráin atá i meabhair na ndaoine ins an gceantar seo. Fuaireamar a mbunáite ó aon fhear amháin, Tomás Breathnach, atá ina chónaí i nDubhachta i gceantar Chorr na Móna. Thug seisean ocht scór amhrán síos dúinn agus tá tuilleamh aige dá bhféadfadh sé cuimhniú orthu agus iad a thabhairt chun cruinnis.

An tríú leabhar ó Thomás Ó Máille nach miste a lua anseo is ea *Mícheál Mac Suibhne agus Filí an tSléibhe*, ina dtugtar an t-ómós ba dhual dóibh d'fhilí dúchasacha Dhúiche Sheoigheach, leithéidí Michael Luke Pháidín Ó Cadhain (1884) as Mullach an Droma in aice Loch Measca, agus Seán Seoighe as an Líonán.

Chaith Mícheál Ó Máille seal mar mhúinteoir náisiúnta i gCorr na Móna ach fuair sé bás agus é fós ina fhear óg. Bhí a dhearthár Peadar Ó Máille, Peadar Mór, ina mhúinteoir náisiúnta i gCorr na Móna freisin.

B'innealtóir é Éamonn Ó Máille. Maireann a chuid oibre sa dá Theach Pobail a leag sé amach sa tSraith Salach agus i bhFionnaithe, ach is mar gheall ar a pháirt i gCogadh na Saoirse ó 1918 to dtí 1921 is mó a bhí cáil air lena linn.

Ba é Pádraic Ó Máille an mac ba shine sa teaghlach seo. Go deimhin is cúis iontais a laghad eolais agus atá ag daoine ar an bhfear seo anois, fiú ina bhaile féin. Bhain sé cáil amach ar dtús le Conradh na Gaeilge mar mhúinteoir taistil. Ansin bhí sé gníomhach san I.R.B. agus cuireadh i bpríosún i Sasana é tar éis Éirí Amach 1916. In Olltoghchán na bliana 1918 toghadh Pádhraic ina Theachta ag páirtí Shinn Féin i nGaillimh Thiar. Is léiriú ar an meas a bhí ag a chomrádaithe air gurbh é a toghadh ina chéad Leas-Cheann Comhairle ar an gCéad Dáil Éireann an bhliain sin.

Bhí cúrsaí an-chorraithe sa tréimhse ó 1918 go dtí 1923 agus bhí páirt lárnach ag Pádraic Ó Máille agus ag a dheartháireacha, An tOllamh Tomás agus Éamon sna cúrsaí sin. D'fhéadfaí an t-uafás eile a scríobh faoi na Máilligh seo ach tá go leor ábhar eile a dteastaíonn uaim trácht orthu san aiste seo.

Tithíocht, beatha agus daonra

Bhí cúrsaí tithíochta go dona sa dúiche seo cosúil le go leor áiteacha eile sa naoú haois déag. De réir mar a bhíodh clanna ag méadú, thógaidís botháin puitigh agus roinneadh na tiarnaí na gabháltais ina gcodaí níos lú le tuilleadh cíosa a bhailiú. Deirtear gur tháinig méadú 40% ar dhaonra Chontae na Gaillimhe idir 1821 agus 1841 agus go raibh 45% d'fheilmeacha faoi bhun cúig acra. Mhair a bhformhór ar fhataí agus uisce agus is minic nach raibh foscadh acu ón drochaimsir. Tar éis don Ghearmánach, Köhl, agus don Fhrancach, de Beaumont, cuairt a thabhairt ar an tír seo ag an am sin, dúirt an bheirt acu nach raibh áit ar bith san Eoraip chomh bocht le hÉirinn. Bhí na daoine scanraithe roimh na tiarnaí talún agus bhí siad ag géarfhulaingt ina dtost.

An Gorta Mór

Bhí cúrsaí dona go leor roimh aimsir an Ghorta in 1845. Theip ar aon trian de na fataí sa mbliain sin; in 1846 theip ar dhá dtrian de na fataí. Mar gheall ar chomh dona is a bhí cúrsaí in 1846, ba bheag fata a cuireadh in 1847. Níor tháinig aon dúchan ar na fataí i 1847. Bhí beagnach chuile dhuine sa dúiche ag brath ar fhaoiseamh ón taobh amuigh. Bhí cúpla *Soup Kitchen* sa gceantar agus bhí éileamh iontach mór orthu. Ba bheag d'airgead a bhí ag daoine le beatha, a bhí ar ardchostas, a cheannacht. Fuair na céadta sa gceantar seo bás den ocras agus den fhiabhras, cuid acu leis an gcalar agus le tífeas. Iad siúd a bhí in ann roinnt airgid a chur le chéile agus a bhí fós sách láidir, d'imíodar leo go Meiriceá, ach fuair cuid mhaith acu bás ar an mbealach.

Bhí Tithe na mBocht i mBaile an Róba agus sa gClochán agus chuaigh go leor daoine isteach iontu mar gurbh é an t-aon seans maireachtála a bhí fágtha acu é.

Tháinig cúnamh airgid go flaithiúil ó na hÉireannaigh i Meiriceá agus i Sasana ag deireadh 1848, ach faoin am sin bhí sé ródheireanach do na mílte duine.

Daonáireamh: 1841, 1851 agus 1861

Toghroinn Cheantair	1841		1851		1861	
	Daonra	Tithe	Daonra	Tithe	Daonra	Tithe
An Fhairche	3,723	720	3,140	592	2,794	550
Conga (Corr na Móna)	1,888	359	1,491	288	1,451	286
Ros (Gleann Tréig/Seanafarachain)	72	10	80	9	61	10
Cur (An Mám)	557	115	342	71	407	95

Tar éis an Ghorta

Bhí Teach Ceapacorcóige (Ashford), a tógadh i 1715, i seilbh Mhuintir de Brún. Bhí droch-chaoi air tar éis aimsir an Ghorta agus dhíol an Tiarna Órán Mór agus Brún an teach agus an talamh le Sir Benjamin Lee Guinness in 1852. Thug teacht Sir Benjamin dóchas do mhuintir an cheantair. Duine flaithiúil cineálta ab ea é agus chuir cruatan agus ísle brí an phobail an-díomá air. Chaith sé an t-uafás airgid ag cur caoi ar thithe a chuid tionóntaí, ag feabhsú talún, ag tógáil bóithre agus droichead. Bhí an-tóir aige ar chrainnte agus chuir sé na mílte crann ar an mórthír agus ar oileáin na Coiribe.

Tar éis bhás Sir Benjamin in 1868, thóg a mhac, an Tiarna Ard Oileán (Sir Arthur Guinness), seilbh ar Eastát Ceapacorcóige agus lean sé leis an dea-obair a bhí ar bun ag a athair. Bhí an t-uafás daoine fostaithe aige. Thug sé cúnamh airgid, ar chostas mór air féin, ar feadh ceithre bliana is fiche don long ghaile *Lady Eglinton* a bhí ag taisteal idir Gaillimh agus Conga ar mhaithe leis an gceantar, go dtí gur oscail an bóthar iarainn idir Clár Chlainne Mhuiris agus Baile an Róba in 1892. Thug sé cúnamh do shagairt agus do mhinistéirí, idir Chaitliceach agus Phrotastúnach. Thóg sé roinnt scoileanna sa gceantar. Chuir sé tuilleadh fostaíochta ar fáil ag cur feabhas mór ar Theach Ceapacorcóige, ach fuair sé bás i 1915 sula raibh an obair críochnaithe. Táim cinnte nár réitigh chuile dhuine i gcónaí le Sir Benjamin agus an Tiarna Ard Oileán, ach is dearfa gur thug siad ardú croí do go leor daoine nuair a bhí sé ag teastáil go géar.

Imirce

Tháinig titim thubaisteach ar dhaonra cheantar Dhúiche Sheoigheach ó aimsir an Ghorta i leith. Bhí daoine ag dul ar imirce go Sasana, go Meiriceá agus chuig tíortha eile, mar nach raibh aon slí mhaireachtála, nó áit chónaithe shásúil, acu sa mbaile. I mbaile fearainn amháin i gceantar na Fairche, sa mbliain 1920, bhí 27 clann, le 104 duine. Idir 1921 agus 1930, chuaigh 28 duine go Meiriceá, agus clann iomlán amháin ina raibh ochtar go Co. Mhaigh Eo. I 1940 d'fhág ceithre chlann an baile céanna agus chuaigh go Co. na Mí. I nDaonáireamh na bliana 1996, bhí ocht dteach agus 29 duine sa mbaile fearainn sin.

Chomh maith leis an uimhir mhór a chuaigh thar lear, chuaigh go leor teaghlach chun cónaithe i gCo. na Mí agus i gCo. na hIarmhí ins na ceathrachaidí agus na caogaidí.

I Márta agus in Aibreán na bliana 1940, d'aistrigh 24 clann as an Fhairche agus an Chloch Bhreac go Baile Álainn i gCo. na Mí. Roinn Coimisiún na Talún eastát ann agus fuair gach clann acu gabháltas idir 25 agus 30 acra de thalamh mhaith, dhá bhó, capall agus cairt, agus £1 sa tseachtain ar feadh bliana. Bhí trí acra talún réitithe dóibh freisin le síol a chur ann. I Márta na bliana 1953, d'aistrigh sé chlann ó Chorr na Móna agus an Chloch Bhreac go Co. na hIarmhí—chuaigh dhá chlann go Delvin agus ceithre chlann go Dysart. Fuair na clanna seo gabháltais idir 35 agus 45 acra, ag brath ar an talamh. Ag deireadh na gcaogaidí chuaigh cúpla clann eile go Co. na Mí.

Cé go raibh muintir na Mí agus na hIarmhí an-chairdiúil agus comhoibritheach lena gcomharsana nua as Dúiche Sheoigheach, thóg sé tamall fada ar chuid de na himircigh socrú isteach agus cleachtadh a fháil ar an saol nua a bhí anois acu; deir roinnt acu go bhfuil a gcroíthe fós san áit inar rugadh iad. Labhair siad Gaeilge i gcónaí eatarthu féin agus is cinnte go raibh deacrachtaí ag na gasúir mar go raibh siad ag freastal ar scoileanna Béarla le múinteoirí nua agus le go leor daltaí nach raibh aithne acu orthu.

Tháinig laghdú ar uimhir na n-imirceach sna seascaidí agus sna seachtóidí agus méadú aríst sna hochtóidí. Tá roinnt daoine a fhágann a gceantar dúchais le dul ag obair in áiteacha eile sa tír seo, nó go tír éigin eile, díreach mar go dteastaíonn uathu cónaí in áit éigin eile.

I láthair na huaire, tá tithe cónaithe den scoth ag formhór phobal Dhúiche Sheoigheach, neart le hithe agus le hól, agus saol maith á chaitheamh acu. Cé go bhfuil níos mó fostaíochta anseo ná ariamh, tá an daonra ag ísliú, áfach, agus ní dóigh liom go dtiocfaidh feabhas ar an scéal sin, ach amháin sa chás: (i) go gcuirfear postanna ar fáil sa gceantar do dhaoine le hoideachas tríú leibhéil, (ii) go mbíonn tithe ar fáil ag daoine atá ag iarraidh cónaí sa gceantar, (iii) go dtiocfaidh méadú ar líon na bpáistí sna clanna óga atá á dtógáil sa gceantar.

Cúrsaí oideachais

Bhí naoi gcinn de Scoileanna Náisiúnta i gceantar Dhúiche Sheoigheach sna tríochaidí; Cill Mhaolacháin, An Mám; Tír na Cille, An Mám; An Cheathrú Gharbh (idir An Mám agus Corr na Móna),Corr na Móna; Cluain Brún, Corr na Móna; Driseachán, An Chloch Bhreac; An Chloch Bhreac; An Fhairche (An Clochar)—Scoil na gCailíní; agus An Fhairche—Scoil na mBuachaillí.

D'fhreastail uimhir mhór scoláirí ar na scoileanna seo ar fad ar feadh blianta fada. Nuair a thosaigh na huimhreacha ag titim rinneadh cónascadh idir scoileana éagsúla. Seo mar a tharla:

Scoil	Bliain a dúnta	Uimhir Scoláirí	Cónascadh le
Cluain Brún	1943	6	Corr na Móna
An Cheathrú Gharbh	1966	10	Corr na Móna
Driseachán	1969	13	An Chloch Bhreac
An Fhairche–Clochar	1973	40	Scoil na mBuachaillí
Cill Mhaolacháin	1975	25	Tír na Cille

Sa scoilbhliain 1999/2000, seo iad na huimhreacha atá ag freastal ar Scoileanna Náisiúnta an cheantair:

Tír na Cille, An Mám	39
Corr na Móna	33
An Chloch Bhreac	39
An Fhairche	55

Roimh 1966, ní raibh mórán deiseanna ag pobal Dhúiche Sheoigheach oideachas dara leibhéal a fháil. Bhí bus scoile ag dul go Tuar Mhic Éadaigh, áit a ndeachaigh na cailíní. Ní raibh aon tseirbhís laethúil ann do na buachaillí agus bhí orthu dul chuig scoileanna cónaithe, go Gaillimh, nó go Tuaim nó áit éigin eile. I measc na scoileanna cónaithe a ndeachaigh cailíní chucu, bhí Tuar Mhic Éadaigh, an Spidéal, an Clochán, Órán Mór agus Clár Chlainne Mhuiris.

Tógadh Gairmscoil Fheichín i gCorr na Móna i 1965-1966. Osclaíodh í do dhaltaí i Meán Fómhair 1966. Chomh maith leis an scoil seo, tá seirbhís bhusanna anois chuig scoileanna i mBaile an Róba agus Tuar Mhic Éadaigh agus roinnt daltaí ón gceantar seo ag freastal ar scoileanna in Áth Cinn agus in Uachtar Ard freisin. Téann uimhir bheag dhaltaí chuig scoileanna fós i dTuaim, agus i nGaillimh.

Is í Gairmscoil Fheichín an t-aon scoil dara leibhéal atá sa gceantar atá faoi chaibidil agam. Tá réimse maith d'ábhair á chur ar fáil ann agus torthaí den scoth á bhfáil ag na daltaí. Tá 90 dalta ag freastal ar Ghairmscoil Fheichín sa scoilbhliain 1999-2000.

Forbairt an cheantair

Tá an t-uafás d'obair dheonach á déanamh i gceantar An Mháma, Chorr na Móna, agus na Fairche/an Chloch Bhreac le blianta fada anuas. Tá Coistí Forbartha nó Coistí Pobail ag plé le hobair fhorbartha le beagnach tríocha bliain anois. Ní raibh aon áiseanna spóirt agus caitheamh aimsire sna pobail go dtí na seachtóidí, ach amháin Páirc Peile na Fairche a osclaíodh Lá Fhéile Pádraig 1940. Osclaíodh Ionad Pobail na Fairche i 1977. Rinneadh cúrsa leadóige taobh leis an Ionad Pobail sna hochtóidí.

I gCorr na Móna, rinneadh Áras Pobail den tseanscoil, rinneadh Páirc Imeartha, cúrsa gearrghailf, cúrsa cispheile agus cúrsa leadóige sna hochtóidí. Ar an Mám rinneadh páirc bheag imeartha sna seachtóidí, cúrsa cispheile taobh leis an scoil sna naochaidí agus tá Ionad Pobail breá díreach críochnaithe ón mbliain 1999.

Baineadh úsáid as Scéimeanna Fostaíochta Sóisialta FÁS/Údarás na Gaeltachta san obair seo, agus ba mhór an cúnamh iad in obair chothabhála agus i dtograí an phobail. Tá na Coistí seo, atá tofa go daonlathach, páirteach i chuile ghné de shaol a gceantair.

I measc na ngrúpaí eile a bhfuil an-obair déanta acu i gceantar Dhúiche Sheoigheach, tá Coiste Seirbhísí Sóisialta Chonamara Thuaidh, a bhfuil an-obair déanta aige ó bunaíodh é i 1978 ar son saoránaigh shinsir an cheantair seo. Tá ionad lae ag feidhmiú ón mbliain 1985 san áit a bhíodh ina Clochar go dtí 1973, áit a gcuirtear béile ar fáil, seirbhís níocháin, leabharlann, dochtúir na gcos, ceardaíocht, chomh maith le heagrú turas bliantúil go Cnoc Mhuire agus áiteanna eile. Tá ocht dteach tógtha ar an láthair chéanna agus saoránaigh sinsir ina gcónaí ionta. Togra fíormhór a bhí anseo.

Tá Craobh de Bhantracht na Tuaithe gníomhach san Fhairche ó bunaíodh é i 1970. Ansin tá an tInneall Orgánach, grúpa a bhíonn ag plé le cúrsaí oideachasúla faoin gClár NOW den Aontas Eorpach, ag plé le fás glasraí orgánacha ón mbliain 1992. D'eagraigh siadsan go leor léachtaí suimiúla poiblí.

Maidir le Turasóireacht Dhúiche Sheoigheach, tá an grúpa seo ag plé le forbairt turasóireachta sa gceantar ó 1989 i leith. Tá ballraíocht ag T.D.S. in eagraíocht náisiúnta turasóireachta tuaithe—*Irish Country Holidays*. Déantar an gnó a thagann tríd an eagraíocht náisiúnta seo a dháileadh ar dhaoine a bhfuil lóistín cláraithe acu agus atá ina mbaill de *Thurasóireacht Dhúiche Sheoigheach*.

I gcás naíonraí, réamhscolaíocht trí Ghaeilge do ghasúir bheaga atá anseo. Cabhraíonn sé seo go mór leis na gasúir nuair a thosaíonn siad ag freastal ar an mBunscoil. Is i gceantar an Chloch Bhreac agus na Fairche atá na naíonraí lonnaithe.

Eastát Tionsclaíoch Chorr na Móna

Micheál Mac Eoin 1999
Le caoinchead Údarás na Gaeltachta

Caitheamh aimsire

Bunaíodh Cumann Peile Naomh Pádraig sa mbliain 1954. Roimhe sin bhí cumann ann ar feadh achair ghearr i 1938-1939. Tá móréachtaí déanta ag an gCumann ar pháirceanna na himeartha agus nílim chun miontrácht a dhéanamh orthu siúd. Tá Comórtas Peile na Gaeltachta eagraithe faoi dhó ag an gCumann—i 1980 agus aríst i 1995. I 1977 bhuaigh an club an Comórtas Sóisear thíos sa Daingean. San am sin, bhíodh comórtas *cabaret* mar chuid den Chomórtas Peile agus thaisteal grúpa breise leis an bhfoireann roinnt uaireanta mar gheall air sin.

Tá an Cumann ag plé le peileadóirí faoi 12, 14, 16, 18 agus 21 bliain d'aois. Tá sé fíordheacair an dea-thionchar atá ag Cumann Peile gníomhach a mheas i gceart. Tugann sé traenáil iontach do na himreoirí—foghlaimíonn siad féinsmacht, an tábhacht atá le hobair foirne, glacadh le cailliúintí chomh maith le buanna, déileáil cheart mhacánta leis an bhfreasúra agus leis an réiteoir, agus go leor leor eile. Is caitheamh aimsire folláin é seo agus, ar ndóigh, coinníonn sé daoine óga cruógach.

Eagraítear Comórtais Scór agus Scór na nÓg chuile bhliain ó 1978 i leith faoin gCumann Peile áitiúil. Bíonn comórtais áitiúla i gceantar an Chumainn agus téann na buaiteoirí ar aghaidh uaidh sin. Is iomaí sin bua a bhí againn ag leibhéal an chontae agus an chúige. Chuaigh iomaitheoirí chuig Comórtais Chraobh na hÉireann ceithre huaire, le hAithriseoireacht (1990), le Nuachleas (1994), agus le Ceol Uirlise (1996 agus 1997). Tá cáil bainte amach ag peileadóirí, traenálaithe agus lucht eagair Chumann Peile Naomh Pádraig, agus tá Cumann breá, bríomhar sa gceantar, buíochas le Dia.

Ó dheireadh na seascaidí i leith tá drámaí, sceitseanna, agus agallaimh bheirte á léiriú ag an gCumann Drámaíochta. Tá roinnt scríbhneoireachta agus aistriúcháin déanta freisin. Thaistil na haisteoirí ó cheann ceann na tíre chuig Féiltí Cúige agus Féilte Náisiúnta Drámaíochta, agus is iomaí sin gradam a bhain siad amach. Bhí an caitheamh aimsire, spraoi agus spórt a bhain siad féin as, áfach, níos tábhachtaí ná gradam ar bith. Is iomaí cleamhnas a rinneadh sa gCumann agus is iomaí scéal greannmhar a d'fhéadfaí a inseacht faoi!

D'eagraigh an Cumann an Fhéile Náisiúnta Drámaíochta i 1975 agus i 1985 agus bhí ceann d'fhéilte Drámaíochta an Chúige i gCorr na Móna ar feadh cúig bliana is fiche gan bhriseadh. Bhí an Cumann ar cheann de na cumainn ba láidre sa tír ar feadh na mblianta. Bhí triúr ón gCumann ina mbaill de Choiste Náisiúnta an Chomhlachais Náisiúnta Drámaíochta ar feadh na mblianta, sna seachtóidí agus sna hochtóidí.

Bhí go leor eile d'imeachtaí drámaíochta sa gceantar freisin le blianta fada, idir dhrámaí, sceitseanna agus agallaimh bheirte le gasúir sna bunscoileanna, sa nGairmscoil agus i gClubanna Óige an cheantair. Bhí Cumann Drámaíochta na Fairche gníomhach ar feadh cúpla bliain freisin.

Chomh maith leis an drámaíocht, bhí pobal an pharóiste páirteach go minic sna Cluichí Pobail agus i gcineálacha eile imeachtaí aclaíochta agus lúthchleasa. Le deich mbliana anuas, ach go háirithe, tá an óige ag traenáil go dian agus an-dul chun cinn déanta acu. Is cóir Liam Ó Cathasaigh, fear óg ó Bhaile Dhubh Loch, a lua ach go háirithe, óir tá Craobh na hÉireann buaite roinnt mhaith uaireanta aige.

An Pholaitíocht

Bhí spéis ariamh i gcúrsaí polaitíochta sa gceantar seo, ar nós chuile cheantar eile. Ar an 1 Eanáir 1974 tháinig fear óg, trí bliana fichead d'aois, go dtí an ceantar seo le bheith ina Bhainisteoir ar Chomharchumann Dhúiche Sheoigheach. Ba é sin Éamon Ó Cuív (garmhac Éamon De Valera), fear a bhí tar éis an chuid is mó dá shaol go dtí sin a chaitheamh i mBaile Átha Cliath. Is beag eolas a bhí aige ar chúrsaí feilméarachta sa mbliain sin 1974, ach d'fhoghlaim sé go tapaidh. Rinneadh dul chun cinn maith sa gComharchumann agus is uaidh a d'fhás roinnt fiontar nua, an ceann is mó díobh Earraí Coillte Chonnacht Teo. áit a bhfuil os cionn trí chéad duine fostaithe anois.

Bhí an pholaitíocht sa bhfuil ag Éamon Ó Cuív. Sa mbliain 1989 toghadh ina Sheanadóir é. Ansin i 1991 toghadh é ar Chomhairle Chontae na Gaillimhe, agus an bhliain dár gcionn, i 1992, toghadh é do Dháil Éireann. Atoghadh é in olltoghchán 1997, agus tá sé ina Aire Stáit sa Roinn Ealaíon, Oidhreachta, Gaeltachta agus Oileán ó 1997 i leith. Tá cónaí air i gCorr na Móna ó 1974 i leith agus a chlann tógtha ann.

Earraí Coillte Chonnacht Teo., Corr na Móna
Micheál Mac Eoin 1998

Cás na teanga

Tá an ceantar seo ar imeall na Gaeltachta agus ní chabhraíonn sé sin le cás na teanga. Tá cúrsaí cultúrtha láidir sa bparóiste, agus neart deiseanna tugtha don aos óg le scór bliain anuas i bhforbairt an cheoil chlasacaigh, chomh maith le damhsa, amhránaíocht, drámaíocht agus eile. Tá an Ghaeilge láidir i measc dream beag daoine sa bparóiste. Tá tuiscint ar an teanga, agus cumas labhartha, ag cuid mhór den phobal, ach níl siad á cleachtadh. Tá obair mhór le déanamh má táimid leis an teanga a choinneáil beo, bríomhar i nDúiche Sheoigheach.

Thug Dia ceantar álainn dúinn agus daoine breátha, geanúla le cónaí ann. Réitíonn na daoine thar cionn lena chéile agus tá bealach maireachtála compordach ag mórán chuile dhuine—tithe cónaithe atá slachtmhar, neart le hithe agus le hól, carranna maithe agus postanna atá sásúil go maith. I ndaonáireamh na bliana 1996, bhí 1,749 duine agus 515 teach cónaithe i nDúiche Sheoigheach. Má leanann muid ar aghaidh ag obair le chéile chun feabhas a chur ar ár gceantar agus fostaíocht a chur ar fáil dár ndaoine óga, níl cúis ar bith nach dtiocfaidh fás ar an daonra aríst agus go mbeidh saol deas compordach acu siúd a shocraíonn síos i nDúiche Sheoigheach. le cúnamh Dé.

Tuar Mhic Éadaigh
Tomás Ó hEanacháin

Ag caint dúinn ar Ghaeltacht Thuar Mhic Éadaigh, is éard atá i gceist againn stráice cúng talún idir Loch Measca agus sliabhraon Phartraí. Is féidir a rá gur sórt oileáin an ceantar seo, mar go bhfuil sé gearrtha amach ón tír timpeall air ag Loch Measca taobh thoir, Loch Measca Uachtair agus Loch na Fuaithe taobh ó dheas, an sliabh taobh thiar agus portach Eanach Mhóir ar an taobh ó thuaidh. B'fhéidir gurbh in é an fáth ar mhair an Ghaeilge ann nuair a bhí an teanga imithe sa tír thart timpeall.

Tá páirt de thrí pharóiste ann: Cill Bhríde ó dheas, Partraí sa lár agus Ceathrú na Con ó thuaidh. Tá dhá shéipéal Chaitliceacha ann: Tuar Mhic Éadaigh, a tóigeadh in 1833, agus Fionnaithe, a tóigeadh in 1836.

Ainm na háite
Sa sean-am ba chuid de Ríocht Phartraí é. Bhí dhá chuid sa ríocht sin, Partraí an Locha taobh thoir den Loch, Partraí an tSléibhe taobh thiar. Is é an t-ainm a bhí ar an áit go dtí an 19ú céad ná Sliabh Partraí. Fuair an tiarna talún Pluincéad cuid den talamh agus thóig sé teach i mbaile fearainn Thuar Mhic Éadaigh—*Tourmakeady Lodge*—sa bhliain 1839. Tosaíodh ag tabhairt Tuar Mhic Éadaigh ar dhúiche an Phluincéadaigh agus, de réir a chéile, ar an áit ar fad. Bhí an chuid ó dheas den áit i gContae na Gaillimhe go dtí 1898, nuair a tugadh isteach go Contae Mhaigh Eo í.

Ní dóigh go raibh mórán daoine san áit fadó, roimh an bhliain AD 1000. Ní heol dúinn go raibh aon seaniarsmaí san áit, foirgintí nó uaigheanna nó ráthanna. Is é an seaniarsma is sine ann an rian atá fágtha de Theampall Mhachaire Caoile (nó Caolann), i reilig Pháirc an Teampaill anois. Ba é an naomh Caolann Ó Duithe a chuir an teampall sin ar bun. Tá sé luaite sa stair agus i mbéaloideas na háite seo. Is cosúil gur mhair sé sa dara haois déag. Sa mbéaloideas tá sé ráite go raibh tobar beannaithe in aice an Teampaill, agus gur athraigh an tobar de bharr mí-ómóis éigin a rinneadh ann—aniar go Droim an Droighin, timpeall míle ón áit. Tobar Caolann a thugtaí air agus bhíodh daoine ag déanamh turais ann anuas go dtí m'am féin. Tá bunsraith an teampaill le feiceáil fós istigh sa reilig.

Seilbh

Nuair a neartaigh cumhacht mhuintir Uí Chonchubhair san 11ú haois, fuair siad ceannas ar an áit, ach le teacht na Normannach ba iad na Búrcaigh a fuair seilbh ar go leor de Chonnachta. Ach ba é an duine a fuair an áit seo ná Adam Staunton. Choinnigh na Standúin seilbh ar an áit go dtí i ndiaidh Phlandáil Chromail. Cosúil leis na Búrcaigh, d'éirigh siad chomh Gaelach leis na Gaeil féin, agus d'athraigh brainse díobh a n-ainm go Mac a'Mhílidh. Muiris Mac Gearailt a fuair an chuid ó dheas agus is leis sin a tháinig na Seoighigh. Fuair siadsan greim chomh láidir ansin gur tugadh Dúiche Sheoigheach ar an gceantar.

Tar éis Phlandáil Chromail is iad muintir Lynch Blosse a fuair cuid mhaith den áit. Thugtaí Baile Uí Bhánáin ar chuid de lár Thuar Mhic Éadaigh. Sa 16ú céad bhí fear darbh ainm Ó Bánáin ina chónaí ann. Gallóglach a bhí ann. Tá sé luaite sa stair agus i mbéaloideas na háite. Bhí saibhreas mór aige—ór, airgead agus stoc. Tá sé ráite gur chuir sé a chuid óir i bhfolach, ach go bhfuair sé bás ansin agus nár fríothadh an saibhreas ariamh ó shin. Bhí cónaí air i mbaile fearainn Chaithrín, an áit a bhfuil Coláiste Mhuire anois. Sa 17ú agus san 18ú haois fuair tiarnaí éagsúla seilbh ann—Knox Gildea, na Múraigh as *Moore Hall*, cúpla brainse de na Loingsigh agus Lord Leitrim.

An Tiarna Pluincéad

Tháinig an Tiarna Pluincéad sa bhliain 1831 agus cheannaigh cúpla dúiche beag agus ansin b'éigean do na Múraigh a gcuid talún i dTuar Mhic Éadaigh a dhíol agus cheannaigh an Pluincéadach é in am an Ghorta. Caitlicigh ab ea na Múraigh agus tiarnaí talún a bhí cóir, cothrom; ach níorbh fhéidir sin a rá faoi Phluincéad. Bhí dúiche 10,000 acra aige fhéin agus ag a dheirfiúr Catherine, a thóig *Drimbawn House* i lár an 19ú céad. Rinneadh Ardeaspag Protastúnach Thuama de Phluincéad sa bhliain 1839. Mar a dúirt mé, thóig sé a theach, *Tourmakeady Lodge* ann agus mhair ann, agus lena linn bhí troid agus achrann agus agóid ar a eastát i dTuar Mhic Éadaigh.

Coláiste Mhuire, Tuar Mhic Éadaigh

Cian Mac Aodha Bhuí 2000

Bhí cumann Protastúnach—*The Irish Church Mission Society*—an-ghníomhach ag an am in iarthar na hÉireann, ag iarraidh ar Chaitlicigh a dhul leis an Eaglais Phrotastúnach. Bhí siad ag caitheamh go leor airgid ar an obair agus bhí brú ar na daoine a dhul leo. Bhí ag éirí go maith leo in áiteacha—in Acaill, mar shampla—agus in áiteacha áirithe i gConamara, mar go raibh siad ag cabhrú le héinne a rachadh leo, le bia agus le hairgead.

Bhí an tArdeaspag Pluincéad an-díograiseach ag tacú leo ó thús. Chuir sé roinnt mhaith tionóntaí as Goirtín Mór, Gort Fraoigh agus Droim Bán as seilbh agus tugadh roinnt Protastún isteach ina n-áit. Bhí sé ráite nach raibh ach Caitliceach amháin i bhfoisceacht míle dá theach. Chuir sé dhá scoil Phrotastúnacha ar bun agus d'ordaigh sé dá chuid tionóntaí a gclann a chur chuig na scoileanna sin. Chuir cuid acu a bpáistí ar scoil, mar bhí bagairt á déanamh orthu go gcuirfí as seilbh iad dá ndiúltóidís. Bhí *Bible Readers* san áit, agus Catherine Plunkett ag dul thart ar cur brú ar dhaoine athrú. D'athraigh cuid acu le teann faitís.

Bhí seo ag déanamh buartha don Easpag Caitliceach, an Dr Seán Mac Éil, agus do shagart an pharóiste. Chuir an Dr Mac Éil an tAthair Pádraig Ó Maolfhabhail go Tuar Mhic Éadaigh in 1858 le troid a chur ar an tiarna talún. Fear éirimiúil, trodach, réabhlóideach, agus Fínín, ba ea é siúd. Chomh luath is a tháinig sé, d'ordaigh sé do na daoine a gclann a tharraingt amach as na scoileanna Protastúnacha. Thosaigh sé ag scríobh litreacha chuig na páipéir ag inseacht faoin éagóir a bhí an tEaspag a dhéanamh ar dhaoine, ag iarraidh iallach a chur orthu a gcreideamh a athrú.

Ní raibh ach scoil amháin Chaitliceach san áit ag an am. Thug George Moore as *Moore Hall* talamh i mBaile Uí Bhánáin don Easpag Mac Éil le scoil a thóigeáil, agus tháinig na Bráithre Proinsiasacha agus osclaíodh scoil ann sa bhliain 1847. Ach bhí an troid agus an t-achrann ag leanacht ar aghaidh. Bhí cásanna dlí idir an sagart agus an tiarna talún. Scríobh an sagart paimfléad, *The War in Partry*, agus fuair an t-achrann poiblíocht mhór in Éirinn agus i Sasana. Thug an sagart léachtaí i gcathracha i Sasana—i Learpholl, Manchain, Londain agus in áiteacha eile. Cuireadh ciste airgid le chéile le cuidiú leis agus tháinig airgead ó Shasana, ó Mheiriceá agus ó áiteacha sa tír seo, agus fiú thug easpag i bPáras seanmóir ag cáineadh obair an Tiarna Pluincéad.

Ach lean na Pluincéadaigh ar aghaidh le bagairt agus brú ar na daoine, a gcuid páistí a chur chuig na scoileanna Protastúnacha. Bhí Catherine Plunkett ag tabhairt bia i rith an Ghorta d'éinne a d'athródh a chreideamh, agus tugadh 'Cáit an Bhrocháin' uirthi. Bhí troid agus agóid ar siúl. Maraíodh fear a bhí ag obair don Tiarna Pluincéad in aice le Tuar Mhic Éadaigh—fear darbh ainm Harvison. Dúradh gurbh é an tEaspag é féin a bhí siad ag iarraidh a mharú. Ar deireadh thiar, thug an tEaspag complacht den arm isteach agus chuir sé trí mhuirín déag as seilbh i Samhain na bliana 1860. Tharraing sé seo an oiread droch-cháil air, is gur thosaigh sé ag éirí tuirseach den obair. Dhíol sé a eastát le fear gnó as Sasana, fear darbh ainm Mitchell, agus d'fhág sé Tuar Mhic Éadaigh in 1863. D'fhág a dheirfiúr an áit chomh maith.

Cumainn rúnda

Nuair a chuimhníonn muid go raibh leithéidí an Tiarna Pluincéad agus Lord Leitrim i seilbh san áit, ní hionadh go raibh cumainn rúnda ann le ceart a sheasamh do na daoine. Bhí na Fíníní eagraithe i dTuar Mhic Éadaigh agus go leor d'fhir na háite faoi mhionn acu. Nuair a chinn ar na Fíníní éirí amach éifeachtach a dhéanamh, lean cumainn rúnda go háitiúil, ach is dóigh nach raibh siad faoi riar na bhFíníní feasta agus is cuspóirí áitiúla a bhí mar chúram orthu. Is in aghaidh na dtiarnaí talún agus aon dream a bhíodh ar thaobh na dtiarnaí a bhí an troid anois. Bhí siad gníomhach ag tús Chogadh na Talún thart ar cheantar Loch Measca thoir agus thiar. Maraíodh an Tiarna Mountmorris in aice leis an bhFairche. Rinneadh iarracht Lord Leitrim a mharú, ach níor éirigh leis an iarracht. Maraíodh Joe Huddy, seirbheálaí próiseanna a bhí ag seirbheáil próiseanna ar dhaoine ar an gCloch Bhric agus ar a gharmhac, agus cuireadh na coirp i Loch Measca Uachtair. Maraíodh Harvison, Protastúnach a bhí ag obair don Tiarna Pluincéad i dTuar Mhic Éadaigh. Ar ndóigh, maraíodh Lord Leitrim i nDún na nGall ar ball, agus níor gabhadh an dream a mharaigh é ach oiread is a gabhadh éinne faoi mharú Lord Mountmorris.

Ach, cosúil le cumainn rúnda agus grúpaí *vigilante* eile in áiteacha éagsúla, ba mhinic gur ar a muintir féin a díríodh píonóis agus ionsaithe.

Rinneadh ionsaí ar dhaoine agus baineadh díoltas príobháideach amach ar dhaoine nach raibh aon bhaint acu le tiarnaí talún ná lena gcuid oibre. Baineadh cluas d'fhear amháin nuair a d'ionsaigh daoine é ina theach féin. Maraíodh stoc ar dhaoine eile.

Bhí cumann rúnda páirteach anseo sa dúnmharú millteach a rinneadh ar chúigear den aon mhuirín amháin i Mám Trasna i Lúnasa na bliana 1882. Bhí alltacht ar mhuintir na tíre nuair a chuaigh an scéal amach. Ach mar bharr ar an donas, tugadh fianaise bhréige do na póilíos. Gabhadh daoine nach raibh aon bhaint acu leis an marú. Crochadh Maoilre Seoighe san éagóir agus chaith a bheirt dheartháireacha agus mac le duine acu fiche bliain i bpríosún agus iad go hiomlán neamhchiontach. Thosaigh an scéal ag teacht amach. Rinne Tadhg Ó hArrachtain, MP, fiosrú sa scéal. Rinne duine de na fir a thug fianaise bhréige sa gcúirt faoistin oscailte i dTeach Pobail Thuar Mhic Éadaigh, os comhair an Ardeaspaig Mac a' Mhílidh agus an phobail, gur thug sé éitheach agus nach raibh aon bhaint ag Maoilre Seoighe ná ag a dheartháireacha leis an marú.

Rinne an tArdeaspag agus páirtí Home Rule agus Parnell iarracht láidir a chur ar an Rialtas athbhreithniú a dhéanamh ar an gcás. Dhiúltaigh an Rialtas agus tharraing sin raic sa Pharlaimint, agus bhí an cás ina shiocair gur buaileadh Rialtas Ghladstone i vóta agus gur tharla toghchán ina dhiaidh. Tá scéal uafásach Mhám Trasna inste go han-mhaith ag an Athair Iarlaith de Bhaldraithe, nach maireann, fear a rinne diantaighde ar an gcás agus a bhí ina shagart paróiste anseo ó 1982 go 1993, agus a d'fhoilsigh an scéal ina leabhar: *Maamtrasna—The Murder and the Mystery.*

De bharr an dúnmharaithe sin tugadh tuilleadh póilíos isteach sa gceantar. Cuireadh beairic láidir phóilíos á tóigeáil i gCeapach na Creiche, agus bhí brú láidir ag teacht ón Stát agus ón Eaglais deireadh a chur leis na cumainn rúnda. Bhí faitíos ag teacht ar na baill go raibh contúirt spiadóireachta ann. Ceistíodh daoine sna beairicí. D'fhág go leor fear óg an tír agus chuaigh go hAlbain agus go Meiriceá, agus níor fhill siad ariamh.

Bord na gCeantar Cúng

Rinne Bord na gCeantar Cúng go leor oibre sa gceantar ag tús an fichiú céad. Rinneadh bóithre agus droichid. Draenáladh portach Eanach Mhóir agus portaigh eile agus roinneadh iad. Tugadh deontais le tithe úra agus sciobóil a dhéanamh. Straidhpeáladh an talamh in go leor bailte fearainn. Roinneadh amach feilm an tiarna talún Mitchell ar an nGoirtín Mór agus Gort Fraoigh agus bhí na tionóntaí in ann a gcuid gabháltas a cheannacht. Cuireadh monarcha lása ar bun agus oileadh cailíní leis an obair a dhéanamh. Cuireadh monarcha chniotála ar bun freisin.

Ag an am sin ba é an sagart paróiste a bhí anseo ná an tAthair Ó Coirbín. Uncail ab ea é don dornálaí clúiteach, Gentleman Jim Corbett. Bhí tionchar aige, agus é in ann a dhul i gcionn ar na húdaráis, agus d'éirigh leis go leor a fháil déanta. Fuair sé scoileanna náisiúnta déanta agus tithe múinteoirí ar an tSraith, i dTrianláir, i nGleann Sál, i dTrian agus i gCoill an tSidheáin. Fuair sé bóithre déanta agus bhí cumhacht mhór aige ar ghnothaí na háite.

Coláiste Chonnacht

Ach ba é an tionscnamh ba mhó agus ba shuntasaí a tharla sa gceantar ná bunú Choláiste Chonnacht i dTuar Mhic Éadaigh sa bhliain 1905. Chuir Conradh na Gaeilge an Coláiste seo ar bun le múinteoirí a thraenáil a bheadh in ann an Ghaeilge a mhúineadh ins na scórtha ranganna Gaeilge a bhí ag tosú ar fud na tíre. Ar ndóigh, bhí Coláiste na Mumhan i mBaile Mhuirne agus Coláiste Uladh i dTír Chonaill ar an obair chéanna.

Tuige gur i dTuar Mhic Éadaigh a cuireadh an Coláiste ar bun? Sílim gurbh é an fáth ná gurbh í canúint lár-Chonnacht a bhí anseo, canúint a bhí i lár báire idir Gaeilge an tuaiscirt agus Gaeilge na Mumhan, agus canúint a bhí sothuigthe i chuile chuid den tír. Bhí Gaeltacht láidir ann ag an am, agus bhí na sagairt, an tAthair Ó Coirbín agus an tAthair Seán Ó Raghallaigh, go láidir ar thaobh na Gaeilge. Scoláire Gaeilge agus údar aitheanta ab ea an tAthair Ó Raghallaigh. Bhí seanteach an tsagairt folamh, mar bhí teach nua á dhéanamh i dTuar Mhic Éadaigh agus tugadh an seanteach ar léas don Chonradh. Ba é Mícheál Breathnach, scríbhneoir agus scoláire Gaeilge, an chéad Ardollamh, agus bhí Máire Ní Thuathail, scoláire Gaeilge ón áit, ina cúntóir aige.

Ba ghearr go raibh cáil ar an gColáiste ar fud na tíre. 'Cliabhán Chonradh na Gaeilge' a thugtaí air. Tháinig go leor den mhuintir a bhí i gConradh na Gaeilge ann. Tháinig Pádraic Mac Piarais agus a dheartháir ann. Chaith Eoghan Mac Néill téarma ag múineadh ann. Chaith clann John Dillon tréimhsí ann, agus scoláirí ó mhór-roinn na hEorpa chomh maith. Bhí Sinéad Bean de Valera ag múineadh ann agus chaith de Valera téarma ann. Bhí Pádraig Ó Domhnalláin, scríbhneoir, agus Seán Ó Ruadháin, údar eile, ag múineadh ann, agus níos moille arís, Séamus de Brún, Liam Ó Coinín, Mícheál Mac Aodhagáin agus Tomás Ó Luideáin.

Ina leabhar, *Mise*, tá cuntas ag Colm Ó Gaora ar a theacht ann ó Ros Muc de shiúl na gcos. Seán Seoighe, an t-aon údar Gaeilge ón áit seo, an Gleann Beag, ar tháinig an leabhar *Eachtra Múinteora* óna pheann, oileadh ann é. Bhí seisean, chomh maith, ina mhúinteoir taistil don Chonradh. Fear eile ón áit, ó mo bhaile fhéin, an Tamhnach, Seán Ó Donnchadha, chaith sé seal ann agus bhí sé ina mhúinteoir taistil i Sligeach. Tháinig na céadta múinteoirí ann le Gaeilge agus múineadh na Gaeilge a fhoghlaim. Ritheadh feiseanna agus aeraíochtaí ann i rith na mblianta freisin. Lean cúrsaí samhraidh ann anuas go dtí 1947.

An troid ar son na saoirse

Bhí páirt ag muintir na háite seo i chuile ghluaiseacht náisiúnta le saoirse na hÉireann a bhaint amach. I mbliain na bhFrancach chuaigh fir ón áit go Caisleán an Bharraigh le bheith páirteach in arm na hÉireann in éineacht leis na Francaigh. Tá ainm cúpla fear ón áit luaite sa leabhar breá ar an eachtra sin ag Richard Hayes, *The Last Invasion of Ireland*, Máirtín Mór Ó Muireáin agus Ó Duinnshléibhe ón tSraith.

Bhí sagart i gCoill an tSidheáin, an tAthair Ó Cillín, a tháinig as Sligeach agus tá cuntas ag Donnchadh Brún ('Donnchadh an Rópa') air go raibh go leor fear curtha faoi mhionn na nÉireannach Aontaithe aige. Gabhadh eisean freisin agus díbríodh thar sáile é.

Tá músaem beag i Scoil na Sraithe agus tá baraille de ghunna mór ann, baraille a bhí i mbaile na Sraithe ar feadh na mblianta. Tá cuntas ag Donnchadh Brún faoi dhuine de cheannairí na nÉireannach Aontaithe, Johnny Gibbons as Cathair na Mart, ar éirigh leis éalú ó Chaisleán an Bharraigh agus gur thug sé dhá ghunna mhóra isteach sna sléibhte agus go raibh sé ar a theitheadh i sléibhte Chonamara tamall fada. Creidim gur chuid de cheann de na gunnaí sin an baraille áirithe seo. Ar ndóigh, ba é Donnchadh Brún Sirriam an Chontae ag an am agus é go binbeach i ndiaidh na reibiliúnach.

Ar ball, bhí go leor d'fhir óga na háite sna Fíníní agus bhí siad gníomhach i gCogadh na Talún nuair a chinn ar Éirí Amach 1867. Tar éis Éirí Amach na Cásca i 1916, eagraíodh Sinn Féin agus Arm na Poblachta anseo. Bhí complacht láidir den I.R.A. ar an tSraith a ghlac páirt mhór sa dá chath a cuireadh ar arm Shasana i ndeisceart Mhaigh Eo: Coill Fáil i Márta 1921, agus luíochán Thuar Mhic Éadaigh agus an troid ar Shliabh Phartraí ar an tríú lá de Bhealtaine 1921. Scríobh filí áitiúla anseo, Mícheál Ó hÉanacháin agus Liam Ó Máille agus Seán Ó Donnchadha, amhráin agus bailéid i nGaeilge agus i mBéarla faoin troid sin. Bhí iomrá ar chath Thuar Mhic Éadaigh ar fud na tíre.

Coláiste Mhuire

Cuireadh Coláiste Ullmhúcháin do chailíní ar bun anseo i 1931 ar thalamh na mBráithre. Siúracha na Trócaire a bhí i gceannas air. Nuair a cuireadh deireadh le scéim na gColáistí Ullmhúcháin i 1961, lean an Coláiste ar aghaidh mar scoil chónaithe lán-Ghaelach do chailíní agus do chailíní lae ón gceantar. Nuair a d'imigh na Siúracha as an áit i 1989, bhí an áit le dúnadh. Ach ritheadh feachtas feidhmiúil anseo lena choinneáil oscailte. Bailíodh airgead: £200 ó chuile theach san áit, £30,000 in Chicago, £10,000 i Londain, agus ceannaíodh an Coláiste. Seosamh Ó Maolrúnaigh, nach maireann, is mó a d'eagraigh é seo. Tá an scoil ar siúl anois do bhuachaillí agus do chailíní, agus níos mó ná ocht scór scoláirí ann. Is mór an chreidiúint do mhuintir an cheantair gur choinnigh siad an áit.

Eagar

Sna seascaidí eagraíodh na feilméirí anseo. Cuireadh ar bun craobh den N.F.A., Cumann Caorach Sléibhe, agus réachtáladh Taispeántas Caorach i dTuar Mhic Éadaigh. Tomás Ó Tuathail a ghlac ar lámh an obair seo. Ansin sa bhliain 1970 cuireadh Comharchumann ar bun, as ar fhás Comharchumann Dhúiche Sheoigheach, áit a ndearna Éamon Ó Cuív éacht oibre mar bhainisteoir. Rinne Coiste Forbartha Pobail Thuar Mhic Éadaigh obair mhór ó na seachtóidí ar aghaidh: grúpscéim uisce don cheantar, scéim tithíochta na Comhairle Contae i nGoirtín na Coille, agus ceannacht Choláiste Mhuire. Tá club láidir de Chumann Lúthchleas Gael san áit ó 1965 i leith agus iad ag déanamh an-obair don aos óg.

Fostaíocht

Maidir le fostaíocht, taobh amuigh den bhfeilméireacht tá dhá mhonarcha san áit. I 1949 cuireadh monarcha chniotála ar bun anseo. Nascadh í leis an mhonarcha a bhí i gCoill an tSidheáin. Is é an ceanncheathrú cniotála sa nGaeltacht é. Cuireadh réamh-mhonarcha i gCoill an tSidheáin agus tá Caidéil Teo. ann anois. Tá deichniúr fear agus trí scór ban le Caidéil Teo. agus trí feara déag agus scór ban le Cniotáil Ghaeltarra.

Tá athrú mór tagtha ar fheilméaracht anseo go mórmhór ó chuamar isteach san Aontas Eorpach. Éiríodh as curaíocht ar fad, beagnach, agus is ar thógáil stoic—go háithrid caoirigh—atá an bhéim mhór faoi láthair. Tá méadú mór tagtha ar uimhir na gcaorach agus na céadta caora ag cuid mhaith feilméirí. Ní féidir a rá go bhfuil mórán bochtanais san áit anois.

An daonra

Maidir leis an daonra, tá an scéal go holc ar fad, agus laghdú millteach air, go háithrid ó na caogaidí ar aghaidh, nuair a mhéadaigh an imirce go tubaisteach. Ba é an daonra sa bhliain 1956 ná 1,907; faoin mbliain 1996 bhí sé tite go 1,153, sin titim 40%. Níl rud ar bith is fearr a léiríonn an titim sa daonra ná líon na bpáistí ar scoil. Mar shampla, i bPáirc an Doire agus Fionnaithe, i 1960 bhí 95 scoláire ann, anois níl ach naonúr ann; i gCoill an tSidheáin agus Trian, i 1950 bhí 105 páiste scoile, anois tá 42; i dTrianláir agus Gleann Sál, i 1940 bhí 153 páiste scoile, anois tá 42; agus sa tSraith i 1950 bhí 105, anois tá 17. Ní dóigh go bhfuil ceantar ar bith eile in Éirinn chomh buailte ag imirce agus ag an titim sa daonra is atá an áit seo.

Monarcha Chniotáil Ghaeltarra

Cian Mac Aodha Bhuí 2000

Cás na teanga

Bhí Gaeltacht láidir anseo ag tús an fichiú céad, nuair a cuireadh Coláiste Chonnacht ar bun. Sa bhliain 1958 rinne an Dr Seán de Búrca (Gleann Sál), a bhí ina léachtóir le Teangacha Ceilteacha i gColáiste na hOllscoile, Gaillimh, staidéar ar Ghaeilge na háite, gur scríobh sé leabhar scoláiriúil dar teideal *The Irish of Tourmakeady*. Sa réamhrá don leabhar sin dúirt sé an méid seo: 'Is teanga bheo an Ghaeilge fós ach tá na toscaí a chuaigh lena húsáid ag athrú go bunúsach . . . Tá ráta ard imirce agus brú láidir an Bhéarla, an dá rud, ag laghdú líon na nGaeilgeoirí.'

B'in mar a bhí sa bhliain 1958. Is measa i bhfad anois é. Faoi láthair, taobh amuigh d'obair na scoileanna agus de thacaíocht na sagart—an tAthair Ó Grógáin, S.P. agus an tAthair Pádraig Standún, S.C.—tá labhairt na Gaeilge tite siar go mór. Is mór an trua nár thug na forais agus na háisíneachtaí éagsúla Stáit, meáin chumarsáide agus chraoltóireachta na Gaeltachta san áireamh, seirbhís níos fearr ón tús do Ghaeltacht seo Thuar Mhic Éadaigh, agus do Ghaeltacht Mhaigh Eo fré chéile.

Stáisiún Traenach Acla

Bailiúchán Lawrence, An Leabharlann Náisiúnta (1880-1914)

Acaill
Tomás Mac Seáin

Ceantar sléibhtiúil sceirdiúil é Acaill nach bhfuil ach an deichiú cuid dá achar feiliúnach do churaíocht. Ag tús an 20ú céad bhí breis is 5,000 duine ina gcónaí ar an Oileán agus ní raibh an dara rogha acu ach dul i muinín imirce séasúraí ó Mheitheamh go Samhain agus feilméaracht a dhéanamh ar an chúpla acra agus cimín sléibhe sa bhaile le teacht i dtír agus greim a choinneáil lena mbéil.

I dtuarascáil na bliana 1907 den *Royal Commission on Congestion in Ireland* tuairiscíodh go ndeachaigh 2,100 duine ón Oileán ar imirce go dtí an Bhreatain agus go mba chun na hAlban a chuaigh 1,100 díobh. B'in 40% de dhaonra iomlán an Oileáin. Níor fágadh sa bhaile ach seandaoine, mná agus páistí agus b'fhada uathu siúd filleadh a muintire faoi Shamhain.

Ba chuig feilmeacha fataí na hAlban a chuaigh na *Scotties* mar a thugtaí orthu sa bhaile agus níor bhain an traidisiún seo le haon áit eile in Éirinn ach le hAcaill, le hIorras agus le hIarthuaisceart Thír Chonaill. Scata de thimpeall scór ar a dtugtaí *squad* a d'oibreodh i ngach feilm thall. De ghnáth, ba chlanna, comharsain, gaolta, driotháireacha agus deirfiúracha a bhíodh sa *squad* faoi chúram *gaffer* áitiúil.

Thosaigh traidisiún na hAlban thart faoi 1870 agus faoi 1900 bhí sé faoi lán seoil. Rinne na ceannaithe móra fataí in Albain conradh leis na feilméaraí Albanacha ar phraghas áirithe an t-acra do na fataí agus go mbainfeadh siadsan iad le cur ar an margadh. Chuige seo bhí foirne soghluaiste oibrithe ag teastáil a ghluaisfeadh ó fheilm go feilm ó Ayreshire ó dheas sa Mheitheamh go Dundee ó thuaidh san Fhómhar. I bpáirtíocht le *gaffers* áitiúla in Iarthar na hÉireann fuair ceannaithe na hAlban na foirne oibrithe seo ó phobail bhochta ar chóstaí Mhaigh Eo agus Thír Chonaill.

Sula dtigeadh na hoibrithe ó Éirinn anonn chuirtí na ba amach as na sciobóil ar féarach, ghlantaí na sciobóil agus réitítí in ord cónaithe iad do na hoibrithe. Chónaídís sna *bothies* seo go mbíodh na fataí ar an fheilm sin bainte agus ansin d'aistrídís ar chúl cairteanna agus ar ball ar leoraithe go dtí an chéad fheilm eile.

Ar an 10 Meitheamh 1912 d'fhág an oiread sin oibrithe Acaill le dul go hAlbain gur tháinig gal-long de Chomhlacht Burns & Laird i nGlaschú, an *Lily*, go hAcaill agus d'fhan sí ar ancaire ag Béal an Bhulláin go ndeachaigh na himircigh go léir ar bord. Ní mórán páistí a d'fhreastail ar scoil an lá sin mar ba bheag teach nach raibh duine, nó beirt nó triúr, ag imeacht as. B'éigean do na scoileanna dúnadh don lá. Breactha ar leabhar tinrimh scoil Thóin an tSeanbhaile don lá sin tá an nóta seo: '*School Closed, Scottish workers migrating*', agus ar leabhar tinrimh scoil Bhéal an Bhulláin bhí : '*School closed by manager's leave. Embarkation of Scotch migrants in vicinity of school*'. Bhí fearsaid Acla dubh le curachaí, '*punt*anna', *yawl*annaí agus húicéirí ag iompar na sluaite ó chéibheanna beaga an oileáin chun na loinge. Cé gur doiligh figiúr cruinn a chur air, síltear go raibh oiread is 1,000 ar bord faoi thráthnóna nuair a ardaíodh ancaire. Ón lá sin go dtí deireadh na Samhna b'uaigneach, ciúin an áit í Acaill. Fágadh baint agus sábháilt an fhéir agus an fhómhair faoi na mná is na páistí sa bhaile. Mhair an traidisiún seo go dtí lár na ndaichidí den 20ú haois. Chuir an t-inneall bainte fataí, fostaíocht ar bhóithre agus ar oibreacha poiblí ar fhoirgintí Shasana ar phá ard tar éis an chogaidh, deireadh le piocadh fataí Alban.

Ní fhéadfaí trácht ar thradisiún na bhfataí in Albain gan cuimhniú ar dhá thubaiste mhóra Acla: b'in iad báthadh na bliana 1894 agus an dóiteán in Kirkintilloch i 1937.

Báthadh dáréag is fiche as Acaill nuair a thiontaigh húicéir ar a bhealach ón Chloch Mhór in Acaill go Cathair na Mart ar an 14 Meitheamh 1894. Ba é an t-ionadh é nár báthadh tuilleadh, mar bhí 125 oibrí ar bord. Bhí an húicéir ag druidim le céibh Chathair na Mart nuair a ghluais na paisinéirí go taobh an húicéara le hamharc na gal-loinge a fháil a thabharfadh iad go hAlbain. Leis an meáchan ar thaobh amháin, *jibe*áil an seol agus caitheadh an t-iomlán i bhfarraige. Murach go raibh báid in aice láimhe le tarrtháil orthu in áit na mbonn ní fios cé méid eile a bháfaí.

Tugadh na coirp abhaile ó Chathair na Mart ar an chéad turas a rinne an traein go hAcaill agus cuireadh na coirp in uaigh mhór amháin i reilig Chill Damhnait.

Ar an 16 Meán Fómhair 1937 chuaigh *bothy* ina raibh *squad* as Acaill ina gcodladh trí thine in Kirkintilloch i lár na hoíche. D'éirigh leis na cailíní uilig teacht slán ach bhí deichniúr buachaillí sáinnithe i seomra a bhí faoi ghlas ón taobh amuigh agus dódh iad ina mbeatha. Bhí triúr driotháir ina measc, an duine ab óige díobh trí bliana déag. Tugadh na coirp abhaile agus tá siadsan curtha in uaigh amháin i reilig Chill Damhnait freisin. Aisteach go leor, iompraíodh na coirp ar an traein deiridh go hAcaill. Bhí sé i mbéal na ndaoine ar feadh breis is dhá chéad bliain, ó thairngreacht Bhriain Rua, go n-iompródh an chéad traein go hAcaill agus an traein deiridh coirp.

De bhrí gur mhair traidisiún na hAlban breis is trí scór bliain tharla cultúr faoi leith in Acaill ó thaobh cúrsaí pósta, cúrsaí ceoil agus spóirt de, agus muintearas ar leith le muintir Thír Chonaill.

Is iomaí lánúin a pósadh in Albain le linn an tséasúir agus tharla go leor idirphóstaí idir muintir Mhaigh Eo agus muintir Thír Chonaill, mar chastaí ar a chéile iad ar na feilmeacha, ag céilithe agus ag damhsaí sna *both*annaí ag an deireadh seachtaine.

Ó thaobh an cheoil de chuaigh traidisiún láidir na bpíobaí in Albain i gcion ar na hoibrithe. D'fhoghlaim siad na píoba agus bunaíodh bannaí píoba in Acaill. Faoi láthair tá cúig bhanna píobairí in Acaill agus is í an t-aon áit í in Éirinn a mbíonn máirseáil agus seinm píob oíche chinn bliana gach bliain amhail nós na hAlban le breis is céad bliain as a chéile.

Maidir le spórt lean na hoibrithe an fhoireann Glasgow Celtic. D'imir siad an cluiche thall agus ar filleadh dóibh bhíodh comórtais agus iomaíocht ghéar idir foirne na mbailte éagsúla. Tá cliú go fóill ar *Swifts* Dhún Eibhir, *Rovers* Dhumha Acha, *Hearts* an Phollaigh agus *Celtic* Dhumha Éige. Is iomaí bailéad atá i mbéal na ndaoine go fóill ag cur síos ar ghaisce na n-imreoirí san am.

Go dtí an lá inniu tá dlúthchairdeas idir Acaill agus muintir Thír Chonaill, go mórmhór muintir Árainn Mhóir. Eagraítear cuairt cairdeasa idir Acaill agus Tír Chonaill chuile bhliain sa dá threo agus bíonn na busanna lán i ngeall ar an tóir a bhíonn ar na turais.

Tá iomrá ar Acaill le fada mar ionad saoire agus turasóireachta. Is féidir a rá gur thosaigh turasóireacht eagraithe in Acaill nuair a thóg an tOirmhinneach Edward Nangle Óstán Mhisiún Acla sa bhliain 1840—atá anois faoin ainm Óstán an tSléibhe Mhóir. D'eagraigh bainisteoir an Óstáin pacáiste saoire ó Bhaile Átha Cliath go hAcaill agus rinneadh fógraíocht leathan san *Achill Herald* faoi áilleacht an oileáin agus faoi sheirbhísí an Óstáin. Tharraing go leor turasóirí ar an oileán agus nuair a tóigeadh an droichead trasna ag Gob an Choire in 1887 agus nuair a críochnaíodh an bóthar iarainn go Gob an Choire in 1894 b'éascaí i bhfad anois cúrsaí taistil go dtí an tOileán agus mhéadaigh ar an turasóireacht dá réir. Fostaíodh na daoine áitiúla mar threoraithe agus bhí éileamh mór ar chaiple mar dheis iompair do chuairteoirí ar thurais fhada, go minic thar chosáin sléibhe ar fud an oileáin. Ag tús an 20ú céad chonacthas do na daoine sa cheantar leas na turasóireachta timpeall Dhumha Goirt agus diaidh ar ndiaidh cuireadh leis na háiseanna agus le seirbhísí do chuairteoirí.

Faoin bhliain 1950 bhí dóthain óstán agus tithe aíochta ar an oileán le freastal ar na sluaite a bhí ag triall ar saoire ar an áit agus ba sna seascaidí a bhí barr a réime ag an turasóireacht in Acaill.

Mar thoradh ar stádas Acla sa scéim shaorchánach d'ionaid turasóireachta, tá tírdhreach Acla breacbhallach le tithe saoire. Tá an dá thuairim ann maidir le leas agus buntáiste na scéime don Oileán. Is maith ann é, ar ndóigh, ag an tionscal tógála agus amach anseo má líontar na tithe seo ar feadh tréimhsí fada gach bliain níl léamh ar an leas a dhéanfar don eacnamaíocht áitiúil, d'fhostaíocht agus do shlánú an Oileáin.

Ach ar an lámh eile tá go leor den dtuairim gur scéim í seo a ceapadh do lucht an tsaibhris agus na ngairmeacha ardtuarastail. Síltear go mb'fhearr do leas agus d'anamúlacht an pharáiste, ó thaobh daonra, fostaíochta agus na turasóireachta de, dá gcaithfí an cháin mhór a chailltear don státchiste ar dheontais fhlaithiúla do dhaoine áitiúla le tithe, tithe saoire agus áiseanna turasóireachta a thógáil.

Tá sárobair idir lámha ag Cumann Turasóireachta Acla faoi láthair agus tá an-fheabhas ar an gcaighdeán lóistín, ar rogha bialann agus bia, ar sheirbhísí carbháin agus campála, ar áiseanna iascaireachta agus snámha agus ar eolas don gcuairteoir faoi gach uile ghné den tionscal. Comhoibríonn an cumann leis na heagrais agus na coistí áitiúla le féilte éagsúla a reáchtáil i rith an tséasúir. Comhoibríonn siad le cumann iascairí Acla le féilte iascaireachta agus féile bia mara a chur ar siúl, agus le Scoil Acla le turasóireacht chultúrtha a reáchtáil.

Is iomaí duine cáiliúil agus mór le rá a thug cuairt ar Acaill i rith na mblianta agus a ndeachaigh an t-oileán, a chultúr agus a phobal i gcion orthu: daoine mar an tOirmhinneach Edward Nangle, a ndearnadh tagairt dó cheana, na healaíontóirí Paul Henry ag tús an 20ú haois agus ina dhiaidh sin Robert Henri, agus an scríbhneoir Heinrick Böll sna seascaidí. Tharraing siadsan, ina mbealaí féin, aird an domhain ar Acaill: áilleacht thírdhreach Acla i bpictiúirí cáiliúla Paul Henry, portráidí mhuintir Acla de chuid Robert Henri, agus leabhar an duaiseora Nobel Heinrick Böll, *Irisches Tagebuch* (*Irish Journal*), a scríobh sé in Acaill i 1957, ag cur síos ar Acaill agus ar a muintir. Tarraingíonn a lán Gearmánach ar Acaill gach bliain le teach Böll i nDumha Goirt a fheiceáil, teach atá anois ina ionad do cheardlann ealaíne agus litríochta.

Ach ba é an tOirmhinneach Nangle (1799-1883) an duine ba mhó a raibh tionchar aige ar mhuintir Acla, le bunú a Mhisiúin i nDumha Goirt in 1833 nó go ndeachaigh sé i léig in 1884. Bhunaigh sé scoileanna, ospidéal, dílleachtlann, clóphreas dá iris, *Achill Herald and Western Witness*, dhá eaglais agus coláiste ullmhúcháin do bhuachaillí a raibh dúil acu dul sa mhinistreacht. Ina theannta sin, cheannaigh sé dhá dtrian d'Acaill sa bhliain 1852, rud a d'fhág go raibh sé ina thiarna talún ar Eastát an Mhisiúin agus, ar a mhullach sin, i ngeall ar an chlampar a d'éirigh idir é féin agus an Dochtúir Mac Éil faoi oideachas agus faoi chúrsaí creidimh ar fud an pharáiste, ba bheag duine nach raibh baint ag Nangle le gné éicint dá shaol.

I ngeall ar fhairsingeacht agus éagsúlacht éisc timpeall an chósta, traidisiún fada farraige, loingseoireachta agus iascaireachta, shílfeadh duine go mbeadh an iascaireacht mar bhunchloch ag fostaíocht Acla, ach faraor, ní mar sin atá.

Sa bhliain 1902 bhunaigh Bord na gCeantar Cúng stáisiún saillte ronnach agus scadán ar an gCloch Mhór. Faoin bhliain 1906 bhí 340 fear fostaithe sa tionscal ag iascaireacht as curachaí, *yawl* annaí agus as ocht gcinn de *Nobbies* a chuir an Bord ar fáil ar léas. Théadh na *Nobbies* seo chomh fada ó thuaidh leis na Dúnaibh i dTír Chonaill san am. Bhíodh na héisc á gcur i dtír ar na céibheanna a thóg an Bord timpeall an chósta agus á n-iompar ar chairteanna go dtí an Chloch Mhór, áit a raibh an phríomhchéibh.

Teach Heinrick Böll, ionad scríbhneoirí

Cian Mac Aodha Bhuí 2000

Chuirtí na bairillí den iasc saillte ar thraein Acla ó Ghob an Choire go dtí an margadh i mBaile Átha Cliath.

Ach níor mhair an tionscal seo ach cúpla bliain mar ba leisc le hiascairí dul sa seans agus na *Nobbies* a cheannacht agus nuair a thagadh an Samhradh thréigeadh cuid mhór díobh an iascaireacht i bhfabhar na himirce go hAlbain nó go Sasana don séasúr. Ar ball díoladh na *Nobbies* agus úsáideadh iad mar húicéirí ag iompar móna, cloch aoil agus earraí eile idir Acaill agus Cathair na Mart.

Faoin bhliain 1915 bhí an tóin tititne as an tionscal mar thit luach an éisc agus níor dearnadh aon iascaireacht thrádálach den chineál seo in Acaill go ceann dhá scór bliain eile.

Ní dheachaigh muintir Acla le hiascaireacht ghliomaigh san am cé go raibh an-tóir ar na sliogéisc seo ins na tríochaidí agus fágadh an iascaireacht seo faoi mhuintir Inis Cé, mar go mbíodh fir Acla thall in Albain agus i Sasana le linn shéasúr na ngliomach. Fágadh cósta uilig Acla ag gliomadóirí Inis Cé. Chodlaídís siúd faoi na curachaí san oíche i rith na seachtaine. Bhunaigh siad bunáit in Anach, ar chúl an tSléibhe Mhóir, mar a raibh dhá theach tógtha acu, ceann amháin i gcóir bidh agus béilí agus an teach eile le haghaidh codlata. Tá an dá bhantrach ansin go fóill. B'as fraoch fiáin a dhéanaidís a bpotaí gliomach, fraoch a d'fhás ar chúl an tSléibhe Mhóir. Ní dhearna muintir Acla iascaireacht fhorleathan ar ghliomaigh go dtí tús na gcaogaidí. Ar ball nuair a d'eagraigh Cumann Iascairí Acla, a bunaíodh i 1966, margaí, agus nuair a ceannaíodh trálaeir agus báid leathdeice, chuaigh iascaireacht na ngliomach agus na gcráifisceanna ó neart go neart. In éineacht le huimhir mhór photaí gliomach baineadh an-úsáid as eangacha grinnill. Tá laghdú tagtha ar iascaireacht na ngliomach le blianta beaga anuas mar go bhfuil an gliomach an-ghann. Cuirtear an milleán ar an dianiascaireacht agus ar na heangacha grinnill. Tá feachtas chaomhnaithe gliomach idir lámha ag Comharchumann Iascairí Mhaigh Eo Thiar faoi láthair.

Sa bhliain 1856 bhunaigh Albanach darbh ainm Alexander Hector tionscal iascaireachta agus phróiseáil bradán in Acaill. Bhíodh timpeall céad fear fostaithe aige ag iascaireacht bradán amach as Dumha Éige, an Choim, Anach, agus Dumha Goirt. Bhí ionad próiseála bradán agus ionad déantúis channaí stáin aige i nGob an Choire gar don stáisiún traenach. Chuirtí an bradán bruite sna cannaí. Ag tús an 20ú haois cheannaigh Seosamh Mac Suibhne as Gob an Choire an ceadúnas bradán ach faoi na seascaidí ní rabhthas ach ag iascaireacht as Dumha Éige agus as an gCoim. Mhair iascaireacht Dhumha Éige go dtí lár na seascaidí agus ní raibh ach ceathrar fostaithe sa Choim nuair a cuireadh deireadh ar fad leis ins na hochtóidí. Le linn don Suibhneach a bheith ag iascaireacht bradán sa Choim bhíodh an-trioblóidí aige ó na liamháin ghréine a bhíodh ag réabadh agus ag milleadh a gcuid eangach bradán go féiltiúil. Tar éis dó taighde fiosraithe a dhéanamh maidir leis na héisc ollmhóra seo d'éirigh leis teacht ar mhargadh don ae agus don fheoil.

Tar éis go leor trialacha a thástáil d'éirigh leis teacht ar chóras éifeachtach lena gceapadh in eangacha rópa, ina raibh mogaill mhóra láidre. Bhíodh ceann amháin de na heangacha ceangailte go daingean d'fháinne san aill sa Choim agus an nóiméad a dtéadh an liamhán i bhfastó inti ghabhadh iascairí i gcurach mórthimpeall air le ceann eile de na heangacha. Mharóidís an liamhán, agus é i bhfastó san eangach, le lanntracha fada móra a shá ann díreach ar chúl a chinn. Ansin tarraingíodh na héisc mhóra seo go Póirtín, áit a mbaintí an t-ae astu le bruith chun an ola a bhaint as, agus ansin ghearrtaí an conablach i bpíosaí feola le cur chuig monarchana bia éisc i mBéal Átha na Sluaighe agus i Lios na gCearrbhach. I 1949 bhí 50 fear fostaithe sa tionscal seo nuair a maraíodh 900 liamhán, easpórtáladh 160 tonna ola agus díoladh 1,070 tonna feola.

Maidir leis an fheoil chéanna ba bhréan, ghéar an boladh a thagadh ó chonablaigh na liamhán tar éis tamaill faoi theas na gréine. Nuair a théadh leoraithe feola thar bráid ar a mbealach go dtí na monarchana feola, d'fhanadh an bréantas san aer ar feadh i bhfad.

D'ísligh praghas na hola is ní raibh glacan leis an fheoil sna monarchana agus bhí líon na liamhán a ceapadh gach bliain ag laghdú. Faoi 1971 bhí an iascaireacht ar a cosa deiridh gan ach cúpla fear ag obair as curachaí sa Choim ag easpórtáil roinnt ola agus eití na liamhán go Hong Kong i gcóir anraith eite liamháin!

Le bunú Chomharchumann Iascairí Acla i 1966 eagraíodh tionscal uile na hiascaireachta don chéad uair. Le cúnamh ó Roinn na Gaeltachta bunaíodh oifig agus stóras i nGob an Choire faoi stiúir choiste tofa na n-iascairí. I 1976 athraíodh ainm an Chomharchumainn go *Comharchumann Iascairí Mhaigh Eo Thiar Teo.* agus le cabhair deontais ó Roinn na Gaeltachta ceapadh bainisteoir lánaimseartha le féachaint i ndiaidh margaí, seirbhísí iompair agus riachtanais uile na n-iascairí.

Bunaíodh scéim chaomhnaithe gliomach sa bhliain 1994 i bpáirtíocht le hÚdarás na Gaeltachta, scéim a bhí bunaithe ar chóras a bhí i bhfeidhm ag gliomadóirí Maine sna Stáit Aontaithe. Caitear tonna de ghliomaigh mharcáilte, idir fhireann agus bhaineann, ar ais san fharraige gach bliain i rith an tséasúir agus cúitíonn an tÚdarás 50% de luach na ngliomach sin leis na hiascairí agus seasann an Comharchumann agus na hiascairí féin an chuid eile den chostas. Tá toradh an-dearfach agus tairbheach le feiceáil cheana féin.

Cruthaíonn an scéim seo rud suntasach amháin; má fhágtar smacht agus riarachán ár bhfarraigí faoi iascairí áitiúla ar mhór leo a slite beatha a chinntiú ar feadh na nglúnta, beidh rath agus forbairt ar iascaireacht. Cuimhnímis, faraor, ar ár bhfarraigí náisiúnta atá á gcreachadh agus á réabadh ag eachtrannaigh agus gan leigheas againn féin ar an scéal.

Go dtí 1834 níor cuireadh córas foirmeálta oideachais in ord in Acaill, gur osclaíodh an chéad scoil de chuid Mhisiún Protastúnach Acla i nDumha Goirt do 43 dalta. An bhliain dár gcionn bhí ceithre scoil mhisiúin ag feidhmiú i mbailte an Chaoil, an Chaisil, Dhumha Goirt agus an tSléibhe Mhóir. De réir thuairiscí an *Achill Herald* bhí 430 dalta ag freastal ar na scoileanna seo. Ba pháistí clanna Protastúnacha agus Caitliceacha na scoláirí seo. Roimhe seo ba iad na scoileanna scairte ó am go chéile an t-aon scolaíocht a bhíodh ar fáil ar an Oileán.

De thoradh an fhoráis ar scoileanna an Mhisiúin bhunaigh an Dochtúir Seán Mac Éil, Ardeaspag Thuama, a scoileanna féin taobh le taobh le scoileanna Nangle mar a tugadh orthu, le cosc a chur ar thionchar agus ar obair an Mhisiúin Phrotastúnaigh. Ní raibh aird dá laghad aige oideachas a chur ar fáil sna ceantair eile in Acaill.

Faoi shamhradh na bliana 1835 bhí ocht scoil ar an Oileán; ceithre cinn Phrotastúnacha agus ceithre cinn Chaitliceacha agus iad buailte ar a chéile. Tháinig an tOrd Proinsiasach go Bun an Churraigh in 1852 ar cuireadh ón Dochtúir Mac Éil agus bhunaigh siadsan mainistir in 1854 agus a scoil féin in 1864.

Lean an iomaíocht agus an t-aighneas creidimh ar aghaidh agus faoi 1870 bhí 16 scoil ar an Oileán. Bhí Scoil an Mhisiúin sa Chaiseal, Scoil na Mainistreach agus Scoil na gCailíní i mBun an Churraigh, mar shampla, iad uilig in aice a chéile.

B'amhlaidh gur mhó an tsuim a bhí ag an dá Eaglais ag an am páistí a mhealladh chucu féin ná córas cumasach oideachais a chur ar fáil.

Ag tús an chéid seo caite ní raibh ach na scoileanna náisiúnta ag feidhmiú, mar bhí an Misiún Protastúnach i léig ó 1884.

Níor múineadh mórán Gaeilge i bhformhór na scoileanna náisiúnta seo cé gurbh í an Ghaeilge teanga na ndaoine. Bhí tromlach na múinteoirí, le tacaíocht na cléire, ag ullmhú na ndaltaí don imirce, mar bheadh an Béarla úsáideach agus go deimhin riachtanach dóibh i Sasana, in Albain agus i Meiriceá.

Cé gur fheabhsaigh múineadh na Gaeilge tar éis 1921 bhí díobháil déanta don teanga ar feadh dhá ghlúin roimhe sin; dhá ghlúin a fágadh gan léamh ná scríobh na teanga.

Ba i 1934 a bunaíodh Ceardscoil ar an Chaiseal inar múineadh adhmadóireacht agus líníocht mheicniúil do bhuachaillí agus tíos do chailíní. Múineadh ábhair don Cheardteastas ins na seascaidí ann agus i 1965 shuigh na mic léinn don chéad uair do scrúdú na meánteistiméireachta agus i 1971 don Ardteist. B'in í an bhliain chéanna a tóigeadh an cheardscoil nua, Coláiste Mhic Éil, i nGob an Choire.

I 1948 tugadh deis meánscolaíochta d'ógánaigh uile Acla don chéad uair nuair a bhunaigh Pádraic Mac Suibhne Scoil Damhnait i dTeach na Cúirte, Gob an Choire agus ar ball i bhfoirgneamh sheanstáisiún traenach Acla. Ba í seo an chéad mheánscoil mheasctha sa tír agus bhí an-dua ag an Suibhneach ag an am cur ina luí ar Ardeaspag Thuama, an Dr Seosamh Breathnach, a leithéid de mheánscoil a cheadú ina dheoise. D'éirigh thar barr leis an mheánscoil i ngeall ar thacaíocht tuismitheoirí a chuir a muinín san oideachas i leaba na himirce dá gclann. I 1965 d'aistrigh na mic léinn ó Stáisiún na Traenach go scoil úrnua le taobh pháirc pheile an Dáibhéidigh.

Ba é an cluiche sacair an spórt ba mhó a chleachtaigh ógánaigh Acla go dtí gur bunaíodh Cumann Lúthchleas Bhunscoil Acla i 1948, a d'eagraigh comórtais pheile Chumann Lúthchleas Gael idir scoileanna an pharáiste, agus bhíodh an cluiche ceannais agus 'Lá na Spórt' ar an 29 Meitheamh gach bliain. Chuaigh na comórtais seo ó neart go neart agus bhí iomaíocht ghéar do Chorn Acla don pheil agus do Sciath Dhamhnait do na cleasa lúith le caoga bliain anuas gan bhriseadh. I 1999 rinneadh ceiliúradh 50 bliain ar bhunú an chumainn nuair a bhronn Donncha Ó Gallchobhair, duine de bhunaitheoirí an Chumainn, boinn chuimhneacháin 50 bliain ar chéadbhuaiteoirí an chomórtais, Scoil Dhumha Acha i 1949.

I 1954 bunaíodh comórtas do Chorn Scanláin, i gcuimhne bheirt driotháir, Séamas agus Pádraic Ó Scanláin as an nGob, Gob an Choire, a raibh iomrá orthu mar pheileadóirí do Chlub Acla agus a cailleadh go hóg. D'fhreastail an comórtas seo ar óigfhir an pharáiste a d'fhoghlaim an cluiche sna comórtais do Chorn Acla, agus d'fhreastail sé go háirithe orthu siúd a bhíodh sa bhaile ó Shasana i gcomhair obair an earraigh agus bhaint na móna. Roinneadh an paráiste ina sé cheantar agus bhíodh iomaíocht ghéar idir na foirne gach earrach. Thigeadh peileadóirí abhaile ó chuile cheard, agus ó Shasana fiú, le himirt dá gceantar agus thugadh sean agus óg, mná agus páistí, tacaíocht fhuinniúil dá bhfoireann féin. Is ábhar mórtais dá lán a bheith i seilbh bonn Chorn Scanláin.

Le blianta beaga anuas tá club sacair bunaithe sa pharáiste, a ghlacann páirt i gcomórtais éagsúla ar fud an chontae agus a eagraíonn comórtais sa pharáiste féin ar an bhonn céanna le Club Acla den gCumann Lúthchleas Gael.

Tá dul chun cinn suntasach déanta sa cheol traidisiúnta ó d'athbhunaigh Seán Mac Conmara Scoil Acla i 1985. Is iad na ranganna ceoil príomhimeachtaí na Scoile, a bhíonn ar siúl le linn na chéad choicíse de Lúnasa gach bliain. Bíonn na sluaite, idir fhoghlaimeoirí áitiúla agus dhaoine as Éirinn, ón mBreatain agus ó na Stáit Aontaithe, ag freastal ar na ranganna veidhlín, bosca ceoil, feadóige agus consairtín. De bhrí go bhfuil craobh láidir áitiúil de Chomhaltas Ceoltóirí Éireann ag obair lámh ar láimh leis an Scoil, cleachtaítear an ceol i rith na bliana agus cruthaíonn fonnadóirí, ceoltóirí agus grúpaí Scoil Acla ar fheabhas sna fleánna a eagraíonn an Comhaltas.

Maidir le cúrsaí damhsa, sa sean-am in Acaill ba iad na seiteanna agus na damhsaí Gaelacha ba choitianta. Tháinig múinteoirí damhsa

Ghaelaigh sna caogaidí agus i ngeall ar an éileamh ar na ranganna sin bhíodh an-tóir ar chéilithe, go mórmhór i Halla Ghob an Choire, ar feadh i bhfad. Sna hochtóidí tháinig Doireann Ní Chonchubhair, cailín a bhuaigh craobh an domhain mar dhamhsóir, go hAcaill ó Shasana, agus bhunaigh sí Scoil Damhsa Uí Chonchubhair. Tá cliú agus cáil ar an Scoil seo anois, ní hamháin ar fud Éireann ach thar lear chomh maith.

Is iomaí athrú buntáisteach, is léir, a tharla in Acaill le céad bliain anuas ó thaobh cúrsaí maireachtála, oideachais agus spóirt agus imeachtaí cultúrtha de. Ach ní mór dúinn a bheith imníoch faoi laige na Gaeilge agus níos práinní fós faoi laghdú tubaisteach an daonra le scór bliain anuas. D'fhan daonra Acla go seasta os cionn 5,000 ó aimsir an Ghorta ar feadh céad bliain. I ndaonáireamh na bliana 1996 bhí an líon daoine in Acaill íslithe go 3,639, agus é ag titim i gcónaí.

Cé go bhfuil deireadh le himirce éigeantach as Éirinn le tamall anois, tá imirce de shaghas eile ann, teicheadh daonra ó cheantair thuaithe go cathracha agus go bailte móra na hÉireann, ag bánú áiteacha mar Acaill. Nach aisteach go bhfuil feabhas ár gcórais oideachais ag cuidiú le bánú Acla mar nach bhfuil postanna sa bhaile feiliúnach do cháilíochtaí ár gcéimithe tríú leibhéal.

Ní mór d'áisíneachtaí rialtais atá freagrach as leas Acla súil a chaitheamh ar fhoinsí breise fostaíochta le hais iascaireachta, turasóireachta agus miontionscal a triaileadh go dtí seo. B'fhéidir gur chóir díriú ar thograí teicneolaíochta agus cumarsáide amach anseo.

Muna n-athraítear polasaithe rialtais go tobann agus go leitheadach i dtaobh ceantair imeallacha mar Acaill beidh a slánú dodhéanta sar i bhfad.

An Caol, Acaill

Bailiúchán Lawrence, An Leabharlann Náisiúnta (1880-1914)

Iorras agus Tír Amhlaidh
Nollaig Ó Muraíle

Stairsheanchas an cheantair

Is air a bheas mé ag trácht san aiste seo an ceantar úd in iarthuaisceart Chontae Mhaigh Eo ina maireann an Ghaeilge fós mar ghnáth-theanga bheo, mar aon leis an dúthaigh thart air ina bhfuil rian den teanga fós le fáil, bíodh is go bhfuil cúpla glúin imithe ó bhí sí i réim mar ghnáth-theanga an phobail. Is í an dúthaigh atá i gceist, más ea, cuid mhaith de bharúntacht Iorrais agus beagán d'iarthar Thír Amhlaidh.

Gabhann scéal an cheantair seo siar na mílte bliain, faoi mar atá léirithe ag an Dr Séamus Mac Conghamhna agus a chomhghleacaithe trí mheán na n-iarsmaí tábhachtacha seandálaíochta ón Chlochaois atá aimsithe acu in Achaidh an Chéide in aice le Béal Deirg. Lena chur i mbeagán focal, is eol dúinn ó obair na seandálaithe sin go raibh daoine ina gcónaí agus i mbun feilméarachta ar chósta thuaidh Mhaigh Eo isteach is amach le cúig mhíle bliain ó shin. Is as sin a d'fhás an comóradh úd de Chúig Mhíle Bliain de Stair Chontae Mhaigh Eo ar éirigh chomh maith sin leis tamall de bhlianta ó shin.

Ar na dreamanna daoine is faide siar a lonnaigh sa cheantar seo agus a bhfuil a n-ainmneacha ar eolas againn bhí an Ghamhanra. Ba dhuine den dream sin, más fíor, Fear Diadh mac Damháin, a oileadh in éineacht le Cú Chulainn agus a thit ag an áth sa chomhrac le cosantóir úd Uladh, an Cú Chulainn céanna, de réir na hinsinte i dTáin Bó Cuailgne. Meastar go mb'fhéidir go raibh gaol éigin ag an nGamhanra leis na Domhnainn, cine eile a bhí lonnaithe in Iorras agus i dtuaisceart Thír Amhlaidh. B'ionann na Domhnainn agus an cine Ceilteach úd sa Bhreatain ar a dtugadh na Rómhánaigh na *Dumnonii*. Ba iad siúd an dream ónar ainmníodh Devon, atá anois ina chontae in iardheisceart na Breataine, ach bhí an t-am ann nuair a shín an dúthaigh a bhí faoi smacht na ndaoine sin chomh fada ó thuaidh le teorainn na hAlban. D'fhágadar a rian ar oirthear na hÉireann chomh maith, óir is é Inbhear Domhnann an seanainm a bhí ar an stráice uisce ar a dtugtar Cuan Mhullach Íde, i dtuaisceart Chontae Bhaile Átha Cliath, inniu.

Achaidh an Chéide

Cian Mac Aodha Bhuí 2000

Is fada siar a théann traidisiún na Críostaíochta sa taobh seo tíre. Ba as Tír Amhlaidh don Easpag Tíreachán a scríobh cuntas tábhachtach ar Naomh Pádraig ag deireadh an 7ú haois. Go deimhin, is é Tíreachán an t-údar Connachtach is luaithe a bhfuil a ainm ar eolas againn. An cuntas atá againn óna pheann tugann sé le fios gur in aice le Cill Ala i dtuaisceart Mhaigh Eo a bhí an áit ar a dtugann Pádraig féin an t-ainm *Silva Vocluti*, an t-aon logainm Éireannach a luaitear i scríbhinní an naoimh, agus tá trácht ar bhreis is scór logainmneacha eile ó cheantar Chill Ala i saothar Thíreacháin agus sa saothar Meán-Ghaeilge úd ón 9ú haois ar a dtugtar *An Bheatha Thriarach*. Ach tá naoimh eile freisin a luaitear leis an gceantar, cuir i gcás Colm Cille, a bhfuil séipéal tiomnaithe dó ar Inis Gé, agus an ban-naomh, Deirbhile, ar an bhFál Mór, i lár an Mhuirthead, is gan dearmad a dhéanamh de Bhréanainn ar Inis Gluaire.

Ar na saothair eile litríochta ón meánaois a bhfuil a bheag nó a mhór de bhaint acu le hIorras tá an scéal Táin Bó Flís, go háirithe leagan sa Nua-Ghaeilge Mhoch atá le fáil i lámhscríbhinn ón 15ú haois a cheanglaítear le Gleann Másan in Albain. Tá na scórtha logainmn as Iorras luaite sa saothar sin agus is féidir a bhformhór a aithint gan mórán stró.[1] Ar na príomhcharachtair sa scéal seo tá Oilill Fionn mac Dónaill Dualbhuí, rí na Gamhanra, agus a bhean, Flís Fholtchaoin, a raibh cónaí uirthi i Ráth Morgáin, os cionn Loch na Ceathrú Móire, agus is í an bhó atá i gceist i dteideal an scéil An Mhaol Fhlís a bhí i seilbh Flíse. Tá carachtair eile sa scéal a fhaightear freisin i scéalta móra na Rúraíochta, mar atá Fearghus mac Róigh, Bricre Nimhtheangach, Méabh, banríon Chruachan, agus a fear céile, Oilill mac Mádach.

Scéal eile a shroicheann a bhuaic in Iorras is ea *Oidheadh Chloinne Lir*, ceann de Thrí Thrua na Scéalaíochta. Insíonn an scéal seo mar gheall ar Fhionnuala, iníon Lir, agus a triúr deartháireacha, Aodh, Fiachra agus Conn, a chaith trí chéad bliain i riocht ealaí ar Loch Dairbhreach san Iarmhí, trí chéad eile ar Shruth na Maoile agus trí chéad eile fós ag Rinn Iorrais Domhnann agus thart ar Inis Gé agus go háirithe in Inis Gluaire Bréanainn, áit ar bhaist Naomh Mochaomhóg iad sula bhfuair siad bás.

Faoi dheireadh na Meánaoise bhí Iorras 'an fhuinn ghlain' (nó Iorras an dea-thalaimh) faoina smacht ag ríshliocht darbh ainm Uí Fhiachrach an Tuaiscirt, agus i gcáipéis thábhachtach a breacadh síos timpeall na bliana 1400 luaitear Ó Caithnia mar uirrí (nó tiarna) Iorrais, Ó Ceallacháin mar thaoiseach na dúthaí, agus sé theaghlach eile mar bhruaithe (nó príomhthiarnaí talaimh) Iorrais, is é sin le rá na daoine a bhí ceaptha fáilte a fhearadh roimh chuairteoirí agus lóistín agus bia agus deoch a chur ar fáil dóibh. Is iad seo na teaghlaigh sin: Mac Coinín, Ó Con Bhoime, Ó Muimhneacháin, Ó Géaráin, Mág Fhíonáin agus Ó Coinmhinn.[2] Tá trácht sna hannála ar thriúr de Mhuintir Chaithnia: deirtear faoin mbliain 1180 gur mharaigh Ó Ceallacháin Aodh Ó Caithnia, tiarna Iorrais, go fealltach i gCill Chomáin; gur cailleadh Caithnia Ó Caithnia, tiarna Iorrais, sa bhliain 1206 agus go bhfuair tiarna eile, Fearghal Ó Caithnia, bás ina theach féin in Uí Mhic Caocháin (sin Dumha Chaocháin inniu, is dócha) sa bhliain 1274.

Tar éis do na Normannaigh formhór Chonnacht a ghabháil sa 13ú haois, lonnaigh na Bairéadaigh anseo agus chuireadar an dúthaigh faoina smacht. Choinníodar greim ar an gceantar ar feadh i bhfad ach ar deireadh d'éirigh le dream eile de na Normannaigh, na Búrcaigh, an lámh in uachtar a fháil orthu. Ansin, go luath sa 17ú haois bhronn an rí tailte fairsinge ar Michael Cormick áirithe as Mainistir na Féile, Contae Luimnigh, agus faoi dheireadh na haoise sin ba é Sir Arthur Shaen an tiarna talaimh ba thábhachtaí sa cheantar. Ní raibh sliocht fireann ar Sir Arthur, ach phós iníon leis duine de na Biongamaigh agus tháinig duine dá shliocht, Major Denis Bingham, chun cónaithe sa cheantar sa bhliain 1796. Duine clúiteach ab ea an *Major* seo, cé nárbh é an dea-chlú a bhí air i measc fhormhór an phobail. Ba é faoi ndeara Ard-Ghiúiré Mhaigh Eo bóthar úr a thógáil sa bhliain 1817 ó Bhéal an Átha go dtí an Muirthead. Mar chuid den obair sin is ea a tógadh Droichead cáiliúil an Cheoil i mBéal an Chomhraic sa bhliain 1820. Timpeall an ama chéanna thóg an *Major* an baile nua ar ar baisteadh Binghamstown mar ainm Béarla ach ar fearr aithne air i nGaeilge mar an Geata Mór.

Muilte Gaoithe, Béal Átha Chomhraic

Cian Mac Aodha Bhuí 2000

Oidhreacht Ghaelach an cheantair

Tá an Ghaeilge ar an ngné is tábhachtaí d'oidhreacht stairiúil Iorrais, óir is anseo is treise a mhaireann an teanga i gContae Mhaigh Eo. Cé go bhfuil Gaeltacht Thuaisceart Mhaigh Eo i bhfad níos laige ná mar a thabharfadh sracfhéachaint ar léarscáil na Gaeltachta oifigiúla le fios, is geall le míorúilt í gur mhair an teanga ar chor ar bith sa choirnéal leathdhearmadta seo de Chonnachta.

Tá roinnt staidéir déanta le tríocha bliain nó mar sin anuas ar an gcanúint Ghaeilge a labhartar in Iorras, agus is é an leabhar *The Irish of Erris* le hÉamonn Mac an Fhailigh, a tháinig amach sa bhliain 1968, an saothar is údarásaí dár foilsíodh go dtí seo ar an gcanúint. Thart faoin am céanna ar thtáinig an leabhar sin amach (is é sin, idir na blianta 1967 agus 1970), d'fhoilsigh Nollaig Ó hUrmholtaigh breis is 170 leathanach de théacsanna foghraíochta a léirigh gnéithe éagsúla de Ghaeilge Thuaisceart Mhaigh Eo.[3] Ach tá tuilleadh oibre fós le déanamh ar an gcanúint ríshuimiúil seo.

Tá obair thábhachtach déanta freisin ar thraidisiúin bhéaloidis Iorrais. B'as an nGaeltacht seo do bheirt de na bailitheoirí ba dhíograisí dá raibh ag Coimisiún Béaloideasa Éireann, mar atá Leon Ó Corrdhuibh agus Ciarán Bairéad, agus bhí foinsí ríthábhachtacha acu ina gceantar dúchais—daoine mar Sheán Ó hEinirí a cailleadh le deireanas agus a sholáthraigh ábhar ríthábhachtach ar scéalaíocht agus ar logainmneacha do Shéamus Ó Catháin ó Roinn Bhéaloideas Éireann, Coláiste na hOllscoile Baile Átha Cliath. Bhí an tOllamh Ó Catháin mar chomhúdar breis is scór bliain ó shin ar an leabhar *The Living Landscape* mar gheall ar logainmníocht Chill Ghallagáin. D'éirigh leis breis is ocht gcéad mion-logainm a aimsiú san aon bhaile fearainn sin amháin, agus bhí sé páirteach freisin, in éineacht le Caitlín Uí Sheighin ó Cheathrú Thaidhg, i dtiomsú an dá leabhar luachmhar úd *A Mhuintir Dhú Chaocháin, Labhraigí Feasta!* (1987) agus *Le Gradam is le Spraoi* (1996) inar foilsíodh sleachta as an mbailiúchán breá de bhéaloideas an cheantair a tiomsaíodh faoi Scéim na Scol sna blianta 1937-1938. Ba é Séamus Ó Catháin freisin a bhailigh agus a chóirigh na scéalta le Seán Ó hEinirí a foilsíodh mar leabhar beag dátheangach, mar aon le téip, faoin teideal *Scéalta Chois Cladaigh/Stories of Sea and Shore* (1983).

Saothar tábhachtach a mhair i mbéaloideas Iorrais is ea *Targaireacht Bhriain Ruaidh Uí Chearbháin*, ar fhoilsigh Mícheál Ó Tiománaí eagrán de beagnach céad bliain ó shin. Is sa 17ú haois a bhí Brian Rua suas agus maireann a chuimhne agus míreanna dá chuid ráiteas gaoise fós i measc an phobail. Sa chuntas air a scríobh Mícheál Ó Tiománaí luaitear gurb í seo an chéad tairngreacht:

> Go mbeadh teach mór ar gach cnocán;
> Droichead ar gach feadán;
> Buataisí ar na brealláin;
> Agus Béarla ag na tachráin.

Ní raibh an cháil chéanna riamh ar Iorras agus a bhí, nó atá, abair, ar an mBlascaod, nó ar Chois Fharraige nó ar Rann na Feirste mar áit inar cumadh saothair litríochta d'ardchaighdeán i nGaeilge na linne seo. Mar sin féin, tá a sciar féin d'ainmneacha údar aithnidiúil ag an gceantar. Má ghabhaimid siar dhá chéad bliain, is cinnte gurb é file Iorrais, Riocard Bairéad, nó Dic B'réad mar ab fhearr aithne air, a bheadh i dtús cadhnaíochta ar na húdair sin go léir. Rugadh an Bairéadach am éigin timpeall na bliana 1740 agus fuair sé bás ag deireadh na bliana 1819. Tá eagrán nua-aimseartha dá shaothar leis an Dr Nicholas Williams ar fáil le breis is fiche bliain anuas. Bhí an t-am ann nuair a bhíodh amhráin de chuid an Bhairéadaigh, go háirithe 'Eoghan Cóir' agus 'Preab san Ól', ar eolas ag gach páiste scoile in Éirinn. Tá meadaracht an amhráin 'Preab san Ól' ina nasc idir an Bairéadach, an dlíodóir clúiteach John Philpott Curran (athair Sarah, leannán Robert Emmet) agus an file Sasanach Lord Byron. Is amhlaidh a chum Curran amhrán mar aithris ar amhrán clúiteach an Bhairéadaigh. Tosaíonn an t-amhrán bunaidh leis na focail:

> Is iomaí slí sin a bhíos ag daoine
> Ag cruinniú píosaí is ag déanamh stóir . . .

Bhain Curran leas as an meadaracht thraidisiúnta chéanna úd, darbh ainm Ochtfhoclach Beag, a d'úsáid an Bairéadach. Is mar seo a thosaíonn an t-amhrán aige siúd:

> If sadly thinking with spirits sinking
> Could more than drinking my cares compose . . .

Agus rinne Byron aithris air sin i ndán a thosaíonn mar seo:

> Could love forever run like a river
> And Time's endeavour be tried in vain . . .

Tá ainmneacha scríbhneoirí móra le rá eile a d'fhéadfaí a lua le hIorras. Mícheál Ó Tiománaidhe, cuir i gcás, a fuair bás sa bhliain 1940 agus seacht mbliana agus ceithre scór slánaithe aige, tar éis dó beagnach dhá scór bliain san iomlán a chaitheamh ar imirce san Astráil. B'as ceantar Chrois Mhaoilíona dó agus ba é a chuir le chéile an leabhar breá úd *Amhráin Ghaeilge an Iarthair* (1906). Faoi mar atá luaite agam cheana, d'fhoilsigh sé *Targaireacht Bhriain Ruaidh Uí Chearbháin*—sa bhliain 1906 a tháinig sin amach, agus tháinig atheagrán amach sa bhliain 1910.

Ba é an scríbhneoir Gaeilge ab iomráití dár tháinig as Iorras riamh Seán Ó Ruadháin (1883-1966), a thuill clú go forleathan as an úrscéal *Pádhraic Mháire Bhán*, nó *An Gol agus an Gáire* (1932). I nDumha Locha, Gaoth Sáile, a rugadh é agus is le múineadh na Gaeilge a chaith sé formhór a shaoil. Ar feadh scór bliain bhí sé ina ollamh le Gaeilge i gColáiste Oiliúna Bhantiarna na Trócaire ar an gCarraig Dhubh, Baile Átha Cliath. Is deacair dhúinn a shamhlú inniu cé chomh mór agus a chuaigh a mhórshaothar, *Pádhraic Mháire Bhán*, i bhfeidhm ar phobal léitheoireachta na Gaeilge sna tríochaidí. Mar a deir Alan Titley, 'Bhí an t-úrscéal seo ar cheann de na cinn [Ghaeilge] is mó a raibh éileamh riamh air', meastar gur díoladh suas le sé mhíle cóip de agus b'éigean athchló a chur air in 1934, 1935, 1937 agus 1938. Cuireadh eagrán nua de amach tamall beag de bhlianta ó shin. Caithfear a rá, áfach, gur saothar é a bhfuil blas seanaimseartha anois air—gan ann, de réir Titley, ach 'tranglam . . . den seansaol, den náisiúnachas agus den ghrá rómánsúil,'[4] agus i bhfad an iomarca bolscaireachta ann.

Údar eile as ceantar Ghaoth Sáile ab ea Séamas Mag Uidhir (1902-1969) a chaith a shaol mar mhúinteoir gairmscoile in áiteacha éagsúla i gContae

Mhaigh Eo. Sna tríochaidí scríobh sé sraith fhada altanna don pháipéar *An tÉireannach* ar ghnéithe dá chontae dúchais agus bailíodh cuid de na haltanna sin ar ball agus cuireadh amach iad i bhfoirm leabhair, *Fánaíocht i gContae Mhaigh Eo* (1944). Foilsíodh atheagrán gleoite den leabhar sin sa bhliain 1994, ach b'fhéidir nár mhiste cuid den ábhar a fágadh ar lár a bhailiú agus a fhoilsiú chomh maith.

File pobail agus fear mór béaloidis ab ea Pádraig Ó Luinigh ar foilsíodh bailiúchán beag dá chuid filíochta scór bliain ó shin. Níor mhiste freisin tagairt a dhéanamh d'fhear eile as Iorras, Peadar Bairéad (1925-), mar gheall ar a chuid scríbhneoireachta, idir ábhar cruthaitheach agus iriseoireacht. Ní féidir an spléachadh seo ar scríbhneoirí Iorrais a chríochnú gan an bheirt deirfiúracha Póilín agus Áine Ní Chiaráin a lua. Tá aithne ag an saol Fódlach ar Phóilín leis na blianta mar dhuine de na tuairisceoirí teilifíse is stuama agus is iontaofa dá dtráchtann ar chúrsaí suaite conspóideacha Thuaisceart Éireann; le blianta beaga anuas tá sí ina tuairisceoir polaitíochta don pháipéar seachtainiúil *Foinse*, agus tá aithne ar Áine mar láithreoir ar an gclár cúrsaí reatha, *Cead Cainte*, ar Theilifís na Gaeilge.

Tá súil agam go bhfuilim tar éis leide éigin a thabhairt san achoimre seo de shaibhreas na hoidhreachta béaloidis agus litríochta atá le fáil i nGaeilge Iorrais agus atá anois ar fáil do léitheoirí ar fud na tíre.

Staid agus todhchaí na teanga

Ceist níos tábhachtaí ná cúrsaí béaloidis agus litríochta is ea treise nó laige na teanga labhartha i láthair na huaire in iarthuaisceart Mhaigh Eo, óir is air seo a bhraitheann todhchaí na Gaeilge mar theanga bheo sa taobh seo tíre. Sa chomhthéacs seo, is fiú machnamh a dhéanamh ar na figiúirí ón daonáireamh deireanach[5] maidir le líon na ndaoine os cionn naoi mbliana déag d'aois sa dúthaigh seo a labhrann an Ghaeilge go rialta. Gan ach na dáilcheantair sin a chur san áireamh ina labhrann breis agus 5% den phobal an teanga go laethúil, tá beagnach 800 cainteoir as daonra iomlán de 4,400 le fáil in ocht ndáilcheantar. (Tuairim is 10,000 daoine atá ina gcónaí i mbarúntacht Iorrais ar fad.) Is iad Ceathrú Thaidhg agus Eachléim an dá cheantar is treise Gaeilge, suas le 500 cainteoir atá iontu as daonra de 950.

Aonach Bhéal an Mhuirthead

Bailiúchán Lawrence, An Leabharlann Náisiúnta (1880-1914)

Seachas ceantar Mhuing na Bó (thart ar Phort an Chlóidh) ina labhrann breis is 20% í, níl ceantar ar bith eile ina bhfuil os cionn 10% den phobal ina gcainteoirí Gaeilge. Dá laige í Gaeltacht Iorrais, áfach, is fiú a mheabhrú go bhfuil sí roinnt mhaith níos treise ná an dá cheantar Gaeltachta eile i gContae Mhaigh Eo. Díreach os cionn 300 cainteoir atá fágtha sa dúthaigh thart ar Fhionnaithe ar bhruach Loch Measca i ndeisceart an chontae agus beagán faoina bhun sin i gCorrán Acla agus ar Acaill féin.

Ní féidir a shéanadh go bhfuil géarchéim ar lic an dorais ag Gaeltacht Iorrais agus gur dócha gur mó a chuireann teorainn na Gaeltachta oifigiúla sa taobh seo tíre an pictiúr fírinneach as a riocht ná mar a dhéanann sé i gcás ar bith eile seachas in Uíbh Ráthach, Contae Chiarraí, b'fhéidir. Ar an lámh eile, áfach, is fiú cuimhneamh nach aon strainséir in Iorras le cúpla céad bliain anuas an gátar agus an t-anró. Buaileadh buille tubaisteach, chomhair a bheith marfach, ar phobal na dúthaí seo aimsir an Drochshaoil nuair a fuair na mílte gan áireamh bás den ocras agus den bhfiabhras a lean é. Ó thaobh an chultúir de, d'fhulaing an ceantar na scórtha bliain de neamhshuim ó fheidhmeannaigh an rialtais dúchais agus ón chléir Chaitliceach araon.

Níor chuir an stát, in ainneoin a pholasaithe oifigiúla i leith na Gaeilge, seirbhísí bunúsacha ar fáil don phobal ina dteanga féin. Tríocha bliain ó shin, ní aithneofá ó na comharthaí bóthair, agus comharthaí oifigiúla eile, nach i gceantar Galltachta a bhí tú. Agus, ar ndóigh, níor tugadh aird ar bith ar na gearáin iomadúla a rinneadh faoi fhíordhrochstaid na mbóithre in iarthuaisceart Mhaigh Eo go dtí gur thosaigh Anraoi Ó Corrdhuibh agóid éifeachtach ag deireadh na seascaidí agus é ag diúltú cáin ghluaisteáin a íoc, rud a d'fhág ina phríosúnach i Muinseo é ar feadh píosa agus aird an náisiúin ar deireadh, mar a theastaigh uaidh, ar bhóithre Iorrais. Ba ghearr ina dhiaidh sin go ndearnadh iarracht áirithe an scéal a leigheas.

Loic an Eaglais ar an bpobal freisin trí shagairt gan Ghaeilge nó ar bheagán Gaeilge a chur go dtí paróistí fíor-Ghaeltachta. Fiú má bhí Gaeilge ag na sagairt, is cosúil nár chuid dá bpolasaí í a úsáid i searmanais eaglasta. Is cuimhin liom féin an Cairdinéal Tomás Ó Fiaich ag inseacht faoi chuairt a thug sé féin ar Iorras i lár na seascaidí, le linn dó a bheith fós ina ghnáthshagart ar fhoireann Choláiste Phádraig, Maigh Nuad. Bhí an tAifreann i dteanga an phobail ceadaithe le tamall éigin roimhe sin agus léigh sé féin agus comhghleacaí leis (an tAthair Colmán Ó hUallacháin, tá mé ag ceapadh) Aifreann i nGaeilge i dteach pobail áirithe i lár na Gaeltachta. Nuair a bhí an tAifreann thart tháinig seanfhear chucu agus deora ina shúile aige agus dúirt leo gurbh in an chéad uair dó ina shaol abairt Ghaeilge a chloisteáil ó altóir Dé.

Dá bharr sin uilig, is geall le míorúilt é go bhfuil an dé is lú fágtha i nGaeltacht Iorrais. Ach is fiú anois féachaint ar an taobh dearfa den scéal. Is é sin go bhfuil suas le míle duine sa cheantar seo a bhfuil an Ghaeilge acu ó dhúchas agus a labhrann í ar bhonn rialta. Le cabhair na meán cumarsáide nua-aoiseach, níl an chanúint seo chomh scoite amach ná chomh dearmadta is a bhí sí roimhe seo, agus tá deis ag daoine ar fud na tíre anois Gaeilge ghlan ríshoiléir Iorrais a chloisteáil, den chéad uair, b'fhéidir. Féadfaidh siad, más ea, breithiúnas a chaitheamh ar an tuairim a chuala mé á nochtadh ag an scoláire teangeolaíochta an tAthair Colmán Ó hUallacháin tráth; gurb í an chanúint seo an ceann ba shoiléire agus ba neodraí sa tír agus, dá bhrí sin, ab fheiliúnaí le haghaidh foghlaimeoirí—lárchanúint réamhdhéanta, ar bhealach!

An t-am atá le teacht

Tá gné amháin den scéal, agus gné ríthábhachtach í, nach bhfuil deis agamsa, cheal ama, plé leis san aiste ghairid seo. Sin ceist na heacnamaíochta agus na fostaíochta, nó, níos minicí, faraor, na dífhostaíochta, sa taobh seo tíre. Ceist phráinneach eile atá gaolmhar leis sin is ea an tionchar a imríonn fostaíocht i monarchana, abair, ar úsáid na teanga mar ghnáthmheán cumarsáide laistigh den teaghlach agus lasmuigh. Is ceisteanna iad sin d'ócáid eile agus d'údar eile, ach níor mhiste aghaidh a thabhairt orthu.

Ag díriú dhúinn ar a bhfuil i ndán do Ghaeltacht Iorrais, is féidir borradh úr a bhrath le tamall anuas i measc an phobail ó thaobh an chultúir de. Tá tionscnaimh úra á gcur ar bun le saíocht agus le hoidhreacht chultúrtha an cheantair a chaomhnú agus a chraobhscaoileadh. Faoi mar a luaigh mé ar ball, tá cuid de shaibhreas béaloidis Iorrais curtha ar fáil cheana féin i bhfoirm leabhar agus téipeanna, agus anois tá sé á chur amach freisin ar CD-Rom. Táthar freisin ag tógáil faoi láthair ar an obair éachtach a rinne Séamus Ó Catháin suas le tríocha bliain ó shin ar mhionlogainmneacha Chill Ghallagáin, agus é beartaithe go mbaileofar an saibhreas ainmneacha atá fós beo sna bailte fearainn eile sa cheantar agus go marcálfar iad ar léarscáileanna—i dtreo is nach gceilfear an t-eolas luachmhar seo ar na glúnta atá le teacht.

Cuimhním anseo ar an leas a baineadh le deireanas as cuid den ábhar céanna seo le haghaidh leabhráin dar teideal *Siúlóidí Dhún Caocháin* le hUinsíonn Mac Graith agus Treasa Ní Ghearraigh. Sa saothar dátheangach seo tá trácht ar chúlra geolaíochta agus dúlra an cheantair, ar an gcúlra réamhstairiúil agus stairiúil, ar eacnamaíocht na tuaithe agus ar ghnéithe éagsúla de shaol na ndaoine (mar shampla, ceirdeanna, síóga agus pisreoga, poitín agus eile), agus leagtar béim ar thábhacht na logainmneacha. Tagraítear freisin don togra ealaíne dar teideal 'Conair Dhealbhóireachta Thír Sáile.' É seo go léir mar réamhrá le cur síos ar chúig chonair shiúlóide thart faoin gceantar—thart ar Phort an Chlóidh, ar an gCorrán Buí, ar Ros Dumhach, ar Phort Durlainne agus ó Bhéal Deirg go Port Durlainne. Caithfear a rá gur ábhar dóchais é tograí fiúntacha den tsórt seo, a bhfuil idir shamhlaíocht agus shlacht ag roinnt leo, a fheiceáil á gcur ar bun i gceantar stairiúil Iorrais.

Más ceadmhach dom críochnú le meafar a bhaineann le cúrsaí farraige sa dúthaigh seo ar imeall na mara thiar, an mhuir chéanna úd a luaigh Pádraig Naofa ina chuid scríbhinní míle go leith bliain ó shin, b'fhéidir nach bhfuil sé ródheireanach an taoide a chasadh.

Nótaí

1 Tá an leagan déanach den scéal seo i gcló ag an Ollamh Donald MacKinnon in *The Celtic Review*, 1-1V (1904-1908); san eagrán sin tá breis is 290 leathanach cló, idir théacs agus aistriúchán go Béarla. Tá cur síos ar lámhscríbhinn Ghleann Másan ag Caoimhín Mac Giolla Léith ina eagrán de *Oidheadh Chloinne hUisneach* (1993), lgh 27-30. Tá scrúdú ar na logainmneacha atá sa téacs le fáil i sraith altanna le R.B. Aldridge in *Journal of the Royal Society of Antiquaries of Ireland*, 91 agus 92 (1961; 1962)

2 Tá an téacs dá bhfuilim ag tagairt anseo le fáil sa lámhscríbhinn cháiliúil úd Leabhar Mór Leacáin agus tá leagan eile de—a breacadh sa 17ú haois—le fáil i *Leabhar Ginealach an Dubhaltaigh Mhic Fhirbhisigh*. Tá an dara leagan acu sin le fáil i gcló ag Seán Ó Donnabháin ina shárleabhar *Genealogies, Tribes and Customs of Hy-Fiachrach* (1844).

3 J. N Hamilton, 'Phonetic Texts of the Irish of North Mayo', ZCP 30 (1967) 265-353; 31(1970) 147-223; RAQ Skerrett, 'On the dialect of the Inishkea Islanders,' *Studia Celtica* 2 (1967) lgh 196-201.

4 Alan Titley, *An tÚrscéal Gaeilge* (B.Á.C. 1991), lgh 251-256.

5 Alt conspóideach ar na figiúirí seo in *Cuisle*, 5 Feabhra 1999.

Grianghraif a bhí in *The Irish Press* 13 Aibreán 1935.

Ráth Cairn
Cathal S. Seoighe

> Ar maidin Dé hAoine sea chuala mé an caoineadh.
> Is an gháir chrua ag daoine ag teacht chugam sa tslí.
> Ag seanfhir is ag seanmhná a bhí ag fágáil na Gaeltachta,
> Le deireadh a gcuid laethanta a chaitheamh i gContae na Mí.

Sin mar a scríobh an file Seosamh Ó Donnchadha (Filí Bhaile na mBroghach) faoi bhunú Ghaeltacht Ráth Cairn ar an 12 Aibreán 1935, nuair a tháinig trí bhus agus sé leoraí aniar as ceantar Chonamara go machaire réidh na Mí, go háit a bhfuil cáil bainte amach aici ó shin agus a bhfuil aithne againn anois uirthi mar Ráth Cairn glas na Mí.[1]

Ar an lá stairiúil úd bhí ceithre scór agus triúr de mhuintir Chonamara ann: triúr de mhuintir Mhic Dhonnchadha as Inis Bearachain; deichniúr de mhuintir Chonghaile as Inis Treabhair; ceathrar de mhuintir Sheoighe as Baile na Cille; ceathrar de mhuintir Lupáin as Eanach Mheáin; dhá dhuine dhéag de mhuintir Chonaire as an Máimín; cúigear de mhuintir Shúilleabháin as an gCeathrú Rua; seisear de mhuintir Mhic Dhonnchadha as an gCeathrú Rua; ceithre dhuine dhéag de mhuintir Chatháin as an Máimín, chomh maith le dhá chomhluadar ón gCaorán Beag ar an gCeathrú Rua; seisear de mhuintir Chafaigh as Leitir Móir; dhá dhuine dhéag de mhuintir Churraoin as an Trá Bháin; agus seachtar de mhuintir Mhic Craith as Leitir Calaidh.

182 a tháinig ar fad go Ráth Cairn i 1935; nó 27 teaghlach ar fad, le tuairim is 22 acra agus teach ag gach teaghlach acu.

Ar an gcéad lá de mhí an Mheithimh tháinig an dara dream: muintir Ghríofa agus muintir Churraoin as Tír an Fhia; muintir Sheoighe ón gCnoc, Leitir Mealláin; muintir de Bhailís ón gCeathrú Rua; muintir Bháille as Leitir Móir.

Ar an 11ú lá de mhí na Nollag 1935 tháinig an tríú dream. Aon chlann déag ar fad a bhí sa ghrúpa seo: na Cúláin as Leitir Móir; na Catháin, na Gríofa agus muintir Mhic Dhonnchadha as Tír an Fhia; muintir Lochlainn agus muintir Mhic Dhonnchadha as an Máimín; dhá theaghlach de mhuintir Mhic Dhonnchadha as Cladhnach, agus teaghlach eile fós de mhuintir Mhic Dhonnchadha ón gCeathrú Rua.

Faoi mar a dúirt mé, 182 duine ar fad a tháinig i 1935. Bhí 55 acu sin os cionn leathchéad bliain d'aois, agus de na daoine sin bhí trí dhuine is fiche os cionn 65 bliain d'aois. Ba é Beartla Ó Curraoin ón Trá Bháin an duine ba shine a bhí orthu. Bhí seisean 82 bliain d'aois.

Maidir leis an dream óg, bhí 42 díobh faoi bhun 10 mbliana d'aois, agus bhí aon duine dhéag acu sin nach raibh in aois scoile fós.

Is mar sin a cuireadh tús le Gaeltacht Ráth Cairn, cé go raibh go leor agóide le déanamh fós chun go mbeadh aitheantas buan mar Ghaeltacht tugtha don cheantar agus don phobal.

Sa bhliain 1935 ghéill na teaghlaigh a tháinig go Ráth Cairn 286 acra talún san iomlán, gabháltais idir 5 acra agus 20 acra talún.

Thug seo deis do Choimisiún na Talún an 286 acra seo a roinnt idir na daoine a d'fhan. Ar an taobh eile den scéal, mar atá luaite ag Proinsias Mac Aonghusa ina aiste faoi fheachtas Ráth Cairn, is tuairim 588 acra a fuair an 27 teaghlach sin a tháinig go Ráth Cairn an chéad lá.[2]

£1,411 an teaghlach a chosain an scéim ar fad, agus seo é an méid is mó a tugadh dóibh lena chois: trí bhó bainne; dhá chaora; cráin muice; dhá bhanbh; 21 cearc; capall agus cairt; céachta; srathar capaill; dhá bharra rotha; barra móna; uirlisí déiríochta agus uirlisí treafa; díol seachtaine d'earraí grósaera agus díol bliana de mhóin.

Chomh maith leis sin fuair gach muirín £1 10s 0d sa tseachtain ar feadh bliana.

I 1937 tháinig 13 teaghlach go Laimbé atá taobh dorais do Ráth Cairn, agus ba iad an 40 teaghlach seo ar fad a chuir tús le Gaeltacht a bhunú i gContae na Mí.

Is iad seo leanas an 13 teaghlach a tháinig i 1937: Clann Chóil Choilm Mac Donnchadha as Doire Choill, Casla; Clann Mhic an Rí as an gCloch Mhóir; Clann Uí Churraoin as an gCathair, Caol Rua; Clann Uí Chonghaile agus dhá chlann de mhuintir Chonaire ó Ros Muc; Clann Uí Chúláin agus Uí Chonghaile as Baile na hAbhann; Clann Uí Neachtain as Glionnán, Indreabhán; Clann Uí Loideáin as Seanamhóinín, an Spidéal. I 1935 bhí Ráth Cairn gan scoil, gan séipéal.

Ní raibh an saol éasca ag ár sinsir sna chéad bhlianta sin i gContae na Mí, cé gur cuireadh fáilte mhór rompu in Áth Buí, a bhuíochas sin do chonraitheoirí a bhí dílis dár dteanga, ina measc Pilib Ó Néill agus Peadar Ó Máille. De réir a chéile, bhí feachtas eile ar bun chun muintir na Gaeltachta a choinneáil amach, agus i mí na Nollag 1935 caitheadh urchair isteach in dhá theach a bhí á réiteach ag an am do mhuintir Chonamara.

Bhí focail faire, chomh maith, scríofa ar na ballaí: *Warning – No more immigrants allowed here.*

De réir a chéile, cé go raibh amanta ann a raibh lagmhisneach orthu, sheas siad an fód agus chuaigh siad i bhfeidhm ar an gceantar máguaird.

Is cinnte go bhfuair siad misneach ag an am ó Chonradh na Gaeilge, agus go háirithe ó leithéid na máistrí scoile a bhí in ann iad féin a chur i láthair agus i bhfeidhm ar mhuintir Ráth Cairn: Máirtín Ó Cadhain, Seán Ó Coistealbha agus Criostóir Mac Aonghusa go mórmhór.

Ag an tráth seo, chomh maith, bhí Pádraig Ó Gleasáin, comhairleoir talmhaíochta a bhí ar iasacht ó Roinn na Talún, agus ar Ghaeilgeoir dúchais ó Chorcaigh é féin, ag tabhairt tacaíochta dóibh. Is é a mhúin dóibh na bealaí ab fhearr le treabhadh agus leis an síol a chur i gceart. Mhol sé dóibh oibriú le chéile, sa chaoi is go mbeadh comhoibriú i bpáirt le comharsana á spreagadh. Thóg siad isteach an féar i bpáirt; bhain siad an fómhar, agus lean an córas seo ar aghaidh go dtí na hochtóidí, nuair a tháinig níos mó innealra nua-aimseartha isteach a laghdaigh obair na bhfear agus na mban.

De réir a chéile is treise a bhí feirmeoirí Ráth Cairn ag dul chun cinn; agus tá a bhuíochas sin ag dul do na comhairleoirí, go háirithe Pádraig Ó Gleasáin, a chuir an oiliúint orthu.

Thosaigh na feirmeoirí beaga seo ag tógáil talún ar cíos taobh amuigh den cheantar agus ag an am céanna ag cur suime i dtuilleadh talún a cheannach.

Nuair a d'oscail an uachtarlann in Áth Buí i 1957, bhí muintir na Gaeltachta ag cur bainne ar fáil, rud a thaispeáin go raibh siad in ann don athrú a bhí le déanamh ón gcuradóireacht go dtí feilméaracht bainne.

John Chonraí agus an drisiúr a tháinig ón Máimín i 1935
Matt Nolan c. 1994

Scoil an Athar Ó Gramhnaigh

Ar an gcéad lá de mhí Iúil 1936, d'oscail Scoil Náisiúnta Ráth Cairn den chéad uair. Roimhe sin, bhí daltaí óga na Gaeltachta ag freastal ar scoil Bhéarla a bhí in aice láimhe le crosbhóthar Ráth Cairn, ar bhóthar Áth Buí—Scoil Dhún Doire.

Ar an gcéad lá sin d'Iúil 1936, bhí Seán Ó Coistealbha mar phríomhoide, agus Máire Ní Mhurchadha ina cúntóir in éineacht leis.

73 dalta a thosaigh an lá sin sa scoil, 34 buachaill agus 39 cailín. Ba Scoil Uí Ghramhnaigh croílár cheantar agus phobal Ráth Cairn. Chaomhnaigh an scoil an cultúr traidisiúnta. Thóg na daltaí páirt in Oireachtais, i bhFeis na Mí, agus i mórán eile imeachtaí cultúrtha, chomh maith. D'fhan Seán Ó Coistealbha ag múineadh sa scoil go dtí tús na seascaidí. Ina theannta, bhí a bhean chéile, Ina, ag múineadh sa scoil ó thús na gceathrachaidí go deireadh na seascaidí.

Bhíodh Pádraig Midléir ar fáil, chomh maith, chun damhsa a mhúineadh, cé gur beag suim a chuir cuid againn sa damhsa céanna ag an am sin.

Tar éis ré Uí Choistealbha, tháinig Niall Mac Suibhne mar phríomhoide, agus is é Niall atá fós ina phríomhoide ar an Scoil Náisiúnta i Ráth Cairn.

Is cinnte, tar éis na lánúineacha móra a tháinig aniar, go raibh freastal mór ar an scoil ón tús; ach de réir a chéile, le himirce agus easpa oibre sa cheantar, tháinig titim ar fhigiúirí na scoile. Faoi thús na seachtóidí is breis is dhá scór a bhí ag freastal ar an scoil.

Thosaigh feachtas ag an am sin chun seirbhís bhus a chur ar fáil do mhuintir na Gaeltachta agus do dhaoine eile ar suim leo a gcuid gasúr a thógáil le Gaeilge, daoine a bhí anois ina gcónaí in Áth Troim, Áth Buí agus i mbailte beaga ar nós Cill Dealga.

D'éirigh go han-mhaith leis an tseirbhís bhus, agus ag an am céanna bhí ardchaighdeán oideachais ar fáil. Mhéadaigh na figiúirí tinrimh de réir a chéile, agus sa bhliain 1999 bhí breis is 180 dalta ag freastal ar an scoil.

Rinneadh athchóiriú ar an scoil i 1997-1998; cuireadh dhá sheomra ranga leis, chomh maith le halla mór atá feiliúnach le haghaidh imeachtaí éagsúla a reáchtáil. Chomh maith leis seo, tá cistin, seomra múinteoirí, seomra fáilte, seomra ríomhaireachta, agus stóranna agus araile ann anois.

Scoil Náisiúnta Ráth Cairn

Tomás Mac Con Iomaire 2000

Bhí costas mór, breis is £600,000, ar an obair seo; agus beidh ar Choiste na dTuismitheoirí agus ar an mBord Bainistíochta a sciar féin den airgead seo a íoc. Níor chuir fiacha airgid isteach go fóill ar mhuintir Ráth Cairn, áfach, agus níl aon dabht ach go mbeidh an £100,000 fiacha atá ar an scoil glanta in achar gearr.

Bhí an t-ádh leis an mBord Bainistíochta go raibh muintir Uí Chatháin in Chicago agus i Ráth Cairn sásta breis talún a thabhairt don scoil in onóir Jimmy Jim Ó Catháin a fuair bás go tragóideach in Chicago, Meiriceá.

Beidh an píosa talún seo ar fáil mar pháirc imeartha don scoil, chomh fada is a bheas Scoil Uí Ghramhnaigh ann. Le figiúirí na scoile mar atá faoi láthair, níl aon cheist faoi ach go mbeidh an scoil ina lonradh gréine do mhuintir na Gaeltachta ar feadh blianta fada amach romhainn.

Ar an 6ú lá de Shamhain 1998 d'oscail an tAire Stáit, Éamon Ó Cuív, an foirgneamh nua go hoifigiúil. Bhí clár oscailte na scoile beo ar an lá sin ar Raidió na Gaeltachta.

Coiste tuismitheoirí Bhunscoil Uí Ghramhnaigh

Tháinig tuismitheoirí dhaltaí Scoil Náisiúnta Ráth Cairn le chéile le Coiste Tuismitheoirí a bhunú chun tacaíocht a thabhairt don scoil.

Tá sé seo ar cheann de na coistí is gníomhaí i Ráth Cairn, agus le blianta beaga anuas tá sé de chumas iontu timpeall £10,000 sa bhliain a ardú. Tá siad tar éis Halla a thógáil le taobh na scoile, ar dheontas £24,000 ach gur chosain an Halla os cionn £90,000 ar fad. Beidh ar an gCoiste seo leanacht ar aghaidh ag obair go crua ar feadh tréimhse eile blianta amach romhainn.

Roimh 1935, sin roimh theacht ann do mhuintir na Gaeltachta, bhí ceantar Ráth Cairn roinnte ar thrí chlann arbh úinéirí talún iad: muintir Maher, le 343 acra; muintir Fessler, le 230 acra; agus muintir Heffernan, le 183 acra. Sa bhliain 1934 bhí Coimisiún na Talún in ann seilbh a ghabháil ar na heastáit úd agus iad a roinnt ina ngabháltais 22 acra agus teach.

Ansin, bhí ar Choimisiún na Talún iarraidh ar dhaoine thiar cur isteach ar an scéim aistrithe go Contae na Mí. Ar Sheán Mac Fhloinn, cigire Choimisiún na Talún i gConamara, a leagadh an cúram na hiarratais a scrúdú. Is ar an mbealach sin a roghnaíodh na teaghlaigh an chéad uair.

Is fíor a rá, freisin, go ndeachaigh feachtas mhuintir na Gaeltachta a bhí lonnaithe i gceantar Chonamara go mór i bhfeidhm ar rialtas Fhianna Fáil, faoi chinnireacht Éamon de Valera.

Tháinig muintir na Gaeltachta aníos le seift bholscaireachta mar a leanas: dhá scór de ghasra agus d'fhir Chonamara a chur ar rothair go Baile Átha Cliath maidin Déardaoin Cásca 1934, chun a gcás a chur faoi bhráid an Rialtais.

Ba iad Seán Ó Coistealbha, múinteoir óg a bhí ar an Tulach ag an am, agus a chaith tréimhse fhada ina dhiaidh sin ina phríomhoide ar scoil Ráth Cairn, agus Máirtín Ó Cadhain, a bhí i mbun an fheachtais seo.

Bhí fadhb mhór amháin ag baint leis an imirce ó Chonamara go Ráth Cairn. Go hiondúil ba chlann mhór a bhí roghnaithe chun aistrithe; ach bhí sé deacair ag an gclann iomlán maireachtáil ar ghabháltas beag 22 acra. Mar gheall air sin, is iomaí duine óg a raibh air an bád bán a thógáil agus a aghaidh a thabhairt ar Shasana nó ar Mheiriceá. De réir a chéile níor fhan sa mbaile ach duine amháin den chlann.

Bhí beagán oibre fós le fáil ó na feilméaraí móra sa cheantar: muintir Parr, muintir Walker, muintir Seoighe, muintir Newman. Ach bhí an cogadh ann ag an am, agus cé go ndeachaigh buíon d'fhir óga Ráth Cairn ag feidhmiú go páirtaimseartha san Fhórsa Cosanta Áitiúil i Ráth Cairn, is beag an t-airgead a bhí ann chun maireachtáil air, agus bhí orthu obair a lorg in áiteacha eile.

Sna seascaidí tháinig feabhas maidir le fostaíocht; ní i Ráth Cairn féin ach i mBaile Átha Cliath ar an tógáil agus i monarchana san Uaimh, ar nós *Navan Carpets*.

I dtús na seachtóidí tháinig tuilleadh feabhais. Bhí go leor de mhuintir óg na háite ag obair i mianraí *Tara* san Uaimh. Bhí dhá mhonarcha tógtha ag Údarás na Gaeltachta i Ráth Cairn, ceann acu, *Dublin Steel*, ag plé le troscán, agus an ceann eile, *A.B.M.*, ag plé le hinnealtóireacht ghinearálta.

Idir an dá mhonarcha seo bhí suas le caoga fostaithe. Níl ceachtar acu ag feidhmiú níos mó, ach tá *Turmec Teo.* ag feidhmiú ins an bhfoirgneamh a bhíodh ag *A.B.M.* Bunaíodh *Turmec Teo* i 1980 agus bíonn siadsan ag plé le hinnealtóireacht ghinearálta agus cásanna éisc. Tá 80 duine ar fad ag obair do *Turmec Teo.* agus is mór an chabhair an fhostaíocht seo a bheith againn sa cheantar.

An eaglais

Ceann de na fadhbanna is mó a bhí ag ár sinsir ná an easpa cúnaimh a bhí ar fáil ón eaglais ag an am ar bunaíodh Gaeltacht na Mí. Bhíodh na stáisiúin sna tithe dhá uair sa bhliain, Samhain agus Bealtaine go hiondúil. Is trí Bhéarla ar fad a bhí na stáisiúin agus is trí Bhéarla a bhí an chuid is mó de na seirbhísí eaglasta.

Tháinig athrú ar an scéal seo le teacht an Athar Liam Ó Muircheartaigh mar shagart cúnta. Ba eisean a chuir tús leis an Aifreann i nGaeilge, lá amháin sa tseachtain ar dtús agus ina dhiaidh sin ar an Domhnach. Is anseo a tháinig an tAthair Tomás Ó Fiaich i gcabhair orainn. Bhí an tAthair Ó Fiaich i Maigh Nuad ag an am, i dteannta an Athar Pádraig Ó Fiannachta. Tháinig siadsan ó am go chéile, chomh maith leis an Athair Pádraig Ó Héalaí, chun Aifreann Gaeilge a rá sa scoil.

Tar éis 1975 tháinig an tAthair Pádraig Ó Gibealláin, cara mór do mhuintir na háite, chun Aifreann Gaeilge a chur ar fáil san Áras Pobail.

Nuair a ceapadh an tAthair Seosamh Ó Ceallaigh ina shagart paróiste in Áth Buí, tháinig athrú suntasach ar an tseirbhís eaglasta. Ba í an chéad chloch í ar phaidrín an Athar Joe, séipéal a thógáil i Ráth Cairn. Ní raibh sé i bhfad nó gur éirigh leis. Thug sé grúpa le chéile chun airgead a bhailiú agus chuir an Comharchumann suíomh ar fáil.

Dhíol siad ticéid ar £100 an ceann. Ní raibh sé i bhfad go raibh beagnach £200,000 bailithe acu chun an séipéal a thógáil, agus osclaíodh é ar an 12ú lá de Nollaig 1986. Ba é an Cairdinéal Tomás Ó Fiaich, mar a bhí air faoin am seo, a léigh an chéad Aifreann oifigiúil sa séipéal nua.

Tá sé soiléir faoi láthair go bhfuil athrú mór tagtha ar an eaglais ó 1935 i leith, agus a bhuíochas-san ag dul don Athair Liam, don Athair Joe agus freisin don Athair Séamas Ó hÉanaigh, atá anois i nDealbhna Mór ach a bhí linn ar feadh cúpla bliain i ndeireadh na n-ochtóidí.

Ba é an tAthair Seosamh Ó Ceallaigh, S.P., a bhí freisin ina chathaoirleach ar Bhord Bainistíochta Scoil Uí Ghramhnaigh nuair a bhí an atógáil chuimsitheach á déanamh. Dóibhsean a bhí in éineacht leis ar an mBord úd, bhí sé soiléir nach raibh faitíos dá laghad air an paróiste a chur i bhfiacha ar son na scoile.

Coláiste Pobail Ráth Cairn

Is i 1986 a bunaíodh Coláiste Pobail Ráth Cairn, an t-aon mheánscoil Lán-Ghaelach i gContae na Mí, faoi choimirce Choiste Gairmoideachais na Mí. Ba é Gearóid Ó Brádaigh, iar-Príomhfheidhmeannach Choiste Gairmoideachais na hIarmhí, an chéad phríomhoide a bhí ar an scoil, agus is é Macdara Ó Duillearga a tháinig i gcomharbacht air. Is seod luachmhar é an Coláiste Pobail, agus tá freastal air ó Ráth Cairn féin, chomh maith le daltaí ag teacht ó Bhaile Ghib, ó Dhomhnach Seachlainn agus ón Uaimh.

Thug an Roinn Oideachais cead foirgneamh nua a thógáil sa bhliain 1994. Chuaigh an Bord Bainistíochta chun cainte le Tomás Mac Giolla Phádraig, Corcaíoch atá inár measc ó na caogaidí, agus chuir seisean suíomh ar fáil dóibh atá i gceartlár na Gaeltachta.

Is i mí Bealtaine 1999 a thosaigh an conraitheoir ar an obair thógála, obair a chosnóidh os cionn milliún punt. Beidh an scoil nua ar fáil don bhliain 2000, agus cuirfidh sé seo go mór le dul chun cinn na háite. Tá breis is 150 dalta ag freastal ar an scoil, agus cheana féin tá bonn chraobh shinsear na hÉireann sa pheil buaite ag iardhalta amháin, Stiofán Ó Ruairc, a bhí mar ionadaí ar fhoireann na Mí sa bhliain 1996.

Tá Coiste Tuismitheoirí ag an gColáiste Pobail, agus cuireann siadsan airgead ar fáil chun busanna agus imeachtaí breise a eagrú do na daltaí.

Ar na peileadóirí ba cháiliúla a tháinig ó Chontae na Mí, agus go háirithe ón nGaeltacht seo, bhí Mícheál Ó Méalóid. Tháinig dhá chlann de mhuintir Uí Mhéalóid, clann Sonny agus clann Jimmy, i dteannta le muintir Uí Chonghaile go Doire Longáin, baile fearainn buailte le Ráth Cairn, i lár na gcaogaidí.

Ní raibh aon fhoireann ag Ráth Cairn féin ag an am agus d'imir imreoirí Ráth Cairn le foireann Bhaile Mháirtín. Ní hamháin gur peileadóir den scoth a bhí i Maidhcó, mar ab fhearr aithne air, ach bhain sé amach Craobh Shóisear an Chontae san iomáint chomh maith. Bhuaigh Baile Mháirtín Craobh Shóisear pheile an Chontae i 1969. I dteannta Mhaidhcó ar an bhfoireann sin bhí Seáinín Mac Donncha, Colm (Sonaí) agus Séamus (Sonaí) Ó Méalóid agus Mícheál Mac Donncha (Paitín).

An cháil is mó a bhí bainte amach ag Maidhcó ag an am, go raibh craobh na hÉireann buaite aige sa pheil in aghaidh Chorcaí i 1967; agus duine ar bith againn a bhí ag fás suas ag an am, agus gan fiú aitheantas Gaeltachta fós againn, bhí Maidhcó ina réalt againn gan aon amhras.

Ar ndóigh, bhain Maidhcó le clann cheolmhar, cháiliúil. Bhí an cultúr go smior iontu, agus amhránaíocht agus damhsa ar an sean-nós ag na Méalóidigh. Is dócha gur mó an chaint atá air faoi láthair mar cheoltóir den scoth, ach is cinnte freisin go mbeadh Maidhcó roghnaithe ar aon fhoireann peile de 'Réalta' na Mí, dá mbeadh a leithéid dá ainmniú, i ngeall ar a chumas ar pháirc na peile.

Ag caint ar an bpeil, b'fhiú tagairt a dhéanamh do chlub na Gaeltachta, Ráth Cairn. I 1976 tháinig Cumann Peile Bhaile Mháirtín agus foireann an bhaile mhóir, Áth Buí, le chéile, agus tar éis dóibh comhnascadh a dhéanamh rinne Ráth Cairn cinneadh foireann pheile dóibh féin a bhunú, le Pádraig Mac Donnchadha ina chathaoirleach air. I 1978 cláraíodh an fhoireann go hoifigiúil chun páirt a ghlacadh i gcomórtais éagsúla de chuid Choiste Chontae na Mí den Chumann Lúthchleas Gael.

Ní raibh aon pháirc imeartha acu ar dtús, ach tar éis tamaill ghairid thóg an Comharchumann páirc, agus tá socrú idir an Cumann Peile agus an Comharchumann maidir le húsáid na páirce.

Is éacht mór é an club seo a choinneáil ag imeacht i bpobal beag tuaithe, agus is mó fós d'éacht é go bhfuil roinnt comórtas buaite acu ó bunaíodh an club. Bhí an bua acu i Roinn Shóisear Chraobh an Chontae sa bhliain 1983, an chéad uair riamh a raibh tráchtaireacht i nGaeilge ó Pháirc Tailteann, an Uaimh, ar Raidió na Gaeltachta.

I 1988 thug an fhoireann a haghaidh siar ar an gCeathrú Rua agus ar Chomórtas Peile na Gaeltachta. Tar éis buachaint ar an Tearmann, leis an scór Ráth Cairn 0-14, an Tearmann 2-4, agus ar Árainn, leis an scór, Ráth Cairn 3-11, Árainn 0-5, d'éirigh leo Comórtas Peile na Gaeltachta a bhuachaint don chéad uair ar an 6ú lá de Mheitheamh 1988, in aghaidh Thuar Mhic Éadaigh, leis an scór Ráth Cairn 0-5, Tuar Mhic Éadaigh, 0-4.

Sa bhliain 1993 ba iad muintir Ráth Cairn féin a d'eagraigh an 25ú ceann de Chomórtas Peile na Gaeltachta. Ba é seo an chéad uair a raibh an comórtas i Ráth Cairn, a bhuíochas sin go mórmhór do Bhreandán Ó Loingsigh, a throid go dian chun go mbeadh an comórtas againn.

B'iontach an deireadh seachtaine a bhí anseo do mhuintir na Gaeltachta, agus fuair Ráth Cairn ardmholadh as a chumas eagraithe, chun mórimeachtaí den chineál seo a láimhseáil. Ní hamháin gur éirigh go maith leis an gceiliúradh, ach d'éirigh thar barr le foireann Ráth Cairn ar pháirc na himeartha chomh maith. Bhí an bua acu i gCraobh Shóisear an Chomórtais, i gcoinne Rinn Ó gCuanach, leis an scór 2-8 in aghaidh 0-10.

Cé nach bhfuil an club róláidir faoi láthair, tá go leor imreoirí óga ag teacht chun cinn. Tá súil againn go mbeidh foireann nua téagartha againn ar pháirceanna imeartha na Gaeltachta sar i bhfad.

Aitheantas Gaeltachta

I lár na seascaidí bhí an pobal i Ráth Cairn tar éis laghdú go mór. Bhí 50% den bhundream fós i Ráth Cairn, 20% ag obair in áiteacha ar fud na hÉireann, 20% eile ag obair i Sasana, 9% i Meiriceá agus 1% san Astráil.

Bhí Ráth Cairn go mór i mbaol ag an am seo, agus, dá réir sin, bhí tábhacht faoi leith ag baint leis an bhfeachtas chun aitheantas Gaeltachta a fháil dó.

Bhí dhá choiste éagsúla ag obair ag an am seo. Coiste amháin díobh, bhí sé bunaithe i Ráth Cairn, le Niall Mac Suibhne, Seosamh Ó Méalóid, Seán Ó Conaire, Marcus Ó Curraoin, Tomás Ó Conghaile agus Stiofán Seoighe i measc na mball.

Bhí coiste eile i mBaile Átha Cliath, ar a raibh Pádraig Mac Donnchadha, Domhnall Ó Lubhlaí, Seán Mac Mathúna, Mícheál Ó Cíosóg agus Dónall Ó Móráin.

Roimh thoghchán na bliana 1965 bhí feachtas ar bun ní hamháin i Ráth Cairn ach ar fud na tíre gan vótáil ar chor ar bith mura mbeadh aitheantas agus cabhair éigin ag teacht ón Rialtas do Ráth Cairn.

Orthu siúd a bhí páirteach sa bhfeachtas sin bhí Máirtín Ó Cadhain, Breandán Ó hEithir agus Máiréad Ní Dhonnchadha. Bhí grúpaí éagsúla ar fud na tíre a thug tacaíocht don bhfeachtas, ina measc mic léinn ollscoile i mBaile Átha Cliath, i gCorcaigh agus i Luimneach.

I 1966 tháinig craobh de na Cearta Sibhialta ar an bhfód i Ráth Cairn, agus ghlac siad seo páirt in agóidí éagsúla, in éineacht le grúpaí eile Cearta Sibhialta a bhí gníomhach in áiteacha eile sa Ghaeltacht.

Ionad Pobail Ráth Cairn

Tomás Mac Con Iomaire 2000

Tar éis bliana, an 6ú lá de Mheán Fómhair 1967, tháinig Pádraig Ó Fachtna, Rúnaí Parlaiminte Aire na Gaeltachta go Ráth Cairn, agus d'fhógair seisean go raibh aitheantas oifigiúil tugtha do Ráth Cairn mar Ghaeltacht.

Bhí baint nach beag ag Pádraig Mac Donncha le cúrsaí i Ráth Cairn sna blianta seo. Ar dtús, bhí sé féin agus a bhean chéile, Máiréad, fostaithe i mBaile Átha Cliath. Tar éis 1967 tháinig sé ar ais go dtí a cheantar dúchais féin, agus in éineacht leis an gcoiste áitiúil de Chearta Ráth Cairn, agus de chraobh Chonradh na Gaeilge, thosaigh siad ar fheachtas chun Comharchumann a bhunú. D'éirigh leo é seo a dhéanamh i 1973, agus trí fheachtais éagsúla eile d'éirigh leo brú a chur ar Choimisiún na Talún talamh a cheannacht.

Ba é Dan Tom Taimín Mac Donnchadha a tháinig i gcabhair orthu ag an am seo. D'aistrigh Dan amach go dtí an talamh nua seo, agus mar gheall air seo bhí 15 acra talún ar fáil, le ceannacht le haghaidh tithe, páirc pheile, agus tógáil Áras Pobail. Sa bhliain 1998 rinne an Comharchumann athchóiriú ar an Áras Pobail, ar chostas breis is £250,000 punt.

Chomh maith leis sin, tá Coláiste Samhraidh Gaeilge curtha ar bun ag an gComharchumann i gcomhar le Coláiste na bhFiann. I 1998, chomh maith, cheannaigh an Comharchumann 50 acra ar chostas £150,000 i mbaile fearainn Chill Bríde. Tá sé de rún acu tithe a chur ar fáil anseo do dhaoine óga a bhfuil suim acu a gclann a thógáil le Gaeilge.

Chomh maith leis an obair mhór atá luaite, ba é an Comharchumann a chuir grúpscéim uisce ar fáil, siopa, bialann agus ionad taispeántais, chomh maith le ranganna Gaeilge. Bíonn imeachtaí cultúrtha agus féilte á rith ar feadh na bliana: Siamsóir na Mí, Éigse Dharach Uí Chatháin, Féile na Mí, Oíche Chinn Bliana, an Seó Samhraidh, gan trácht ar na seisiúin cheoil a bhíonn ar bun an t-am ar fad.

Pobal beag Gaeltachta, más ea, pobal Ráth Cairn. Ach pobal misniúil, mórtasach, a bhfuil a ghaiscí le maíomh aige le breis is trí scór bliain.

Beidh deacrachtaí agus dúshláin rompu sna blianta atá le teacht. Ach rinneadar an beart go dtí seo, is ní call faitíos ar bith a bheith orthu faoina a bhfuil i ndán dóibh san am atá le teacht.

Nótaí

1 Is é an cuntas is iomláine ar an eachtra stairiúil seo na haistí atá curtha in eagar ag Mícheál Ó Conghaile, *Gaeltacht Ráth Cairn: Léachtaí Comórtha* (Indreabhán, 1986). Féach freisin *Stairseanchas Mhicil Chonraí* atá curtha in eagar ag Conchúr Ó Giollagáin, (Indreabhán, 1999).

2 Ó Conghaile, M. (eag.), *Gaeltacht Ráth Cairn: Léachtaí Comórtha* (Indreabhán, 1986) lgh 32-50.

Leabharliosta II: (Cúige Chonnacht agus Cúige Laighean)

Chomh maith le hábhar atá i gcló, tá taisce na seod de chuntais ar shaol agus ar scéal mhuintir na Gaeltachta i gcartlann RTÉ, Raidio na Gaeltachta agus TG4, idir chartlann fuaime agus chartlann físe. Tá bailiúchán maith de ghrianghraif sa Rannóg den Leabharlann Náisiúnta atá lonnaithe i mBarra an Teampaill i mBaile Átha Cliath.

Aldridge, R.B., 'The routes described in the story called Táin Bó Flidhais', *Journal of the Royal Society of Antiquaries of Ireland*, 91 (1961), lgh 117-27,219-28; 92 (1962), lgh 21-39.

Bairéad, Tomás, *Gan Baisteadh* (B.Á.C., 1972).

Berry, James, *Tales of the West of Ireland* (B.Á.C.,1966).

Bieler, Ludwig (eag.), *The Patrician Texts in the Book of Armagh* (B.Á.C., 1979) [cuntas Thíreacháin, lgh 122-67].

Breathnach, Micheál, *Cuimhne an tSeanpháiste* (B.Á.C., 1966).

Breathnach, Pádraic, *Maigh Cuilinn: a Táisc agus a Tuairisc* (Conamara, 1986).

Browne, Charles R., 'The Ethnography of Garumna and Lettermullen', *P.R.I.A.*, 5C, 1898.

—, 'The Ethnography of Carna and Mweenish in the parish of Moyruss, Connemara'. *P.R.I.A.*, 6 C, 1900-1902.

Cathair na Mart, Journal of Westport Historical Society.

Chonraí, Micil & Ó Giollagáin, Conchúr, *Stairsheanchas Mhicil Chonraí :Ón Máimín go Ráth Cairn*, (Indreabhán, 1999).

Daly, Leo, *Oileáin Árann: The Aran Islands* (B.Á.C., 1975).

de Búrca, Seán, *The Irish of Tourmakeady, Co.Mayo: A Phonemic Study* (B.Á.C., 1958).

Denvir, Gearóid, *Litríocht agus Pobal* (Indreabhán, 1997).

de Paor, Liam, *Saint Patrick's World: The Christian Culture of Ireland's Apostolic Age* (B.Á.C.,1993) [cuntas Thíreacháin, lgh 154-74].

Dobbs, Margaret, 'On táin Bó Flidais', *Ériu* 8 (1916), lgh 133-49.

Gearrbhaile [Iris an Choláiste].

Glór na nOileán [Iris áitiúil].

Hamilton, J.N., 'Phonetic texts of the Irish of North Mayo', *Zeitschrift für Celtische Philologie* 30 (1967), lgh 265-353; 31 (1970), lgh 147-223.

Irisleabhar na Ceathrún Rua [Iris áitiúil].

Iorras Aithneach [Iris áitiúil].

Kavanagh, Mary, *A Bibliography of the County Galway* (Gaillimh,1965).

Knox, H.T., *The History of the County of Mayo to the Close of the Sixteenth Century*, 1908.

Mac an Fhailigh, Éamonn, *The Irish of Erris, Co. Mayo: A phonemic Study* (B.Á.C., 1968).

Mac An Iomaire, Séamus, *Cladaigh Chonamara* (B.Á.C., 1985).

Mac Aonghusa, Criostóir, *Ó Ros Muc go Rostov* (B.Á.C., 1972).

Mac Aonghusa, Proinsias, *Gaillimh agus Aistí Eile* (B.Á.C.,1983).

Mac Domhnaill, T. (eag.), *Sgríbhinní Mhíchíl Bhreathnaigh* (B.Á.C., 1913).

—, 'Some Erris Placenames: pronunciation', *Dinnseanchas* 5/3 (1973),86-91.

Mac Giolla Léith, Caoimhín (eag.), *Oidheadh Chloinne hUisneach: The Violent Death of the Chldren of Uisneach* (London, 1993).

Mac Giollarnáth, Seán, *Annála Beaga Ó Iorrus Aithneach* (B.Á.C.,1941)

—, *Conamara* (B.Á.C., 1954).

—, *Peadar Cois Fharraige* (B.Á.C., 1944).

Mac Graith, Uinsíonn & Ní Ghearraigh, Treasa, *Siúlóidí Dhún Chaocháin, i mBarúntacht Iorrais, Condae Mhaigh Eo* (c. 1998).

Mac Niocláis, Máirtín, *Seán Ó Ruadháin: Saol agus Saothar* (B.Á.C. 1991).

Mackinnon, [Donald], 'The Glenmasan Manuscript', *The Celtic Review* 1 (1904-5), 3-17, 104-31, 208-29, 296-315; II (1905-6), 20-33, 100-121, 202-23, 300-13; III (1906-7), 10-25, 114-37, 198-215,294-317; IV (1907-8), 10-27, 104-21, 202-19.

McNally, Kenneth, *Achill* (Devon, 1973).

Mag Uidhir, Séamus, *Fánaidheacht i gConndae Mhuigheo* (1944); *Fánaíocht i gContae Mhaigh Eo*, (B.Á.C., 1994).

Mannion, Karen (eag.), *Croí Chonamara: The Heart of Connemara* (Sraith Salach, 1998).

Map of the Maritime County of Mayo in Ireland . . . executed by order of the Grand Jury . . . commenced in 1809, and terminated in 1817 [sic], By William Bald, FRSE . . . Engraved by Pierre Tardieu (1830)

Nolan, Rita, *Within the Mullet* (dara heagrán, Béal an Átha, 1998).

Noone, Seán, *Where the Sun sets: Ballycroy, Belmullet, Kilcommon & Kiltane, County Mayo*, (Nás na Rí, 1991).

Ó Catháin, Séamus & O'Flanagan, Patrick, *The Living Landscape*, (B.Á.C., 1975).

Ó Catháin, Séamus & Uí Sheighin, Caitlín, *A Mhuintir Dhú Chaocháin, labhraigí feasta*! (1987).

—, *Le gradam is le spraoi* (Indreabhán, 1996).

Ó Ceannabháin, Peadar (eag.) *Éamon A' Búrc: Scéalta* (B.Á.C., 1983).

Ó Concheanainn, Tomás, 'Dán Ghiolla Íosa Mhic Fhir Bhisigh ar Uí Fhiachrach', in Pádraig Ó Fiannachta, eag., *An Dán Díreach. Léachtaí Cholm Cille* 24 (1994), lgh 136-151.

Ó Conghaile, Mícheál, *Conamara agus Árainn 1880-1980* (Béal an Daingin, 1988). [Liosta foinsí den scoth sa leabhar seo].

—, (eag.) *Gaeltacht Ráth Cairn: Léachtaí Comórtha* (Béal an Daingin, 1986)

Ó Conghaile, Seán, *Cois Fharraige Le Mo Linnse* (B.Á.C., 1974).

Ó Cualáin, Séamus (eag.), *Peait na Máistreása: A Scéal i mBailéid agus i Seanchas* (Conamara, 1984).

Ó Domhnaill, Máirtín, *Oileáin Árann* (B.Á.C., 1930).

Ó Domhnaill, Peadar Neilí, *Seód Aistí as Conamara* (B.Á.C., 1943).

Ó Domhnalláin, Pádhraic, *Conamara* (B.Á.C., 1934).

Ó Donnchadha, Seosamh, *Dánta Fhilí Bhaile na mBroghach* (Conamara, 1983).

O'Donovan, John, *The Genealogies, Tribes and Customs of Hy-Fiachrach, commonly called O'Dowda's country* (B.Á.C., 1844).

Ó Gadhra, Nollaig, 'Gaeltacht Mhaigh Eo', in Bernard O'Hara (eag.), *Mayo: Aspects of its heritage* (1982).

Ó Gaora, Colm, *Mise* (B.Á.C., 1943).

—, *Obair is Luadhainn* (B.Á.C., 1937).

Ó Giollagáin, Conchúr, *Stairsheanchas Mhicil Chonraí: Ón Máimín go Rath Cairn* (Indreabhán, 1999).

O'Hara, Bernard, (eag.), *Mayo: Aspects of its heritage* (Gaillimh, 1982).

Ó Héalaí, Seán, (eag.) *Seanfhocaill as Acaill* [le Tony Catherine Antoine William] (Indreabhán, 1995).

Ó hÉinirí, Seán, *Scéalta Chois Chladaigh/Stories of Sea and Shore* (B.Á.C., 1983)

Ó hEithir, Breandán, *Thar Ghealchathair Soir*, (B.Á.C., 1973).

—, *An Nollaig Thiar* (B.Á.C., 1989).

—, agus Ruairí Ó hEithir (eag.), *An Aran reader* (B.Á.C., 1991).

Ó Laighin, Pádraig G., *Bánú Phartraí agus Thuar Mhic Éadaigh* (B.Á.C., 1997).
Ó Muraíle, Nollaig, *Mayo Places: Their Names and Origins* (B.Á.C.,1985).
—, *The Celebrated Antiquary: Dubhaltach Mac Fhirbhisigh (c. 1600-71): His Lineage, Life and Learning* (Maigh Nuad, 1996).
—, 'Court poets and historians in late medieval Connacht', in E. Mullally & J. Thomson (eag.), *The Court & Cultural Diversity: Selected Papers from the Eighth Triennial Congress of the International Courtly Literature Society* (Cambridge, 1997), lgh 17-25.
—, Late medieval Gaelic surveys of counties Mayo & Sligo', *Group for the Study of Irish Historic Settlement Newsletter 8* (1997), lgh 1-5.
—, 'A description of County Mayo c. 1684 by R. Downing', *'A Miracle of Learning'*: *Studies in Manuscript and Irish Learning: Essays in honour of William O'Sullivan* (eag.: T. Barnard, D. Ó Cróinín & K. Simms, 1998), lgh 236-265.
Ó Ruadháin, Seán, *Pádhraic Mháire Bhán nó An Gol agus an Gáire*, 1932; athchló 1934, 1935,1937,1938; atheagrán 1994.
Ó Tiománaidhe, Micheál, *Abhráin Ghaedhilge an Iarthair, an Chéad Chuid* (1906); atheagrán [*Amhráin Ghaeilge an Iarthair*], 1992).
Ó Tiománaidhe, Micheál & Ó Fhotharta, Domhnall, 'Tairngire Bhriain Ruaidh Uí Chearbháin', *Sgéalta Gearra an Iarthair/Western Folk Reports* (1910), 19-32.
Pléaráca Chonamara, *Irisleabhar an Phléaráca* 1991-1999.
Powell, Antoine, *Oileáin Árann: Stair na nOileán go dtí 1922* (B.Á.C., g.d.)
Robinson, Tim, *Mapping South Connemara*, Conamara, 1985; aistrithe ag Liam Mac an Iomaire [*Conamara Theas: áit agus ainm*] (B.Á.C.,1992).
—, *Connemara* Cloch na Rón, 1990; Cuid I aistrithe ag Liam Mac an Iomaire [*Spás, Am; Conamara*], (B.Á.C., 1993).
—, *Stones of Aran – Pilgrimage* (An Iarmhí & B.Á.C.,1986)
—, *Stones of Aran – Labyrinth* (B.Á.C., 1995).
Ros a' Mhíl Cois Cuain [Iris Áitiúil]
Rosc [Iris áitiúil Ros Muc]
Scréachóg [Iris áitiúil], Nollaig 1995 agus Aibreán 1996.
Simmington, RC. (eag.), *Books of Survey and Distribution, II: County Mayo* 1949.
Skerrett, RAQ., 'On the dialect of the Inishkea Islanders', *Studia Celtica* 2 (1967), 196-201.
Spellissy, Seán, *The History of Galway: City & County* (Luimneach, 1999)

Synge, J.M., *The Aran Islands* (B.Á.C., 1906).
—, *In Wicklow, West Kerry and Connemara*, (1911).
Ua Choncheanainn, Peadar, *Innismheadhoin*, (B.Á.C., 1931).
Uí Mhurchadha, Brighid, *Oideachas in Iar-Chonnacht sa Naoú Céad Déag* (B.Á.C., 1954).
Williams, Nicholas, *Riocard Bairéad: Amhráin* (B.Á.C., 1978).

Cúige Mumhan

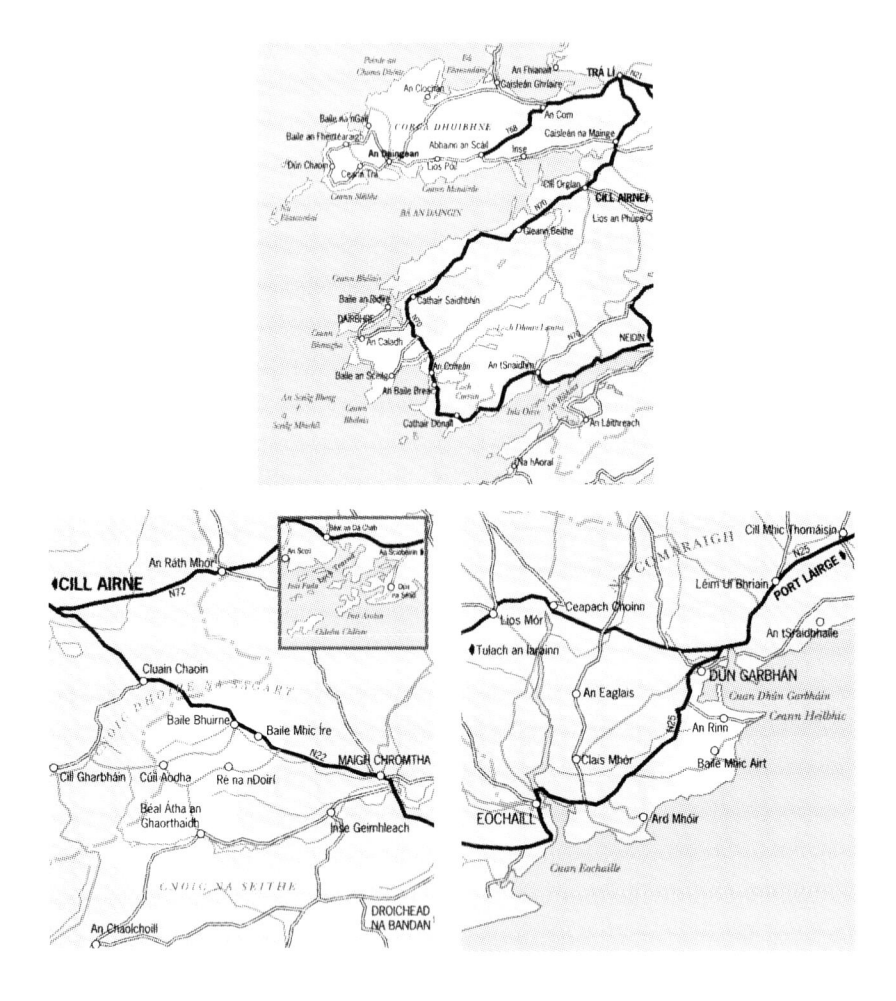

Gaeltachtaí na Mumhan

An Leitriúch
Corca Dhuibhne
Breandán Ó Brosnacháin

Tá an Leitriúch suite ar an dtaobh thuaidh de leithinis Chorca Dhuibhne i gContae Chiarraí, soir ó Chnoc Bhréanainn. Is iad paróistí an Bhaile Dhuibh agus Chlochán Bhréanainn atá sa Ghaeltacht. Seanathomhas talún ab ea an 'triúch'; a leath san a chiallaíonn 'leitriúch.'

Is léir go bhfuil laigheadú nách beag tagthaithe ar dhaonra an cheantair. Níl anso anois ach timpeall cheithre chéad duine i gcomparáid lena cheithre oiread san leathchéad bliain ó shin. Tá formhór na ndaoine insa dá shráidbhaile, Bréanainn (nó an Cé mar a tugtar air) agus an Clochán. Cruthú eile fós ar an laigheadú is ea gur dúnadh Scoil Náisiúnta an Bhaile Dhuibh in oirthear an cheantair, agus Scoil Náisiúnta Bhaile Uí Dhuinn, i lár na seascaidí, rud a dh'fhágann ná fuil ach aon scoil náisiúnta amháin anso, Scoil Náisiúnta an Chlocháin. Sa bhliain 1961 osclaíodh Meánscoil an Leitriúigh, rud a chuir ar chumas mhuintir na háite meánscolaíocht a dh'fháilt ina gceantar féin. I láthair na huaire, tá pleananna á ndéanamh chun an mheánscoil a dh'aistriú go dtí Caisleán Ghriaire i ngeall ar chúrsaí daonra arís.

Is ceantar mór sléibhte an áit seo agus nuair a chuireann tú na portaithe san áireamh bhí an fheirmeoireacht deacair anso riamh, fiú sna paistí beaga de thalamh mhaith atá breacaithe ar fud na háite. Lá dá raibh, bhíodh cúpla bó ag gach éinne agus, ar ndóigh, bainne á dhíol leis an uachtarlann. B'in é an chéad teacht isteach rialta a bhí ag daoine. Bhíodh chúig feirmeoirí agus céad ag dul 'on uachtarlann tráth, anois níl ach timpeall deichniúr.

Cén fáth gur tharla an t-athrú so? B'é an chúis ba mhó ná déine na rialacha a bhain le bainne. Bhí lá na gcróitíní thart. Tháinig deontaisí maithe isteach ar chaoire a mheall a lán ós na ba bainne, agus ina theannta san tá béim ana-mhór ar an dtimpeallacht inniu. Agus chun teacht ar an airgead so níor mhór do dhuine carn airgid a chaitheamh chun clós feirme a chur in oiriúint don scéim REPs, mar a tugtar air. Mar sin, is ar éigean atá géimneach bó le cloisint. Fágann san caoire i ngort agus ar cnoc anois.

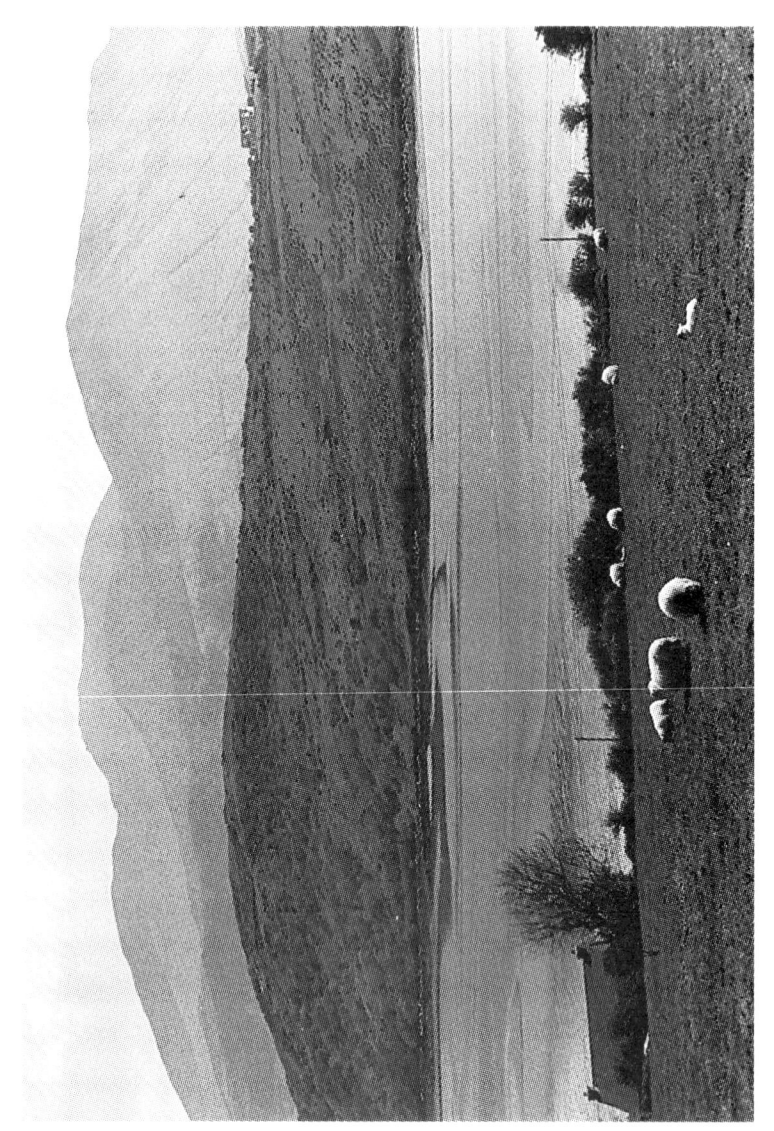

Clochán Bhréanainn

Aodán Ó Conchúir 2000

Bhí clú agus cáil riamh ar an gCé maidir le hiascach, agus bhíodh mórán ban ag cur éisc ar salann i seideanna idir an Clochán agus Bréanainn sna triochaidí. Tógtaí an t-iasc le capall agus cairt go dtí an traein i gCaisleán Ghriaire, agus as san go dtí an margadh éisc i m*Billingsgate*. N'fheadair éinne cad a dh'imigh ar an iasc, ach d'imigh sé is níor tháinig sé thar n-ais. Tá an Cé féin róbheag, níl an t-uisce doimhin a dhóthain agus is ón nDaingean is mó atá iascairí Bhréanainn ag iascach anois.

Ní inniu ná inné a thosnaigh cuairteoirí ag teacht go dtí ceantar an Leitriúigh. D'fhéadfá a rá go rabhadar ag teacht ón gcéad lá a chuaigh daoine go barr Chnoc Bhréanainn nó pé ainm a bhí air in aimsir na bpágánach. D'oscail muintir Chonchúir an chéad tigh ósta anso breis agus céad bliain ó shin ar an gClochán, agus tá sé ann i gcónaí. Is le triocha bliain anuas atá forbairt shuntasach tagthaithe ar chúrsaí turasóireachta. Cad chuige, mar sin, go dtagann cuairteoirí anso? De bharr na sléibhte, na radharcanna, na tránna, agus ar ndóigh, na daoine. Má chreidimid gurb iad clocháin na háite na tithe lóistín fadó, mar a dúirt Peter Harbison,[1] tá traidisún fada turasóireachta anso i ngeall ar Chnoc Bhréanainn, agus an pátrún bliantúil a bhí ann. Tá rogha mhaith anois ann idir lóistíní, tithe ar cíos agus tithe tábhairne.

Is ar éigean atá éinne beo ag an am so ná fuil ina bhall d'eagraíocht amháin ar a laighead. Ní haon ionadh, mar sin, go bhfuil mórán daoine ina mbaill de Chumann na bhFeirmeoirí, ach is dócha ná fuil éisteacht rómhaith á dh'fháilt acu mar sin féin. 'Sé seo ré líonta na bhfoirmeacha agus is tábhachtaí go mór páipéarachas ná gné ar bith eile den bhfeirmeoireacht. Ar nós gach áit eile tá feirmeoireacht pháirtaimseartha ag teacht isteach anso, mar tá cuid mhaith gabháltas róbheag chun slí bheatha a bhaint amach, agus fé láthair n'fheadar cad é an saghas feirme bheidh oiriúnach dos na blianta romhainn. Cuireann Cumann na bhFeirmeoirí eolas ar fáil maidir le gnéithe éagsúla den dtalmhaíocht.

Tá Comharchumann Forbartha an Leitriúigh i mbun gnótha anso le nách mór triocha bliain. Tá a gceanncheathrú acu sa halla i mBaile Uí Dhuinn, san áit ina raibh an bhunscoil. Is inead pobail an halla anois ina dtarlaíonn a lán imeachtaí, rincí seiteanna, ceolchoirmeacha, agus is ann atá an naíonra. Níl dabht ar domhan ná go bhfuil tábhacht ar leith ag baint leis an naíonra. Is ann is túisce a chuireann naíonáin aithne ar a chéile agus ar dhomhan mór na scolaíochta. Tugann sé spreagadh nách beag don dteanga chomh maith. Dream eile a bhíonn ann is ea Bantracht na Tuaithe, atá ana-ghníomhach anso. San áit fadó go mbíodh na mná scartha amach óna chéile don gcuid is mó, anois tá deis acu ar theacht le chéile go minic, agus is maith é sin. Rudaí eile a thugann daoine le chéile is ea oíche choidrimh a bhíonn ann anois agus arís, agus imirt chártaí.

D'fhás Comhlucht Bhréanainn as Coiste Turasóireachta an Leitriúigh, mar eagraíocht chun turasóireacht a chur chun cinn anso. Le cabhair an Údaráis, d'éirigh le Comhlacht Bhréanainn teacht ar airgead Eorpach tríd an scéim *Arc Atlantique*, a bhí dírithe ar cheantair chósta na hEorpa. Cuireadh oifig eolais ar bun agus leagadh amach siúlóidí sa cheantar. Foilsíodh dhá leabhar eolais, mar deineadh amach go raibh gá le heolas áitiúil do chuairteoirí a thiocfadh chun na háite. Chomh maith leis sin, deineadh athbheochaint ar Fhéile Lúnasa, nó ar an bPátrún, mar a tugtar air.

Nuair a rith airgead *Arc* amach, bhí an t-ádh linn gur éirigh linn airgead a dh'fháilt fé scéim *Eco-Lipéad*, nó *Beatha*, mar ab ainm di fén am gur chríochnaigh sé. Togra comhpháirtíochta ab ea é seo idir roinnt comhairlí contae, Údarás na Gaeltachta agus an Eoraip. B'é an cuspóir a bhí acu caighdeán a leagadh amach a bheadh mar sprioc ag tíortha uile na hEorpa. Cuireadh uisce, aer, an timpeallacht nádúrtha agus an timpeallacht a thóg an duine san áireamh. Bhí taobh praiticiúil ag baint leis: mar shampla, an méid brúscair ón gceantar a laigheadú, buidéil ghloine a chur i mboscaí ar leith, agus an rud céanna a dhéanamh le stán. Ach nuair a dh'fhéachann duine ar an mbuiséad mór a bhíonn ag scéimeanna dá leithéid, is léir gur suarach an méid a caitear i gceantair mar é seo. Ar an láimh eile, thugadar spreagadh agus dóchas do phobail in áiteanna éagsúla.

Deir Máire MacNeill ina leabhar, *The Festival of Lughnasa*, go raibh tábhacht mhór ag baint le Cnoc Bhréanainn in aimsir na págántachta in Éirinn, ag dul siar go dtí Ré an Chré-umha. Ina dhiaidh sin bhíodh féile Cheilteach ann i dtosach mhí Lúnasa. Comóradh ab ea é ar an mbua a bhí ag Lugh, dia an tsolais, ar Chrom Dubh, dia an dorchadais. Peocu atá baint aige leis an scéal nó ná fuil, is é Cnoc Bhréanainn seo an áit dheireanach san Eoraip go bhfeictear luí na gréine. In aimsir na Críostaíochta deineadh crot na Críostaíochta a chur ar an bhféile. Sa séú haois bhunaigh Naomh Bréanainn mainistir ar an gClochán san áit ina bhfuil an seanasháipéal sa tseanareilig. Bhí íomhá de cheann Chrom Dubh sa bhfalla go dtí gur goideadh í samhradh na bliana 1993. Thóg Naomh Bréanainn teampaillín ar bharr an chnoic. Bhí aisling aige, agus b'in é fé ndeara dho seoladh trasna an Atlantaigh, más fíor. Scríobhadh an *Navigatio Sancti Brendani Abbatis* timpeall AD 800. Thuill sé clú mar scéal agus deineadh é a nascadh leis an bhféile a ceiliúrtaí ar Chnoc Bhréanainn i dtosach Lúnasa.

Tar éis deasghnátha éagsúla ar barra, thagadh daoine anuas go dtí an Clochán, áit go mbíodh cluichí, amhránaíocht, ithe agus ól agus bruíonta. Chuala daoine á rá go dtugadh aos óg na háite an lá ag rith síos suas an tsráid, mar chomh luath is a stopadh bruíon anso, bhí ceann eile tosnaithe ag bun na sráide. Ba nós le daoine píonna uaineola a dh'ithe an lá san. Ní raibh tigh sa pharóiste ná maraítí caora nó gabhar ann in ómós don naomh chun na píonna a dhéanamh, rud a dh'fhág na mná tí bochta cúramach go maith. Agus is deas liom go maireann an nós san fós.

Toisc go raibh titeam mór ar líon na ndaoine ag dul ar an dturas, chuaigh an tEaspag Ó Muircheartaigh ar an oilithreacht sa bhliain 1868, maraon le slua 20,000 duine. Tá sé níos deacra fós a shamhlú gur iompair daoine an t-easpag céanna chomh fada le barra Chnoc Bhréanainn.

An bhruíon agus an t-achrann a lean an ócáid i sráidbhaile an Chlocháin, n'fheacaigh éinne riamh a leithéid, rud a chuir deireadh leis an dturas ar fad, nách mór. Easpag eile a chuaigh ann agus a bhain cáil amach do féin ina dhiaidh sin ab ea Éamonn Ó Cathasaigh sa bhliain 1971.

Is féidir amhras na hEaglaise a thuiscint nuair a chuimhníonn tú ar an rann a cheap Diarmaid Ó Dubhda ó Bhaile an Lochaigh ar Chríostóir Mac an tSíthigh ó Dhrom, d'aon ghnó chun olc a chur air agus chun clampar a tharrac eatarthu:

Nách breá an cor coise atá ar Chitín ó Dhrom,
Ní sheolann sé an bhó is ní chasann sé an gamhain;
Líonann sé a bholg agus labhrann sé teann,
Agus fanann ina chodladh go mbíonn tinneas ina dhrom.

D'réir dealraimh sin é an rann a bhíodh aige do Chit, os comhair na hEaglaise Domhnach an Phátrúin!

Bhí lá an Phátrúin ar cheann des na hócáidí ba mhó i gCorca Dhuibhne, agus toisc daoine a bheith ag filleadh abhaile tar éis dóibh cúpla lá a chaitheamh ar an gClochán a thugaidís 'Clochán an ocrais' ar an áit. Níl amhras ná go mbíodh na pócaí folamh acu ar an mbóthar abhaile, mar théadh a bhformhór 'on Ché i gcomhair oíche an Phátrúin, 'sé sin oíche Dé Luain.

Tá nodanna le fáil i logainmneacha na háite ar ré atá thart le fada. Tá ré na págántachta ar fáil san ainm Tír Bhroin agus Srón Bhroin. Dia mór le rá ab ea Crom Dubh. Tá a ainm luaite le scéal béaloideasa a dh'insíonn dúinn eachtraí a bhain leis an seanasháipéal ar an gClochán. Bhí tarbh fíochmhar ag taoiseach ar an mBaile Dubh agus ní thabharfadh sé an tarbh do Naomh Bréanainn, mar d'úsáidtí cré meascaithe le fuil chun moirtéal a dhéanamh. Pé sceal é, cuireadh an tarbh ar cheann na meá agus blúire páipéir ar a raibh an t*Ár nAthair* scríofa ar an gceann eile. Ba throime an phaidir ná an tarbh, más fíor, agus cuireadh a chuid fola ag tógaint an tsáipéil. Ach mhair daoine eile roimis na laochra so, daoine a thóg clathacha a nochtadh nuair a baineadh an mhóin, cuirim i gcás, ar an gCoill Mhór.

Is cad déarfá leis na galláin agus na liosanna ar fad? Is cé leis an nGlas Ghaibhneach a bhíodh ar féarach i Macha na Bó agus ná bíodh sásta go dtí ná féadfadh sí gabháil idir dhá ghallán i nDrom. Agus tá Bóthar an Teampaill againn agus Cosán na Naomh in ómós don Naomh. Seán Ó Dubhda, iaroide scoile, a bhailigh mórchuid scéalta béaloideasa anso timpeall, chomh maith le leithéidí Sheáin Uí Churnáin agus Sheáin Uí Loingsigh.

Is de bharr saothar na ndaoine seo atá bailiúcháin ar fáil i Roinn Bhéaloideas Éireann. Molaim go mór saothar Mhichíl Uí Ruairc ó Thaobh a' Chnoic ó dhúchas, a dhein taighde ar na bailiúcháin seo agus a chuir amach sárleabhar *Dán is Céad ón Leitriúch*. De réir dealraimh, Eoghan a' Ghabha Finn ón dTír a cheap an t-amhrán breá 'Coimín na Tíorach,' tar éis bháis dá bhean chéile agus a iníon Cáit bheith imithe go Meiriceá. Tá fíorthocht bróin ann, agus dóchas truamhéileach ag a dheireadh:

> Tá smúit is brón ar m'intinn,
> Ar mo chroí istigh is ar m'aigne féin
> I gCoimín na Tíorach san oíche
> Is gan duine ach me féin....

Tá éagsúlacht mhór téamaí sna dánta cumadh idir ól, is brón is scléip is caoineadh.

Eachtra mhór ab ea briseadh na loinge an *Port Yarrock*, mí Eanair na bliana 1894, ar Thráigh Dhíomhaoin, agus bádh an chriú ar fad. Dhein muintir an pharóiste comóradh céid ar an ócáid i 1994. Tógadh leacht cuimhneacháin i gCill Chuimín, agus léadh Aifreann ar son na marbh. Mícheál Ruiséal a chum ceann des na dánta fén eachtra:

> An té chífeadh ón dtalamh an lá bhí
> An Port Yarrock i dTrá Dhíomhaoin,
> Is na fearaibh ag screadaigh go cráite
> Ar na slata in airde ins na crainn.

Maireann traidisiún na ceapadóireachta i gcónaí, mar ceapadh cúpla dán le déanaí, mar shampla, amhrán fé inneall bainte móna.

Tá ré na bothántaíochta thart le leathchéad bliain. Bhíodh tithe áirithe sa pharóiste agus go háirithe na siopaí, ina mbailíodh daoine tar éis obair an lae. Chuiridís an saol trí chéile, d'imrítí cártaí, ar ndóigh, agus phléití cén gaol a bhí agena leithéid seo lena leithéid siúd. Bhí dúil chomh mór san ag daoine i rince go gcuiridís ceann capaill fé lic in urlár tí chun fuaim mhaith a bhaint as an urlár. Is beag tigh ná raibh bosca ceoil, veidhlín nó *concertina* ann. Fiú amháin bhí dhá halla rince ar an gClochán, agus ní gá a rá ná fuilid ann anois.

Baile Chlocháin Bhréanainn

Aodán Ó Conchúir 2000

Bhí an gabha ar dhuine de na daoine ba thábhachtaí san áit, agus is mó ceárta a bhí ann chun trealamh feirme a dhéanamh. B'é an Gabha Mac Eoin an gabha déanach ar an gClochán.

Lá mór ar an dtráigh agus ar an gcladach ab ea Aoine 'n Chéasta. Théidís ag baint ruacan agus miongán. Ní bhacaidís mórán le haon saghas eile éisc an lá san. Níor mhór stán maith ruacan dá mbeadh aon chúpla duine sa tigh, ach bhíodar ana-bhlasta le haghaidh an dinnéir an lá san, agus ba chuid den lá iad a bhaint agus a dh'ithe. Is dócha gur toisc an dua a bhain leo ná bacann mórán leo a thuilleadh.

Mar a bheifeá ag súil leis, tá traidisiún mór rásaíochta naomhóg anso, agus go dtínár lá féin bíonn ráiseanna naomhóg sa Ché i ndeireadh mhí Lúnasa gach bliain. Bhídís ar an gClochán fadó leis, ag tosnú ag Bun a' Gheata.

Ní raibh aon pháirc imeartha ar leith don gcaid, bhíodh sí á dh'imirt i nDoire na Muice, agus i bpáirc leis an gCeallachánach ar an nDoirín, agus i mBaile an Oidhre. Bhíodh dhá fhoireann peile anso, ach mo léir, níl oiread is foireann amháin anois ann. Bhí cluiche éachtach ann sa bhliain 1888 idir muintir Lios na Caol Bhuí agus muintir Átha Chaisle. De réir dealraimh, bhí dráranna plainín agus léinteacha plainín ar mhuintir an Leasa. Tá cúpla leagan den amhrán le fáil as Béarla, ina measc leagan le Máire Ní Rócháin:

The 4th day of March in the year '88
Those Eastern buckos the thought us to bate.

Is mó bruíon a spreag an t-amhrán so, ní nách ionadh.

Bhí raidhse bradán san Abhainn Mhór, ach toisc go mba leis an dTiarna Fionntrá í, ní raibh cead ag muintir an pharóiste dul ag iascach inti, go dleathach, 'sé sin! Is mó duine a thug an oíche san abhainn lena líon. Thagadh na maithe agus na móruaisle lena slata iascaigh. Fiú amháin bhí fear déanta cuileog ina chónaí in aice na habhann agus b'in í an cheird a bhí aige. Agus is i ngeall ar an abhainn chéanna a maraíodh Neidí Ó Rócháin ar phort na habhann sa bhliain 1929, nuair a scaoil garda urchar leis.

Má bhí marú ag baint le feirmeoireacht agus iascach, ní bhíodh fonn siúlóide ar dhaoine i ndeireadh an lae. Anois tá suim mhór sa tsiúlóid agus ó leagadh amach cosáin agus comharthaí, is beag duine ná fuil cuid des na sléibhte siúlta aige ar a laighead. Agus is anso atá fairsingeacht sléibhte; rud eile, tá cuid mhaith páistí óga á dtabhairt amach ag siúl.

Bhí dea-theist ar an Athair Donncha Ó Laocha a tháinig ina shagart cúnta sna seachtóidí. Bhí meas mór aige ar chreideamh, ar chultúr agus ar oidhreacht an phobail. D'eagraigh sé coiste pobail a dh'fhás ina chomharchumann agus spreag sé athbheochaint na teangan i measc na ndaoine. Ag an am san bhí líofacht cainte i dtithe áirithe agus dhein sé a dhícheall a áit cheart sa phobal a thabhairt don nGaelainn. Fuair a chuid oibre aitheantas poiblí nuair a chuir Tomás Ó Dónaill, Aire na Gaeltachta, an Leitriúch laistigh de cheantar na Gaeltachta go hoifigiúil sa bhliain 1971. Go dtí san, breac-Ghaeltacht ab ea an áit, rud a dh'fhág an ceantar chun deiridh maidir le scéimeanna na Roinne, agus rud eile, níor thuig an pobal go raibh suim ar bith ages na húdaráis stáit iontu.

Tá ana-chreidiúint ag dul chomh maith do mhuintir Mhaolchathaigh, a bhunaigh Meánscoil an Leitriúigh anso sa bhliain 1961. D'aistríodar an scoil ó Chaisleán Ghriaire go dtína dtigh cónaithe féin ar an gCeapach. Níl insint scéil ar an ndeis a cuireadh ar fáil d'aos óg na háite ar mheánscolaíocht a dh'fháilt, mar go dtí san is beag duine anso timpeall a chuaigh go dtí meánscoil.

Ní mór creidiúint a thabhairt, leis, don mháistir, 'sé sin Seán Ó Dubhda ó Bhaile an Oidhre, a luamair cheana mar bhailitheoir béaloideasa.

Níl comharthaí báis ar bith chomh soiléir i measc pobail ná dúnadh bunscoileanna; níl ach bunscoil amháin ar oscailt ar an gClochán anois. Turas áirithe a thug cigire scoile ar scoil Bhaile Uí Dhuinn, n'fheadar cathain, bhí ionadh air fé staid na teangan. Mar sin, chun é féin a shásamh, thug sé cuairt ar Lios na Caol Bhuí, bhuail le daoine is d'fhill ar an mbunscoil, is scrígh ar an gclár dubh:

> Tá Gaelainn bhínn bhlasta i Lios na Caol Bhuí,
> Is níl ach Béarla á stealladh as na leanaí.

Bhí smut den gceart aige pé scéal é. Is dócha, leis, go mbeidh scoil an Chlocháin fé bhrú ó thaobh tinrimh de as so amach. Cé gur cuid mhór de shaol na ndaoine an creideamh, tá san fé bhrú, leis, de dheasca titeam an daonra.

Ó ré na págántachta i leith, chleachtaigh an pobal creideamh de shaghas amháin nó de shaghas eile anso. Tá sé le moladh gur dhein páistí na dúichí sacraimint an Chomhneartaithe a ghlacadh ina sáipéal féin den gcéad uair ó thosach an chéid i ndeireadh mhí Abrán anuiridh. Is féidir a mhaíomh gurb iad cúrsaí creidimh príomhimeachtaí na seachtaine i gcónaí.

Ach más í dlí an Stáit atá uait téir 'on Bheairic. Rud suntasach fén mBeairic is ea nách istigh sa tsráidbhaile atá sí in ao' chor. Cén fáth? B'é an Tiarna Fionntrá fé ndeara an bheairic a thógaint agus b'í an chloch ba mhó ar a phaidrín an Abhainn Mhór agus na bradáin inti. Mar sin, is i bhfeighil na habhann níos mó ná i bhfeighil na ndaoine a bhíodh na póilíní.

Má bhí tubaistí ar an bhfarraige, cuirim i gcás an *Port Yarrock*, bhí tubaistí ar an gcnoc leis: thit eitleáin ar Chnoc Bhréanainn agus i Macha an Mhíl sa bhliain 1940 agus 1943. Bhí eitleán Sasanach agus eitleán Gearmánach ina measc. Bhí comóradh ar an gClochán agus nochtadh leacht ar thigh Uí Dhubhda sa bhliain 1987.

Níl dabht ná go mbaineann stair leis an gcloch Oghaim ag Airghleann. Tá sí suimiúil go háirithe toisc an inscríbhinn atá uirthi, 'sé sin 'Rónán, sagart, mac Chomhgháin', mar baineann sí le deireadh ré na págántachta agus tús ré na Críostaíochta.

Ghluais an Cornal Zouche lena arm thar Mhullach Bhéal i 1580 ar a shlí go Cath Dhún an Óir. Ghaibh sé idir an Géarán agus Cnoc Bhaile Uí Shé, trí Chom Amhais mar ar thuill an áit a ainm ó 'amhas', saighdiúir ar a phá lae.

Timpeall aimsir an Ghorta a tógadh an bóthar mar a bhfuil an Chonair anois. Is le hobair láimhe ar fad a deineadh é, agus deirtear nár maraíodh ach an t-aon fhear amháin le linn é a thógaint. De réir dealraimh, dúirt athair an innealltóra a leag amach an bóthar go raibh dua curtha aige ar mhuintir na háite go deo arís.

Tá scaipeadh na mionéan ar phobal an cheantair seo, is ní inniu ná inné a thosnaigh sé sin mar nós. Cén fáth? Mar tá na seana-nósanna ceardaíochta, feirmeoireachta agus iascaireachta imithe as an saol. Tá gach gabháltas róbheag agus róscaipithe agus tá an saol cruaidh a bhain le sclábhaíocht gan a bheith mealltach don aos óg, ní nách ionadh. Ní chífeá fear i ngort ná i ngarraí anois, gan bacaint le meitheal sa phortach. Tá stróinséirí ag teacht isteach san áit, agus don gcuid is mó níl tuiscint acu ar chultúr ná ar thraidisiúin na háite, fiú amháin déarfadh daoine go bhfuil cultúr na stróinséirí ag dul i bhfeidhm ar chuma mhí-ábharach ar an bpobal dúchasach. Ina theannta san tá brú an Bhéarla ann i gcónaí ón saol mór agus ós na meáin chumarsáide chomh maith.

Nách ait, cuirim i gcás, ná fuil Teilifís na Gaeilge ar fáil sa cheantar so? Tá moladh nách beag ag dul dos na múinteoirí scoile a thugann gach deis agus spreagadh don aos óg ar scoil maidir lena dteanga agus a n-oidhreacht. Spreagann oícheanta coidrimh agus a leithéid meas ar an gcultúr i measc daoine fásta, leis.

Is deacair a rá cad atá i ndán do phobal an Leitriúigh. Tá an méid seo soiléir, tá an pobal dúchasach ag dul i laighead i gcónaí, go háirithe i bParóiste an Bhaile Dhuibh. Tugann scolaíocht ceadúnas imeachta don aos óg go hOirthear na tíre nó thar lear, mar níl faic anso dhóibh. Ina theannta san, tá cuid mhór daoine anonn sna blianta, rud a dheineann an fhadhb níos measa. Ní féidir brath ar dhéantúsaíocht mar níl a leithéid ann. Ní mór, mar sin, feidhm a bhaint as na hacmhainní nádúrtha atá ann: na sléibhte, na haibhnte, na tránna, na farraigí mórthimpeall orainn, stair ársa an cheantair agus cumas nádúrtha na ndaoine chun iad a dh'fhorbairt, cuirim i gcás an turasóireacht ghlas.

Fén scéim Eorpach *Arc Atlantique*, deineadh forbairt ar shiúlóidí, leagadh amach cosáin agus deineadh staidéar ar chúrsaí mar sin chun tosnú ar an áit a dh'fhorbairt le cabhair an Údaráis. Bhí airgeadú breise le teacht ó *Arc II*, rud nár tharla. Cad is fiú scéim dhá bhliain agus an rud a chaitheamh uait? B'é an dála céanna é ag *Eco-Lipéad* nó *Beatha*.

Tá moladh tuillte ag oifig an Údaráis sa Daingean de bharr a suime sa Leitriúch, ach níl san le rá leis an gComhairle: tá na bóithre go huafásach, tá na comharthaí bóthair chomh hainnis céanna, tá séarachas an Chlocháin ag rith isteach sa taoide, cheal airgid, a deirtear.

Cé Bhréanainn

Aodán Ó Conchúir 2000

Ach má tá dóthain comharthaí báis i measc an phobail, tá comharthaí ann leis a léiríonn go bhfuil beocht fós iontu. Ina measc tá Féile Lúnasa atá athbheoite le cúpla bliain, mar a luadh cheana. Comhartha eile is ea gur bhuaigh leanaí na bunscoile comórtas seiteanna Scór sa Mhuileann gCearr le déanaí. Agus is breá le daoine gur chuaigh páistí an pharóiste fé láimh Easpaig i Sáipéal an Chlocháin den gcéad uair le céad bliain, nách mór. Tá sprid mhaith i measc an phobail agus cothaíonn na heagraíochtaí deonacha sa cheantar sprid na ndaoine.

Pé sceal é, tá an méid seo soiléir: má tá aon rud le titeam amach sa cheantar so 'sé an pobal féin a dhéanfaidh é, agus is beag is fiú a bheith ag brath ar na húdaráis stáit, mar lasmuigh de chúpla mioniarracht tá an áit seo i measc na n-áiteanna dearúdta ar fad atá in iarthar na tíre. Rud eile, leis, níl an daonra ann agus mar sin níl na vótaí anso chun go mbeadh suim ag Teachtaí Dála Chiarraí Theas ionainn. Táimid imeallach mar sin i ngach gné. Más í an turasóireacht ghlas slánú na háite, tá sé íoróineach gurb í an turasóireacht chéanna a chuireann breis bhrú ar chultúr an cheantair.

[1] Léacht a thug sé anso.

Cill Maolchéadair agus Cill Chuáin
Corca Dhuibhne
Pádraig Ó Héalaí

Tar éis teacht na Normannach a cuireadh dlús le bunú na bparóistí sa tír seo. Roimis sin bhí an córas riaracháin eaglasta bunaithe don gcuid is mó ar thábhacht na mainistreacha agus ar chumhacht na n-ab. Le leasú eaglasta na dara haoise déag, áfach, agus go sonrach ag Seanaid Ráth Breasail agus Seanaid Cheanannais, cuireadh bonn daingean fé údarás na n-easpag agus tugadh stádas nua dos na deoisí. Leagadh síos go cruinn beacht teorainní gach deoise agus laistigh de gach deoise tosnaíodh ar riarachán na heaglaise a bhunú ar na paróistí. Socraíodh amach iad san de réir réimse thailte dúchais nó tailte feodacha theaghlaigh chumhachtacha áitiúla nó tailte mainistreach. Bhí cleachtadh ages na Normannaigh ar an bparóiste mar bhunaonad riaracháin eaglasta ar an Mór-Roinn agus sa Bhreatain, agus is cinnte gur bhrúdar súd chun cinn go mór bunú chóras na bparóistí. Ní fios go díreach cathain a bunaíodh an dá pharóiste atá fé chaibideal sa chaint seo, mar atá, paróiste Chill Maolcéadair agus paróiste Mórdhach nó paróiste Chill Chuáin. Is cinnte, áfach, gurbh ann do pharóiste Chill Maolcéadair mar aonad riaracháin eaglasta ag tús na ceathrú haoise déag mar tá sé luaite i liosta des na cánacha pápúla a bhí leagthaithe ar pharóistí i ndeoise Ard Fhearta sna blianta 1302–06, agus tagraítear den gcéad uair do shagart i gcúram an pharóiste sa bhliain 1302.

Ach ar ndóigh, bhí seanaláthair mhanachúil i gCill Maolcéadair i bhfad sarar bunaíodh mar pharóiste é, agus is féidir glacadh leis go raibh freastal de réir mar ab acmhainn á dhéanamh ag an mainistir ar leas spioradálta an phobail máguaird. Tharlódh go bhfuil réimse an pharóiste inniu bunaithe ar thailte na seanamhainistreach san. Tá an láthair ainmnithe ó Mhaolcéadar, mac Rí Uladh, de threabhchas na nÉrann, an dream céanna gur díobh bunáitritheoirí Chorca Dhuibhne, agus tá dáta a bháis luaite i bhFéilire na Naomh nÉireannach[1] fén mbliain AD 636.

Raidió na Gaeltachta, Baile na nGall

Aodán Ó Conchúir 2000

Níl aon chuid den gcill a bhunaigh sé ar an láthair sin le feiscint anois, áfach. Is i lár na dara haoise déag a tógadh an teampall go bhfuil a fhothrach fós ina seasamh inniu. Tá ana-chosúlacht ó thaobh ailtireachta agus sonraí ornáidíochta idir é seo agus sáipéal Chormaic i gCaiseal, agus is léiriú maith ar thábhacht Chill Maolcéadair ag an am é gur tógadh an teampall ann ar mhúnla an chinn a bhain leis an bpríomhláthair eaglasta i gCúige Mumhan. Rud eile a léiríonn an stádas fé leith a bhí ag Cill Maolcéadair sna meánaoiseanna is ea gur do sheansailéir na deoise, duine a bhí ina chanónach agus ina bhall de chaibideal na hardeaglaise, a bhí beatha an pharóiste, 'sé sin an teacht isteach airgid a lean é, tugthaithe ar láimh. Tá cuimhne an tsocraithe sin fós á bhuanú ag an bhfothrach ar a dtugtar Tigh an tSeansailéara ar an gCill, mar a mbíodh cónaí ar an oifigeach eaglasta san tráth.

Cuireadh as go mór do chúrsaí eaglasta sa cheantar leis an scrios agus an suathadh a lean an Reifirméisean agus ina dhia' san le feidhmiú na bpéindlithe. Fé lár na hochtú haoise déag is ar an gCarraig a bhí an t-aon sáipéal a bhí ag freastal ar Chill Maolcéadair agus ar pharóiste Chill Chuáin a bhí buailte air, agus bhí cónaí ar an sagart i mBaile Loisce. I bparóiste na Cille a bhíodh na sagairt curtha fúthu go dtí gur aistríodar go Baile an Fheirtéaraigh le linn don Ath. Pádraig Ó Mongáin a bheith ina shagart paróiste, 1854-70, agus tugtar Paróiste an Fheirtéaraigh inniu ar an mbeatha sagairt ar a dtugtaí Paróiste Chill Maolcéadair sa tseanashaol. In 1866 leag an tEaspag Dáithí Ó Muircheartaigh bunchloch sáipéil nua, tiomnaithe do Mhaolcéadar i gCill Chúile, agus críochnaíodh an obair sa bhliain 1871. Tá cuimhne an tseanasháipéil ar an gCarraig buanaithe sa chaint, áfach, mar gur Sáipéal na Carraige a tugtar ar an sáipéal san i gcónaí.

Níl aon eolas ar fáil ar Chuán, an naomh ónar ainmníodh paróiste Chill Chuáin, ná ní deintear aon chomóradh air ná ní tugtar turas aon lá fé leith ar an áit go mbíodh a chill. Is san áit atá an tseanareilig inniu a bhíodh sí sin lá den saol. Ar fuaid na hEorpa sa mheánaois ba mhaith le daoine go n-adhlacfaí iad i gcóngar thaisí naoimh ionas go mbeadh an naomh san mar chrann taca acu agus iad ag dul fé bhráid breithiúntais ar an saol eile. Chuir pobal an cheantair seo a ndóchas ina naoimh féin agus is mar sin a tharla gur bunaíodh láithreacha adhlactha mar a raibh Cuán agus Maolcéadar curtha agus gurb iad na láithreacha san anois teampaill dhúchais phobal an dá pharóiste.

Fiú mara bhfuil eolas stairiúil againn i dtaobh Chuáin, tá a chuimhne beo fós sa bhéaloideas, mar go leagtar scéal air atá coitianta i dtraidisiún béil na tíre seo .i. conas mar chloígh naomh piast uisce. De réir an scéil seo mar a instear fé Chuán é, bhí piast mharaitheach ina cónaí i Loch Choráilí agus bhí scrios á dhéanamh aici ar na daoine. D'éirigh le Cuán smacht a chur uirthi agus í a dhíbirt 'on loch go Lá an Luain trí chorcán a chur ar a ceann. Bhain an gníomh san rann as an bpiast nuair a dúirt sí de réir an tseanchais:

> Is fada an Luan é a Chuáin,
> in uisce fuar neamhfholláin;
> mara mbeadh an corcán a chuiris ar mo cheann
> d'íosfainn leath agus trian an domhain.

Níos dóichí ná a chéile, is ar thailte na seanamhainistreach a bunaíodh paróiste Chill Chuáin. Níl fothrach an teampaill a bhíodh ag freastal ar an bpobal ann sna meánaoiseana le feiscint inniu. I liosta na gcánacha pápúla a bhí le n-íoc sa deoise 1302–06, luaitear an cháin a bhí leagthaithe ar an bparóiste seo, agus bhí sé ar aon mhéid leis an gcáin a bhí leagthaithe ar pharóiste Chill Maolcéadair, ach is spéisiúil go deo go raibh a thrí oiread san cánach leagthaithe ar an sáipéilín ar bharr Chnoc Bréanainn. Ós rud é go meastar ná raibh de theacht isteach ag an sáipéilín sin ach pinginí na n-oilithreach a bhíodh ag triall air, léiríonn an cháin ard a bhí dlite air gur láthair mhór oilithreachta a bhí ann ag an am úd.

Is cinnte go raibh an sáipéal i gCill Chuáin i 1475, mar luaitear arís sa bhliain sin é i gcáipéisí pápúla, ach toisc ná tagraítear do in áireamh a deineadh ar sháipéil na deoise in 1622, ní dócha go raibh sé in úsáid mar sháipéal ag an am san. Is léir, áfach, ó litreacha Sheáin Uí Dhonnabháin, nuair a bhí an tsuirbhéireacht ordanáis á dhéanamh aige sa cheantar in 1841, go raibh fós, an tráth san, fothracha an tsáipéil ina seasamh i gCill Chuáin, agus iad timpeall caoga troigh ar fhaid agus ocht dtroithe déag ar leithead.

Tugtar paróiste Mórdhach chomh maith ar pharóiste Chill Chuáin. Ón Seanatheaghlach Normannach gur shloinne dhóibh *de Mórdha* an ainm seo; chuir na Mórdhaigh fúthu go luath i leithinis Chorca Dhuibhne. Bhí caisleán acu i mBáile an Mhórdhaigh, 'caisleán na gcúig gcúinne, an caisleán ba chumtha a bhí in Éirinn', mar a deir an seanchas áitiúil. Tá sé marcálta ar mhapa a deineadh i 1550 mar a bhfuil *'Castle Moore'* mar ainm air, agus tá sé marcálta arís ar mhapa a deineadh i 1631. Bhí cuid mhaith den gcaisleán so ina sheasamh in 1840 agus an tsuirbhéireacht ordanáis á dhéanamh, ach leagadh a fhormhór i 1921, mar gur chontúirt iad na fallaí sa riocht ina rabhadar.

I mbéaloideas an cheantair nasctar finscéal cáiliúil leis na Mórdhaigh seo, mar atá: gur saolaíodh mac do bhean an Mhórdhaigh tar éis d'amhailt neamhshaolta teangmháilt léi agus í ag snámh ar thráigh na Feothanaí; d'fhás an leanbh suas ina bhalcaire láidir agus tugadh an Bodach mar ainm air; bhí de mháchail air, áfach, nár thit a chodladh riamh air, agus nuair a bhí sé in aos fir fuair sé eolas ar a shinsireacht athartha agus thug sé an fharraige air féin agus d'fhill thar n-ais ar a dhúchas uisciúil i gCuas an Bhodaigh, áit a ainmníodh uaidh, de réir chuntas Pheig Sayers ar an eachtra so. Ar ndóigh, tá an finscéal so lárnach in úrscéal Phádraig Uí Mhaoileoin, *Bríde Bhán*, agus rud atá spéisiúil ó thaobh bhunús an scéil is ea go bhfuil leagan Fraincise dho ar fáil ón tarna haois déag chomh maith.

Tá bail i bhfad níos fearr ná mar atá ar chaisleán Bhaile an Mhórdhaigh ar chaisleán Ghallarais i bparóiste na Cille. Meastar gur tógadh é seo sa chúigiú haois déag agus bhí Gearaltaigh ina sheilbh go dtí 1688. Tá aitheantas inniu aige mar shéadchomhartha náisiúnta agus le blianta beaga anuas tá athchóiriú á dhéanamh air—tá an obair chloiche á phointeáil agus an díon á dhaingniú.

Is le Gallaras a nasctar an finscéal cáiliúil fén maighdean mhara in insint luath dho ón mbéaloideas a foilsíodh 1825. De réir an scéil seo d'éirigh le Gearaltach Ghallarais cochall shíbhean mara a ghoid nuair a leag sí uaithi ar charraig i mbéal na trá i nGallaras é; ní fhéadfadh sí filleadh ar an bhfarraige 'á cheal agus phós sí an Gearaltach; thug sí blianta ina theannta nó gur ráinig léi an áit go raibh an cochall curtha i bhfolach a aimsiú, agus ansan thréig sí a fear agus a clann agus amach léi sa bhfarraige arís.

Gallaras

Aodán Ó Conchúir 2000

Is dealraitheach nárbh fhonn leis na Gearaltaigh bheith aon phioc chun deiridh ar an Mórdhaigh ina dteangmháilt le neachanna neamhshaolta! Is ar thalamhaíocht agus ar iascach a bhí eacnamaíocht an dá pharóiste seo bunaithe go traidisúnta. Is fada cáil an iascaigh ar chuanta Iarthar Dhuibhneach, agus dá chomhartha san, sna meánaoiseanna déanacha bhíodh dleacht á bhailiú ag Iarla Deasmhumhan ó gach bád a bhíodh ag iascach iontu. Léiriú maith ar neart thraidisiún an iascaigh i dtréimhse níos déanaí is ea gur nós le hiascairí ón gceantar biaistí a thabhairt i dTalamh an Éisc ag tuilleamh a mbeatha, rud a dhein Seon Hill ó Ghlaise Bheag, mar shampla, in aimsir Napóilean, agus rud a dhein Muiris Ó Loingsigh ón gClochán Dubh glúin níos déanaí ná san. Báid saighne (cloch agus trá) a bhíodh in úsáid sara dtáinig na naomhóga 'on dúthaigh seo c. 1880, agus tá cuntas ar spiléir agus ar thraimilí mar fhearais iascaigh ó thosach na naoú haoise déag. Tharla go raibh ana-fhlúirse maircréal sa bhfarraige timpeall an ama gur tháinig na naomhóga chun cinn agus tosaíodh ar phinginí a bhaint as ghleamaigh, piardóga agus portáin an tráth úd leis. Bhí an t-iascach chomh maith agus é chomh tábhachtach ó thaobh na heacnamaíochta go raibh brú ar na húdaráis áiseanna áirithe a sholáthar féna chóir. Tógadh cé agus *slip* i mBaile na nGall in 1887; in 1892 bhí plé ag an mBord Iascaigh ar ché a thógaint sa Dúinín agus bóthar aníos uaidh, agus tá cuntas ar ché an Chuasa a bheith á thógaint in 1893. Dhá bhliain roimis sin, den gcéad uair, cuireadh last éisc ón gCuas ar thraein an Daingin ag triall ar na margaí lasmuigh.

Lean an t-iascach fé bhláth go dtí tamall tar éis an Chéad Chogadh Domhanda. Áirítear go raibh 400 naomhóg ag iascach i gCorca Dhuibhne sna blianta a lean an cogadh; bhí trí cinn agus trí fichid acu san ar an gCuas agus ó fiche go deich gcinn fhichead ar an nDúinín. Ó thús na bhficheadaí, áfach, bhí praghas an éisc ag titeam agus an t-iasc féin ag éirí gann, agus fé 1934 is ar éigin má bhí cheithre fichid naomhóg san áit. Má tháinig feabhas beag ar chúrsaí iascaigh i gcaitheamh an Dara Cogadh Domhanda ní fada a mhair sé, agus is ag dul i léig a bhí iascach naomhóige sa cheantar ó shin. Is leis na trálaeirí móra iasc na farraige anois, agus is mar chaitheamh aimsire is mó a bhíonn daoine sa dá pharóiste seo againne ag plé leis an bhfarraige seachas pé brabús a baintear as sliogiasc agus bradáin nuair a bhíonn siad flúirseach.

Feirmeoireacht ilchineálach a cleachtaí leis na glúnta sa dá pharóiste seo—beagán cuireadóireachta mar chothú don stoc, agus prátaí go háirithe mar bhia teaghlaigh. Le lonnú na huachtarlainne ar an bhFeothanaigh sa bhliain 1938, cuireadh bonn níos eagraithe fé chúrsaí feirmeoireachta; bhí íocaíocht rialta ag teacht isteach ar an leamhnacht agus soláthar bainne bearrtha le fáil do ghamhna; bhí fáil i mbéal an dorais ar leasuithe talún agus ar bhia paca d'ainmhithe agus d'éanlaithe clóis, agus bhí margadh d'uibhe cearc ann chomh maith. B'í an déiríocht cnámh droma eacnamaíocht na feirme sa ghabháltas beag chomh maith leis an ngabháltas mór; bhíodh pinginí áirithe le baint aisti go leanúnach, agus lean an scéal amhlaidh go dtí gur thosnaigh polasaithe talamhaíochta an Aontais Eorpaigh ar an bhfeirmeoir beag a imeallú, agus de réir a chéile, á bhrú amach as an slí bheatha go raibh cleachtadh aige uirthi go dtí san. Má smaoinítear go raibh 150 feirmeoir ag soláthar bainne d'uachtarlann na Feothanaí nuair a bunaíodh í, agus ná fuil anois ach ocht nduine dhéag in abhantrach na huachtarlainne sin ag soláthar bainne do Ghrúpa Chiarraí, tuigfear láithreach an t-athrú millteach atá tarlaithe ar chúrsaí déiríochta agus an slad atá déanta ar shlí bheatha thraidisiúnta sa cheantar. I réimsí eile talamhaíochta, leis, tá imeallú á dhéanamh ar an té ná fuil acmhainní olltáirgíochta aige, agus de bharr na bpolasaithe atá i bhfeidhm fé láthair, tá an chuma air gur ag coimeád na dúthaí deas néata dos na cuairteoirí, a bheidh feirmeoirí beaga feasta.

Ach má tá buillí troma buailte ar ghnéithe éagsúla den saol traidisiúnta sa dá pharóiste seo, tá gus i gcónaí sna pobail atá iontu, agus ainneoin easpa léanmhar fostaíochta, is fada ó dhream cloíte, bascaithe iad. Chuadar i ngleic leis na hathruithe a tháinig ar a saol agus thánadar i dtír orthu de réir mar ab fhéidir dóibh san a dhéanamh.

Tréith a léiríonn go maith an teacht aniar atá sna pobail seo is ea a gcumas cuileachta agus caitheamh aimsire a bhaint amach dóibh féin nuair a bhíonn an chaoi chuige. Tugadh aird le sinsireacht sa cheantar so ar theagasc an tseanfhocail a deir: 'An rud atá againn, bíodh sé againn', agus ba mhinic ramsach dá réir á bhaint as an saol.

Cathair na bhFionnúrach, Baile na nGall

Aodán Ó Conchúir 2000

Bhí cuid mhór den gcuileachta bunaithe ar an gcomhrá laethúil agus is mór an sult a baintear as ráiteas deisbhéalach nó as aon sórt cóngar cainte. Bhíodh a leithéid ar bun coitianta, fiú i gcomhthéacs an bháis féin, más fíor an chaint a luaitear le fear agus é ag teacht ó theampall na Cille tar éis do a thríú bean a adhlacadh, nuair a dúirt sé: 'Is maith an cúram iad a chur agus agus iad a sholáthar'; nó fós an tuairisc a thug fear eile ar a athair, a bhí tar éis bháis tamall roimis sin, nuair a dúirt sé fé gurbh é an chéad sciollán a cuireadh i reilig Cill Chuáin i mbliana é. File duine a dhéanfadh an sórt so cainte, agus bhí a léithéidí ann agus tá fós, cé gur leis an seanadhream ar fad anois nách mór a bhaineann siad.

Cuid eile den gcuileachta san ab ea nós na bothántaíochta a bhí fós láidir nuair a bunaíodh Coimisiún Béaloideasa Éireann i 1935, go bhfuilimid fé chomaoin aige inniu as mioneolas grinn a bheith ar fáil dúinn fén scéalaíocht a bhíodh ar bun sna botháin. Bhíodh cur is cúiteamh ar a lán gnéithe den saol nuair a bhailíodh comharsain le chéile ar aon tinteán chun tamall den oíche a chur isteach, ach b'iad na seanascéalta traidisiúnta thar aon rud eile a sholáthraíodh caitheamh aimsire ar na hócáidí sin. Bhíodar ar eolas sa dá pharóiste seo go flúirseach: scéalta fiannaíochta, scéalta gaisce, scéalta grinn, seanascéalta iontais, scéalta cráifeacha agus, ó a mhic ó, cá bhfágfaí na scéalta púcaí?

Tá fómhar breá des na scéalta so agus de sheanchas eile nách iad, tógthaithe síos sna paróistí seo agus iad breacaithe ar phár ag daoine éagsúla a chuir abhar ar fáil don gCoimisiún Béaloideasa. Ach tá triúr go háirithe a bhfuil cion gaiscígh déanta acu san obair seo, agus gur chóir a n-ainmneacha a lua maidir leis, agus is iad san, Seosamh Ó Dálaigh, Seán Ó Dubhda, agus An Bráthair T.T. Ó Riain a bhí ag múineadh i Scoil na mBráthar sa Daingean agus a ghríosaigh daltaí na Gaeltachta chun scéalta a bhailiú óna muintir age baile. Má bhí gaiscígh i measc na mbailitheoirí, bhí fathaí cumasacha leis i measc na scéalaithe agus ba cheart iad san a lua chomh maith. Is gnó priaclach é, áfach, mar d'fhonn liodán a sheachaint, ní foláir rogha a bhaint astu. Tuigfear dom, tá súil agam, má deirim más ea, gur mar ineadaithe orthu súd go léir a bhí oilte ar cheard na scéalaíochta a luaim iad so a leanas: An Cúl,

Mícheál Ó Cinnéide, Baile Uí Chorráin; Breandán Ó Laoithe ón mbaile céanna; Peaid Mhaurice Ó Grífín, Baile Reo; Tomás Groiméil agus Mic Mhaidhc Liam Breathnach, Cathair Scoilbín; Peats Dhónaill Ó Cíobháin, Baile na nGall; Máire a' Bhreathnaigh ar a gCarraig; Seán Crithin na Cille; agus fiannaí atá linn i gcónaí, bail ó Dhia air, is ea Donncha Ó Laoithe ó Bhaile Uí Chorráin.

Tá deireadh anois le bothántaíocht mar ghné den saol sóisialta. Is spás príobháideach, cuid mhór, é an tigh feasta agus tá a gcaitheamh aimsire féin ón dteilifís nó eile ag muintir gach tí. Is é an tigh tábhairne an t-inead coidrimh is coitianta a chleachtaíonn go leor daoine sa lá atá inniu ann agus is maith a fhreastalaíonn na chúig thábhairne atá iontu ar mhuintir an dá pharóiste sa ghnó so. Is iontu a chasann daoine ar a chéile fé shuaimhneas agus caoi acu cúrsaí an tsaoil a phlé. Bíonn an scéal grinn le clos iontu ó am go chéile agus bús ceoil nó scol amhráin chomh maith nuair a bhíonn an ócáid oiriúnach chuige.

Caitheamh aimsire eile atá aistrithe, cuid mhaith, ó thithe na muintire go dtí an dtigh tábhairne is ea imirt chártaí, agus toisc gur gasra fear is minicí ina mbun sa tábhairne, ní bhíonn mná anois chomh minic á n-imirt agus a bhíodh. Aon is daichead an gnáthchluiche sa cheantar agus ní bréag a rá go mbíonn máistrí maithe ar an ealaín seo agus éileamh i gcónaí ar an gcearrbhach fónta mar pháirtí, go háirithe nuair a bhíonn geall mór i geist—*hamper* na Nollag, mar shampla. Leanann a nósmhaireacht féin imirt na gcártaí—súil á chaochadh agus leadhb den dteanga á shá amach mar chomharthaí ag páirtithe le chéile, cnagadh á bhaint as an mbord leis an gcíoná, sóinseáil á lorg agus áiteanna á malartú chun áidh, agus go bhfóire Dia ar an gcúlchearrbhach a chuireann aon chor míchuí dá bhuaraigh. Leanann a bhéarlagar féin leis imirt na gcártaí—deirtear go raibh sé ordaithe an muileat a choimeád; déarfaidh a thuilleadh gurbh é Fionn a dh'ordaigh é; 'muileataí an maith leat iad?' a fiafrófar; 'spéarataí ag breith an lae leo agus ag iompó thar n-ais' a déarfaidh fear eile; cloisfear 'fáinne óir ort'; cloisfear, agus 'aoirde cac bó de shúil ann', chomh maith, agus b'fhéidir de bharr feabhas na himeartha go gcloisfí leis: 'mo ghrá mo leanbh a mhairbh an francach, a bhuail le *slap* de mhaide sa cheann é'.

Cé an Duinín

Aodán Ó Conchúir 2000

Léiriú eile ar mhianach phobal an dá pharóiste seo is ea go raibh, agus go bhfuil, daoine orthu gurbh fhonn leo labhairt leis an ndomhan mór agus a chuaigh i mbun pinn le friotal a chur ar a smaointe, a samhlaíocht agus a dtaithí saoil. Ní féidir ach roinnt ainmneacha a lua go lom anso, mar atá, Caitlín Mhic Gearailt, Cill Chúile; Eibhlín Ní Mhurchú, Baile Loisce; Nóra Ní Shéaghdha, Baile an Mhórdhaigh; Caoimhín Ó Cinnéide, ón mbaile céanna; Pádraig Ó Coileáin, an Mhuirígh; Seán Ó Criomhthain a scríbh ar an mbaile céanna; Mícheál Ó Sé, Seanachoill; Maidhc Dainín Ó Sé, Carrachán; agus Neilí Uí Bheaglaoi, Baile na nGall. Níl deis anso ach a rá fés na húdair seo gur chuireadar ar fáil cnuasaigh filíochta agus gearrscéalta, leabhartha faisnéiseacha, úrscéalta agus gearrdhrámaí a léiríonn fuinneamh an traidisiúin liteartha sna paróistí seo, agus nách breá le maíomh é gur duine de chuid na linne seo, Maidhc Dainín, an té is bisiúla des na scríbhneoirí seo ar fad. Mar aon leis an méid sin tá bailiúchán deas de dhánta Sheáin Ruiséal ón gCoimín sa *Duanaire Duibhneach*, agus tá cuid de dhánta Bhreandáin Uí Ghrífín, Baile Dháith, beo ar bhéal na ndaoine fós.

Léirítear mórtas phobal na bparóistí seo as a gcultúr féin i slite eile chomh maith, mar shampla, sa tóir atá acu ar amhráin, ar cheol agus ar rince, agus san éileamh a bhíonn ar na hócáidí ina gcuirtear i láthair iad agus sa ghean a tugtar dos na healaíontóirí a bhíonn ina mbun. Léirítear an mórtas céanna sa dúthracht a caitear le cúrsaí drámaíochta sa cheantar mar tá drámaí á gcur ar stáitse ag Aisteoirí Bhréanainn le trí fichid bliain, geall leis. Tá aitheantas fachta go minic acu ar fheabhas a léiriúchán i gcaitheamh na tréimhse sin, agus níos tábhachtaí fós, b'fhéidir, tá sásamh agus cuileachta nách beag curtha ar fáil go rialta acu don bpobal áitiúil. Deineann Tigh Siamsa na Carraige obair mhaith, leis, ag cothú spéis na n-óg sna healaíona traidisiúnta agus ag cur na hoidhreachta chun cinn sa tslí sin.

Is í teanga na Gaelainne féin, ar ndóigh, an bhunchloch atá fé chultúr dúchais an cheantair, agus mar chlabhsúr ar an bpíosa cainte seo ba mhaith liom tagairt do staid na teangan sna paróistí seo inniu. De réir na bhfigiúirí atá ar fáil ó dhaonáireamh na bliana 1996, tá bonn láidir fén dteanga mar go dtugaid le fios as an 387 duine os cionn naoi mbliana déag i dtoghcheantar Chill Maolcéadair, go labhrann 289 díobh nó 74% Gaelainn go laethúil, agus as an 298 duine os cionn naoi mbliana déag i dtoghcheantar Chill Chuáin go labhrann 256 díobh nó 85.9% Gaelainn go laethúil. Tá cuma shláintiúil go maith ar an méid sin ach ní mór a chur san áireamh, áfach, ná fuil aon fhigiúirí ann a léireodh cén líon des na cainteorí laethúla Gaelainne seo gur cainteoirí laethúla Béarla chomh maith iad, agus ní lú ná mar atá figiúirí ar fáil a léireodh an coibhneas idir an dá theanga sa chaint laethúil.

Is fearr fós an chuma atá ar na figiúirí do dhaoine óga idir trí bliana agus naoi mbliana déag: as an 140 duine san aosghrúpa so i dtoghcheantar Chill Maolcéadair deirtear go labhrann 126 díobh nó 90% Gaelainn go laethúil, agus as an 124 san aosghrúpa so i dtoghcheantar Chill Chuáin deirtear go labhrann 117 díobh nó 94.3% Gaelainn go laethúil. Tá aird dírithe ag Donncha Ó hÉallaithe ar phointe tábhachtach maidir leis na figiúirí a bhaineann leis na aosghrúpa so, mar atá, gur daltaí scoileanna Gaeltachta is mó atá i gceist iontu, agus dá bhrí sin, go bhféadfadh gur istigh sa scoil a bheadh an Ghaelainn in úsáid go laethúil acu seachas i measc an phobail.

Ainneoin na lochtanna atá ar thuairisc an daonáirimh ar staid na teangan sna paróistí seo, tá an mórphictiúir ann cruinn go maith, mar an té a bhioródh a chluasa, thuigfeadh sé gurb í an Ghaelainn an ghnáth-theanga ag cuid mhór den bpobal ach gur ag an seanadhream is saibhre í, agus gur i measc na ndaoine óga is truaillithe í agus is lú atá sí in úsáid. Ní hionann san agus a rá ná go bhfuil cainteoirí maithe óga ann, tá go deimhin, agus má tá an teanga le bheith buan sa cheantar, ní foláir don bpobal féachaint chuige gur i líonmhaire a bheidh dea-chainteoirí óga ag dul.

Nótaí

1. Todd, J.H. (eag.)., *A Calendar of the Saints of Ireland* (Irish Archaeological and Celtic Society, B.Á.C. 1864).
2. Táim buíoch de Dhonncha Ó hÉallaithe, Aille, Indreabhán, Co. na Gaillimhe, de Sheán Ó Grífín, Feothanach, Baile na nGall, Trá Lí, Co. Chiarraí, agus de Sheán Lyons, bainisteoir uachtarlann Ghrúpa Chiarraí, An Daingean, Co. Chiarraí as eolas a chur ar fáil don léacht so.

Gallán cloiche ar an Riasc, Baile an Fheirtéaraigh

Aodán Ó Conchúir 2000

Baile an Fheirtéaraigh agus Márthain Corca Dhuibhne
Mícheál Ó Mainín

Cá bhfuil Paróiste Mhárthain agus Paróiste an Fheirtéaraigh—nó Paróiste Dhún Urlann mar a tugtar go minic air? Tá sé sa chúinne thiar thuaidh de leithinis Chorca Dhuibhne. Má tánn tú ag taisteal siar thar Daingean agus go dtógann tú an bóthar ó thuaidh ag Baile an Mhuilinn, a luaithe a thagann tú go drom an chnoic, osclaíonn ceann des na radharcanna is aoibhne in Éirinn os do chomhair amach: Cuan Ard na Caithne agus an Triúr Deirféar, an tAigéan Atlantach, cnoic agus sléibhte, cuanta agus tránna. Agus mar an gcéanna má leanann tú ort siar go Ceann Sléibhe agus teacht ó thaobh Dhún Chaoin, arís a luaithe a thagann tú go Ceann Sraithe, osclaíonn pictiúir aoibhinn os do chomhair amach. Radharc is ea é a chuireann cuairteoirí fé dhraíocht, agus de ghnáth bíonn gluaisteáin tarraigthe isteach agus ceamaraí tarraigthe amach. D'fhéadfá slí bheatha na ndaoine sa cheantar so a lua i dtrí focail: feirmeoireacht, turasóireacht agus iascaireacht—is gearr go mbeidh tús áite ag an dturasóireacht.

An fada siar a théann stair i bParóiste Mhárthain agus i bParóiste an Fheirtéaraigh? D'fhéadfá a rá go dtéann sé siar go 4,500 bliain roim Chríost—is é sin, 6,500 bliain ó shin. Sa Chúl-Tráigh fé bhun an Bhaile Uachtaraigh, roinnt bhlianta ó shin, fuaireathas flinteanna agus scríobairí (*scrapers*) ar an dtráigh—uirlisí a bhíodh á n-úsáid fadó fadó sara raibh aon trácht ar uirlisí iarainn. Ansan deineadh tochailt sa ghainimh fé stiúradh an Ollaimh Peter Woodman ó Choláiste Ollscoile Chorcaí agus ó dhátú carbóin 14 fuaireathas amach go raibh daoine ag maireachtaint san áit 6,500 bliain ó shin. Agus ní hé sin amháin, ach bhí beithígh feirme acu—ní raibh aon eallach fiain in Éirinn. Anois fuaireathas cnáthairtí daonna chomh maith agus deineadh teist carbóin 13 orthu san, agus is soiléir gur ar iasc agus ar iascáin is mó a mhair na daoine seo—seans fiú amháin go raibh fearas dá gcuid féin acu chun breith ar iasc.

Ní heol dúinn cérbh iad na daoine seo, cad as a thánadar, ná cad é an saghas creidimh a bhí acu. Ach tá gach aon tseans go raibh daoine ag cur fúthu anso in Iarthar Duibhneach ar feadh na mílte bliain sarar scríobhadh focal ar bith staire. Cuid mhór des na liosanna agus na ráthanna agus na galláin atá chomh flúirseach fós timpeall na háite, seans go dtéann siad siar na mílte blian roim thréimhse na Críostaíochta. Tá clocha oghaim flúirseach sa cheantar agus níl aon amhras ná go dtéann cuid acu siar go dtí an tréimhse réamh-Chríostaí. Is dócha go raibh adhradh á thabhairt do dhéithe págánacha ar chuid des na láthaireacha so—Crom Dubh agus déithe eile.

D'fhéadfá a rá go dtosnaíonn stair scríofa an cheantair le teacht na Críostaíochta. Do bhí sprid iontach in Éirinn i dtús ré na Críostaíochta—fir agus mná a thug a saol go hiomlán do Chríost mar dhíthreabhaigh in uaigneas na gcnoc is na sléibhte. Fiú amháin, Naomh Pádraig, chuir sé ionadh an domhain air an méid Éireannach a bhí ag teacht chuige chun móid geanmnaíochta a thabhairt do Chriost. Bhí an gaisce fite fuaite i meon an Éireannaigh an uair sin. Tá an meon so le feiscint sna *Irish Penitentials* a thagann anuas ón dtréimhse sin—an méid aithrí a dheinidís ar son Chríost. Tá iarsmaí na tréimhse seo le feiscint fós timpeall na háite. Tá láthair i mBaile Bhoithín, mar shampla, ar ar dtugtar fós 'An Raigléis'—focal a chiallaíonn cillín ina mbíodh manach ina chónaí. Deineadh tochailt ar láthair eile ar an Riasc. De réir tráchtais shuímiúil a dh'eisigh T. Fanning, bhí manaigh ag maireachtaint ar an láthair seo ón 5ú go dtí an 7ú haois.[1] Tá cloch cháiliúil ina seasamh fós ar an láthair ar a bhfuil cros greanta agus na litreacha DNE nó 'Domine'—'A Thiarna'. D'fhéadfá a rá go bhfuil na manaigh a mhair ar an Riasc beo fós mar cloisimid iad ag guí chun an Tiarna. Ní miste dúinne machtnamh ar a gcreideamh agus sinn ag dul isteach sa 3ú mílaois.

Cé hiad an chéad dream eile a chuir fúthu sa cheantar? De réir taighde a dhein Doncha Ó Conchúir ina leabhar *Corca Dhuibhne* dealraíonn sé go raibh na Lochlannaigh ag cur fúthu sa cheantar. Is ón Lochlannais a thagann ainmneacha mar *Smerwick, Spéice* agus *Blascaod,* agus is samhlaíocht Lochlannach atá taobh thiar de chuid mhór ainmneacha ar an gcósta ina luaitear éanlaithe, ainmhithe srl.: 'an Fiach', 'Máthair an Fhiaigh' agus ainmneacha eile mar iad. Dála an scéil, i stair na Breataine Bige, i gcath a troideadh sa bhliain 1075 tá tagairt do cheannaire Lochlannach ar a dtugtar *'Mac Ruaidhrí, Tiarna Chruach*

Brandon'.² Is cosúil, dá bhrí sin, go raibh Lochlannaigh lonnaithe sa cheantar, agus is dócha, le himeacht aimsire gur ghlacadar le teanga agus le traidisiún na nÉireannach, ach gur fhágadar a marc féin ar an dtraidisiún san.

An chéad rud mór eile a tharla sa cheantar ná teacht na Normannach. Fén mbliain 1300 bhí Corca Dhuibhne agus Ciarraí Thuaidh i seilbh na Normannach agus dhein sé seo athrú ana-mhór. Bhunaigh teaghlaigh Normannacha iad féin ar fuaid na háite—Feirtéaraigh agus Gearaltaigh, Treanntaigh agus Hussaeig, Múraigh agus Hóraigh, Rísigh agus Brúnaigh—tá na sloinnte seo beo fós sa leithinis. Ní hionann agus na Gaeil, bhí ord agus eagar ag gabháil leis na Normannaigh. Den gcéad uair riamh roinneadh Corca Dhuibhne amach ina pharóistí—bhí Paróiste Mhárthain agus Paróiste Dhún Urlann i seilbh na bhFeirtéarach agus na Blascaodaí chomh maith. Sa mheánaois, is i mBaile Bhoithín a bhí an eaglais i bParóiste Mhárthain agus i nDún Urlann a bhí eaglais Pharóiste Dhún Urlann. Tá taighde déanta ag Doncha Ó Conchúir ina leabhar *Corca Dhuibhne* ar an gcóras nua eaglasta a cuireadh i bhfeidhm.³ Ní hionann agus na Gaeil, bhí eagrú déanta ages na Normannaigh ar gach aon ghné den saol, cúrsaí eaglasta agus cúrsaí saolta. Fiú amháin sna hainmneacha ar láithreacha cónaithe, tá difríocht mhór le feiscint idir na Normannaigh agus na Gaeil. Níl ach fíorbheagán láithreacha cónaithe ar a dtugtar 'baile' i leithinis Uíbh Ráthaigh agus i gCiarraí Theas, ceantair ina raibh na Gaeil i gcumhacht ach i gCiarraí Thuaidh agus i leithinis Chorca Dhuibhne, tá an focal 'baile' ana-fhlúirseach ar láithreacha cónaithe—cé gur focal dúchasach Gaelach é a chiallaíodh 'áit' is fé thionchar na Normannach a tosnaíodh ar é a thabhairt isteach go tiubh sna logainmneacha, é ag freagairt don bhfocal *villa*, agus dá chomhartha san is sna ceantair a bhí fé smacht na Normannach is fairsinge a bhíonn sé le fáil. Bhí deighilt ana-mhór idir an chuid theas de Dheoise Chiarraí mar a raibh na Gaeil agus an chuid thuaidh mar a raibh na Normannaigh.

Ós na tagairtí as na *Papal Letters* do pharóistí Chorca Dhuibhne, is soiléir go raibh meathlú tar éis teacht ar shaol na hEaglaise sa 15ú haois. Tóg Paróiste Dhún Urlann, mar shampla: idir 1458 agus 1494 bhí achrann idir Dhonncha Ó Loingsigh, Tomás Ó Finn agus James Trant, ceoca acu ba cheart a bheith i bhfeighil an pharóiste. Bhíodar ag cur síomóntacht i leith a chéile.[4] Is é seo an saghas cúlra ba chúis leis an Reifirméisean. I 1520 d'éirigh Liútar amach in aghaidh an Phápa agus is gearr ná gur lean Anraí VIII agus ríocht Shasana an bóthar céanna. Ar 25 Feabhra 1570 d'eisigh an Pápa Pius V (Naomh Pius V inniu) bulla *Regnans in excelsis* inar chuir sé an Bhanríon Eilís fé choinnealbhá agus dúirt sé nár cheart d'aon Chaitlicí dílseacht a thabhairt di. Ón lá san amach dob é an Pápa agus na 'Pápairí' príomhnamhaid na Breataine. Bhí sé ina chogadh creidimh as san amach agus is gearr ná go raibh a thoradh so le feiscint go láidir i bParóiste an Fheirtéaraigh.

Sa bhliain 1575 chuaigh Séamus Mac Mhuiris Mac Gearailt go dtí an bPápa Gréagóir XIII ag lorg cabhrach in aghaidh na Banríona. Thoiligh an Pápa fórsa a chur go hÉirinn. Chuir sé leagáid, an Dr Nicholas Sanders, ina dteannta agus choisric sé fleaige nó meirge ar leith don bhfeachtas. B'ionann an feachtas agus crosáid creidimh. I mí Iúil na bliana 1579 tháinig an fórsa i dtír i nDún an Óir agus dhaingníodar iad féin ar an láthair. D'fhéadfá a rá gur chuir so Paróiste an Fheirtéaraigh ar stáitse na hEorpa. Is gearr gur shrois an scéala rialtas Shasana in Éirinn agus tháinig Lord Grey of Wilton, Sir Walter Raleigh agus fórsa mór saighdiúirí ina bhfochair chun léigear a dhéanamh ar an áit. Chomh maith leis sin, tháinig cabhlach Shasana isteach i gcuan Ard na Caithne. Sebastiano di San Giuseppe, ó Bologna na hIodáile, a bhí i gceannas i nDún an Óir. An 9 Samhain 1580 d'ardaigh sé an brat bán á thabhairt le tuiscint gur theastaigh uaidh géilleadh. Chuaigh sé chun cainte le Lord Grey agus is beag amhras ná go ndein sé socrú éigin rúnda le Lord Grey an garastún a thabhairt suas ach go scaoilfí saor é féin. Níor thuig na saighdiúirí sa gharastún an feall a bhí á dhéanamh orthu. Cheapadar go dtabharfaí pardún dóibh go léir. An cuntas a thugann Lord Grey féin ar cad a tharla: '*I sent straight, certain gentlemen in, to see their weapons and armour laid down and to guard the munition and victuals, there left, from spoil. Then I put in certain bands who fell straight to execution. There were 600 slain.*' I measc na ndaoine gur tugadh bás ar leith dóibh, bhí sagart, Labhrás de Mórdha (*Laurentius Moore* as Laidean). Tugadh é go dtí ceárta— in aice le hArd na Ceártan i mBaile Eagailse de réir an tseanchais.

Baile an Fheirtéaraigh

Aodán Ó Conchúir 2000

Deir an Dr Sanders gur briseadh cnámha a chos is a lámha ar dtúis agus an lá dár gcionn crochadh é os comhair an champa. Cad a tharla do Sebastiano di San Giuseppe? De réir Lord Grey, d'éirigh leis éaló agus na cosa a thabhairt slán.

Níl aon amhras ná gur deineadh marú uafásach i nDún an Óir. Deir Charles Smith sa leabhar a dh'fhoilsigh sé ar stair Chiarraí i 1756 gurab iad na Spáinnigh a thóg an Teampall Bán ar bhruach na trá i gCathair Caoin agus go bhfuaireathas ornáidí óir fé thalamh ann cúpla bliain roimis sin. Dúirt sé leis gur chuir na Spáinnigh mar an gcéanna i bhfolach fé thalamh an meirge speisialta a choisric an Pápa don bhfeachtas.[5] Nár bhreá é dá bhfaighfí é sa mhílaois nua!

Ní fada i ndiaidh Dhún an Óir a thosnaigh cogadh mór eile, an cogadh a lean Comhchomhairle Chill Chainnigh. Chuir an Pápa Rinuccini, Ardeaspag Fermo, mar Nuinteas go hÉirinn i 1645 chun cabhrú leis na Gaeil. Duine des na ceannairí ba cháiliúla a throid sa chogadh san ná Piaras Feirtéar—duine ná beadh coinne agat é bheith ina cheannaire airm mar is mó go mór an tsuim a bhí aige i bhfilíocht agus i léann. Ní hamháin go raibh sé sároilte i bhfilíocht na mbard, is soiléir go raibh sé oilte chomh maith i léann na hEorpa—duine ildánach. Molann an tArdeaspag Rinuccini go hard é. Ach, foraoir, is é Cromail a bhuaigh an cogadh. Gabhadh Piaras agus crochadh é ag Cnocán na gCaorach os comhair Eaglais na bProinsiasach i gCill Airne 15 Deireadh Fómhair 1653. Duine eile a crochadh ina theannta an lá san, dearthair a chéile, Thaddeus Moriarty, an prióir Doiminiceach ó Thrá Lí—tabharfar gradam mairtírigh do san sar i bhfad.

I gcás Phiarais Feirtéar tá saibhreas seanchais agus samhlaíochta fé in Iarthar Duibhneach. Scéal beag amháin ná an tslí inar gabhadh é. Ba leis na Feirtéaraigh an Blascaod agus deirtear gur istigh ar an Oileán a bhí sé i bhfolach nuair a gabhadh é. Bhí sé á thabhairt i mbád go dtí an míntír ina phríosúnach. An chéad rud eile ná gur thuirlig faoileán ar ghunail an bháid agus bhí sé ina sheasamh ar leathchois. Dúirt an t-oifigeach le Piaras dá gcumfadh sé rann is fiche an fhaid a bheadh an faoileán ina sheasamh ar leathchois, go scaoilfeadh sé saor é. Thosnaigh Piaras agus bhí sé rann déag cumtha aige nuair a dh'éirigh an faoileán agus thosnaigh sé ag snámh uathu siar. An rann deireannach a chúm Piaras:

A fhaoilinn bhig nách trom ar linn,
Is gurab é an tonn aoibhinn do mhian,
Atáimse inniu ar láimh go dubhach dubhach,
Is tusa ag snámh go subhach subhach ag gabháil siar.

Tar éis an chogaidh, dhein rialtas Chromail plandáil ar chuid mhór den tír. Fuair Iarla Chorcaí seilbh ar thalamh na bhFeirtéarach. Ach bhí mac do Phiaras, Réamonn Feirtéar, a throid ar thaobh na Stíobhartach. Nuair a tháinig Séarlas II i gcumhacht mar rí i Sasana sa bhliain 1660, dhein sé iarracht athsheilbh a thabhairt dos na daoine a throid ar a shon, ach ní raibh dóthain cumhachta aige chun plandáil Chromail a chur ar ceal. Tugadh seilbh do Réamonn ar thalamh na bhFeirtéarach, cuid de ar aon chuma—ní bhfuair sé seilbh ar na Blascaodaí. Bhí tigh mór aige anuas ón mBaile Uachtarach Thiar le hais Chuan a' Chaoil. Cosúil lena athair, is cosúil go mbíodh fáilte mhór aige roim fhilí agus lucht léinn. Gleann Stainge a bhí mar ainm ar an áit agus tá sé molta go hard san amhrán; 'Na Gleannta'—deirtear go mbíodh móruaisle na tíre ag glaoch ar an áit: 'gleann socair suanmhar ag luascadh le fíonta'.[6] Is cosúil gur throid Réamonn in arm Rí Shéamais ag Cath na Bóinne. Fuair sé bás i 1732. Triúr iníon a bhí mar mhuirear air—duine acu, Mary pósta le Seosaimh Crithin ar an gCeathrúin. D'fhág san gur tháinig deireadh le sliocht Phiarais Feirtéar i gCorca Dhuibhne. De bharr péindlithe creidimh, is ar éigean a bhí Caitliceach ar bith i seilbh talún sa cheantar fé dheireadh na haoise—ní raibh iontu ach tionóntaithe ag brath ar thoil na dtiarnaí talún.

Tar éis Chonradh Luimní bhí an rialtas ana-bhraiteach. Caithfí Caitlicigh a choimeád fé smacht agus easumhlaíocht a chur fé chois oiread agus ab fhéidir. Bhí an rialtas ag brath ana-mhór ar spiairí. Tá sé sin le feiscint san eachtra fé Sheán Ó Mainín. Dob é seo an chéad duine do shliocht na Mainíneach sa cheantar—tháinig se anuas ó Chontae Luimní agus chuir sé fé ar an mBaile Uachtarach aimsir Shéamais II. Nuair a tháinig an cabhlach Francach chun cabhraithe le Pádraig Sáirséal i 1691, bhíodar ar ancaire i mBá an Daingin agus chuaigh an Mainíneach ar bord chun iad a stiúradh suas Inbhear na Sionainne. Bhí Conradh Luimní sínithe, áfach, ag Pádraig Sáirséal cúpla lá sarar shroiseadar Luimneach agus d'fhill formhór na saighdiúirí ar an bhFrainc. D'fhill an Mainíneach ar an mBaile Uachtarach. Is gearr, áfach, nó gur deineadh spiaireacht air. Duine de mhuintir Chuanacháin a chónaigh ar an nGráig, thug sé faisnéis do lucht an rialtais go raibh an Mainíneach mar phíolóta ages na Francaigh go Luimneach. Gabhadh é agus daoradh chun báis é. Tar éis a chrochta, deineadh cheithre ceathrúna dá chorp. Cuireadh ceathrú ar an bhFiach taobh thiar den mBaile Uachtarach, ceathrú ar Charraig an Chinn taobh amuigh de Cheann Sraithe, ceathrú ar an Liúir, taobh amuigh de Dhún Chaoin agus an cheathrú eile ar an bPáirc ag béal Chuan Fionntrá. Cuireadh a cheann ar spíce taobh amuigh de bheairic na saighdiúirí sa Daingean. Rabhadh a bhí ann don gceantar ar fad. Dob é an tAthair Éamonn Ó Loingsigh an sagart paróiste an uair sin. De bharr na bpéindlithe deirtí Aifreann an Domhnaigh sa tsaol san soir ón gClasach i Móin Mhárthain. Labhair an tAth. Éamonn amach go láidir an Domhnach tar éis an chrochta agus dúirt sé go dtiocfadh lá fós nuair a bheadh sliocht an Mhainínigh seo ar an sliocht ba iomadúla sa pharóiste. Bhí céile an Mhainínigh ag iompar linbh nuair a crochadh é. Tamall ina dhiaidh san saolaíodh mac di. D'fhás an mac san suas agus phós sé agus bhí seisear mac agus iníon mar mhuirear air. Laistigh de chúpla glúin bhí sliocht an Mhainínigh ar an ndream ba iomadúla sa pharóiste.

Tá mórán seanchais a thagann anuas ón ochtú haois déag. Deineadh maolú ar na péindlithe tar éis 1746 nuair a briseadh ar Bonnie Prince Charlie ag Culloden. Ní raibh an ghéarleanúint chomh dian ar an Eaglais Chaitliceach. De shliocht mhuintir na háite dob ea na sagairt a bhí i bhfeighil an pharóiste i rith na 18ú haoise: Melchior Moriarty (1704–1747), Muiris (na Luachra) Ó Muircheartaigh (1747–1781), Seán Ó Muircheartaigh (1781–1802). Bhí dlúthbhaint acu leis na Muircheartaigh a bhí bunaithe go láidir sa cheantar agus thug so cosaint dóibh. Bhí scoil Laidne thuas ag crosaire Mhárthain sa tsaol san ina bhfaigheadh mic léinn oiliúint sara dtéidís go coláiste sa bhFrainc—bhí roinnt choláistí Éireannacha sa bhFrainc agus sa Spáinn an t-am san. Sa tsaol san bhí teangmháilt i bhfad níos mó ag muintir na háite leis an bhFrainc ná le Sasana. Fiú amháin bhí bursa bunaithe chun cuidiú le mic léinn ón áit oiliúint d'fháil sa bhFrainc.

Séipéal Bhaile an Fheirtéaraigh

Aodán Ó Conchúir 2000

Duine amháin a bhain úsáid as an oiliúint seo ná Suilbhí Ó Muircheartaigh (1735–1809) ó Bhaile an Éanaigh. Chuaigh sé isteach i gcabhlach na Breataine agus bhain sé cáil amach—fuair sé céim Aimiréil. Tá mórán seanchais fén Aimiréal i bparóiste Mhárthain—bhí cúirt aige i mBaile an Éanaigh. Bhí ceangal ag muintir Lucitt leis an Aimiréal.

Sa bhliain 1789 tharla Réabhlóid Mhór na Fraince—rud a chuir scanradh ar rialtas Shasana, go mór mór anso in Éirinn toisc an fuath a bhí ag an bpobal don rialtas agus iad a bheith chomh báigiúil leis an bhFrainc. Thosnaigh tineontaithe ag éileamh a gcearta, ach chuir an rialtas an ghluaiseacht fé chois gan trua gan taise. Tá seanchas fós ar 'Lá Maraithe na bhFear' sa Daingean, áit go raibh tineontaithe agus Buachaillí Bána cruinnithe Lá Shin Seáin Mór 1793. Teaspáineann na túir Martello atá chomh flúirseach ar chósta iarthar Duibhneach an t-eagla a bhí ages na Sasanaigh roim ionsaí ón bhFrainc. Aimsir Napoleon a tógadh na túir seo—bhí ceann acu ar bharr Cheann Sibéal os cionn an Bhaile Uachtaraigh.

Is mó cor a chuireann an saol do. I rith na 19ú haoise tharla rudaí uafásacha agus rudaí iontacha. I measg na rudaí uafásacha a tharla bhí eachtra 'Bhád na nGort Dubh', Dé Sathairn, 31 Eanair 1818. Bádh duine is fiche—Mainínigh a bhformhór—an lá san. Is amhlaidh a chuadar amach go dtí árthach raice ('an tÁrthach Maol') agus a bhí ag imeacht le taoide ó thuaidh ón bhFiach. Tharla achrann idir iad agus cúpla bád ó Dhún Chaoin a bhí cheana féin bailithe timpeall an árthaigh. Chuir bád na nGort Dubh an ruaig ar bháid Dhún Chaoin ach is gearr gur tharla timpist agus súncáladh bád na nGort Dubh agus bádh an duine is fiche a bhí ar bord. Ní bhfuaireathas na coirp ariamh. An toradh a bhí ar an eachtra ná gur bhris cogadh amach idir an dá pharóiste—bhí dreamanna ó Pharóiste an Fheirtéaraigh ag dul siar go Dún Chaoin ag lat is ag creachadh. Thug an sagart le chéile an dá thaobh ar deireadh sa tsáipéal agus is beag ná raibh sé ina chath eatarthu. Ach d'éirigh leis síocháin a dhéanamh eatarthu. Cosúil le gach achrann, ní hí an insint chéanna a bhí ar an dtimpist ag muintir Dhún Chaoin agus an insint a bhí i bParóiste an Fheirtéaraigh.

An rud is uafásaí, ar ndóigh, a tharla san 19ú haois ná an Gorta Mór (1847). Bhí méadú mór tagthaithe ar an bpobal in Iarthar Duibhneach fén dtaca san agus iad i bhfad níos boichte. Bhí Iarthar Duibhneach ar cheann des na ceantair ba bhoichte sa tír. D'fhéadfaí leabhar a líonadh ar an scrios a dhein an t-ocras, an calar agus an fiabhras. Ach dhein an díshealbhú a chuaigh leis an nGorta oiread scriosa leis an nGorta féin. Glanadh breis agus daichead tigh as an bhFearann, daichead tigh as an mBaile Uachtarach, leathchéad tigh as na Cluainte agus Cathair Caoin. Ghlan Sam Hussey, aidhbhéardaí Iarla Chorcaí, breis agus trí fichid tigh as Baile an Chaladh, Baile Eagailse agus Baile an Fheirtéaraigh. Glanadh amach fiche tigh ar an nGráig. Tharla sé seo ar fad i 1847 agus is minic a glantaí baile ar fad in aon lá amháin—gan trua ná taise. Bhí máthair amháin a bhí ag beiriú praisce dá clann nuair a tháinig na báillí agus ní cheadóidís di fiú é 'bheiriú—chaitheadar amach ar an mbán é. Bhí an díshealbhú so gach aon phioc chomh huafásach leis an *ethnic cleansing* go bhfuil trácht air inniu.

Bhí rudaí iontacha chomh maith a tharla san 19ú haois. Cé go raibh na daoine fós bocht, tógadar trí sáipéil nua sa pharóiste sara raibh an aois thart. Leagadh an chéad chloch d'Eaglais Naomh Uinseann i mBaile an Fheirtéaraigh 19 Iúil 1855, d'Eaglais Naomh Gobnait i nDún Chaoin 30 Iúil 1857 agus d'Eaglais Naomh Maolcéadair i gCill Chúile 20 Iúil 1866. Is iad muintir na háite féin a dhein formhór na hoibre.

Cuireadh tús le córas stáit do oideachas náisiúnta i mí na Samhna 1831 nuair a bunaíodh *National Education Board* agus ceapadh an chéad Scoil Náisiúnta ar an mBuailtín (Baile an Fheirtéaraigh) in aice an tsáipéil in 1833—Maurice Shea agus Margaret Doyle an bheirt mhúinteoirí. Tógadh an scoil a lean í seo i 1875, trasna an bhóthair ó Eaglais Naomh Uinseann. Ní raibh labhairt, léamh ná scríobh na Gaelainne ceadaithe sna scoileanna náisiúnta go dtí 1870. Ceann des na haidhmeanna a bhí leis an gcóras ná sasanú a dhéanamh ar an dtír. Rann filíochta a chuireadh na leanaí de ghlanmheabhair, mar shampla, ná:

I thank the goodness and the grace
Which on my birth has smiled,
and made me in these Christian days,
A happy English child.

Níl aon amhras ná gur gur dhein sé seo dochar mór do chultúr dúchasach na tíre mar is í an Ghaelainn a bhí á labhairt ar an dteinteán ag beagnách leath daltaí na tíre nuair a bunaíodh an córas. Tháinig sprid nua, áfach, sa chultúr náisiúnta fé dheireadh na haoise. Dob é an Máistir Ó Mainín a bhí ina phríomhoide ar an mBuailtín an t-am san, agus chuidigh sé go mór le gluaiseacht na Gaelainne.

Is le linn Chogadh na Talún 1880-1890 a thosnaigh an náisiúnachas ag borradh arís. Bunaíodh Craobh an Fheirtéaraigh de Chonradh na Talún 13 Meán Fómhair 1885—dob é an Sagart Paróiste, an tAth. Liam Mac Aogáin an t-uachtarán agus Pádraig Feirtéar ón mBaile Uachtarach an rúnaí. Náisiúnaí agus scríobhnóir dob ea Pádraig—tá mórán taighde ar a shaothar déanta ag Breandán Feiritéar. Deineadh díshealbhú ar Mhuiris Feirtéar, athair Phádraig féin. Is beag ná raibh cath maraitheach idir na póilíní agus an *Land League* ar ócáid amháin i rith na tréimhse seo. Bhí Iarla Chorcaí chun cúpla teaghlach de mhuintir Mhainín as Bhaile an Fheirtéaraigh a chur as seilbh. Cuireadh céad goileith póilín fé cheanas an Chigire Ceantair, 'Baby' Gray ón nDaingean, 16ú lá d'Fheabhra 1887 chun cuidiú leis na báillí. Nuair a shroicheadar Seanachnoc, bhí suas le míle duine de mhuintir an háite fé Thomás Máirtín ós na Gorta Dubha ullamh ina gcomhair—pící agus sáfaigh agus cleitheanna á iompar acu. Thug Gray ordú '*Fix Bayonets*' dos na póilíní agus thug an Máirtínach ordú '*Fix Pikes*'. Chun breis eagla a chur ar mhuintir na háite an lá san, tháinig long cogaidh isteach go Cuan Ard na Caithne agus chaith sí piléar as ghunna mór i dtreó Bhaile an Fheirtéaraigh. Mara mbeadh an socrú a dhein an Ath. Mac Aogáin idir an dá thaobh an lá san is cosúil go mbeadh sé ina chath mharaitheach.

Tháinig deireadh le Cogadh na Talún i 1903 nuair a ritheadh Acht Wyndam. Thug sé seo buannaíocht ar a gcuid talún dos na tineóntaithe. Is gearr, áfach, gur bhris cogadh eile amach, Cogadh na Saoirse. Ar na daoine a throid i mBleá Cliath Seachtain na Cásca 1916 bhí Pádraig Ó Mainín, mac do Dhónall Ó Mainín ('Dallax') a bhí le cur as seilbh an lá a stopadh na póilíní ag Seanachnoc. Laistigh de bheagán blian, bhí saoirse iomlán bainte amach. Thosnaigh an 20ú haois le gluaiseacht nua—saoirse iomlán ó Shasana. Ach rud is ea saoirse nách folair a bheith ag síorthroid ar a son. Táimid dár slogadh isteach inniu in eagraíochtaí Eorpacha. Cad is fiú dúinn saoirse mara mbíonn guth againn féin ar chúrsaí ár mbeatha! Mar fhocal scoir ba mhaith liom an méid seo a rá. Tá saibhreas traidisiúin ag dul i bhfad bhfad siar i bParóiste an Fheirtéaraigh agus i bParóiste Mhárthain. Is dócha gur de bharr iargúltacht na háite a mhair an Ghaelainn sa cheantar. Ach ní féidir a bheith ag brath ar iargúltacht inniu, ná a bheith ag féachaint siar ar an seanashaol. Ní foláir a bheith cruthaitheach misniúil ag féachaint chun cinn. Tá an bheocht so le feiscint sa litríocht atá tagthaithe as an gceantar i rith na haoise seo. Ní litríocht í atá sáite amháin sa tseanashaol ach litríocht atá ag féachaint chun tosaigh ar an saol atá romhainn amach. Tá an sprid chéanna le feiscint i gceiliúradh na Mílaoise sa pharóiste. Caithfidh traidisiún a bheith cruthaitheach le bheith beo. Dála an scéil, níl aon eagraíocht chomh dílis do thraidisiún leis an Eaglais Chríostaí—ná chomh díograiseach ag ullmhú don saol atá romhainn amach. Aon phobal a dh'fhanann dílis dá ndúchas Críostaí, níl aon dainséar go ndéanfaidh siad dearúd ar an ndúchas as ar gineadh iad ná go gcaillfidh siad a misneach don saol atá rompu amach.

Nótaí

1 'Excavation of an early Christian cemetary and settlement at Reask, Co. Kerry', *Proceedings of the Royal Irish Academy*, vol 81, C, no. 3 (1981), 1–172.
2 B. G. Charles, *Old Norse Relations with Wales* (Cardiff, 1934), lch 62.
3 Deir sé gur cosúil gur bhunaigh na Normannaigh láithreacha nua eaglasta— mar shampla Dún Urlann in inead an Chill Bheag agus an Chill Mhór a bhí i mBaile an Chaladh agus i bparóiste Mhárthain aistríodh ó Thobar Naomh Mholaga go Teampall Mháiréad i mBaile Bhoithín. Lean na daoine, áfach, ag tabhairt turasanna deabhóide ar na seanaláithreacha.
4 cf. *Céad Bliain* (Mícheál Ó Cíosáin), lch 5.
5 *The Ancient and Present State of the County of Kerry*, (B.Á.C., 1756), 186-187.
6 *Duanaire Duibhneach* (Seán Ó Dubhda, O.S., 1933) lch 153. I lss. Phádraig Feirtéar tá eachtra shuímiúil ar bhean ón gCeathrúin a bhí ag goid ime le piseóga ón mbean bhainne a bhí ag Réamonn Feirtéar i nGleann tStainge. cf. Ferriter Mss. i Leabharlann Náisiúnta na hOllscoile, Belfield vol. 16:339-342.

Dún Chaoin
Corca Dhuibhne
Breandán Feiritéar

'Sé Dún Chaoin an paróiste gleanna is faide siar san Iúróip; agus nuair a hadaítear a chuid oileán agus a chuid stocán mara, ar a nglaotar na Blascaodaí, thiar a thuilleadh as, 'siad stocáin Thalamh an Éisc an chéad talamh tirim tíorach eile siar.

Is fada siar a théann stair Dhún Chaoin féin; siar na cianta cairbreacha go dtí pé tráth siar siar gur thóg neart géag agus intlíocht inchinní an Dún a bhí thiar anáirde, mar a bhfuil a chlaiseacha inniu, ar Shliabh an Dúna ar bhruach na haille ós cionn Charraig an Lóchair in airde ar an mBlascaod Mór. Ní heol dúinn anois i gceo na haimsire anb ins an ré chéanna a tógadh an dún a bhí ar Dhún Binne, go maireann a chlaiseacha, nó an dún a bhí ar an nDún Mór ná maireann ach a ainm, nó go deimhin Dún Chaoin (Dún Chuinn) féin a thug a ainm don bparóiste. Níl aon chur amach againn ar scéal na ndaoine a thóg liag mar leacht ar Erc mac Macercias de mhuintir Dhuibhne agus a scrígh a ainm in ogham craobh ar chnoc an Dúna Mhóir.

Ní fios dúinn, ach oiread, cé 'chónaigh ins na liosanna go bhfuil an paróiste brataithe leo, ach go gcuireann an scéalaíocht—a chaitheadh oícheanta fada caochsholasacha an phobail gur ruaig an aibhléis í—daoine maithe nó an dream aerach chun cónaithe iontu agus a dhein bruíonta caorthainn sí astu le barr samhlaíochta. Scanraigh an tsamhlaíocht scéalach so na glúnta den óige sa pharóiste. Ní raibh aon sceimhle chomh scanrúil leis an uamhan a chuireadh Bean an Leasa nó a tuairisc ar óg agus fiú orthu súd a bhíodh cnagaosta.

De réir an scéil chomh maith, bhí Tigh Mhóire, leis, mar ainm ar an bParóiste. B'eod í Mór nó Móire Ghearráin, lena hainm cheart a thabhairt uirthi. Deir scéalta áirithe gur Móire Ní Ghréine a bhí uirthi, agus gur iníon í le Lir. Dá réir sin ba shaghas bandia í. Tugann seanaléirscáileanna áirithe aitheantas don ainm sin mar *Tivorye* ar Dhún Chaoin; agus is minic trácht thar Mhóire sa litríocht gan trácht thar an mbéaloideas. De réir gach insint béil, ba bhean saghas draíochtúil í

Móire Ghearráin go raibh tigh téagair aici mar a bhfuil Baile Bhiocáire anois. Bhí sí pósta le fear dárbh ainm do Donncha Dí, fear ná raibh cruinn ar fad. Tugann an béaloideas ceathrar clainne dóibh, triúr mac agus iníon. Bean dhian thiarnúil ab ea Móire. D'fhéadfaí bean mhallaithe a thabhairt uirthi, is dócha. Bhí a fear, Donncha Dí, chomh ciapaithe clipithe aici, agus gur dhein sé beart de réir a bhriathair féin—'sé sin faid agus leithead na hÉireann a chur eatarthu. Bhuail sé bóthar agus chuir fé ar an dtaobh eile d'Éirinn. D'fhág sé a ainm ina dhiaidh ar áit seo a athlonnaithe, 'sé sin Donncha Dí i gCondae an Dúin. Scéal coitianta go maith ab ea an scéal so sa pharóiste agus bhí go leor ann a chreid go hiomlán é mar scéal!

(Chuala an scéal so á insint age bean den bparóiste, a bhí ag tarrac isteach ar na deich mbliana agus cheithre fichid ag an am, a chreid an scéal so agus brí an scéil seo go huile agus go hiomlán. Sa chur síos di ar fhágaint an tí do Dhonncha Dí, dúirt sí: 'Is tromchroíoch go maith a bhí sé agus é ag gabháil trí bhaile an Daingin soir. N'fheadar anois cé 'bhí ina sheasamh i ndoras tí Challaghan an lá aonaigh úd, ach dúirt an té sin go raibh cuma ana-bhrónach air.')

Deir scéal Mhóire chomh maith gur bhuail uaigneas Móire féin ach a raibh Donncha Dí imithe uaithi. Dúirt sí léi féin go raghadh sí chomh fada leis. Ní raibh sí riamh lasmuigh de Dhún Chaoin, rud a dh'fhág ná raibh aon rian eile d'Éirinn feicithe aici, mar nách féidir d'Éirinn a fheiscint ó Thig Mhóire ach an Paróiste agus an mhuir mhór bhraonach go híor na spéire siar. Shiúlaigh sí léi chomh fada le Mám Clasach. Faid agus a bhí sí ag scaoileadh a sruthainín múin le fánaidh, chonaic sí uaithi soir an chuid eile d'Éirinn, na Cruacha Dubha agus Tonn Tóime ag bualadh na spéire thoir. Do scanraigh an radharc í. 'Nách fada fairsing í Éirinn', a dúirt sí, agus fiú nuair a dh'fhéach sí le fánaidh mar ar shíl sí a mún a bheith fós ag sileadh, bhí sé leaghaite. Leaghaigh an fhairsinge mún Mhóire, agus dá dheasca, d'iompaigh Móire ar a sála agus chuaigh abhaile. Tháinig leaghadh mhún Mhóire ar fhonn bóthair Mhóire as san amach! Fuadaíodh a clann ina dhiaidh sin, a hiníon a rug marcach fiain fir thar Shliabh an Fhiolair leis, agus bheir long draíochta fé stiúir cait a triúr clainne mic chun fáin.

Íde chlainne Mhóire a sheol an cat fé dhraíocht
Ar bord loinge 'tógadh gan treorú ar a bhfáil.

mar a deir an rann futhu.

Anb é scéal úd Mhóire Ghearráin scéal Dhún Chaoin féin? B'fhéidir gurb é!
Bean í pátrún an pharóiste chomh maith. Gobnait—bean dhraíochtúil eile. Iníon do chaptaein loinge, de réir an scéil, ab ea Naomh Gobnait. Nuair a bhí sí óg álainn deineadh aisling di inar cuireadh ina luí gaibhte uirthi saol geanmnaí beannaithe a chaitheamh. Iarradh san aisling uirthi cealla nó clochair a chur ar bun in áiteanna mar a bhfeicfeadh sí fianna geala bána ina dtríonna. Tháinig sí i dtír i dTóin na Cille i nDún Chaoin mar a bhfeaca' sí trí cinn de fhianna bána. Thóg sí a céad chill ann. Tugtar Cill Ghobnait ó shin air. Tá fothrach na cille sin agus a thobar fíoruisce fós ann. Deirtear gur minic ó shin a bhí samhlaoid Ghobnait le feiscint i lúib na Cille. Ag fúáil a bhíodh sí nuair a cítí í de réir dealraimh nó ag cur scothóga ar a seáilín brait. Lá saoire sollúnta is ea a lá pátrúin sa pharóiste, an t-aonú lá déag de mhí Feabhra, Lá 'le Gobnait mar a tugtar air. Lá mór ar fad a bhíodh ann sa tseanashaol. Bhíodh Cill Ghobnait dubh le daoine ag tabhairt Turas na Cille, mar an té a thabharfadh Turas na Cille i gceart agus a dh'ólfadh as uisce an tobair agus a déarfadh an phaidir 'rúnach:

Chútsa a thána, a Ghobnait Naofa,
Chútsa a thána ag gearán mo scéil leat,
Is a d'iarraidh mo shláinte ar son Dé ort.

bhí dea-shláinte le bheith mar thoradh air agus mar shuáilce as. Ach sa tseanashaol i dtosach na naoú haoise déag is léir ós na cuntaisí atá againn gur ag ól na sláinte a thagadh cuid mhaith des na hoilithrigh go Cill Ghobnait mar go mbíodh go leor cábán dí agus leanna lonnaithe ann i gcomhair an lae. 'Ní thig meisce gan míghreann', a deirtear agus b'amhlaidh go minic anso é. Bhíodh bruíonta agus achrann ann. Le linn achrainn idir fhearaibh bliain, chrústaigh bean chiotach, bean chiotach láidir ní foláir, caorán cruaidh móna. D'aimsigh sí fear bruíne i dtaobh an leathchinn agus d'fhág fuar marbh é. Chuir an sagart deireadh leis an bpátrún agus chroch leis go tigh an tsagairt i gCill Maolcéadair crois sheanda chloiche na cille. Ach ar theacht na maidine bhí an chrois arís ina seasamh go míorúilteach ina hinead i gCill Ghobnait. Maireann nós an phátrúin ar an 11ú lá de Fheabhra go beo beathúch fós.

Luaitear Dún Chaoin agus a chuid bailte fearainn sa bhfilíocht, sa litríocht agus ins na seana-lámhscríbhinní. Deintear trácht thar 'Fedelm fholtbuide ingen Dínil ó Chum Dínil i crích Chorco Duibhne irRos Tuaiscirt' a fuaireathas mar chéile do Dubhthach Dornmhór, Rí Mumhan. 'Sé Com Dhíneol atá i gceist anso, an baile fearainn is faide ó dheas sa pharóiste, baile a thug a ainm leis ó Dhínéal, draoi de réir an Dinnsheanchais, ach ca bhfios ná gur seanadhia Ceilteach eile ab ea é.

Tá Dún Chaoin, leis, luaite i Leabhar Bhaile an Mhóta. Tá dán sa leabhar san leis an mbard Mac Liag, a fuair bás timpeall na bliana 1015, agus b'é Mac Liag so príomhbhard Bhriain Bhórú. Sa dán so luaitear go bhfuair clann Umar ó dhúthaigh na bhfilí, talamh agus tiarnas ins an Mhí ó Chairbre an Rí, ar fhocal dhaoine áirithe, ina measc Ros mac Deaghaidh ó Dhún Chaoin.

Tá Dún Chaoin leis luaite in Annála Ríochta Éireann leis na Cheithre Máistrí. Tá sé luaite ar dtúis fén mbliain 1558. Deir na hAnnála:

> Iarla Deasmhumhan Semus, mac Seain, mic Tomais, mic Semuis mic Gearóitt iarla d'écc. Bá doiligh dia dhúthaigh dith an deigh-fhir-sin óir ní riccthí a leas eallach d'ionnraitne, nó dorus do dhunadh ré a linn ó Dhún Caoín h-i c-Ciarraighe co Cummar Tri n-Uiscce n-imelglas h-i c-coiccrich Chóicceadh Eachdhach mic Luchta, & Laighean, & a mhac Gearoitt d'óirdneadh ina ionadh.[1]

Tá Dún Chaoin luaite ar shlí níosa thruamhéilí, áfach, ins na hannála arís cheithre bliana fichead ina dhia' san. Baineann a lua arís le Gearailt, Iarla Deasmhumhan. Sa bhliain 1579 chuir fórsaí na Banríne Eilíse iachall ar Iarla Dheasmhumhan éirí amach agus a chuid a chosaint, mar gur shantaíodar a chuid talún agus gur b'eo caoi chun a ghafa uaidh.

Scrios na Sasanaigh an Mhumhain ar fad ó cheann ceann agus mharaíodar gach neach agus ainmhí rompu. Fén mbliain 1582, tá sé seo le rá in Annála Ríochta Éireann:

> Ní h-eidir a innisin, nó a aisneis leath no trian ar iomcairsiot Gearaltaigh do dheabthaibh doilgibh do choinghleacaibh cruaidhe, & d'ionnsaightibh éttuailngeachaibh an tan-sin, & bá isin aimsir-sin ad-bearthaoi nach mór co m-baoí geim bó no guth oireamhan o Dhún Caoín co Caisiol Mumhan.[2]

Nách ait, leis, gur i measc na nGearaltach céanna a luaitear Dún Chaoin i gceann de dhánta Phiarais Feiritéar. Chum Piaras dán caointe ar Mhuiris Mac Gearailt mac Ridire Chiarraí a maraíodh i bhFlóndras agus é ina chaptaein in arm na Spáinne. Chaoin Piaras:

> Mo thraochadh is mo shaoth rem ló thu,
> A Chiarraígh it chian-luí i gcómhrainn
> Mo chreach t'fheart tar lear i bhFlóndras,
> A Mhuiris, mhic an Ridire ó Flórens....
>
> Bean sí i nDún Chaoin ag brónghol,
> Is bean dúchais mo Dhún an Óir-sa,
> Bean bhínn-scol Inseach Móire,
> Is Cois Fhéile fá éag ógscath....

Ba leis na Feiritéaraigh, muintir Phiarais, baile fearainn amháin sa pharóiste, Ceathrú an Fheiritéaraigh, agus na Blascaodaí ar fad tráth. Oileáin an Fheiritéaraigh a glaotaí ar na hoileáin sin an uair sin. Rud atá le feiscint ar sheana-léirscáileanna fós. Tá óin, nó pluais fé thalamh, ar an mBlascaod Mór go dtugtar Scairt Phiarais uirthi, go ndeir an seanchas ina taobh go mbíodh Piaras ar a theicheadh inti ó shaighdiúirí Chromail. Níl 'fhios ach an slad a dhein Piaras ar na saighdiúirí úd anso, mar ná féadadh ach duine sa turas dóibh dul go béal na huaimhe agus de réir mar a thagaidís air chuireadh Piaras le faill go dtí an síoraíocht iad. Ach bhuail cumha agus uaigneas sa scairt é a chuir air rann eile a chumadh:

A Dhia atá thuas, nách trua leat mise mar tháim
I bpríosún fuar is nách mór go bhfeicim an lá;
An braon atá thuas in uachtar lice go hard
Ag titim lem chluais is fuaim na toinne lem sháil.

Deir scéal eile fós linn go raibh deirfiúr do Phiaras Feiritéar pósta sa phobal le fear gustail dárbh ainm do Séafra Criomhthain. Bhí tigh téagair agus abhalluaird age Séafra so i mBaile na hAbha agus maireann a ainm fós ar a pháirc bhreá fhéir ghlais go raibh scoth na gcrann daraí ag fás inti le linn Shéafra ach ná fuil inti inniu ach fionnán bán, agus má fhasann an tor aitinn féin inti is é aoirde fáis inti; sin í Páirc Shéafra i mbun Chruach Mhárthain. Tháinig Piaras ar cuairt go tigh a dheirféar i mBaile na hAbha lá. Ní raibh ó Shéafra ach go bhfaigheadh Piaras rogha gach dí agus togha gach bídh. Chuir sé duine dá bhuachaillí aimsire chun na páirce móire le fia méith a mharú, chuir sé buachaill eile fé dhéin fíona go dtí ceannaí fíona sa Daingean. Thánadar beirt chuige thar n-ais gan fíon gan fia. Ní raibh le déanamh ag Séafra bocht ach caora dhubh a bhí ar fhaiche a thí a mharú mar abhar dínnéir. Nuair a leagadh an dínnéar ar an gclár os comhair Phiarais, dúirt sé:

Is mairg ná glacann ciall
Is ná cuireann srian lena ghuth,
I dtaobh ná fuaireamair fíon ná fia
Is maith an bia an chaora dhubh.

I bhFómhar na bliana 1588 thug Rí Pilib na Spáinne ordú dá chuid Aimiréal ruathar loingis a thabhairt fé Shasana. 130 árthach cogaidh a bhí san *Armada* seo, agus 30,000 éigin saighdiúir agus mairnéalach ar a mbord. Chuaigh, mar is eol dúinn anois, gach aon diabhal rud i gcoinne an *Armada* seo ó sheol sé. Chuir gálaí scaipeadh na mionéan ar na loingeasa ó chéile agus tiomáineadh de dhroim na hAlban ó thuaidh iad ins an tslí go rabhadar a d'iarraidh filleadh abhaile ó dheas thar chósta thiar na hÉireann. Ach tháinig a thuilleadh gálaí orthu, bádh trí long agus trí fichid díobh, a leath dá líon nách mór.

Ceann Sléibhe, Dún Chaoin

Bailiúchán Lawrence, An Leabharlann Náisiúnta (1880-1914)

Ar chósta na hÉireann a bádh naoi gcinn déag díobh, dhá árthach díobh so ar chósta Dhún Chaoin, 10 Meán an Fhómhair 1588. An *San Juan de Ragusa* a bhí ar cheann dóibh, long 650 tonna agus 285 duine ar a bord. Deireadh an seanasheanchas áitiúil gur amach díreach ó Dhún Binne a chuaigh sí fé loch. Ach bhí long eile, a bhí ní ba mhó go mór ná í, imithe go tóin poill láimh le Liúir i mBealach an Oileáin uaireanta an chloig roimpi. B'í seo an *Santa Maria de la Rosaria*. Bhí 900 tonna inti seo agus 300 fear a bhí ar a bord. Ceapadh ar dtúis gur bádh an uile dhuine dóibh seo, ach tháinig buachaill óg i dtír aisti de bharr gur cheangail sé é féin le téad de chlár déil aisti. Antonio de Monana ab ainm don mbuachaill óg so, agus ba mhac é do fhear stiúir an árthaigh. Bhí gach Spáinnéarach dá dtagadh i dtír dhá chur chun báis a thúisce a thagadh an lucht údaráis orthu. Níor cuireadh Antonio de Monana chun báis ar an spota, tugadh 'on Daingean é mar a bhfuaireathas fear teangan chun cruacheisteanna a chur air. David Gwynn a bhí ar an bhfear teangan, bligeard ceart fir. Breatnach ab ea é a bhí, má b'fhíor é féin, ar chriú loinge de chuid an *Armada* ar dtúis i gcoinne a thola—toisc gur ghaibh bád Spáinnéarach é agus é ag iascach ar an bhfarraige go dtí gur éirigh leis éaló uathu be bharr a ghníomhartha gaile agus gaisce. Cuireadh David Gwynn seo ag cruacheistiú Antonio de Monana bocht agus bhain sé scéal fada as. Bhí cuid den scéal so á insint i nDún Chaoin go ceann cheithre chéad bliain ina dhia' sin. Iodálach ab ea Antonio. Mhairbh captaein na loinge a athair, fear stiúir na loinge, nóimeataí beaga sara gcuaigh an long go tóin poill. Chuir an captaein claíomh trína chroí mar gur shíl sé gurbh é fé ndeara a long a bheith i mbaol a báite. Bhí mac le Rí na Spáinne, Prionsa Asculo, ar bord, a dúirt sé, agus go raibh an t-árthach lán d'ór agus d'fhíon.

Ó shin i leith ba scéal iontach i measc óg agus aosta i nDún Chaoin gur tháinig corp mhic Rí na Spáinne agus an t-ór i dtír agus gur cuireadh iad fén gcré i dTeampall Mhóire i mBaile Bhiocáire. Bhí an t-ór le fáil ach teacht air. Níl ach dosaen bliain ann ó fuaireathas amach nárbh fhíor go raibh Prionsa Asculo ar bord, fuaireathas amach gur ar bord loinge eile go cinnte a bhí sé. Ní heol dom i dtaobh an óir! Ach b'fhéidir ná dúirt Antonio de Monana bocht riamh a leithéid. Bhí breith a bhéil féin ag David Gwynn air, go háirithe ó cuireadh Antonio de Monana chun báis ach a raibh an cruacheistiú déanta.

Theangaigh eachtraithe eile staire leis an bparóiste agus le saol an pharóiste le ré glúnta difriúla. Cuid mhaith acu ná fuil aon tuairisc inniu orthu. Dhíscíodar laistigh den seanchas féin. Ach mhair trácht thar eachtraithe áirithe seachas a chéile. Mhair cur síos ar Lá Mharaithe na bhFear sa Daingean go dtí an nglúin a ghaibh díreach romhamsa.

Maraíodh daoine ón bparóiste, is cosúil Lá so Mharaithe na bhFear sa Daingean. Tharlaigh an t-eachtra so Lá tShin Seáin Móir na bliana 1793. Bhí feachtas ar bun i gCorca Dhuibhne le tamall roimis seo ag tionóntaithe le go leagfaí an cíos. Fear dárb ainm dó Glastar a bhí i mbun an fheachtais. Chuireadar tigh Mhullens i mBaile an Ghóilín (tigh *Lord Ventry* ina dhiaidh sin) fé léagar. Scanraíodar Mullins. Gheall sé bualadh leo sa Daingean ar sprioclá. Chruinnigh na mílte sa Daingean an lá so, ach bhí fios curtha ag Mullins ar an arm! D'ionsaigh an t-arm an slua, scaoileadh piléir agus deineadh sá gránna feallthach le béiniti. Maraíodh scata. Maraíodh Gearaltach ó Ghleann Loic go háirithe san eachtra. Fear mór láidir ab ea an Gearaltach so agus ba dheacair é a mharú. I dtigh leanna sa Daingean i ndeireadh lae an mharaithe seo, chualathas saighdiúir ar ar tugadh 'An Saighdiúir Geancach' ag maíomh go caithréimeach conas mar a mhairbh sé an Gearaltach go feallthach. Shrois éachtaint an scéil seo gaolta an Ghearaltaigh i nGleann Loic. Tamall ina dhiaidh sin d'éalaíodar go Trá Lí, fuaireadar greim ar an 'Saighdiúir Geancach' agus mharaíodar le tua é. Bhí mionchuntas ar an scéal so sa phobal.

D'fhan cuimhne gléigeal i measc na ndaoine ar eachtraithe eile a tharlaigh. Bhí bá Bhád na nGort nDubh a tharlaigh Satharn Inide na bliana 1818 agus na heachtraithe a lean é go cruinn le hinsint ag scata. Bádh duine is fiche a bhí ar bhád ós na Gorta Dubha a chuaigh ag santú árthaigh mhaoil agus a locht. Chuireadar criú dhá báid ó Dhún Chaoin uaithi le bagairtí. Chuir barra iarainn ón Árthach Maol na cláracha as fhleasc bhád na nGort nDubh. Síos léi go grinneal. Níor thóg báid Dhún Chaoin duine dá criú. Bhí eagla orthu iad a thógaint mar gur cheapadar go gcaithfidís iad féin i bhfarraige lena gcriú féin a shábháil. Lean clampar an bá. Deineadh ionsaithe de dhroim oíche ar thithe i nDún Chaoin. Bhí sé ina chogadh idir an dá phobal go ceann i bhfad. Bhí cuntaisí cruinne ag an bpobal, leis, ar phúireanna eile a thárlaigh, púireanna farraige nuair a bádh criúnna ón bpobal agus go háirithe ar loscadh tí muintire; cuimhním go háirithe ar Dhóiteán Bhailicín a tharlaigh sa bhliain 1870, inar loisceadh cúigear ina mbeathaidh.

'Sí mo theoiric fhéin ar stair an pharóiste, agus níl inti ach teoiric, gur pobal ana-bheag a bhí ag cur futhu i nDún Chaoin agus ar a chuid oileán go dtí deireadh na seachtú haoise déag nó go fiú tosach na hochtú haoise déag. Ní bheadh talamh an pharóiste in acmhainn mórán daoine a chothú, nó a bheathú. Cruithneacht mheilte a bhíodh mar bhia coitianta ag daoine roim theacht an phráta. Ní bheadh achar ná méithreas na talún sa pharóiste rathúil a dhóthain le go mbeadh fómhar flúirseach cruithneachtan ann go mbeadh cotháilt bhliana ann do mhórán pobail, gan an cheirdiúlacht agus aimsir na seacht síon a chur san áireamh ar aon chor; ná rathúlacht an éisc ar linn na farraige. Ní beo duine ar iasc amháin. Níor mhaith liom mórán pobail a fheiscint ag brath ar an bhfómhar arbhair a dh'fhásfadh ar an mBlascaod Mór, mar shampla. Tharlaigh cúpla rud mar sin a chuir forás diamhair fén áireamh daonna. B'é teacht an phráta, a chur, a shaothrú agus a leathnú an toisc ba mhó tionchair. Mar a thug Arthur Young fé ndeara, fear a thaistil ar fuaid Fódla sa tarna leath den ochtú aois déag agus a scrígh leabhar air, *A Tour of Ireland*, go bhféadfadh talamh fé phrátaí a cheithre oiread de dhaonra a chothú le talamh den achar céanna fé chruithneacht.

Chuir cúinsí na staire féin le fás an daonra. Bhí plandáil ar phlandáil ins na machairí méithe Muimhneacha thoir. Na daoine bochta, a bhí préamhaithe sa talamh so le glúnta, b'éigean dóibh ar a phlandáil a n-aghaidh a thabhairt ar cheantair na gcnoc siar. Líon na ceantair thiar d'ainniseoirí agus de bhotháin scóir. Bhí gnás eile a chuir le forás an daonra. thiar. Phósaidís go hóg. Scrígh H.D. Inglis sa bhliain 1834:

> In the Dingle district, where marriage was at an unusually early age, 14 and 13 are common ages for the marriage of girls; 15 is not considered at all an early age for marriage; and there are even instances of their having been contracted at so early an age as 12.[3]

Nuair a tógadh na chéad chuntaisí ar áireamh an phobail i dtosach na naoú haoise déag, bhí daonra Dhún Chaoin ataithe cheana féin. Bhí idir chúig chéad agus sé chéad duine ina gcónaí anso; cuid mhaith díobh i sráidbhaile ar a dtugtaí Sráidbhaile Bhailicín. Chuir go leor daoine díshealbhaithe fúthu anso i mbotháin scóir ar thalamh coimín. Ní fios i gceart conas a mhaireadar; ar bhia farraige agus soláthar cladaigh, ní foláir!

Bhí 1,394 duine sa pharóiste sa bhliain 1841, dáta an daonáirimh dheiridh roimis an nGorta. Is é achar an pharóiste ná 4,396 acra, sin agus áireamh ar gach cnoc, riasc, portach agus gach aon stocán mara. Bhí duine sa pharóiste dá réir sin ar gach trí acra. Ní nách ionadh, bhuail an gorta an pobal go dian agus go maraitheach. Ní raibh daoine in acmhainn coirp a muintire a chur i gcré na cille, agus dá réir scaip fiabhras agus galair. Tá scéal againn ós na blianta gortacha san fé bhean de mhuintir Shúilleabháin ó Chom Dhineol. Bríde Liath a tugtaí uirthi. Mhairbh an gorta a céile agus duine ar dhuine dá clainn go bhfuair an iníon donn deireannach a bhí aici bás leis an ocras. Ní raibh duine tréitheach fágtha a thabharfadh cúnamh di corp na hiníne seo a bhreith go dtí reilig Ghobnait i mBaile an Teampaill. B'éigean di an corp a chur ar a drom féin ar deireadh agus bheith ag máinneáil léi fé dhéin na reilige. Ag gabháil trí Bhaile an Ghleanna di, bhuail bean den mbaile léi a dhein ana-thrua di. Dúirt bean Bhaile an Ghleanna léi teacht chúithi nuair a bheadh a hiníon adhlacaithe aici chun go dtabharfadh sí práta dhi a bhí róstaithe fén ngríosaigh aici, ar a dtugtaí luthóg. Shrois Bríde Liath an reilig agus deirtear gur thug fearaibh éigin cabhair di a hiníon a chur i gcré mar a raibh gach duine eile a bhain léi féin dtráth so. Ach a raibh slán fágthaithe aici lena cuid marbh, d'fhill sí ar bhean na luthóige. Thug bean Bhaile an Ghleanna an luthóg di, mar a gheall sí. Agus í ag féachaint ar an luthóig ina láimh aici, dúirt Bride Liath: 'Buíochas le Dia nách é an bia a chuireamair.'

An méid a bhí fanta nár mhairbh an gorta i nDún Chaoin, d'imigh go leor ar imirce. Agus fiú den méid a bhí fanta ina dhia' sin arís, dhíbir na tiarnaí talún iad as na bailte. Glanadh bailte fearainn áirithe go hiomlán: An Gleann Mór, Baile na hAbha, Baile an Ghleanna agus Bailicín mar shampla. Bhí an iomarca bóthán scóir ar na bailte seo agus bhí na tiarnaí talún ag déanamh cinnte do ná beifí ag brath le síneadh láimhe nó dídean uathu san dá leanódh an gorta ar aghaidh nó i gcás go dtiocfadh gorta eile. Caitheadh amach tionóntaithe eile as a gcuid talún agus tugadh isteach tionóntaithe ó pharóistí eile. Ní raibh duine de mhuintir Bhaile na hAbha, mar shampla, fágtha ar an mbaile sin sa bhliain 1849. Tugadh isteach

Ághasaigh mar a raibh Súilleabhánaigh le trí chéad bliain; agus Dálaigh mar a raibh Cinnéidigh. Sa tslí seo, ní hamháin go ndíthíodh na daoine, ach díthíodh an seanchas, an fhilíocht, na hamhráin agus fiú stair áitiúil an pharóiste. Ní thiocfadh an paróiste chuige féin go deo arís!

Seacht chéad éigin duine a bhí fágtha sa phobal th'éis an Ghorta de réir daonáireamh na bliana 1851, agus ní heol dúinn cé méid den mbunphobal a bhí ina measc so. Tá an daonra ag sleamhnú leis ó shin, i dtreo is ná fuil den bpobal dúchasach ann ach thar chéad éigin duine inniu.

Deireadh saoithe seanchais áirithe liom gur lean léann riamh na seana-Mhuircheartaigh a bhí sa pharóiste; agus go mbíodh plé acu le lámhscríbhinní agus le leabhartha. Bhíodh scoil scairte sa Chlasach, i dteorainn thoir an pharóiste; agus deirtí go mbíodh saghas éigin scoile ar an dTobar, sarar osclaíodh an chéad scoil náisiúnta sa phobal sa bhliain 1838. Is cinnte go raibh láimhscríbhinní i dtigh mhuintir Chriomhthinn i mBailicín, nó cóipeanna éigin de mhórdhánta na teangan. Thagadh daoine ann le 'Cúirt an Mheán Oíche' agus laoithe fiannaíochta a dh'fhoghlaim. Is sa tigh seo a dh'fhanadh Tomás Ó Criomhthain nuair a bheireadh an anaithe amuigh air agus deirtear gur anso a fuair sé a chéad éachtaint ar scríobh na Gaelainne.

Ní fiú domsa anso cur síos a dhéanamh ar scríobhnóirí agus údair mhóra an pharóiste, go bhfuil cáil dhomhanda ar thriúr díobh inniu: Tomás Ó Criomhthain, Muiris Ó Súilleabháin agus Peig Sayers. Is eol do chách a scéal. Tá cáil náisiúnta ar Phádraig Ua Maoileoin, chomh maith; ar Sheán an Chóta Caomhánach, Seán Criomhthain, Seán Ó Dálaigh—'An Common Noun', Mícheál Ó Guithín 'An File', Seán Sheáin Uí Chearnaigh, Máire Ní Ghuithín, Lís Ní Shúilleabháin, Máirín Ní Dhálaigh Uí Chonchúir, Faeilí Ó Catháin, Seán Pheats Tom Ó Ceárnaigh, Mícheál de Mórdha agus Aogán Ó Muircheartaigh. Agus níl sa liosta ach cuid de údair an pharóiste go bhfuil saothar leo i gcló.

Níl aon teora ach oiread leis an mbailiúchán béaloidis a bailíodh sa pharóiste ó thogha na seanchaithe. Bhailibh Robin Flower, Kenneth Jackson, Pádraig Ó Braonáin, Seosaimh Ó Dálaigh, Heinrich Wagner, Séamas Ó Duilearga agus Bo Almqvist airde na binne de leathanaigh seanchais ins na naocha blian atá caite. Is romhainn amach atá a bhfoilsiú súd ar fad.

Ní foláir nó go raibh filí sa pharóiste riamh. Má bhíodar ann roim lár na hochtú haoise déag, ní mhaireann cuimhne ar éinne dhíobh. Mhair cuimhne ar Shéamas Bán Ó Conchúir ón nGleann Mór a mhair fé dheireadh na hochtú haoise déag. Deirtear gur filí ab ea a shinsear roimis agus a mhac ina dhiaidh. Mhair dhá amhrán leis, 'An Léadar'— amhrán fé bhád, agus 'An Cnoicín Gearra Fraoigh'—dán molta ar a chré mhuinteartha agus é i Luimneach:

> Mó shlán beo chun na háite úd ina bhfolamhaití an t-árthach;
> Is gach ceairgeó a théann thar sáile as gan custam air ná cíos.
> An dair dá aoirde ag fás ann, is an fhuinseoig fhada bhláthmhar;
> Is dá n-ólfaí ann na táinte ná hiarrfaí ort aon díol.
> An cuan ina stríocann árthach ar a cuairt nuair a thig ón Spáinn chúinn,
> Ní bhíonn luascadh linn ar a cáblaí is a cuid anairte gan ríf.
> Bíonn guth na ngadhar ar ardaibh is an chuach le clos gach lá ann;
> Is gheobhaidh lucht beailití trácht air i gCathair seo Luimní.

B'iad amhráin Sheáin Uí Dhuinnshlé is mó a bhí ar bhéalaibh daoine le trí ghlúin romhamsa. Is minic a deirtí le linn aon chóisire 'Caoineadh na Luasach', 'Bó na bhFeiritéarach', '*Beauty* Deas an Oileáin', 'Asal an Chlúimh' agus 'An Chaora Odhar' féin.

Ach is fé fhile deireannach an phobail, Mícheál Ó Guithín, mac Pheig Sayers, a fuair bás i 1974 a fhágfadsa an dá rann deireanach as cheann de na dánta deireanacha uaidh a cheap sé agus é in óispidéal an Daingin:

> Dún Chaoin úrghlas féarmhar,
> Ball searc aoibhinn aerach,
> Tá teanga na saoirse agus binnghuth éan ann,
> Is tá taitneamh na gréine ar aosta agus óg.

> A mhuintir Dhún Chaoin seasaíg le chéile,
> Is ná ligíg ar lár bhúr gcáil le héinne.
> Beidh libh an t-ádh nó táimse bréagach,
> Is ná ra' maith acu súd bhur gcás a phlé amach.

Nótaí

1 .i. Aois Chríost míle chúig chéad caoga a hocht: fuair Iarla Dheasmhumhan, Séamas, mac Sheáin mhic Thomáis mhic Shéamais Mhic Gearailt bás. Ba mhór an chailliúint don ndúthaigh bás an dea-fhir sin, óir ní raibh aon ghá le súil a choimeád ar eallach ná doras a dhúnadh lena linn ó Dhún Chaoin in Iarthar Chiarraí go dtí Cumar na dTrí nUisce imeallghlas laistigh de chrích éachtach Mhic Luchta agus Laighin. B'é a mhac Gearóid a ceapadh ina áit.'

2 .i. Ní féidir a insint nó a aithris leath nó trian ar fhulaing na Gearaltaigh d'imreasaibh géara agus de choimhlintí crua agus d'ionsaithe nárbh fhéidir a sheasamh; agus ba san aimsir sin a deirtí gur ar éigean a bhí géim bó ná guth treabhadóra ó Dhún Chaoin go Caiseal Mumhan.'

3 *A Journey Throughout Ireland during the Spring, Summer, and Autumn of 1834* (5ú cló, London, 1838).

Fionntrá agus Cill Dromann
Corca Dhuibhne
Breandán Ó Cíobháin

An mhílaois agus paróiste Fionntrá móide paróiste Chill Dromann atá fé chaibideal agamsa anso. Tá an mhílaois seo á cheiliúradh le ceol, ól agus ragairne, más fíor, marab ionann is míle bliain ó shin nuair a bhí an Eoraip ar fad suaite agus deireadh an tsaoil á thuar. Is mó duine in Éirinn a ghéill don dtuar céanna i lár na fichiú haoise agus iad ag súil le dorchadas cheithre lá go n-oíche ag fógairt Lá an Luain. 'Sé a bheidh á áiteamh agam ar ball go bhfuil Fionntrá beag beann ar chomóradh na mílaoise seo ach go bhfuil sé chomh maith againn a bheith ar an láthair ina bhfuil gabhar a róstadh.

Bunús Paróistí

Paróistí meánaoiseacha a bunaíodh sa 13ú haois, tar éis lonnú na Normannach, iad an dá pharóiste, dála paróistí eile na hÉireann. Anuas go dtí an 12ú haois ní raibh an eaglais in Éirinn eagraithe in aonaid chríche ar nós deoisí agus paróistí mar atá ó shin i leith. Bhí na mioneaglaisí, ná raibh fé réir mainistreach éigin, ina n-eaglaisí muintire ag braith ar theaghlach áitiúil go raibh freagracht air ina leith le hoidhreacht. Tá an chéad tagairt dár bparóistína ar fáil sa bhliain 1319 nó beagán roimis sin, ar liosta deachúna a gearradh don bpápa, agus a cinníodh i dtaisce i dTúr Londain.

Is minic a fhreagraíonn paróiste don dtuath, nó mionríocht, ghaelach, ach sa chás so is dóichí go bhfreagraíonn sé do ghabháltas aonair i seilbh Normannaigh, mar go bhfuil san le léamh ar an bhfianaise i gceantracha eile inar lonnaíodar súd. Tá Fionntrá agus paróistí eile iarthar Dhuibhneach róbheag le go n-áireofaí iad ina dtuatha neamhspleácha.

Fionntrá

Tá an chéad tagairt do Fionntrá féin le fáil in Agallamh na Seanórach, a cumadh sa 12ú haois, mar a ndeintear claontagairt do Chath Fionntrá.

Tá leagan liteartha de 'Chath Fionntrá' ar fáil i lámhscríbhinn de chuid an 15ú haois atá anois in Oxford, agus bhí cóip do i lámhscríbhinn a scríbh Muircheartach ó Bhaile an Fheirtéaraigh i dtreo deireadh an 19ú haoise, agus bhí sé forleathan sa bhéaloideas.

Maidir leis an leagan *Ventry* den ainm, tháinig sé i bhfeidhm in imeacht an 14ú haois fé thionchar ainm bharda i Londain, *the Vintry/Ventry ward*. Bhí an dá ainm á gcóipeáil ag scríobhaithe i dTúr Londain i rith na tréimhse seo, i dtreo is gur imigh litriú na hainme gurbh fhearr a n-aithne uirthi i bhfeidhm ar an ainm choimhtheach. *Fyntray* atá i dtaifead dar dáta 1319 de chás cúirte inar chuir Tomás, mac Iarla Chill Dara, i leith Uilliam Treant gur scrios sé tithe dá chuid ann. Léiríonn so go raibh sráidbhaile i gcóngar an teampaill, gur léir fós rian a fhallaí sa reilig cois trá in 1841, agus tá an sráidbhaile féin breacaithe ar mhapaí ón 17ú haois i leith.

Dob é seo lárphointe an pharóiste anuas go dtí an aois sin, nuair a fágadh an teampall ina fhothrach leis an athrú creidimh. Díol suime é go n-aithrisítear fé bheirt de bhunadh an pharóiste gur i gcóngar an Teampaill a saolaíodh agus a cuireadh iad. 'Siad san duine de mhuintir Lúing a chuir an ceann ar an gcoláiste bíoblóireachta i gCeann Trá timpeall 1840, agus Dónaillín Ó Fiannachta, nó Dónaillín an Deataigh, a thóg Droichead Dhónaillín ar an mbóthar síos chun an Teampaill (mar a tugtar ar an reilig), agus go raibh lámh aige i dtógaint na gcaititsí siar ón gcé sa Daingean. Uair éigin i bhfichidí na fichiú haoise a cailleadh é.

Ní foláir nó b'é an t-áth san abhainn anso ar bhruach na trá a thug ar na Normannaigh lárphointe a chruthú ann, agus an bóthar meánaoiseach idir caisleán an Treantaigh i gCathair an Treantaigh agus caisleán Ridire Chiarraí i Ráth an Fháin ag gabháil thairis mar fhearsaid ag an bparóiste. Ghaibheadh sochraidí ón sáipéal tríd an nduimhich air seo le cuimhne daoine, rud a fhág gur Bóthar na Marbh atá fós ar a rian. Is beo fós do dhuine a lean sochraid anso sna triochaidí. Is i gCluain na hOla atá an Teampall suite. An focal seanda, ula, a chiallaíonn 'láthair adhlactha, láthair deabhóide' atá anso, rud a thugann le fios go raibh láthair chríostaí réamh-Normannach ann. (Leathnaigh an téarma, 'teampall' ar eaglaisí tar éis teacht na Normannach.)

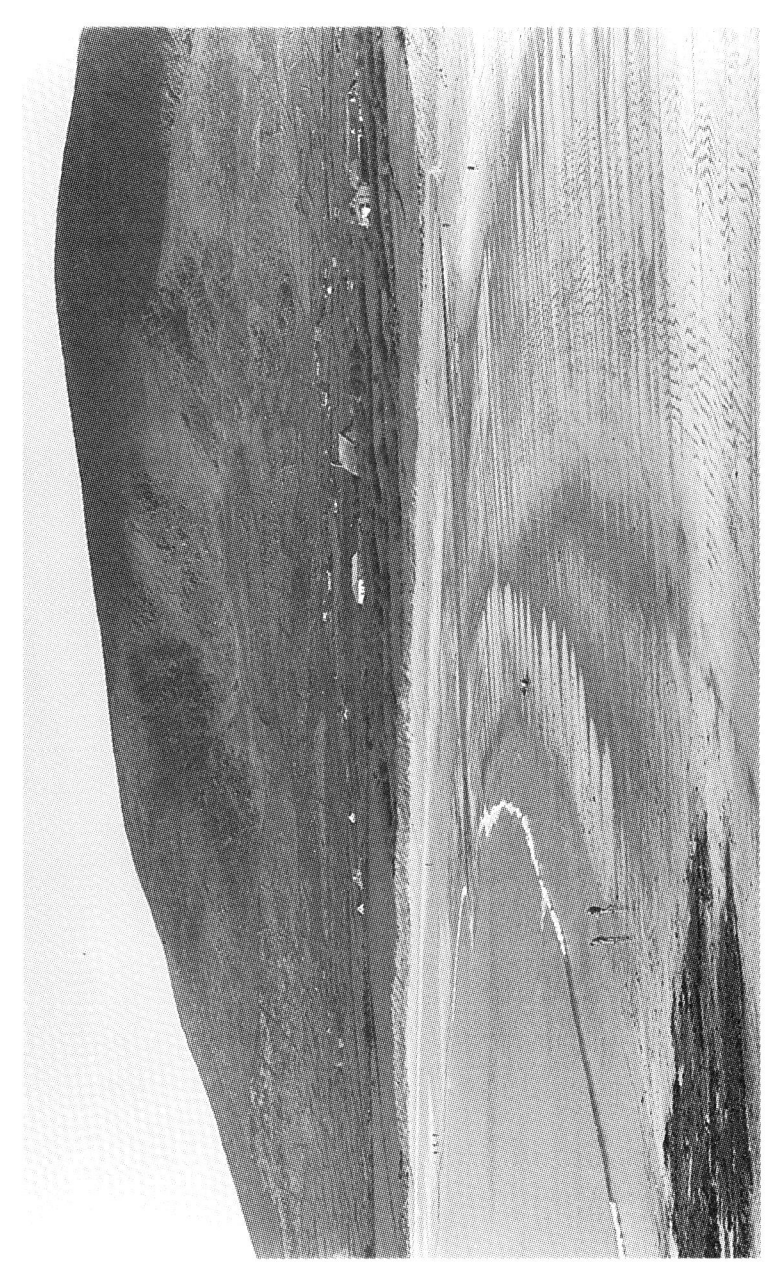

Ceann Trá

Aodán Ó Conchúir 2000

Thóg an paróiste a ainm ón mbaile fearainn ina raibh an Teampall suite, agus ainmníodh so arís ón ngné aiceanta is suntasaí sa pharóiste—tráigh dhá mhíle ar fhaid fé ghainimh ar dhath an airgid. Nuair a dhein lárphointe nua don bparóiste sa tsráidbhaile nua a bhí tagthaithe chun coinlíochta sa bhaile fearainn, Ceann Trá, i dtús an 19ú haois, díláithríodh *Ventry*, ainm ghalldaithe seana-lárphointe an pharóiste agus leagadh ar an sráidbhaile nua é. Tugtar *Ventry T(own)* air seo i nDaonáireamh 1841 agus cuirtear daonra 190 leis.

Cé go bhfuil *Ventry* mar ainm ar an mbaile fearainn le hais an Teampaill ar mhapaí na Suirbhéireachta Ordanáis, is *Fionntrá* a thugann Béarlóirí fiú amháin air go dtí an lá inniu, rud a chomharthaíonn ná raibh *Ventry* riamh sa chaint ach i measc na n-údarás agus a lucht leanúna.

Malairt Saoil

Tógadh sáipéal i gCeann Trá in 1817 i gclós scoile an lae inniu. De thoradh feachtais an tsúip tógadh scoil phrotastúnach i gCeann Trá in 1839, teampall gallda in 1840, agus tigh ministir roimis 1841. Tógadh coláiste mór bíoblóireachta agus '*colony*' móide slip bád mar chuid den bhfeachtas céanna, agus beairic na bPílears tamall ina dhia' san.

Níl d'eolas fé scoileanna scairte sa pharóiste ach go raibh 'Scoil na Luthóg' i gCill Dhorcha (Cill U-ru), mar a raibh fear de mhuintir Chatháláin ag múineadh. Gnáth-thigh muintire é, go mbíodh na daltaí thíos ina íochtar, is go ndeinídís na prátaí a thugaidís ar scoil leo a chur fén ngríosaigh le róstadh mar 'luthóga'. Amuigh fén aer a bhí scoil scairte i Móin an Fhraoigh, i bparóiste Chill Dromann.

Bhí scoil chaitliceach le tógaint i mBaile an Liaig in 1845, ar láthair a thairg Roibeard Hickson, protastúnach, ó Fhormaoil sa Leitriúch, ach is i gclós an tsáipéil i gCeann Trá a osclaíodh a leithéid 17 Bealtaine, 1852. Osclaíodh scoil do chailíní sa chlós céanna 23 Abrán, 1855. Tá fianaise ar scoil a bheith i gCill Mhic Domhnaigh in 1874, ach níl dáta a tógthaithe tagthaithe chun solais fós. Is i 1913 agus 1928 a tógadh scoileanna an lae inniu i gCeann Trá agus i gCill Mhic Domhnaigh fé seach. Maidir le sáipéal an lae inniu, is in 1881 a beannaíodh é in Imleach Slat, ar láthair a chuir muintir Shé an Imligh ar fáil in aisce in

1876, más fíor. Tá trácht ar sháipéilín ceann tuí ag barra an Chlasaigh i bhfad siar, ach ní léir an raibh sé ag fónamh do pharóiste Fionntrá.

Crot agus Comharthaí Sóirt na bParóistí

Má chaithimid súil ar chrot aiceanta an pharóiste is fuirist a mheas go gcothaíonn sé leithleachas áirithe agus é iata isteach air féin mar a bheadh crú chapaill timpeall an chuain. Ithir fhónta atá ann a chothaigh daonra neamhspleách roimis an nGorta, nuair a cláraíodh 2,426 duine ann i ndaonáireamh 1841 in ainneoin an chalair a mhairbh mórán sna blianta 1832-3. Sin gan áireamh ar Fhán agus Gleann Fán, a ghaibh le Paróiste Bhaile an Bhóthair (idir Abhainn an Scáil agus Inse) le sinsearacht, ná Mám an Óraigh agus Cill na gColmán, a ghaibh le Paróiste Mhárthain le sinsearacht. (D'áirigh sagart paróiste an Fheirtéaraigh an dá bhaile seo ina pharóiste féin in 1835 fiú amháin). Agus an cheithre bhaile sin á n-áireamh leis an bparóiste i 1996, bhí an daonra tititheгоoraigh go 414.

Daonra 1,217 a luaitear le Cill Dromann in 1841, agus tá an figiúir 1,091 ar fáil ó fhiosrú a deineadh i 1833. Is léir ós na figiúirí sin, má tá cruinneas iontu, an fás neamhghnáthach a bhí ag teacht ar dhaonra an cheantair roimis an nGorta. Ní aonad daonáirimh é Cill Dromann ó 1898 i leith agus, dá bhrí sin, níl figiúirí inchomparáide ar fáil don bhfichiú haois.

Ó thaobh achair, áirítear 4,439 acra i bparóiste Fionntrá in 1841 (5,653 nuair a áirítear an cheithre bhaile breise), agus 2,888 acra i gCill Dromann. Agus na bailte breise á n-áireamh i 1911, bhí 857 Gaeilgeoir, nó 91.7% den ndaonra, i bhFionntrá, agus 'sí an Ghaelainn amháin a bhí ag 155 acu. Níl figiúirí ar fáil do Chill Dromann.

Chuir an cuan féin le heacnamaíocht an pharóiste, mar is léir ón mbreith a thug Iarla Dheasmhumhan agus Seán Husae ar aighneas idir na deartháracha Riocard agus Pilib Treant, sa Daingean, 25 Bealtaine, 1484. Fágadh ag Riocard, mar cheann ar a chine, dleachta iomlána ancaireachta chuan '*Fyntray*' móide dhá dtrian na dtáillí iascaireachta sa chuan, nó leasaithe éisc ar an bport. Bhronn an chairt a tugadh do bhaile an Daingin i 1607 dleachta chuan Fionntrá ar Chorparáid an Daingin, ach deir fiosrú a reachtáladh sa Daingean in 1833 ná fuil fianaise ar bith go raibh feidhm leis sin riamh.

Duine gustalach ab ea Ridire Chiarraí, leis, an tarna huasal sa pharóiste, a shíolraigh ó mhac mídhlisteanach Iarla Dheasmhumhan. 'Sé a bhailigh cíos an Iarla i gCiarraí, agus an fichiú cuid do ag dul do fhéin. Ghaibh Wilmot caisleán Ráth an Fháin uaidh i 1602, tar éis bhriseadh Chionn tSáile, ach bhí sé i seilbh an Ridire arís nuair a díríodh na gunnaí móra air le linn éirí amach 1641. Is ann a caitheadh an bhainis nuair a phós an Ridire, Muiris, 30 Meitheamh, 1703, ach d'aistrigh na Gearaltaigh isteach 'on Daingean go luath ina dhia' san.

Cill Dromann

Is cosúil gur chaill paróiste Chill Dromann a phearsanacht toisc ná raibh aon lárphointe fuinniúil ann agus go bhfuil sé roinnte ina dhá leath ag stráice fairsing de pharóiste an Daingin. Síneann an leath thiar ón mBóthar Ard trí shráidbhaile Cheann Trá go dtí an bPeaideac ag ceann thoir thuaidh an chuain, agus as san arís go Bun an tSrutháin, agus timpeall go Cathair Both Sinche (Cathair Bó Sine). I measc na mbailte atá ann tá dlúthbhaint le Fionntrá le fada an lá ag Cathair Both Sinche, Ceathrúin an Phúca, an Chathair Ard, Baile Móir Thiar agus an Clochán, marab ionann is Móin an Fhraoigh agus Cnoc na hAbha. Síneann an leath thoir ó Bhaile an Mhuilinn ó thuaidh, gan ann ach Cill Fhiontain, Cnoc an Ghróigín (Cnoc an Bhróigín) agus leath an Bhaile Íochtaraigh, mar a bhfuil reilig Chill Dromann suite. Ní raibh aon rian den dteampall fágtha ann in 1841, ná in 1655 féin, de réir mhapa an *Down Survey*. Is fánach duine a cuirtear inti anois. Díol suime é ná fuil Cill Dromann mar ainm ar aon bhaile fearainn.

Féiniúlacht na bParóistí

'Sé a chuir dlús le féiniúlacht na seanpharóistí in iarthar Dhuibhneach anuas go dtí an lá inniu, beagnách, ná an chaid, cé gur imigh an córas san i léig san eaglais chaitliceach le linn na bPéindlithe. I lár na gcaogaidí a tháinig meath ar fhoirne na bparóistí Gaeltachta, ach bhí foireann dá chuid féin ag Fionntrá anuas go dtí 1957, nuair a bhí na paróistí eile titithe le chéile agus 'an Ghaeltacht' á thabhairt orthu le cúpla bliain. Shín limistéir caide Fionntrá ó Cheann Sléibhe go dtí an Rinn Bheag ag béal chuain an Daingin, go Cathair Both Sinche. Ní cosúil go raibh foireann chaide ag Cill Dromann riamh.

Cúlra Cianársa

Dírímis ár n-aird ar na claochlónna iomadúla a chuir an paróiste do, faid ár léargais siar. Is geall le neamhní é an míle bliain atá fé chaibideal againn i gcomparáid leis an dtréimhse ama atá imithe ó teilgeadh múnla geolaíochta an pharóiste. Téann an tSeana-Ghaineamhchloch Rua atá le feiscint sna failltreacha siar breis is 350 milliún bliain, agus brúdh in airde na cnoic a fháisceann an cuan chúthu féin timpeall 270 milliún bliain ó shin—200 milliún bliain sarar cruthaíodh na hAilp. Chruthaigh oighearshruth an poll ina bhfuil loch Shliabh an Fhiolair i gceann éigin de na hoighear-réanna le 300,000 bliain anuas.

Tugaimid fé ndeara an taoide ag tuile is ag trá gach aon lá dár saol, ach ní ritheann sé leis an ngnáthdhuine go raibh arduithe agus íslithe malla de bhreis ar na taoidí ó chríochnaigh an oighear-ré dhéanach 13,000 éigin bliain ó shin. Tá fianaise ar leibhéal barra taoide a bheith timpeall trí troithe déag níos aoirde ná mar atá inniu ar chósta na hÉireann timpeall 5,000 bliain ó shin. Do fhreagródh an líne sin don bport ag bun na talún ag ceann istigh na duimhche sna bailte Fionntrá agus Imleach Slat, rud a chiallaíonn gur shín an cuan an uair úd isteach sna portaigh atá lastuaidh agus laisteas díobh inniu.

Ní foláir nó chúlaigh an mhuir go tapaidh ón uasphointe sin mar go bhfuil fianaise ar thairmtheacht mara, atá ag leanúint ar aghaidh go dtí an lá inniu, ó timpeall 4,500 bliain ó shin. Is ón am san leis atá fianaise ar fhás móna le claochló aeráide in Éirinn. Tá réimse fairsing móna agus géaga crann ag síneadh amach fén ngaineamh i gCuan Fionntrá inniu agus ní miste a mheas go raibh dóthain ama acu san teacht chun cinn sarar chlúdaigh an mhuir arís iad. Seans gur leis an dtréimhse sin nuair a bhí na hísleáin sa pharóiste fé chrainn a bhaineann an tua chloiche a fuaireathas beagán blianta ó shin in Imleach Slat, agus, b'fhéidir, an dumha fáinneach leathmhíle siar uaidh i bhFionntrá.

Luatháitritheoirí

Is féidir rian níos soiléire luatháitritheoirí Fionntrá a dh'fheiscint i gcomhthéacs Leaba an Fhir Mhuimhnigh, tuama dince ar mhullach chnoc na Cathrach Airde, a tógadh beagnach 4,000 bliain ó shin. In íochtar an chnoic, leathmhíle anuas uaidh tá seanfhothracha agus óin[1] sa bhaile fearainn, Ceann Trá, ina bhfuaireathas múnla cloiche le haghaidh teilgean tua miotail beagán blianta ó shin. Toisc go gceanglaítear tuamaí dince le miotalóirí ón mBriotáin agus ón Spáinn a lonnaigh in iarthar na Mumhan, ar thóir copair, ní miste a mheas gur aimsíodar mianach copair sa chnoc agus gur chleachtadar miotalóireacht ina n-áit chónaithe. Tá cúpla láthair chónaithe eile sa chnoc idir san agus Mám an Óraigh, i dtreo is gur féidir a áiteamh go raibh acmhainn thionsclaíochta ag an síbhialtacht is luaithe ar a bhfuil fianaise chinnte uirthi i bhFionntrá. Is leis an dtréimhse seo, leis, a bhaineann an chloch ghreanta a tháinig chun solais le déanaí ar an gCuan.

Leabhar na Cruinne

Ní rithfeadh sé le daoine de ghnáth, gur féidir luathstair an pharóiste a léamh ón dtírdhreach aiceanta agus daonna nuair nách ann do cháipéisí. Is é an talamh ard idir 200 agus 300 troigh a saothraíodh i dtréimhse na miotalóireachta, agus is beagán féna bhun san atá na liosanna a tháinig chun tosaigh breis is míle bliain ina dhia' san agus a bhí in úsáid go teacht na Normannach ar a laighead. Tuairimítear gur cloíodh leis an dtalamh ard mar gur chaith sé an t-uisce uaidh, agus nárbh acmhainn dos na huirlisí a bhí ar fáil sa luath-thréimhse aon lámh a dhéanamh ar an ithir throm sa talamh íseal. Le meath na haeráide a luadh thuas, a thug breis taise leis, thosnaigh móin ag fás ar na cnoic, rud a dh'fhág sa riocht iad ina bhfuilid inniu.

Insíonn crioslach na liosanna agus na gcnuasbhailte ag airde 150 troigh go 200 troigh timpeall an chuain ó Bhaile Móir go Cill Mhic Domhnaigh, agus soir amach ar an gCuan féin, gur ag an leibhéal so, agus os a chionn, a deineadh saothrú ar an dtalamh. An dá lios sa bhaile fearainn, Fionntrá, an eisceacht sa phátrún so, ach is geall le hoileán an baile seo, móide Imleach Slat, ag éirí amach as na portaigh.

Tá na bealaí taistil seanda ard sa chnoc leis. Tagann bóthar i leith ó Chathair Both Sinche trí Mhám an Óraigh go Caisleán Ráth an Fháin, agus ar aghaidh tríos na bailte go léir siar go Fán. Bhí gabhal ag rith soir chun Cathair an Treantaigh ó Chill Mhic Domhnaigh, agus ceann eile chúithi ó Ráth an Fháin trí Fionntrá. Is in 1846 a tugadh fén mBóthar Nua ó Cheann Trá go hArd an Bhóthair agus ar aghaidh go

Cathair an Treantaigh—trí phortaigh a sheachain na bóithre seanda—agus fé bhóthar Chinn Sléibhe siar amach. Fiacha na mine buí a chur ar fáil dos na daoine agus an Gorta ag bagairt orthu a bhí mar aidhm leis na hoibreacha so. Bímis buíoch den nGorta as fheabhas ár mbóithre inniu! 'Sé an Bóthar Ard a thógadh na sochraidí ar fad ón nDaingean go Fionntrá anuas go dtí daichead bliain ó shin, mar gurb in é an nós sarar tógadh príomhbhóthar an lae inniu.

Macalla Logainmneacha

Tá léamh ar struchtúr réamh-Normannach an pharóiste le déanamh ar an uanaíocht a dheineann ainmneacha na láithreacha cónaithe agus na gceall ar a chéile timpeall an chuain: na Ráithíneacha agus Cathair an Treantaigh idir Cill Mhearnóg (an Cuan) agus Cill Mhic Domhnaigh, Cathair Boilg idir so agus Cill Dhorcha, Ráth an Fháin idir so agus Cill na gColmán.

Baineann Baile Móir, Baile an Trasnaigh, an Baile Beag, Baile an Liaig, Baile an Chótaigh agus Baile an tSléibhe leis an dtréimhse Normannach, nuair a leathnaigh 'baile' mar mhír i logainmneacha. Féach arís mar a bhfuilid suite. Tá Baile an tSléibhe idir Cill Dhorcha agus Cathair Boilg, Baile an Chótaigh idir é agus Fionntrá, agus Baile an Liaig idir é agus Ráth an Fháin. Líonann an Baile Beag agus Baile an Trasnaigh isteach an spás idir Ráth an Fháin agus Cill na gColmán. Tá sé le brath air sin gur bhris na Normannaigh suas gabháltaisí tuata agus eaglasta a fuaireadar rompu, agus gur déine an saothrú a dheineadar ar an dtalamh. Léiríonn ainm Bhaile an tSléibhe, mar shampla, gur thógadar isteach ón gcnoc é.

I gCill Dromann tá Cathair Both Sinche agus an Chathair Ard in aicme amháin agus Cill Fhiontain sa cheann eile, agus ansan an Baile Íochtarach, Baile Móir agus Baile Áimín Treantach. Baineann an Clochán le haicme na láithreacha cónaithe, mar gur ann atá na hóinte[1] is suntasaí dá bhfuil i gCorca Dhuibhne—cuid des na seomraí le falla agus ceann cloiche orthu fé thalamh. Sin iad na clocháin.

Is léir ós na clocháin iomadúla i bhFán agus i nGleann Fán go raibh dlúthdhaonra anso sa tseanam. Is cosúil go mbaineann na dúnta binne ar an gcósta le tréimhse chorraithe idir 2,000 agus 3,000 bliain ó shin.

Baile Cheann Trá

Aodán Ó Conchúir 2000

Tá a leithéidí i nDún Uí Mhaoláin ar an bPeaideac, sa Dúinín agus ag Faill na Mná i mBaile Móir, ag Cuas an Dúna ar an gCuan agus sa Dún Beag i bhFán, gan trácht ar an nDún mórthaibhseach i mBaile Mhic an Daill, a dtugtar Leaba na bhFiann ar a chlathacha cosanta ar chliathán na hEisce, agus Dún an Doichill ar an gCeathrúin, díreach lastoir do. Deineadh tochailt sheandálaíochta ar an nDún Beag i 1977, inar aimsíodh abhar fén bhfalla cosanta cloiche a sholáthraigh dáta radacharbóin de 2,500 bliain. Thánathas ar dháta radacharbóin sa chlochán i lár an dúna a thug le fios go raibh daoine chun cónaithe ann anuas go dtí 1,000 éigin bliain ó shin.

Éirim na Staire

Níl ach creatalach imlíneach de stair Fionntrá agus Chill Dromann curtha ar fáil anso sa chúngrach spáis atá ar fáil. Ní ar íor na staire amháin ach ar íor na síoraíochta, leis, a aithníonn an duine é féin. Tá samhail againn den dtuiscint a bhí ag ár sinsir i bhfad siar ar bhunbhrí na beatha i g*Cath Fionntrá*. Cath 'bliana agus lae' a bhí ann, agus b'ionann san sa tseanalitríocht agus cath síoraí—an choimhlint idir an maith is an t-olc. Tá a mhacalla sna logainmneacha—leithéid Leac Caoil, Tráigh Chaoil, Leaba mhic Donn nó Leacht Dháire, Gort na hOla, Rinn na Báirce—atá beo fós inár measc.

Is ón nDomhan Toir a tháinig an Chríostaíocht chúinn le réiteach a sholáthar ar an gcoimhlint dhosheachanta shíoraí seo, agus 'sí breith bhunaitheoir an chreidimh sin atá in ainm is a bheith á chomóradh againn sa bhliain 2000. Faraoir, táimid ródhéanach mar go bhfuil cothrom dhá mhíle na breithe sin imithe tharainn le chúig bliana ar a laighead. Rugadh Críost chúig bliana ar a laighead níos luaithe ná mar a mheas 'Donncha Beag', cruthaitheoir ár bhféilire 'Anno Domini' i lár an 6ú haois.

An Todhchaí

Níl an lá caillte ag Fionntrá, áfach, mar go dtugann pátrún an pharóiste, Caitlín na hÉigipte, ón nDomhan Toir céanna, buannaíocht dúinn ar fhéilire níos seanda fós. 'Sé sin féilire Chríostaithe seanabhunaithe na hÉigipte, na Coptaigh, ina n-áirítear an bhliain 2000 mar 1716 A.D. (= Anno Diocletiani). 'Ré na Mairtíreach' a tugtar air seo marab ionann is 'Ré na Críostaíochta'. Cloíonn siad leis in ómós na mairtíreach, gur mhó a líon fén impire Diocléit (284-305), a bhí i réim nuair a cruthaíodh é, ná fé impire ar bith eile.

Nílimid inár n-aonar ag tabhairt droim láimhe leis an bhféilire reatha, mar ná ceadódh mórtas cine dár sinsir géilleadh d'fhéilire na Róimhe sa 7ú haois. Seo mar a mhúin Naomh Columbán fios a chúraim don bPápa Griaire (gur de bhunadh Chorca Dhuibhne é de réir na nGael) i litir dar dáta 600: 'Tuig nár glacadh le Victorius [cruthaitheoir féilire eile] imeasc ár múinteoirí, matamataiceoirí seanda na hÉireann, sároilte in áireamh croineolaíochta, ach gur thuill sé fonóid nó trua seachas stádas'.

Fágann so go bhfuil 285 bliain againn le ceiliúradh ár mílaoise a ullmhú. Breithnímis sinn féin agus ár dtimpeallacht ar scáth na staire agus na síoraíochta. D'admhaigh ár sinsir a dtuilleamaí le torthúlacht agus folláine na ndúl lena ndeabhóid ag Tobar Chiaráin, Tobar Bréanainn agus Tobar Michíl. Agus na nósanna san á dtréigint againn i gcomhthéacs ré seo an réasúin agus na heolaíochta, ná dearúdaimis gur dúinn is measa má chaillimid ár nasc le bunluachanna na beatha trí ghéilleadh do nós na huaire gan machnamh. Tá an bhuannaíocht chéanna againn ar an réasún is atá againn ar an ndúchas mar nách é amháin gur mairtíreach í an óigbhean atá againn mar phátrún ach gur thuill sí gradam pátrúin intleachtóirí agus teicneolaithe ón eaglais ar fheabhas a hintleachta, i lárinead intleachtúil na himpireachta Rómhánaí, Cathair Alastair.

1 óin = 'souterrain' < 'uamhain' < 'uaimh'; 'óinte' san uimhir iolra.

An Daingean
Corca Dhuibhne
Pádraig Ó Fiannachta

Nuair a bhím ag rá aifrinn phoiblí agus á chur lem pharóiste, deirim, 'Tá an tAifreann so á léamh agam dom pharóiste ar fad, ó Áth na Leac go Ceann Sléibhe'. Níl an scóp céanna leis an gcaint seo mar tá beirt eile ag plé le paistí móra den bparóiste, Breandán Ó Cíobháin ag cur síos ar sheanapharóistí Fionntrá agus Chill Dromann agus Roibeard Ó Cathasaigh ag plé le seanapharóistí na Minairde agus Chinnaird.

Is iad na seanapharóistí atá i bpobal sáipéal an Daingin inniu ná paróiste an Daingin féin, paróiste na Gairtheanaí agus sceilp de pharóiste an Chlocháin. Go dtí le déanaí bhain paróiste Chill Dromann leis an nDaingean; théadh dá réir sin cléireach an Daingin ar na stáisiúin ansúd. Tá seanapharóistí an Daingin, Chill Dromann, na Gairtheanaí agus an Chlocháin in achrann i ngabhal a chéile, ábhar, ach ní bhacfad le bheith do bhur mbodhradh á réiteach den iarracht so.

Bhíodh ceathrar sagart sa Daingean, agus séiplíneach lánaimsire ag Coláiste Íde chomh maith. Triúr sagart atá sa Daingean anois agus gach duine díobh i bhfeighil sáipéil agus phobal sáipéil, ach gur ar a n-uain a cheiliúraimid na searmanaisí de ghnáth seachas ar na féiltí móra nuair is maith linn go mbeadh gach duine i mbun a phobail féin, ach an triúr againn, más féidir, le chéile sa Daingean. Me féin, Pádraig Ó Fiannachta, atá i bhfeighil sháipéal an Daingin agus a phobail. Bhí an t-ádh liom go raibh an sáipéal dea-chóirithe romham; deinim feabhsúcháin bheaga; chuireas seastán don Leicseanáir i bpóirse na dtrí sáipéal i dtreo go bhféadfadh aon duine a thagann isteach léachtaí an lae a léamh; tugaim fé ndeara gur breá le cuairteoirí é sin a dhéanamh.

Nách lem phobal atá an t-ádh. Táid ar thaobh theas na gréine de Chorca Dhuibhne, radharc agena lán acu ar Bhá béaloscailte an Daingin, nó ar Chuan claibínach an Daimh Dheirg. Tá bánta réidhe acu agus riasca naoscacha, sruthán ghlóracha agus abhainn bhradánach. Tá cluthaire acu ó Chnoc an Chairn agus ó Chnoc an Bhróigín. Tá Béarla go leor acu, agus le blianta beaga anuas tá an Ghaelainn fillte ar shráideanna muinteartha an Daingin ó tháinig na Gaeil i mbun an mhórghnó anso agus ná fuiltear ag magadh a thuilleadh fé chábóga na Gaelainne. Tá raidhse ceoil acu agus filíocht ar scéith ar na sráideanna i nGaelainn níos mó ná i mBéarla.Tá radharc draíochtúil le fáil ar a lán den ndúthaigh ó bharr aerach na Conarach, nó ó bharr séideánach Eisce, nó ó Mhám Bhaile na nÁth ag gabháil isteach an Bóthar Fada. Ní gá duit an bóthar a dh'fhágaint i mbarr Bhaile Ristín chun scéimh na coda ná feacaís fós a dh'fheiscint ón áit aerach san thall.

Tá slite beatha na ndaoine agus a modh beatha ag athrú agus ag feabhsú ó bhliain go bliain. Tá caitheamh i ndiaidh na feirmeoireachta mar a bhíodh ag cuid againn i gcónaí. Braithimid uainn an chráin ag gnúsachtaigh fén ngréin amuigh sa bhuaile, an coileach turcaí agus é ag pramsáil go stáidiúil, an chearc ag gágarlaigh tar éis a gaisce, sea agus na goirt órga arbhair sa bhfómhar, na gaiseanna gorma bláfara prátaí, cocaí liatha féir agus glaise an athfháis ar na móinéir. Aon treabhadh a deintear anois is síol féir a bheidh á chur ann. San ollmhargadh a gheobhair do phrátaí nua ón gCipir; is ann leis a gheobhair do chabáiste geal ó shlabanna ceimiceacha na hOllóinne. Tá paiste deas glasraí ar chúl an tí agamsa—prátaí, inniúin, pónairí, leitís ghlas agus dhearg, gairleog, píseanna, cróiseatanna. Ní haon ionadh ná fuil mo shagairt drochshnóch! Is annamh a chífeá a leithéid seo de ghairdín in aon ghaobhar do thigh feirme anso timpeall. Bhí an oiread san glasraí agam im phaiste beag dhá bhliain ó shin gur chaitheas dul á roinnt ar mo pharóisteánaigh.

Tá caoire níos flúirsí ná riamh agus comharchumann caorach dá réir againn. Tá na sléibhte chomh maith leis an dtalamh mín á sciotadh acu, agus is dócha go bhfuil baint lena líon lena fhaid amach anois a bhíonn rian na tuile i gCuan an Daingin. Tá bulláin is beithígh thrioma agus súracaigh agena lán feirmeoirí anois in áit na mba bainne. Níl glór chairt an chraemaraí le clos a thuilleadh ná an chaint agus an chadaráil ag an uachtarlann. Tá leoraí Mhaidhc Dainín nó Mhaidhc éigin eile ag teacht isteach sa bhuaile go dtí a lán den bhfeirmeoir as ochtar atá ag soláthar bainne anois. Tá feabhas á chur ar ár mbóithre de réir a chéile, ach níor tógadh iad dos na leoraithe móra bainne ná cinn altacha a bhíonn ag iompar ualaí móra orthu anois; tá cloch bhocht ruaghainní na dúthaí leis róbhog do dhéanamh bóthar.

The Emerald Dawn, bád nua iascaireachta sa Daingean

Mícheál Ó Flannúra 2000

An fheirmeoireacht aon tslí bheatha a lán den bpobal tuaithe go dtí deich mbliana fichead ó shin. Ní mór obair nó post breise anois chun go dtógfaí clann ar an ngnáthghabháltas beag. Baile margaidh le haonach stoic agus muc, caorach agus capall, ab ea an Daingean roimis seo. Tá páirc aonach na muc ina mhóinéar breá glas ar an dtaobh theas de Shráid na nGabhar inniu. Tá Páirc an Aonaigh, aonach an stoic, ina charrchlós leathan agus é folamh de ghnáth. Tá an Mharglann anois ina bharr ag féachaint anuas ar Bhóthar an Spá. Sa mharglann chéanna a díoltar ba, beithígh agus gamhna agus caoire inniu. Ní bhíonn á dhíol ar thaobh na sráide ach fochapall nó póiní ar an nDroichead Beag. Ní bhíonn de chapaill le feiscint ar an sráid anois ach capaill iallaite ag lucht marcaíochta agus saoire. Tá stáblaí dóibh sin i mBaile na Buaile agus i mBaile an tSagairt.

Bhí a lán siopaí beaga ar shráideanna an Daingin fadó, agus, a deirtear, cheithre thábhairne déag is daichead. Tá formhór na siopaí beaga dúnta anois, ach cinn ana-bhreátha a dhíolann cuimhniú míos le turasóirí agus a dheineann ábhar beag gnó eile. Tá tábhairní nua-aimsire againn agus seoda síoraí mar Dick Mac's agus Ó Flaithbheartaigh. Bíonn ceol agus craic gach deireadh seachtaine, agus gach oíche sa bhiaiste turasóireachta i dtábhairní, seachas iad so a luas, ón gConair go Droichead Beag is go Barr na Sráide agus le fánaidh go dtí Máire de Barra ag Bun Calaidh.

Tá dhá ollmhargadh mhóra ar an mbaile; thóg na Gearaltaigh seilbh ar láithreacha Gallda Latchford agus Atkins, agus fiú ar an muileann adhmaid ag Baile an Mhuilinn. In Inead na bPoll, nó Bóthar an Phúca, atá marglann Uí Ghairbhí agus le déanaí ghaibh sé sall go Bóthar na Trá mar a raibh Oifig an Phoist tráth ag Muintir Uí Fhoghlú na staire agus an léinn. Tá ollmhargaí níos cluthaire, leis, ar an mbaile. Tá Óstán na Sceilge ag fás leis fós ar an láthair ina raibh fothrach na ngardaí cósta in Imleach Thiar agus tá beairic nua na ngardaí san áit ina raibh fothrach bheairic na bpóilíní ag Droichead Hudson nuair a bhíos-sa óg. Tá Óstán Benners ar an seanaláthair ach curtha leis go mór. Tá Óstán an Hillgrove ar chúl na seanuachtarlainne agus is é láthair mhór an *disco* é. Tá tithe aíochta den scoth ar fuaid an bhaile ó Thigh Greenmount ag barr Shráid Eoin go Heatons thiar sa Choill. Tá a lán brúnna againn,

Brú an Rainbow i mBaile na Buaile agus brú agus láthair champála i dTigh Bhaile an tSagairt. Tá gnó LB, leaba agus breicfeasta, ina lán tithe sa Daingean féin agus a thuilleadh fós den scoth fén dtuath. Ní hionadh mar sin gur tógadh, cúpla bliain ó shin, Oifig mhór Fáilte ag ceann an ché i mBun Calaidh le freastal ar na mílte turasóirí. Tagann a lán chun dul ag féachaint ar an dtóithín muinteartha, Fungi na gcleas, a chaitheann an lá á iomlasc féin ag béal an chuain. Tá cabhlach bád le freastal ar na turasóirí seo agus *marina* do bháid seoil a thagann ar cuairt. Tá cáil an dea-bhídh ar an nDaingean anois—bia tapaidh lae agus póca, nó bia sócúil sách tráthnóna.

Tá cabhlach breá bád iascaigh sa Daingean, leis. Ba chalafort maith easportála éisc leasaithe é go dtí an dara cogadh domhanda geall leis, agus bairillí éisc á seoladh thar lear go dtíos na Stáit Aontaithe agus go Ceanada. Anois tá an cabhlach againn agus feabhas in aghaidh na bliana ag dul air, ach tá crapadh éagórach déanta ar an gcead ár n-iasc féin a mharú. Ag beannú na mbád anuiridh sheol cheithre bhád agus leathchéad i mo thimpeall le beannacht a dh'fháil ag Béal an Chuain. Báid iascaigh a bhformhór. Shiúlaíos síos an cé cúpla lá ó shin agus bhí bád breá nua díreach tagtha ó Aibeardheán na hAlban, trí Chanáil Chaledonia, mar ar bheannaigh sí do Árrachtach Loch Ness; bheannaigh sí do Fungi ag an dTúirín Bán ag teacht isteach chúinne anso. Chuas ar bord inti, fuaireas cuireadh í a bheannú; ní raibh mo leabhairín agam, ach tá m'fhoirmle de ghlanmheabhair go maith agam fén dtráth so, agus dheineas an bheart. An cabhlach bád so againn bíonn iascairí ó gach aird i gCorca Dhuibhne ag iascach iontu; bíonn roinnt mhaith Gaelainne le clos ina measc ar an gcé—cé gur minic Spáinnis nó Bascais le clos chomh maith. Soláthraíonn ár n-iascairí raidhse éisc—troisc, colmóirí, scadáin, maircréil, leathóga, sólann, pollóga, bradáin, portáin, gleamaigh, piardóga, don trí mhonarcha próiseála atá sa Daingean—ceann sa Choill ag Ó Catháin, agus dhá cheann i mBaile na Buaile ag de Brún agus ag Ó Mathúna. Tháinig bád monarchan ó Mhurmansk ar Mhuir Gheal na Rúise go cé an Daingin cúpla bliain le scadáin scéite a thabhairt léi. Cuirtear na hiuchracha go dtí an tSeapáin mar a n-itear iad mar shólaist ar leith. Sea, ní hionadh go bhfuil cáil ar bhialanna éisc an Daingin.

An Daingean

Bailiúchán Lawrence, An Leabharlann Náisiúnta (1880-1914)

Is trua ná fuil scoil iascaireachta againn. Mar is léir ón iascadán breá atá againn, lena shiorcanna agus eile, tá farraigí Chorca Dhuibhne agus Bá an Daingin ar an líomatáiste is ilghnéithí iasc ar domhan; bíonn iasc ón Arctach, iasc ón dteochrios agus ár n-iasc logánta féin le fáil sna huiscí anso. Beirtear ar bhric shuaithinseacha i líonta ár n-iascairí. Is minic a ceiliúrtar fómhar na talún in áiteanna; deinimid é sin um Lúnasa in aifreann ar leith. Ach is dócha gur neamhghnáthaí agus gur raidhsiúla an taispeántas a bhíonn againn do fhómhar na farraige an Domhnach ina dhia' san. Bíonn iasc beo, iasc reoite, iasc bruite, iasc sliogánach agus cnósach trá de gach sórt ar taispeáint, á n-iompar chun na haltóra agus ar fáil mar *agapé* an lá san. Deineadh forbairt mhór ar Ché an Daingin le blianta beaga anuas. Tá a thuilleadh fós le déanamh sara mbeidh caoi cheart iascaireachta agus margaíochta ann. Níl an córas leacoighearach ar fónamh, cé go raibh leacoighir ar fáil le cabhair a gcuid leictreachais féin ag Muintir Uallacháin sa Daingean na blianta sara dtáinig an Bord Soláthair Leictreachais, agus bhí solas leictreach curtha ar fáil acu don nDaingean, leis.

Turasóireacht agus lónadóireacht na slite beatha is tábhachtaí seachas cúrsaí éisc agus talamhaíochta. Tá ceardlann ceirde againn sa Choill, agus ceárta dá chuid féin ag an ngabha geal, Brian de Staic agus tá gabha geal mná ar an Sráid Mhór. Tá ealaíontóirí, péintéirí go háirithe, ag saothrú go líonmhar anso.

Tá sáipéal breá againn mar atá ráite, é tíolactha do Mhuire ina Lá Breithe. Tógadh é seo sna blianta 1862-65; athchóiríodh é céad bliain ina dhia' san agus feistíodh é le troscán nua 1980-81. Tá an fuaimniú den chéad scoth anois, rud ná raibh nuair a bhí sraith de cholúin mhóra nua-Ghotacha síos dhá thaobh an tsáipéil. Bhí coirm cheoil ag ceolfhoireann seámrach Éireann ann um Nollaig 1998; craoladh í dhá uair ar Theilifís Éireann agus dúirt na ceoltóirí go raibh an fuaimniú thar barr. An t-ailtire J.J. McCarthy, ailtire sháipéal Choláiste Phádraig Maigh Nuad agus a lán eaglaisí ar fuaid na tíre, a bhí i mbun ár sáipéil agus is é, leis, a dhear an clochar láimh leis. Cuid mhór den gclochar san anois, agus des na gairdíní a ghaibh leis, is é láthair an Dísirt é. Is é atá i gceist leis an nDíseart ná lárinead léinn agus spioradáltachta Gaelaí a bunaíodh le déanaí. Tá seodsháipéal ag gabháil leis lena chór de dhair theann Spáinneach, agus sé fhuinneog dhúbalta sleá le gloine dhaite leis an ealaíontóir Harry Clarke. Tá beatha ár dTiarna, ó naíontacht go haiséirí, léirithe go hachomair sna fuinneoga áille seo.

Tá tollán ón gclochar go dtí an sáipéal, go sciathán na mban rialta mar a bhí. Ag béal an sciatháin sin tá dealbh chré-umha de Mhuire na Dea-Chomhairle le hÍosa ar a glúin agus duine óg á theagasc aici. Imogen Stewart an t-ealaíontóir. Cliathánach ar an bhfalla taobh leis an ndealbh tá plaic do Clarissa Hussey an taca mór a bhí ag an sáipéal agus ag an gclochar. An tAthair Dónall Ó Súilleabháin, an tAthair Dan, a chuir an sáipéal á thógaint; bhí sé ina shagart paróiste ó 1856-1898, agus tá plaic do díreach sall ón gceann ar Chlarissa Hussey, agus tá sé curtha ansúd. B'é an tAthair Eoghan Ó Súilleabháin a bhí ina shagart paróiste roimis. Bhronn an Pápa Pius IX dochtúireacht oinigh sa diagacht air sin de bharr a shaothair ag cosaint an chreidimh le linn na Bíoblóireachta a bhí ar siúl i gCorca Dhuibhne. Tá seisean curtha sa sacraistí, agus tá dealbh chuimhne dho sa tseanabhaistlann.

Ar láthair an tsáipéil seo inniu tógadh sáipéal níos lú in 1812. Roimis sin bhí sáipéal i Lána an tSáipéil, ar an mbóithrín ar chlé ó Shráid na nGabhar ag an Holey Stone, an bollán ársa le poill atá fós ar thaobh na sráide. Roimis sin arís bhí sáipéal i Sráid Eoin i gcóngar na beairice a bhí ansúd; ordaíodh don sagart Lá Sanais Mhuire 1702 bailiú leis ón áit sin lena Thigh Aifrinn go dtí áit éigin eile. Deineadh easpag Chiarraí in 1720 den sagart paróiste a bhí ann ó 1704 go 1737, Donnchadh Ó Muircheartaigh. Ceapadh Eoin Ó Súilleabháin, a lean é in 1739, ina easpag ar Chiarraí chomh maith; cailleadh eisean in 1743, agus an t-easpag a ceapadh ina dhiaidh, Nicholas Madgett, cé ná raibh aon bhaint ar leith aige leis an nDaingean, bhí teacht isteach aige ón bparóiste mar a bhí ag an mbeirt a ghaibh roimis. Bhí san dona go leor ach aistríodh é go Cill Da Lua agus lean sé air ag fáil teacht isteach ó bheatha shagart paróiste an Daingin. Ar iarratas ó mhuintir an Daingin, sínithe ag *de Vintry* i measc daoine eile, iarratas go maireann a cháipéis fós i gcartlann na Vatacáine, réitigh an Róimh an fhadhb so go sásúil. An Canónach Diarmaid Ó Súilleabháin a bhí ina shagart paróiste 1978-82, agus a dh'athchóirigh nó a dh'fheistigh trí sáipéil an pharóiste agus a thóg an Tigh Sagart nua, ceapadh eisean, leis, ina easpag ar Chiarraí in 1985.

Tháinig mná rialta na Toirbhirte don Daingean in 1829, fé cheannas na Siúrach Mary Agnes Lonergan agus chuireadar fúthu i dtigh beag i gcóngar an tsáipéil i Sráid an *Ghreen*. Ba ghearr go raibh scoil do chailíní bunaithe acu, ansan scoil do naíonáin. D'oibríodar go dian, ag cur oibre ar fáil agus ag tabhairt bídh dos na bochtáin go háirithe le linn an Ghorta. Cailleadh cúigear acu na blianta san. Tá siad san agus a bhfuair bás díobh sa Daingean curtha sa reilig ghleoite fé scáth chrann craobhach beithe copair. Tháinig bláth ar an scoil, ag dul ó bhunscoil go bunscoil le 'barr', agus ansan go meánscoil. Tá an mheánscoil sin anois ina meánscoil mhór do chailíní iarthar Duibhneach ar fad. Tá meánscoil nua á thógáil fé láthair ina mbeidh daltaí Mheánscoil an Chlochair agus Mheánscoil na mBráithre ar an aon láthair, sa Ghróbh mar a raibh tigh ag Sabharn (*Sovereign*) deireanach an Daingin, John Hickson i dtosach na naoú haoise déag. Bhí cabhlach an tí sin le feiscint go dtí le déanaí.

Bunaíodh an chéad scoil náisiúnta sa Daingean i mBóthar an Spá in 1834 agus Donnchadh Ó Mathúna ina phríomhoide. Níor mhair an scoil ach cheithre bliana déag, go dtí gur tháinig na Bráithre Críostaí ar cuireadh ón sagart paróiste, an tAthair Mícheál Ó Dubháin ón bhFearann i mBaile an Fheirtéaraigh. Is le cabhrú le sagairt Uinseannacha ag tabhairt misin mar fhreagra ar bhíoblóireacht a fuair na bráithre an cuireadh; beirt bhráthar a tháinig ar dtúis, Pádraig Corbett agus Uinseann Culkin. Impíodh ar uachtarán an uird cuallacht bhuan a bhunú sa Daingean. Is amhlaidh a bhí. Tosnaíodh scoil i Halla an Lín i Sráid Eoin agus leanadh ag múineadh ansan gur tógadh an foirgneamh greanta cloch ar láthair na seanabhearaice agus is é atá ag seasamh go maorga ar chúl thigh na cúirte inniu. Bunscoil amháin a bhí ann ar dtúis, ach in 1895 cuireadh 'barr' léi agus den gcúigear a bhí ansan sa chéad bhliain bhí Michael Keyes a bhí níos déanaí ina easpag ar Savannah sna Stáit Aontaithe agus a cailleadh mar ollamh le Dlí Chanónda agus Diagacht Mhorálta i Salt Lake City i 1959. Chuaigh an scoil chun cinn go mór mar mheánscoil agus bunscoil le scoláirí cáiliúla mar na scríbhneoirí An Seabhac agus Joe O'Connor agus feidhmeannaigh agus státseirbhísigh, Rúnaí na Roinne Oideachais, múinteoirí, cigirí scoile, bráithre, sagairt, misinéirí agus easpaig, gardaí, iascairí, feirmeoirí, lucht gnó agus ceirde agus lán an mhála de pheileadóirí. Des na peileadóirí cáiliúla atá ar shlua na marbh luafainn Paddy Bán Ó Brosnacháin, Liam Ó Cathasaigh, Liam Dilliún, Gega Ó Conchúir agus Timinín Deas Ó Brosnacháin. Tá an mheánscoil anois ar an aon mheánscoil do bhuachaillí in Iarthar Dhuibhneach agus í le nascadh le Meánscoil an Chlochair mar atá ráite.

Tá tithe do sheanóirí tógtha na laethanta so féin i nGairdín an Chanónaigh taobh leis an sáipéal. Ghaibh an gairdín seo le Tigh na Sagart, láthair Údarás na Gaeltachta inniu, agus Tigh na Ríseach fadó. Réitigh an Cunta Ríseach, gur lena mhuintir an tigh, seomraí anso do Marie Antoinette dá mb'áil léi iarracht a dhéanamh éaló gan a fear céile nuair a bhí bású ag bagairt uirthi. Normannaigh Bhreatnacha ab ea na Rísigh, Rhys sa Bhreatnais; bhí tailte acu i mBaile Mhic an Daill agus i mBaile an Ghóilín agus in áiteanna eile sa dúthaigh síos go plandáil Chromail; cuireadh a lán acu thar Sionainn, ach d'éirigh leo tailte i mBaile Mhic an Daill a dh'fháil ar ais níos déanaí agus chuaigh Tomás Dubh chun cónaithe sa tigh seo sa Daingean, agus bhí gnó mór trádála aige leis an Mór-Roinn. Mac leis siúd an Cunta James Louis a bhí bainteach leis an bplean úd do bhanríon na Fraince, más fíor scéal. Bhí Rísigh ina mBaill Phairliminte don nDaingean agus ina Sabhairní, ach is iad na Mullinsaí a tháinig ina n-áit i mBaile an Ghóilín a chuaigh chun cinn fé dheireadh, mar a cloisfear uainn.

Nuair a bhí tochailt ar siúl do thithe seo na seanóirí, thánathas ar chuid de bhonn fhalla an Daingin. Baile ársa an Daingean. Fé dheireadh an tríú céad déag bhí a lán trádála isteach agus amach ann; bhí níos mó trádála ann ná mar a bhí i Luimneach; bhí olann, iasc agus im á sheoladh amach agus fíon go háirithe ag teacht ón Spáinn. Ní hionadh gurb é An Caladh Spáinneach a tugadh ar an gcéad chaladh a tógadh ann agus tá an ainm, an Caladh Spáinneach, ar thigh aíochta laithis leis an mball ina raibh sé, tamall beag siar ó chaladh an lae inniu, mar a bhfuil an *marina*. Anso isteach a tháinig Séamas Mac Muiris Mac Gearailt lena fhórsa Spáinneach in 1579, agus gur dhóigh sé an baile. Bhí san, ar ndóigh, ar cheann des na cúiseanna gur tógadh an falla roinnt bhlian ina dhia' san. An ceangal ársa leis an Spáinn agus le hoilithreacht Santiago de Compostella is dócha fé ndeara gur tugadh Eaglais Naomh Séamas ar eaglais an bhaile a bhaineann le hEaglais na hÉireann inniu. Atógadh í seo in 1807 agus cóiríodh í in 1974. Sna meánaoiseanna bhí Doiminicigh ó Thrá Lí agus Agaistínigh ó Chill Achaidh ag freastal ar phobal an Daingin. Tá lua sna Annates, Liostaí Cánacha na Róimhe fadó, ar Sheán Ó Conchúir fén mbliain 1428, Conchúr Ó Loingsigh fén mbliain 1432, agus Pilib Mac Muiris fén mbliain 1471 agus ar Ghearóid mac Gearailt agus ar Thomás Ó Finn ina dhia' san, mar shagairt pharóiste. Tá seanareilig mhór an Daingin i dtearmann Eaglais Naomh Séamas agus bhí Caitlicigh á gcur inti ó thús nó gur dúnadh í. Táthar ag súil le slacht a chur uirthi sara fada mar iarracht éacúiméineach deabhóide, nó *pietas*. I líomatáiste an Daingin bhí sáipéil fadó i gCill Fhaoláin (Naomh Faolán), i gCill Fhiontain (*Finten* ar chloch oghaim anso, agus an láthair féin i gCill Dromann), i mBaile Riabhach (Naomh Monachán) agus ar an nGairtheanaigh (Naomh Gobnait (?)).

Os comhair Oifigí an Údaráis sall ag barr na Sráide Móire tá Halla na Measarachta. Bhí san as feidhm mar láthair chaitheamh aimsire don óige le roinnt mhaith blian ach tá sé á athchóiriú anois féin. B'é turas an Athar Maitiú na measarachta in 1840 fé ndeara an halla so a bhunú dhá bhliain ina dhia' san ar thalamh ar léas ó Thiarna Chorcaí láimh le láthair Chaisleán na bhFiach, seanachaisleán Ridire Chiarraí. Bhíodh an banna ceoil ag cleachtadh ann go dtí an chéad chogadh. Tar éis an chogaidh sin a dh'eascair an banna feadóg agus dromaí a mhaireann go bríomhar fós agus a bhíonn páirteach ina lán paráidí ar an mbaile. Deineann siad timpeall an bhaile Lá 'le Pádraig ar a sé ar maidin agus seinneann isteach chun an aifrinn ar a slí dóibh.

Ar chloch shuaithinseach ar thigh ag barr Shráid an *Ghreen* sall ón Údarás, tá dáta 1586. Ag deireadh na bliana roimis sin bheartaigh an bhanríon Eilís I, cairt a bhronnadh ar an nDaingean i bpearsa a Sabhairn (*Sovereign*), agus gheall deontas de thrí chéad punt le falla a thógaint timpeall an bhaile. Bunaíodh bardas agus ceapadh Sabharn an bhliain sin ceart go leor ach is é Séamas I a bhronn an chairt dáiríre in 1607. Toghtaí an Sabharn Lá 'le Séamas gach bliain ar feadh bliana, agus deintí é a inseabhú Lá 'le Míchíl. B'é Tigh an Mhargaidh, a bhí mar a bhfuil ollmhargadh Mhic Gearailt amuigh ar an bpríomhshráid, a áitreabh oifigiúil. Ba le muintir Hussey an Tigh nó gur chailleadar é de bharr a bpáirt in Éirí Amach na nGearaltach; bhronn Eilís I ar an mbardas é in 1585. Bhí údarás agus éifeacht áirithe ag an mbardas agus ag an Sabharn go dtí deireadh an ochtú haois déag. Bhí teachta ón nDaingean i bPairlimint na hÉireann ó 1584 nó gur cuireadh ar ceal í le hAcht an Aontaithe; fuair William Mullins Bhaile an Ghóilín an teideal tiarna mar bhreab ar son a vóta don bhille i gceist.

Dealraíonn sé go raibh Eilís mall lena cuid airgid chomh maith lena cairt, ach cromadh ar an bhfalla a thógaint pé scéal é. Tá na staraithe agus na saineolaithe a d'iarraidh cúrsa an fhalla a chinntiú le tamall. Dealraíonn sé gurb é a bhí á chosaint ná dronuilleog i lár an bhaile inniu, an chuid uachtarach de Sráid an *Ghreen*, trasna na Sráide Móire agus síos, idir é agus an Gróbh, chomh fada le Sráid an Dá Gheata/Sráid an Daighide/*Dykegate Street/Dagget Lane*, an taobh thuaidh den tsráid seo; ansan trasna pháirc an bhaile, an *Orchard/Archery*, agus amach arís go Sráid an *Ghreen*.

Páirc i gan fhios is ea páirc álainn seo an bhaile a luas; níl ach aon mhéar ar eolas amháin ina treo, níl geata ná slacht ar an slí isteach. Scríobhas go dtí gach ineadaí poiblí ina taobh cúpla bliain ó shin ag éileamh go mba chóir comharthaí ina treo a chur ag cúinní sráideanna, geata a chur uirthi a dúnfaí istoíche, na fearais chaitheamh aimsire atá inti do leanaí agus do dhaoine óga, cúirteanna leadóige agus a leithéidí, a athnuachaint, slacht a chur ar na cosáin, na leapacha bláth, agus ar na plásóga agus feighlí a chur ina bun.

Má ghaibheann tú an Meal síos ón nDroichead Beag, ar thaobh na láimhe clé tá ceann d'iontais an Daingin: tithe tógtha trasna na habhann. Na saoir Ó Foghlú a thóg ach is é a chuala sa bhéaloideas ná gur éiligh an Tiarna Fionntrá seilbh orthu mar gur leis an láthair agus gur fhág san na saoir iontacha so ar an gcaolchuid. Níl aon chruthú scríofa agam air sin. Lean ort síos ansan go Droichead Hudson agus gaibh trasna an bhóthair; tá carrchlós mór nua anso taobh leis an gcé. Tugtar na *Tracks* anois ar an mbóthar nua anso mar gur ghaibh traein an Daingin ansúd ag dul go Bun Calaidh le hiasc a bhreith chun siúil. Is cuimhin liom féin carráiste traenach ag feitheamh ansúd le hualach. Ach is sa treo eile a bhí an stáisiún traenach; osclaíodh an líne traenach ó Thrá Lí go dtí an Daingean in 1891. Ba neamhghnách an líne í—trí troithe ar leithead in áit an 5 troithe 3 orlach ba ghnáth in Éirinn; ag rith fan an bhóthair gan chlaí cosanta seacht míle fichead den míle ar thríocha d'fhaid slí; dhá mhíle dhéag an teora luais. Is trua gur chaith sí dúnadh riamh; bhí deireadh le paisinéirí a iompar sarar fhéadas taisteal uirthi ag dul go Cill Airne in 1939. Bhíodh stoc á iompar uirthi, uair sa mhí, lá an aonaigh go dtí 1953. B'é Dónall Ó Conchúir a tháinig ó Lios Tuathail an chéad mháistir stáisiúin; mac do ab ea Joseph O'Connor, cigire scoile, a scríbh an leabhar *Hostage to Fortune* a thugann ana-chur síos ar Dhaingean a linne.

Is é Óispidéal Naomh Eilís an cuimhneachán is sofheicthe den nGorta atá againn. Is mar Thigh Bocht a tógadh é agus tá an cló stáidmhear san agena thosach gléigeal atá ag féachaint amach go maorga ar Chuan agus ar bhaile an Daingin. Cóiríodh chomh maith agus ab fhéidir é agus tá an chéad dá urlár i lánúsáid mar óispidéal na sean. Tá sárchúram á dhéanamh ann dona lán othar, beagnach leathchéad i leapacha agus slua eile a dheineann freastal lae. Tá cuid den urlár uachtair mar a bhí sé le linn an Ghorta—sínteáin nó ardáin adhmaid troigh ón dtalamh fan dhá fhalla an tseomra agus clais eatarthu. Bhíodh na bochtáin sínte ansúd ar thuí nó ar ghiobail, gualainn ar ghualainn le chéile. Nuair a caillí iad ní raibh fada le dul acu go Cill Mháiréad, reilig an Ghorta ar chliathán Chnoc an Chairn atá glanta cóirithe anois. Chaith Muiris Ó Súilleabháin cuid de bhlianta a óige mar dhílleachta anso agus tá cur síos aige i *Fiche Blian ag Fás* ar eachtraí a tharla do ann. Is anso, leis, a chaith Peig Sayers blianta deireanacha a saoil agus a mac An File chomh maith. Tá sé geallta go mbeidh óispidéal nua againn sa Daingean gan mhoill. Más maith is mithid. Is geall le Gaeltacht an t-óispidéal, ach go bhfuil an Ghaelainn ann níos blasta ná mar atá ar aon bhaile i gCorca Dhuibhne. Is mór an phribhléid dom a bheith ag freastal air mar shéiplíneach agus caoi agam labhairt leis na hothair agus an bia ó neamh a roinnt orthu agus iad a ungadh le hola an tsóláis.

Aon bhunscoil amháin atá i limistéir phobal sáipéil an Daingin seachas an dá cheann ar an mbaile a luas romhainn. Is í sin Scoil an Ghleanna, nó Scoil Bhaile Uí Shé mar a chloisinnse fadó. Tá fás ag dul ar an líon daltaí sa scoil seo mar go bhfuil an oiread san de mhuintir an Daingin ag dul chun cónaithe ina habhantracht.

Príomhshráid an Daingin

Bailiúchán Lawrence, An Leabharlann Náisiúnta (1880-1914)

A mhalairt sin a tharla do scoil bheag eile a bhí againn, Scoil Fionnáin Naofa 'i mBaile an Ghóilín ar bhord na taoide ann'. Is cuimhin liom an cigire Séamas Dubh Ó Fiannachta a bheith síos agus suas ár seomra scoile agus 'Finín, Fionnán; Fionnán Finín' ar siúl aige ceann dem chéad laethanta ar scoil inti. Is dóigh liom gur 'Scoil Finghín Naomhtha' a bhí ar an mbinn lasmuigh. Bheadh meas aige siúd ar Fhionnán Uíbh Ráithigh, ar ndóigh. Tógadh an scoil seo in 1931 mar go raibh tionóntaithe nua tagthaithe go dtí talamh buird an Tiarna Fionntrá. Talamh é sin a sholáthraigh sé do féin timpeall 1850 nuair a dhíbir sé na tionóntaithe as an Rinn Bheag, an Cheathrú, Baile Mhic an Daill, Ráithíní Thuaidh agus an Bóthar Buí. Bhí Coláiste Íde déanta de Burnham House sarar tógadh an scoil; osclaíodh í in 1931 agus bhíos-sa agus mo chomhaoistí ar scoil i dTigh cóiste an Tiarna Fionntrá tamall roimis sin. Nuair a bhíos fé agallamh do phost mór tráth cuireadh ceist orm: '*Where did you begin your education?*' '*In Lord Ventry's coach-house, sir*', a dúrt á freagairt. Tá Scoil Fionnáin Naofa dúnta agus sa bhfoirgneamh tá leatharlann Olden. Ba nead léinn is spóirt é againne a tháinig ar scoil, go déanach go minic, tríos na coillte. Tá crann deas giúise láimh le tor mór *rhododendron* tamall isteach an aibhinne agus is cuimhin liom maidean stáisiúin gur chuas in airde air chun mo chéad sheanmóir a thabhairt. Beirt mhúinteoirí a bhí sa scoil againn lem linnse, Dónall Ó Loingsigh, dearthair don Chanónach Pádraig a bhí sa Daingean níos déanaí agus Bríd Bean Éamainn Uí Shiochrú, dearthair an tSeabhaic. Chuir an Seabhac an Daingean agus a chomharsanacht in aithne don saol Gaelach lena leabhartha *Jimín, Seáinín* agus *An Baile seo 'Gainne*. Is é, leis, a chum an t-amhrán molta Duibhneach:

Beir mo dhúthracht go dúthaigh Duibhneach.
'Sí tír mo rúin í atá dlúth lem chroí-se...

Na Rísigh a bhí mBaile an Ghóilín roimis na Mullinsí. An Cromaileach a fuair tailte na Ríseach ansúd dhíol sé a chuid le Frederick Mullins a tháinig anall ó Burnham i Sasana in arm Chromail. Thóg Frederick Mullins seilbh ar na tailte in 1666 agus chuaigh sé féin agus a shíol chun cinn go tapaidh sa dúthaigh. Bhí Frederick ina MP don Daingean in

1692 agus ina Shabharn in 1703. Tá a fhios againn conas a fuair duine dá chomharbaí an teideal Tiarna. Níos déanaí, in 1841, le héirí in airde is dócha, athraíodh de réir dlí an ainm go 'de Moleyns'. Leathnaigh an ainm Burnham sa Bhéarla mar ainm ar 'An Slios' go léir, an fearann buird, an leithinis álainn sin. A bhuí don dTiarna Fionntrá atá an oiread san crann sa chomharsanacht agus an tigh breá maisiúil mar chroí ag Coláiste Íde.

Má thagann tú anuas Bóthar an Teampaill agus dul síos go Bun an Bhóthair, féach siar ar chlé agus céad slat uait cífidh tú geadán talún agus urlár soimint. Sin é an *platform* rince a leagadh síos timpeall an ama chéanna inar tógadh Scoil Naomh Fionnán. Bhí suíochán sa chlaí don gceoltóir, agus is dócha gur minic a seinneadh ann foinn a bhailimh an Canónach Séamus Goodman ón mbaile is gaire don áit seo, i bparóiste Chill Dromann. Ag teacht isteach duit ná bac le Cnoc na hAbha mar níl sé sin ná Móin an Fhraoich i bparóiste an Daingin. Beidh radharc agat anso timpeall ar na galláin go léir atá sa Chill Bhreac, an tseanainm ar Bhaile an Mhuilinn. An Gallán féin a tugtar ar an gceann díreach ar thaobh an bhóthair ag barr an aird. Istigh ar chlé tá Geataí na Glóire, galláin atá ar lár, an cuimhneachán a deir an béaloideas a thóg na Fianna ag ceiliúradh bua Chath Fionntrá. Ar chlé tá reilig nua Naomh Bréanainn. Nuair a bhíonn corp le breith ar siúl ón altóir tar éis aifrinn sochraide againn deirim féin: 'Iompraímis ár ndeirfiúr/ndeartháir go port a (h)aiséirí ag Geataí na Glóire, i reilig Naomh Bréanainn i mBaile an Mhuilinn.' Nár chirte dom 'sa Chill Bhreac' a rá? Is dócha gur toisc gur méar ar eolas níos fearr dom phobal Baile an Mhuilinn ná an ainm álainn Cill Bhreac a dheinim mar a dheinim. B'fhéidir go gceartóidh mé an scéal. Tá an roth uisce ag taobh an mhuilinn fós ach é gan casadh anois.

Ón nGallán is féidir Páirc an Ághasaigh, páirc cháiliúil pheile an Daingin a dh'fheiscint. Bíonn sí de shíor á feabhsú. Ní anso in aon chor a bhí an chéad pháirc pheile ach i Móin an Cheapaigh ar chlé an bhóthair go Baile an Ághasaigh. I gcuimhne Thomáis Ághas ó Chinnaird, an múinteoir, an píobaire, an tírghráthóir, an trodaire buach a fuair bás de bharr drochíde agus é ar stailc ocrais i 1917, atá an pháirc seo ainmnithe. Tá a lán cuimhní míos de chuid Thomáis i Leabharlann an Daingin. Le cabhair airgid a mheall Tomás Ó Dónaill, MP (a thug a chéad óráid i dTigh na gComónach i nGaelainn, agus a bhí ina bhreitheamh níos déanaí) ó Andrew Carnegie féin a bunaíodh an leabharlann so. Níor osclaíodh í go dtí 1934. Cuireadh léi le déanaí. Ar mholadh an tSeabhaic cuireadh tús leis an gCnósach Duibhneach agus bhronn sé féin a lán leabhartha agus lámhscríbhinní ar an gCnósach. Nuair a dh'fhágas-sa Maigh Nuad, bhronnas mo leabharlann léinn Ghaelaigh, suas le chúig mhíle leabhar agus iris léannta ar an leabharlann.

Tá radharc, leis, ar Pháirc na Ráiseanna ón nGallán. Is timpeall laethanta Aonach an Phoic a bhíodh na ráiseanna fadó, ach ní anso é ach ar Thráigh Fionntrá a rití iad. Ceiliúradh Lúnasa ab ea iad, ar ndóigh. Is ceiliúradh capall agus comhluadair iad i gcónaí le gach sórt cluiche agus clis do leanaí chomh maith le ráiseanna capall agus póiníos dhóibh siúd gur spéis leo iad.

Má théim Sráid Eoin suas amach agus leanúint ar aghaidh bead 'ar an mbóthar ó thuaidh go Trá Lí'—an seanabhóthar. Ar chlé sa Ghairtheanaigh tá an tseanareilig. Tá tuamaí arda, a lán acu aoldaite, anso agus iad á n-úsáid fós agus cinnithe go slachtmhar. Dhein tine bhrothaill diomáiste do chuid acu le déanaí. Anso istigh a bhí sáipéal an pharóiste seo fadó, ach ná fuiltear cinnte cén áit. Luann na hAnnates gurb é Pilib Mac Gearailt a bhí ina shagart paróiste ar an nGairtheanaigh i 1503. Leanfaidh mé orm soir anois mar gur áit ana-stairiúil an áit seo. Ar bhruach Abhann na Gairtheanaí tá a lán clochán ársa. Tá seanadhroichead cloiche ar an abhainn féin, Droichead na Bogha Síne mar a tugtar air go minic. Tá so tógtha le clocha gan mairtéal agus is seod álainn é ós na meánaoiseanna. Tá sé á chosaint le fada, droichead nua tógtha taobh leis. Is gleoite an radharc é fé thaitneamh na gréine agus a scáil agus scáil an dúlra ina thimpeall sa sruthán thíos fé. Ghaibh Walter Raleigh agus Aodh Rua Ó Néill thar an ndroichead so ar a slí go Dún an Óir in 1580. Tá Tobar na Braiche, go bhfuil a scéal ina ainm, sa chomharsanacht agus Tobar Ghobnatan chomh maith.

Tá a lán tithe muintire tógthaithe ar imeall thiar na Gairtheanaí anois agus cuid de mhuintir an Daingin tagthaithe chun cónaithe sa treo so. Tá pobal mór in eastát nua an Ghróbh ina bhfuil ocht dtigh is trí fichid.

Tá dhá eastát nua tógthaithe nó á dtógaint in Imleach Thiar. Tá tithe saoire agus samhraidh tógthaithe istigh ar an mbaile agus tithe muintire go háirithe tógthaithe sa Bhaile Beag, i mBaile na Buaile, sa Chill Bhreac agus, mar a dúrt, sa Ghairtheanaigh. Is minic lóistín á thairiscint i gcuid des na tithe breátha so.

Tá pobal Críostaí dea-chomharsanach sa Daingean. D'ainneoin teilifíse agus breis fothragadh, bíonn caint agus cadaráil le clos ar na sráideanna. Tá i bhfad níos mó Gaelainne le clos ná mar a bhí nuair a bhíos-sa óg. Bíonn breis le clos ar an Aoine nuair a bhíonn cuid mhaith den seanadhream ón iarthar ar an mbaile. Tá ana-dhúil ag na stróinséirí a thagann inár measc sa teangain agus inár dtraidisiúin; méadaíonn san ar ár meas féin ar ár ndúchas. Múineann siad meas ar an ndúlra agus ar iontaisí ár dtimpeallachta dhúinn chomh maith.

Maidir le cúrsaí creidimh agus deabhóide, bíonn freastal maith ar na trí aifrinntí a bhíonn sa Daingean gach Domhnach i gcaitheamh na bliana, aifreann Bigile ar an Satharn agus aifreann ar a 9 agus a 11 Dé Domhnaigh. Ar na féiltí móra agus ó shaoire na Cincíse go Meán Fómhair bíonn aifreann breise againn ar 12.15 ar an nDomhnach. Bíonn cór na n-óg againn go minic ag an mBigil agus cór i gcónaí d'aifreann a 11 agus ceol uirlise ar an aifreann 12.15. Bíonn aifreann a naoi i nGaelainn, ach toisc é a bheith ábhairín luath is minic gur pobal beag a bhíonn ann; ach tagann daoine, cuairteoirí cuid mhaith acu, d'aon ghnó chun an aifrinn Ghaelainne. Bíonn aifreann ar a 10 ar maidin agus ar a 7.30 tráthnóna gach lá; bíonn breis is trí fichid i láthair de ghnáth.

Táim go mór i bhfabhar na stáisiún. Bíonn sé stáisiún agam ar an mbaile. Is é stáisiún an Ghróbh a bheireann an chraobh leis. Bíonn san in óstán an *Hillgrove* agus idir óg agus aosta ag freastal air. Bíonn beannú uisce coisricthe, beannú na dtithe sa stáisiún, aspalóid, guí nách gann, caint, ceisteanna, an ofráil, an íobairt, comaoineach, agus ansan *agapé* againn. Níl ach cheithre stáisiún agam fén dtuaith. Cuireann daoine ana-dhua orthu féin ina dtaobh. Níor ghá an dua. Is álainn an sampla de cheiliúradh gníomhach liotúirge iad na stáisiúin. Is lena linn is fearr a bhraitear go minic cumhacht agus bráithreachas Chríost inár measc, an Sagart, an Briathar, an tÍobarthach, agus an Bia ó Neamh.

Mara Beo, An Daingean

Micheál Mac Eoin 1999

Tá grúpaí agus cumainn chreidimh againn. Tá Cumann Naomh Uinseann de Pól ar na cinn is aosta agus is buaine againn; bíonn siad de shíor ag lorg ball nua. Tá Léigiún Mhuire againn, grúpa urnaí, agus grúpa Corónach. Tá grúpa liotúirge bunaithe le déanaí le feabhas a chur ar cheiliúradh an aifrinn Domhnaigh go háirithe. Tá timpeall trí fichid ministrí eocairisteacha agus leathchéad léitheoirí féna stiúir. Tá freastalaithe—cailíní agus buachaillí—againn, agus cór aosach agus cór na hóige. Tá foireann dheonach glantóirí, altórach, bláthanna, agus bailitheoirí againn. B'fhiú dúinn fáilteoirí a bheith againn ach níl fonn ar óg ná aosta fós an cúram san a dhéanamh. Tá Cumann Cúraim Seanóirí againn agus cheithre láthair á mbainistiú acu.

Tá mo shuimiú déanta agam anois agus tuigim go bhfuil a lán fágtha ar lár agam; faighim mo leathscéal fé sin. Cuireann mo phobal lách cneasta dea-iompair focail an Athar Seán Ó Briain dhá chéad bliain ó shin i gcuimhne dom go minic:

Pobal lem phobalsa ní cosmhail ag aon sagart.

Lios Póil
Corca Dhuibhne
Roibeard Ó Cathasaigh

Tá paróiste síbhialta Lios Póil suite i gceartlár leithinis Chorca Dhuibhne; ar imeall na Gaeltachta; le hAbhainn an Scáil ar an dteorainn thoir, an Daingean thiar, an tAigéan Atlantach ó dheas agus Cruach Sceirde mar theorainn idir é agus an Leitriúch ó thuaidh. D'fhéadfaí a rá go roinneann an príomhbhóthar ó Thrá Lí go dtí an Daingean an paróiste ina dhá leath. Ar an gcuma chéanna tá dhá thoghroinn cheantair sa pharóiste seo, mar atá, Minaird agus Cinnaird agus iad so bunaithe ar na seanapharóistí eaglasta meánaoiseacha. Sa 13ú haois, ní foláir, a bunaíodh na paróistí eaglasta so. Tá tuairisc ar pharóistí eaglasta Chinnaird agus na Minairde i liostaí Cánacha Eaglasta i nDeoise Ard Fhearta sna blianta 1302-1307.

Dar ndóigh, bhí áitritheoirí lonnaithe sa dúthaigh seo i bhfad roimis sin, agus tá a fhianaise sin againn sna láithreacha seandálaíochta iomadúla atá le feiscint go dtínár linn féin. Áirítear Púicín an Chairn atá suite ar mhaolchnoc idir Arda Mór agus na Dúnta, ar cheann de na láithreacha is seanda dhíobh uile. Cuirimid spéis ar leith san uaigh mheigiliotach so toisc go bhfuil cuid den gcarn cloch a bhí anuas ar an uaigh ó thús ann go fóill. Láthair adhlactha ab ea é seo a bhaineann le Ré na Moch-Chré-Umhaoise, c. 1100 R.C.

Iarsmaí iontacha eile atá sa cheantar céanna agus a thagann ón ré chéanna is ea galláin na Gráige. Galláin théagartha iad so atá timpeall trí mhéadar an ceann ar airde agus ina seasamh i ngar dá chéile. Dealraíonn sé go bhfuil a n-ailíniú dírithe ar dhul fé na gréine le linn ghrianstad an gheimhridh; iontas eile d'éirim luathaithritheoirí na dúthaí. Míníonn finscéal ón mbéaloideas áitiúil conas a tharla dhá cheann des na galláin seo a bheith ann, mar atá: lá dá raibh Fionn agus na Fianna ar bharr chnoc an Stricín, bheartaíodar go mbeadh comórtas acu féachaint ceocu acu ab fhaide a chaithfeadh carraig trasna an ghleanna. Rug Fionn ar charraig ollamhór agus chaith sé uaidh í agus thuirlig sí ina seasamh breis is míle ó bhaile in Arda Mór. Rug Oisín ar charraig eile a bhí chomh mór céanna le carraig Fhinn, chaith í agus thuirlig sí san áit chéanna geall leis, ach thit an charraig úd ar an dtalamh. Tugtar an Sprioc ar ghallán Fhinn agus an Caighte ar ghallán Oisín; agus Log na nGallán a tugtar ar an láthair ina bhfuilid go dtí an lá atá inniu ann.[1]

Tá fianaise láidir chomh maith againn ar na háitritheoirí a mhair sa dúthaigh seo timpeall aimsir Naomh Pádraig agus go ceann míle bliain ina dhia' san. Dar ndóigh, is iad san na liosanna atá go forleathan ar fud an cheantair. Láthair chónaithe ab ea an lios. Ba ghnáth clochán nó dhó chun cónaithe a bheith sa láthair úd agus falla nó claí cosanta i gciorcail mórthimpeall mar chosaint ar naimhde agus ar ainmhithe fiaine. Tá suas le trí fichid lios sa cheantar máguaird, fianaise ar an rath a bheith ar an dtalamhaíocht; agus méadú dá réir ar an ndaonra. Maireann ainmneacha na liosanna go dtínár linn fhéin, ina measc, Lios na Rátha Airde ar an Rinn Bhuí agus Lios na Páirce Caoile i mBaile an Ístínigh, Lios Deargáin ar shleasaibh an Stricín; Lios an Anacail in Áth an Charbaill; Lisín na Lasrach agus Cathair an Choimín ar na Dúnta; Lios na Ceallúnaí ar an mBánóig agus, ar deireadh, Lios Póil cois an tséipéil óna n-ainmnítear an pobal agus paróiste an lae inniu.

Is mó scéal i seanchas na dúthaí a leanann na liosanna céanna, orthu san tá scéal a bhaineann le Lios Bhaile Uí Chonchúir i gCinnaird, mar leanas: bhí cailín ó Chinnaird ag filleadh abhaile ón nDaingean le titeam na hoíche uair. Nuair a tháinig sí go gort an leasa ag cur an cóngar aníos di, chuala sí an ceol ón lios. Ceol aoibhinn ab ea é; agus chrom sí ar rince leis an gceol. Dhein sí dreas agus ní túisce san déanta aici, ná gur at a dhá cois go dtíos na glúine. Bhíodar chomh hataithe le ceathrú an chapaill; agus d'fhanadar sa chan san gur cailleadh í tamall maith ina dhia' san![2]

D'fhág áitritheoirí na tréimhse úd céadfhianaise na dúthaí ar an nGaelainn againn chomh maith. Dar ndóigh, ní ar phár ná ar téip a dh'fhágadar an fhianaise úd, ach ar chlocha oghaim. Scríbhneoireacht ar fhaobhar na ngallán ab ea í seo a dhein comóradh ar na mairbh. Thosnaíodh an scríbhinn ag bun an ghalláin agus leanaíodh uirthi suas. Ainm an té a bhí á chomóradh a bhíonn ar an ngallán de ghnáth, mar shampla, an dá chloch oghaim atá i bPáirc na Fola i mbaile fearainn Log na gCapall. Tá an pháirc seo suite ar thaobh na láimhe clé de Bhóthar an Chaptaein, a ritheann ó Gharraí na dTor síos go dtí an Mhinaird Bhuí. De réir an bhéaloidis troideadh cath fiochmhar anso fadó agus ainmneacha beirt thaoiseach a sléachtadh sa chath atá greanta ar na clocha, mar atá: GOSSUCTTIAS ar cheann agus GAMICUNAS ar an gceann eile.

Tá iarsmaí creidimh sa pharóiste a bhaineann le Ré na Moch-Chríostaíochta chomh maith; an tréimhse úd a lean céad teacht na Críostaíochta go Corca Dhuibhne anuas go dtí an chéad leath den dtarna céad déag. A leithéid sin d'iarsma cloiche is ea Cros Arda Mór. Liag í seo atá 2.2 m. ar fhaid agus .4m. ar leithead, le cros ghréagach gearrtha go snoite ar a huachtar. Tá diongbháltacht agus siúráil ag baint le dreach na croise úd a théann i bhfeidhm orm gach uair a leagaim súil nó méar uirthi! Tháinig Muintir Dhubháin Arda Mór uirthi i 1978 agus iad i mbun tochailte. Tá an chros i gcoimeád i Músaem Chorca Dhuibhne i mBaile an Fheirtéaraigh i láthair na huaire. Iarsma eile ó leath deireanach na tréimhse céanna is ea Teampall Mártain nó an Teampall Liath mar is fearr aithne air. Is geal lem chroí an láthair seo, toisc é bheith lonnaithe ar an bhfeirm inar tógadh me. Tá clós i bhfoirm leasa timpeall ar an láthair seo atá suite i lár ghleanna ar aghaidh an Stricín amach, i radharc na Trá Bige. Tá rian seanuaigheanna ar an láthair agus deirtear go gcuirtí leanaí gan baiste ann anuas go dtí tús an chéid seo. Luaitear i mbéaloideas an cheantair go raibh feirmeoir ó Chluain Churtha ag tógaint tí uair; agus gur chuir sé dúil i gcloich mhór ana-dheas a bhí sa tseanatheampall toisc go 'rúnódh sí go hálainn ós cionn dorais sa tigh nua. Thóg sé leis í ón dteampall ar thiteam na hoíche agus chuir sé sa bhfalla í. Larnamháireach nuair a dh'éirigh sé, ní raibh tásc ná tuairisc ar an gcloich. Bhí sí fuadaithe agus cá bhfaigheadh sé í ach sa tseanatheampall mar a raibh sí ar dtúis. Níor aistrigh éinne riamh ó shin í.[3]

Ní miste trácht anois ar mhacalla na Normannach sa pharóiste. Ní fios cathain a lonnaíodar sa cheantar ar dtúis, ach de réir na staraithe, bhí seilbh ar thailte sa dúthaigh acu roim dheireadh na 13ú haoise. Luaitear dhá theaghlach Normannacha, mar atá, na Gearaltaigh agus na Londraigh i bhfinscéal áitiúil a mhíníonn conas mar a fuair an abhainn a ghluaiseann ó Loch Bhearna na Gaoithe siar ó dheas tríd an bparóiste go dtí an Trá

Bheag a hainm, mar leanas: mhair Gearaltach agus Londrach sa cheantar uair agus theastaigh ó gach duine acu go n-ainmneofaí an abhainn ina dhiaidh féin. D'aontaíodar go n-ainmneofaí an abhainn i ndiaidh an té is mó a chuirfeadh claochló uirthi in imeacht aon mhaidine amháin. Bheartaigh an Gearaltach go n-athródh sé cúrsa na habhann. Chuige sin, thug sé meitheal leis agus thosnaíodar ar chúrsa nua a bhaint don abhainn in Inse Átha an Lóid ar an nGabhlán. Ní fada, áfach, gur thraochadar den gcúram agus gur thugadar suas.

Maidir leis an Londrach, bhí macha mór bó ar an bhFothrach aige siúd; agus d'ordaigh sé crú na maidine de bhainne na mba a dhortadh isteach san abhainn. Deineadh amhlaidh agus gheal uisce na habhann siar go dtí an Trá Bheag. Bhí an lá leis an Londrach agus riamh ó shin tugtar Abhainn an Londraigh ar an abhainn úd.

Caithfidh gurb í seo an chéad tagairt do thruailliú na habhann i Lios Póil! Más í, tá baol truaillithe ar Abhainn an Londraigh go dtínár linn fhéin ó eisleach na bhfeirmeacha a scéann isteach inti; agus ón bhfeirm éisc atá ar an dTobar. Ní hamháin go mbíonn bric *rainbow* ag éaló isteach san abhainn, ach bíonn tréimhsí le linn triomaigh an tsamhraidh, nuair a thiteann leibhéal uisce na habhann, go seoltar an sruth iomlán, geall leis, isteach sa bhfeirm éisc mar sholáthar uisce, a fhágann ná bíonn aon tsruth san abhainn ar feadh breis is céad slat dá cúrsa ag Droichead an Tobair. Ní haon ionadh go bhfuil dísciú ar éisc dhúchasacha na habhann sa lá atá inniu ann; bric dhonna is gheala, liatháin is eascúin agus an bradán feasa féin, éisc a bhíodh á mharú go tiubh le slait againn agus sinn inár ndéagóirí sna seascaidí. Is méanar a dhéanfadh gníomh a fhónfaidh do thionscail is do thimpeallacht araon!

Caisleán amháin atá sa dúthaigh agus is é sin Caisleán na Minairde. B'é seo caisleán deireanach na nGearaltach a tógadh i gCorca Dhuibhne thart ar 1550. Fórsaí Chromail fé cheannas Sadlier agus Keogh a ghaibh an caisleán timpeall na bliana 1650. Tá an caisleán ina fhothrach ó shin agus é suite cois Bhéal na gCloch i dtimpeallacht thonnghealt thaitneamhach, ach timpeallacht atá i mbaol ó róbhaint cloch saoirseachta ag inneallra ollcharta!

Caisleán na Minairde

Aodán Ó Conchúir 2000

Tá tobar beannaithe Naomh Eoin Baiste suite cúpla céad slat taobh thiar de Chaisleán na Minairde. Ceiliúrann pobal na Minairde agus a gcairde Lá an Phátrúin ann ar an 29 Lúnasa gach bliain. Léitear aifreann agus tugtar turas an tobair is óltar a uisce an lá úd le sinsireacht. Cuirtear clabhsúr leis an gceiliúradh i nGarraí na dTor le ceol, ól is amhrán. Gaibheann leigheas de réir traidisiúin leis an dtobar chomh maith, ar thinneas cinn nó ar aon mháchail ós na guaille suas. Leigheasadh cailín de Mhuintir Chinnéide ann i dtús an chéid seo agus tuairiscítear gur leigheasadh óganach eile ann anuiridh. Dhein Muintir na Minairde athchóiriú ealaíonta ar an dtobar anuiridh; agus dá thoradh is féidir teacht ar íocshláinte an tobair go saoráideach ó cheann ceann na bliana anois.

Tugaimis sracfhéachaint anois ar dhaonra an pharóiste ón ndaonáireamh a deineadh i 1831 anuas go daonáireamh na bliana 1996.

Daonáireamh 1831	Daonáireamh 1911	Daonáireamh 1996
Cinnaird 1,261	Cinnaird 1,754	Cinnaird 396
Minaird 1,474	Minaird 1,172	Minaird 390
Iomlán 2,735	Iomlán 2,926	Iomlán 786

Is léir ós na figiúirí seo nách mór an t-athrú a tháinig ar dhaonra na dúthaí sna ceithre scór bliain ó 1831 go 1911, cé gur tharla an Gorta Mór idir an dá linn.

A mhalairt de scéal atá againn, áfach, don dtréimhse chéanna geall leis, ó 1911 anuas go dtínár linn féin. Léiríonn an titeam tubaisteach, de thrí ceathrúna sa tréimhse seo, a dhéine is a luigh lagar eacnamaíochta an tsaorstáit úir ar dhaonra na dúthaí.

Tá agus bhí eacnamaíocht an pharóiste ag brath go mór ar thalamhaíocht le fada. Dar ndóigh, tá claochló ó bhonn tagthaithe ar chúrsaí feirmeoireachta ó thús na gcaogaidí nuair a bhíos féin ag éirí aníos ar fheirm. Feirmeoireacht ilchineálach a chleachtaimis an uair úd le ba is gamhna is uachtarlann mar chúram laethúil ar gach feirmeoir mór is beag, seacht lá na seachtaine. Le linn an ama san, bhí ainm ar gach bó agus leis na lámha a crúití iad. Ach le teacht an Aontais

Eorpaigh agus Ghrúpa Chiarraí níl ainm ná adharc ná eireaball ar aon bhó agus líon na bhfeirmeoirí a tháirgeann bainne ag titeam go tiubh in aghaidh na bliana. Mar sin fhéin tá méadú suntasach ar tháirgeadh bainne sa dúthaigh. Léiríonn na figiúirí seo a leanas d'Uachtarlann Lios Póil an t-athrú atá tagthaithe ar chúrsaí déiríochta sa pharóiste le leathchéad bliain anuas.

I 1950 1,800 galún bainne uastáirgeadh lae ag 177 feirmeoir. In 1963 3,200 galún bainne uastáirgeadh lae ag 150 feirmeoir. In 1983 6,100 galún bainne uastáirgeadh lae ag 121 feirmeoir. In 1999 8,500 galún bainne uastáirgeadh lae ag 62 feirmeoir. Má leanann an pátrún seo tharlódh gur mar seo a bheadh an scéal in 2009 le huastáirgeadh lae de 10,500 galún bainne ag 25 feirmeoir. Ina theannta sin, níl an rath ar fheirmeoireacht chaorach fé mar a bhí sna seachtóidí agus i dtús na n-ochtóidí. Nuair a bunaíodh Comharchumann Uan Chiarraí sa pharóiste i 1974 £5 an luach a bhí ar uan *Scotch* 22Kg. meachain. £4 luach an ainmhí chéanna i 1999. Tá laigheadú suntasach tagthaithe ar luach na holla le deich mbliana anuas, leis. B'fhiú £600,000 500 tonna olla i 1989. Is fiú £287,000 an olann chéanna inniu.

Ciallaíonn sé seo ar fad go bhfuil athruithe ollamhóra ar shlí bheatha na muintire le blianta beaga anuas. Tá feirmeoireacht pháirtaimseartha ag fás, mar atá fostaíocht na muintire i dtionscail na tógála agus na seirbhíse, tionscail go bhfuil rath orthu sa leithinis le fás na turasóireachta. Tá an pobal ag dul i ngleic leis na hathruithe seo, áfach; agus toisc go raibh traidisiún láidir oibre riamh i Lios Póil, ní baol dá muintir ó thaobh fostaíochta dho sa ré nua atá rompu.

Dornán daoine ón ndúthaigh a thuill cáil náisiúnta dhóibh fhéin agus dá bparóiste le céad bliain anuas. B'é ár laoch Tomás Ághas, Cinnaird, is mó a bhí i mbéal phobal na hÉireann as a anam a thabhairt ar son na saoirse i 1917. Bhí cáil na cumadóireachta i bhfichidí an fichiú céad ar Thadhg Ó Conchúir, Gráig, údar na n-amhrán is na n-agallamh beirte i *Reacaireacht Ghrinn na Tuaithe*. Fathaigh i ngoirt na caide ab ea Liam Ó Cathasaigh, Páirc an Teampaill nó Bill Casey mar ab fhearr aithne air; agus Liam Ó hUiginn, Baile an Fhaoitigh. Ghnóthaíodar beirt boinn uile-Éireann le Ciarraí sna daichidí agus sna seachtóidí. Gaiscíoch rothaíochta ab ea Páidí 'Fitz' Mac Gearailt, Droichead an Toddy.

Bhuaigh Páidí Rás Tailteann i 1956. Deartháir le Páidí is ea an seanadóir Tomás Mac Gearailt. Tá cáil an cheoil ar Tommie Ó Súilleabháin, Páirc an Fhia, a sheinneann leis an mbuíon ceoil Sliabh Notes. Agus ar deireadh, ach ní chun deiridh, is í an tSiúr Stanislaus Ní Chinnéide, An Muileann, banlaoch na dúthaí, as a bhfuil déanta aici ar son na muintire atá ar imeall na sochaí. Is í bunaitheoir agus uachtarán *Focus Ireland* í.

Is dócha gur fíor a rá gurbh í cáil na caide is mó a chuireann muintir Lios Póil i mbéal phobail Chorca Dhuibhne agus Chiarraí i gcoitinne. Traidisiún é seo a théann i bhfad siar go dtí an 19ú haois sarar bunaíodh C.L.G. in ao'chor. San am úd is amhlaidh a bhíodh na bailte fearainn in aghaidh a chéile. Bhailídís idir an dá bhaile agus is ansan a bhíodh an húrlamaboc acu, le gach taobh ag iarraidh an chaid a thabhairt abhaile leo. Is minic a bhíodh Dún Sian agus Lios Deargáin á fhéachaint le chéile. Maireann liú chatha nó *haka* mhuintir Dhún Sian fós i seanchas na muintire, mar leanas:

> Hiúrá há, hiúrá há;
> Mara ngeobhair an chaid,
> Geobhair an fear;
> Agus 'sé an fear a gheobhaidh é,
> Chomh maith leis an gcaid!

Is mór idir inné agus inniu! Comhartha ar fhuinneamh agus ar dhul chun cinn phobal an pharóiste go bhfuil gort nua caide forbartha ó thús na seachtóidí ag C.L.G. Lios Póil, a bhuíochas sin ar an meitheal ar a raibh ineadaithe ó gach baile fearainn sa pharóiste; agus a bhí fé stiúir an bheirt chinnire chumasacha John L.Ó Súilleabháin agus Seán Baróid, beirt atá ar shlí na fírinne ó shin. Ní hamháin san, ach tógadh inead pobail agus pinniúir liathróid láimhe le linn an ama chéanna le cabhair FÁS, is le tacaíocht fhial Roinn na Gaeltachta. Gan tacaíocht fhlaithiúil airgid agus obair dheonach na muintire ní dhéanfaí an bheart. Fianaise chinnte é seo ar phobal go bhfuil ar a gcumas eagar a chur orthu féin ar bhonn deonach agus beart a dhéanamh de réir a n-aislingí! Raghaidh toradh a saothair chun tairbhe na muintire i Lios Póil go ceann i bhfad.

Gné eile de shaol an pharóiste a bhfuil rath uirthi inniu is ea cúrsaí oideachais. Nuair a cuireadh críoch leis an bhforbairt ar na háiseanna pobail atá díreach luaite agam, bunaíodh feachtas chun bunscoil nua a thógaint sa pharóiste. Tar éis saothar deich mbliana ag tuistí an pharóiste agus ag bainistíocht an dá sheanscoil; Scoil Chluain Churtha agus Scoil na Minairde, osclaíodh Scoil Naomh Eoin Baiste i 1993, a fhágann go bhfuil gach áis oideachais dá fheabhas ag glúin óg an pharóiste fé láthair. Tar éis bunchloch fhónta oideachais d'fháil sa bhunscoil agus sa mheánscoil, bíonn céatadán an-ard den nglúin óg rannapháirteach in oideachas tríú leibhéal. Léiriú eile ar an dteacht aniar atá sa phobal tuaithe seo agus iad ag dul i ngleic leis an saol nua-aoiseach ina mairid! Faraoir, is beag duine acu so a gheibheann fostaíocht ar an bhfód dúchais.

Dírímis anois ar cheist chasta na Gaelainne sa pharóiste. Is mór idir inné agus inniu. Nuair a tógadh an chéad scoil náisiúnta sa pharóiste i 1841, Scoil Arda Mór, le hais Séipéal Naomh Eoin Baiste an lae inniu, Gaelainn ar fad a bhí ag leanaí na linne úd ag teacht ar scoil dóibh. Tá fianaise againn ó bhéaloideas an cheantair ná ceadaítí aon fhocal Gaelainne a labhairt timpeall na scoile, ná ag teacht ar scoil, ná ag dul abhaile ón scoil an uair úd. Thugtaí slaitín bheag do gach scoláire a théadh ar scoil agus choimeádadh sé í go gcloiseadh sé scoláire eile ag labhairt na Gaelainne. Nuair a thiocfadh sé siúd ar scoil lá arna mhárach, dhíoladh sé go daor as. B'é an Máistir Ó Corráin an chéad mháistir a bhí ann.[4]

Cinníonn máistir an lae inniu, Mícheál Ó Móráin, cuntas ar chumas na leanaí i labhairt na Gaelainne ar theacht ar scoil don gcéad uair dóibh. Seo leanas a léamh súd ar an scéal le blianta beaga anuas.

Scoilbhliain 1997-1998	Scoilbhliain 1995-1996	Scoilbhliain 1993-1994
16 ar scoil don gcéad uair	12 ar scoil don gcéad uair	18 ar scoil don gcéad uair
2 le Gaelainn	4 le Gaelainn	1 le Gaelainn
12 le tuiscint na Gaelainne	4 le tuiscint na Gaelainne	8 le tuiscint na Gaelainne
2 gan aon Ghaelainn	14 gan aon Ghaelainn	9 gan aon Ghaelainn

Léiríonn na figiúirí seo ná fuil an Ghaelainn á labhairt ag formhór na dtuistí lena leanaí age baile. Bíonn tuiscint ar an nGaelainn ag céatadán áirithe de na leanaí ag teacht ar scoil dóibh, bíodh a bhuíochas san ar an naíonra áitiúil. Ba dheacair gan aontú le breith Reg Hindley i dtaobh na Gaelainne sa dúthaigh ina leabhar *The Death of The Irish Language* nuair a deir sé '*Indisputably, an English speaking area with a modest degree of Irish survival.*'5

Ar a shon san is uile, measaim fhéin go bhfuil dul chun cinn suntasach déanta ag an bpobal ó thaobh na Gaelainne sa cheantar le tríocha bliain anuas. Tá fógraí Gaelainne le feiscint go forleathan ar fud an pharóiste rud ná raibh amhlaidh le linn m'óigese. Eagraíonn Comharchumann Forbartha Chorca Dhuibhne trí chúrsa samhraidh sa pharóiste gach bliain. Tá Coiste Phobal Lios Póil ag feidhmiú go dátheangach le breis is scór bliain anois; agus is iad a eagraíonn Féile Lios Póil gach bliain. Tá rath ar an naíonra fé láthair le breis is fiche páiste ag freastal air. Tá comaoin mhór á chur ag an gcóras oideachais ar an nGaelainn i gcónaí sa pharóiste. Is í an Ghaelainn teanga theagaisc na bunscoile ach amháin nuair a bítear ag múineadh an Chreidimh; agus bíonn Gaelainn mhaith ag formhór gach leanbh ag fágaint na bunscoile dhóibh agus aghaidh á thabhairt ar oideachas dara leibhéal acu. Éistítear go rialta le Raidió na Gaeltachta, go háirithe na cláracha *Seal Aneas, An Nuacht* agus cláracha spóirt. Léitear aifreann Gaelainne in aghaidh na seachtaine i rith an tsamhraidh, agus uair sa mhí i gcaitheamh na bliana agus bíonn formhór na n-aifrinntí eile dátheangach.

Ach, má cuirtear an cheist, an labhartar Gaelainn sa pharóiste inniu? 'Sé'n freagra go labhartar, ach nách í teanga laethúil an phobail í. Léiríonn figiúirí ó dhaonáireamh na bliana 1996 an méid sin. As an 265 duine os cionn naoi mbliana déag i dtoghcheantar Chinnaird, labhrann 63 díobh, nó 23.8%, Gaelainn go laethúil, agus as an 254 duine os cionn naoi mbliana déag d'aois i dtoghcheantar Minairde, labhrann 66 díobh, nó 26%, Gaelainn go laethúil.

Agus an méid sin ráite, tá fianaise againn le déanaí má cruthaítear an comhthéacs ceart go labharfaidh muintir an pharóiste Gaelainn le fonn.

Béal na gCloch, cois Chaisleán na Mínairde

Roibeard Ó Cathasaigh 1999

Sampla maith dá leithéid de chomhthéacs a bheith á chruthú ab ea seisiún d'Éigse Chorca Dhuibhne ar an gCaora a dh'eagraigh Oidhreacht Chorca Dhuibhne agus a tionóladh san Inead Pobail i Lios Póil i bhfómhar na bliana 1998. Tugadh cainteanna ar ghnéithe éagsúla d'eacnamaíocht agus de riaradh na caorach i nGaelainn ar an ócáid úd agus d'eagraigh Comharchumann Uan Chiarraí taispeántas olla ana-bhreá i nGaelainn chomh maith. D'fhreastail ós cionn trí scór de mhuintir an pharóiste ar an dtionól úd, a reachtaíodh go hiomlán i nGaelainn, tionól a chuaigh i bhfeidhm ar an bpobal.

Is fearr fós, dar liom, an sampla is déanaí den gcomhthéacs ceart a bheith á chruthú chun go labharfadh muintir an pharóiste Gaelainn mar phobal. Tagraím do Chomórtas Peile na Gaeltachta a imríodh i Rinn ó gCuanach i bPort Láirge anuiridh. Bheartaigh C.L.G. Lios Póil go mbeidís páirteach i gcomórtas na sóisear don gcéad uair an bhliain úd toisc foireann na Gaeltachta a bheith imithe leo féin i ngrád na sinsear. Ní hamháin gur bhuaigh foireann Lios Póil an chraobh, éacht ann fhéin, agus go bhfeacathas an gaisce ar fud na hÉireann ar TnaG, ach chruthaigh C.L.G. Lios Póil go rabhadar chomh maith le haon chumann peile Gaeltachta eile sa tír. Níos tábhachtaí ná san, b'fhéidir, gur chruthaigh an fhoireann iomlán idir bhainistíocht is pheileadóirí agus lucht tacaíochta Lios Póil go bhféadfaidís a bheith chomh Gaelach le haon phobal Gaeltachta eile an deireadh seachtaine úd—a chomhartha sin, comhcheiliúradh ag dhá phobal bhuacacha Ghaeltachta i nGarraí na dTor istoíche Luan Cincíse tar éis an dá bhua stairiúla. Ócáidí mar iad súd a chothaíonn féinmhuinín phobail as a bhféiniúlacht fhéin mar phobail Ghaeltachta.

Cad tá i ndán don nGaelainn i bparóistí mar Lios Póil atá ar imeall na Gaeltachta sa mhílaois nua? Níl aon amhras ná go bhfuil géarchéim i gcúrsaí Gaelainne i láthair na huaire. Ach, in inead a bheith ag bagairt ar an bpobal, is amhlaidh ba cheart a bheith ag tacú leo muinín a bheith acu as an acmhainn nádúrtha teangan atá acu; agus nósmhaireacht na Gaelainne a neartú sa phobal. Chuige sin, caithfear a chinntiú go ndéanfaidh an rialtas maoiniú ar choistí oidhreachta áitiúla mar Oidhreacht Chorca Dhuibhne chun tacú leo plean cuimsitheach teangan a fhorbairt agus a chur i bhfeidhm i gcomhar leis na pobail áitiúla.

Ina theannta san is gá go n-éileodh cinnirí pobail sna paróistí eile in Iarthar Dhuibhneach go ndéanfaí freastal cuí Gaelainne ar phobail na Gaeltachta sna hinstitiúidí pobail sa cheantar máguaird—bainc, eaglais, rialtas áitiúil agus láithreacha gnó. Ní neartófar ar nósmhaireacht na Gaelainne sa todhchaí gan plean fónta agus toil na muintire lena chur i bhfeidhm.[6]

Cuirfead clabhsúr leis an gcaint seo le rann molta ar fhoireann Lios Póil na ndaichidí a chum Eilís Ní Shúilleabháin, Minaird. Bíodh sé mar gháir mhílaoise againn!

> A scata éachtaigh, gura fada saol díbh,
> Gan stad ná staonadh ag déanamh spóirt,
> Ó Gharraí an Éithigh 'dtí an Eaglais aonair,
> Na hAcraí maorga is tréan-Bhánóg,
> Cas go néata, amach an taobh léi,
> Fear faire faobhrach é Éamonn Óg.
> Go maith a laochra, is snasta an tréad sibh,
> An Caladh daoraigh gan léan, gan brón!

Nótaí

1 Cartlann Roinn Bhéaloideas Éireann LS 1065:594–95; Bríde Ní Shúilleabháin óna máthair Siobhán, Cinnaird, 1945. Ba mhaith liom buíochas a ghabháil leis an Ollamh Séamas Ó Catháin, Cartlannaí, Roinn Bhéaloideas Éireann, An Coláiste Ollscoile, Baile Átha Cliath, as cead a thabhairt dom abhar as Chartlann na Roinne sin (RBÉ feasta) a shníomh isteach sa chaint seo.
2 RBÉ 1065:156–57; Seán Ó Súilleabháin óna athair Pádraig (83 bl.), Cinnaird 1948.
3 RBÉ S426:154-56; Seán Ó Súilleabháin ó Mháire Bn Uí Mhuircheartaigh, Bóthar Breac 1938.
4 RBÉ 1158: 30–31; Bríde Ní Shúilleabháin ó Sheán Ó Grífín (74 bl.), Cinnaird 1948.
5 R. Hindley, *The Death of the Irish Language* (London, 1990), lch 54.
6 De bhreis ar a bhfuil luaite cheana, táim buíoch dóibh seo a leanas a thug eolas dom don gcaint seo a chur ar fáil dom; Brian Looby, Leabharlann an Chontae, Trá Lí, as na staitisticí daonáirimh; Seán Lyons, Bainisteoir Uachtarlann an Daingin, as na staitisticí bainne; Mícheál Ó Móráin, as staitisticí i dtaobh na caorach agus i dtaobh na Gaelainne i Scoil Naomh Eoin Baiste. Táim fé chomaoin mhór ag Micil Ó Briain, na Dúnta, (ná maireann), as tobar an tseanchais sa pharóiste a roinnt go fial liom i mblianta múnlaitheacha mo shaoil dom! Suaimhneas síoraí dho. Ar deireadh, buíochas dom mhuintir féin as an ngníomh dóchais a dheineadar agus an Ghaelainn a labhairt lena gclann.
7 RBÉ 1138: 611–12; duaisiarracht i gComórtas Cuimhne an Mháirtínigh san Oireachtas, 1946.

Uíbh Ráthach
Co. Chiarraí
Mícheál Ua Duinnín

Mar thosach leis an gcaint seo caithfear a thuiscint gur ócáid ollamhór fhíorthábhachtach atá á chomóradh againn. Tá sé chomh neamhchoitianta san ná feicfidh éinne beo a leithéid arís. 'Sé atá á cheiliúradh ná bliain ginte agus saolaithe an Té is tábhachtaí, is cáiliúla agus is neamhghnáthaí dár saolaíodh riamh. Táim ag tagairt d'Íosa Críost, Mac Dé, fíor-Dhia agus fíordhuine, a mhair ar an saol so agus atá anois ar dheasláimh a Athar ar Neamh. Nách é is lú is dual Do bliain iomlán cheiliúrtha, ag comóradh dhá mhíle blian i gcolainn daonna.

Ceist a cuirtear ormsa ar fuaid na tíre ná 'Cá bhfuil Uíbh Ráthach?' Má fhéachann tú ar léarscáil de Chontae Chiarraí chífir mar a bheadh lapa gé ag síneadh siar isteach sa bhfarraige. 'Sé Uíbh Ráthach an mhéar láir, Inbhear Scéine taobh theas de agus Bá an Daingin taobh thuaidh agus Bá na Scealg agus Cuan Bhéil Inse ar an gceann thiar de. Tugtar Ciarraí Theas air sa Bhéarla, ach tagraíonn san don leithinis laistiar de líne ó Neidín theas go Caisleán na Mainge thuaidh.

Deireadh na seanastaraithe go bhfuil Uíbh Ráthach laistiar den líne ó Dhroichead Dhóinneach go Droichead Chárthaí, ach inniu glactar leis go bhfuil Uíbh Ráthach teoranta do sheacht paróistí:

Cathair Saidhbhín agus séipéil sa bhFaill Mhóir agus in Achadh Tiobraid agus Séipéal Uí Chonaill sa Chathair.
Dairbhre, séipéil i mBaile an Ridire agus i Baile an tSéipéil.
An Phriaireacht, agus séipéil sa Chaladh agus i nGleann Orcáin agus Baile an Sceilg.
An Dromaid agus séipéal Fhionáin sa Choireán agus séipéal Chillín Liath.
Paróiste Naomh Chrocháin (Cathair Dónall) agus séipéil ar an Lóthar agus Cuan an Chaisleáin agus Cathair Dónall
Gleann Beithe agus séipéal i nGleann Cárthaí.
An Snaidhm, fopharóiste Trá Tuile.

– ceantar aimhréidh sléibhe atá ann, dingithe idir Chruacha Dubha Chiarraí agus an tAtlantach fairseag. Tá gleannta torthúla, aibhnte, locha, cuanta agus caoltha, portaithe agus riasca, galláin, cathracha, cromleaca agus ceallúnaigh go fairseag sa dúthaigh.

Leathchéad blian ó shin b'í an Ghaelainn teanga teaghlaigh mórán de mhuintir an cheantair agus inniu féin úsáideann cainteoirí an Bhéarla mórán focal Gaelainne ina gcaint.

Mar is léir, is téarma fada é dhá mhíle blian, ach níl ach beagán de scéal Uíbh Ráthaigh sa mhéid sin aimsire. Cathain a scuabadh an ghainimh isteach i loch mar ar deineadh an tseanachloch ruaghainimhe dhi? An fada a bhí an áit fé mhuir gur deineadh an aolchloch des na sliogáin agus na plandaí agus feithidí mara? Cathain a brúdh na sléibhte in airde as an aigéan? An fada a lean Ré na Leacoighrach? Cé a dhein na clathacha cloch sarar thosnaigh an bogach agus fásra ag lobhadh ina móin?

Ní bheadh aon dul agamsa ar scéal Uíbh Ráthaigh a léiriú i léacht ghairid mar í seo. 'Sé tá beartaithe agam ná blúirí eolais a thabhairt go mbeidh suim ag lucht éisteachta iontu, tá súil agam, agus b'fhéidir, le cúnamh Dé, a spreagfadh mac léinn nó scoláire chun taighde a dhéanamh ar an ndúthaigh.

Tá fianaise líonmhar ar ghníomhartha na bhFear mBolg, de réir an bhéaloideasa, ó Chathair na Stéige go Cathair Dónall, Cathair na Gaoithe, Cathair a' Lóthair, Cathair Samháin agus Cathair Gheal Saidhbhín. Ina ndiaidh súd b'iad Tuatha Dé Danann, más fíor, a thóg na cromleaca agus na huaigheanna lintéara ar fuaid na dúiche (13 ar fad). Tá liosanna agus galláin go líonmhar ar fuaid an cheantair agus ogham ar a lán acu. Tá trian de chlocha oghaim Éireann i gCiarraí.

Nách isteach in Inbhear Scéine a shrois Clann Mhíleadh Éire 350 blian roim shaolú Mhic Dé? Tá cuimhne ar a dteacht. Tá Carraig Éanna taobh amuigh den Choireán mar ar bádh Éanna, agus tá céile duine des na taoisigh curtha i mBaisleachán. B'í siúd Fiall. Tá Ír curtha ar an Sceilg. Tá Tigh Dhoinn ag Pointe Bhéarra mar chuimhne ar Dhonn, dia an bháis ag págánaigh na hÉireann. Chreidtí gur isteach 'na thigh a théadh na mairbh agus go mbíodh flea agus féasta istigh acu. Deirtear linn nár tháinig Pádraig Naofa riamh go Ciarraí, ach go nduairt sé: 'Beannaím uaim siar sibh.'

Cathair na Stéige

Bailiúchán Lawrence, An Leabharlann Náisiúnta (1880-1914)

Bhí díospóireacht idir fhile ó Uíbh Ráthach agus file fáin fadó. Duairt an stróinséir:

Uíbh Ráthach gránna na ndragún dian,
Gleann Cárrtha ná fásfadh arbhar ná bia,
Na hardchnoic ghránna sa réigiún thiar,
Áiteanna d'fhág Pádraig gan beannú riamh.

Agus b'é an freagra a thug file Uíbh Ráthaigh air:

Uíbh Ráthach álainn na bhfear bhfionn bhfial,
Gleann Cárrtha mar a bhfásann arbhar is bia,
Na hardchnoic bhreátha sa réigiún thiar,
Áiteanna d'fhág Pádraig le beannú ag Dia.

Pé a bheannaigh an ceantar bhí an creideamh préamhaithe go daingean san áit: bhí Crochán Naofa i gCoad, bhí Fionán in Oileán an Teampaill agus i nDoire Fhionáin, bhí clú agus cáil ar mhainistir na Sceilge, Sceilg Mhichíl, agus ar Chill Rialaigh. Bhí Naomh Dairearca i nDairbhre agus ní féidir linn dearúd a dhéanamh ar theampall na Dromada mar ar chuir Cromailligh a gcapaill ar stábla.

Tá an creideamh san beo fós, buíochas le Dia. Iarrtar beannacht Dé i dtosach gach gnótha agus cuirtear toil an duine le toil Dé in aimsir an chruatain nó an iomaird.

Pointí Staire

Thug na Danair ruathar fé Sceilg Mhichíl sa bhliain 824 de réir Annála Inse Faithlinn, agus tógadh an t-ab Éadghal 'na bhrá agus leogadh do bás d'fháil den ocras agus den tart. Deir *Cogadh Gaedheal re Gallaibh* linn gur thugadar fúithi arís timpeall na bliana 850. Leis an mbliain 1044 a bhaineann an tagairt dhéanach do mhanaigh a bheith sa Sceilg, ach níor tréigeadar í go dtí an tarna haois déag, nó b'fhéidir go dtí an tríú haois déag.

I Ré na Normannach i ndeireadh na dara haoise déag bhrúigh Ó Súilleabháin, Ó Donnchú agus Mac Cárthaigh ó dheas ó Thiobraid Ára go Deasmhumhain, agus thógadar seilbh ar chríocha Uí Fháilbhe, agus Uí Shé in Uíbh Ráthach.

Ó Súilleabháin Mór a bhí i nDún Chiaráin agus in Uíbh Ráthach, agus Mac Cárthaigh sa chuid eile den bharúntacht.

Bhí tuile na Normannach ag brú aduaidh ar a sálaibh, ach bhris Mac Cárthaigh agus treabhchaistí Deasmhumhan orthu i gCath Chalainne in aice le Neidín, 1261. Níor fágadh Normannach taobh theas den Leamhain. Thóg Mac Cárthaigh Caisleán Bhaile Chairbre (Cathair Saidhbhín), thóg Ó Súilleabháin caisleán Dhún Chiaráin. B'iad a dtaoisigh agus a dtreabhchaistí: Mac Giolla Choda, Mac Criomhthain agus Mac Craith.

Dá iargúlta an áit, tháinig sé fé anáil Chromail agus Mhurchadh na nDóiteán tar éis bhriseadh Chnoc na nOs, Samhain 1647. Is ansan a bhris Murchadh, Taafe agus Albanaigh fé Alastar (nó Alastrom) Mac Colla ar Chárthaigh agus ar Ó Súilleabháin Mór. De réir dealraimh thóg Taafe breab £1,500. Leanadh den chogadh agus briseadh ar Ghaeil i mBaile an Sceilg, Gleann Mór, An Coireán agus Gleann Chárthaigh agus áiteanna eile. Bhí bua mór acu ar na Sasanaigh a bhí fé Gibbons, Boyn agus Bostyn ag Dromfhada idir Coad agus Cuan an Chaisleáin agus díthíodh na Sasanaigh.

Ach is daor a dhíol na Gaeil as an mbua. Ordaíodh dos gach éinne idir fhear, bean agus páiste, bailiú leo as Uíbh Ráthach, Bord Eoinín agus Gleann Chárthaigh agus dul soir thar Leamhain.

Ghluaiseadar lena dtréada agus a maoin saolta thar Snaidhm go hAbhainn Dhóinneach, mar a raibh Bagnal na bhFaolchon ag feitheamh leo. Thóg sé a n-airm uathu agus ansan mhairbh na ropairí idir fhear, bean agus páiste. Éinne a thug fé éalú, strac na gadhair ina ngártaeirí iad. Tháinig fear de mhuintir Bhraonáin saor. D'fhill sé a vest ar a láimh chlé agus chosain sé é féin ón gcoin agus leis an láimh dheas ghearr sé na cosa tosaigh den ghadhar lena chlaíomh. 'Sé siúd a thug cuntas ar cad a tharla ar 'Shliabh an Mharaithe'.

Is sa dúthaigh seo a tógadh Dónall Ó Mathúna, a fuair clú agus cáil in airm na Fraince agus na Spáinne i dtosach na hochtú haoise déag, go háirithe de bharr léigear Chremona 1702, mar ar mhairbh na Francaigh a bhí féna cheannas dhá mhíle de shaighdiúirí na hOstaire. B'olc uaim gan tagairt a dhéanamh d'Fhiníní Chathair Saidhbhín agus do Chíll na bhFear nÓg atá ainmnithe ina ndiaidh.

Daoine cáiliúla

Ar na daoine cáiliúla a mhair in Uíbh Ráthach bhí Máire Ní Dhuibh (Ní Dhonnchú), a bhí fileata deisbhéalach agus a cailleadh sa bhliain 1792. B'í siúd máthair Mhuiris an Chaipín agus Eibhlín Dubh Ní Chonaill: b'í seanmháthair Dhónaill Uí Chonaill í.

Bhí comhrá aici le fear ós na hInsí agus í ag beartú ardú cíosa a éileamh:

> 'Tá cois abhann suas ann,' ar sise,
> 'Agus cois abhann síos ann,
> Fothain an lae fhuair
> Agus fionnuar an lae the'.

'Tá,' ar an an tireontaí á freagairt:

> 'Bascadh 'na bharr agus bá 'na bhun,
> A chúl le gréin is a aghaidh sa tsioc'.

'Conas atá na prátaí agaibh i mbliana?' ar sise.
'Tá siad fliuch, fánach, creachánach, polltach, piastach, is an ceann ramhar lofa díobh,' arsa mo dhuine.

Nuair a chualaigh Máire an geach re sea uaidh, níor ardaigh sí an cíos air.

Bhí clú agus cáil ar Dhónall Ó Conaill ar fuaid na hÉireann agus thar lear agus anois tá a thigh ina sheodlann Náisiúnta i nDoire Fhionáin. Dhein uncail do, Muiris a' Chaipín, stácaí airgid ar smuglaeireacht ón Eoraip agus chuir sé oideachas ar Dhónall sa bhFrainc.

Ní féidir liom gan tagairt a dhéanamh do Ghobnait Ní Bhruadair, deirfiúr do Thiarna Mhainistir na Corann, go raibh aithne agam féin uirthi, a fhoghlaimigh Gaelainn agus a thóg óspidéal do laochra na Poblachta tar éis 1920. Bhí daoine eile a chuir ainm na Barúntachta os comhair phobail Éireann mar atá, Fionán Ó Loingsigh, Aire sa Chéad Dáil; Seán Ó hÉalaithe agus Tomás Ó Raghallaigh, Teachtaí Dála; Dónal Ó Móráin a bhunaigh Gael Linn; Cormac Breathnach a bhí ina Ardmhéara ar Bhleá Cliath; Stiofán Ó Cathasaigh agus a dheartháracha, iomarscálaithe agus rámhaithe ón

Snaidhm; Éamonn Sheáin Óig Mac Gearailt, peileadóir agus lúthchleasaí; Seán Ó Maolchatha, an milliúnaí ó Dhún Garbhán a thóg an galfchúrsa agus a oscail an cora dos na bradáin, agus Cathal nó Charley Chaplin a thagadh ar saoire bliain i ndiaidh bliana.

Seanchas agus Scéalaíocht

Roim ré an raidió agus na teilifíse bhí ar na daoine na hoícheanta fada geimhridh a chiorrú le seanchas agus scéalaíocht agus béaloideas. Bhí clú agus cáil mar sheanchaithe ar Sheán Ó Conaill Chill Rialaigh, Seán Chormaic Ó Sé, agus lem linn féin Dónall Ó Murchú, Seán Mhártain Duilligh Ó Súilleabháin, Seán Sigersún agus Partlán (Batt) Ó Sé.

Nách anso a fhoghlamaigh 'An Seanchaí' Éamonn Kelly ceard na scéalaíochta. Is anso, uathu súd agus óna lán nách iad, a bhailigh Tadhg Gaelach Ó Murchadha agus Fionán Mac Coluim agus Séamus Ennis an stór mór seanchais agus ceoil. Ar na hamhránaithe cáiliúla sa tseananós bhí Séamus Ó Donnghaile a bhí 'na thimire i Múscraí agus a thug amhráin Uíbh Ráthaigh soir agus amhráin Mhúscraí anoir; Seán Ó Donnghaile atá le cloisint ar an ndiosca *Amhráin ar an Sean-nós*; Muiris Ó Conaill ó Chillín Liath; Dónall Ó Curnáin ó Bharra na hAoine; Séamus agus Seán Mac Gearailt Bhaile an Sceilg; agus Dónall Donn Ó Súilleabháin.

Filí

Bhí féith na filíochta ag preabadh i gcuisleannaibh a lán de mhuintir Uíbh Ráthaigh. Orthu siúd bhí Eibhlín Dubh Ní Chonaill (aintín Dhónaill) a dhein 'Caoineadh Airt Uí Laoghaire'; Tomás Rua Ó Súilleabháin; Dónall Ó Loingsigh; Seán Ó Sé; Pádraig Ó hÉigeartaigh a scríbh 'An Leanbh Báite'; Donnchadh Mac Cárthaigh na Leamhna a chum 'Mo Shlán Beo Soir'; file de mhuintir Fháilbhe ó Dhairbhre; Sigerson Clifford; agus fé láthair Mícheál Ua Ciarmhaic, Pádraig De Buis, Caitlín Ní Shé agus Dónall Ó Sé.

Peileadóirí Contae ón nDúthaigh

Tá an pheil Ghaelach mar dara 'creideamh' ag muintir Uíbh Ráthaigh. Tá foireann ins gach paróiste, agus cúpla foireann i gCathair Saidhbhín, sa Phriaireacht agus sa Choireán. Ar na peileadóirí móra le rá, bhí

Ceann Muice agus Bá Bhaile an Sceilg, Uíbh Ráthach
Bailiúchán Lawrence, An Leabharlann Náisiúnta (1880-1914)

Mícheál Ó Conaill, Mícheál Ó Duibhir, Éamonn Ó Néill, Seán Ó Murchadha, Seán (Jacko) Ó Sé, agus fós in éide: Muiris Mac Gearailt, Seán Ó Cróinín, Séamus Ó Sé, Carl Ó Duibhir, Donnchadh Ó Duibhir agus Pádraig agus Cillín Ó Broin.

Tithe móra

Ar na tithe móra agus spéisiúla sa dúthaigh tá: Tigh Dhoire Fhionáin a luas cheana; Tigh Ghleann Léime i nDairbhre, áitreabh Ridire Chiarraí; tithe na mBuitléarach sa Choireán agus sa Chaladh; tigh Hardtop cois locha, an *Waterville Lake Hotel* anois, ach ba le haidhbhéardaí Iarla Lansdowne é tamall; agus tigh na Scairte i gCuan an Chaisleáin mar a bhfuil iníon an iriseora Cara Blake 'na cónaí. Ar na foirgnimh eile bhí stáisiúin na gcáblaí sa Choireán, i mBaile an Sceilg agus i nDairbhre. Tá an Réaltlann i gCathair Saidhbhín agus Tigh na mBocht i mBeathach, mar ar chaith Micí Cumbá Ó Súilleabháin, píobaire dall, seal dá shaol.

Nuair a theip ar réabhlóid Iarla Deasmhumhan i 1583, ordaíodh Plandáil na Mumhan, ach ba bheag an tionchar a bhí aige ar Uíbh Ráthach ach gur ghlac Vailintín Brún seilbh ar chaisleán agus ar thailte Bhaile Chairbre, thóg Petty seilbh ar Neidín, 1670, agus fuair an Captain Jenkin Conway Cill Orglan.

Daonra

De réir na ndaonáireamh tá titim thubaisteach tagaithe ar dhaonra Uíbh Ráthaigh le céad go leith blian. San áit ina raibh 47,000 duine níl inniu ann ach fé bhun 13,000 duine, nó 23% dá raibh ann. Mar shampla den bhánú, bhí triúr fear agus triúr ban ag múineadh i mBun an Inbhir i dtosach na haoise seo. Laigheadaigh líon na bpáistí go dtí ná raibh uirthi mar scoil ach oide amháin, agus ansan nascadh í le Cathair Dónall. Leathchéad blian ó shin bhí ochtar múinteoirí ag teagasc i gcúig scoileanna sa pharóiste. Inniu níl ach beirt fágtha in aon scoil amháin.

Slite Beatha

Tá na gabháltaisí in Uíbh Ráthach i gcoitinne beag cúng—fé bhun féar deich mbó a bhformhór—ach bhí na feirmeoirí críochnúil dícheallach, agus bhí cos ar muir agus cos ar tír agena bhformhór.

Feirmeoireacht mheascaithe a bhí ar siúl acu agus bhí na mná tí go maith chun martha chomh maith. Bhídís ag sníomh, ag cniotáil agus ag fíodóireacht agus is minic a bhídís sa phortach, sa ghort agus sa mhóinéar. B'é an t-iascach saighne an gnó ba thábhachtaí, ach bhíodh potaí gliomach agus méardóg agus portán acu, chomh maith le traimilí pollóg agus ballach. Bhíodh iasc úr agus leasaithe acu. De réir tuairiscí, níor dhein an Gorta an léirscrios anso a deineadh in áiteanna eile.

Bhíodh chúig feara déag agus cheithre fichid ag seoladh ón Rinnín gach oíche ar chúig báid saighne. Triúr déag sa bhád saighne, sé maidí agus beirt ar gach maide agus fear stiúir. Bhíodh seisear sa bhfiléar, an bád beag a leanadh an bád saighne.

Ní bhraithidís an oíche lena gcuileachta féin agus seanchas le criúnna eile ó Bhaile an Sceilg agus Cúm an tSleabhcáin.

As Gaelainn a cuirtí ar na ráithíní agus scolacha éisc. Bhíodh: 'Tóg léi', 'Lag bord a' lín', 'Buail an poll dorcha', 'Léan ort, a fhiléir mhairbh!' le cloisint ag éinne a bhíodh ar an bport.

Bhí raidhse airgid le déanamh agus roinneadh na háitribh idir na mic i slí go mbeidís i gcomhar le chéile ins na báid saighne. Bhí go maith gur mheath an t-iasc agus ansan bhí na gabháltaisí róchúng chun líon tí mór a bheathú.

Faid a lean an t-iascach bhí obair ar fáil ag cúipéirí ag déanamh bairillí, lucht déanta agus deisithe líon agus potaí. Bhí obair ag gaibhní, siúinéirí agus úmadóirí ag coimeád capall agus trucailí ar bóthar ag iompar éisc go Rinn Ard, mar a gcuirtí ar bord loinge é do mhargadh Mheirice.

Bhí tragóidí farraige ann an uair sin chomh maith. Bádh lán báid de mhuintir an Lóthair ar a bhfilleadh ó Bhaile an Sceilg, agus uair eile fágadh ceathrar baintreach nuair a bádh ceathrar dearthár agus fear eile ar thráigh an Choireáin. Nuair a bheireadh callshaoth ar an hiascairí, d'iarraidís ar Bhráthair Rua na Scairbhe iad a thabhairt slán. Dhein Nelson é siúd a dhícheannadh i 1653.

Imirce

Nuair a mheath an t-iascach ní raibh ach imirce i ndán don aos óg. Phósadar cailíní ó áiteanna nó ó thíortha eile agus nuair a fhilleadar abhaile thógadar a bpáistí le Béarla, teanga na máthar.

Ba thubaisteach an botún a dhein an rialtas nuair a dhúnadar na scoileanna náisiúnta beaga. Nár thugadar oideachas bunúsach don aos óg? Agus mar chruthú air sin féach ar na daoine cáiliúla idir chléir agus tuath a fuair a mbunoideachas ins na foirgnimh seo, gan múinteoirí feabhais ná aon chabhair eile, ach oifigigh dhúra na Roinne ag spídiúchán má bhí páiste mallintinneach sa rang.

Anois tá na lánúna óga ag tréigint na ngleann agus na mbailte iargúlta agus ag tógaint tithe ins na bailte móra. Is fusa don athair dul chun a ghnótha ar maidin, ná a pháistí a bheith ar fuaid na barúntachta gach maidean agus tráthnóna ar bhusanna.

Féach ar scéal an mheánoideachais. Fágann bus Cathair Saidhbhín ar a seacht a chlog ar maidin agus téann beagnach 30 míle go Cuan an Chaisleáin chun páistí a phriocadh suas ar a deich neomataí chun a hocht, tar éis dóibh taisteal trí mhíle ar rothair nó de shiúl na gcos fiú i ndúluachair na bliana. Ní fhilleann an bus ar Chuan an Chaisleáin go dtína cúig um thráthnóna, agus bíonn ar na páistí bochta a slí a dhéanamh abhaile i ndoircheacht agus anró an gheimhridh.

Turasóireacht, Áilleacht, Caitheamh Aimsire

Ritheann Mórchuaird Chiarraí trí Uíbh Ráthach agus tá tithe ósta agus áiseanna do 'cheithearnaigh', mar a tugtar orthu go raidhsiúil san áit. Tá iascach bradán agus breac geal agus breac rua ins na haibhnte agus ins na locha, agus iascach pollóg, ballach, leathóg agus maicréal ón dtráigh, agus iascach doimhinmhara don té go bhfuil a leithéid uaidh. Tá seilg agus foghlaeireacht ar fáil leis. Tá siúlóidí agus marcaíocht chapall agus galf ann chomh maith. San oíche bíonn ceol, amhráin agus rincí Gaelacha ins na hóstáin agus sna tithe tábhairne.

Tá na radharcanna ó Ghleann Beithe timpeall go Neidín chomh hálainn nách féidir cur síos orthu i gceart in aon teangain. Na daoine a deir go raibh Uíbh Ráthach feicithe acu nuair a thugaid an Mhórchuaird is ionann é agus a rá go raibh Bleá Cliath go léir feicthe ag an té a thaisteal Sráid Uí Chonaill. Cad mar gheall ar áilleacht na gCealla, nó turas go coiréal slinne Dhairbhre?

Leathann a radharc ar éinne a ghabhann tré Chom an Easbaig nó Bealach Oisín nó Bealach Béime. Is fiú go maith dul go dtí Bólus, 'an áit go dtéann daoine le dóchas rud d'fháil ann,' nó go Ceann Muice nó Ceann Glas an Uain. Níl sárú an tsuaimhnis atá sa Ghleann Mór le fáil, gan le cloisint ach méileach uan, is ceol fuiseog is cuach. Tá Doire Fhionáin cois trá molta ag mílte, ach tá na radharcanna ó bharra na Binne Móire agus barra Chum na hEornan dochreidte.

Tá Comhaltas Ceoltóirí Éireann agus Conradh na Gaelainne sa bharúntacht agus ba bhreá na feiseanna a reachtáiltí ó Chathair Saidhbhín go Cathair Dónall i mBaile an Sceilg, i nDairbhre agus sa Coireán. Bhíodh ceol, amhráin, rince, drámaí, agallamha agus cúrsaí teangan gan sárú iontu.

Deirtear nár chaill fear an mhisnigh riamh. Is tuar dóchais é go bhfuil Cumainn Forbartha áitiúla gníomhach ins gach paróiste agus baile beag, agus iad ag gríosadh na mball chun teanga a sinsear a thabhairt dá bpáistí agus forbairt a dhéanamh ar acmhainní áitiúla.

Ar na coistí seo tá Coiste Forbartha Chathair Dónall; Cumann Bhríde an Lóthair agus an Ghleanna Mhóir; Coiste Forbartha na Dromada; Coiste Forbartha Ghleanna Orcáin, agus Coiste Forbartha na Sceilge.

Tar éis an tsaoil tá 122 baile fearainn Gaeltachta in Uíbh Ráthach agus trí cinn acu san i nGleann Chárthaigh. Is gearr go n-osclófar meánscoil nua i gCathair Uíbh Ráthaigh ina mbeidh oideachas trí Ghaelainn ar fáil do scoláirí na Gaeltachta.

Tá fás fé thionscail nua sa cheantar. Tá feirmeacha farraige ann mar a mbeathaítear bradáin agus sliogéisc. Baintear a lán móna don stáisiún ginte i nDuibhlios ar abhainn na Fearta. Tá forbairt á dhéanamh ar chuanta agus ar áiseanna iascaireachta locha agus farraige. Tá feabhas á chur ar bhóithre agus chosáin do chuairteoirí. Tá báid nua ag iascach agus ag tabhairt cuairteoirí go Sceilg Mhichíl agus ar thurasanna iascaireachta.

Tá tithe nua á dtógaint ins gach áit agus cuma na maitheasa agus an rachmais ar gach éinne agus gach rud. Tá daoine óga an cheantair ana-oilte ar theangacha na hEorpa, Spáinnis, Fraincis agus Gearmáinis agus oiliúint orthu i dteicneolaíocht nua-aimseartha agus ríomhairí.

Iarraimid rath Dé agus A Mhic ar an ndútaigh, agus mar a deiridís fadó, 'Go mba seacht bhfearr sliocht ár sleachta sa chéad mhíle blian eile'.

Doire Fhionáin, Uíbh Ráthach

Bailiúchán Lawrence, An Leabharlann Náisiúnta (1880-1914)

An Rinn
Déise Mumhan
Áine Uí Fhoghlú

Paróiste beag í an Rinn ar leithinis ag féachaint anonn ar Dhún Garbhán trasna an chuain i gceantar iarthar Phortláirge. De réir an daonáirimh dheireanaigh thá daonra na háite anois ós cionn míle duine. Triocha bliain ó choin ní raibh de dhaonra ann ach tuairim is sé chéad. 'Siad an iascaireacht agus an fheirmeoireacht na slite beatha is coitianta athá agena muintir, dhá thionscal athá ag treisiú ar bhonn áitiúil fiú má tháid fé bhagairt ar bhonn náisiúnta. Ceann de na gnéithe is suntaisí a bhaineann le Gaeltacht na Rinne agus sinn ag tosnú ar an mílaois nua ná an éagsúlacht a bhaineann le pobal na háite agus a fheabhas is athá na cosa tugtha léi aici mar Ghaeltacht in ainneoin na gcúinsí uile athá tar éis bheith á fáisceadh le leathchéad bliain nó mar sin.

Ag féachaint dúinn ar léarscáil Choimisiún na Talún 1911 tugaimid fé ndeara gur shín Gaeltacht na nDéise an t-am san ó Cheann Heilbhic siar thar Eochaill chomh fada le Baile an Teampaill in Oirthear Chontae Chorcaí, ó thuaidh thar Cheapach Choinn go Cathair Dhún Iascaigh agus as san siar go Gleann Eatharlaí i gContae Thiobraid Árann agus soir go Baile na Coille in Oirthear Phortláirge. Abhar spéise dhúinn go léiríonn figiúirí na bliana san gur dh'áiríodh go raibh 100% de dhaonra Airde Móire ag labhairt na Gaelainne nuair a bhí 93% sa Rinn agus 84% sa Seana-Phobal. Níl fiú an cainteoir dúchais amháin fágtha anois san Aird Mhór. Ach fágaimis siúd mar athá sé maidir le figiúirí go fóill beag.

'Sé is brí leis an 'Rinn' ná pointe talún a ghobann amach sa bhfarraige; agus Rinn Ó gCuanach: glactar leis go raibh treibh de mhuintir Chuanaigh buacach anso uair éigin sna Meánaoiseanna agus gurb iad a dh'fhág rian a sleachta ar ainm na háite riamh ó choin. Laistigh de pharóiste na Rinne thá Ceann Heilbhic ar imeall na mara móire agus is soiléir ón ainm seo gur tháinig Lochlannaigh i dtír ann, mar thá a bhunbhrí le fáil i dteanga Lochlann. Ciallaíonn *hele* carraig nó eitir ghainimhe agus ciallaíonn *vig* bá nó cuan, 'sé sin áit a bheadh contúrthach mar go mbeadh an fharraige ag briseadh ar na carraigreacha ann. Tagairt don dá charraig sa chuan,

Baile na nGall, An Rinn

Bailiúchán Lawrence, An Leabharlann Náisiúnta (1880-1914)

'sé sin Carraig a' tSabhais agus na Gaibhne isea é seo, is dócha, agus fógra dá ndaoine muintire go raibh baol sa chuan áirithe seo. Thá áit sa *Bristol Channel* go bhfuil ana-dhealramh aige le Heilbhic, 'sé sin Helewig, agus is mar a chéile an áit sin ó thaobh carraigreacha contúrthacha dhe. Sa *Book of Survey and Distribution* a dh'fhoilsíodh sa 17ú aois thugadh *Helwicke Head* ar Cheann Heilbhic agus *Ringagoona* ar an Rinn, rud a dh'athraigh lucht déanta léarscáileanna Shasana ní ba dhéanaí 'dtí Ringville. Thá a fhios againn go raibh na Lochlannaigh anso thimpeall na bliana AD 850 agus glactar leis gur uathu a dh'ainmníodh Baile na nGall, an sráidbhaile athá i gcroílár na Rinne. Go deimhin mheabhraíodh gan choinne do phobal na Rinne an ceangal san le tréimhse na Lochlannach nuair a thánaíodh ar phasáiste fé thalamh agus tochailt ar bun ar láithreán tí ar phríomhbhóthar Heilbhic i mí Meithimh na bliana 1998. Chuir Oifig na nOibreacha Poiblí fear chúinn chun an scéal a dh'fhiosrú agus b'é a thuairim sin go raibh an *souterrain*, mar a thugtar ar a leithéid, idir míle agus míle dhá chéad bliain d'aois.

Níor dhein na Normannaigh neamhshuim dínn ach an oiread le muintir Lochlann agus dh'fhágadar san a rian ar an Rinn mar a dh'fhágadar go láidir ar fuaid Chontae Phortláirge. Rud coitianta ab ea é go mbeadh Móta agus seaneaglais san áit inar chuireadar fúthu. Thá a leithéid sin d'áit sa Rinn ar an taobh thiar den paróiste, áit ar a dtugtar an Móta. Thá rian an mhóta go soiléir ann, thá an tobar beannaithe, Tobar Naomh Niocláis, agus an seanashéipéal, leis, le fáil sa cheantar san.

B'iad muintir Ghearailt na tiarnaí talún Normannacha a bhí in iarthar Phortláirge agus ghlacadar tiarnas ar cheantar na Rinne. Phós na Gearaltaigh isteach i gclann Villiers agus nuair ná raibh ach cailín amháin fágtha i gclann Villiers phós sí sin Albanach dárbh ainm Stewart. Is mar sin a tháinig na Villiers Stewarts, a bhí mar thiarnaí talún an cheantair anuas 'dtíos na fichidí. 'Sé'n teideal a thug an seana-Stiúrtach do féin ná *Lord Stewart of the Decies* agus bhí tigh aige sin i Heilbhic (a dtugtar an Tigh Buí air) cé go raibh a áras cónaithe i nDrom Eanaigh láimh leis an mBaile Nua nó Villierstown mar a bhaist sé féin air. Thá an bóthar ann fós, cé gur achrannach é in áiteanna, a thaistealaíodh *agent* an Stiúrtaigh an tslí ar fad anuas ó Dhrom Eanaigh trí pharóiste na Rinne go Ceann Heilbhic nuair a bhíodh cíos agus sraith á bhailiú aige ó mhuintir na háite.

Maidir leis an nGearaltach úd gur thráchtamar thuas air Prodastúnach ba dh'ea é go raibh fíor-dhrochcháil air i measc na ndaoine. Bhí sé ag maireachtaint i Ráth na mBiríneach san áit a bhfuil muintir Shúilleabháin anois agus bhí baile beag ansan láimh leis. Bhí sé chomh míthrócaireach san i leith na mbochtán gur chuir sé pobal uile an bhaile as seilbh d'aon iarracht amháin. Laistigh de sheachtain amháin bhí gach mac máthar imithe gan teimheal, an baile beag bánaithe agus iad go léir ag tabhairt aghaidh ar Mheiriceá. Le linn na naoú aoise déag a thit an eachtra so amach, agus níor mhair éinne san áit ó choin cé go bhfuil cuid de fhothracha na seanathithe fós le feiscint ann.

Ó thaobh an daonra dhe ní mór ná go raibh líon na ndaoine sa cheantar ag éirí agus ag titim de réir mar a bhí ar bhonn náisiúnta anuas tríos na blianta. I lár na 17ú aoise deirtear linn go raibh daonra an-íseal sa cheantar, 'sé sin ná raibh ach thimpeall 200 duine i leath amháin den paróiste. Le linn na hochtú aoise déag tháinig méadú beag ar an daonra agus thá cuntas againn ó thaistealaí a tháinig go Baile na nGall ag an am so ar na coiníollacha maireachtana a bhí ages na daoine ann nuair a thráchtann sé ar bhrácaí beaga de thithe caite isteach murc marc ar a chéile agus gan aon dearbhú ar sheilbh age daoine. Bhí tithe agus seilbh ina gcúis mhór achrainn ar feadh i bhfad ina dhia' san, go háirithe nuair a chuaigh daoine i mbun a ngabháltaisí a cheannach ní ba dhéanaí. Ach fén am a tháinig deireadh na 19ú aoise bhí athrú mór tagaithe ar líon na ndaoine sa cheantar agus i mBaile na nGall féin bhí 700 duine ina gcónaí ann. Bhí beartaithe ages na Stiúrtaigh sráidbhaile ceart ar aon dul leis na sráidbhailte beaga Sasanacha a chur á thógaint anso, agus dh'fhostaigh sé an t-ailtire cáiliúil Albanach, Alexander Nemo, chun dearadh a dhéanadh air. Cé nár chuireadh an plean riamh i bhfeidhm, thá sé fós le feiscint i leabharlann na Stiúrtach i nDrom Eanaigh.

B'acmhainn nádúrtha riamh ó thosach aimsire an fharraige sa Rinn ach ní raibh ar chumas daoine aon fhorbairt cheart a dhéanadh ar an iascaireacht mar thionscal gan cé ceart a bheith ann. San 18ú aois ní raibh san áit ach báid bheaga iomartha agus aníos an sruth a tharraingítí iad chun iad a cheangailt, nó suas an sruth i bPoll a' Phúca. Ag obair amach i mbéal an chuain ba mhó a bhídís le doruithe agus ag baint trioscair de Charraig a' Chlampair agus des na Gaibhne agus á dhíol i nDún Garbhán. Aimsir an Ghorta bhuail cruatan iascairí na Rinne agus ar dhuine des na daoine a tháinig i gcabhair orthu bhí an ministéir Prodastúnach James Alcock a raibh cónaí air sa Rinn. Chuir sé scéal 'dtí Cumann na gCarad, nó na *Quakers* i bPortláirge gur mhór le hiascairí na háite cúnamh mar go raibh a gcuid líonta díolta agus a gcuid maidí iomartha dóite age mórchuid acu le gátar. Chuir na *Quakers* cúnamh airgid ar fáil i bhfoirm iasachtaí agus de réir mar a bhí an t-iasc á mharú bhí an t-airgead á íoc thar n-ais agus bhí feabhas ag teacht ar shaol na n-iascairí. Achainí a dhein na hiascairí ar James Alcock nuair a thairg sé fóirthint a lorg dóibh ná go gcuirfí cé á thógaint i mBaile na nGall chun go bhfaighidís feidhmiú ar bhonn níos fearr. Ba ghairid go raibh toradh ar an iarratas san, agus thosnaíodh ar an obair ar an gcé. Thá cuntas deas age Maidhc Dháith ina leabhar *Beatha Mhichíl Turraoin* ar an obair sin agus ar na heachtraí a bhain leis. Níba dhéanaí ansan sa mbliain 1912 a thosnaíodh ar an obair ar ché Heilbhic. An t-am san bhí húcaeirí breátha anso, suas le daichead ceann idir 30 agus 40 troigh ar fhaid i mBaile na nGall agus tionscal mór ba dh'ea a ndéantús in Eochaill agus i gCnoc a' Dúin, áit a raibh an Ghaelainn á labhairt go maith isteach sa chéad so. Nuair a dh'imigh na húcaeirí tháinig bád níos lú ar nós an phúcáin. Bhí ag éirí go maith leis an tionscal as san 'dtí triochadaí na fichiú aoise nuair a chuaigh sé i léig go mór. Ní raibh fágtha an t-am san ach thimpeall chúig bhád agus roinnt daoine ag marú gleamaigh. Fén am a tháinig na seascadaí bhí cúrsaí imithe chun an donais ar fad, agus cé go raibh flúirse éisc ann ní raibh ach trí thráiléir ag obair amach ó ché Heilbhic. Ansan i dtosach na seachtóidí tháinig athrú mór chun feabhais i bparóiste na Rinne. Lonnaigh Comhlacht Chriostal Phortláirge monarcha dá gcuid i nDún Garbhán agus thógadar isteach na céadta printísigh óga. B'as ceantar na Rinne mórán des na hógánaigh a thógadh isteach, agus ba de theaghlaigh iascaireachta cuid mhór acu. Go leor des na fearaibh óga so a raibh mianach na farraige iontu, 'sé an rud a dheineadar ná roinnt bhlianta a chaitheamh ar phá maith, agus nuair a bhí go maith acu chuireadar a gcuid airgid i dtreo báid nua a cheannach.

Cuan Bhaile na nGall, An Rinn

Bailiúchán Lawrence, An Leabharlann Náisiúnta (1880-1914)

Mar sin a chuaigh tionscal na hiascaireachta sa Rinn ó neart go neart, agus anois thá breis is fiche tráiléir agus an méid sin arís de bháid bheaga ag cur amach ón ché agus a gComharchumann féin, Meitheal Mara na Rinne, ag díol a gcuid éisc dóibh. Ach thá a fhios ag an saol go bhfuil an donas ar fad déanta agen ár mballraíocht den Aontas Eorpach ar an iascaireacht agus 'sé an gearán is mó athá ages na hiascairí inniu ná go bhfuil a gcuid éisc go léir fuadaithe ages na báid ollamhóra a thagann ón Spáinn agus ó thíortha eile.

Eachtraí stairiúla

Ag féachaint síos ar ché Heilbhic thá leacht mór breá ar a dtugtar Dóchas na hÉireann nó an *Erin's Hope*. Cuimhneachán é seo ar eachtra a thit amach sa chuan nuair a bhí buíon Fíníní ó Mheiriceá ag teacht go hÉirinn sa mbliain 1867 chun teacht i gcabhair ar mhuintir na hÉireann lena saoirse a bhaint amach.

I mí Abráin na bliana san, dh'fhág an long an *Jacknell* Nua Eabhrac agus last de *phianos*, meáisíní fuála agus baraillí fíona inti, nó sin é mar a shíleadh. Ach bhí an last ba thábhachtaí inti i bhfolach, b'in chúig mhíle gunna, trí ghunna mór, míle claidheamh, chúig mhilliún piléar agus go leor arm eile. Go Ciúba a dúraíodar a bhí a dtriall ach ba ghairid gur athraigh an Captaen Caomhánach a chúrsa agus gur thug sé féin agus a bhuíon daichead éigin Fínín a n-aghaidh ar Éirinn. Ar a dturas dóibh bheartaíodar nárbh oiriúnach mar ainm ar bhád a raibh a leithéid de chúram uirthi an *Jacknell* agus dh'athraíodar a hainm go 'Dóchas na hÉireann', nó an *Erin's Hope*. I dtosach na Bealtaine 'sea a fuair na Fíníní radharc ar chósta na hÉireann nuair a thánaíodar isteach go cuan Shligigh. Ach bhí an mí-ádh orthu, mar ní hamháin ná raibh éinne ag fuireach ann leo ach bhí cabhlach Shasana ana-ghníomhthach fan an chósta agus chaitheadar a n-aghaidh a thabhairt ó dheas. Síos leo go cósta Chorcaí agus fós gan éinne de cheannairí na hÉireann chun fáilte a chur rompu féin ná a gcuid arm. Leanadar leothu soir, tamall ag teicheadh ós na vaidhtéirí Sasanacha, agus tamall ag seoladh soir go dtí gur bhaineadar amach ceann Heilbhic ar an gcéad lá de Mheitheamh. Iascaire ón áit, Paid Mór Ó Faoláin, a thug i dtír ansan iad, ach lean an mí-ádh arís na Fíníní bochta, mar bhí eolas faighte fén am so ages na póilíní orthu agus ar éigean a bhí cos ar thalamh tirim acu aníos idir Poll a' Phúca agus Baile na nGall nuair a bhí an tóir orthu. Dh'éirigh le cuid acu na cosa a thabhairt leo chomh fada le hEochaill fér ghabhadh iad, ach thugadh ós comhair cúirte ansan iad agus ghearradh téarmaí fada príosúin orthu.

Tar éis na heachtra san bhaist Paid Mór *An Fínín* ar a bhád, agus 'dtí'n lá inniu thá an ainm sin ar bhád age duine dá shliocht agus í ag iascaireacht amach ó Heilbhic.

Go deimhin níorbh iad na Fíníní an t-aon dream a bhain úsáid as cuan Heilbhic d'fhonn iarrachtaí le hairm a thabhairt i dtír, mar, ar na heachtraí eile dá leithéid gurb eol dúinn fúthu bhí an long an *Hannah* a tháinig ó Bhremen na Gearmáine i 1922 agus an long an *Claudia* a tháinig ó Libya i 1973.

Amhránaithe agus ceol

Bhí traidisiún na hamhránaíochta agus an cheoil láidir riamh sa Rinn agus sna seanalaethanta fiú nuair ná raibh mórán tuiscint ar cheol seachas mar thionlacan oiriúnach dos na rincí a bhíodh sna tithe istoíche ní raibh aon ghanntanas lucht veidhlíne, *melodeon*, píbe agus fliúite ann. Bhí na hamhráin mhóra ar nós *Sliabh na mBan, An Goirtín Eornan* agus mórán nach iad anso i gcónaí ann agus, ar nós aon áit eile, cáil ar leith ar theaghlaigh áirithe ar a gcumas amhránaíochta. Is fiú tagairt ar leith a dhéanadh do chlann Tóibín ar rug deartháir acu Nioclás leis craobh an Oireachtais—corn Uí Riada na haimsire sin—trí bliana as a chéile, gaisce nár dh'éirigh le héinne eile a bhaint amach ó choin. Thug an gaisce sin misneach thar ceal d'ógánaigh an cheantair agus gheofaí a rá gur thug sé ardspreagadh don traidisiún athá fós láidir inniu. Ó thosach na nóchaidí thá Corn Uí Riada tugtha fé dhó 'dtí'n Rinn age Áine Uí Cheallaigh agus thá mórán gradam agus craobhacha buaite age amhránaithe eile ón cheantar. Sa mbliain 1994 thionóladh Oireachtas na Gaelainne i nDún Garbhán agus arís i 1999 'sí Gaeltacht na Rinne agus Dún Garbhán a dh'fháiltigh roimh 'n bhféile.

Scríbhneoirí

Bhí cáil riamh ar cheantar na nDéise as an mórán scríbhneoirí cáiliúla a chuir sé uaidh anuas tríos na blianta, lucht filíochta, lucht próis agus lucht amhrán agus is mó saothar litríochta mar oidhreacht againn sa dúthaigh seo. Bhí agus thá fós baint nach beag age údair na Rinne leis na saothair sin. Leithéidí an Dr de hIndeberg agus an tArdeaspag Mícheul Ó Síocháin thánaíodar 'dtí'n Rinn chun iad féin a thumadh i dtobar an dúchais agus chaitheadar mórán dá gcuid ama ag gabháilt amach i measc an phobail ag breacadh síos a gcuid cainte, a gcuid eolais agus a gcuid saibhris. Chuir an Dr Ó Síocháin óna lámh an leabhar *Sean-Chaint na nDéise*, staidéar ar chanúint an cheantair, agus seacht leabhar eile. I measc na n-údar eile bhí Pádraig Ó Cadhla againn, Áine Ní Fhoghlú (Bn Uí Néill), Tomás de Bhial, Seán Ó Corraoin, Mícheul Ó Cionnfhaolaidh, Seana-Nioclás Tóibín, agus mórán Déiseach eile a chaith tréimhsí fada sa Rinn ag obair ar son na Gaelainne. Thá leabhair fós á scríobh agus á seoladh sa Rinn anuas 'dtí'n lá inniu ó Nioclás Mac Craith agus Dóirín Mhic Mhurchú, agus ó Mhícheul Ó Domhnaill a chailleadh le déanaí.

Cad a thug údair agus lucht léinn ag triall chomh tiubh san ar an Rinn seachas aon áit eile?

Bhunaíodh Coláiste na Rinne i dtosach na fichiú aoise. Sa mbliain 1903 tháinig fear ó Shliabh gCua, Pádraig Ó Cadhla, ag obair mar thimire do Chonradh na Gaelainne agus iarracht á dhéanadh aige ranganna a chur ar bun ag múineadh léamh agus scríobh na Gaelainne do mhuintir na háite mar go raibh cosc é sin a dhéanadh sna scoileanna ag an am. Ach bhí sagart paróiste an cheantair go nimhneach i gcoinne na Gaelainne agus dhein sé iarracht ar stop a chur leis na ranganna. Mar sin féin níor theip ar fhear an mhisnigh. An t-am san bhí roinnt stróinséirí tosnaithe ar theacht 'dtí'n Rinn ar saoire agus cuid acu fonnmhar go maith leis an nGaelainn a dh'fhoghlaim. I samhradh na bliana 1905 bhailigh Pádraig slua beag agus bhuail sé clár dubh suas i gcoinne tí an bhácaera i mBaile na nGall agus thosnaigh sé ar na ranganna a mhúineadh. B'in mar a thosnaigh Coláiste na Rinne. Mar sin a leanadar leo ag dul ó neart go neart go bhfuaireadar ionad amháin fé dhíon, ansan ionad eile agus ar deireadh gur mhéadaigh líon na ndaltaí, na múinteoirí agus na ndaoine a thug tacaíocht airgid dóibh gur cheannaíodar an foirgneamh ina bhfuil Coláiste na Rinne lonnaithe inniu. Go deimhin is deacair a shamhlú cad a bheadh le rá age Pádraig Ó Cadhla agus na teagascóirí ba thúisce ann dá bhfeiceoidís an t-ionad galánta athá inniu ann lena chuid áiseanna fairsinge agus luach cúpla milliún punt d'obair déanta air le blianta beaga anuas. Is cinnte go mbeidís mórálach as an toradh athá tagaithe sa deireadh ar a gcuid saothair.

Níorbh ionadh mar sin go mbeadh lucht léinn agus litríochta ag teacht chun na Rinne. Cuid acu thánaíodar ar fhoireann teagaisc an Choláiste agus a thuilleadh acu thánaíodar ar mhaithe le bheith ag éisteacht le seanchas mhuintir na háite agus b'fhéidir chun saoire dheas a dhéanadh dhóibh féin cois farraige ag an am gcéanna. Is cinnte go raibh abhar spreagthaithe agus suime gan teora anso dhóibh agus lean dream beag dílis acu bliain i ndiaidh bliana ag filleadh chun na Rinne rud a thairbhigh go mór ní hamháin dá gcuid Gaelainne féin ach do staid agus do stádas na Gaelainne sa pharóiste.

Mar chuid de Choláiste na Rinne bhunaíodh sa mbliain 1959 meánscoil lán-Ghaelach sa Rinn, Meánscoil San Nioclás, agus thá an scoil fós buacach, ag treisiú léi in aghaidh na bliana. Thá bunscoil lán-Ghaelach sa Rinn, leis, agus foireann teagaisc de chúigear inti, agus thá naíonra lán-Ghaelach ann le fiche bliain nó mar sin. Bíonn an Coláiste anois ina bhunscoil chónaithe i rith an gheimhridh do ranganna a cúig, a sé agus a seacht agus reachtáltar trí chúrsa samhraidh Gaelainne do dhaltaí meánscoile. Sa tslí seo tugann an Coláiste na céadta idir óg agus aosta isteach sa cheantar gach bliain, rud a neartaíonn eacnamaíocht an cheantair agus meas an phobail orthu féin agus ar an nGaeltacht.

Chúig cinn de thithe tábhairne athá anso, Oifig an Phoist, sé cinn de chomhlachtaí tábhachtacha athá urraithe age Údarás na Gaeltachta, agus is maith an teist ar ghustal an phobail go bhfuil ollamhargadh Spar, caifé agus Bialann an Chairn oscailte le bliain anuas.

Tá éisteacht cuíosach maith age Raidió na Gaeltachta sa cheantar ach thá ceannairí pobail anso le fada den tuairim go mbeadh éisteacht i bhfad níos feárr aige dá mbeadh stiúideó beag sa Rinn agus clár-reachtaire lonnaithe anso. Gan amhras thá Teilifís na Gaeilge, nó TG4, tar éis tacú go mór le stádas agus le seasamh na Gaelainne gan trácht ar an bhfostaíocht athá cruthaithe ag an chomhlacht teilifíse *Nemeton* athá ag soláthairt cláracha ar bhonn rialta do TG4. Fostóirí ana-mhór' eile sa pharóiste isea Meitheal Trá Teo., an tionscal sliogéisc athá sa chuan, agus monarcha Leictreonach *Powerflow.*

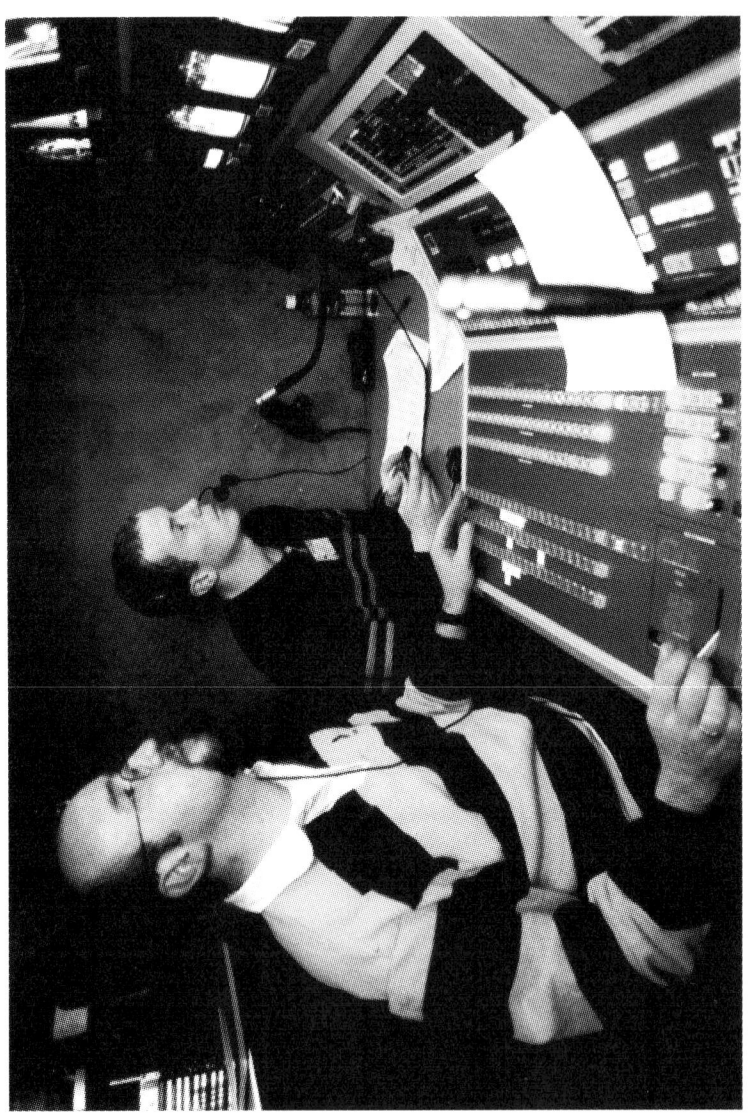

Seomra stiúrtha Nemeton

Le caoinchead Nemeton 2000

Thá craobh láidir de Chumann Lúthchleas Gael sa Rinn a chéadbhunaíodh sa mbliain 1890, agus is maith an teist orthu gur reachtáladh Comórtas Peile na Gaeltachta anso i mbliain deiridh na mílaoise, 1999. Thá Comhairle Pobail ana-ghníomhthach anso agus tionscnamh mór idir lámha acu don mbliain 2000, athchóiriú a dhéanadh ar an ionad pobail a thógadar sna seachtóidí. Is léiriú ar bheocht agus ar chumas an phobail an méid imeachtaí náisiúnta a reachtáladh anso le bliain anuas: an Fhéile Náisiúnta Drámaíochta, an Comórtas Peile, Oireachtas na Gaelainne agus Scoil Gheimhridh Merriman gan trácht ar go leor mionimeachtaí eile.

Le fiche bliain anuas nó mar sin thá méadú mór ar an líon stróinséirí athá tar éis teacht isteach sa cheantar agus talamh agus tithe a cheannach, agus a bhformhór mór ní bhíonn aon Ghaelainn acu. Ach mar sin féin bíonn freastal ana-mhaith—suas le triocha duine idir Ghearmánaigh, Sasanaigh agus Meiriceánaigh—ar na ranganna Gaelainne do thosnaitheoirí a reachtáltar gach geimhreadh. Ar ndóigh ní bheimis ach ag magadh fúinn féin mura dtabharfaimis aghaidh ar fhíorstádas na Gaelainne sa cheantar fé láthair. De réir mar athá na seanachainteoirí dúchasacha ag fáil bháis thá an pobal ag brath níos mó agus níos mó ar na scoileanna chun an Ghaelainn a choimeád beo. Is fíor, leis, go bhfuil tréigint áirithe ag teacht ar chanúint na nDéise ach gan amhras is tábhachtaí le lucht na Gaelainne go mbeadh Gaelainn mhaith á labhairt agus an chanúint áitiúil ag tréigint seachas go mbeadh an Ghaelainn féin á thréigint ag an pobal. Mar sin féin caithfear aitheantas a thabhairt don Rinn gurb í an t-aon cheantar Gaeltachta inar thit aithbheochaint dhearfa inaitheanta ar an nGaelainn amach i measc phobal an cheantair féin ós na seachtóidí i leith. Tuairim is chúig bliana fichead ó choin dh'iompaigh mórán den dream a bhí ionphósta ag an am ón mBéarla lenar thógadh iad ar an nGaelainn mar theanga a dteaghlaigh nuair a phósadar.

Líríonn na staitisticí ón daonáireamh is déanaí go bhfuil méadú mór ar an líon páistí in aois réamhscoile sa Rinn go bhfuil an Ghaelainn mar phríomhtheanga nó mar an t-aon teanga acu. Is féidir a aithint ar dhéagóirí an cheantair go bhfuil líon i bhfad níos mó acu anois líofa agus ar a gcompord leis an nGaelainn ná mar a bhíodh. Ní beag le maíomh é sin. Agus is cinnte go spreagann athbheochaint láidir an cheoil thraidisiúnta sa cheantar meon Gaelach i measc an aos' óig.

Ach an cheist is deacra ar fad le freagairt: cad athá i ndán don nGaelainn anso sna blianta athá romhainn?

Is dócha go leanfaidh an dátheangachas. Ach má thá stádas na Gaelainne mar phríomhtheanga chumarsáide an pharóiste le dearbhú agus le caomhnú sa todhchaí is iad na scoileanna, an eaglais, eagraíochtaí ar nós CLG, Bantracht na Tuaithe, Ógras, an Chomhairle Pobail agus a leithéidí a chaithfidh an stádas san a bhuanú. Dá fheabhas an iarracht ó theaghlaigh aonair go dtí seo ní leor é sin a thuilleadh. Sna blianta athá romhainn ní mór do phobal *uile* na Rinne a bheartú an mian leo leanúint mar Ghaeltacht nó an fearr leo go mbeadh an Rinn mar cheantar turasóireachta Gaelach inarb é an Béarla teanga an phobail feasta.[1]

Nóta Buíochais

[1] Táim buíoch de mhuintir na Rinne as an seanchas a thugadar dom, agus go háirithe de Shilvester Ó Muirí.

An Seana-Phobal
Déise Mumhan
Eibhlín de Paor

Pobal beag tuaithe i ndeisceart na nDéise, a luíonn ar an gcósta idir an Rinn soir uaidh agus an Aird Mhór siar uaidh is ea an Seana-Phobal. 'Dtí lár na naoú aoise déag dh'áiríodh an Seana-Phobal mar chuid de pharóiste na hAirde Móire ach dh'aontaíodh leis an Rinn é ag an am san, agus is mar sin atháid ina dhá leathpharóiste ó choin. Thimpeall trí chéad caoga duine athá mar dhaonra sa Seana-Phobal na laethanta so ach bhí lá ann ar nós mórán de thuatha na hÉireann nuair a bhí a thrí agus a cheithre oiread san ag maireachtaint san áit.

I bhfad siar uainn thá fianaise ann go raibh daoine ag cur fúthu sa cheantar so trí iarsmaí a mhaireann ó Ré na Clochaoise, 'sé sin le rá suas le 4,000 bliain roimh breith ár dTiarna. Age bun Bhaile na Móna thimpeall céad slat ó cheann na faille thá tuama meigiliteach ar a dtugtar Caille Béara go háitiúil. Dheineadh iniúchadh seandálaíochta ar an áit sa mbliain 1938 fé stiúir Bhord na nOibreacha Poiblí agus an Músaem Náisiúnta. Baineann sé leis an stíl de thuama a bhí coitianta i dtuaisceart na tíre le príomh-'sheomra' agus 'seomra' tánaisteach ar a nglaotar cúirt. Níl tagaithe ar aon cheann eile cosúil leis seo i ndeisceart na tíre. Laistigh den tuama féin dh'aimsíodh sothaigh déanta as cré athá arís den déanadh is comónta i dtuamaí an oirthuaiscirt. Dhá throigh is triocha ar fhad athá an láthair. Is dócha go raibh sé níos mó ach gur bhaineadh leis i gcaitheamh na mblianta agus gur dh'usáideadh na clocha le bearnaí roimh beithígh, agus ní abhar gur dual dó a bheith láidir in aghaidh an tsíonchaithimh athá sa chré ná sna clocha céanna.

De réir naomhsheanchais na luath-Chríostaíochta dúraíodh nár tháinig Naomh Pádraig a fhaid leis an gceantar so ar a ngairmtear na Déise a chuigint. Ní hé ná raibh fáilte anso roimhe, ach de bhrí agus go raibh Soiscéal Dé scaipithe cheana féin age Naomh Déaglán na hAirde Móire. Déaglán Pádraig na nDéise a dúraíodh. Tagann fianaise scrite chugainn i mBeatha Dhéaglán na hAirde Móire, a scríobhadh san ochtú aois i dtaobh nithe a bhaineann leis an tréimhse seo.

Tigh Solais an tSeana-Phobail

John Tynan 2000

Thá cur síos ann ar fhear beannaithe a chuir fé(idh) sa cheantar so roimh Déaglán agus ba dh'é siúd Colmán an tSeana-Phobail. (Tá an lámhscríbhinn seo á choimeád i Leabharlann Ríoga na Bruiséile.) Oíche a bhreithe, de réir dealraimh, chonaicíodh liathróid tintrí ar lasadh os cionn an tí áit ar tháinig Deaglán ar an saol. Ghoibh iontas agus neamhchreidiúint fínnéithe an imeachta so agus chuireadh fios ar fhear, a dtuigtear gurb é Colmán a bhí ann, le brí éigint a bhaint as an scéal 'Colmán, neoch do bhaí an tansin ina shagart agus ina dhiaidh ina easpog naomhtha'. Theagasc Colmán teachtaireacht Chríost do thuismitheoirí an linbh agus bhaist sé an páiste. Dh'fháistinigh Colmán i dtaobh cháil an linbh agus dhein cur síos ar an saghas saoil a bhí leagthaithe amach roimhe.

Cé nach féidir a bheith deimhnitheach i dtaobh na nithe seo go hiomlán, is leor d'fhianaise go raibh a leithéid ann, mar sin féin, a maireann d'iarsmaí sa mbéaloideas agus sna logainmneacha áitiúla ar nós Cill Cholmáin. Meastar gur chaith Colmán roinnt ama sa Róimh, agus gur chuireadh thar n-ais go hÉirinn é thimpeall na bliana AD 360. Más fíor so ní haon ionadh gur dh'aithníodh an ceantar so ar cheann des na céad áiteacha ina raibh pobal Críostaí sa taobh so tíre agus gur thugadh an Seana-Phobal ar an áit dá bharr san. Tugann an logainm Cill Cholmáin le fios dúinn go raibh ionaid eaglasta anso bunaithe age Naomh Colmán i dtosach ré na luath-Chríostaíochta. Is dócha gur séipéal adhmaid a bhí i gceist mar ná maireann aon rian inniu de. Bhí tobar beannaithe ann chomh déanach le lár na naoú aoise déag ach athá anois tirimithe. Bhain tábhacht fé leith leis an draighneach a dh'fhás os cionn an tobair seo agus 'nistear mar a choimeádtaí cailís chloiche an naoimh ar an gcarn féarach taobh leis. Chomh déanach le 1856–1857 dhéintí turas ar an tobar. Ó thuaidh ón áit seo bhí tobar eile ar a dtugtaí Tobar an Treasnáin (ón mbaile fearainn Baile Uí Threasnáin). Bhí cáil ar an tobar so le tinnis inmheánacha a leigheas agus dhéintí turas an tobair anso leis.

I bhfad i ndiaidh ré Cholmáin, tháinig cuairteoirí eile chun na háite. Ba isteach 'dtí Port Láirge a tháinig na Normannaigh chun na tíre i dtreo dheireadh na dara aoise déag. Dh'fhágadar a rian go tréan ar an áit i mórán slite ach i dtaobh an tSeana-Phobail féin de thá Breathnaigh, agus na sloinnte ar fad a bhfuil 'de' ina dtosach, idir Búrcaigh, Róistigh, Léisigh agus Paoraigh, go láidir le n-áireamh i measc na n-áitreabhach. B'fhéidir gurb iad na daoine seo, leis, is cúis le cuid des na tréithe canúna is dúal do Dhéisigh i nGaeilinn, fuaimeanna ar nós an défhoghair athá le clos sna focail *binn* agus *cill* agus mar sin de, agus an défhoghar eile athá i bhfocail cosúil le *seamra* (seomra).

Le linn an Ghorta Mhóir, bhí pobal na háite buailte go trom nuair a theip an práta. Bhíodh roinnt iascaireachta ar bun ó Bhaile Mhic Airt sna laethanta úd, rud a thug faoiseamh do ghoile na cosmhuintire tríd an tréimhse ainniseach so i stair na hÉireann. Laghdaíodh daonra na háite tríd an líon a fuair bás d'easpa bídh agus de dheasca galar i rith an ama so. D'fhág so a rian ar chleachtas teangan i bPort Láirge maraon le háiteacha eile ar fuaid na tíre. Bhí *poorhouse* i nDún Garbhán mar ar chríochnaigh an dream ba dhearóile. Chuireadh ana-chuid des na daoine i dtimpeallacht Dhún Garbhán a fuair bás le linn an ama so i Reilg a' tSléibhe athá ar theorainn Dhún Garbhán leis an Rinn agus an Seana-Phobal. Dh'imigh ana-chuid den dream a mhair ar an imirce go Meiriceá; go Sasana Nua don mhórgcuid. I measc na ndaoine a thug a n-aghaidh ar na Stáit Aontaithe le linn na haimsire seo bhí Risteard Ó Dálaigh ón Chúil Rua. Dá shliocht siúd an Méara cáiliúil a bhí i réim i Chicago le linn na seascaidí. Níos déanaí bhí a mhac san go mór chun tosaigh i gcúrsaí polaitíochta agus thug sé féin agus a bhean turas cáiliúil ar an Seana-Phobal i lár na n-ochtóidí.

Go gairid tar éis an Ghorta, sa mbliain 1851 thógadh an tigh solais ar an Mionn Ard. Bhí mianach anso ar bhain Iarla Chorcaí luaidhe agus airgead astu babht amháin. Le linn na drochaimsire is contúrthach go maith athá an fharraige ar fuaid an chósta idir an Aird Mhór agus Dún Garbhán. Thá an tigh solais féin 285 troithe ar airde agus é ina chomhartha rabhaidh dos na báid a ghabhann an tslí. Is é seo an tigh solais is airde sa tír. Ba dh'é an t-ailtire cáiliúil George Halpin a dhein é a dhearadh. As gaineamhchloch rua áitiúil a dheineadh an túr. Ní cosc ar an uain anróiteach an túr a bheith tógtha, mar sin féin. Reacáladh an *Dunveegan* c. 1899. Cé gur dheineadh socruithe chun a raibh ar bord uirthi a shlánú do theip ar an iarracht nuair a dh'éirigh gála arís agus bhriseadh í. Pé méid guail a bhí uirthi, b'ansan a dh'fhan sé, bhí an fhaill chomh milltheach agus ná faighfí dul síos inti. Árthach eile a chaitheadh isteach age Mionn Ard ba ea an *Marechel de Noelles* tuairim agus 1913. Gual a bhí ar bord na loinge seo, nó níos cirte cóc. Ní lasfadh an cóc so in aon chor mar an ngnáthghual ach dheargódh sé. Thóg muintir na háite i málaí ar a ndrom aníos tríd an bhfaill é. 'Ach ba ghairid go rabhadar sásta go leor don chóc, mar ní raibh aon chrocán acu ná raibh briste fé cheann achair ghairid le neart teas'.[1]

Don dream a chuir fúthu sa Seana-Phobal ón nGorta i leith is ar an bhfeirmeoireacht don chuid is mó a mhaireadar mar shlí bheatha. É sin nó an imirce a bhí i ndán d'fhormhór de phobal na háite. Dealraíonn sé gur thimpeall ar obair agus ar chúraimí na feirme a chaith daoine a saol. San aimsir seo ar ndóigh ní raibh aon trácht ar aibhléis ná ar aon saghas inneallra feirme. Obair chruaidh a bhí i gceist agus a chúram féin ar gach duine sa chlann—buachaillí agus cailíní, fir agus mná—thimpeall an mhacha. Bhí imeachtaí áirithe i gcaitheamh na bliana a bhain le hobair na feirme agus dhéintí lá mór ceiliúrtha astu agus ocáid mhór shóisialta.

Ar an gcéad Chéadaoin de gach aon mhí bhíodh an tAonach ar bun i nDún Garbhán. Bhailítí na beithígh isteach sa mhacha an oíche roimh ré. Thimpeall ar a ceathair a chlog ansan thabharfaí aghaidh anonn ar Dhún Garbhán. Turas dhá uair go leith de shiúl na gcos a bhí san aistear so. Níor mhór beirt nó triúr ar a laghad a bheith i mbun na mbeithíoch i bhfochair a chéile mar ná raibh aon aird ar na clathacha. Bhí gach aon áit oscailte ó bharra na Rinne ar feadh ceathair nó cúig dhe mhílte. Bheadh an t-ádh le duine iad a bheith díolta ag a naoi a chlog agus thugtaí 'dtí'n staisiún ag a dhá bhuille dhéag nó mar sin na beithígh a bhí díolta. Bhíodh stáisiún traenach sa mbaile mór na blianta úd. Chuirtí na beithígh isteach ins na carráistí agus ag brath ar pé dhuine a cheannódh iad gheobhaidís a bheith ag triall ar Chill Chainnigh nó ar Thiobraid Árann nó áit éigint mar sin. Ba mhinic go gcaithfí na beithígh a thabhairt abhaile dá mbeadh an tAonach go holc. Ní bhíodh an déanadh céanna ar bhearnaí acu mar bheadh a fhios acu go rabhadar ag triall abhaile. Lá mór sóisialta ba dh'ea, leis, é. Bhíodh tarraingt ar Dhún Garbhán ón Chlais Mhóir, Ceapach Choinn, Cill Rosanta, an Rinn, an Seana-Phobal agus an Sráidbhaile lá an aonaigh.

Dh'osclódh na tithe tábhairne ar a leath uair tréis a sé ar maidin. Bhíodh gach aon saghas fear seóigh ar fuaid an bhaile idir lucht na dtrí chárta, na hácaeirí a bhíodh ag díol gach sórt uirlis feirme idir casúirí, uird, sluaistí, agus árthaí tís cosúil le taephotaí agus mar sin de. Bhíodh *stall*anna ann a mbíodh éadaí, bróga, cótaí báistí, agus mar sin de ar díol iontu.

Capall agus cairt an modh taistil ba ghnáthaí ages na daoine. Ba dhuine fánach go mbíodh capall agus diallait aige. Is beag gluaisteán a bhí le feiscint thimpeall na tíre an t-am so. Bhí dhá cheárta sa pharóiste. Ceann i gCruabhaile agus ceann eile i mBaile na Móna fé chúram Sheáin de Paor. Uair sa mhí a shóinseálfaí na cruite fén chapall dá mbeadh an capall agat fé charr. Dá mbeadh na cruite leathchaite *set of removes* a chuirfí fé. Coicíos de ghnáth a bhainfí astu súd. Bheadh na crúba tar éis fás agus chaithtí iad a ghearradh siar. Dhá chapall a bhíodh age daoine de ghnáth. Dá mbeadh feirm cuíosach mór age duine trí cinn de chapaill a bheadh aige. Nuair ná raibh mórán capall thimpeall ansan, theigheadh an gabha thimpeall 'dtíos na feirmeoirí. Gerry Cilligriú, a bhí ina ghabha sa Rinn agus ba dh'í a dheirfiúr súd Eibhlín Bean Uí Churraoin údar an leabhair *Fir Mhóra na tSean-Phobail*.[2] Sa leabhar so déintear ana-chur síos ar stair agus ar mhuintir an tSeana-Phobail; ag scríobh di in 1938 deir sí

> Bhí lá ag an Sean-Phobal agus ba mhó é a chlú, agus is nidh nach iongnadh san, agus calmacht na dtréin-fhear a rugadh is a tógadh ann. Ní raibh aon bhuadhchaint orthu ar mhéid is ar thréine – fathaigh a raibh gach aon ghéag ortha chomh mór is bheadh ar chapall, agus brí is lúth ionntu dá réir. 'Ní hiad na Fir Mhóra a bhaineann an fóghmhar,' a deir an sean-fhocal, ach thá sé dian nó gur sháruigheadar súd an sean-fhocal mar gur rí-bheag a gheobhadh dul in iomaidh leo ar an rámhainn ná ar an speil, ar rás ná ar léim, ná ar láthair an bháire, agus dar ndóigh, fág fútha bheith oilte aicillidhe ar an mbata droigheanaighe, an chóir chogaidh is chosanta ba ghnáthaighe ag lucht tuaithe céad bliain ó shin.[3]

Halla Cholmáin inniu – Scoil Náisiúnta Bhaile Mhic Airt

Eibhlín de Paor 2000

Ocáid mhór shóisialta eile i gcaitheamh na bliana i rith an ama so ba dh'ea an bualadh. Bhíodh níos mó greadadh ag baint leis an mbualadh ná lá an aonaigh agus bhíodh na garsúin ar fad ag tnúth leis. Ós na triochaidí ar aghaidh thagadh na meaisíní ó iarthar Chorcaí le hobair na buaile a chur i gcrích. Ó Dhrom 'á Liag thagadh muintir Chrualaoi, agus thagadh muintir Cheallaigh as Dún Mhánmhaí. Chuiridís siúd fúthu i dtithe áirithe sa cheantar ó mhí Deireadh Fómhair 'dtí aimsir na Nollag. Dh'fhanadh na *Crowleys* age tigh Liam Uí Riain, Ráth Liad. Bhíodh bualadh age ga'h aon tigh, geall leis, san aimsir sin.

Bhaintí an fómhar i mí Meán Fómhair. Bhíodh trí nó ceathair de *bhinders* sa pharóiste agus chuirtí amach ar chíos thimpeall 'dtíos na feirmeoirí iad. Theighidís ar chíos thimpeall an pharóiste ag gearradh an arbhair. Dhéinidís punanna dhe. Chuirfí ceathair nó cúig de phunanna le chéile le stúca a dhéanadh agus chaithfí trí nó ceathair de laethanta ag déanadh sábháil air. Ansan bhaileofaí suas dosaen díobh súd le stáca a dhéanadh amuigh sa pháirc agus bheadh sábháilt éigint air. Thabharfaí tamall do sna stácaí agus tharraingeofaí abhaile ansan é agus dhéanfaí cruach san eathala. De ghnáth bhíodh dhá chruach ann agus tharraingítí an t-inneall ansan idir an dá chruach agus chaithfeá na punanna a phíceáil isteach in airde ar an inneall. Thimpeall scór duine a bhíodh páirteach san obair seo; nuair a bhídís i dteannta a chéile chun oibre lá buailte mar seo 'meitheal' a ghlaotaí orthu. Bheadh beirt ann chun an phunann a phíceáil in airde ar an inneall, beirt ag gearradh na dtéad des na punanna, beirt ag friotháladh, fear thimpeall an luacháin, beirt ar an ngráinne nuair a bheadh sé ag teacht amach, fear ag cíoradh na cruaiche agus ag stiúrú, agus beirt nó triúr *lads* ag rith leis na buin isteach 'dtí'n scioból. Bheadh fear in airde ar an lochta, ag tógaint na bpunann suas uatha agus á gcaitheamh in airde ar an lochta, beirt ag déanadh cruach tuí agus beirt ag láimhseáil na tuí thar n-ais chúthu, agus bheadh beirt ar an talamh á píceáil suas chúthu súd.

Istoíche ansan a bheadh an spraoi ann! Bhíodh pórtar acu i rith an lae agus istoíche bhíodh rince an bhualadh acu. Bheadh thimpeall dhá cheig pórtair ann, agus shocraítí sa chúinne sa chistin é le *tap* air agus dh'osclófaí an *tap* amhail agus gur uisce a bhí ann agus bhídís ag ól ansan go maidin. Bhailíodh na comharsain isteach, bheadh fear i gcúinne ag imirt *melodeon* agus bheidís ag rince go maidin. Seiteanna a bhíodh acu. Bhíodh ana-cháil ar dhaoine áirithe sa pharóiste le scéal a 'nisint nó le hamhrán a rá ar nós Sheáin Uí Chléirigh ó Bharra na Stuac go raibh raidhse amhrán aige ón cheantar, agus fo-amhrán eile, ina measc *Ar Bhruach na Laoi*.

Bhunaíodh gabhal de Chomharchumann Uachtarlainne Dhún Garbhán sa tSeana-Phobal, agus thógadh uachtarlann nua i mBaile an tSléibhe sa mbliain 1924. Thimpeall an ama chéanna thógadh ceann sa Ghráinseach. Ní raibh aon uachtarlann sa Rinn—thagadh daoine ó bharra Heilbhic agus ó Bhaile na nGall aníos 'dtí Baile an tSléibhe. Formhór na ndaoine, thimpeall dhá mheadar a bhíodh acu agus braon i ngach ceann. Chaithfí imeacht gach aon mhaidean nó raghadh an bainne géar. Nuair a thabharfaí isteach an bainne ansan, chuirfí isteach in dabhach é agus dheineadh an bainisteoir é mheáchaint. Bhaileofaí an bainne scagtha ansan ó chúl na h-uachtarlainne le tabhairt abhaile le go bhfriothálfaí 'dtíos na muca é. Scilling is cúpla pingin an méid a thabharfá ar an ngalún an t-am san. Bheadh moill uair a chloig ar dhuine mar gheobhadh suas le dosaen duine a bheith romhat amach ar maidin. Chaití an t-am ansan ag caint is ag cabaireacht fhad a bheifí ann agus aon scéalta a bheadh ag imeacht bheidís agat ag teacht abhaile. Dhéintí im ansan leis an mbaraille cuigine trín uachtar a bhaint den mbainne. Ba dh'é Lúcás Ó Braonáin an chéad bhainisteoir riamh ar an uachtarlann. B'as Sligeach an fear so agus phós sé deirfiúr le Liam Breathnach a bhí i mbun an tí tábhairne. Mac leo ba dh'ea Séamus a bhí ar cheann des na hoidí nuair a athbhunaíodh Meánscoil San Nioclás, 1969. Bhain Séamus clú agus cáil amach mar iriseoir le *Scéala Éireann* chomh maith agus scríobhadh sé fé chúrsaí spóirt fén ainm cleite 'Tom Browne'. Maidir leis an tigh tábhairne céanna úd, Tigh Bhillí, mar a thugtaí go coitianta air, bhí a cháil féin ar an áit. Suite gairid don séipéal, don scoil, don uachtarlann ba dh'é croílár an pharóiste é. Aon chuairteoirí a thagadh 'dtí'n Rinn nó 'dtí'n Aird Mhóir, thagaidís i leith Tigh Bhillí. Bhíodh fear a tí suite thuas ag an tine agus dh'imríodh sé *fife* agus fliúit agus feadóg agus bhíodh sé ag 'nisint scéalta agus b'fhuirist an t-am a mheilt ann. Bhíodh cártaí á dh'imirt ann agus bhíodh ceol agus amhránaíocht le clos go coitianta ann. Ó thráth go chéile thagadh dreamanna le pictiúirí díreach mar a chífeá sa phictiúrlann 'dtí Crosaire Bhillí ar feadh seachtaine nó coicíosa agus uaireanta bhíodh sorcas acu ann. Síos an bóthar ó thigh Bhillí bhí siopa age muintir Pottle.

Bhí dhá scoil san áit: Scoil Náisiúnta Bhaile Mhic Airt agus Scoil Náisiúnta Móin na mBian ar an teorainn leis an nGráinseach. Dhúnadh an scoil i Móin na mBian i dtreo dheireadh na seascaidí. Thógadh scoil nua age Baile Mhic Airt i 1967 nuair a bhí Cyril Ó Fearghail agus Cáit Uí Mhuirí ina múinteoirí ann. Age tús an chéid tharla eachtra stairiúil sa tseanscoil náisiúnta i mBaile Mhic Airt mar go mba ansan a chuireadh tús leis an ngluaiseacht a dh'fhás agus gur dh'eascair Coláiste na Rinne as. Sa mbliain 1902, sheoladh Pádraig Ó Cadhla ó Shliabh gCua thar n-ais 'dtíos na Déise mar thimire age Conradh na Gaeilinne. An bhliain dár gcionn thosnaigh sé ar ranganna Gaeilinne a bhunú sa pharóiste. Fuair sé cead ón sagart paróiste labhairt le muintir an phobail tar éis Aifrinn.

> Fuair sé éisteacht mhaith ó na daoine a bhí ag an Aifreann. Nuair a bhí deireadh ráite aige chuaigh sé féin agus an lucht éisteachta idir óg agus aosta, idir fhir agus mhná isteach i dtigh na scoile i mBaile Mhic Airt. Bhí an Ghaedhealuinn ar fheabhas acu go léir agus níor ghá dóibh ach roinnt taithí a fháil le bheith inniúil ar í a léamh.[4]

Shocraíodh teacht le chéile agus a leithéid a bheith ar siúl acu ar bhonn leanúnach as san amach. Dh'éirigh go hiontach ar fad leis an mbeartas ar feadh roinnt seachtainí. Bhíodh breis agus seasca duine istigh sa scoil ó 7.30 tráthnóna 'dtína naoi a chlog, fé dhó sa tseachtain. Ba dh'é an leagaint amach a bhíodh ar na cruinnithe seo ná trí cheathrú uaire de léamh na Gaeilinne agus amhránaíocht agus rince don chuid eile den am. Ar an drochsheans ba bheag meas a bhí ag an sagart paróiste, an tAthair Mac Canna, ar an teanga cé go raibh sí ar a thoil aige féin. Nuair a dh'fhill sé i lár mí Iúil óna chuid laethanta saoire, dh'ordaigh sé go gcuirfí stop láithreach leis na ranganna agus chuir sé cosc ar an maighistir scoile an scoil a dh'oscailt dhóibh aon tráthnóna eile.

Monarcha Throscán na nDéise Teo.

Eibhlín de Paor 2000

Le linn na dtriochaidí thosnaigh fear óg ag teacht ar chuairt go gaolta a mhuintire agus a gcomharsain siúd le béaloideas an cheantair a bhailiú, agus ba dh'é siúd Nioclás Breathnach. Dh'fhoilsíodh cnuasach dena bhfuil bailithe age Nioclás agus cuntaisí uaidh ar an muintir gur bhailigh sé uathu le déanaí.[5] I measc na ndaoine ar bhailigh Nioclás uathu bhí Rí na Maoilinne, Nioclás Cúnnún, seanathair an fhir mhóir scéalaíochta Tadhg a chailleadh le déanaí. Níos déanaí anonn tháinig an scoláire mór le rá as an Iorua Haken Melburg ag triall ar an áit.

Mar athá luaite age Eibhlín Bean Uí Churraoin bhí muintir an pharóiste ana-thugtha don chaid. Is dócha go raibh cúrsaí peile in airde réime 1948-1949. Ghoibh an Seana-Phobal craobh an chontae, 1949, nuair a bhuadar ar an gCill. Ina measc siúd a bhí ag imirt bhí seachtar Anragánaigh agus cé nach deartháireacha a bhí iontu ar fad bhí gaol gairid acu lena chéile. Ní raibh aon pháirc dár gcuid féin acu an uair úd ach ag brath ar na feirmeoirí len iad a scaoileadh isteach. Tháinig Ger Ó Cíobháin aniar as na Gorta Dubha 'dtí'n Seana-Phobal i dtreo deireadh na ndaichidí agus bhí ana-shuim aige sa pheil. B'é siúd an Ger céanna a chuaigh thimpeall na tíre i naomhóig i dteannta Deainí Mhic a tSíthigh. Bhí sé ana-chumasach sa chúinne tosaigh. Thugadh lucht na bpáipéirí san am san an *Wee Kerryman* air. Phós sé bean ón áit, Bríd Barrún ó Bhaile na Móna. Ní raibh ach an t-aon dá charr sa pharóiste a bhfaighfí brath air go mbeidís ag déanadh ar na cluichí sna laethanta san, agus ar ndóigh ní bhfaighdís siúd ach a leath a thabhairt leo. Mar sin féin bhí an oiread san spride sna buachaillí agus saint iontu a bheith ag imirt caide is go mbídís ag sciobadh na rothar dá chéile le fonn bóthair. Go deimhin dh'eagraíodh ócáid comórtha i mbliana le gaiscígh 1949 a cheiliúradh, agus dh'éirigh thar barr leis; dh'fhreastail muintir na Cille féin air.

Caitheamh aimsire eile a bhíodh age pobal na háite ó thosach an chéid i leith ba dh'ea cúrsaí drámaíochta. Sheoladh an tAth. Victor de Paor 'dtí'n áit le linn na seascaidí. Fear óg aerach ba dh'ea é agus bhí ana-dhul chun cinn ann, agus bhí uaidh go mbeadh dul chun cinn sa pharóiste. Tar éis an Aifrinn thagadh sé aníos go Crosaire Bhillí mar a mbaineadh sé dhe a charabhat agus luíodh sé isteach ar liathróid láimhe i dteannta fir óga an pharóiste nó ag babhláil ina dteannta. Thug sé dream le chéile agus thug sé Aisteoirí an tSeana-Phobail orthu. Scríobhadh sé drámaí, leis, agus léirigh Amharclann na Mainistreach dráma acu. Tá glúin óg d'Aisteoirí an tSeana-Phobail ar an bhfód anois, agus léiríodar dráma de chuid an Phaoraigh anuraidh. Airbhe anuraidh is dráma nuascrite le Déaglán Turraoin *Bíonn Blas ar an mBeagán* a bhí idir lámhaibh acu. Briseann an dúchas arís, gheofaí a rá, mar gur mac mic le Maidhc Dháith, an seanchaí iomráiteach, an Déaglán céanna.

Is mó athrú athá tagaithe ar an saol le blianta beaga anuas. Bíonn leas agus aimhleas ag gabhail leis na forbairtí seo, ar ndóigh, ach rud amháin athá cinnte agus 'sé sin ná fuil aon éaló ós na hathruithe seo. Toisc na hathruithe móra i gcúrsaí teicneolaíochta, thá saol na tuaithe ag athrú as a riocht. Thá úsáid innealra i gcúrsaí feirmeoireachta i bhfad níos coitianta ná an sclábhaíocht a bhíodh i gceist ann. Ar ndóigh cuid mhór de mhuintir an tSeana-Phobail, oibríonn siad lasmuigh den áit i gcaitheamh an lae agus tagann abhaile gach aon tráthnóna—rud ná samhlófaí achar gairid de bhlianta ó choin, nuair ná raibh de rogha ach obair feirme nó an bád bán. Ceann des na cúiseanna is mó leis na hathruithe seo ná na deiseanna oideachais athá age daoine anois seachas mar a bhíodh. Thá deiseanna sa pharóiste, na laethanta so, fiú amháin leanúint leis an oideachas i nGaeilinn ón mbunscoil go dtí an dara leibhéal, rud ná samhlófaí roimhe seo. Thá beartas ar bun le scoil nua dara leibhéal a thógaint sa Rinn (mar a bhfuil Scoil San Nioclás i láthair na huaire), agus chuige seo dh'eisíodh *Cois Mara Thoir sa Rinn*, dlúthdhiosca ar a raibh muintir na Rinne agus an tSeana-Phobail ag canadh agus ag seinnt go ceolmhar. I Scoil Náisiúnta Bhaile Mhic Airt thá na huimhreacha a bhí ag laghdú le blianta beaga ag dul in aoirde anois arís. Toradh é seo, ar ndóigh, ar bheartas Chomhairle Chontae Phort Láirge ar suas le dosaen tithe nua a thógaint, rud athá curtha i gcrích acu le cúpla bliain anuas. Ó chuireadh tús le Teilifís na Gaeilge, nó TG4 fé mar athá anois air, thá deiseanna fostaíochta nua ag glúin óg an pharóiste, cuirim i gcás le Nemeton sa Rinn. Le cúnamh Údarás na Gaeltachta thá monarcha nua oscailte sa Seana-Phobal, Troscán na nDéise. Tugann sé seo fostaíocht ar lic an dorais dóibh siúd ná fuil sé uathu an áit a dh'fhágaint. I dtosach na n-ochtóidí cheannaigh Cumann Lúthchleas Gael a bpáirc imeartha féin agus dh'athchóirigh an tseanuachtarlann mar sheomraí feistis. Thá déanta go hana-mhaith age foireann peile na mban ó lár na n-ochtóidí i leith, go háirithe fé aois, agus thá mná ón bparóiste tar éis a bheith gníomhach ar fhoirne an chontae ó am go chéile. Níl líon na gcainteoirí dúchasacha chomh tréan sa pharóiste agus a bhí sna blianta athá caite. Mar sin féin thá grá don teanga agus dár dtraidisiún Gaelach, agus cuirtear in úil go mórtasach i measc muintir na háite é.

Nótaí

1 Nioclás Breatnach, *Ar Bóthar Dom* (Coláiste na Rinne, Rinn Ó gCuanach, 1998), lch 88.
2 Oifig an tSoláthair, B.Á.C., 1941.
3 Lch 7.
4 Mícheál Ó Domhnaill, *Coláiste na Rinne*.
5 *Ar Bóthar Dom* atá luaite cheana.

Coláiste Íosagáin, Baile Mhuirne

Seán U'a Súilleabháin 2000

Baile Mhuirne, Cill na Martra agus Cluain Droichead Múscraí
Seán Ua Súilleabháin

Logainmneacha

Tá paróiste Bhaile Mhuirne ar an slí ó Chorcaigh go Cill Airne; síneann sí aniar timpeall le seacht mhíle ó theorainn na contae. Tá paróiste Chill na Martra (nó Tuath na Dromann mar ba mhinic a thugadh an seanadhream ar an mball) laisteas di. Tá dhá cheann déag de bhailtíocha i bparóiste Chluain Droichead sa Ghaeltacht chomh maith;[1] tá an pharóiste sin ar an dtaobh thoir agus thoir thuaidh de Bhaile Mhuirne. Dá gcuirfí paróiste Uíbh Laoghaire leis an méid athá luaite agam bheadh Gaeltacht Mhúscraí ar fad againn. Ach níl paróiste Bhaile Mhuirne ar fad le plé agam; do bheartaíomair gur fiú léacht fé leith a thabhairt do Chúil Aodha, ós ann is treise a mhaireann teanga agus dúchas na sean; agus dá réir sin is é fearann athá fém chúramsa a bhfuil fágtha de Ghaeltacht Mhúscraí tar éis paróiste Uíbh Laoghaire agus ceantar Chúil Aodha a bhaint aisti.

Aon pharóiste amháin ab ea Baile Mhuirne agus Cill na Martra, b'fhéidir ó lár na hochtú haoise déag go dtí an bhliain 1858. Tá an méid sin soiléir ach liosta na sagart paróiste i nDeoiseas Chluana a scrúdú.[2] *Bairneach* a tugtar ar Bhaile Mhuirne sa Leabhar Laighneach a scríobhadh timpeall na bliana 1200[3] agus sa tráchtaireacht ar *Félire Oengusso* a bhaineann leis an tréimhse chéanna;[4] sa Leabhar Breac (c. 1411) *Boirnech* a tugtar ar an mball. Leis an séú haois déag, is dócha, a bhaineann an sampla is luaithe againn den ainm, agus 'baile' ina tosach: *Baile Bhoirne*.[5] Uim an seachtú haois déag bhí an tarna focal á litriú le *Mh* tosaigh chomh maith leis an *Bh* stairiúil. 'Boireann' (nó roimis sin 'Baireann') tuiseal ainmneach na foirme 'Buirne'; 'áit ina mbeadh an chloch aníos tríd an dtalamh' is brí leis, dálta an bhaill i gContae an Chláir go dtugtar 'an Bhoireann' air. Pé ní mar gheall ar stair an chúraim, de réir na gcainteoirí Gaelainne go raibh meas orthu le céad bliain anuas *M* athá ann: 'Muirneach' a tugtar ar dhuine ó Bhaile Mhuirne, baile is ea 'an Muirneach Beag', agus tá 'Gort na Muirne' mar ainm ar pháirc.[6] In ainneoin an 'B' a bheith á chur chun cinn sna leabhair 'Chaighdeánacha' le tamall anuas, is dóigh liom gur mithid glacadh leis go bhfuil an t-athrú tarlaithe le fada; 'sé sin le rá más 'Muirne' agus 'Muirneach' agus 'An Muirneach Beag' a bhí ag scothchainteoirí Mhúscraí sid é athá ann, pé ní a bhí ann na céadta bliain ó shin.

I bh*Félire Oengusso*, a cuireadh le chéile idir na blianta 797 agus 808, '*Ernaide*' a tugtar ar an áit i Múscraí ina raibh cónaí ar Ghobnait.[7] B'fhéidir go bhfuil baint ag an ainm sin leis an bhfocal 'iarann',[8] ach is dócha gurb é an focal 'ernaide'[9] é, a thug 'furnaidhe' ina dhia' san, agus athá fós ag dea-chainteoirí i Múscraí sa bhfocal 'fiúraí' ('fionraí') a chiallaíonn 'faire' nó 'feitheamh':[10] b'fhéidir, mar sin, gur 'áit shuaimhneasach' ba bhrí leis. Deir Charles Smith ina leabhar *The Ancient and Present State of the County and City of Cork*[11] go raibh an ainm '*Husneagh*' (Uisneach) ar an áit chomh maith, ach ní heol dom aon údarás a bheith leis sin, cé go luaitear an fia le Gobnait sa bhéaloideas. Is dóigh liom gur dearúd léitheoireachta a thug 'Husneagh' dúinn, agus b'fhéidir gur 'Burneach' a bhí ann, agus gur easpa taithí ar lámhscríbhinní Gaelainne fé ndeár an dearúd.[12]

Cill na Martra ansan, tagraíonn san do thaisí Naomh Laichtín a bhí á gcoimeád i séipéal an bhaill—b'í a lámh dheas, de réir dealraimh, a bhí ann—agus do thagadh scata mór oilithreach ann a d'iarraidh leighseanna: is ionann 'Cill na Martra' agus 'séipéal na dtaisí', sa chás so 'séipéal thaisí Naomh Laichtín'. 'Ní martra go daille', a deirtear, 'ach is measa bheith ar buile', agus mar gheall ar an mbrí sin a bheith leis an bhfocal chomh maith, mheas daoine gurbh é ciall a bhí le 'Cill na Martra', séipéal na ndaoine martraithe, agus ba dhóigh le roinnt daoine gurbh ionann iad san agus na daoine a thagadh a d'iarraidh leighis—go rabhadar san martraithe ag teacht ann—ach deireadh daoine eile go dtugtaí san air toisc go raibh muintir na háite martraithe ag na hoilirthigh ar fad a thagadh chun an bhaill, á gcrá a d'iarraidh déarca. Níl aon dealramh ar aon cheann den dá thuairim sin, ná ar mhórán eile dá bhfuil in aiste ag Conchúr Ó Murchú a cuireadh i gcló in irisleabhar Chumann Staire agus Seandálaíochta Chorcaí i ndeireadh an naoú haoise déag.[13] *Cell Lachtíne* nó 'Cill Laichtín' i nGaelainn an lae inniu a bhí ar an séipéal sarar tugadh 'Cill na Martra' air, peocu baisteadh é i ndiaidh an té bhunaigh é le linn do san bheith ina bheathaidh nó nuair a bhí a chuid taisí istigh ann cheana féin. An bhliain 622 a luaitear le bás Laichtín in Annála Ríochta Éireann. De réir Chonchúir Uí Mhurchú creidtí gur le linn Anraí a hOcht a imigh lámh Laichtín uathu, agus gurb amhlaidh a thit san amach de bharr míorúilte nuair a bhí na Gaill a d'iarraidh breith uirthi. Níl d'fhiainise leis sin ach gur imigh lámh an naoimh go dtí an Domhnach Mór, agus gur fhan sí ansan go dtí go bhfuair easpag protastúnach Chluana greim uirthi le barr gliocais, agus gur tháinig sí i seilbh teaghlaigh Shasanaigh, gur sloinne dhóibh Fontaine. Sa mbliain 1884 do cheannaigh an Rialtas í, tar éis do Thiarna Phowerscourt é sin a iarraidh go bog agus go cruaidh orthu, agus tá sí anois i mBleá Cliath san Ard-Mhúsaem. Tá pictiúir breá den chás go bhfuil an lámh istigh ann sa leabhar *Cill na Martra* a fhoilsigh Coiste Forbartha an bhaill sin roinnt bhlianta ó shin.[14]

B'fhéidir gur sine d'ainm *Tuath na Dromann* ná *Cell Lachtíne* nó *Cill na Martra* ach, ait go leor, níl sampla luath dhe aimsithe fós. 'Sliocht Thuath na Dromann' a tugtaí ar na Cárthaigh a bhí i gCaisleán Dhún Dá Radhairc.

Leis an mbliain 1311 a bhaineann an tagairt Ghaelainne is sia siar do Chluain Droichead athá agam: luaitear i nAnnála Inse Faithlinn gur theith Seon Ó Donnchú isteach i dTeampall Muire ann, agus gur chuaigh Diarmaid Mac Cárthaigh isteach agus gur strac sé amach é in ainneoin thearmann an teampaill. Ag Crois a' Teampaill mar a bhfuil Reilg na Gleidhbe a bhí Teampall Muire de réir dealraimh. Luaitear Cluain Droichead a Laidin i Rolla Píopa Chluain Uamha fén mbliain 1242.[15]

An ball féin, nádúr agus dlúthú an phobail

Gaeltacht i bhfad ón bhfarraige—an rud is annamh is iontach—is ea Gaeltacht Mhúscraí. Seo stracfhéachaint ar an ngairm beatha a luaigh Próinséas Ó Ceallaigh le daoine gur bhailigh sé béaloideas uathu sa chomharsanacht i ndeireadh na dtriochaidí: feirmeoir, bean ghabha, bean chniotála, bean sclábhaí, bean feirmeora, sclábhaí, fear poist. B'in iad na haicmí ba rogha le lucht béaloidis. Bhí ann ina dteannta san

A bhfuil fágtha de Chaisleán Dhún Dá Radhairc, Cill na Martra

Seán Ua Súilleabháin 2000

sagairt, dochtúirí, múinteoirí scoile, gardaí (nó roimis sin, póilíní), gréasaithe, siúinéirí, gaibhní, saoir chloiche, táilliúirí agus siopadóirí. Feirmeoirí, a lucht oibre, agus na daoine a dheineann seirbhísí riachtanacha a sholáthar don phobal go bunúsach a bhí le fáil ann, más ea, agus ní bréag a rá gur ar an bhfeirmeoireacht a bhí an eacnamaíocht ag brath. Ní raibh cuid mhór des na feirmeacha go holc in ao'chor, tógam baile Ré na nDoirí sa mbliain 1894; bhí cheithre cinn d'fheirmeacha ann ina raibh os cionn cheithre fichid acra, ceann ina raibh breis agus deich n-acra agus trí fichid agus aon fheirm amháin chúig acra agus daichead. Timpeall le leathchéad acra a bhí a bhformhór ar an Leicnín i gCluain Droichead an tráth céanna. Bhí cuid acu os cionn céad acra thiar timpeall theora na contae, ach, ní gá dhom a rá nách ionann i gcónaí acra agus acra eile. Ní raibh aon taibhse mhór sna feirmeacha, tríd síos, agus feirmeoireacht mheascaithe ba ghnáthaí ar siúl acu, ag brath den chuid ba mhó ar bha bainne—ní raibh puinn den talamh ró-oiriúnach chun cuireadóireacht—ach ba ghnáth leo beagáinín coirce a chur dos na ba agus dos na capaill, agus gan dabht garraí i gcomhair an tí agus chun muca a ramhrú. De réir na hoibre a dhein Meitheal Mhúscraí roinnt bhlianta ó shin níl anois ach 27.6% de mhuintir Mhúscraí ina bhfeirmeoirí, ach níl figiúirí agam don cheantar go bhfuilim ina chúram anois ar leithligh.

Leanadh ócáidí sóisialta áirithe an fheirmeoireacht: aontaí i mBaile Mhuirne, i Maigh Chromtha, i gCill Airne, agus i Neidín; bhíodh an bualadh san iothlainn amach sa bhfómhar, agus ní bheadh aon rath air, dar le daoine, gan leathtiarsa pórtair a bheith ar an gclaí le roinnt ar an meithil.

Bhí uachtarlann fadó ar Inse na hOdhraí i bparóiste Chluain Droichead. B'ann a dhíoladh muintir Chill na Martra a gcuid bainne. Bhain sí leis an *Dairy Disposal Board* a chuir an rialtas ar bun sna fichidí chun crot a chur ar thionscal an bhainne. Bhí siopa agus uachtarlann phríobháideach ag Liam Ó Ríordáin ar Carraig an Adhmaid,[16] ach thóg an *Dairy Disposal Board* seilbh ar an uachtarlann san chomh maith. Sa mbliain 1927 d'oscail Comharchumann Chluain Droichead uachtarlann i gCill na Martra. Cheannaigh formhór na bhfeirmeoirí scaireanna sna huachtarlanna nua, agus bhíodh ana-theacht le chéile acu ar maidin agus iad ag feitheamh chun go dtógtaí an bainne uathu.[17] Ní raibh aon mhoill ar Chomharchumann Chluain Droichead uachtarlann Charraig an Adhmaid a cheannach leis; fuaradh seilbh ar uachtarlanna Charraig an Ime agus an Bháin Mhóir leis, agus bhí ana-bhuinne fé Chomharchumann Chluain Droichead an fhaid a bhí Seán Ó Laoghaire, colceathar don Athair Peadair, i gceannas ann, nó gur cailleadh é 7 Deireadh Fómhair 1944. Sa mbliain 1980 a dhún Uachtarlann Chill na Martra. Tógadh uachtarlann nua i mBaile Mhuirne i mbliain a 1973, ach ní raibh gnó dhi sin ach oiread uime dheireadh na n-ochtóidí, agus díoladh leis an gComhairle Chontae í.

Bhíodh póstaíocha agus sochraidí acu ar ndóin. Seo cur síos a thug mo mháthair dom ar phósadh go raibh sí féin air i lár na dtriochaidí: bean de mhuintir Argáin ó Chúil na Cupóige a phós fear de mhuintir Randals ó Chill Gharbháin. Thosnaíodar ar Cúil na Cupóige, mar a raibh na seandaoine ag ól braonacha dhóibh féin sa chistin agus slua mór ag rince seiteanna sa scioból lasmuigh, scata mór ceoltóirí bailithe ann—veidhlíní agus boscaí ceoil. Amach sa lá thugadar a n-aghaidh ar Chill Gharbháin, mar ar leanadar orthu, ag ithe, ag ól, ag ceol, agus ag rince; tháinig trí buíonta éagsúla de bhuachaillí tuí isteach: shamhlaíodar gur ana-chomhartha é sin go mbeadh rath ar an bpósadh.

Tá suim sa pheil sa cheantar—ní ceantar iománaíochta é—agus tá cumainn pheile i gCluain Droichead, i mBaile Mhuirne, agus i gCill na Martra. Bhí beirt ó Chumann Naomh Abán, Baile Mhuirne, ar fhoireann shinsear Chorcaí lá Chluiche Ceannais na hÉireann anuiridh, Antóin Ó Loingsigh, a hainmníodh ina *All Star* ina dhia' san, agus Mícheál Ó Cróinín. Tá Seán Ó Laoghaire ó Ré na nDoirí ar fhoireann mhionúirí na contae. Sarar bunaíodh an Cumann Lúthchleas Gael in ao'chor bhí foireann láidir i gCluain Droichead i seachtóidí an naoú haoise déag agus go luath sna hochtóidí. 1888 a bunaíodh clubanna Chluain Droichead agus Bhaile Mhuirne de réir rialacha an Chumainn Lúthchleas Gael. Eachtraítear fós i mBaile Mhuirne gur himríodh cluiche idir an bparóiste sin agus Baile Mhic Eileagóid i mbliain a 1870.[18]

Caitheamh aimsire eile go bhfuil éileamh air sa cheantar is ea na bollaí, agus ní hannamh scataí a fheiscint ar an mbóthar ag faire ar lucht a gcaite.

Tigh an Athar Peadair Ó Laoghaire

Seán Ua Súilleabháin 2000

Ina dhia' san, aon uair a cheistíos na seandaoine mar gheall ar chaitheamh aimsire, b'é a dúradar go léir liom, gurb é caitheamh aimsire a bhíodh acu de shíor agus de ghnáth, an scoraíocht. B'in é focal a bhí acu ar ghlaoch go dtí tigh comharsan agus an tráthnóna a chur síos ann. Ní fearr léiriú a gheobhaimis ar an scoraíocht ná é siúd a thug Mícheál Ó Cuill, a saolaíodh ar an Lománaigh, dúinn ina leabhar *A Cheart Chuige* (cé ná fuil ann ach leabhar scéalaíochta):

> Uaireanta bhímís-ne, an lucht scoraidheachta, ag imirt chártaí ann; corruair bhíodh rinnce againn go háirithe oidhche Dhomhnaigh nuair a thagadh linn cuid de chailíní óga na háite do thabhairt ann. Chomh minic le haon rud eile bhímís in ár suí timpeall ag seanchas nó ag cur síos ar chúrsaíbh an tsaoghail.
> Is mó scéal do hinnseadh ann. Bhí Micil féin go seoigh chun eachtraidheachta. Ní raibh Peig go holc in aon chor chun scéal do chur dí, bíodh is go mb'fheárr chun na n-amhrán í. Fairis sin bhí sean-duine eile nó beirt a bhí go maith chun na scéal, agus a bhíodh in ár measc go minic.[19]

Is i dtithe tábhairne agus i hallaí is minicí a imrítear cártaí le déanaí, agus tá an nós láidir fós, in ainneoin comhairle an tseanduine a duairt gurb é an tslí ba cheart duit do chárta a chaitheamh ná iad a chaitheamh uait ar fad.

Stair na Mílte Bliain

Ní hinniu ná inné a tháinig daoine ar dtúis chun an cheantair. Idir chúig mhíle bliain agus cheithre mhíle bliain ó shin is túisce leag daoine cos ar talamh ann go bhfuil aon rian fágtha acu ina ndiaidh, agus tuairisc dá réir againn orthu. B'iad so an dream a thóg na 'tuamaí dinge' athá le feiscint ar Cúil Aodha, ar na Doirí, ar Doire na Sagart, ar Gort an Acra, agus i Ré na nDoirí. Ní mór dul siar go Cúil Aodha, agus go dtíos na Doirí chun tuairisc a fháil ar na chéad pháirceanna: fallaí gur thánathas orthu ag baint mhóna. Is deocair dáta deimhnitheach a chur leo, ach tá gach dealramh go bhfuilid ann le cheithre mhíle bliain. Is dócha gur leis an dtréimhse chéanna a bhaineann 'diosca gréine', diosca beag tanaí óir athá maisithe greanta, a fuaradh i mBaile Mhuirne, agus athá anois san Ard-Mhúsaem. I mbliain a 1947 fuaradh tua chloiche san Airdín i gCluain Droichead, agus is dócha go bhfuil sí 4,000 bliain d'aois; i seilbh Mhúsaem Chorcaí athá sí anois.[20] Idir dhá mhíle agus míle chúig céad bliain roim Chríost a mhair lucht na bhfulacht fiann, de réir dealraimh; táid siad san ar Cluainte Cárthaigh, ar Cúil a' Bhuacaigh, ar Gort na Tiobratan agus i mbaill eile. Idir 1,500 agus 800 bliain roim Chríost a mhair na daoine a thóg na fáinní gallán, a ndálta súd athá ar Gort na Tiobratan agus i Ré na nDoirí.

Sa tarna leath den chéad mhíle bliain d'aois an Tiarna a tosnaíodh ar na liosanna a thógaint, agus feirmeoirí a chónaigh iontu: b'áiseach acu na clathacha chun an stoic a chosaint ar mhachtírí agus ar locht creiche a thógaint. Creidtear go raibh daoine chun cónaigh iontu in áiteanna anuas go dtí an seachtú céad déag. Ós cuid dhlúth de chreideamh réamh-Chríostaí na tíre seo an tuiscint go bhfuil an saol eile cóngarach dúinn agus gurb ann a théann na mairbh, níorbh fhada gur samhlaíodh an saol eile leis na liosanna, gur isteach iontu a raghfaí chun an saol eile a bhaint amach, agus mhair an chreidiúint go dtínár linn féin, geall leis, gur sciobaithe isteach sa lios a bhí éinne a chaillfí go hobann nó go hóg.

Is mór an trua gur theip ar lucht na seandálaíochta dáta a chur le Tigh Ghobnatan athá anois ar an gcéad chéim den turas cáiliúil in onóir don bhan-naomh. Bhí an dream a chónaigh ann ag saothrú an iarainn. Is dóigh leis an Ollamh Pádraig Ó Riain go bhfuil baint ag an ainm 'Gobnait' leis an bhfocal 'gabha' ('gobae' sa tSeana-Ghaelainn), leis an nGobán Saoir, le Naomh Gobán Bheantraí agus mairsin de, agus go mb'fhéidir gur bandia ag locht saothraithe an iarainn gurbh ea Gobnait, agus gur dhein ban-naomh Críostaí dhi nuair a iompaigh na gaibhní ina gCríostaithe. Fuaradh leac ar an láthair go bhfuil crois uirthi, agus is le lár an seachtú haoise a bhaineann an leac.[21] I dtúrtaoibh le tuairimíocht a chaithfimid a bheith mar leis na nithe seo, ar ndóin, mar níl beatha Ghobnait le fáil in aon tseanascríbhinn.

Múscraí Uí Fhloinn a tugtar ar an dtalamh ó abhainn na Druipsí siar go hIarthar Bhaile Mhuirne; *Múscraige Mitine* (*Mittine, Mittaine*) a bhí air roimis seo. Níl aon amhras ná gurbh iad muintir Fhloinn a bhí i réim ann seal; agus gurbh iad na Cárthaigh a chuir an ruaig orthu. Sa 12ú haois a thit so amach, is dócha, tar éis do Rí Seon Shasana Tiobraid

Árann a roinnt idir bheirt Normannach,[22] ach níl aon tuairisc againn ar an aistriú a dhein na Cárthaigh ó mhachairí méithe Thiobraid Árann go Contae Chorcaí agus go Ciarraí, ach sa tséú haois déag bhíodar lonnaithe go láidir anso inár measc. Leis an mbliain 1212 a bhaineann an tuairisc dhéanach athá againn ar mhuintir Fhloinn sa bhlúire d'Iar-Mhúscraí athá ainmnithe uathu, tráth a mhairbh Cormac Liathánach Mac Cárthaigh Mac na Sethar Ua Flainn. Deir Seán Ó Briain, Easpag Chluana, linn gurbh iad muintir Fhloinn a thóg Caisleán Maigh Chromtha i mbliain a 1199. Tá san sa bhfoclóir a fhoilsigh an tEaspag Ó Briain i bPáras sa mbliain 1768, mar chuid den eolas a tugtar ann ar an bhfocal FLANN. Is dóigh le daoine eile gurbh iad na Cogánaigh ón mBreatain Bhig a thóg é i dtosach an tríú haoise déag tar éis do Rí Seon Múscraí Thoir agus Thiar a bhronnadh orthu.[23]

Is dócha gur thóg na Normannaigh caisleán eile i mBaile Mhuirne an tráth céanna i gCarraig an Chaisleáin, in aice Choláiste Íosagáin, agus gur leag taoisigh an bhaill é. B'fhéidir gurb é seo bunús an scéil gur leag Naomh Gobnait caisleán sa cheantar lena bulla.

I bhfómhar na bliana 1601 tar éis do chaisleán Dhún Baoi a chailliúint tháinig Dónall Cam Ó Súilleabháin go Múscraí, d'ionsaigh agus thóg caisleáin Dhún Dá Radhairc, Maigh Chromtha, agus Charraig a' Phúca, le hiúnachas go dtiocfadh tuilleadh cabhrach ón Spáinn. B'éigin do iad a fhágaint ina dhiaidh arís, agus is ag teitheadh ó thuaidh a bhí sé an chéad uair eile a fuair sé radharc orthu. Ghoibh sé trí Ré na nDoirí agus Reilig Ghobnatan an uair sin, agus lean sé air i dtreo Chnoc na nUllán.

Níos déanaí sa tseachtú haois déag is anuas ar charraig in Inse na hOdhraí i bParóiste Chluain Droichead a deirtear a leag saighdiúirí Chromail a gcuid gunnaí chun caitheamh le Caisleán Charraig a' Phúca.[24]

Muintir Iarlaithe
Má b'í an Chlann Chárthach a bhí os cionn an bhaill ar fad, b'iad muintir Iarlaithe a bhí i réim i mBaile Mhuirne.[25] Tá muintir Iarlaithe luaite i measc na cléire i gCo. Chorcaí ón gcúigiú haois déag anuas; agus uim an mblian 1459 is ag Dónall Ó hIarlaithe a bhí airgead nó teacht isteach pharóiste Chluain Droichead, ach b'éigin é dhíbirt mar nár hoirníodh

riamh ina shagart é, agus an tAthair Gilbert Ó Longaigh, a bhí fé choinnealbhá ag an am, a thabhairt thar n-ais agus an pharóiste a thabhairt do. De réir an bhéaloidis b'iad na Cárthaigh a thug muintir Iarlaithe go Baile Mhuirne; b'iad muintir Dhonnchú a bhí ann rompu ach luíodar ar throid leis na Cárthaigh, agus dá thoradh san díbríodh go Ciarraí iad agus do tugadh isteach muintir Iarlaithe ón dtaobh theas den Laoi.[26] B'iad muintir Iarlaithe *airchinnigh* na cille agus an tearmainn i mBaile Mhuirne; baill den tuath a bhíodh i mbun an tailimh eaglasta a chiallaíonn *airchinnigh*. Mara mbeadh blúire d'oirthear na paróiste bhí an ball ar fad roinnte idir cheathrar acu uim an mbliain 1641. Bhí os cionn 20,000 acra ag duine acu, agus bhíodar go láidir ann aimsir an *Civil Survey* i lár chaogaidí na haoise sin, ach uair éigin idir san agus na seascaidí luatha baineadh an talamh de mhuintir Iarlaithe i mBaile Mhuirne agus is i seilbh Sheoin Colltuis a bhí ina dhia' san. Bhí dóchas acu go bhfaighidís a gcuid talúintí thar n-ais anuas go dtí Conradh Luimnigh. Ba léir feasta ná raibh fáil air sin. Luadh roinnt de mhuintir Iarlaithe sa mbliain 1691, go raibh amhras orthu go dtabharfaidís dídean do Sheán Ó hIarlaithe a bhí fógartha toisc é bheith ina Sheaicibíteach. I measc na ndaoine a luadh bhí Dáth Bacach Ó hIarlaithe.[27] Is dócha gurbh é a mhac, Pádraig Mac Dháith Bhacaigh, a bhunaigh an Chúirt Filíochta i dTí' na Cille i mBaile Mhuirne, mar b'é a thugadh an pas filíochta dos na filí. I ndiaidh na bliana 1700, ní foláir, a bunaíodh an Chúirt. Chuaigh Pádraig le sagartóireacht nuair a cailleadh a bhean:

Pádraig Mac Dháith Bhacaigh
Tar éis a mhná a chailliúint
Agus a linbh a theagasc
Gur dearnadh de féin sagart.

Art Ó Laoghaire

I Ráth Laoich i bparóiste Chill na Martra a bhí cónaí ar Art Ó Laoghaire, a maraíodh de dheascaibh aighnis le hAbraham Morris, 4 Bealtaine 1773. B'ait le duine gan caoineadh liteartha a bheith cumtha air i mball a bhí riamh breac le filí. Dhein a bhaintreach, Eibhlín Dubh Ní Chonaill, gnó mná caointe dho. 'Sé an caoineadh sin Eibhlín Dubh a choimeádfaidh ainm Airt agus a hainm féin os comhair an phobail sa mhílaois seo romhainn amach. Tá cuma bhreá fós ar an dtigh ina rabhadar chun cónaigh.

Báldingí Ghort an Imill

I gceantar Dhroichead na Bandan a bhí na Báldingí ar dtúis nuair a thánadar go hÉirinn in aimsir na Banríne Eibhlís. Cheannaíodar talamh ar an gCloich Eidhnigh (paróiste Chill na Martra) sa mbliain 1678. D'iompaigh Séamas Bálding ina Chaitlicí, agus i mbliain a 1763 phós sé Máire Ní Chonaill ó Dhoire Fhionnáin, deirfiúr d'Eibhlín Dubh. Thóg mac dóibh seo tigh mór i nGort an Imill (paróiste Chill na Martra) sa mbliain 1810. Sa deireadh theip orthu síolrú, díoladh an t-eastát, agus bhí an tigh mór folamh gur leagadh é i mí Iúil 1988. De chlocha an tí seo a tógadh na fallaí atá timpeall chlós an tí tábhairne i Lios a' Chraosaigh (*Half Way House*).[28]

An Naoú hAois Déag

Tá cáil mhór ar an eachtra a thit amach aimsir Chogadh na nDeachún i gCéim an Fhia, ach ní díomhaoin a bhí na Muirnigh an tráth céanna. Cuireadh buíon desna Raidhfilí Dubha chun an deachú a bhaint díobh, ach ní fada a fhanadar ann. Bhíodh muintir Loingsigh agus muintir Thuama de shíor ag bruíon, ach d'imríodar cluiche cártaí féachaint ceocu acu a loiscfeadh an bhearaic ar na Raidhfilí. Thit an crann ar Chonchúr Dubh Ó Loingsigh, ach b'é deartháir a chéile, Seán Óg na bPiléar Ó Murchú, toisc gan cúram mná ná clainne a bheith air, a dhein an dóiteán thar a cheann.[29]

Níl amhras ná gur fada a fhan cuimhne ag daoine ar an nDrochshaol sa cheantar, ach tá cur síos breá ag Dónal Ó hÉalaithe air sin ina léacht ar Chúil Aodha.

'Príomhchathair na Gaeltachta'

In ainneoin cáil liteartha bheith ar Bhaile Mhuirne san ochtú céad déag, dealraíonn sé gur suarach an cur amach a bhí ag muintir Chúige Laighean air i ndeireadh an naoú haoise déag: *'an unexplored region'* a thug an tAthair Eoghan Ó Gramhnaigh ar Bhaile Mhuirne i nótaí leis ar Ghaelainn na háite in *Irisleabhar na Gaedhilge* i nDeireadh Fómhair na bliana 1894. Mhol sé saibhreas Gaelainne an cheantair agus deir sé gurbh í a labhradh formhór mór na leanaí lasmuigh den scoil.

Bunaíodh Conradh na Gaelainne i mBaile Mhuirne, agus d'éirigh thar barr leis: bhí dochtúir, agus múinteoirí, agus, ar ball, sagairt, sáite ann chomh maith le gnáthmhuintir an bhaill. Ba mhór an suaimhneas aigne ar an ndream a shamhlaigh Gaelainn fós le hainnise an tsaoil cinn urraid an phobail a bheith i mbun agus i mbarr an Chonartha ann.

B'é ba mhó a tharraig cáil náisiúnta ar an dtaobh so tíre go geairid ina dhia' san ná an tOireachtas. Sa mbliain 1897 a bunaíodh san. Do rug scéalaithe, filí, agus scríbhneoirí próis an cheantair oiread duaiseanna leo ón Oireachtas sna blianta tosaigh gur gearr go raibh 'príomhchathair na Gaeltachta' á thabhairt ar Bhaile Mhuirne—b'fhada ó *'unexplored region'* feasta é. Bhí roinnt chúiseanna lena fheabhas éirigh leis na Muirnigh, dar liom. A haon: an tseanaspréach a bheith fós sna filí agus sna scéalaithe; agus a dó: go raibh an dream go raibh an dúchas so iontu agus lucht an oideachais ag obair a lámhaibh a chéile le hurraim do chultúr agus do theangain na Gaelainne; .i. bhí Mícheál Ó Briain sásta Conchúr Ó Deasúna agus Mícheál Ó Loingsigh a spreagadh, an t-abhar a scrí uathu agus a sheoladh go dtí an tOireachtas; bhí an Dochtúir Ó Loingsigh in aice láimhe chun iad a bhreith ann dá mbeadh aon leisce orthu bóthar fada anaithnid a thabhairt orthu féin: ní hé amháin go raibh an talamh méith, bhí an mheitheal ar fad umhal éasca chun an ghnótha a chur i gcrích. Rud eile a thug spreagadh éachtach dóibh ab ea scríbhneoireacht an Athar Peadair Ó Laoghaire ó Lios Carragáin i bparóiste Chluain Droichead, go háirithe *Séadna* a chuaigh i bhfeidhm go mór orthu, mar a inseann Domhnall Bán Ó Céileachair ina leabhar *Sgéal Mo Bheatha*.[30] Bhí an tAthair Peadair le háireamh ar scríbhneoirí móra na haithbheochana, agus nuair a haithníodh an t-éacht a bhí déanta aige leis an gcaint cheannann chéanna a bhí ina mbéalaibh féin níorbh ionadh tógáil croí orthu, agus misneach chun gaisce dhéanamh.

Ní féidir moladh ró-ard a dhéanamh ar an nDochtúir Dónall Ó Loingsigh: tar éis do cuid mhaith dá shaol a thabhairt ag saighdiúireacht agus ag obair thar lear d'fhill sé ar a dhúchas, d'oileadh ina dhochtúir é, agus chaith sé a dhúthracht le Baile Mhuirne ina dhia' san. Bhunaigh sé aonach ann, chuir sé siopa ar bun agus bácús, thóg sé halla ann, chuir sé tionscal cniotála ar siúl; agus dhein sé gaisce chun na Gaelainne a chur chun cinn.

Ceol agus Amhráin

Ball mór ceoil agus rince ab ea an chuid seo de Ghaeltacht Mhúscraí riamh, ach fadó b'annamh a chloisfí trácht ar cheoltóir lasmuigh dá cheantar féin marab amhlaidh ná raibh aon tsocrú síos air, ach ag imeacht ó áit go háit ag seinnt agus b'fhéidir ag múineadh. Níl san amhlaidh a thuilleadh, agus i láthair na huaire tá meas náisiúnta ar Chonny Ó Conaill, veidhleadóir Chill na Martra agus sheinn Seán Ó Loingsigh ar stáitse agus ar dhiosca i dteannta an chuid is fearr acu.

Scéal eile ab ea na hamhránaithe. Ghlaoigh A. Martin Freeman chun an cheantair sa mbliain 1914, bhailigh sé amhráin, agus d'fhoilsigh sa *Journal of the Folk Song Society*. Duairt Dónall Ó Súilleabháin i dtaobh an bhailiúcháin seo go raibh sé ar an mbailiúchán ab fhearr lena linn d'amhráin a bailíodh ó bhéalaibh daoine. B'iad na hamhránaithe gur bhreac sé uathu Conchúr Ó Cochláin, Máirín Ní Shuínne, Peig Ní Dhonnchú go dtugadís Peig Mheaing uirthi, agus Gobnait Baróid ná raibh ach seacht mbliana déag ar fhichid, marab ionann agus an triúr eile a bhí tonn san aois. Amhránaí eile ab ea Nóra Ní Chonaill Bean Uí Uidhir ós na hUllánaibh; i mbliain a 1848 a rugadh í, agus mhair sí go dtí aimsir na Nollag 1937. Bhailigh Próinséas Ó Ceallaigh seó amhrán uaithi, agus foilsíodh cuid acu i m*Béaloideas* 7, ach ní héinní a bhfuil ansan acu ar ghualainn a bhfuil fágtha acu, ach is gearr uainn, mar táid córaithe, nó geall leis, ag fear óg ó Chúil Aodha, Cormac Ó hAodha. Bean eile go raibh ana-mheas ag lucht bailithe amhrán uirthi ab ea Síle Ní Chéileachair Bean Liam Uí Ríordáin, nó Julia Bill mar a tugtaí uirthi, a thug formhór a saoil ar Doirín Álainn, ach gur i gCornúchail i bparóiste Chill Gharbháin a rugadh í.[31] Cailleadh í sin timpeall na bliana 1944 agus í ag dridiúint leis na cheithre fichid.[32] Duine eile go raibh meas air ab ea Pádraig Ó Tuama, Peáití Thaidhg Pheig, a rugadh ar an Ráth i bparóiste Chill na Martra.

Ach níl dabht ná gurb í Eibhlís Ní Iarlaithe Bean Sheáin Uí Chróinín an t-amhránaí ba mhó cáil orthu ar fad. Ar na Foithrí i gCúil Aodha a rugadh í, ach is ar an Ráth chéanna a tógadh í. In inead a cuid amhrán súd a bheith ag dul i leabhar ná féachfadh puinn air, agus dá bhféachadh, ná féadfadh formhór an phobail aon chiall a bhaint as an nodaireacht cheoil, is amach ar an mBBC agus ar taifeadadh fuaime ba mhó a cuireadh amhráin Bhess Cronin, ionas go raibh caoi ag gach éinne go raibh féith an cheoil ann ar a tréithe a aithint. Is gearr uainn arís leabhar mór agus dlúthdhioscaí dá cuid amhrán de bharr dúthracht mhac mic léi, an tOllamh Dáibhí Ó Cróinín.[33]

Ar na hamhránaithe ó Bhaile Mhuirne (gan Cúil Aodha a bhac) a bhuaigh duaiseanna Oireachtais bhí Cáit Ní Chróinín, An Sliabh Riabhach,[34] Tadhg Ó Duinnín, An Sliabh Riabhach,[35] a dheartháir Mícheál Ó Duinnín,[36] agus sa mbliain 1971 Seán Ó Liatháin.

Duine go raibh cáil air mar amhránaí, ach gur mó an cháil a bhí air mar Ardrúnaí nó Ardstiúrthaitheoir ar an gCumann Lúthchleas Gael ab ea Seán Ó Síocháin ó Chill na Martra.

Litríocht

Ball litríochta ab ea Baile Mhuirne an tráth nár ghá an focal 'Gaeltacht' a lua leis. Sa chur síos clasaiceach ar fhilíocht na Mumhan a scrígh Dónall Ó Corcora, *The Hidden Ireland*, ní luaitear Cúirt Filíochta Bhaile Mhuirne, ach ní haon ionadh san, mar is ag brath ar an bhfilíocht go raibh fáil uirthi i bhfoirm leabhar a bhí sé, agus fóraíor, níl filíocht mhuintir Iarlaithe Bhaile Mhuirne le fáil i bhfail a chéile fós, cé go bhfuil i bhfoirm cothrom na Féinne fálta acu i *Seanachas Phádraig Í Chrualaoi.* 'Sé tuairim Phádraig Í Chrualaoi ar dhuine d'fhilí mhuintir Iarlaithe, Dáith mhac Pádraig, 'Dá mbeadh a chuid filíochta i dteannta chéile anois, is dó liom go mbuafadh sé ar Aogán Ó Raithille',[37] ach ní bheidh tuairim léirmheastóirí na linne seo le fáil againn, pé olc maith í, go mbeidh an obair eagarthóireachta déanta (agus ní heol dom éinne a bheith ina bun). In iúnais Mhuintir Iarlaithe bhí Dónall Bacach Ó Luasaigh a aistrigh ón dTír mBig i bparóiste Maigh Chromtha go dtí an Leicnín i gCluain Droichead. File ana-bhinn ab ea Seán Máistir Ó Conaill a tháinig ó Chiarraí go Gort na Tiobratan ar dtúis, agus bhí sé ag múineadh i gCill na Martra ina dhia' san. B'é a chum 'Ar Bruach na Laoi'. Tá saothar Chonchúir Mháistir Uí Ríordáin, de mhuintir na Súl mBeag ó Chluain Droichead, bailithe le chéile i dtráchtas Ph.D. ag

Gearmánach mná, agus táimid ag súil leis go ndéanfaidh sé leabhar breá ar ball. Bheadh trácht airithe ag á lán ar Liam na Buile Ó Suínne ón Ráth i bparóiste Chill na Martra. Sa naoú haois déag a mhair Amhlaoibh a' Chuirpe Ó Loingsigh (athair Mhaidhc Mhuair a bhí ar Baile Mhic Íre), gur tugadh Amhlaoibh a' Chuirpe air toisc gur ar Doire 'n Chuirpe a bhí cónaí air; sean-ainm ar an Ráth ab ea é sin. Bheadh cuimhne ar Dhiarmaid Ó Crualaoi (nó Táilliúir Chrodhail mar a tugtaí air, athair Ghael na nGael) agus ar Pheaid Buí Ó Loingsigh, a rugadh ar Gort na Tiobratan. I ndeireadh an naoú haoise déag a cailleadh Peadair Sheáin Ó Conchúir ón Lic Móir i gCill na Martra. Go luath sa bhfichiú haois bhí Conchúr Ó Deasúna agus a cholceathar Mícheál Ó Tuama (nó 'George Curtin')—an té a chúm 'An Gandal', 'Na Cleaganna' agus *My pup came home from Claeideach*'—agus gan dabht Gael na nGael, Diarmaid 'ac Coitir (a tháinig an treo ó Bhéal Átha 'n Ghaorthaigh) agus Tadhg Máistir Ó Duinnín, gan dul chomh fada le Cúil Aodha in ao'chor le heagla go mbainfinn an bhearna de Dhónal Ó hÉalaithe agus é ag labhairt ar an gCúil chéanna.[38] Tá cur síos ag Dónall Ó Ceocháin sa leabhar *Saothar Dhámh-Sgoile Mhúsgraighe* ar conas mar a spriocaigh sé lucht ceapaithe rann sa cheantar gur tionóladh 'Dámh-Sgoil Bhaile Mhuirne' Luan Cíngcíse 1924 agus Lá 'le Stiofáin, 1925. Ní luann Dónall an chéad teacht le chéile Luan Cíngcíse 1924, mar ní raibh i láthair ach triúr, é féin, an Suibhneach Meann, agus Gael na nGael, agus b'fhearr leis a rá gur Lá 'le Stiofáin 1925 a thosnaíodar amach—bhí dealramh ar an slua an oíche sin. Dhein 'Dámhscoil Mhúscraí Uí Fhloinn' di seo amach sa scéal, d'fhonn ceantar Mháire Bhuí a thabhairt isteach sa chúram, agus i mbliain a 29 d'aistrigh sí ó scoil na mbuachaillí i mBaile Mhuirne go halla Chúil Aodha. Ag an Muileann a rugadh Seán Ó Ríordáin, agus go dtí Tadhg Máistir Ó Duinnín a chuaigh sé ar scoil ar an Sliabh Riabhach. Tá a ainm ar barra, nó ana-chóngarach do, nuair a labhartar ar nuafhilíocht na Gaelainne, agus ba mhór an chabhair a shaothar chun meas lucht litríochta a tharrac ar an nGaelainn.

Luamair cheana an tAthair Peadair Ó Laoghaire ó Lios Carragáin. Níor mhiste Diarmuid Ó Laoghaire ón mbaile céanna a lua chomh maith leis. Bhí gaol a trí is a trí dhá uair eatarthu, agus scríbh Diarmuid trí cinn de leabhair phróis agus roinnt mhaith filíochta.

An tigh inar saolaíodh Seán Ó Ríordáin, file, An Muileann, Baile Mhuirne

Seán Ua Súilleabháin 2000

Amhráin Bhéarla a cheap Johnny Browne a tógadh ar na Cúlacha i gCill na Martra. D'oibrigh sé in Oifig an Phoist i Londain, bhí sé sna *Metropolitan Police* gur cuireadh amach ag troid sa Chogadh Mór é; d'imigh sé le Bráithre Naomh Eoin Dé (*St. John of God*), agus is acu d'éag sé in aois a trí is cheithre fichid i mbliain a 1970. Tugtar ana-ghean do dhá amhrán leis, go háirithe, '*The Trip to Gougane*' agus '*The* Cill na Martra *Exile*'.[39]

An Ghaelainn agus a bhfuil i ndán di

Nuair a tháinig Peadar Ó hAnnracháin go dtí an ceantar luaigh sé gur Ghaelaí go mór Cúil Aodha ná Baile Mhuirne. Duairt sé go raibh scéal na Gaelainne go hainnis sna scoileanna. Lasmuigh den scoil bhí an scéal go maith. Bhí Mícheál Ó Briain mar chúntóir i Scoil na mBuachaillí, ach ní raibh aon Ghaelainn ag an máistir. B'iad na scoileanna i gCúil Aodha agus i mBarr D'Inse a choimeád an taobh san den pharóiste Gaelach, dar le Peadar Ó hAnnracháin.[40]

Ní hag neartú athá an Ghaelainn mar theanga labhartha sa cheantar ó shin, ach oiread le formhór na tíre. Fós ní dheaghaigh an ball le Galldachas ar fad riamh. Tá teaghlaigh á dtógaint le Gaelainn fós sa cheantar, agus ní hait le daoine é sin. Chomh fada agus is féidir iontaoibh a thabhairt le figiúirí daonáirimh, agus iad 'aimsiú don cheantar éagsamhlach athá á scrúdú agam, deirtear go bhfuil Gaelainn ag 74% dosna daoine agus go n-úsáideann 47% de lucht na Gaelainne go laethúil í. A lán daoine ná fuil a gclann acu á thógaint le Gaelainn ar chúis nó ar chúis éigint eile, bheidís fós ag múineadh Gaelainne dhóibh sa bhaile, de réir mar a rithfeadh sí chúthu, agus suim dá réir acu sna gnéithe eile den chultúr Gaelach athá láidir fós sa cheantar. Léiriú ar an ndúil athá ag muintir an cheantair ina stádas Gaeltachta is ea scéal Chill na Martra. Anuas go dtí an bhliain 1982 ní raibh ach leath Pharóiste Chill na Martra sa Ghaeltacht. An bhliain sin tar éis agóide a bhí ar siúl le tamall deineadh Gaeltacht den pharóiste ar fad.

Ní leor dúil chun a bhfuil uait a bhaint amach, gan amhras, gan iarracht a dhéanamh ina teannta. Rud leochaileach is ea teanga go samhlaítear tábhacht chultúrtha léi, ach ná labhrann ach cuid den phobal go laethúil í. Ba leor athrú beag meoin chun í a scuabadh,

An Sulán fada fíreann ón Seanadhroichead, Baile Mhuirne

Seán Ua Súilleabháin 2000

ach ní léir go bhfuil an t-athrú san ag teacht. Idir Údarás na Gaeltachta, na scoileanna, Meitheal Mhúscraí, beocht an cheoil thraidisiúnta, agus an spreagadh a thagann ó cheantar Chúil Aodha agus an dúchas athá ann, tá gach dealramh go mbeidh breac-Ghaeltacht i mBaile Mhuirne, i gCill na Martra agus i gCluain Droichead tamall isteach sa mhílaois athá romhainn amach. Is é príomhdhúshlán athá roime mhúinteoirí agus tuismitheoirí ná a dheimhniú go n-aithneofar ar Ghaelainn na chéad ghlúine eile gur le pobal Gaeltachta a bhainid siad.

Nótaí

1. Is iad na bailtíocha san an tAirdín, Barr an tSeana-Chnoic, Ceann Droma, Drom Óinigh, Gleann Daimh, Garraí an tSasanaigh, Inse na hOdhraí, Leabaidh Dhiarmada, an Leicnín, Lios Carragáin agus Prothas.
2. Revd Fr James Wilson, *Cloyne Parish Priests*, (gan dáta [c. 1962]); táim buíoch de Mhary Lombard, Bailiúcháin Speisialta, Leabharlann Bhoole, Coláiste na hOllscoile, Corcaigh, as é seo a fhiosrú dhom.
3. 'Gobnat i mBairniuch hi cocrích Muscraighi Mittini 7 Eoganachta Locha Léin', E. Hogan, *Onomasticon Goedelicum*, s.vv. BAIRNECH, BÚIRNECH; D. Ó hÉaluighthe, 'St. Gobnet of Ballyvourney', *JCHAS*, 57 Jan–June 1952, 45.
4. Ba dhóigh le duine ar aiste Uí Éaluighthe, lch 45, gur le téacs an *Fhéilire*, agus dá réir sin le dáta i bhfad níos luaithe, a bhaineann an tagairt seo.
5. Hogan, *Onomasticon Goedelicon*, s.v. BAILE BHÓIRNE; B. Ó Cuív, 'Two poems of invocation to Saint Gobnait', *Éigse* 6 (1949–52), 326–32/328. Gabhaim buíochas leis an nDr Caoimhín Ó Muirí a thug an tagairt seo dhom a cartlann an tionscnaimh LOCUS, Coláiste Ollscoile Chorcaí.
6. *An Músgraigheach* 2, Fóghmhar, 1943, 18.
7. D. Ó hÉaluighthe, 'St Gobnet of Ballyvourney', *JCHAS* 57, 45, nótaí 7, 8.
8. 'erna' = tuiseal cuspóireach iolra sa tSeana-Ghaelainn.
9. *Dictionary of the Irish Language Based mainly on Old and Middle Irish Materials* (Royal Irish Academy, B.Á.C., 1913–76), s.v. AIRNAIDE.
10. Féach B. Ó Cuív (eag.), M. Ó Briain a bhailigh, *Cnósach Focal ó Bhaile Bhúirne* (B.Á.C., 1947), s.v. FIUNNRAÍ.
11. B.Á.C., 1750.
12. Is uiriste *s* agus *r* na scríobhaithe a mheascadh, agus ní neamhchosúil lena chéile *B* agus *H.*
13. Conor Murphy, 'Parish of Cill-na-Martra; its Ancient Topography and Traditions, *JCHAS 3* (1897), 275–90; 4 (1898) 1–19.
14. Coiste Forbartha Chill na Martra, *Cill na Martra, Múscraí, Co. Chorcaí* (Cill na Martra, gan dáta), lch 21.
15. Michael O'Connell, 'Religion through the Ages', in Pat Kelleher & Michael O'Connell (eagg.), *Back to our Roots: a History of Garrane National School and the Parish of Clondrohid* (Cluain Droichead, 1999), lgh 9–17.

16 Baile fearainn is ea Baile Mhic Íre; tagraíonn Carraig an Adhmaid don tsráidbhaile.

17 Donal O'Riordan, 'A Brief History of Clondrohid Co-op', in Pat Kelleher & Michael O'Connell (eagg.), *Back to our Roots: a History of Garrane National School and the Parish of Clondrohid* (Cluain Droichead, 1999), 99–100.

18 Peadar Ó Ceallaigh, 'Cumann Peile Naomh Abán, Baile Mhúirne', *Comórtas Peile na Gaeltachta 31ú Bealtaine–3ú Meitheamh, Baile Mhúirne 1996*, lgh 105–08.

19 'Muisire' [.i. Mícheál Ó Cuill], *A Cheart Chuige agus Scéalta Eile* (B.Á.C., 1946), lch 5.

20 Denis O'Connell (eag.), *Tales of the Foherish Valley* ([Cluain Droichead], 1988), lch 139.

21 Pádraig Ó Riain, *Barra Chorcaí: Saint, Church and Early Christianity in Cork* (Músaem Poiblí Chorcaí, Bardas Chorcaí, 1997), lgh 2–3.

22 W.T .F. Butler, *Gleanings from Irish History* (London, 1925), lgh 4, 5.

23 D. Ó Murchadha, *Family Names of County Cork* (Cork, 1996, foilsíodh ar dtúis 1985), s.v. COGAN; Connie Ní Chéilleachair, 'The Castles of the Anglo-Normans', *An Múscraíoch*, Samhain, 1997, lch 5.

24 *Seanachas Phádraig Í Chrualaoi*, lch 211.

25 W. F. T. Butler, *Gleanings from Irish History*, lch 284; D. Ó Cróinín, (eag.), *Seanachas Phádraig Í Chrualaoi* (B.Á.C., 1982), lch 214.

26 Donncha Ó Cróinín, *Seanachas Amhlaoibh Í Luínse* (B.Á.C., 1980), lch 419 (.i. tuairisc Dhonncha an Chéama Ó Loingsigh ó RBÉ 173, 183).

27 Ó Murchadha, *Family Names of County Cork*, lch 190.

28 Féach Pádraig Ó Cruadhlaoich, *Cuimhne Sean-Leinbh* (B.Á.C., 1946), caibidil 2–3; John Burke, *A Genealogical and Heraldic History of the Commoners of Great Britain and Ireland*, iml. II (London, Edinburgh, agus B.Á.C., 1835), lgh 695–96; 'Baldwins of Cill na Martra', Coiste Forbartha, *Cill na Martra* ... lgh 80–83. Táim buíoch de Dhónall Mac Suibhne, Gort na Fuinseann, de chionn a chuid eolais air seo a roinnt go fial liom.

29 Is mó insint ar an eachtra so; tá na tagarthaí le fáil in *Seanachas Amhlaoibh Luínse*, lch 429, ach *Seanachas Phádraig Í Chrualaoi*, lgh 158–59, a chur leo.

30 (1940), lgh 165–67.

31 Táim buíoch de Sheán Ó Murchú agus dá bhean Siobhán, Doirín Álainn, agus de Sheán Ó Ríordáin, Doirín Álainn, as an eolas so.

32 *An Músgraigheach*, 8, Samhradh, 1945, lch 14; Liam de Noraidh, *obit.* uirthi, *Béaloideas* 14, 1944 (1945), lch 298–99.
33 *The Songs of Elizabeth Cronin, Irish Traditional Singer* (B.Á.C. agus Portland, 2000). Foilsíodh an leabhar so ó tugadh an léacht.
33 Sa mbliain 1943.
34 1951 agus 1965.
35 1951, an tarna háit.
36 *Seanachas Phádraig Í Chrualaoi*, lch 4.
37 Tá cur síos ar Chonchúr ag Diarmuid Breathnach agus Máire Ní Mhurchú, 1882–1982: *Beathaisnéis a Ceathair* (B.Á.C., 1994), agus ar Mhícheál agus ar Dhiarmaid in *1882–1982: Beathaisnéis a Cúig* (B.Á.C., 1997).
38 Táim buíoch de Sheán Ó Muimhneacháin, Cúil a' Bhuacaigh, agus de Dháithí Mac Suibhne, Cill na Martra, as an eolas so ar an mBrúnach, agus eolas nách é, a roinnt liom.
39 *Fé Bhrat an Chonnartha* (B.Á.C., 1944), lch 338.

Oscailt Áras Mhic Suibhne 1955

Le caoinchead Rachel Ní Riada

Cúil Aodha
Múscraí
Dónal Ó hÉalaithe

Tá Cúil Aodha ar cheann des na Gaeltachtaí intíre is lú in Éirinn, 12,000 acra, agus pobal de 394. Tá ar a laighead 70% den gceantar fé chnoic agus sléibhte, agus tá tuairim agus 2,000 acra fé chrannaibh. Ní féidir a rá le cruinneas cathain a tháinig na céad daoine chun cónaithe sa dúthaigh seo, ach tá comharthaí agus iarsmaí le feiscint fós sa chomharsanacht, ar nós tuamaí dinge, fallaí cloch, clathacha agus tullacháin fé phortach ard, maraon le liosanna agus fulachta fia a léiríonn go raibh daoine ina gcónaí sa cheantar so idir a ceathair agus a cúig de mhílte bliain ó shin.

Níl mórán eolais ar fáil ar Chúil Aodha roimis an 16ú agus an 17ú haois, ach tá sé soiléir go raibh an scéal go hainnis ag ár sinsir le linn na bPéindlíthe. Dob é seo tréimhse Charraig an Aifrinn nuair a ofráltaí an tAifreann i ganfhios agus fé cheilt, agus pionós an bháis ag bagairt, ní hamháin ar an sagart, ach go deimhin ar an bpobal chomh maith.

Do bhí ana-chuid carraigreacha Aifrinn sa dúthaigh seo agus de réir chogarnach an tseanchais, do dheineadh an pobal ar an dtaobh thoir de Chúil Aodha freastal ar Chnocán an Aifrinn ar an Sliabh Riabhach, Carraig Aifrinn an Chumair i nDoire na Sagart, Carraig an Aifrinn i nGort na Fuinsean, agus Móinteán an Aifrinn ar an Rathúnaigh. Agus do dheineadh an pobal laistiar agus lastuaidh de Chúil Aodha freastal ar Charraig Aifrinn Ré na bPobal, atá suite i nGleann iargúlta ar theora Chiarraí. Ní raibh aon séipéal i gCúil Aodha, ná i mBaile Mhuirne an uair úd. Bhí an séipéal ba chóngaraí do mhuintir Chúil Aodha i mBéal an Ghearrtha, tuairim agus ocht míle ó iarthar Chúil Aodha, ach bhí cosc iomlán ar shagartaibh an tAifreann a lé ansúd, agus pionós an bháis á bhagairt orthu dá ndeinidís san suas go dtí 1770–1780.

Seo leanas na sagairt a bhí ar a dteitheadh sa cheantar sa tréimhse chorraithe seo, agus a léigh na hAifreanntaí ag na carraigreacha Aifrinn atá luaite agam: an tAthair Séamus de Búrca, 1680–1693; an tAthair Liam

Ó Ríordáin, 1693–1704; an tAthair Diarmuid Ó Cróinín, 1704–1714; an tAthair Tadhg Ó Ríordáin, 1714–1750; an tAthair Dónall Ó Ríordáin, 1750–1773, agus an tAthair Liam Ó hIarlaithe, 1773–1785.[1]

In aimsir Chromail, timpeall na bliana 1655, do bhí cúigear óigfhear ar a dteitheadh ó shaighdiúirí Shasana, agus do chuadar i bhfolach in áit iargúlta, ar an dtugtar an Clochán, i mbaile fearainn na hInse Móire, 'Cliobairí na gClochán,' a thugadh muintir na háite orthu. Ach mo lom, ní bhíonn an spiaire riamh díomhaoin rófhada: tháinig saighdiúirí Chromail aníos bóthar Bharr D'Inse le breacadh an lae. Do ghabhadar an cúigear, do thógadar láithreach iad siar go dtí an Neidín, agus do crochadh an cúigear maidean larnamháireach le héirí gréine. Beagnách trí chéad bliain ina dhia' san do shíolraigh duine de laochra móra Chumann Lúthchleas Gael, Seán Ó Síocháin, ón gClochán céanna so. Is ann a rugadh agus a tógadh a athair agus a shinsear, muintir Shíocháin.

Ní raibh aon tréimhse i stair na hÉireann a chuaigh i bhfeidhm chomh mór san ar an íomhá Ghaelach agus a dhein an Gorta Mór, agus bíodh is gur chuir an Ridire Colthurst praiseach ar fáil do mhuintir Chúil Aodha san Áth Leacach ar na Millíní, de réir an tseanchais, do fuair ana-chuid daoine bás leis an ocras i gCúil Aodha le linn an Ghorta.

Do fuair Tadhg Ó hÉalaithe bás i gCuimín Thaidhg i gCom Uí Chlúmháin, agus d'fhág sé lán tí de pháistí óga ina dhiaidh. Do fuair Síle agus Liam Ó hIarlaithe, deartháir agus deirfiúr, bás i mbothán ar thaobh Bharr D'Inse de Charraig na Spiodóige. Do fuair Stiana—níl aon sloinne dho—bás leis an ocras i bhFothrach Stiana ar na Millíní, agus gan ach stumpa de thor cabáiste mar lón bídh sa tigh aige. Deireadh an seanchaí, Patsy Sheáin Phaddy, a rugadh scór bliain tar éis an Ghorta, go bhfuair daoine bás ar an Inse Mhóir, ar na Foithrí, ar an Screathan, i nDoire 'n Chuilinn, ar na Doirí agus i gCúil Aodha féin le linn an Ghorta Mhóir.

Seo mar a chuir sagart paróiste Bhaile Mhuirne, an tAthair Pilib de Burtún, síos ar thuras trí lá a thug sé ar Chúil Aodha in Earrach na bliana 1848:

> Is brónach cásmhar é mar scéal atá ag muintir an cheantair seo agus is tragóideach na hathruithe chun an oilc atá tagaithe ar mhuintir na háite le bliain anuas, daoine a bhí láidir, sláintiúil, aicillí, agus gliadrach. Ach, Dia

linn! tá a bhformhór anois mar a bheadh creatalaigh, iad ag siúl go mall, ag tabhairt dhá thaobh an bhóthair leo, iad gan anam gan bhrí. Do bhíos croíbhriste, tar éis mo thurais ar iarthar na paróiste seo, Cúil Aodha.[2]

De réir cuntaisí ar Chogadh na Talún i gContae Chorcaí, fuair 44 líontí ar eastát Cholthurst bata agus bóthar as a bhfeirmeacha idir 1872 agus 1888.[3] Ó cheantar Chúil Aodha ab ea tuairim agus scór acu súd, agus dá bharr san, bhí na Buachaillí Bána láidir agus gníomhach i gCúil Aodha an uair úd.

Dé Domhnaigh, 29 Lúnasa 1881, bhí slua mór de thionóntaithe Cholthurst, tuairim agus 120 d'fhearaibh agus de mhnáibh, bailithe ar inse na habhann idir Chúil Aodha agus an Muileann, ag éileamh laigheadú cíosa, agus méiscrí[4] ab ea roinnt mhaith acu.

Go hobann agus gan choinne bhíodar timpeallaithe ag tuairim agus leathchéad des na Buachaillí Bána agus iad armtha. Feirmeoirí beaga ó Chúil Aodha a bhí curtha as seilbh a gcuid tailimh ab ea a bhformhór, agus crot na feirge orthu. Ar ordú óna gceannaire do scaoileadh piléir agus do thit roinnt den slua. Ansan do léim na Buachaillí Bána isteach le bataí troma agus do thugadar drochbhataráil dos na feirmeoirí, nó dos na méiscrí, a bhí tar éis iad a dhíshealbhú. Do gortaíodh deichniúr go dona agus bhí beirt acu nár dhein lá oibre as san amach. An lá céanna do chaill fear ós na Foithrí cluas toisc gur dhíol sé cíos laistiar de dhrom na gcomharsan.

An bhliain chéanna, 1881, do phós an Tiarna Talún, George Colthurst. Thug sé oíche mhór óil agus spraoi sa Mhuileann dá thionóntaithe galánta, agus de réir chogarnach an tseanchais do bhí fuiscí agus pórtar ag scéith amach an doras an oíche úd. Bhí muintir Chúil Aodha ar buile, mar ní bhfuair mórán acu cuireadh. D'eagraíodar iad féin. Do chuimlíodar smearóidí fuara dubha dá n-aghaidh, agus thugadar fogha fén Muileann. Do bhí argóint agus troid agus scliúchas. Do fuair Buachaillí Bána Chúil Aodha an lámh uachtair ar na feirmeoirí galánta. Do chaitheadar amach as an Muileann iad, agus bhí oíche go maidean acu, mar d'óladar a raibh de phórtar agus d'fhuiscí sa Mhuileann an oíche úd beagnach céad fiche bliain ó shin, le linn Chogadh na Talún.

Do bhí an saol réasúnta maith ag feirmeoirí beaga Chúil Aodha suas go dtí 1870, toisc praghas ard an ime, ach is idir 1870 agus 1890 a thit an tóin as margadh an ime, agus mar thoradh air sin, do theip ar mhórán des na feirmeoirí beaga an cíos a dhíol, do thosnaigh na h*evictions*, do bunaíodh na Buachaillí Bána agus do thosnaigh Cogadh na Talún.

Sa bhliain 1840 do thóg Charles Colthurst seilbh ar 250 acra talún ar na Millíní agus ar an Lománach ó sheachtar tionóntaithe a thóg an talamh so leathchéad blian roimis sin ar dhá scilling an t-acra.[5] Deir seanchas Cúil Aodha go dtug éinne amháin acu súd, Dónall Ó hArgáin, a fheirm bheag féin de dhrochthalamh do Cholthurst ar phíosa tobac. Sa bhliain 1846 do thosnaigh Charles Colthurst ar scéim mhór feabhsúcháin ar an bhfeirm seo, an *Kerry Yard*, agus bhí scór fear fostaithe aige ar cheithre pingine sa ló. Tar éis ceathair nó cúig de bhliana bhí athrú ollamhór tagaithe ar an áit. Féar glas, torthaí, prátaí agus coirce ag fás go breá borb ar an bhfeirm. Do dhein Colthurst breis agus míle de chanálacha tríd an bhfeirm seo, agus do tharraigíodh sé toradh na talún go dtí an *Kerry Yard* i mbád á tharrac ag bullán nó ag capall. Tá an t-eolas iomlán fén scéim seo le fáil i seanacháipéisí mhuintir Cholthurst a chlúdaíonn tréimhse dhá chéad bliain.[6]

Do bunaíodh complacht Chúil Aodha des na seana-Óglaigh i dtosach na bliana 1917 agus trí bliana ina dhia' san, i mí Eanair 1920 bhí 143 fear sa chomplacht Gaeltachta so, agus do bhí mar bhreis air sin, naonúr ban sa bhuíon áitiúil de Chumann na mBan, breis agus 150 ball ar fad. Le linn Chogadh na Saoirse do ghlacadar páirt ins na luíocháin mhóra go léir in Iarthar Mhúscraí. Dob é Éamonn Mac Suibhne a bhí mar chaptaein ar chomplacht Chúil Aodha des na seana-Óglaigh, ach do ghoibh na h*Auxiliaries* é i dtigh a mhuintire ar an Muirne Beag i lár mhí na Samhna 1920. Ní raibh ann ach gur rug a dhearthráir, Mick, na cosa leis an lá cinniúnach so. Do chuaigh Mick i bhfolach i mainséar na gcapall sa stábla agus do chlúdaigh sé é féin le bacla mhór féir. Deireadh a mháthair, Minnie, gur thugadar bataráil uathásach d'Éamonn amuigh sa chlós tar éis é a ghabháil, agus gur dheineadar praiseach dá aghaidh. A d'iarraidh eolas a bhaint as a bhíodar, ach níor éirigh leo. Tar éis tuilleadh bataróla agus céasadh i mBeairic Victoria i gCorcaigh, do tógadh é go dtí Príosún Ballykinlar i dtuaisceart Éireann. Faid a bhí sé ansúd do chaith sé féin agus a chomrádaithe mórán dá gcuid ama ad iarraidh pasáiste fé thalamh a tholladh amach as an bpríosún le linn geimhreadh na bliana 1920-21, agus dá thoradh do bhris ar a shláinte. Nuair a saoradh é tar éis an tsosadh comhraic, tháinig sé abhaile go dtí an Muirne Beag, ach chuaigh a shláinte in olcas agus fuair sé bás ina fhear óg sa bhliain 1926. Duine de laochra móra Chúil Aodha gan aon dabht. Tá Áras Éamonn Mac Suibhne i gCúil Aodha ainmnithe mar bhuanchuimhne ar an laoch so.

Seo leanas eachtra stairiúil eile a tharla i gCúil Aodha le linn Chogadh na Saoirse. Do bhí Conradh na Gaeilge gníomhach an uair úd, agus dob í Cáit Ní Shuibhne a bhí mar rúnaí ar Chraobh Chúil Aodha. D'eagraigh Cáit agus a comrádaithe feis don nDomhnach, 7 Iúl 1918. Cúpla uair a chloig roimh thosnú na feise, tháinig baill armtha den R.I.C. aneas ó Bhéal Átha an Ghaorthaidh, agus do chuireadar in úil do lucht eagraithe na feise ná raibh cead acu an fheis a thionóladh. Do chuir Cáit Ní Shuibhne an cheist: 'Cad ina thaobh?', agus b'é an freagra a fuair sí: *'Because we regard this event as a dangerous and illegal gathering.'*

Nuair a airigh na seana-Óglaigh áitiúla cad a tharla bhíodar ar buile. Do bhailigh Séamus Ó Muíneacháin ó Ghort na Sgairte, nó Jamie mar ab fhearr aithne air, mórsheisear dá chomrádaithe, agus do chuadar ar luíochán ag feitheamh leis an R.I.C.—a chuir cosc ar an bhfeis a thionóladh níos luaithe sa ló—ag Béal an Ghleanna ar theora Chúil Aodha agus Bhéal Átha an Ghaorthaidh.

Do shrois an R.I.C. Béal an Ghleanna timpeall a hocht a chlog agus d'ionsaigh na hÓglaigh iad. Do dí-armáladh an R.I.C., do goineadh beirt acu, agus do caitheadh an carráiste ina rabhadar ag taisteal le faill, síos isteach sa Ghleann. Tháinig na hÓglaigh saor agus do ghabhadar airm uile an R.I.C. Dob é seo an chéad luíochán armtha in Éirinn tar éis 1916, bíodh is nách é seo an pictiúir ná an t-eolas atá curtha os ár gcomhair ag staraithe ina leabharaibh. Do tharla luíochán Bhéal an Ghleanna toisc gur chuir an R.I.C. cosc ar fheis Chúil Aodha a thionóladh 7 Iúl 1918, dáta tábhachtach i stair na hÉireann.

Tá tréithe éagsúla éigin ag baint le gach ceantar Gaeltachta ach is dócha gurb é traidisiún agus oidhreacht na filíochta ó thús na seachtú haoise déag, an difríocht agus an t-idirdhealú mór atá idir Chúil Aodha agus

Gaeltachtaí eile. Dob iad muintir Iarlaithe filí móra an cheantair seo san 18ú haois. Do chónaigh a bhformhór i dTigh na Cille i nGort na Tiobratan, ach do mhair cuid acu, leis, ar an Léan, agus ar an Muirne Beag i gCúil Aodha, an tAthair Liam Ó hIarlaithe, 1720-1795, ach go háirithe.

Timpeall na bliana 1760 do scríbh an tAthair Liam caoineadh ar a athair, Dáith mhac Pádraig, ina bhfuil cur síos aige ar a shinsear agus duairt go raibh a shinsear i gCúige Mumhan leathchéad bliain sarar rugadh Críost: 'lán chaogaid bhlian roim Chríost do bhreith'.⁷ Mar chruthú air sin, tá ochtar déag de shagartaibh mhuintir Iarlaithe curtha i Reilig Ghobnatan. Do chaill muintir Iarlaithe a ngreim ar an gceantar so, ach níl aon dabht ná gurb iad muintir Iarlaithe a bhunaigh Cúirt na hÉigse go luath san ochtú haois déag, agus dála an scéil, do dhein duine acu, Dáith mhac Pádraig Ó hIarlaithe, gníomh nár dhein éinne riamh roimis sin agus ná déanfar arís go deo. D'fhreagair sé Aifreann dá athair, dá dheartháir agus dá mhac.

Tar éis mhuintir Iarlaithe dob é Séamus Mór Ó Muíneacháin an chéad fhile mór i liosta fada a threasnaíonn tréimhse 250 bliain. Saor cloiche a rugadh i nGort Uí Rathaille ab ea Séamus, agus tá a cheard agus feabhas a chuid oibre le feiscint fós sa cheantar so. Dob é Séamus a thóg an seanfhalla mórthimpeall reilig Ghobnatan, agus dob é a thóg an cé fan bhóthair suas go dtí Barr a' Choma.

Nuair a bhí Séamus ina gharsún do chuir a shinsear go Coláiste na nGael i bPáras é le bheith ina shagart, ach nuair a airigh an tiarna talún, Colthurst, an scéal, do bhagair sé go gcaithfí muintir Mhuíneacháin amach as a bhfeirm, ach níor leor leis an méid sin féin, gan dáréag d'fheirmeoirí beaga eile Ghort Uí Rathaille a chaitheamh amach in aonacht leo. Maidean lae Bealtaine 1778 a tharla san. Tá sliocht sleachta Shéamuis Mhóir Uí Mhuíneacháin go líonmhar inniu in iarthar Mhúscraí, agus duine acu san is ea an Teachta Dála, Dónall Ó Muíneacháin, atá ina chónaí i gCúil Aodha.

Tá sárfhilíocht Shéamuis Mhóir Uí Mhuíneacháin, maraon le filíocht na seanfhilí eile a luafaidh mé anso le fáil isna leabhair *Seanachas Phádraig Í Chrualaoi* agus *Filí an tSuláin*, agus sara scarfaidh mé le Séamus Mór, níorbh aon ionadh go bhfuair a chuid filíochta an chéad duais in Oireachtas na bliana 1924, céad goileith bliain tar éis bháis do. Bhuel, is amhlaidh a fuair duine muinteartha leis, Conchubhar Ó Muíneacháin an duais as a chuid filíochta a bhailiú agus a chur in eagar.[8]

File cumasach eile den dtréimhse chéanna ab ea Donncha Bán Ó Loingsigh ós na Foithrí. Do chum Donncha amhrán don Ridire Colthurst á mholadh, ach ní raibh an Ridire róshásta nuair ná raibh sé as Béarla. D'fhostaigh sé file eile ó Ghleann Fleisge chun Béarla a chur air ach do theip air, mar bhí Gaelainn Dhonncha róghléineach, róghlan agus ró-ealaíonta.[9] Mar dhíolaíocht as a shaothar do caitheadh an fear bocht amach as a bhothán agus as a phíosa beag talún, agus fuair sé bás óg.

Seanfhile seoidh eile ab ea Diarmuid a' Scrithin Ó Loingsigh. Bhí beirt deathár aige, Donncha an Bhóna agus Dónall a' Mhála. Dob é an t-amhrán ba cháiliúla a chum sé ná 'Coileach Dhiarmuid a' Scrithin', coileach a rug an madra rua uaidh féin. Agus seanfhile nótálta eile ab ea Tadhg na Tuinne Ó hIarlaithe, a mhair thiar ag bun Faill na nIomarach. Do chum Tadhg mórán giotaí filíochta agus amhráin, ina measc 'Droichead Bharr D'Inse', 'Amhrán na nGabhar', agus 'An Gamhain Dubh'.

Bhí cónaí ar an mbanfhile, Nóra an tSleasa Ní Chríodáin, ar an Slios ar na Millíní, 1840-1923. Bhí an donas uirthi chun cáineadh, ach bhí bua éigin neamhchoitianta aici chun na bhfocal a nascadh agus a shnaidhmeadh le chéile. Dob í Nóra an tSleasa a chum an rócán cáiliúil úd 'Amhrán na gCearc'.

File eile seanaoiseach ab ea Maidhc Mór Ó Loingsigh na bhFoithrí. Do bhí beirt mhac ag Maidhc, Conchubhar agus Dónall. Do bhí trí cinn d'fheirmeacha ag Maidhc Mór, agus nuair a thug sé na feirmeacha so dá bheirt mhac, b'é an cíos a chuir sé orthu ná leathghalún fuiscí sa choicíos. Do gheibheadh sé an leathghalún ó Chonchúr an tseachtain seo agus an leathghalún eile ó Dhónall an tseachtain seo chúinn, agus mar sin do gheibheadh sé leathghalún fuiscí gach aon tseachtain. Do bhíodh ana-chuid filí ag glaoch chun tí Mhaidhc Mhóir, ag cumadh filíochta i dteannta a chéile agus níorbh aon ionadh san, mar gheibhdís go léir bolamac maith fuiscí nuair a ghlaoidís, agus agus b'in agaibh cuid bheag de sheanfhondúirí fileata na hochtú agus na naoú haoise déag ó cheantar Chúil Aodha.

Duine d'fhilí móra nua-aoise an cheantair seo ab ea Pádraig Ó Crualaoi, nó Gael na nGael, mar ab fhearr aithne air. Nílim róchinnte in ao'chor an mbaineann Gael na nGael le Cúil Aodha, nó le Baile Mhuirne. I bPoll an Ghabhair a rugadh agus a tógadh Gael na nGael. Do bhí a thigh suite ar theora Dhoirín Álainn agus Dhoire na Sagart, agus deireadh sé féin go mbíodh sé ina chodladh i mBaile Mhuirne, agus gan dul lasmuigh dá dhoras, go n-itheadh sé a bhricfeast agus go ndeineadh sé obair an lae i gCúil Aodha. Údar ab ea Gael na nGael ar stair na filíochta i Múscraí ó aimsir Scoil na hÉigse, agus bhí an rannaireacht agus na véarsaí go tiubh fileata flúirseach aige. Dob é a chum an t-amhrán breá san 'Abha an tSuláin', agus go dtí lá a bháis níor mhaolaigh ar a dhúthracht fhileata ar son na teangan agus na tíre. Bhí sé ina uachtarán ar Dhámhscoil Mhúscraí ó bunaíodh í sa bhliain 1925 go dtí gur chuir an bás fios air bliain is leathchéad ó shin i 1949. Luamair cheana an leabhar filíochta agus seanchais a thóg Seán Ó Cróinín síos uaidh agus a chuir a dheartháir Donncha in eagar, *Seanachas Phádraig Í Chrualaoi*. An radharc breá breise seo atá anois againn sa leabhar so ar an *Hidden Ireland*, tá de bhua ag baint leis gur duine de bhuíon na hÉigse féin atá á thabhairt dúinn. Níl leabhar eile mar é seo le fáil, agus ní lú ná mar a bheidh.

File mór nua-aoiseach eile ab ea Pádraig Mac Suibhne, 'An Suibhneach Meann', 1899-1976. Sárfhile ab ea an Suibhneach. Bhí binneas ina chuid filíochta agus bhí Gaelainn ghlan ghléineach ealaíonta chun a thoile aige. Ní aon amhras ormsa ná go bhféadfaí Gael na nGael agus an Suibhneach Meann a chur i gcomparáid le hEoghan Rua agus le hAogán Ó Rathaille.

D'fhág an dá Phádaig seo ciseán filíochta agus caiseal air ina ndiaidh. Do ghnóthaigh an Suibhneach 33 cinn de dhuaiseanna Oireachtais ar fhilíocht idir 1939 agus 1948, gníomh nár sáraíodh roimis sin, agus nách dócha go sárófar san am atá romhainn.

File cumasach eile ab ea Dónall Ó Muláin, údar an amhráin úd 'An Poc ar Buile', amhrán go raibh báidh an phobail leis, agus amhrán a chan Gaeilgeoirí le fuinneamh, le scléip agus le gliondar ní hamháin ar fuaid na hÉireann, ach go deimhin ar fuaid an domhain. Do canadh é, mar shampla, ar mheánchiorcal an Domhain, i mBiafra agus sa

Nígéir fé scalladh na gréine agus an teocht 40 céim Celsius, nó 104 céim Farnheit.

Cérbh é seanchaí mór Chúil Aodha? Amhlaoibh Ó Loingsigh nó Fruí Chanaí, mar ab fhearr aithne air, gan aon dabht. Ní gá dhúinn ach stracfhéachaint a thabhairt ar na leabhair iontacha san *Scéalaíocht Amhlaoibh Í Luínse* agus *Seanachas Amhlaoibh Í Luínse* chun an stór scéalaíochta agus an saibhreas seanchais a bhí aige a thuiscint. Tá Cúil Aodha an lae inniu fé chomaoine aige as an stair agus an radharc agus an t-eolas a chuir sé ar fáil dúinn fénár sinsear agus fénár gceantar le cúpla céad bliain anuas.

Dob é Dónall Bán Ó Céileachair, údar an leabhair *Sgéal Mo Bheatha*, agus do bhain a mhac Donncha Bán, cáil amach mar údar ar roinnt mhaith leabhar, ina measc *Bullaí Mhartain* agus *Dialann Oilithrigh*. Do bhí an leabhar Bullaí Mhártain á úsáid ag scoláirthí tarna leibhéal ins na seachtódaí agus na luathochtódaí.

File eile den scoth ab ea Seán Eoghain Ó Súilleabháin, agus ní raibh aon teora leis an méid filíochta a chum sé. Na cinn ba thábhachtaí *Táimse 'gus Máire*, *An Spideoigín* agus *An Lacha Bhacach*. Do bhí ana-mheas ag muintir na háite air, agus ana-mheas i mBaile Átha Cliath air chomh maith ag muintir an Oireachtais.

Dob iad Diarmuid Ó Ríordáin agus agus Peáití Thaidhg Pheig Ó Tuama na húdair ar cheapóga, lúibíní agus amhráin saothair. Do bhí an bheirt seo lán de chabantacht, de ghreann, de spórt agus de cheol, agus ba mhó oíche iontach cheolmhar thaitneamhach a chuireadar ar fáil don bpobal Gaelach leis na véarsaí beaga fuinte fáiscithe casta ceolmhara so, agus bhí fear eile ann an uair úd, a bhí mar thaca acu, a thugadh ana-chúnamh dóibh, Maidhcí Ó Súilleabháin, athair Dhiarmaid Uí Shúilleabháin, iriseoir agus amhránaí, beannacht Dé le hanaman na marbh.

Seo leanas roinnt eile d'fhilí Chúil Aodha. Tá scata leabhar filíochta foilsithe ag Séamas Ó Céileachair ó Dhoirín Álainn. Tá Peadar Ó Liatháin ina chléireach ar an nDámhscoil ó 1956, agus tá ana-chuid Éireann véarsaí cumtha aige idir an dá linn. Sárfhile eile is ea a dheartháir, Dónal, agus ana-chuid filíochta den scoth ceapaithe aige le cúpla scór bliain.

Tigh Uí Chríodáin, Barra 'n Choma

Seán Ua Súilleabháin 2000

Scéalaí, ceoltóir, file agus fear grinn go raibh agus go bhfuil aithne ar fuaid na tíre air is ea Seán Ó Duinnín; agus beirt eile a dhein éacht oibre do Chúil Aodha ó thaobh cultúir teangan ab ea Dónall Ó Ceocháin agus Conchúr Ó Laoghaire. Tháinig Seán Ó Riada go Cúil Aodha i bhFómhar na bliana 1963 agus do cailleadh é i bhFómhar na bliana 1971. Do bhunaigh sé Cór Chúil Aodha sa bhliain 1968, agus do dhein sé cóiriú do cheolfhoireann ar an amhrán áitiúil *The Banks of Sullane*, agus dála an scéil, is minic a luaitear an triúr ó Chúil Aodha a cailleadh agus iad i mbláth na hóige agus na maitheasa, Donncha Bán Ó Céilleachair, Seán Ó Riada agus Diarmuid Ó Súilleabháin, beannacht Dé leo.

Fear nua-aoiseach den seanashaol ab ea Seán Ó Mulláin ón Screathan, 1839–1922, athair Dhónaill a chum 'An Poc ar Buile'. Saor cloiche ab ea Seán agus bhí sé nótálta chun stua nó áirse a thógaint. Do tógadh Séipéal Chúil Aodha sa bhliain 1872, agus dob é Seán Ó Mulláin a dhein formhór na hoibre tógála, agus dob é Seán a thóg scoil Bharr D'Inse sa bhliain 1883. Dob é Seán a thóg an tábhairne, '*The Auld Triangle*', ar imeall Maigh Chromtha sa bhliain 1875, agus ba mhinic a shiúlaíodh sé na chúig mhíle dhéag ón Screathan agus an bóthar abhaile arís tar éis lá cruaidh oibre. Do fuair sráidbhaile Chúil Aodha oifig phoist dá chuid féin sa bhliain 1885, agus dob é Seán Ó Mulláin a dhein an obair saoirseachta di seo chomh maith.

Duine eile ó Chúil Aodha a bhain amach clú agus cáil do féin ab ea Tadhg Ó Seitheacháin, nó Tim Hyde, mar ab fhearr aithne air. D'fhág a mhuintir na Millíní sa bhliain 1924, nuair a bhí sé ana-óg, agus do chuireadar fúthu i nGleann Maghair lámh le cathair Chorcaí. Marcach capall ab ea Tim agus do tháinig sé sa chéad áit i n*Grand National* na bliana 1939 ar chapall darbh ainm *Workman*. De bharr an Tarna Cogadh Domhanda, níor ritheadh aon *Ghrand National* arís go dtí 1945, agus, creid é nó ná creid, do tháinig Tadhg Ó Seitheacháin, Tim Hyde, sa tríú háit arís i n*Grand National* na bliana 1946 ar chapall darbh ainm *Prince Regent*.

Duine de phearsain ollamhóra Chúil Aodha ab ea an Dochtúir Dónall Ó Loingsigh. Do rugadh é ar an dTóchar sa bhliain 1842 agus do cailleadh é sa bhliain 1913. Do bhí a shinsear gníomhach i gcónaí ar son náisiúin, cultúir agus teangan, agus deir seanchas an cheantair gur dá bharr san a chroch arm Shasana a sheanathair, Dónall Dubh, i Sráid an Chaisleáin i Maigh Chromtha sa bhliain 1817, san áit ina bhfuil siopa MhacGregor inniu. Ní raibh sé ach deich mbliana fichead nuair a crochadh é, agus d'fhág sé beirt pháistí óga ina dhiaidh, Donncha agus Dónall. B'é Donncha—Donncha Shíle a tugtaí air—athair an dochtúra. Ach pé locht a bhí ag údaráis Shasana ar Dhónall Dubh, bhí an fear bocht neamhchiontach agus do crochadh go héagórach é. B'í an choir a cuireadh ina leith go raibh páirt aige i mbruín faicseontaíochta 'nar maraíodh duine. Tar éis na scoile d'fhágaint chuaigh An Dr Dónall go Coláiste na nGael i bPáras le bheith ina shagart, ach sé mhí roimh ornaithe dho, dob éigean do Coláiste na Sagart d'fhágaint gan choinne, toisc gur dhein seisear fear gearán le hEaspag Chluana, á chur in úil do ná raibh Dónall Ó Loingsigh ón dTóchar i gCúil Aodha oiriúnach ná creidiúnach le bheith ina shagart, toisc go raibh ar lucht ceannais na tíre a sheanathair, Dónall Dubh, a chrochadh nuair a bhris sé an dlí.

Tar éis do Coláiste na nGael d'fhágaint do ghlac sé páirt sa Chogadh Franca-Phrúiseach, 1870, agus ina dhia' san, 1873, bhí sé in' oifigeach in arm an Phápa sa Vatacáin. D'fhill sé ar Chorcaigh sa bhliain 1875, d'fhreastail sé ar Choláiste na Banríne, a d'fhonn céim leighis a bhaint amach, agus nuair a cáilíodh é d'fhill sé ar Bhaile Mhuirne, mar ar chaith sé an chuid eile dá shaol ag obair mar dhochtúir.

Dob é an Dochtúir Ó Loingsigh sciath cosanta na Gaeltachta ina cheantar dúchais faid a mhair sé. Maireann mórán dá ghaolta fós i gCúil Aodha agus ar an dTóchar. Fear ciallmhar, stuama, fear mór cultúir, eacnamaíochta agus leighis, ab ea an Dochtúir Dónall Ó Loingsigh, agus níl aon dabht ná go mairfidh a chuimhne ina cheantar dúchais.

Trí nó ceathair de chéadta bliain ó shin, ní raibh sráid Chúil Aodha suite san áit ina bhfuil sí inniu. Do bhí seanabhaile beag suite i ndeisceart bhaile fearainn Chúil Aodha ar an bpríomhbhóthar an uair úd idir Chorcaigh agus an Neidín. Do ghoibh an seanabhóthar so suas Céim an Mhinistir, tríd an mBóna Bán, agus siar trí bharra Dhoire an Chuilinn go dtí Droichidín Bhéal Átha Fionáin. Níorbh aon ionadh mar sin gurb iad an Seanadhroichead agus droichead Bhéal Átha Fionáin na céad droichid a tógadh sa pharóiste seo, toisc go rabhadar ar an bpríomhbhóthar idir Chorcaigh agus an Neidín.

Dob é seo an seanabhóthar ar ar thaisteal teachtaire an Phápa, an Cairdinéal Rinnucini sa bhliain 1645, agus é ar a shlí ón Neidín go Cill Chainnigh. Do tógadh an Seanadhroichead, droichead adhmaid a bhí ann, sa bhliain 1642. Do leag tuile mhór é sa bhliain 1756 agus tógadh an droichead atá ann inniu timpeall na bliana 1760. Do tógadh droichidín Bhéal Átha Fionáin sa bhliain 1648.

180 bliain ina dhia' san, sa bhliain 1832, do thóg an tiarna talún, Colthurst, droichead adhmaid ag an Muileann—Droichead an Chláir a tugtaí air—agus ansan sa bhliain 1854 do thóg muintir Liatháin ón gCúil Iarthach Droichead a' Mhuilinn atá fós ina sheasamh inniu, agus sa bhliain 1865 do thógadar droichead Bharr D'Inse. Sa bhliain 1863 do thóg Éamonn agus Risteard Ó hÉalaithe agus Tomás Lanktree, do thógadar Droichead na Millíní ar chonradh £200.

Le breis agus cúpla céad bliain do tharla cheithre cinn de thuilte fíochmhara ar Abha an tSuláin i gceantar Chúil Aodha, tuilte a dhein ar gach ócáid ana-dhamáiste do dhroichead éigin sa cheantar. Bhí ceann i mí Eanair na bliana 1756, ceann i mí na Samhna 1853, ceann eile sa bhliain 1775 i mí Deireadh Fómhair, agus an ceann deireanach cheithre bliana déag ó shin i mí Lúnasa 1986.

Deir seanchas Chúil Aodha go mbáitear duine in Abha an tSuláin uair ins na seacht mbliana agus tá leathrann scanrúil sa cheantar so a deir:

Is mise an Sulán fuar, fada, fireann,
Anois an t-am, cá bhfuil mo dhuine?

Tá an focal 'Sulán' firinscneach, agus tá sé ráite gurb é an Sulán an t-aon abha fireann in Éirinn, agus deirtear gurb é brí an fhocail Sulán ná fuirist a líonadh, so-lán!

Do bhuail stoirm fiain fíochmhar ceantar Chúil Aodha oíche Nollaig na mBan, 1839, Oíche na Gaoithe Móire a tugtaí air, agus de réir cogarnach an tseanchais, do leag an stoirm mhillteach so leathchéad tigh cónaithe agus tithe clóis i gCúil Aodha amháin. Deireadh Seán Gruama, seanchaí, gur mheasa go mór é ná an stoirm anaitheach a chuir cabhlach loingeas na bhFranncach nó an *French Fleet* mar a tugtaí air go tóin poill i mBá Bheanntraí dhá scór bliain roimis sin sa bhliain 1798.

Do tháinig méadú mór ar dhaonra Chúil Aodha ó thosach na hochtú haoise déag go dtí lár na naoú haoise déag. Dob é seo an tréimhse 'nar cuireadh ordú barbartha Chromail '*To Hell or the Connaught*' i bhfeidhm le foirneart agus lámh láidir, iad súd a díbríodh as a dtailte sa talamh fónta, ní raibh de rogha acu ach aghaidh a thabhairt ar thearmain agus iargúltacht na gcnoc. De réir Daonáireamh na bliana 1841 do bhí daonra de 1,298 i gCúil Aodha. Deich mbliana ina dhia' san, 1851, tar éis an Ghorta Mhóir, bhí laigheadú de 420 ar an bhfigiúir sin go dtí 880, agus is é daonra Chúil Aodha inniu ná 394.

Sa tréimhse 1740–1800, níl cúntas ach ar aon scoil scairte amháin i gCúil Aodha. Is i mbaile fearainn Ghort na Scairte a bhí sí suite agus 'Páircín na Scoile' a tugtar fós ar láthair na scoile seo. Ach bhí ceann eile ar an Rathúnaigh, ar an dteorainn idir Chúil Aodha agus Ré na nDoirí, agus do dhein Dónall Ó Conaill freastal ar an scoil seo ar feadh cúpla mí, nuair a bhí sé ar saoire i dtigh a áintín, Máire, a bhí pósta ag Séamas Bálding, i nGort an Imill. Ó dheireadh na hochtú haoise déag amach ní raibh tóir na dlí ródhian ar na scoileanna scairte, agus dob fhéidir leo an scairt a thréigint agus dul isteach i mbothán nó i scoil fóidín. Bhí scoil acu súd i gclós Sheáin Phaddy Ó Cuill ar na Millíní. An Máistir Ó Críodáin a bhí ag múineadh ann agus bhíodh ar na tuismitheoirí coróinn sa bhliain a dhíol as gach páiste. Do tógadh an tseanascoil i gCúil Aodha sa bhliain 1852, agus fuaramair scoil náisiúnta nua trí bliana ó shin i 1997. Sa bhliain 1883 a tógadh scoil Bharr D'Inse, mar atá luaite agam.

Is é an t-amhrán 'Scoil Bharr d'Inse' amhrán náisiúnta Chúil Aodha. Dob iad na deartháracha Dónall agus Pádraig Ó Súilleabháin ó Dhoire an Chuilinn a chum an t-amhrán cáiliúil seo sa bhliain 1922, roimh dul go hAimeirice dhóibh, agus tá sé canta na céadta uair, arís agus arís eile, le cheithre scór bliain ag amhránaithe Chúil Aodha, idir óg agus aosta. Tá gach aon líontí i gceantar Chúil Aodha luaite san amhrán breá anamúil seo.

Do tógadh séipéal Chúil Aodha sa bhliain 1872, agus do fuair an sráidbhaile Oifig an Phoist dá chuid féin sa bhliain 1885.

Scoil nua Chúil Aodha

Seán Ua Súilleabháin 2000

Dob é an chéad sheans a fuair muintir Chúil Aodha ar phinginí airgid a thuilleamh ná scéim bainte na móna (1940-1946) ar an Inse Mhóir le linn an Tarna Cogadh Domhanda. Is é an pá a díoladh leis na fearaibh an uair úd breis agus leathchéad bliain ó shin ná 31 scillinge agus réal (£1 10s 6d) ar sheachtain 52 uair a' chloig. Ní raibh aon cháin PAYE ar oibrithe an uair úd, ach do bhí orthu scilling agus réal sa tseachtain a dhíol chun rialacha árachais a chomhlíonadh.

Níl beairic ná tábhairne i gCúil Aodha an lae inniu, ach tá ana-chuid áiseanna do chuairteoirí sa tsráidbhaile agus i gcóngaracht na sráide. Do tógadh an tÁras Pobail sa bhliain 1955 agus do deineadh maisiú mór anuiridh air. Do tógadh trí cinn de sheomraí ranga breise dos na cúrsaí Gaelainne sa bhliain 1960. Do tógadh cúirt leadóige sa bhliain 1964. Do tógadh linn snáimh sa bhliain 1972, agus do cuireadh córas teasa isteach ann sa bhliain 1977. Do tógadh páirc imeartha bhreá sa bhliain 1978.

Buntáistí móra iad so uile do cheantar beag Gaeltachta. Tá cúrsaí Gaelainne ar siúl gan briseadh i gCúil Aodha ón mbliain 1936, agus tá cumann drámaíochta láidir gníomhach ag feidhmiú sa cheantar chomh maith.

Tá athruithe ollmhóra tagaithe ar shlí mhaireachtaint an phobail le cúpla scór bliain. Ins na caogaidí agus sna seascaidí do bhí breis agus cheithre fichid d'fheirmeoirí beaga na háite ag soláthar bainne go dtí an uachtarlann áitiúil. Tá an uachtarlann san dúnta le breis agus scór bliain, agus sa lá atá inniu ann níl ach seisear feirmeoirí ag táirgeadh bainne i gCúil Aodha. Buille millteach don gceantar! Ach osclaíonn Dia bearna na cabhrach i gcónaí, agus tá feirmeoirí beaga Chúil Aodha an lae inniu ag obair ins na monarchain áitiúla. Tá dhá mhonarcha ar na Millíní, Mark Éire, agus Teis Teoranta, trí fichid post; agus tá cheithre chéad eile fostaithe cúpla míle nó trí soir an bóthar i mBaile Mhuirne.

Ina theannta san tá cultúr láidir traidisiúnta Gaelach san áit, fuíollach ceoil, filíochta, spórt agus craic. An saol as ar fáisceadh ár sinsear sa cheantar so, saol ab ea é nár athraigh mórán in ao'chor ón meánaois i leith. Do bhí a gcleachtadh, a gcultúr, agus a slí féin acu, chun cothú intinne agus caitheamh aimsire a sholáthar dóibh féin mar fhaoiseamh ó bhroid agus ó shaothar an lae.

Cad 'tá i ndán do Chúil Aodha sa mhílaois nua. Táimid in iomaíocht le fórsaí láidre saibhre idirnáisiúnta atá 'ár síorionsaí agus ag brú isteach ar ár dteanga, ar ár gcultúr agus ar ár gcaitheamh aimsire go dícheallach go dearfa agus go dainséarach. Ach an méid sin ráite tá bonn láidir cultúrtha préamhaithe go daingean sa dúthaigh seo, oidhreacht a théann siar na céadta bliain agus tá tuiscint nách beag, meas agus eolas ag an bpobal áitiúil ar a n-oidhreacht. Do bhí saibhreas cultúir, daingneacht toile agus creideamh láidir ag ár sinsear i gcaitheamh na mílaoise atá thart. Tugann na bunchlocha san, maraon leis an mbonn láidir eacnamaíochta atá fén bparóiste seo inniu, dóchas dúinn go mairfidh an traidisiún, an dúchas, agus an oidhreacht san sa mhílaois atá romhainn amach.[10]

Nótaí

1. Eolas ón Athair Donnchadh Ó Buachalla, S.P. Bhaile Mhuirne.
2. I mBéarla atá an bhuntuairisc.
3. James S. Donnelly, *The land and the people of nineteenth century Cork: the rural economy and the land question* (London & New York, 1975).
4. = 'grabbers'.
5. 'Condition of the West: a visit to the property of an improving landlord', *The Cork Examiner*, 14 Márta 1847; 'An example and lesson for landlords', *The Cork Examiner*, 6 Nollaig 1848.
6. Cáipéisí Mhuintir Cholthurst, le fáil i gCartlann Chorcaí, an Phríomhshráid Theas i gCorcaigh.
7. Ó Cróinín, *Seanachas Phádraig Í Chrualaoi*, lch 17.
8. *Séamus Mór Ó Muimhneacháin: a Shaothar Fileata mar aon le Gearr-Sheanchas ar a Bheatha* (B.Á.C., 1940).
9. Tá leagan eile den eachtra in *Seanachas Amhlaoibh Í Luínse*, lch 302.
10. Gabhaim buíochas leis na daoine seo a leanas a thug eolas dom: an tAthair Donnchadh Ó Buachalla, sagart pharóiste Bhaile Mhuirne; an tArd-Déaganach Críostóir Ó Tuathaigh, Baile Mhuirne; na seanchaithe seo ná maireann: Donncha Ó Conaill, Cúil a' Chraosaigh; Seán Eoghain Ó Súilleabháin, Doire an Chuilinn; Patsy Sheáin Phaddy Ó Cuill, na Millíní; Diarmuid Ó Ríordáin, an Lománach; Conchúr Ó Laoghaire, Doire an Chuilinn; agus na seanchaithe seo a mhaireann fós againn: Dáithí Mac Suibhne, Cill na Martra (na hÓglaigh); Dónall Ó Muíneacháin, Gort na Sgairte (Feis Chúil Aodha); beirt nia d'Éamonn Mac Suibhne (Luíochán Bhéal a' Ghleanna); Dónall Mac Suibhne, Gort na Fuinsean; Peadar Ó Liatháin, Cléireach Dhámhscoil Mhúscraí.

Uíbh Laoghaire Múscraí
Donnchadh Ó Luasaigh

'De *natives* chirt Uíbh Laoghaire me, / 's de shíolradh mhaithe Gaedhal',[1] a maítear in amhrán le Máire Bhuí, príomhfhile an cheantair seo, Uíbh Laoghaire, ar a bhfuilim le trácht.

Cuireadh foráil orm agus me ag dul i mbun pinn don léacht so gan dearúd a dhéanamh gur tionscnamh mílaoise a bhí idir lámhaibh ag an Raidió so, agus ba thráthúil an fhoráil, mar chítear anois dom gurb ionann saol d'Uíbh Laoghaire agus ré na mílaoise seo. Tá Uíbh Laoghaire deich gcéad bliain d'aois nó chomh cóngarach san do agus ná deineann difríocht, 'insa bhliain seo anois athá againn'[2]—an dá mhíle.

Conas san? Bhuel, ó mhuintir Laoghaire, a tháinig chun cónaithe ann, a ainmníodh an ceantar. Sliocht de shleachtaibh Chorca Laoi ab ea muintir Laoghaire, de réir an tseanchais. Bhí an leithinis sin idir Cuan Dor agus Ros Ó gCairbre i ndeisceart Chorcaí ina seilbh; Uí Laoghaire a tugtaí tráth uirthi—Uí Laoghaire Rois.

Le teacht na Normannach díbríodh na Coileánaigh agus na Donnabhánaigh as a n-oidhreacht agus as a ndúchas Cois Má i gContae Luimní. Thánadar san aduaidh, dhíbríodar muintir Laoghaire as Ros, agus chuireadar féin fúthu ann. Maireann a sliocht go fóill ann.

Bhailigh muintir Laoghaire chúthu a gcip agus a meanaithí, chrochadar a seolta, agus thugadar aghaidh ó thuaidh ar Ghleann na Laoi. Uí Fhloinn Lua a tugtaí an uair úd ar an gceantar ar fad a shíneann ón nDruipseach siar fan na Laoi go dtíos na sléibhte athá ar an dteorainn idir Ciarraí agus Corcaigh.

I Maigh Chromtha a bhí caisleán agus ceannáras mhuintir Fhloinn. Ar an dtaobh thiar de Maigh Chromtha bhí paiste deas tailimh, dhá mhíle goileith fé dhá mhíle goileith, gofa ar thrí thaobh ag an Laoi agus ag fo-abha dá cuid, an Tonn. Chuir muintir Laoghaire fúthu anso i ndlisteanas do mhuintir Fhloinn. Bhí ceannáras acu i nDrom Cara sa chúinne thoir theas agus ceann eile timpeall dhá mhíle siar uaidh ar Carraig na nGeimhleach. Istigh eatarthu tógadh séipéal ar ar tugadh Cill Barra.[3]

Coill ar fad a bhí ar a gcúl fan Gleann na Laoi siar go ceann cúrsa sna cnoic ar theorainn Chiarraí. Na crainn seo a leagadh agus an talamh a thabhairt chun míntíreachais an dúshlán mór a bhí roime mhuintir Laoghaire don gcuid eile den mílaois—dúshlán nách beag i dtosach na mílaoise seo, agus a bhfuil d'innealra agus de threalamh againn, dúshlán dosháraithe geall leis don daonnaí a bhí ag brath ar lúth na gcnámh agus neart na lámh.

Ach tugadh fé. Bhog cuid den gclann leo siar agus leagadar amach inead nua saothraithe dhóibh féin ar bruach thuaidh na Laoi, áit go leathnaíonn sí ina loich. Bhí ceannáras acu i dTír na Spidóige, timpeall leath slí idir dá cheann na loiche, agus bhí crannóg sa loich acu mar chosaint dóibh féin agus dá gcuid stoic. Fuarathas trí cinn d'ornáidí luachmhara óir ar an mbaile seo i dtosach na naoú haoise déag.[4]

Timpeall leath slí idir na háitritheoirí seo agus na háitritheoirí tosaigh thoir, lonnaigh dream eile de mhuintir Laoghaire ar bruach theas na Laoi. Ón mball so tugadh fén dtaobh tíre laisteas den abhainn a cheansú agus a thabhairt chun méithe. D'éirigh chomh maith san leo ar fad go raibh ar chumas na treibhe, tar éis trí chéad bliain, túr cloch a thógaint dóibh féin mar shiombal dá ngustal. Tá an siombal san, Caisleán Charraig na Cora, fós ar marthain, i seilbh eachtranaigh, darb ainm Maxim Gormanov, agus á athchóiriú aige.

Timpeall leathchéad bliain ina dhiaidh san (1550) tógadh caisleán eile ar Carraig na nGeimhleach. De réir nóis ba leis an dtreibh ar fad na sealúchaisí seo ar Carraig na nGeimhleach agus ar Carraig na Cora. Chónaíodh taoiseach na treibhe ag an am ar shealúchas acu, agus an tánaiste ar an gceann ná bíodh ag an dtaoiseach.

De réir Achta a tugadh isteach sa bhliain 1593, an té a bhí i seilbh caisleáin, ba leis féin agus lena shliocht feasta é. Más ea, nuair a ceapadh taoiseach nua ar an dtreibh sa bhliain 1600, ní bhogfadh sealbhóirí aon cheann den dá chaisleán astu. Mar sin, chun a stádas a shoiléiriú, is dócha, nó mar shiombal dá ghradam, b'fhéidir, thóg an taoiseach nua caisleán eile dho féin ar cheann des na háitribh tosaigh a bhí ag muintir Laoghaire, .i. i nDrom Cara. B'é seo an caisleán deireanach des na trí caisleáin a tógadh do mhuintir Laoghaire, ach b'é ba thúisce ar lár, mar laistigh de chúig bliana fichead (1650) bhí sé titithe le saighdiúirí Bhroghill.[5]

Caisleán Charraig na Cora

Seán Ua Suilleabháin 2000

Sea, bhí muintir Laoghaire i mbarr a maitheasa, daingnithe ina ndúthaigh mar threibh, agus na froigisí go léir acu. Aithnítear, ar a laighead, dhá chlann fhichead sa treibh. Orthu san tá an Chlann Bhuí, an Chlann Bhreac agus an Chlann Bholgach; tá na Céadaigh, na Ceithearnaigh agus na Clogaigh (ar a dtugtar anois na Cleagaidí); tá Laoghaire Dána, Laoghaire Dorcha, Laoghaire Dúileach, Laoghaire Rua, Laoghaire Riabhach agus Laoghaire Rúntach, gan trácht ar Laoghaire na Mochéirí, agus cá bhfágfaí Laoghaire Gaelach?[6]

272 gníomh tailimh, de réir an *Civil Survey*,[7] a bhí ina gcúram (.i. 34,442 n-acra Gallda) agus an gabháltas san Uíbh Laoghaire i seilbh cúigear déag ar fhichid den dtreibh. Deir Diarmuid Ó Murchadha ina dtaobh so:

> These 35 were, of course, the landowning aristocracy and no doubt there were many O'Leary families of tradesmen and workmen as well.[8]

De réir an *Civil Survey*: 'The generality of the soil is for the most part barren, rocky, red bog and shrubby wood....' agus deir Smith fén bhfearann ag an am:

> This country was all a forest. The woods consisted of large oak, birch, alder, some ash, and many yews, of as great a bulk as the largest oak. Great quantities of fir are still taken out of the turf bogs. This forest was then stored with red and fallow deer, and abounded with great eyries of excellent hawks; which, with the timber, belonged to the Earl of Cork.[9]

Mar a dhein Tom Barry agus a chuid fear ina dhiaidh san, nó Michael Doheny agus James Stephens in 1848,[10] is chun na sábháltachta so a tháinig Séamus Mac Muiris agus a bhuíon de cheithre scór ar a dteitheadh don ngeimhreadh 1572–73, tar éis bua an Bhuitléirigh orthu. Tharraig so muintir Laoghaire isteach sa pholaitíocht, cé gur tugadh a phardún dón dtaoiseach, Art, ar an ócáid seo.

Le fírinne, b'í an pholaitíocht a bhí ag muintir Laoghaire pé polaitíocht a bhí ag á dTiarna, an Cárthach, a bhain ceannas Mhúscraí de mhuintir Fhloinn go geairid tar éis do mhuintir Laoghaire teacht aneas. Fágadh a gcuid ag muintir Laoghaire saor ó chíos, ach cabhrú leis an gCárthach dá gcuirtí air. Mar sin, bhíodar i gcoimhdeacht Dhiarmada Mhic Cárthaigh a bhí ina leanúnaí de chuid Uí Néill i gCionn tSáile. De bharr an ghnímh seo bhain Séamus I a gcuid díobh agus thug, ar 20 Márta 1622, cead máinéar a dhéanamh d'Uíbh Laoghaire.

Bhí greim ag an dtreibh ar a gcuid féin fós, ámh, sa bhliain 1641, ach ní raibh an t-ádh céanna leo tar éis corraíol na bliana san. D'fhreastail taoiseach na treibhe, Domhnall Mac Airt, ar an gComhdháil i gCill Chainnigh,[4] agus sa bhliain 1643 tugadh meirligh ar sheisear déag den dtreibh.[7]

An rud nár éirigh le fórsaí an rí a dhéanamh, dhein fórsaí Chromail é. Thit Carraig na Cora agus Drom Cara le saighdiúirí Bhroghill agus cuireadh garastún isteach i gCarraig na nGeimhleach a fhan ann go 1660. Baineadh an 272 gníomh de mhuintir Laoghaire, agus i gcineghlanadh Chromail, do haistríodh taoiseach na treibhe, an Domhnall úd a fhreastail ar Chomhdháil Chill Chainnigh, in aois a chúig bliana agus cheithre fichid, maraon le cuid dá chlann mhac, go Contae an Chláir. Le teacht Shéarlais II i gcumhacht, d'éirigh leis an gCárthach a thiarnas ar Mhúscraí a fháil thar n-ais, agus tugadh do tailte Uíbh Laoghaire. Bhí sé siúd dílis dá fhothaoisigh, agus thug sé léiseanna fada, ar a gcuid tailimh féin, do roinnt mhaith de mhuintir Laoghaire. Sa tslí sin d'athshealbhaigh Dónall Óg talamh agus caisleán a athar, Dónall Mac Airt, ar Carraig na nGeimhleach.

Le teacht Chogadh an Dá Rí, ámh, throid roinnt mhaith de mhuintir Laoghaire le harm Rí Shéamais. Dá bharr so baineadh a gcuid díobh arís, agus den gCárthach chomh maith. Tugadh tailte an Chárthaigh, Uíbh Laoghaire san áireamh, don *Hollow Sword Blade Corporation*, mar dhíolaíocht as an arm faoibhir a chuireadar ar fáil don gCogadh.[11] Nuair a leogadar san an talamh amach ar cíos, ní raibh mórán de mhuintir Laoghaire ina dtionóntaithe acu.

Tháinig scaipeadh ar an dtreibh. D'imigh cuid thar lear ina nGéanna Fiaine, d'fhan tuilleadh acu ar an dtalamh ina n-oibrithe dos na tionóntaithe nua, agus go deimhin, d'éirigh le cuid acu teacht i seilbh arís. D'imigh tuilleadh acu go hiarthar an cheantair ina dtóraithe agus ina gceithearnaigh coille, agus ós na sléibhte os cionn an Ghuagáin d'ionsaídís a naimhde, na húinéirí nua.

Mí na Nollag 1694, chuir na Tiarnaí Breithimh a rialaigh an tír don Rí Liam forógra amach ag tairisicint airgid ard: '*for the apprehension, dead or alive, of a band of rebels who had fled to the mountains*', agus a bhí anois ar a gcoimeád.

Mar fhreagra air seo, chuir na foghlaithe feá a bhforógra féin amach ag tairiscint luach saothair ar Ard-Tiarnaí Breithimh a bhí, a dúradar, in éirí amach in aghaidh Rí Shéamais. Ón Seomra Comhairle, Caisleán Bhleá Cliath, a heisíodh ordú na dTiarnaí Breithimh. 'An Seomra Comhairle, Portaithe Eanach Sháile', a bhí ar an eisiúint eile, dár dáta, tráthnóna Nollag, 1694, í sínithe ag an gCornal Diarmuid Ó Laoghaire.[12]

Céad mhórimeacht mílaoise an cheantair seo, más sea, ná é bheith á shealbhú ag na Laoghairigh. Díshealbhú na Laoghaireach, agus ar lean é, tarna mórimeacht na mílaoise. Gaill ó thaobh teangan agus ó thaobh creidimh de ab ea a lán des na daoine a fuair tailte na Laoghaireach. Tuairiscíonn Dive Downes ná raibh aon phrotastúnach sa pharóiste sa bhliain 1700.[13] Fén mbliain 1766 bhí 123 protastúnach cláraithe sa pharóiste,[14] deachuithe á mbailiú dhóibh, a leath ag dul don viocáire áitiúil agus an leath eile ag dul d'Iarla Chorcaí.

Na deachuithe céanna so ba chúis le méid áirithe míshuaimhnis in oirthear an cheantair go deireadh na haoise. Na Tóraithe a bhí ann i dtosach na haoise, iad súd a chaill a gcuid, bhíodar anois ina gcumainn rúnda ar a dtugtaí na Buachaillí Bána. Bhí an Barrach, a bhí anois i seilbh Charraig na nGeimhleach, tar éis na deachuithe a fháil ar léas ón ministir.[15]

Meitheamh na bliana 1786 bhailigh na Buachaillí Bána ag Droichead Droma Cara agus é ar intinn acu tabhairt fé thigh an Bharraigh. Másea, tháinig mac an Bharraigh, agus cuid dá chairdibh, ar thaobh Uíbh Laoghaire den ndroichead. Ní raibh de mhisneach ag na Buachaillí Bána gabháil thórstu, agus tar éis dóibh an oíche a chaitheamh ag bagairt díobhála ar an mBarrach óg, d'imíodar leo le breacadh an lae.[15]

Laistigh de sheachtain thug na Buachaillí Bána fé thigh an Bharraigh. Bhí an Barrach óg agus a chairde i luíochán rompu, agus ruagadh na Buachaillí Bána. Laistigh de sheachtain eile deirtear gur tharla caismirt ghéar idir na h*Inchigeela Volunteers* agus na Buachaillí Bána. Tuairiscítear gur maraíodh ar an láthair triúr Buachaill Bán, gur bádh beirt eile agus iad i mbun éalaithe, gur goineadh mórán agus gur gabhadh naonúr.[15]

Gabhadh, leis, ag an am Pronnséis Ó hAilín, go ndúrathas ina thaobh gurbh é ba cheann ar Bhuachaillí Bána Uíbh Laoghaire. Mar phionós, gabhadh d'fhuip air trí shráideanna Dhún Mánmhaí.

Leanadh den gcorraíol isteach san aois nua. Eanair na bliana 1822, buaileadh Cath Chéim an Fhia de bharr gníomhartha na mBuachaillí Bána an geimhreadh sin. Tar éis an chatha fágadh triúr Buachaill Bán ar lár agus aon tsaighdiúir Gallda amháin.[16]

Tríd is tríd, ámh, bhí an lá leis na Buachaillí Bána. Laistigh de sheachtain d'ionsaíodar áitreabh an Bharraigh arís agus an t-am so dódh an t-áras go talamh. Másea thiomsaigh an Barrach a chuid tionóntaithe agus d'ordaigh dóibh tigh nua a thógaint do des na clocha a bhí i gceannáras mhuintir Laoghaire, Carraig na nGeimhleach, a bhí béal dorais aige.[17]

Crochadh beirt de bharr imeachtaí an chatha, agus chum Máire Bhuí Ní Laoghaire, gurb é a deartháir Conchúirín a mhairbh an saighdiúir Gallda, Smith,[18] amhrán a choimeád eachtraí an chatha go gléineach i meon phobail Uíbh Laoghaire ó shin.

Roim dheireadh an chéid tharla corraíol talún ar Inse an Fhosaidh, arís in iarthar an dúthaí. An chorraíol so fé ndeár dos na póilíní teacht agus cur fúthu i mBéal Átha an Ghaorthaidh den gcéad uair sa bhliain 1894. Thógadar tigh aíochta le muintir Shorten a bhí treasna an bhóthair ón dtigh tábhairne. Is ann a bhíodh idir phóilíní agus gardaí síochána gur tógadh an bheairic nua sa bhliain 1987.[19]

Lean an chorraíol talún isteach sa chéad deiridh den mílaois. Sa bhliain 1906 briseadh fé dhó ar iarracht díshealbhaithe ar Drom an Ailthigh, arís in iarthar an cheantair. Gabhadh seisear mar gheall ar an obair sin agus gearradh trí mhí sa phríosún ar thriúr acu. Orthu súd ar ar gearradh mí príosúin bhí Diarmuid 'a' Coitir ós na Corraithe,[20] go bhfuil cuid dá scéalta ar cheirnín de chuid Ghael Linn.[21]

Mar a duart, le díshealbhú na Laoghaireach tar éis Chogadh an Dá Rí, tosnaíodh ar Ghalldú Uíbh Laoghaire ó thaobh creidimh agus ó thaobh teangan de. Chímid *Silver Grove* á thabhairt ar Dhoire an Airgid, *Boylesgrove* ar Dhrom Cara agus *Hedgesfield* ar na Millíní.

I gcuimhne na bhfear a cailleadh
i Scat Céim an Fhia
in Eanáir na bliana 1822.
Mícéal Ó Catasaigh, Barra Ó Laoire.
Amhlaoibh Ó Loingsigh
(buachaillí bána Áitiúla)
Seán Mac Gabann (fórsaí na nGall)
Crocadh Éamonn Ó Rinn 1 Márta 1822.
Ar dheis Dé go raibh a n-anamacha.

Leacht Cuimhneacháin Chath Chéim an Fhia

Seán Ua Súilleabháin 2000

Gabhadh, leis, ag an am Pronnséis Ó hAilín, go ndúrathas ina thaobh gurbh é ba cheann ar Bhuachaillí Bána Uíbh Laoghaire. Mar phionós, gabhadh d'fhuip air trí shráideanna Dhún Mánmhaí.

Leanadh den gcorraíol isteach san aois nua. Eanair na bliana 1822, buaileadh Cath Chéim an Fhia de bharr gníomhartha na mBuachaillí Bána an geimhreadh sin. Tar éis an chatha fágadh triúr Buachaill Bán ar lár agus aon tsaighdiúir Gallda amháin.[16]

Tríd is tríd, ámh, bhí an lá leis na Buachaillí Bána. Laistigh de sheachtain d'ionsaíodar áitreabh an Bharraigh arís agus an t-am so dódh an t-áras go talamh. Másea thiomsaigh an Barrach a chuid tionóntaithe agus d'ordaigh dóibh tigh nua a thógaint do des na clocha a bhí i gceannáras mhuintir Laoghaire, Carraig na nGeimhleach, a bhí béal dorais aige.[17]

Crochadh beirt de bharr imeachtaí an chatha, agus chum Máire Bhuí Ní Laoghaire, gurb é a dearthair Conchúirín a mhairbh an saighdiúir Gallda, Smith,[18] amhrán a choimeád eachtraí an chatha go gléineach i meon phobail Uíbh Laoghaire ó shin.

Roim dheireadh an chéid tharla corraíol talún ar Inse an Fhosaidh, arís in iarthar an dútha í. An chorraíol so fé ndeár dos na póilíní teacht agus cur fúthu i mBéal Átha an Ghaorthaidh den gcéad uair sa bhliain 1894. Thógadar tigh aíochta le muintir Shorten a bhí treasna an bhóthair ón dtigh tábhairne. Is ann a bhíodh idir phóilíní agus gardaí síochána gur tógadh an bheairic nua sa bhliain 1987.[19]

Lean an chorraíol talún isteach sa chéad deiridh den mílaois. Sa bhliain 1906 briseadh fé dhó ar iarracht díshealbhaithe ar Drom an Ailthigh, arís in iarthar an cheantair. Gabhadh seisear mar gheall ar an obair sin agus gearradh trí mhí sa phríosún ar thriúr acu. Orthu súd ar ar gearradh mí príosúin bhí Diarmuid 'a' Coitir ós na Corraithe,[20] go bhfuil cuid dá scéalta ar cheirnín de chuid Ghael Linn.[21]

Mar a duart, le díshealbhú na Laoghaireach tar éis Chogadh an Dá Rí, tosnaíodh ar Ghalldú Uíbh Laoghaire ó thaobh creidimh agus ó thaobh teangan de. Chímid *Silver Grove* á thabhairt ar Dhoire an Airgid, *Boylesgrove* ar Dhrom Cara agus *Hedgesfield* ar na Millíní.

I gcuimhne na bhfear a cailleadh
i gCath Chéim an Fhia
in Eanair na bliana 1822.
Mícéal Ó Catasaigh, Barra Ó Laoire.
Amlaoib Ó Loinsig
(buachaillí bána áitiúla)
Seán Mac Sabann (fórsaí na nGall)
Crocadh Éamonn Ó Rinn i Márta 1822.
Ar dheis Dé go raibh a n-anamacha.

Leacht Cuimhneacháin Chath Chéim an Fhia

Seán Ua Súilleabháin 2000

Mar sin féin níor dhein an Béarla dul chun cinn mór i measc gnátháitritheoirí an cheantair don gcéad céad bliain eile, mar tuairiscíodh sa bhliain 1810: '*that the people of this district are partly clothed in woollens of their own manufacture ...great numbers of them are still ignorant of the English language*',[22] agus i dtréadlitir a chuir an tEaspag Ó Murchú go dtí sagart na paróiste sa bhliain 1817, agus aon duine a thabharfadh turas an Ghuagáin á chur fé choinnealbhá aige, deir sé: '*You are requested by the Bishop to fulminate the following sentence of excommunication from each of your altars... and to read and explain in Irish to your flocks the following Pastoral letter*',[23] rud a thaispeánann gurb í an Ghaelainn teanga an phobail Rómhánaigh sa bhliain 1817.

Ach bhí an t-athrú ag teacht agus ag teacht go pras. Is léir gur chabhraigh na chúig scoil a cuireadh ar bun in Uíbh Laoghaire leis an athrú a thabhairt i gcrích. In alt a scríobhadh sa bhliain 1827 tá cur síos ar fheirmeoir ar Inse an Fhosaigh, fear groí, dathúil a bhí ann gur mhór ba chás leis é a bheith ar easpa Béarla: '*Whenever*', a duairt sé, '*I hear English spoken I admire the good fortune of the speaker, and feel regret at my own ignorance but since it is too late for me to help myself, I have resolved at least that my children shall learn it, for which purpose I keep them constantly at the school of* Béal Átha an Ghaorthaidh *and allow them to speak but as little Irish at home as possible.*'[24] Roim dheireadh an chéid, 'sé sin laistigh de 75 bliain, is dóichí ná raibh ach aon bhaile amháin in Uíbh Laoghaire, .i. Gort a' Phludaigh, ná raibh aon Bhéarla ag na daoine ann.

Is ag an bpointe seo go díreach a thosnaigh dream nua smaointeoirí ag teacht chun cinn in Éirinn, lucht na físe, lucht na haislinge, lucht an tSinn-Féineachais, agus is go Guagán Barra in Iarthar Uíbh Laoghaire le casadh an chéid a thagadh cuid mhór des na smaointeoirí agus des na haislingeoirí seo. Is ann, nó ar an dTúirín Dubh taobh leis, a castaí scríbhneoirí dálta Robert Gibbings agus Frank O'Connor, saighdiúirí dálta Risteaird Uí Mhaolchatha agus Phiarais Béaslaoi, polaiteoirí dálta James Dillon agus Thraolaigh Mhic Shuibhne, an t-ealaíontóir Dónall Ó Corcora, an dealbhadóir Seamus Murphy, an t-aireagánaí[25] Eric Cross, gan ach cuid acu a lua.

Go deimhin féin, duairt Seán Ó Faoláin i dtaobh na háite gur sórt Shangrila a bhí ann, '*which attracted all sorts of people.*' Níl aon dabht ach go raibh an teanga Gaelainne mar nasc idir na daoine seo agus ina ceangal caradais idir iad féin agus muintir na háite. Go deimhin is sa Ghuagán a ritheadh an chéad choláiste samhraidh Gaelainne riamh in Éirinn. As an gcúlra so a tháinig tríú mórimeacht na mílaoise, dar liom. Bhí tábhacht náisiúnta leis an imeacht so, seochas imeachtaí treibhe Uíbh Laoghaire, ná raibh iontu i ndeireadh an lae ach '*a dependent or minor clan, having neither the numbers or the possessions to render them important.*'[26] Bunú Choláiste na Mumhan an imeacht athá fé chaibideal agam.

Ag Feis na Mumhan a tionóladh sa bhliain 1903 i gCathair Chorcaí, socraíodh go gcuirfí Coláiste Múinteoireachta ar bun 'chun cainnteoirí Gaedhilge d'ollamhughadh i gcóir múinteoireachta na teangan'. Ag Comhdháil na Feise toghadh comhaltas i gceannas an Choláiste.[27]

Liam de Róiste a bhí ina rúnaí ar an gcomhaltas, post a chomhlíon sé le dúthracht ar feadh na mblianta. Leathnaíodh agus cuireadh díon nua ar an seanascoil thréigthe láimh leis an séipéal i mBéal Átha an Ghaorthaidh, agus sa bhfoirgneamh so bhí modhanna múinte na Gaelainne á dteagasc go binn ag Feargus Finnbhéil, i.e. Diarmuid Ó Foghludha, Ardollamh sa bhliain 1904. Ina ollamh le foghraíocht bhí an té a bhailigh airgead don dtogra, Risteard Ó Dálaigh, Astrálach sagairt, '*an erratic genius, so brilliant that he was teaching the Gaels of Ireland their Gaelic.*'[28]

Ochtar oide a bhí i mbun an chúrsa don mbliain 1905. Seán Ó Catháin a bhí ina ardollamh. Ina ardollamh sna blianta dar gcionn bhí an Dr Ró-Oirmhinneach Ó Dálaigh, an tAstrálach ar ar tugadh 'údar léannta ar fhuaimeanna teangacha, an ríscoláire a chuireann oiread san brí agus crot oibre ar a cheachta ar fhuaimeannaí Teanga na Gaedhilge go dtagann na mic léinn chéanna thar n-ais fé dhó agus fé thrí agus ná beidís cortha go brách de bheith ag éisteacht leis'.[29]

Ar na múinteoirí ina theannta bhíodh an Dr Oirmhinneach de hIndeberg, ollamh le Ceiltis i gColáiste Ollscoile Chorcaí, fear a chodlaíodh go minic fén aer agus a cheap bróga 'a bheith in aghaidh an nádúir'; An tAthair Gearóid Ó Nualláin, uncail le Myles na gCapaillín agus a dhearthráir, Ciarán, a bhíodh leis an nuachtán *Inniu*; an tAthair Pádraig Ó Duinnín; Diarmuid Ó Laoghaire; Áine Ní Raghallaigh; T.P. Ó Nualláin; triúr ón áit, Tadhg Ó Scanaill, Pádraig Ó Suibhne, Eibhlín Ní Chróinín, agus 'Prionsa na scoláirí Gaeilge', an Dr Osborn Ó hAimheirgín.

Coláiste na Mumhan, Béal Átha an Ghaorthaidh

Seán Ua Súilleabháin 2000

Bhí Ardeaspag Chaisil agus a chomheaspaig Rómhánacha sa Mhumhain ar fad ina bpátrúin ar obair an Choláiste agus thug a bhformhór síntiúsaí len í a chur chun cinn.[25]

Ar na daoine cáiliúla a bhí sa Choláiste sna blianta tosaigh, bhí: Tomás Mac Donnchadha, a lámhachadh i 1916; Brian Ó hUigín na gcártaí Nollag; Mrs Cruise O'Brien, Dublin; Tomás Mac Curtáin, Ardmhéara Chorcaí; an tAthair Ailbhe, O.S.F.E.; an Seabhac; an tAthair Tomás de Bhál, Luimneach; Seán Ó Muirthile; Pádraig Mac an tSagairt ó Learpholl; Peadar Ó hAnnracháin; Fionán Mac Coluim; Eilís Ní Fhlannagáin, deirfiúr le céile de Valera; agus Cormac Breathnach.[26] Go deimhin is mó duine seochas iad, Francaigh, Danair, Iodálaigh, scoláirí, a tháinig i bhfad agus i gcéin ag triall ar an gColáiste agus ar Uíbh Laoghaire.[30]

'Toisc líonmhaireacht na slógh i n-aghaidh na mbliadhan, b'éigean sa bhliadhain 1914'[31] foirgneamh nua a thógaint in iarthar na sráide. Tigh deas iarainn ab ea é, péint ghlas air agus bhí stáitse ann. De bharr an stáitse seo a bheith ar fáil, d'éirigh nós láidir drámaíochta sa cheantar a mhair ó thosach go deireadh na haoise. Bhíodh ana-cháil ar na féiltí drámaíochta a tionóltaí san halla so le linn na seachtóidí nuair a thagadh complachtaí drámaíochta ó Dhoire go Dún Chaoin, ó Bhleá Cliath go Gaillimh chun iomaíochta.

I rith an chéid chomh maith, is mó seó a chuir na cumainn drámaíochta áitiúla ar siúl, ní hamháin sa bhaile ach in áiteanna ar fuaid Éireann ó Bheantraí go Béal Feirste, ó Bhaile Ghib go hÁrainn agus is mó duais a rugadar leo abhaile. Bhí slí chompordúil do bhreis agus 300 scoláire san áras so, a bhí de réir bileoige ón am 'suite ar chnocáinín aerach os cionn Locha Lua agus radharcanna áille le feiscint uaidh i ngach treo baill.'[30]

Lean an Dr Ó Nualláin air leis an ardollúntacht go dtí bliain a 1940, ach is léir go raibh fócas an Choláiste athraithe fén am so mar bhí cúrsaí á dtairiscint anois acu do dhaoine a bheadh ró-óg le dul le múineadh na teangan. B'é ba chuspóir don gcúrsa so ná 'Gaedhilgeoirí líomhtha do dhéanamh dos na macaibh léighinn agus a chur 'na gcumas an Ghaodhlainn d'úsáid mar ghnáth-theanga.'[30]

Fén dteideal 'Clár an Chúrsa', maítear go dtabharfar togha an aireachais do labhairt agus do chruinneas cainte na teangan agus beidh ceachtanna ar 'Cheapadóireacht, Fogharuigheacht, Stair agus Geograif,

Stair Litridheachta, Eolas ar Nádúr, Béaloideas agus Amhránuidheacht.'³⁰ Chúig ghiní an táille a bhí ar an gcúrsa so.

Ar an dtaobh Béarla den leabhrán léitear: '*At the disposal of the students, and forming part of the regular College equipment, is a valuable library, containing nothing mediocre or of doubtful value—consisting only of Irish Texts Society publications and works of Irish interest—the gift of Dr O'Connell, U.S.A. In addition, there are available the branch libraries of the local Gaelic League and the County Council.*'

Sa bhliain 1948 toghadh Aindrias Ó Scanaill, mac Thaidhg a bhí ar an gcéad Chomhaltas, ina chathaoirleach agus deineadh rúnaí de Sheán Ó Críodáin, post a chomhlíon sé go dtí 1995. Ar na rudaí tosaigh a dhein an Comhaltas nua so bhí ceann de thithe iostais na sráide a cheannach agus dheineadar ceanncheathrú dhe. Timpeall an ama chéanna, i gcomhar le Cumann Lúthchleas Gael, cheannaíodar páirc peile treasna an bhóthair ón gceannáras, mar áis dóibh féin agus do mhuintir na háite.

Ansan díríodh ar chúirteanna leadóige, cispheile agus gailf a thógaint mar áiseanna caitheamh aimsire dos na mic léinn agus i ndeireadh thiar tógadh linn snámha athá anois téite. De réir a chéile tógadh ocht gcinn de sheomraí ranga agus brú nua. Sa bhliain 1983 leagadh an t-áras stairiúil, gur leag an tAthair Peadair a bhunchloch sa bhliain 1914, agus tógadh halla nua ard de bhrící gránna.

Chosain tógáil an halla so £75,000, ach bailíodh £10,000 go háitiúil, rud a thugann úsáid an halla do mhuintir na háite. Sa bhliain 1991 leagadh seanascoil na gcailíní sa tsráid agus thóg an Comhaltas brú nua ar an suíomh. I láthair na huaire tá cead pleanála fachta acu do thrí sheomra ranga agus seomra stóir.

Timpeall 30 duine a fhreastail ar an gcéad chúrsa Gaelainne a cuireadh ar bun i 1904. I láthair na huaire freastalaíonn timpeall 700 scoláire ar thrí chúrsa i rith an tsamhraidh. Sna seascaidí, ámh, bhíodh tinreamh de níos mó ná 1,300 scoláire ar na cúrsaí seo.

Níl daoine ar aon aigne fén dtionchar a bhí ag an dtogra so ar an bpobal áitiúil. Bhíothas ann a duairt gur drochthionchar a bhí ag an gColáiste ar staid na Gaelainne go háitiúil mar gur thapaigh muintir na háite a ndeis chun Béarla a fhoghlaim ós na múinteoirí a bhíodh ar aíocht ina measc.

Bhuel, tá Béarla ag gach éinne sa Ghaeltacht so i dtosach na mílaoise nua, ach conas tá staid na Gaelainne? Féachaimis ar líon na ndaltaí a thuill deontas labhartha na Gaelainne le chúig bliana fichead anuas. Sa bhliain 1975-1976 bhí dalta agus céad ann, deich mbliana dár gcionn, ceathrar is daichead. Seacht gclanna fichead a fuair leath nó lánaitheantas na Roinne Gaeltachta sa bhliain 1996-1997.[32] Duairt Nollaig Ó Gadhra ar an Raidió na Gaeltachta tamall ó shin ná beadh an seacht dteaghlach fichead san féin ann murach tionchar Choláiste na Mumhan. Ní miste a mheabhrú gur aitheantas breac-Ghaeltachta a bhí ag an mball go dtí 1956.

Pé scéal é, níl amhras ach go raibh tionchar nách beag ag an dtarrac foghlaimeoirí ar eacnamaíocht an cheantair. Méadaíodh agus slachtaíodh tithe chun na mic léinn a choimeád, rud a fhágann caighdeán ard tithíochta sa cheantar. Tá taithí na mblian anois ag mná an cheantair ar chóir mhaith bídh is collata a chur ar chuairteoirí. Deir bróisiúir ós na triochaidí: '*As many residents mainly depend for their livelihood on success in this respect, efficient catering for strangers has of necessity become a speciality.*'[30]

Agus an bhliain 2000 sroiste againn, níl an fonn céanna ar mhnáibh tí dul i mbun cóiríochta agus a bhíodh. Go deimhin níl aon lánú áitiúil gur pósadh iad le fiche bliain anuas ag glacadh le cúram na gcoláistéarach. Tugann san le fios go bhfuil foinsí maithe eile ioncaim ag an bpobal.

Lasmuigh den ioncam athá as gnáthsheirbhísí agus ceardanna, tá roinnt fostaíochta, do mhnáibh go speisialta, sna monarchain áitiúla agus sna bailte máguaird; tá fostaíocht do chách, agus go mór mór d'fhearaibh, ar an eastát tionsclaíochta i mBaile Mhuirne. Mar sin tá lámh, nó b'fhéidir gur cirte a rá, leathlámh ag Údarás na Gaeltachta in eacnamaíocht Uíbh Laoghaire. Táthar ann a deir ná fuil ag Uíbh Laoghaire ach cuid Pháidín den meacan áirithe sin, agus má fhéachair ar thuarascáil an Údaráis don mbliain 1997 chífir go bhfuil bonn leis an gclamhsán. As an £100,000+ a caitheadh le miontionscail i Múscraí go dtí san, an séú cuid a caitheadh in Uíbh Laoghaire chomh maith le 15% de mhilliún agus trí ceathrúna a tugadh dos na comhlachtaí agus an deichiú cuid den dá mhilliún a cuireadh sna mórthionscail.[33]

Béal Átha an Ghaorthaidh, Co. Chorcaí

Bailiúchán Lawrence, An Leabharlann Náisiúnta (1880-1914)

Mar sin féin is gníomhaí muintir Bhéal Átha 'n Ghaorthaidh i measc a bpobail féin ná aon mhuintir eile i Múscraí. Creid nó ná creid, tá sé chlub is fiche gníomhach i mBéal Átha 'n Ghaorthaidh i gcomórtas leis na trí cinn a fheidhmíonn i gCúil Aodha nó na hocht gcinn déag i mBaile Mhuirne agus i mBaile Mhic Íre le chéile.[34] Ní hamháin san, ach is í, dar liom, sráid Bhéal Átha 'n Ghaorthaidh is dlúithe ó thaobh na Gaelainne dhe i Múscraí i dtosach na mílaoise nua ar mhéid na dteaghlach Gaelainne athá lonnaithe ann, agus ar líon na seirbhísí trí Ghaelainn athá ar fáil ann. As na heagraisí go léir, ámh, níl aon eagras acu, logánta nó Stáit, ag plé le plean teangan don nGaeltacht leochaileach so.

B'fhéidir go bhfuil san amhlaidh toisc gurb í an fheirmeoireacht príomhghnó agus príomhfhoinse ioncaim an cheantair. Feirmeoireacht mheascaithe a cleachtaítí agus ab oiriúnaí, ach de bharr tionchar an Aontais Eorpaigh luíonn feirmeoirí an lae inniu le sainghné speisialta éigin den obair.

Tá bean na dtrí mbó imithe. Ina háit tá bean na bólachta, agus tá na cnoic breac ballach le caoiribh. Tá deontaisí, fodheontaisí, agus fordheontaisí, *quotas* agus *headage* chomh tábhachtach san áit seo agus atháid in aon bhall eile san E.U. Dá mbarr níl aon bhochtán sa cheantar.

Mar sin, le himeacht na mílaoise, ní hamháin gur athraíodh ó bhonn crot an cheantair, tháinig athrú chomh maith ar bhéarlagar, agus dá réir, ar mheon na muintire, gan trácht ar na caighdeáin beatha. Ach tá aon rud amháin nár athraigh: 'sé sin tábhacht an tailimh.

Talamh a thug muintir Laoghaire chun na dúthaí seo an chéad lá; an talamh a choimeád ann iad i gcaitheamh na mílaoise; talamh ba thrúig clamhsáin agus achrainn dóibh in imeacht na mblian, díth tailimh go bunúsach fé ndear an laigheadú de 80% a tháinig ar dhaonra Uíbh Laoghaire le céad goileith bliain anuas.

Cúrsaí tailimh an chloch is mó ar phaidrín fhormhór an 1,750 duine a chónaíonn san 514 tigh athá in Uíbh Laoghaire.[35] Ach le talamh nó gan talamh, táim cinnte ná fuil éinne den bpobal san anois ná riamh ná raghadh i mbannaí an tseanaráiteachais:– 'Is buan fear i measc a ghaolta 's is róbhreá an áit bheith i lár Uíbh Laoghaire.'

Nótaí

1 D. Ó Donnchú, 'Fáinne an lae (B)', *Filíocht Mháire Bhuidhe Ní Laoghaire* (B.Á.C., 1931), lch 42.
2 ibid., 'Cath Chéim an Fhia', lch 56.
3 John Lyons, P.P., 'Local names', *Journal of the Cork Historical and Archaeological Society*, 2, (1893), 77.
4 ibid., lgh 78–9.
5 Peter O'Leary, 'The last O'Leary chieftain', *Béal Átha 'n Ghaorthaidh: An Cumann Staire : Historical Society Journal* 5, 1997, 10–11.
6 Lámhscríbhinní an Athar Donncha Ó Donnchú; cóip im sheilbh. Féach, leis, *Filíocht Mháire Bhuidhe* ..., lch 6.
7 Simington, R. C. (eag.), *The Civil Survey, A.D. 1654-1656, County of Waterford, with appendices Muskerry Barony, Co. Cork* ... vol. 6, (Irish Manuscripts Commission, B.Á.C., 1942), lgh 323–37.
8 *Family Names of County Cork* (Cork, 1996, foilsíodh ar dtúis 1985), lch 210.
9 Charles Smith, *The Ancient and Present State of the County and City of Cork* (B.Á.C., 1750)
10 Michael Doheny, *The Felon's Track, or History of the Attempted Outbreak in Ireland* (B.Á.C., 1920).
11 *Filíocht Mháire Bhuidhe* ..., lch 10.
12 John T. Collins, ' "New Patriotism": on the Formation of the Inchigeela Volunteers', *Réalt an Deiscirt*, 2 September, 1961.
13 T. A. Lunham (eag.), 'Bishop Dive Downes' Visitation of his Diocese, 1699–1702', *Journal of the Cork Historical and Archaeological Society* 15, 1909, 26.
14 Gan ainm, 'Field trip to Sceichín na Radharc', *Béal Átha 'n Ghaorthaidh: An Cumann Staire : Historical Society Journal* 1, 1993, 5.
15 Denis O'Connell (a dhein an taighde), 'The Battle of Dromcarra Bridge', *Béal Átha 'n Ghaorthaidh: An Cumann Staire : Historical Society Journal*, 3, 1995, 18–19.
16 *Filíocht Mháire Bhuidhe* ..., lch 26.
17 Gan ainm, 'Field trip to Sceichín na Radharc', *Béal Átha 'n Ghaorthaidh: An Cumann Staire : Historical Society Journal* 1, 1993, 4.

18 Donnchadh Ó Luasaigh, 'Cath Chéim an Fhia', *Béal Átha 'n Ghaorthaidh: An Cumann Staire : Historical Society Journal* 4, 1996, 15.

19 Donnchadh Ó Donnchadha, Sagart, *Béal Átha an Ghaorthaidh* (Corcaigh, 1922), lch 24.

20 ibid., lch 27.

21 *Scéalta Andeas* ba theideal do.

22 *Statistical Survey of the County of Cork*, 1810.

23 Táim buíoch d'Oifig Dheoiseas Chorcaí as cóip den litir seo a chur ar fáil dom na blianta ó shin. Féach, leis, Evelyn Bolster, *A History of the Diocese of Cork: from the Penal Era to the Famine* (Cork, 1989), lch 238.

24 Trismagistus Mc Slatt (? = John Windele), 'Gougane Barra', *Bolster's Quarterly Magazine*, 1827, lch 239.

25 = 'inventor'.

26 T. Crofton Croker, *Researches in the South of Ireland* (1824, athchló Cork University Press, 1981), lch 285.

27 'Na Blianta Tosaigh', lámhscríbhinn im sheilbh. (B'fhéidir gurbh é Liam de Róiste a húdar.)

28 Frank Mecham, *John O'Brien and the Boree Log* (1981).

29 Fógra sa *Leader*, 4 Lúnasa, 1906.

30 Ó Donnchadha, *Béal Átha an Ghaorthaidh*, lch 23.

31 Bróisiúirí Choláiste na Mumhan (1930–40).

32 Táim buíoch de Shéamas Mac Gearailt, Oifigí an Rialtais, Trá Lí, as an eolas so.

33 Buíochas do Mhícheál Scanaill, Ball Tofa, Údarás na Gaeltachta as an aguisín don Tuarascáil Bhliantúil, Táblaí 1997.

34 Meitheal Mhúscraí, Uimh. 3, lgh 2,3.

35 Nuachtlitir na Paróiste; scaiptear gach Domhnach í.

Cléire, Co. Chorcaí
Éamon Lankford

Is mó san taistealaí, turasóir agus bailitheoir eolais atá meallta thar na blianta ag Oileán Cléire, an ceantar Gaeltachta is sia ó dheas dá bhfuil ann. Mar go deimhin féin is díol suime í Cléire ina tírdhreach, ina teanga, ina modh saoil agus i gcineáltas a haeráide.

Faigheann ár dtaistealaí an t-oileán suite taobh le cósta thiar theas na hÉireann agus ocht míle slí farraige idir í agus Dún na Séad ar an mórthír, í ina luí sa bhfarraige agus déanamh péiste uirthi, a ceann ar an dtaobh thoir mar a bhfuil *Cnoc Phoill an Duirc*, dronn ar a drom mar a bhfuil Cnoc Coraintín i lár baill agus a heirbeall siar sa bhfarraige mhór. Faid trí mhíle atá san oileán ó Phointe an Chuais Leithin thoir go Pointe Ard an tSrutha thiar, agus míle goileith treasna ó Charraig Liúir theas go Bothán na Mná Boichte thuaidh. Faigheann sí buntáiste ó shruth an Atlantaigh Thuaidh a fhágann aici geimhreadh gan sioc agus samhradh brothallach. Faraíor, is minic a shéideann gálaí an gheimhridh sáile ar fud an oileáin a dhónn gach fásra, go háirithe sna foithreacha sceirdiúla ar an dtaobh thiar agus theas, ach is lú ann an bháisteach ná mar a bhíonn ar an mórthír.

Is féidir Cléire a roinnt idir thalamh ard agus talamh íseal, an chuid is airde dhe os cionn 500 troigh i gCill Lice Fórabháin agus an chuid is ísle fé bhun 50 troigh ar an gcósta thuaidh. Meall le mullach cruinn atá i gCnoc Coraintín agus tá cnoic eile mar é anso is ansúd tríd an oileán ach iad a bheith níos ísle. Mar sin, cé ná fuil ach faid trí mhíle le siúl ag ár dtaistealaí ó cheann ceann an oileáin, cintíonn an topagrafaíocht so go bhfuil athrú radhairc agus tírdhreacha roimhis le gach cúinne den bhóthar a chuireann sé dhe.

Tarraigíonn ealaín na gcloch a shúil láithreach. Tá an Cléireach riamh ag réabadh cloch chun cur lena thalamh ithireach agus is raidhsiúil iad na clocha céanna ar an oileán. Táid curtha, snaidhmithe agus tógtha i gceardaíocht na gclathacha a thimpeallaíonn na páircíní, na goirt agus na garraithe i bhfoirm ná feictear in áit ar bith eile, agus is sa gheimhreadh agus san earrach is fearr a chítear iad nuair a bhíonn an fásra íseal. Teist í an ealaíon so ar shaothar agus ar dhiongbháltacht an oileánaigh le cianta. Maireann an chloch ar an bhfál cé ná maireann an lámh do thóg.

Maireann seanadhream an oileáin i slí eile sa tírdhreach leis, mar gur bhronnadar ainm ar gach garraí agus páirc agus gort go fiú na dreapaí a thógadar go healaíonta sna clathacha, dreapaí a chuireann an taistealaí dhe fós, bíodh a thriall soir, siar, ó thuaidh nó ó dheas ar chosáin sléibhe agus ar bhóithríní an oileáin. Is léir ón raidhse logainmneacha i gCléire gur chothaigh an t-oileánach riamh gaol ana-phearsanta lena thimpeallacht. Dar le Donnchadh Shéamais Ó Drisceoil, údar agus fealsúnaí de chuid an oileáin, 'Ní raibh cuas ná clabadán gan a ghnó féin. Ba ag Béal na Leacaine a gheibhtí na caoirigh a ghoidtí, marbh. Chuirtí an t-im le cruachaint sa tsamhradh i gCuaisín an tSamhraidh. Bhí duileasc a bhí breá le n-ithe ag fás i gCuaisín an Trithin. Ba i Scoltadh na Cáige a báití na madraí buile, agus na Béilliceacha—gheibhtí fothain fúthu'.[1]

Sna galláin nó na clocha móra agus sna scrínte ársa atá ar fud an oileáin gheobhaidh ár dtaistealaí fianaise ar lonnaíocht i gCléire chomh fada siar leis an Ré Neoiliteach, isteach is amach le 5,000 bliain ó shin. Is léir ón gcloich ghreanta a fuarathas i gCrathach sa naoú aois déag go raibh daoine á n-adhlacadh i gCléire fé chlocha le móitifeanna orthu mar atá ag Brú na Bóinne.[2] I 1986, ar chuireadh ó Chumann Iarsmalann Chléire, thug seandálaithe de chuid Choláiste na hOllscoile, Corcaigh, fé shuirbhéireacht ársaíochta san oileán, agus d'aimsíodh cairn scriosta ar barr Chnoc Coraintín. 'Sé is dóichí, dar leo, gur uaigh phasáiste atá ann, ón Ré Neoiliteach.[3]

Fianaise iad na Línte Cloch mar Ghalláin an Chomaláin go raibh daoine ag gníomhú san oileán in Aois an Chré-Uamha. Ní fios cad chuige i gceart iad ach is dóichí go raibh feidhm shearmanais leo. *Cloch na nGeallúna* atá ar cheann des na galláin sa tsraith ar an gComalán go bhfuil poll trína lár. Sa tseanchas, luaitear gur ag na Galláin seo a deintí gach dlí agus acht agus geallúint agus gach síocháin eile a bhí ins an oileán i ré na bpáganach, agus dob ann a póstaí gach lánú.[4] Is dóichí gur le hAois an Chré-Uamha, leis, a bhaineann an *Boulder Dolmen*[5] atá i b*Páirc na Cloiche*, i mbaile fearainn Ghort na Lobhar agus an uaimh ar dhéanamh dinge atá i gCrathach Thoir.

Galláin an Chomaláin

Éamon Lankford 1998

Má dheineann ár dtaistealaí camachuairt fan na bhfailltreacha is mó rud a mheallfaidh a shúil agus a aird. Ag Dún Cléire thuaidh agus ag Dún Thomáis theas, chífidh sé dúnta rinne, áiteanna dídine de chuid Ré an Iarainn. Suite ar rinn tíre atáid agus faill ard ar thaobh na farraige le sraith claiseanna agus bainceanna tógtha mar chosaint orthu ar thaobh na tíre.

Fanaimis leis an dtírdhreach stairiúil go fóill beag. Nuair a bhuail ár dtaistealaí port agus é ag teacht isteach san oileán ar dtúis is ag Tráigh Chiaráin a bhí sé. N'fheadar cérbh é an Ciarán céanna? De réir Annála Inse Faithlinn, is i bhFionntrá Chléire a rugadh Naomh Ciarán sa bhliain 352 agus is cosúil go raibh fuil uasal ann ón dá thaobh. De shliocht rithe Osraí a athair agus banphrionsa de chuid Chorca Laoidhe a mháthair den treibh dhúchasach san go raibh tiarnas acu ar an gceantar cósta ó Chionn tSáile siar go hInbhear Scéine, geall leis, anuas go dtíos na meánaoiseanna. Tá faisnéis a bheatha scríte ag údair chreidiúnacha mar Colgan, Plummer, Flanagan, Hogan agus Mulcahy agus iad aontaithe air gur i gCléire a chaith sé a óige. Tá, agus beidh go deo, conspóid na scoláirí ann fé sheandacht bheatha Chiaráin, 'sé sin, an roimh Phádraig nó ina dhiaidh a shaothraigh Ciarán an Chríostaíocht sa Mhumhain. Tugann údair Leabhar Leacan agus Leabhar Bhaile an Mhóta tús áite do Chiarán, ach dar le Dr Lanigan, údar scolártha an *Ecclesiastical History of Ireland*, is ag druidim le deireadh an 6ú céid a cailleadh Ciarán, rud a fhágfadh é go maith chun deiridh ar Phádraig Naofa. Tá ainm Chiaráin le gallán a bhfuil croiseanna agus dearthaí eile greanta air agus le tobar beannaithe ag Tráigh Chiaráin. Is dóichí gur leis an dtríú aois déag a bhaineann an séipéilín gar don chuan ar a dtugtar *Teampall Chiaráin*, bíodh gur sheas séipéal ana-luath eile ar an láthair chéanna de réir an bhéaloidis. An treibh dár díobh Ciarán, Eidirsceoil Chorca Laoidhe, a chéadghlac leis an gCríostaíocht in Éirinn agus b'iad súd a bhronn ar Chiarán an talamh le haghaidh Cill Chiaráin i gCléire, an láthair is seanda de chuid na Críostaíochta in Éirinn. An féidir gurb ann a léadh an chéad aifreann riamh in Éirinn agus fós gurb é Ciarán féin a léigh é? Bailíonn idir mhuintir Chléire féin agus cuairteoirí, tráthnóna Samhraidh go bliantiúil, ar an láthair seo chun aifreann fén aer d'éisteacht ar son a marbh atá curtha sa tseanareilig ann. Ar ocáid dá sórt nách corraitheach an tsamhail í an snáithín ceangail siar ó shagart an lae inniu i measc a phobail agus é ina sheasamh mar ar sheas Ciarán i measc an phobail ba shinsear dóibh breis agus 1,500 bliain ó shin! Sea go deimhin, tá ainm agus scéal Chiaráin beo rábach i gCléire.

Sciurd thapaidh siar cúpla céad slat treasna Com na Cille ó Theampall Chiaráin agus tá ár dtaistealaí ag Caisleán Dhún an Óir. Bhí ó Chionn tSáile go Béarra tráth fé reacht na nDrisceolach. Le himeacht na gcéadta bliain baineadh mórán dá raibh acu dhíobh. Cúngaíodh tuilleadh ar Chorca Laoidhe nuair a ghlac na Cárthaigh tiarnas ar Chairbre i 1232 agus ní raibh fágtha ag Drisceolaigh fé 1615 ach ar tuairiscíodh sa *Regal Visitation Book*, 'sé sin stráice tailimh ó Ghleann Bearcháin go Cléire.[6] Thógadar caisleáin ar an mórthír agus in Inis Earcáin agus Dún an Óir i gCléire. Seasann túr cloiche, Caisleán Dhún an Óir, ar rinn tailimh atá anois scoite ón oileán nách mór. Sa bhliain 1602, gunnaí Shasana a chuir ó mhaith é.

Cé gurb é Fínín Ó Drisceoil an té is mó aithne ar an dtreibh agus gur gaiscíoch é sa bhéaloideas, mar '*Fineen the Rover*', go deimhin féin ní haon abhar maoite an Fínín céanna. Toghadh ina thaoiseach ar Dhrisceolaigh é sa bhliain 1573, agus bheadh ceart aige, faid a mhairfeadh sé, chun tailte áirithe de chuid na tuaithe. Ghéill sé talamh a mhuintire féin don Chóróin ag súil go mbronnfaí thar n-ais air féin agus ar a chlainn arís iad fén scéim Géilleadh agus Athbhronnadh. Ghlac sé móid dílseachta do rí Shasana sa bhliain 1576 agus sa bhliain 1586 ghéill sé ar fad do dhlí Shasana sa Phairlimint i mBaile Átha Cliath nuair a bronnadh teideal Ridire air. Bhí cúl tugtha aige don chóras Gaelach agus d'fhan sé dílis don Chóróin gur bhain na Spáinnigh Cionn tSáile amach i 1601, nuair a thug sé suas dóibh a chuid caisleán i nDún na Séad, in Inis Earcáin agus i gCléire. Nuair a briseadh ar na Gaeil i gCionn tSáile chaill Fínín a cheart chun na dtailte a bhí bronnta air fé Ghéilleadh agus Athbhronnadh. Thit na tailte céanna chun clann Beecher a bhí ina dTiarnaí Talún i gCléire anuas go dtí tosach na fichiú aoise. 'Sé a chastar fós le Fínín i gCléire gurb é a dhein bochtáin dá mhuintir féin.

'Pé áit go mbíonn an diabhal sa ló, is sa Chumar a bhíonn sé istoíche'. Sin mar a deirtear i gCléire é, ag tagairt dos na tithe tábhairne sa tsráidbhaile beag gar don chuan go dtugtar an Cumar air. Is ann a chloiseann ár dtaistealaí caint fén iascaireacht, saothrú an tailimh, obair na mban, an gorta, an imirce agus fir Chléire a sheol farraigí an domhain. Ós na meánaoiseanna thagadh iascairí de chuid na Fraince, na Spáinne, na Poirtingéile agus na Beilge chun cósta theas na hÉireann gach bliain mar a raibh fáil ar raidhse éisc.[7] I bhFiosrú Corόineach a tionóladh i Ros Ó gCairbre, Co. Chorcaí, sa bhliain 1608 tuairiscíodh go mbíodh orthu san a thagadh ag iascaireacht go cósta Chléire cíos a íoc leis na Drisceolaigh. Leagadh cíos leis ar úsáid charraigeacha idir Charraig Aonair agus Dún na Séad[8] agus fiú chuireadh iascairí de chuid na Spáinne fúthu san oileán i gcaitheamh saesúr na hiascaireachta.[9]

Ag tagairt do scil iascairí Chléire dúirt Lewis sa *Topographical Dictionary of Ireland*, 1837, go rabhadar sároilte ar farraige agus i mbun chúram báid. Thuigeadar comharthaí na haimsire níos fearr ná éinne eile ar an gcósta.[10] Théadh suas le hocht gcinn déag de húcaeirí chomh fada le hOileán Baoi agus chaithidís ó Luan go hAoine as baile de ghnáth; théadh na báid bhéaloscailte go dtí talúintí iascaireachta a bhí níos cóngaraí don oileán ar nós Charraig Aonair. Báid iomartha cheithre nó sé mhaide is mó a bhíodh in úsáid sa naoú aois déag, agus de réir méid an bháid a bhíodh fir inti. An té ná bíodh bád aige féin bhíodh sé ag iascach i mbád a chomharsan. Chuirtí an t-iasc ar salann i dTráigh Chiaráin agus b'iad na mná a bhíodh i mbun na hoibre seo, agus gan amhras i mbun tí agus feirme faid a bhíodh na fir ar an bhfarraige. Dheintí an t-iasc a dhíol le ceannaitheoirí a thagadh go Cléire ar bhonn rialta don ghnó. Bhuail gorta agus gátar Cléire sna blianta 1845-48 a fhág oileánaigh beo bocht mar b'éigean do chuid acu idir bháid agus trealamh iascaireachta a dhíol d'fhonn an cíos a ghlanadh.[11]

Nuair a ceapadh an tAth. Charles Davis ina shagart paróiste ar an Ráth agus na hOileáin sa bhliain 1879 ba léir do go raibh saibhreas na farraige á bhaint ag eachtrannaigh d'oileánaigh ina pharóiste féin.[12] Dhein sé tathant ar Bhanbharún Burdett-Coutts Shasana iasacht £10,000 saor ó ús a chur ar fáil chun báid agus trealamh a cheannach d'iascairí Chléire agus oileán eile. Ba ghearr go raibh saithigh chun macraeilí a tógadh i longchlós Watson & Graves, Oileán Mhanann, le feiscint i dTráigh Chiaráin Chléire. Fé 1884 bhí 44 bád ag iascaireacht amach ó Chléire agus gar do £500 mar mheánteacht isteach acu don saesúr. Tháinig margadh macraeilí Mheiriceá chun cinn sa bhliain 1887 agus tháinig ceannaitheoirí Meiriceánacha go hIarthar Chorcaí agus go Cléire ag ceannach éisc. Bunaíodh stáisiúin éisc ar an gcósta agus bhí Cléire ar cheann des na stáisiúin ba thábhachtaí. Ní raibh éinne díomhaoin san oileán i gcaitheamh an tsaesúir. I bhfocail Chonchúir Uí Shíocháin, údar *Seanchas Chléire*, 'Sin é an uair a bhí Oileán Cléire in airde a chabhlaí, ní raibh sé riamh roim[h]is sin ná ó shin chomh neamhspleách'.[13] Inniu tá dornán d'fhearaibh Chléire ag cleachtadh na hiascaireachta ach is as cuanta eile thart ar chósta Chorcaí atáid ag saothrú.

Go deimhin, bhí an fharraige sa bhfuil ag muintir Chléire. Ba phíleóití iad na Drisceolaigh agus na Céadagánaigh ar na hárthaí móra a bhíodh ag triall ar Chorcaigh agus ar chuanta sa Bhreatain ó chuanta an domhain mhóir. Thagadh na hárthaí móra go béal Inbhir i dtaobh theas Chléire chun píleoit a thógáil. B'é Tomás ó Drisceoil, a bádh sa bhliain 1869 agus é ar a bhealach chun píleoitíochta, an píleoit deireanach de threibh na nGiollaí nó de shliocht an Ghiolla Dhuibh a threoraigh na Spáinnigh go Cionn tSáile i 1601.

B'é Donncha Ó Céadagáin, Baile Iarthach, Cléire, i dteannta colceathrair leis, Con Ó Céadagáin, a sheol an *Ilen*, bád a tógadh sa Scoil Tionsclaíochta i nDún na Séad, chun na n-oileán Malvina, nó Falkland, le Conchúr Ó Briain i 1926. Bhí an Brianach tar éis an domhan a thimpeallú go gairid roimhis sin sa *Saoirse* a tógadh sa longchlós céanna. Tá an *Ilen* fillte ar Éirinn anois agus í le bheith feasta ina bád taispeántais ag an Hunt Museum i gCathair Luimní. Ghlac an *Gabriel*, bád iascaireachta le Seán Mac Coitir ón nGleann, páirt in eachtra stairiúil nuair a stiúraigh an Coitireach agus Con Ó Céadagáin ón gComalán cur i dtír na ngunnaí ón *Asgard* i mBinn Éadair i 1914. Bhain na Captaeiní, Gearóid agus Seán Ó Céadagáin, an Captaein Pádraig Ó Drisceoil agus Liam Mac Curtáin, agus oileánaigh nách iad, gradam amach dóibh féin in árthaí móra paisnéirí, lasta agus iascaireachta a sheol ó Bhoston, Nua Eabhrac, San Francisco agus cuanta nách iad sna Stáit Aontaithe. Thug an Captaein Seán Mac Coitir ón nGleann agus an Captaein Pádraig Ó Lionnáin ó Lios Ó Móine seirbhís dhílis i gCabhlach Mheiriceá i rith an Dara Cogadh Domhanda.

Tigh ar an seanadhéanamh

Éamon Lankford 1998

Do creideadh go láidir i gCléire sna síofraí agus ina gcomhachtaí diablaíochta. Ní raghadh duine amach san oíche gan sméaróid dhearg nó caorán dearg do bhreith leis. Suí ar an gCrois—b'in Crosaire Aindí—agus labhairt leis na comharsain, b'in é a chleacht na seandaoine. B'é an scéal céanna acu nuair a théidís ar Chnoc Faill an Duirc ag plé cruacheisteanna an lae nó go mbídís ag faire ar raic ó Chnoc an tSuíocháin nó ag cuardach abhair i gcuaisíní an oileáin. Ní shuíonn éinne ar an gCrois ó cailleadh Donnchadh Shéamais Ó Drisceoil agus Paddy Carey, Drisceolach eile. Ní théann éinne ar an gcnoc ag baint aitinn ná ar an dtráigh ag baint sleabhcán ó cailleadh Máire Breathnach agus is annamh raic ar thránna an oileáin. Ní baol d'éinne na síofraí anois cé gur féidir an tsíofraíocht a bhrath fós sna cosáin sléibhe atá ag treasnú cuid mhaith den oileán.

Fés na seascaidí, de thoradh na himirce agus lag trá na heacnamaíochta sa bhaile, bhí an t-éadóchas i ngreim i gCléire agus bhí an Ghaelainn á tréigint mar theanga an lae. Ba léir nárbh fhada go mbeadh an t-oileán ages na coiníní agus ages na faoilinn muna ndéanfaí beart éigin go pras chun taoide na heacnamaíochta a chasadh agus infrastructúr a fhorbairt ar an oileán a mheallfadh daoine óga chun fanúint ann. Fé stiúir an Athar Tomás Ó Murchú i 1969 bunaíodh Comharchumann Chléire Teo. I gcomhar leis na húdaráis stáit, chuireadar rompu seirbhísí mar uisce, aibhléis agus farantóireacht a sholáthar don oileán. Ó thosach, dheineadar soiléir gur ar son phobal Gaeltachta a bhíodar ag saothrú agus tugadh tús áite don Ghaelainn ina gcuid feachtaisí. Taobh istigh d'achar gairid bhí misneach agus mórtas nua le brath ar Chléire, go háirithe ar an nglúin óg.

Má chuaigh an tseanaghlún, a chonaic ganntanas agus laethanta crua ar tír is ar farraige, ar shlí na fírinne, tháinig dream óg misniúil chun cinn a bhí sásta malairt saoil a éileamh don oileán. Go deimhin, is mór iad na hathruithe atá tagaithe de bharr na n-éileamh eagraithe seo le himeacht triocha bliain. Tá Roinn na Gaeltachta, Meitheal Forbartha na Gaeltachta, Bord Soláthar an Leictreachais, an Chomhairle Chontae agus Comhdháil Oileán na hÉireann comhpháirteach leis an gComharchumann agus grúpaí eile ar an oileán ag cur áiseanna agus seirbhísí ar fáil don phobal. Tháinig na meáin chumarsáide, polaiteoirí, cuairteoirí agus go leor eile i gcabhair ar mhuintir an oileáin ó am go chéile. D'eascair coistí deonacha as na hiarrachtaí seo a dheineann leas an phobail go dtí an lá inniu i gcúrsaí oideachais, sláinte, turasóireachta, talmhaíochta, iascaireachta, pleánála agus sóisialta. Gan amhras, cuireadh go leor eile feabhsaithe i gcrích le hiarrachtaí príobháideacha na n-oileánach. Orthu san tá feabhas ar thithe aíochta, tithe tábhairne agus áiseanna do lucht freastail na gColáistí Gaelainne agus don chuairteoir. Tógadh ionad campála, láthair oidhreachta, bialanna agus sealaithe do chuairteoirí. Tá cur amach, struchtúr agus cur chuige ag oileánaigh anois chun teacht i dtír ar mhórán den chabhair atá ar fáil ón stát agus ó Aontas na hEorpa.

Cad fé staid na Gaelainne anso? Ár dtaistealaí go bhfuil camachuairt an oileáin tugaithe aige fé seo, an aithníonn sé gur ar oileán Gaeltachta atá sé? Tá na foinsí scríofa scrúdaithe aige—is eol do go bhfuil os cionn trí mhíle leathanach de bhéaloideas ó Chléire cnósaithe ag Roinn Bhéaloideas Éireann. Léigh sé go leor de sheanchas an oileáin sa saothar *Seanchas Chléire* le Conchúr Ó Síocháin agus bhlais sé de shaol agus de dhúchas an oileáin in *Aistí Ó Chléire* le Donnchadh Shéamais Ó Drisceoil. Is eol do, leis, go bhfuil clárú agus mapú déanta ar bhreis agus 2,000 logainm agus an seanchas a ghabhann le mórán acu. I g*Céad Fáilte go Cléire* chuir Marian Gunn ar a chumas blaiseadh den scéalaíocht agus den teanga atá glasta san abhar a bailíodh agus is eol do go bhfuil mórbhailiúchán d'abhar teangan ó Chléire déanta ag an Ollamh Breandán Ó Buachalla agus é i dtaisce i gCartlann na gCanúintí i gColáiste na hOllscoile, Baile Átha Cliath. Ach cé mhéid Gaelainne atá cloiste aige ar an mbóthar agus an saibhir di? Ar nós a lán ceantracha eile Gaeltachta, tuairiscítear gurb iad lucht na gColáistí Gaelainne, múinteoirí ón iasacht agus lucht laethanta saoire a spreagann labhairt na Gaelainne i gCléire. 'Sí an Ghaelainn fós teanga an aifrinn, 'sé sin má thagann sagart le Gaelainn san oileán chuige agus 'sí an Ghaelainn gnáththeanga na scoile agus an naíonra. Deineann Comharchumann Chléire gnó trí mhéan na Gaelainne. Gheobhaidh ár gcuairteoir a phiúnt agus stampa dá chárta poist i nGaelainn bhlasta ón lucht freastail. Tá daoine lántoilteanach Gaelainn a labhairt leis an gcuairteoir, ach cé is túisce a dheineann an t-éileamh? Tá go leor daoine gan ach lagchumas nó gan cumas ar bith sa Ghaelainn acu tar éis cur fúthu san oileán le roinnt bhlianta anuas.

Béal an Chuain ag Tráigh Chiaráin

Éamon Lankford 1998

Ar an láimh eile dhe, níl thar fiche duine nó mar sin den ghlúin a bheadh thar trí scór bliain fágtha, 'sé sin an dream go raibh an Ghaelainn acu ón gcliabhán. 'Bhfuil fianaise ann go bhfuil an ghlún óg ag foghlaim ón seanaghlúin?

Is léir le fada gurb í an teanga is bunús do chuid mhaith d'eacnamaíocht na gceantracha Gaeltachta. 'Sí a chuireann éigean ar an stát cúram fé leith a dhéanamh de dhaoine a chónaíonn in áiteanna ar leith sa tír. Nár chóir, más ea, go mbeadh éifeacht na teangan mar theist orthu súd atá lonnaithe sna ceantracha san, go háirithe ar an nglúin óg go bhfuil sé de chúram orthu an chéad ghlún eile a mhúnlú. Muran fiú le daoine an teanga a labhairt i ngnáthchumarsáid, leanfaidh an meath agus teipfidh an pobal orthu féin.

Ar dhroim na Gaelainne ó thosach na seachtóidí tá ineistiú trom déanta ag an stát i soláthar seirbhísí aibhléise, teileafóin, leighis, bóithre, uisce, farantóireachta agus oideachais do phobal Chléire. Tá muinín á cur ag an stát le fada i muintir na Gaeltachta chun leas na teangan a dhéanamh. 'Bhfuil sé in am ag an stát cearta teangan mhuintir na hÉireann a éileamh ar mhuintir na Gaeltachta? 'Bhfuil sé in am ag an stát fear na Gaeltachta a dhíol as a lá oibre ag soláthar seirbhísí do féin in ionad deontas a thabhairt do in ainm na teangan, ná fuil, b'fhéidir, á labhairt aige ach le cuairteoirí, lá breá samhraidh? Nó an ann in aon chor d'fhear na Gaeltachta in éagmais na teanga? Fágaimis an focal scoir ag an bhfear Gaeltachta Donnchadh Shéamais Ó Drisceoil:

Mura bhfuilimid sásta a admháil dúinn féin go bhfuil an oiread nó níos mó daoine scaipithe faoi na ceithre hardaibh atá ag labhairt na Gaelainne – agus ní ar mhaithe le brabús ná deontas ná sochar ar bith é – ná mar atá inár nGaeltachtaí go léir le chéile, táimid ag maireachtain faoi bhréagbhrat ócáide.[14]

Nótaí

1. 'Gabhair agus Coiníní', *The Irish Times*, 26/10/1983 (litriú ceartaithe nuair ba ghá).
2. Cf. (i) É. Lankford, 'Decorated Stone From Cape Clear', *JCHAS*, 93, 1988, 144; (ii) M. J. O'Kelly, 'An Example of Passage Grave Art from Co. Cork', *JCHAS*, 54, 1949, 8-10.
3. Cf. (i) Suirbhé Ársaíochta Chléire 1986; (ii) Patrick J. O'Leary, 'A Passage Tomb on Clear Island in West Cork?', *JCHAS*, 94, No. 253, 1989, 124-126.
4. Cf. (i) Roinn Béaloideas Éireann, Iml. 609, lgh 269-76. Bailitheoir: Ciarán Ó Síocháin, Crathach, Cléire; Eanáir 1939;
   (ii) 'Galláin na nGeallúna', Marian Gunn, *Céad Fáilte go Cléire* (B.Á.C., 1990), lch 84.
5. William O'Brien, 'Boulder-burials: a Later Bronze Age Megalith Tradition in South West Ireland', *JCHAS*, Vol. 97, 1992, 11-15.
6. John O'Donovan (eag.), Miscellany of the Celtic Society (B.Á.C., 1849), lch 143.
7. Arthur E. J. Went, 'Foreign Fishing Fleets Along the Irish Coasts', *JCHAS*, 54, 1949, 17- 24.
8. *Miscellany of the Celtic Society*, lch 42.
9. Cf. Daniel O'Donovan, *Sketches in Carbery* (Cork, 1876), lch 68.
10. Samuel Lewis, *Topographical Dictionary of Ireland* (London, 1837), lch 249.
11. C. Davis, 'Cape Clear : A Retrospect', *The Month*, 1881, 480.
12. C. Davis,'Cape Clear: A Retrospect', *The Month*, 1881, 487.
13. Conchúr Ó Síocháin, *Seanchas Chléire* (B.Á.C., 1970), lch 42.
14. Cf. 'An Ghaeltacht', Donnchadh Ó Drisceoil, *Aistí ó Chléire*, (B.Á.C., 1987), lch 137.

Leabharliosta III: (Cúige Mumhan)

[Gan ainm údair], 'An Example and Lesson for Landlords', *The Cork Examiner*, 6 Nollaig 1848.

[Gan ainm údair], 'Condition of the West: a Visit to the Property of an Improving Landlord', *The Cork Examiner*, 14 Márta 1847.

[Gan ainm údair], 'Field trip to Sceichín na Radharc', *Béal Átha 'n Ghaorthaidh: An Cumann Staire : Historical Society journal*, 1, 1993, lch 4.

Almqvist, B., 'Of Mermaids and Marriages. Séamus Heaney's "Maighdean mara" and Nuala Ní Dhomhnaill's "An Mhaighdean Mhara" in the Light of Folktradition', *Béaloideas 58*, 1990, lgh 1-74.

Bolster, Evelyn, *A History of the Diocese of Cork: from the Penal Era to the Famine* (Corcaigh, 1989).

Breatnach, Riobárd P., *The Man from Cape Clear*, (Corcaigh, 1975).

Bróisiúirí Choláiste na Mumhan (1930–40).

Burke, John, *A Genealogical and Heraldic History of the Commoners of Great Britain and Ireland*, iml. II, (London, Edinburgh, agus B.Á.C. 1835).

Butler, W. T .F., *Gleanings from Irish History* (London, 1925).

Cáipéisí Mhuintir Cholthurst, le fáil i gCartlann Chorcaí, An Phríomhshráid Theas i gCorcaigh.

Charles, B. G., *Old Norse Relations with Wales* (Cardiff, 1934).

Coiste Forbartha Chill na Martra, *Cill na Martra, Múscraí, Co. Chorcaí* (Cill na Martra, gan dáta).

Collins, John, T., ' "New Patriotism": on the Formation of the Inchageela Volunteers', *Réalt an Deiscirt*, 2 September, 1961.

Crofton Croker, Thomas, *Researches in the South of Ireland* (1824, athchló Cork University Press, 1981).

Croker, T. Crofton, 'The Lady of Gollerus' in *Fairy Legends and Traditions of the South of Ireland* (London, 1825).

Cuppage, Judith, *Archaeological Survey of the Dingle Peninsula. Suirbhé Seandálaíochta Chorca Dhuibhne* (Baile an Fhirtéaraigh, 1986).

Davis, C., 'Cape Clear: a Retrospect', *The Month*, 1881.

de Noraidh, Liam, 'In Memoriam: Síle, Bean Liam Uí Ríoghbhardáin', *Béaloideas* 14, 1944 (1945), lgh 298–299.

Doheny, Michael, *The Felon's Track, or History of the Attemped Outbreak in Ireland* (B.Á.C., 1920).

Donnelly, James S., *The Land and the People of 19th Century Cork* (London, 1975).

E. Hogan, *Onomasticon Goedelicon* (athchló, B.Á.C., 1993).

Fanning, T., 'Excavation of an Early Christian Cemetary and Settlement at Reask, Co. Kerry', *Proceedings of the Royal Irish Academy* 81, C, no. 3 (1981), lgh 1–172.

'An Giolla Dubh', 'Áit-Ainmneacha,' *An Músgraigheach* 2, Fóghmhar 1943, lgh 18–22.

Gunn, Marian, *Céad Fáilte go Cléire* (B.Á.C., 1990).

Harbison, Peter, *Guide to the National Monuments of the Republic of Ireland* (B.Á.C., 1970).

Healy, J.N., *The Castles of County Cork* (Corcaigh, 1988).

Hillers, Barbara, '*The Man Who Never Slept* (MLSIT 4082). A Survey of the Redactions and their Relation to the *Lai de Tydorel* ', *Béaloideas* 59, 1991, lgh 91-105.

Hindley, R., *The Death of the Irish Language: a Qualified Obituary*, (London, 1990), lgh 54, 110.

Inglis, H.D., *A Journey Throughout Ireland, during the Spring, Summer, and Autumn of 1834* (5ú cló, London, 1838).

Kruger, Chuck, *Cape Clear: Island Magic* (Corcaigh, 1994).

Lámhscríbhinní an Athar Donncha Ó Donnchú, i seilbh Chumann Staire Bhéal Átha an Ghaorthaidh.

Lankford, Éamon, *Cape Clear island: its People and Landscape* (Corcaigh, 1999).

Lankford, Éamon, 'Decorated Stone from Cape Clear', *Journal of the Cork Historical and Archaeological Association*, 93, 1988, lch 144.

Leader, 4 Lúnasa, 1906.

Léarscáil Choimisiún na Talún, 1911, Paróiste na Rinne, Co. Phort Láirge.

Lewis, Samuel, *Topographical Dictionary of Ireland* (London, 1837).

Lunham, T. A. (eag.), 'Bishop Dive Downes' Visitation of his Diocese, 1699–1702', *Journal of the Cork Historical and Archaeological Society*, 15, 1909, lgh 19–28, 78–90, 126–131, 163–180.

Lyons, John., P.P., 'Local Names', *Journal of the Cork Historical and Archaeological Society* 2, 1893, lgh 77–79.

Mac Airt, Seán (eag.), *The Annals of Innisfallen* (B.Á.C., 1951).

Mac Coluim, Fíonán (eag.), Ó Ceallaigh, Próinséas, do bhailigh, 'Amhráin ó Mhúscraighe', *Béaloideas* 7, 1937, 19–44.

McKenna, Fr Jack, *Dingle* (1985).

Mc Slatt, Trismagistus (? = John Windele), 'Gougane Barra', *Bolster's Quarterly Magazine*, 8, October, 1827, lgh 321–343.

Mecham, Frank, *John O'Brien and the Boree Log* (1981).

Meitheal Mhúscraí, uimhir 3.

Mhic Gearailt, Caitlín P., *Nach Aon Saol mar a Thagann sé* (B.Á.C., 1992).

'Micil na Pinse', 'Béaloideas', *An Músgraigheach*, 8, Samhradh 1945, lgh 12–14.

'Muisire' [.i. Mícheál Ó Cuill], *A Cheart Chuige agus Scéalta Eile* (B.Á.C., 1946).

Murphy, Conor, 'Parish of Cill-na-Martra; its Ancient Topography and Traditions', *Journal of the Cork Historical and Archaelogical Society*, 3 (1897), 275–90; 4 (1898), lgh 1–19.

Ní Chéilleachair, Connie, 'The Castles of the Anglo-Normans', *An Múscraíoch*, Samhain, 1997, lch 5.

Ní Mhurchú, Eibhlín, 'An tIascach a Bhí', M. Ó Ciosáin, (eag.), *Céad Bliain 1871-1971* (Baile an Fheirtéaraigh, 1973), lgh 194-212.

Ní Mhurchú, Eibhlín, *Siúlach Scéalach* (Béal Átha Seanaigh, 1968).

Ní Shéaghdha, Nóra, *Peats na Baintreabhaighe* (B.Á.C., 1945).

Ní Shéaghdha, Nóra, *Thar Bealach Isteach* (B.Á.C., 1940).

Nuachtlitir Pharóiste Uíbh Laoghaire.

Ó Cathasaigh, R., 'Tadhg Ó Conchúir 1838-1925', P. Ó Fiannachta, (eag.) *Ár bhFilí, Iris na hOidhreachta* 3, Baile an Fheirtéaraigh 1991, lgh 137-183

Ó Céileachair, Dómhnall Bán, *Sgéal Mo Bheatha* (B.Á.C., 1940).

Ó Ceocháin, Domhnall, *Saothar Dhámh-Sgoile Mhúsgraighe* (B.Á.C., 1933).

Ó Cinnéide, Caoimhín, *Fothair na Manach* (B.Á.C., 1985).

Ó Cionnfhaolaidh, Micheul, *Beatha Mhichíl Turraoin: maille le sceulta agus seanachas* (B.Á.C., 1956).

Ó Coileáin, P., [An Scoláire Scairte], *Cliambain Isteach* (B.Á.C., 1975).

O Conchúir, D., *Corca Dhuibhne: Aos Iorruis Tuaiscirt agus Uí Fhearba* (B.Á.C., 1973).

Ó Conluain, Proinsias, (eag.), *Islands and Authors* (Corcaigh, 1983).

O'Connell (eag.), *Tales of the Foherish Valley* ([Cluain Droichead], 1958), lch 139.

O'Connell, Denis (a dhein an taighde), 'The battle of Drumcarra Bridge', *Béal Átha 'n Ghaorthaidh: An Cumann Staire : Historical Society Journal*, 3, 1995, lgh 18–19.

O'Connell, Michael, 'Religion through the Ages', in Pat Kelleher & Michael O'Connell (eag.), *Back to our Roots: a History of Garrane National School and the Parish of Clondrohid* (Cluain Droichead, 1999), lgh 9–17.

Ó Criomhthain, S., *Lá Dár Saol* (B.Á.C., 1969).

Ó Cróinín, Dáibhí (eag.), *The Songs of Elizabeth Cronin, Irish Traditional Singer* (B.Á.C. agus Portland, 2000)

Ó Cróinín, Donncha (eag.) agus Seán Ó Cróinín, *Scéalaíocht Amhlaoibh Í Luínse* = *Béaloideas* 35–36, 1967–1968 (1971).

Ó Cróinín, Donncha (eag.) agus Ó Cróinín, Seán, a bhailigh, *Seanachas Amhlaoibh Í Luínse* (B.Á.C., 1980).

Ó Cróinín, Donncha (eag.) agus Ó Cróinín, Seán, a bhailigh, *Seanachas Phádraig Í Chrualaoi* (B.Á.C., 1982).

Ó Cruadhlaoich, Pádraig, *Cuimhne Sean-Leinbh* (B.Á.C., 1946).

Ó Cuív, B. (eag.), Ó Briain, M. a bhailigh, *Cnósach Focal ó Bhaile Bhúirne* (B.Á.C., 1947).

Ó Cuív, B., 'Two Poems of Invocation to Saint Gobnait', *Éigse* 6 (1949–52), lgh 326–332,328.

Ó Domhnaill, Mícheál, *Coláiste na Rinne: Gearrstair* (Corcaigh, 1987).

Ó Donnchadha, Donnchadh, Sagart, *Béal Átha an Ghaorthaidh* (Corcaigh, 1922).

Ó Donnchú, Donncha., *Filíocht Mháire Bhuidhe Ní Laoghaire* (B.Á.C., 1931).

O'Donovan, Daniel, *Sketches in Carbery* (Cork, 1876).

O'Donovan, John, *Miscellany of the Celtic Society* (B.Á.C., 1849).

Ó Drisceoil, Donnchadh, *Aistí ó Chléire* (B.Á.C., 1987).

Ó Dubhda, S., *An Duanaire Duibhneach* (B.Á.C., 1933).

Ó hAnnracháin, Peadar, *Fé Bhrat an Chonnartha* (B.Á.C., 1944).

Ó hÉallaithe, D., 'Uair na Cinniúna don Ghaeltacht', *Cuisle*, Feabhra, 1999, lgh 10–13.

Ó hÉaluighthe, D. 'St Gobnet of Ballyvourney', *Journal Cork Historical and Archaeological Society* 57, lgh 43–61.

Ó hÓgáin, D., ' "Moch Amach Maidin Dé Luain"–Staidéar ar Sheanchas faoi Ollphiasta i Lochanna na hÉireann', *Béaloideas* 51, 1983, lgh 87–125.

O'Kelly, M. J., 'An Example of Passage Grave Art from Co. Cork', *Journal of the Cork Historical and Archaeological Society,* 54, 1949, lgh 8–10.

O'Leary, Patrick J., 'A Passage Tomb on Clear Island in West Cork?', *JCHAS,* 94, No. 253, 1989, 124-126

O'Leary, Peter, 'The Last O'Leary chieftain', *Béal Átha 'n Ghaorthaidh: An Cumann Staire : Historical Society Journal* 5, 1997, lgh 10–11.

Ó Luasaigh, Donnchadh, 'Cath Chéim an Fhia', *Béal Átha 'n Ghaorthaidh: An Cumann Staire : Historical Society journal,* 4, 1996.

Ó Mainín, M., 'Na Sagairt agus a mBeatha i bParóiste an Fheirtéaraigh', M . Ó Ciosáin, (eag.), *Céad Bliain* 1871-1971 (Baile an Fheirtéaraigh, 1973), lgh 1-35.

Ó Murchadha, Diarmuid, *Family Names of County Cork* (Corcaigh, 1996).

Ó Riain, Pádraig, *Barra Chorcaí: Saint, Church and Early Christianity in Cork* (Músaem Poiblí Chorcaí, Bardas Chorcaí, 1997).

O'Riordan, Donal, 'A Brief History of Clondrohid Co-op', in Pat Kelleher & Michael O'Connell (eag.), *Back to our Roots: a History of Garrane National School and the Parish of Clondrohid* (Cluain Droichead, 1999), lgh 99,100.

Ó Sé, M. D., *Dochtúir na bPiast* (B.Á.C., 1993).

Ó Sé, M. D., *Tae le tae* (B.Á.C., 1990).

Ó Sé, M. D., *A Thigh Ná Tit Orm* (B.Á.C., 1987).

Ó Sé, M. D., *Chicago Driver* (B.Á.C., 1992).

Ó Sé, M. D., *Corcán na dTrí gCos* (B.Á.C., 1988).

Ó Sé, M. D., *Greenhorn* (B.Á.C., 1997).

Ó Sé, M. D., *Madraí na n-Ocht gCos* (B.Á.C., 1998).

Ó Sé, M. D., *Ciotal na Stoirme* (B.Á.C., 1991).

O Sé, M., *Dánta* (Trá Lí, 1968).

O'Shea, M.K., 'Traidisiún na Scéalaíochta i gCorca Dhuibhne: Fócas ar Pheats Dhónaill Ó Cíobháin', tráchtas neamhfhoilsithe MA, Ollscoil na hÉireann, Gaillimh, 1998.

Ó Síocháin, Conchúr, *Seanchas Chléire,* (B.Á.C., eagrán 1970).

Ó Tuathaigh, Pádraig, *Filí an tSuláin* (Baile an Chollaigh 1993).

Otway, Caesar, *Sketches in Ireland,* (B.Á.C. 1839).

Parliamentary Return, 1766.

Pender, S. (eag.), *Féilscríbhinn Torna* (Corcaigh, 1947), lgh 183–202.

Sayers, Peig, 'Scéal an Bhodaigh', K. Jackson, (eag.), 'Scéalta ón mBlascaod', *Béaloideas* 8, 1938, lgh 77-9.

An Seabhac (Padraig Ó Siochfhradha), *Reacaireacht Ghrinn na Tuaithe* (B.Á.C., 1925).

An Seabhac (Pádraig Ó Siochfhradha), *Tríocha-Céad Chorca Dhuibhne* (B.Á.C., 1939).

Sharrock, J.T.R., (eag.), *The Natural History of Cape Clear* (Berkhampstead, 1973).

Simington, R.C. *The Civil Survey, A.D. 1654–1656, County of Waterford, with appendices Muskerry Barony, Co. Cork* ..., vol. 6 (Irish Manuscripts Commission, B.Á.C., 1942)

Smith, Charles, *The Ancient and Present State of the County and City of Cork* (B.Á.C., 1750).

Smith, Charles, *The Ancient and Present State of the County of Kerry* (B.Á.C., 1756).

Statistical Survey of the County of Cork, 1810.

Todd, J.H., *Cogadh Gaedhel re Gallaibh or the Invasions of Ireland by the Danes and other Norsemen* (London, 1867).

Uí Bheaglaoi, Neilí, *Carraig a' Dúin* (B.Á.C., 1989).

Went, Arthur, E. J., 'Foreign Fishing Fleets Along the Irish Coasts', *Journal of the Cork Historical and Archaeological Society* 54, 1949, lch. 17–24.

Wilson, Fr James, *Cloyne Parish Priests*, (gan inead, gan dáta.)

An Ghaeltacht: súil siar agus súil romhainn
Gearóid Ó Tuathaigh

Is é teideal an leabhair seo *Pobal na Gaeltachta—a scéal agus a dhán*. Is léir ó na haistí uile atá idir dhá chlúdach anseo gur rí-spéisiúil go deo é *scéal* phobal na Gaeltachta, agus go bhfuil údar maith maíte ag an bpobal sin, maidir le saibhreas na saoithiúlachta, na hoidhreachta agus an dúchais acu (idir ealaíona, luacha beatha agus fhéachaint amach faoi leith ar an saol), a bhfuil blaiseadh beag de tugtha dúinn ag údair na n-aistí sa leabhar seo.

Ach maidir lena bhfuil i ndán do na pobail seo, mar phobail Ghaeltachta, ní féidir a shéanadh gur láidre go mór nóta na himní agus an éadóchais, fiú, ná tuar an dóchais ag formhór na n-údar sa chnuasach seo. Agus fiú na húdair sin a bhfuil nóta éigin dóchasach le cloisteáil ina dtuairiscí, admhaíonn siad ar fad go bhfuil an Ghaeilge go mór faoi bhrú—lagú uirthi, í ag cúlú agus ag tanú—ina gceantair agus ina bpobail féin, go háirithe i measc an dreama óig. B'fhéidir nár mhiste, mar sin, san aiste scoir seo, dá dtabharfaimis faoi chás na Gaeltachta a shuimiú, agus ansin é a fhágáil ag an aimsir a shocrú cé acu ceiliúradh ar phobal nó cloch ar a charn atá againn in aistí an leabhair seo.

Is é a thuig údair na n-aistí seo le 'Gaeltacht'—mar a thuig Gaeil le cúpla céad bliain, is cosúil—na bunphobail Ghaeilge a mhaireann i gceantair áirithe, atá scaipthe amach óna chéile anois den chuid is mó, i seacht gcontae sa tír; pobail ina bhfuil leanúnachas urlabhra ag an nGaeilge mar ghnáth-theanga i saol an phobail (gan beann ar idé-eolaíocht ná ar dhíograis) síos tríd na glúinte. Is iad na pobail Ghaeltachta seo a bhfuil fágtha de mhórphobal teanga a bhí ceannasach in Éirinn ar feadh na gcéadta bliain, ach atá imithe i léig agus ar gcúl le cúpla céad bliain anuas. Tá bás na bpobal Gaeltachta seo (mar phobail ar leith teanga) á thuar le fada. Tá fianaise ann go bhfuil an tuar ag teacht faoin tairngreacht de réir a chéile. I gcuid de na limistéir atá aitheanta ag an Stát mar chuid den Ghaeltacht 'oifigiúil' tá an bonn teanga chomh lag sin gur ar éigean a d'fhéadfaí a rá gur teanga phobail í an Ghaeilge iontu ar aon tslí réasúnta. Go fiú sna limistéir Ghaeltachta is láidre ó thaobh na teanga de, tá fianaise dhoshéanta ann go bhfuil an patrún dátheangach atá ag feidhmiú iontu ag tabhairt an lámh in uachtar don Bhéarla i saol an phobail agus gur ag treisiú a bheidh an Béarla as seo amach.[1]

Ó thaobh na Gaeilge de, tá bonn teanga na Gaeltachta ag creimeadh go tréan, agus ní léir go bhfuil na beartais atá á ndéanamh (ag an Stát agus ag díograiseoirí teanga—idir chainteoirí dúchais agus dhaoine eile) in ann an creimeadh a stopadh, gan trácht ar straitéis athnuachana nó atógála a chur i gcrích. Ar ndóigh, ní inniu ná inné a thosaigh brú ag teacht ar an nGaeilge agus a thosaigh sí ag dul ar gcúl.[2] In aiste Phádraig Uí Choimín sa leabhar seo, luaitear na tosca staire faoi ndeara don staid leochaileach ina raibh an Ghaeltacht nuair a bunaíodh an Stát Éireannach sa bhliain 1922. San aiste chéanna tá cuntas meáite ar aidhmeanna an Stáit sin i leith na Gaeilge, agus ar na tuiscintí, na cuspóirí, na laigí agus na heasnaimh a bhain le polasaí an Stáit i leith chaomhnú agus neartú phobal na Gaeltachta ó 1922 i leith. An tuairim a nochtaigh an Dr Seán de Búrca sa bhliain 1958 faoi chás na Gaeilge i nGaeltacht Thuar Mhic Éadaigh[3] ('... tá na toscaí a chuaigh lena húsáid ag athrú go bunúsach ... Tá ráta ard imirce agus brú láidir an Bhéarla, an dá rud, ag laghdú líon na nGaeilgeoirí'), d'fhéadfaí a rá gur shuimigh sí go beacht cás na Gaeltachta i gcoitinne ag an am, le hiarthar na tíre á bhánú ar rabharta imirce na gcaogaidí agus an Rialtas díreach tar éis Roinn Stáit faoi leith agus áisíneacht forbartha faoi leith (Gaeltarra Éireann) a bhunú chun dul i ngleic le géarchéim na Gaeltachta.

Ó dheireadh na seascaidí den chéad seo caite, áfach, thosaigh an saol ag athrú go tréan agus go mear sna limistéir Ghaeltachta. Is mó údar a bhí leis na mórathruithe seo. Ar dtús, bhí an ghné gheilleagrach ann. An fhorbairt eacnamúil a tháinig i dtreis faoi choimirce pholasaí nua Lemass/Whitaker ó dheireadh na gcaogaidí i leith, tháinig cuid dá buntáistí go dtí an Ghaeltacht. Go sonrach, d'éirigh le Gaeltarra Éireann fostaíocht 'thionsclaíoch' a chruthú sa Ghaeltacht, go háirithe i ndiaidh 1967 nuair a tugadh cead do Ghaeltarra pacáistí deontas agus cúnaimh a thairiscint d'infheisteoirí (ón iasacht nó ó áiteanna eile in Éirinn), le hiad a mheallaadh le tionscail a bhunú sna ceantair Ghaeltachta. Bhí na báid bheaga, fiú, á n-ardú ag an rabharta seo.

Cibé lochtanna a bhí ar an straitéis fhorbartha seo (agus is furasta lochtanna a fháil uirthi, agus ní ar bhonn teanga amháin), chruthaigh sí fostaíocht agus chuidigh sí le rud nár tharla le fada, is é sin, méadú ar dhaonra na gceantar Gaeltachta. Ar ndóigh, is iomaí scéal eile atá i bhfolach sa ráiteas lom sin faoi mhéadú ar dhaonra ó dheireadh na seascaidí, tríd na seachtóidí, agus arís le blianta beaga anuas. An fás as éadan, mar shampla, a tháinig ar chathair na Gaillimhe agus ar a bruachbhailte; agus inimirce oibrithe (bídís de bhunadh na Gaeltachta, ag filleadh ar fhód an dúchais, nó ó áiteanna eile): iad ag glacadh post nó ag ceannach tithe, ag socrú síos sa Ghaeltacht, go minic le céilí agus le gasúir a bhí gan Gaeilge. Tá imirce leanúnach cuid d'aos óg na Gaeltachta le cur san áireamh, fiú i mblianta órga seo na forbartha agus na fostaíochta nua.[4] Tá difríochtaí suntasacha logánta laistigh de na limistéir Ghaeltachta i scéal casta seo na n-athruithe daonra. Agus tá an fhianaise is suntasaí ar fad le cur san áireamh againn, go raibh an céadatán de dhaonra na Gaeltachta ar chainteoirí dúchais iad ag titim (go coibhneastúil) de réir mar a bhí an daonra sa Ghaeltacht ina hiomláine ag méadú.[5]

Bhí fórsaí eile, ar ndóigh, taobh thiar de na mórathruithe a tháinig sa Ghaeltacht le tríocha bliain anuas. Mar shampla, bhí tionchar mór ag an réabhlóid sa tsoláthar oideachais ag an Stát: 'saor'-oideachas dara leibhéal, ardú leanúnach sa ráta páirtíochta ag an tríú leibhéal, cineálacha nua scoileanna agus forais oideachais agus oiliúna, cáilíochtaí agus coinníollacha nua, riachtanais agus reitric nua ó bhéal mhangairí shoiscéal nua na forbartha eacnamúla. Tháinig glúin óg chun cinn sa Ghaeltacht arbh airde an leibhéal oideachais a bhí sroichte acu ná mar a bhí ag aon ghlúin dá sinsir le fada an lá. Bhí mianach ceannaireachta i gcuid acu, agus féinmhuinín, leis.

Bhí féinmhuinín agus féinmheas i gceist, chomh maith, sna gluaiseachtaí a tháinig chun cinn sa Ghaeltacht faoi anáil reitric agus feachtais agóidíochta ar son 'chearta sibhialta' a bhí ag corraí pobal in áiteanna éagsúla sa domhan ag an am: an cine gorm sna Stáit Aontaithe, oibrithe agus mic léinn sa Fhrainc, Caitlicigh i dTuaisceart Éireann, baill de náisiúin éagsúla a bhí faoi leatrom in áiteanna san Eoraip, mionlaigh a bhraith go rabhadar faoi leatrom ag móramh ceannasach. Tháinig cuid de cheannairí pobail na Gaeltachta faoi anáil an smaointeachais sin faoi chearta sibhialta. Thosaigh siad ag éileamh a gcearta do mhuintir na Gaeltachta. Níorbh fhada go raibh clár éilimh agus clár oibre acu. Bhí spiorad nua dúshlánach le tabhairt faoi deara. Chuathas i mbun agóide; tugadh dúshlán an dreama a bhí in uachtar sa Ghaeltacht agus sa Stát.[6]

Ní raibh an feachtas gan toradh. Baineadh amach cuspóirí áirithe. Ar deireadh thiar bhunaigh an Stát stáisiún raidió ar leith do mhuintir na Gaeltachta (Raidió na Gaeltachta). Bunaíodh Comharchumainn agus Coistí Pobail le hacmhainní an phobail a fhorbairt ar mhaithe leis an bpobal i gcoitinne. Dhein na heagrais seo obair mhaith, agus d'éirigh le cuid acu bonn seasmhach a chur fúthu féin. Ar ndóigh, bhí pobail agus ceantair áirithe Ghaeltachta níos fearr ná a chéile ag déanamh ceannródaíochta san obair seo. Mar a chéile a bhí an scéal i gcás na forbartha tionsclaí ag Gaeltarra Éireann; ní raibh na buntáistí eacnamúla ná fostaíochta dáilithe go cothrom tríd an nGaeltacht.

Ar na héilimh ba raidiciúla a deineadh (i bhfianaise laige na struchtúr rialtais áitiúil sa Stát óna thús), bhí an t-éileamh ar údarás ar leith don Ghaeltacht, údarás a mbeadh smacht aige ar chúrsaí riaracháin, rialtais áitiúil agus ar chúrsaí forbartha sa Ghaeltacht (an próiseas pleanála san áireamh). Éilíodh seirbhís chuimsitheach teilifíse trí Ghaeilge (nó Teilifís na Gaeltachta mar a bhíothas a thabhairt uirthi), seirbhís nach raibh á cur ar fáil ag an gcraoltóir náisiúnta (RTÉ) ag an am.

Le haimsir, ghéill an Rialtas do chuid de na héilimh seo. Sa bhliain 1979 ritheadh an tAcht a bhunaigh Údarás na Gaeltachta. Níorbh é an cineál údaráis a rabhthas á éileamh é, áfach. Bhíodar ann a cháin an rud nua, agus a dúirt faoi nach raibh ann ach Gaeltarra Éireann i gculaith nua. Ach bhí cuid de na baill (móramh) le toghadh ag muintir na Gaeltachta, agus bhí ráite go bhféadfaí cumhachtaí breise (seachas na cumhachtaí i réimse na forbartha eacnamaíochta) agus feidhmeanna nua a thabhairt don Údarás, dá n-iarrfaí iad, agus dá ndéanfaí cás maith lena n-aghaidh. Thug an méid sin dóchas áirithe do dhaoine áirithe go raibh bunús anseo a bhféadfaí tógáil air. Bhí Teilifís na Gaeilge mall ag teacht. Ach, tháinig sí sa deireadh oíche Shamhna 1996, fiú mura raibh (agus muna bhfuil fós) mórán sa sparán aici agus í ag dul chun aonaigh. Tá leagan amach nua ar Údarás na Gaeltachta ó 1999 i leith (le seachtar déag as an scór ball tofa anois), agus tá ainm nua ar an tseirbhís teilifíse, TG4.

Faoi láthair, is é an daonra sna limistéir atá aitheanta, de réir dlí an Stáit, mar Ghaeltacht, c. 86,000 duine. De réir meastachán údar éagsúil, áfach, is féidir nach bhfuil níos mó ná an ceathrú cuid den daonra seo ag maireachtáil i bpobail ar féidir a rá fúthu gurb í an Ghaeilge an phríomhtheanga i roinnt mhaith de réimsí an tsaoil chomhdhaonnaigh acu nó go bhfuil sí in uachtar i móramh na dteaghlach. De réir fhigiúirí Údarás na Gaeltachta, is é is méid don lucht saothair (*labour force*) sa Ghaeltacht c. 28,500 duine. Sa bhliain 1998 bhí 8,174 duine fostaithe go lánaimseartha i dtionscail a fuair cabhair ó Údarás na Gaeltachta, agus c. 3,485 eile i bhfostaíocht pháirtaimseartha.[7]

Baineann an obair pháirtaimseartha seo, den chuid is mó, le talmhaíocht, le hiascaireacht agus le turasóireacht. Cé go bhfuil sé le maíomh gurb é seo an líon post is airde riamh go dtí seo sa Ghaeltacht ó bhunú an Stáit, mar sin féin, tá fianaise neamhspleách ann go bhfuil cuid de na ceantair Ghaeltachta in iarthar na tíre ar na ceantair is mó atá faoi mhí-bhuntáiste i gcónaí i ngnéithe éagsúla den fhorbairt shoch-eacnamúil san Aontas Eorpach. Tá easnaimh fhollasacha i mbonneagar na Gaeltachta, go háirithe nuair a bhogann duine ón 'bpríomh-bhóthar'.

Tá sé admhaithe ag Údarás na Gaeltachta nach bhfuil dáileadh cothrom ar bhuntáistí na forbartha tionsclaí agus na fostaíochta le blianta beaga anuas. Tá ceantar Chois Fharraige i gConamara agus ceantar Ghaoth Dobhair i nDún na nGall tar éis dul chun cinn go mór ó thaobh cruthú post de; tá ceantair eile ann, áfach, nár éirigh leo sciar réasúnta a fháil den bhorradh eacnamúil. Ar ndóigh, níl i líon na bpost ach gné amháin den scéal, fiú más gné an-tábhachtach í. Caithfear aird a thabhairt, chomh maith, ar na cineálacha post atá á gcruthú (agus á gcailliúint), agus ar na leibhéil phá atá i bhfeidhm. Tríd is tríd, is iad na poist is mó atá i mbaol sa Ghaeltacht na poist déantúsaíochta i monarchana atá ag táirgeadh earraí a bhfuil leibhéal íseal scileanna ag baint leo, agus táirgí atá á ndéanamh anois ag iomaitheoirí nua, in oirthear na hEorpa nó in áiteanna eile ar fud an domhain, a bhfuil costais táirgíochta (rátaí pá ach go háirithe) níos ísle acu ná mar atá in Éirinn.[8]

Ar an láimh eile, tá borradh tagtha ar fhostaíocht Ghaeltachta i réimse na teicneolaíochta nua (mar shampla, sa tionscal closamhairc agus scannánaíochta, i dteicneolaíocht na faisnéise agus i réimsí gaolmhara), mar a bhfuil scileanna agus cáilíochtaí nua ag teastáil ó na fostaithe. Chomh maith le forbairt ar acmhainní nádúrtha na timpeallachta (táirgí na mara, mar shampla), is tuar dóchais an fás atá ag teacht ar fhostaíocht sna seirbhísí, mar is léir ó scéimeanna nua de chuid an Údaráis sa turasóireacht chultúrtha, i bhforbairt na n-ealaíon dúchasach, agus mar is léir ón bhfuinneamh atá á léiriú ag comharchumainn agus ag coistí pobail agus comhlachtaí atá ag plé le forbairt phobail, go hiondúil le tacaíocht áirithe ó scéimeanna de chuid an Aontais Eorpaigh.

Ar ndóigh, níl ach cuid den scéal, an chuid is dóchasaí, á insint ag na figiúirí (agus ag an bpatrún) fostaíochta seo. Ó thaobh na teanga de, tá sé soiléir go bhfuil an Ghaeltacht, *mar* Ghaeltacht (seachas mar 'limistéir' imeallacha le fadhbanna socheacnamúla) ag druidim de réir a chéile le béal na huaighe. Tá a fhios ag an saol Fódhlach go bhfuil ceantair áirithe sa Ghaeltacht oifigiúil (agus ní ar bhruachbhailte chathair na Gaillimhe amháin atáim ag cuimhneamh) ina bhfuil an teanga chomh lag sin gur ar éigean atá 'bheith istigh' aici ar ócáidí 'siombalacha' an phobail, gan trácht ar í a bheith i seilbh aon réimse tábhachtach de ghnáthshaol an phobail (cé is moite de na huaireanta teagaisc sa scoil, b'fhéidir). Tá cainteoirí dúchais i measc na seanóirí agus tá líofacht áirithe ag cuid den dream meánaosta, ach tá an teanga tanaí go leor ag an-chuid den dream óg.

Ar ndóigh, tá an scéal casta, le héagsúlachtaí suntasacha ó cheantar go ceantar. Pobal dátheangach is ea pobal na Gaeltachta le fada anois.[9] Is í an cheist cén patrún den dátheangachas atá i réim sna pobail éagsúla Ghaeltachta. Is cosúil, ón bhfianaise atá ar fáil, gurb é an Béarla atá in uachtar go fairsing i gcuid mhór de na limistéir Ghaeltachta, agus gurb amhlaidh an scéal sin le blianta fada i gcás ceantair áirithe.[10] Is léir, chomh maith, go bhfuil patrún an dátheangachais ag claonadh i dtreo an Bhéarla, fiú amháin sna ceantair Ghaeltachta ba láidre ar fad go dtí seo (cuid de Ghaeltacht Chonamara, cuid de Ghaeltacht Dhún na nGall, agus príomhdhún na Gaeilge sa Mhumhain, taobh thiar den Daingean). Tá an céadatán de pháistí a thagann ar scoil gan Ghaeilge méadaithe le blianta anuas, claonadh a thugann le fios nach í an Ghaeilge an teanga theaghlaigh níos mó ag líon áirithe tuismitheoirí ar cainteoirí dúchais iad féin.[11]

Taobh amuigh ar fad de chúrsaí fostaíochta (agus ní raibh gach cineál fostaíochta a cuireadh ar fáil le cabhair an Údaráis dearfach i gcónaí ó thaobh iompair theanga de), is scéal ag cách é cé chomh heasnamhach is atá an soláthar seirbhísí trí Ghaeilge do phobal na Gaeltachta, seirbhísí Stáit agus seirbhísí 'príobháideacha'. Ní gá dul chun leadráin ag liostáil na n-easnamh agus ag damnú na faillí seo. Tá an Ghaeltacht luaite go sonrach mar chúram, i measc cúraimí eile, ag Aire Rialtais, agus tá Aire Stáit sa Rialtas a bhfuil cúram faoi leith air i leith chúrsaí na Gaeltachta agus na nOileán. Faoi mar a tharlaíonn, tá tuiscint mhaith ag an Aire Stáit céanna ar chás na Gaeltachta agus ar na príomhriachtanais, agus is léir go bhfuil fonn air beart fóinteach a dhéanamh ar son phobal na Gaeltachta le linn a thréimhse oifige.

Ar ndóigh, leigheas amháin ar an scéal, dar le daoine áirithe, athscrúdú ó bhonn a dhéanamh ar theorainneacha na Gaeltachta; na ceantair/pobail nach bhfuil an Ghaeilge ceannasach mar theanga pobail iontu a dhíbirt as an nGaeltacht agus na hiarrachtaí 'caomhnaithe' a dhíriú ar cibé ceantair/pobail a bheadh fágtha. Chuirfeadh sé sin deireadh le fimínteacht agus cur i gcéill, nó sin a deirtear. Tuigim dóibh siúd a mholann a leithéid. Mar sin féin, muna mbeadh i gceist le hathscrúdú ach cigireacht, measúnú ar neart na teanga, agus cinneadh fuarchúiseach ar cá háit ar an mapa inar chóir an líne nua a tharraingt timpeall ar an bhfíor-Ghaeltacht, tá faitíos orm gur suarach ar fad a bheadh fágtha de phobal nó de limistéir taobh istigh den líne nua a bheadh le tarraingt. Nílim cinnte ar fad, ach an oiread, gurb í seo an cur chuige is fearr agus is feiliúnaí san am i láthair, má theastaíonn uainn pobal bisiúil Gaeltachta, le toirt agus téagar éigin aige, a thabhairt ar aghaidh go dtí an chéad ghlúin eile.

Ní hé atá á rá agam nár chóir rud ar bith a dhéanamh faoi cheantair atá aitheanta mar cheantair Ghaeltachta faoi láthair, ach a bhfuil an Ghaeilge bailithe siar ar fad astu le blianta. Ach, sna cúinsí éigeandála atá againn faoi láthair, má táthar chun athscrúdú a dhéanamh ar theorainneacha agus ar phobail na Gaeltachta, b'fhearr liom go ndéanfaí é le cuspóir dearfach: ceantair/pobail a rangú, ó thaobh staid na teanga de, agus straitéisí éagsúla a cheapadh do cheantair atá lag agus dóibhsean atá cuíosach láidir. Chaithfeadh na straitéisí seo a bheith dírithe ar an bpatrún iompair theanga a bhogadh i dtreo na Gaeilge (athréimniú i gcásanna áirithe, dul chun cinn tomhaiste i gcásanna eile—an dul chun cinn sin á mheasúnú go tráthrialta, agus cibé buntáistí Stáit a ghabhann le hiompar teanga a bheith á ndáileadh de réir an dul chun cinn a bheadh déanta). Is féidir go bhfaigheadh daoine áirithe blas seanfhaiseanta ar an gcur chuige seo. Bíodh acu. Bheadh sé furasta a bheith dian, máistriúil, agus na pobail a dteipeann orthu sa chéad scrúdú a chur amach as an rang ar fad. Ach, b'fhearr liomsa seans éigin a thabhairt d'oiread agus is féidir de na pobail atá sa Ghaeltacht faoi láthair iarracht a dhéanamh an teanga a shealbhú agus a bhuanú chomh daingean agus is féidir mar theanga pobail, fiú más de réir a chéile a thiocfaidh na comharthaí téarnaimh i gcásanna áirithe. Agus má deirtear liom go bhféadfaí cás a dhéanamh ar an mbonn seo do phobail 'nua' Ghaeilgeoirí i mbailte móra agus i gcathracha na tíre, pobail a bheadh eagraithe mar 'phobail' i gcomharsanachtaí, nó a mbeadh téagar éigin ina ngréasáin chaidrimh agus chumarsáide (sa saol eacnamúil, sa réimse sóisialta agus eile), bheinn toilteanach éisteacht le cás den tsórt sin. Ach caithfidh bunsmaointeachas éigin a bheith taobh thiar d'aon athbhreithniú coinsiasach ar chás na Gaeltachta.

Súil romhainn

Ag féachaint, mar sin, ar an scéal mar atá sé san am i láthair, ar na príomhdheacrachtaí agus na príomhdhúshláin a bhaineann le straitéis fhorbartha a cheapadh a bheadh dírithe ar phobal bisiúil Gaeltachta a neartú agus a bhuanú don chéad chéad eile, is gá, dar liom, béim a chur ar roinnt buncheisteanna a gcaithfear dul i ngleic leo má tá rud ar bith le bheith i ndán don Ghaeltacht. Ceisteanna iad seo, ar ndóigh, atá fite fuaite ina chéile sa phróiseas forbartha úd a nglaoitear 'forbairt chomhtháite' uirthi, a bhfuil go leor ráite fúithi ach go bhfuil ag cliseadh orainn go dtí seo í a chur i gcrích. Ar na buncheisteanna úd, tá siad seo a leanas:

i) Conas is féidir áit lárnach a chinntiú do ghné na teanga sa phróiseas pleanála (an phleanáil fhisiciúil agus chomhdhaonnach) sa Ghaeltacht? Éileamh é seo a théann siar ar a laghad dhá scór bliain. Ba chuid dhílis í de na héilimh a bhí ag an dream a chuir feachtas ar bun ar son 'Údarás' Gaeltachta ó dheireadh na seascaidí. Tá Údarás na Gaeltachta féin tar éis a leithéid a iarraidh le tamall anuas. Muna mbíonn gné na teanga lárnach don phróiseas pleanála sa Ghaeltacht, is deacair a fheiceáil conas is féidir straitéis forbartha chomhtháite a chur i gcrích. Ceist pholaitiúil í seo, go bunúsach. An mbeadh toil agus tacaíocht an phobail (pobal na Gaeltachta, ach go háirithe) taobh thiar den éileamh go mbeadh cúinsí teanga go mór i gceist sa phróiseas pleanála (tithíocht san áireamh)? An gcaithfear, nó ar chóir, idirdhealú a dhéanamh, ar bhonn teanga, idir na ceantair Ghaeltachta atá 'láidir' agus na cinn laga? An mbeidh gá le hathbhreithniú nó le leasú cuimsitheach ar theorainneacha na Gaeltachta sular féidir gné na teanga a neadú go héifeachtach sa phróiseas pleanála?

ii) Conas is fearr freastal ar shainriachtanais phobal na Gaeltachta i gcúrsaí oideachais agus oiliúna, ón leibhéal réamhscolaíochta go dtí an tríú leibhéal, agus ar aghaidh arís go dtí an t-oideachas leanúnach? Is fíor, gan amhras, go bhfuil fadhbanna agus riachtanais áirithe i gcoitinne ag scoileanna agus aos scoile na Gaeltachta agus ag Gaeilgeoirí eile in áiteanna ar fud na tíre. Ach tá sainriachtanais áirithe ag pobal na Gaeltachta, a eascraíonn as cás speisialta na teanga sa phobal, sa teaghlach, agus sa scoil Ghaeltachta (agus is cóir a rá go bhfuil difríochtaí suntasacha idir ceantair éagsúla Ghaeltachta ó thaobh iompair theanga de sna líomatáistí cumarsáide agus caidrimh atá díreach luaite agam).

Tá cás láidir déanta le blianta anuas ag cumainn ghairmiúla, ag saineolaithe agus ag grúpaí pobail ar son struchtúr, soláthar agus acmhainní ar leith le freastal ar na sainriachtanais oideachais agus oiliúna seo. Cad eile is féidir a dhéanamh? Cad is féidir a dhéanamh (nach bhfuil déanta nó á dhéanamh go dtí seo) chun go mbeidh raon leathan cúrsaí agus cáilíochtaí tríú leibhéal ar fáil trí Ghaeilge do mhuintir na Gaeltachta (agus cuid den oideachas sin á cur ar fáil in ionaid éagsúla sna ceantair Ghaeltachta féin—le cabhair na teicneolaíochta nua, de réir mar is cuí)? Tá an pointe deireanach sin tábhachtach, feictear dom; mar, le fada an lá anois dá fhad chun cinn san oideachas is a théann aos óg na Gaeltachta, agus dá airde na cáilíochtaí a bhaineann siad amach, is ea is lú an seans go mbeidh siad ag filleadh ar an mbaile dúchais chun cónaithe nó chun post sásúil a ghlacadh ann. Rómhinic ar fad, ciallaíonn tapú deiseanna oideachais ag óige na Gaeltachta iad a bheith ag imeacht ón nGaeltacht ar fad agus ag lonnú i mbailte agus i gcathracha in Éirinn nó thar lear.

Arís, i gcúrsaí oiliúna, cad tá ag teastáil lena chinntiú go mbeidh na háisíneachtaí agus na forais oiliúna sa Stát (idir institiúidí oideachais agus fhorais ar leith, ar nós FÁS) ag soláthar raon leathan seirbhísí oiliúna trí Ghaeilge do phobal na Gaeltachta? An bhfuil an bonneagar i gceart (áiseanna cumarsáide, ach go háirithe) le gur féidir le pobal na Gaeltachta an leas is fearr a bhaint as an teicneolaíocht nua sa phróiseas foghlama agus oiliúna? Cén ról is oiriúnaí do choistí pobail agus do shainghrúpaí sa Ghaeltacht (mná, foghlaimeoirí aibí, oiliúnóirí) sa chomhpháirtíocht le hinstitiúidí oideachais trínar féidir pobal daoine a chumasú (i gciall bhunaidh an fhocail) chun tabhairt faoina neartú agus faoina bhforbairt féin (go hindibhidúil agus mar bhaill de chomhluadar)?

iii) Ó thaobh na forbartha eacnamaíochta féin de, agus i gcruthú fostaíochta, conas is féidir a chinntiú go mbeidh na tionscnaimh fhorbartha (idir thionscail agus sheirbhísí) a bheidh Údarás na Gaeltachta ag iarraidh a bhunú agus a bhuanú sa Ghaeltacht ag teacht le mianta agus le leibhéal scileanna agus oideachais an lucht saothair sa Ghaeltacht (an ghlúin óg, go háirithe)? Cad iad na bealaí is fearr lena chinntiú go ndáileofar na buntáistí a thagann le forbairt agus le fostaíocht níos cothroime idir na pobail Ghaeltachta ná mar atá tarlaithe le blianta beaga anuas? Nó, lena chur ar bhealach níos simplí, conas is féidir forbairt agus fostaíocht a chruthú i bpobail áirithe Ghaeltachta atá píosa fada amach ó bhaile mór nó ó 'lár-ionad' sóisialta an cheantair (e.g. Ceantar na nOileán i gcomórtas le Cois Fharraige, an Ghaeltacht Lár ó thuaidh i gcomórtas le Gaoth Dobhair)?

Cad iad na céimeanna is cóir nó is féidir a ghlacadh lena chinntiú gurb iad muintir na Gaeltachta—i.e. cainteoirí dúchais atá ag cur fúthu i bpobail Ghaeltachta—is mó ar fad a bhainfidh an buntáiste eacnamúil (idir fhostaíocht agus bhrabús) as cibé infheistíocht a dhéanann an Stát i bhforbairt eacnamúil sa Ghaeltacht?

Arís, cad iad na struchtúir agus an soláthar oideachais agus oiliúna (athoiliúint, cúrsaí inseirbhíse agus eile) is oiriúnaí chun aos óg na Gaeltachta a chumasú ní hamháin chun postanna a líonadh sna réimsí nua tionsclaíochta agus seirbhíse, ach chun postanna a chruthú sna réimsí seo agus i réimsí eile nach iad?

iv) Cén bhrí atá le 'forbairt chomhtháite' i gcomhthéacs acmhainní nádúrtha na bpobal Gaeltachta agus an cur chuige is oiriúnaí lena bhforbairt? Mar shampla, glactar leis go bhfuil féidirtheachtaí forbartha i dtionscail atá bunaithe ar tháirgí na mara, fiú muna bhfuil na deiseanna ar fad á dtapú faoi láthair. Ach an bhfuil an pobal aontaithe ar an gcur chuige ab fhearr le go ndéanfaí cúram ceart de thábhacht na timpeallachta agus an chultúir i bhforbairt na turasóireachta cultúrtha, nó i bhforbairt na n-ealaíon dúchasach, mar shampla?

v) Maidir leis an saol comhdhaonnach, cé go bhfuil sé soiléir go bhfuil feabhas nach beag tagtha i réimsí áirithe le blianta beaga anuas (seirbhísí raidió agus teilifíse; nuachtán seachtainiúil; tithe ósta; féilte agus foilseacháin logánta agus a leithéid), caithfear aghaidh a thabhairt i gcónaí ar na heasnaimh is mó atá ar phobal na Gaeltachta le go mbeadh saol sócúil, bríomhar acu, de réir chaighdeáin na linne seo i dtír fhorbartha de chuid an Aontais Eorpaigh. Cá bhfuil an bonneagar don tsiamsaíocht agus don chaitheamh aimsire ag óige na Gaeltachta: na hionaid spóirt agus lúthchleasa, na hionaid ealaíon agus chaidrimh, damhsa agus cheoil? Is measa an scéal i gceantair áirithe seachas a chéile, ar ndóigh. Ach an bhfuil eolas cruinn againn ar cad go baileach atá ag teastáil, agus plean oibre nó fiú tuairimí faoi conas is cóir an bonneagar 'sóisialta' seo a chur ar fáil?

Céard faoi sheirbhísí leighis (agus seirbhísí comhairleacha i gcoitinne): seirbhísí do na heasláin agus do na haosaigh, mar shampla?

Arís, is í an bhuncheist, cad is brí le 'forbairt chomhtháite' i gcomhthéacs seo na forbartha comhdhaonnaí? Cad iad na struchtúir (idir, mar shampla, Roinn na Gaeltachta agus na Ranna Leasa Shóisialaigh agus Leighis) a chinnteoidh seirbhís chuimsitheach shásúil trí Gaeilge do phobal na Gaeltachta sna réimsí seo? Arís, sna réimsí cultúir agus ealaíon, cén saghas bonneagair chomhdhaonnaigh atá ag teastáil (ag teastáil ó mhuintir na Gaeltachta féin, nó 'ag teastáil', dar leis na saineolaithe) má tá pobal Gaeltachta le fanacht ina phobal Gaeltachta? An bhfuil bealach ar bith ina bhféadfadh Údarás na Gaeltachta, faoi mar a sheasann sé anois, dlús a chur leis an bpróiseas 'comhtháite' seo?

vi) Dá gcuirfí leasuithe radacacha i gcrích i mórfhráma reachtúil an Stáit i leith cúrsaí teanga—faoi mar atá geallta ag an Aire Stáit Ó Cuív sa Bhille Teanga—cén tionchar a d'fhéadfadh a bheith ag a leithéid ar mheon agus ar iompar teanga mhuintir na Gaeltachta? Mar shampla, dá rianófaí go beacht 'cearta' lucht labhartha na Gaeilge i leith an Stáit (a gcearta i leith seirbhísí uile an státchórais), cén tionchar a bheadh aige sin ar 'riar agus éileamh' ar na seirbhísí úd trí Ghaeilge? Ar ndóigh, sa chomhthéacs seo ní féidir cás na Gaeltachta a scrúdú ná a mheas *in vacuo*. Dá dtabharfaí bonn reachtúil do chearta teanga, is é a bheadh á dhéanamh (i dtéarmaí Pierre Bourdieu) athluacháil ar an nGaeilge mar 'chaipiteal' ar mhargadh nó ar aonach na cumarsáide (nó an chuid de a bhaineann leis an líomatáiste cumarsáide ina bhfuil an Stát agus an saoránach ina chomhsheilbh). Ní féidir nach mbeadh tionchar áirithe ag athluacháil den chineál seo ar mheon agus ar iompar teanga phobal na Gaeltachta agus na Gaeilge, laistigh agus lasmuigh den Ghaeltacht.

Ní bhaineann na ceisteanna áirithe seo atá curtha agam anseo ach le roinnt de na príomhghnéithe den scéal atá faoi chaibidil, ar bhealaí éagsúla, ag údair na n-aistí sa leabhar seo agus iad ag trácht ar a bhfuil i ndán don Ghaeltacht. Tá sé isteach is amach le tríocha bliain ó dúirt saineolaithe [12] go gcaithfí straitéis fhorbartha chomhtháite a chur i gcrích go práinneach le go mbeadh seans ar bith ann go bhféadfaí pobal bisiúil Gaeltachta (fiú i gcodanna áirithe de na limistéir 'oifigiúla' Ghaeltachta) a thabhairt slán don chéad ghlúin eile. Baineadh amach rudaí áirithe idir an dá linn. Bhí cúpla bua stairiúil ag pobal na

Gaeltachta. Ach níor tháinig an straitéis fhorbartha chomhtháite riamh. Tá siad ann go líonmhar—saineolaithe agus cairde na Gaeilge agus na Gaeltachta ina measc—a chreideann go bhfuil sé ró-dhéanach anois;[13] go bhfuil buntoirt na bhfíorphobal Gaeltachta tite ró-íseal le go bhféadfaí bheith ag súil le téarnamh. Go fiú sna paróistí is láidre, deirtear linn go bhfuil casadh cinniúnach na taoide tagtha leis an ghlúin atá ag éirí suas faoi láthair; an Béarla mar theanga teaghlaigh ag níos mó agus níos mó tuismitheoirí, agus iad ag brath ar an scoil le Gaeilge a thabhairt dá gcuid gasúr; an Béarla ina theanga chaidrimh ag na déagóirí ar ball.

Ní gá géilleadh ar fad don chinniúnachas áirithe seo, ach is gá aghaidh a thabhairt ar an bhfianaise agus ar an bhfírinne.[14] Fiú má chuirtear straitéis fhorbartha chomhtháite i bhfeidhm anois, go háirithe sna ceantair ina bhfuil bunphobal cuíosach láidir i gcónaí agus féideartheachtaí áirithe chun dul i bhfeidhm ar an bpatrún iompair theanga; agus, fiú má chuirtear na hacmhainní ar fáil trínar féidir aghaidh a thabhairt ar na buncheisteanna atá luaite agam anois beag, níl aon chinnteacht ann go mbeifear in ann pobal bisiúil Gaeltachta a bhuanú thuaidh, theas, thoir ná thiar sa mheán nó san fhadtéarma. Ach mura dtugtar faoin bhforbairt chomhtháite seo, agus muna gcuirtear acmhainní (de gach chineál) ar fáil don iarracht, agus é sin a dhéanamh gan mhoill, ní bheidh gá ná brí leis an gceist 'cad tá i ndán don Ghaeltacht' i gceann dhá ghlúin eile.

Nótaí

1. An anailís is údarásaí ag Pádraig Ó Riagáin, *Language Policy and Social Reproduction: Ireland 1893-1993* (Oxford, 1997), go háirithe Cuid II.
2. Saothar bunúsach ar an gcúlra is ea Brian Ó Cuív, *Irish Dialects and Irish-Speaking Districts*, B.Á.C.,1951.
3. Luaite ag Tomás Ó hÉanacháin ina aiste ar Thuar Mhic Éadaigh sa leabhar seo.
4. Féach, Pádraig Ó Riagáin, *Language Maintenance and Language Shift as Strategies of Social Reproduction: Irish in the Corca Dhuibhne Gaeltacht 1926-86* (B.Á.C., 1992), agus 'Connemara Gaeltacht 1926-1981: Continuity & Change', i R. Gillespie & G. Moran (eds.), *Galway: History and Society* (B.Á.C., 1996).
5. Anailís ar fhigiúirí Dhaonáirimh 1996 ag Donncha Ó hÉalaithe in *Cuisle*, Eanáir 1999 agus in *Cuisle* (Feabhra 1999).
6. Don traidisiún radacach Gaeltachta, féach Éamon Ó Ciosáin, *An tÉireannach 1934-1937* B.Á.C., 1993.
7. Údarás na Gaeltachta, *Tuarascáil Bhliantúil*, 1998.
8. Údarás na Gaeltachta, *Tuarascáil Bhliantúil*, 1996, 1997 agus 1998.
9. M.A.G. Ó Tuathaigh, *The Development of the Gaeltacht as a Bilingual Entity* (B.Á.C., 1990). P. Ó Riagáin, 'Athrú agus Buanú Teanga sa Ghaeltacht', in *Taighde Sochtheangeolaíochta agus Teangeolaíochta sa Ghaeltacht* (B.Á.C., 1982), lgh 3-28.
10. P. Ó Riagáin, 1997, op.cit., agus Reg Hindley, *The Death of the Irish Language* (London & New York, 1990)
11. P. Ó Riagáin, 1992 agus 1997, op. cit. agus M. Ó Gliasáin, *Language Shift among Schoolchildren in Gaeltacht Areas 1974-1984: An Analysis of the Distribution of £10 Grant Qualifiers* (B.Á.C., 1990).
12. B.S. Mac Aodha (eag.), *Galway Gaeltacht Survey*. 2 iml. (Coláiste na hOllscoile, Gaillimh, 1971), agus Pádraig Ó Riagáin, *The Gaeltacht Studies: A Development Plan for the Gaeltacht* (B.Á.C., 1971).
13. Mar shampla, Reg Hindley, 1990, op.cit.; D. Fennell, 'The last days of the Gaeltacht', agus 'Why the Gaeltacht wasn't saved', Irish Times, 3 Meitheamh agus 4 Meitheamh, 1980, faoi seach; freisin, D. Fennell, 'Can a shrinking

linguistic minority be saved? Lessons from the Irish experience', in E.Haugen J.D. McLure, and D. Thomson (eag.), *Minority Languages Today* (Edinburgh, 1981).

14 Léargais spéisiúla ar an dúshlán ag Gearóid Denvir, *An Ghaeilge, An Ghaeltacht agus 1992* (Indreabhán, 1989), agus Nollaig Ó Gadhra, *An Ghaeltacht (Oifigiúil)—agus 1992?* (B.Á.C., 1989). Freisin, Joshua A. Fishman, *Reversing Language Shift: Theoretical and Empirical Foundations of Assistance to Threatened Languages* (Clevedon, Philadelphia agus Adelaide, 1997), caib. 5, lgh 122-148 ('Irish: What more can be done?').